Theodore Zeldin ist Mitglied des St. Antony College, Oxford. Seine zweibändige «Geschichte Frankreichs 1848–1945» fand internationale Anerkennung, und ihm wurde der Wolfson-Preis zuerkannt. Theodore Zeldin ist in der Liste des «Magazine Littéraire» unter den hundert wichtigsten Denkern der heutigen Welt aufgeführt.

Theodore Zeldin

«*Ich liebe das Leben,*
und das Leben liebt mich»

Was es heißt, Franzose zu sein

Deutsch von Helmut Mennicken

Rowohlt

Die Originalausgabe erschien 1983 unter dem Titel
«The French» bei William Collins Sons & Co. Ltd., London
Titel der 1987 im Wunderlich Verlag erschienenen Ausgabe
«Die Kunst, zu sich selbst aufzublicken» in der
Übersetzung von Christian Sabisch
Umschlaggestaltung Walter Hellmann
(Foto: Frank Rheinboldt/G+J Fotoservice)

Überarbeitete und erweiterte Neuausgabe
Veröffentlicht im Rowohlt Taschenbuch Verlag GmbH,
Reinbek bei Hamburg, Dezember 1989
Copyright © 1987 by Rowohlt Verlag GmbH,
Reinbek bei Hamburg
«The French» Copyright © 1983 by Theodore Zeldin
Alle deutschen Rechte vorbehalten
Satz Trump (Linotron 202)
Gesamtherstellung Clausen & Bosse, Leck
Printed in Germany
1480-ISBN 3 499 12644 3

Für Deirdre

Inhalt

Erster Teil

Warum es so schwierig ist, einen Durchschnittsfranzosen kennenzulernen ──────

1 Wie man Sehenswürdigkeiten vermeidet

Der «durchschnittliche Franzose» wird heute oft als Monsieur Dupont oder Monsieur Durand bezeichnet. Durand bedeutet hartnäckig. Einzigartig ist das nicht: John Bull ist, laut der Larousse-Enzyklopädie, «der Spitzname, der dem englischen Volk anhaftet, um seine Hartnäckigkeit anzudeuten». Nun, auch nationale Klischees haben mit Hartnäckigkeit zu tun – keine Meinung ist langlebiger als jene über den angeblichen Nationalcharakter. Zuerst will dieses Buch zeigen, warum Menschen noch immer glauben, sie könnten die Franzosen in einem Satz oder Epigramm zusammenfassen, und welche Absurditäten daraus folgen.

Der typische Franzose ist ein Witz, und Witze sind in meinen Augen ein wichtiger Teil des Lebens. Komödianten und Humoristen können mit gleicher Berechtigung unsere Aufmerksamkeit beanspruchen wie Gelehrte und Politiker, denn es ist fast immer der Narr, der mit der Wahrheit herausplatzt, die keiner anerkennen will. Ich glaube, daß nichts die Menschen so sehr trennt wie ihr Sinn für Humor. Wie Leute lachen, mit wem, über wen und worüber sie lachen, wann sie damit aufhören, sagt mehr aus über die wirklichen Hindernisse zwischen ihnen und über ihre Komplexe als alle Statistiken der Welt. Man kann

9

wirklich einen Menschen nur verstehen, wenn man weiß, wie weit man bei ihm gehen kann, ohne ihn zu beleidigen: Um Ausländer zu verstehen, muß man nicht nur ihre heiligen Texte kennen, sondern auch mit ihrem Wörterbuch der Be-

Grandville
(Siehe Kurzbiographien der Karikaturisten,
Seite 592–598)

schimpfungen vertraut sein. Doch ist der französische Humor nicht im gleichen Maße bekannt wie die Küche, die Weine oder die Mode Frankreichs. Ich wollte wissen, warum dies so ist, und aus diesem Grunde interessierte ich mich für französische Karikaturen. Die Grenzen beim Lachen stimmen tatsächlich nicht mit den Nationalgrenzen überein. Die letzteren trennen die Menschen nach ihrem Zugehörigkeitsgefühl und nach ihren Sitten, aber nicht nach ihren Wünschen oder danach, was sie glücklich oder ärgerlich macht, wie sie ihre Kollegen, ihre Freunde, ihre Kinder, ihre Liebhaber behandeln oder wie sie den Beschränkungen widerstehen, die Bürokraten und Arbeitgeber ihnen auferlegen, oder was sie glauben und nicht glauben. Ein Fragenkatalog dieser Art interessiert mich. Wenn nur so viel über die menschlichen Leidenschaften bekannt wäre wie über die Getreideproduktion oder den Seifenverkauf, dann könnten Weltkarten gezeichnet werden, die die regionale Verteilung des Verhaltens und der Temperamente, der Ängste und Hoffnungen aufzeichneten und auch die Orte, wo man Menschen findet, die über die gleichen Witze lachen. Ich würde wirklich gerne herausfinden, wo die tatsächlich unerschütterlichen Grenzen zwischen den Menschen verlaufen.

Von einem Portrait eines Volkes erwartet man gewöhnlich, daß alles das aufgezeigt wird, worin es sich von anderen Völkern unterscheidet. Dies erfordert zuerst einmal, daß man festhält, wie sehr die Menschen in einem Volk einander gleich sind; das ist für mich der notwendige Ansatzpunkt.

Über eine Nation zu sprechen, bedeutet normalerweise, die Art zu bestimmen, in der sie sich von anderen unterscheidet. Damit stellt sich die Frage, wie ähnlich sich die Menschen innerhalb einer Nation sind. Hier setze ich an: Ich bin vor allem an Franzosen als Individuen interessiert. Herausfinden möchte ich, was sie von der Lebenskunst verstehen und welche Freuden sie ihrer Existenz abgewinnen. Gäben sie alle die gleiche Antwort, bliebe nicht viel zu sagen. Das Gleiche ist das Langweilige. Tatsache ist hingegen, daß sämtliche menschliche Leidenschaften in Frankreich beobachtet werden können. Das bedeutet: Franzosen zu erkennen heißt sich selbst zu erkennen. Das darf nicht verwundern: Franzosen können wahrscheinlich mehr darüber sagen, was es bedeutet, Mensch zu sein, als was es heißt, Franzose zu sein.

Ich interessiere mich für internationale Mißverständnisse in ihrer subtilsten Form, für die Unfähigkeit der Menschen, sich auf die Wellenlänge der anderen einzustimmen. Franzosen glauben oft, von Ausländern mißverstanden, falsch eingeschätzt zu werden und überhaupt unbeliebt zu sein. Sie haben durchaus recht. Ausländer lieben zweifellos Frankreich als Land und schöne Landschaft, doch das französische Volk mögen sie in der Mehrheit nicht. Das trifft besonders auf die englischsprachige Welt zu. Briten besuchen Frankreich häufiger als jedes andere Land; mehr als ein Drittel von ihnen war bereits in Frankreich; doch nur 2 Prozent behaupten, die Franzosen zu bewundern, und nur sehr wenige möchten unter ihnen leben. Meinungsumfragen belegen regelmäßig, daß die Briten den Franzosen fast genauso mißtrauen wie den Russen, und dieses Mißtrauen nimmt nicht ab. Es liegt nicht nur daran, daß Briten Ausländer nicht mögen; im Gegenteil, es gibt andere Nationen, die sie bewundern, obwohl sie Kriege gegen sie führten. Und auch die Amerikaner, die nicht das Handikap der Briten teilen, über Jahrhunderte in traditioneller Feindschaft zu Frankreich gelegen zu haben, meinen im allgemeinen, daß sie recht wenig mit jenem Land gemein haben, das ihnen einst im Unabhängigkeitskrieg gegen die englische Krone half. Sie sprechen kaum Französisch. Hatten zum Beispiel Deutsche und Italiener, wenn auch nicht immer Begeisterung, so doch großes Interesse an Frankreichs neuem Sozialismus bekundet, so schien die Mehrheit der Amerikaner und Briten von Staatspräsident Mitterrand selbst etliche Monate nach seiner Wahl noch nichts gehört zu haben. Warum verblüffen die Franzosen so viele Menschen und machen auf andere einen solch oberflächlichen Eindruck? Sie bieten eine interessante Lektion über politische Öffentlichkeitsarbeit, über die Kunst, Freunde zu gewinnen.

Franzosen haben enorme Anstrengungen unternommen, um sich selbst zu erklären. Keine andere Nation hat sich mehr bemüht, ihre Identität zu finden und auszudrücken, keine hat so kritisch in den Spiegel geschaut, so sehr erörtert, was sie darin sieht, sich beharrlich Falten eingebildet, die sie nicht hat, und sich Sorgen gemacht, ob die Mundzüge wie eine Grimasse oder wie ein Lächeln wirken. Ihr Staatsverlag hat kürzlich einen großen und gelehrten Band mit dem Titel *Franzose, Wer bist Du?* herausgegeben. Doch er gibt keine klare Antwort. All diese Bemühungen zu zeigen, wie besonders die Franzosen sind, vereiteln vielleicht ihren Zweck. Die Suche nach dem typischen Franzosen kommt nur dem Interesse des traditionellen ausländischen Touristen entgegen, dessen bevorzugtes Spiel es ist, herauszufinden, wie französisch die Franzosen sind.

So lebt ihr Klischee unauslöschlich weiter und stellt sich als Schwindel heraus, mit dem die Franzosen Ausländer so geschickt hereinlegen, daß sie ihm selbst erliegen. Als Ausländer wird man Ihnen gleichzeitig sehr richtig sagen, daß Sie sie letztendlich nie wirklich kennen könnten; doch als Franzose würden sie sich selbst nie völlig verstehen. Bedeutet dies, daß man keine Einigung darüber erzielen kann, was für Leute sie sind, und daß es immer diesen Konflikt zwischen Selbstverständnis und der Meinung der Ausländer geben wird? Ich habe mich herauszufinden bemüht, ob es möglich ist, sich zwischen diesen beiden Polen zu bewegen. Die Tatsache, daß ich mein ganzes Leben als Erwachsener damit verbrachte, die Franzosen zu ergründen, heißt nicht, daß ich nun dazu in der Lage wäre. Im Gegenteil, die meisten Bewunderer Frankreichs sind so sehr in dieses Land verliebt, daß sie als unparteiische Richter ganz untauglich sind; manchmal sind sie sogar frankophiler als die Franzosen. Man braucht einen Mann vom Mars, um beide Seiten zu sehen. Vielleicht habe ich etwas von einem Marsmenschen in mir. Nicht, daß ich irgendwelche Illusionen hätte, unparteiisch zu sein: Selbst Marsmenschen hätten ihre Vorurteile, Vorlieben und Schwächen. Doch ich möchte feststellen, ob es möglich ist, zugleich die Selbstinterpretationen der Franzosen und das Frankreichbild der Ausländer in Frage zu stellen.

Es ist nicht ungewöhnlich, wenn Ausländer einem Land gegenüber Mißtrauen und Abneigung hegen, besonders wenn dieses Land davon träumt, mächtig und einflußreich zu sein. Diskriminierungen aufgrund von Rasse, Geschlecht und Religion werden heute allseits verworfen, doch die Diskriminierung anderer Nationalitäten ist in den Gesetzen eines jeden Landes verankert. Fast jedes Jahr wird eine neue Nation geboren, gerade weil mehr und mehr Menschen sich als Ausländer betrachten. Die Technologie hat es uns erleichtert, Landesgrenzen physisch zu überschreiten, aber es gibt noch keine Erfindung neuer geistiger Gewohnheiten, die es Menschen ermöglichen, Ausländern auf eine neue Art zu begegnen. Damit dies geschieht, müßten sich die Gewohnheiten der Touristen ändern. Der heimliche Gott des Reisens ist immer noch Karl Baedeker, auch wenn er bereits 1859 starb. Seine Reisehandbücher haben bleibende Muster festgelegt und machen Reisen im wesentlichen zu einer Sache der Besichtigung von Plätzen, anstatt sich die Menschen anzuschauen. Seine Leistung bestand darin, die Sehenswürdigkeiten zu finden, die garantiert zu jeder Zeit vorhanden und eindeutig zu erkennen sein würden, sie zu datieren und je nach Grad der Bewunderungswürdigkeit zu klassifizieren. Er machte den Besuch alter Monumente und Kunstmuseen zur Hauptnahrung der Reisenden und lenkte damit die Aufmerksamkeit weg von den lebenden Bewohnern. Bis heute ist Reisen ein Kursus in Geschichte, Architektur, Ästhetik und die Würdigung von Hotels und Essen. Der Kult um «Sehenswürdigkeiten» ist so groß geworden, daß die meisten (organisierten) Reisen ins Ausland fast keinen Kontakt mit den Einheimischen zulassen. Auch der Geschäftsreisende trifft zumeist nur auf Berufsgenossen. Wie verschieden von dem üblichen Programmablauf moderner Pauschalreisen war dagegen der Reiseverlauf des Engländers Sir Francis Head von 1852, bevor Reiseführer den Touristen vorschrieben, was zu tun sei. Er besuchte in Paris das städtische Pfandleihbüro, das Heim für blinde Kinder, einen Hort für verlassene Kinder, das «Salpêtrière»-Haus für alte Menschen, das Leichenschauhaus, die nationale Druckanstalt, die Militärakademie, die Nationalversammlung, die öffentliche Wäscherei, den Hundemarkt in der Rue Poliveau und den Pferdemarkt am Etoile und schließlich Vorlesungen am Konservatorium für Kunsthandwerk. Der Aufstieg des bürokratischen Beamtentums bot solcher Neugierde bald Einhalt; aber vielleicht würde eine neue Offenheit sie heute wieder ermöglichen. Früher lag der Reiz von Auslandsreisen, häufig darin, das zu tun, was man zu Hause sich zu tun nicht traute, weshalb fremde Länder in den Ruf gerieten, sexuell ausschweifend·zu sein. (Franzosen hielten die Engländer für ebenso zügellos wie englische Besucher der Folies Bergères die Franzosen.) Seitdem ein Besuch Frankreichs kein gefährliches Abenteuer mehr ist und das internationale Gleichmaß so viele Dinge bestimmt, die der Tourist erlebt, gibt es keine Aufregung, keine Neuentdeckungen mehr.

Man kann sie jedoch immer noch erleben – in den Menschen. Das Fremde beim Besuch fremder Länder muß hauptsächlich aus dem Zusammentreffen mit Personen herrühren, die man zu Hause normalerweise nicht treffen würde. Ich schreibe in diesem Buch nichts über alte Denkmäler; statt dessen beschäftige ich mich mit lebenden Personen; jede ist für mich ein Denkmal. Ich habe nicht versucht, sie alle in das einfache Muster des Nationalcharakters zu zwängen. Jeder Mensch ist interessant, weil er eine eigene Geschichte zu erzählen hat; die Erfahrung eines jeden ist ein Beleg für eine individuell geformte Lebensweise, für getroffene Entscheidungen, für Hoffnungen, die über die kleinen Hindernisse und großen Katastrophen triumphieren und die die Ausnahme von jeder Regel sind. Der Franzose, sagt ein alter Frankreichführer, ist ein Eisberg; neun Zehntel seiner Gefühle sind unter Wasser verborgen. Das mag eine Ausrede sein, um ihn als unergründlich abzutun, doch gerade diese Gefühle sind es, die ich verstehen will.

Ich habe nicht versucht, einen allumfassenden Überblick über die französische Nation zu schreiben, selbst wenn so etwas möglich wäre. Ich stelle lediglich meine eigene Sicht und Erfahrung dar; jeder, der behauptet, er könne «die Wahrheit über Frankreich» verraten, macht sich etwas vor. Ich hoffe nur, meine Leser anzuregen, ihre eigene, unabhängige Sichtweise zu bilden, statt abgedroschene Mythen zu wiederholen und sorgfältig darüber nachzudenken, was sie an Franzosen (oder vielleicht an Menschen im allgemeinen) anziehend oder abweisend finden. Ich hoffe, meine Auswahl ist breit genug, um Frankophilen die Möglichkeit zu geben, die Grenzen ihrer Bewunderung zu erkennen, und Frankophoben die Möglichkeit, wenigstens ein paar Vorzüge einiger Personen, die ich vorstelle, zu respektieren. Doch sollte man diese Menschen nicht als typische Stellvertreter einer Gruppe ansehen: Ich hätte endlos unterschiedliche Franzosen vorstellen können, im Idealfall 54 Millionen. Es gibt viele Beschäftigungen, Beziehungen und Geisteshaltungen, die mich interessieren, die ich aber absichtlich nicht angesprochen habe. Ich könnte dem Leser viele Beispiele versprechen, um sie abzudecken, doch werde ich das nicht tun, denn ich glaube, es wäre hilfreicher, sie in Zukunft allgemeiner und nicht an ihren nationalen Zusammenhang gebunden zu behandeln, sondern als Teil einer Untersuchung der «menschlichen Natur» und unter der Voraussetzung, daß sie sich nie ändert. Für mich stellt dieses Buch eine Erforschung der Werte und Grenzen in der Diskussion um Menschen und ihre nationale Zugehörigkeit dar.

Eines der aufregendsten Momente für einen Geschichtsforscher, der die Gegenwart beschreibt, besteht darin, daß er neue Quellen erschließen kann. Ich habe hier die gleichen Mittel benutzt wie in meinen früheren Arbeiten – alle möglichen gelehrten Monographien, Tageszeitungen, Magazine, Memoiren, Regierungsveröffentlichungen, Statistiken (unglaubliche, überzeugende oder einfach amüsante). Doch darüber hinaus habe ich Männer, Frauen und Kinder gesucht, die mir mehr erzählen konnten. Als ich sie einlud, mir ihre Lebensgeschichte zu erzählen, erhielt ich manchmal das eintönige Geplapper, das Menschen Fremden anbieten wie Reklamezettel und an das sie sogar aufgrund ständiger Wiederholung selber glauben mögen; doch eine überraschende Zahl war interessiert, sich selbst auszuhorchen, und beantwortete unerwartete und persönliche Fragen mit dem echten Bemühen herauszufinden, wie sie tiefer fühlen. Es gibt ein neues Selbstbewußtsein, das zu einem jungen literarischen Genre führte, die «inspirierte Autobiographie», in der Schriftsteller als Hebammen wirken, um jenen zu helfen, die ihre eigene Geschichte erzählen wollen. Jeder denkende Mensch ist ein Historiker – schon deshalb, weil er eine besondere Sichtweise seines Lebens hat; das mag zutreffender sein als die Redensart, jeder kreative Mensch trage wenigstens einen Roman in sich.

Je berühmter eine Person ist, so entdeckte ich im Laufe meiner Interviews, desto weniger Interessantes hat sie zu sagen; denn sie ist so etwas wie eine Schallplatte zum Thema ihrer selbst geworden – schon weil sie sich mit Public Relations-Fachleuten umgibt, deren Aufgabe es ist, ihre Beziehung zur Öffentlichkeit und die Zeit, die sie einer Aufgabe widmet, zu

Chaval

begrenzen. Doch gibt es Ausnahmen, und es bedarf einiger Anstrengung oder des Glücks, sie zu finden. Andererseits öffneten
sich Türen, die fest verschlossen schienen. Zum Beispiel die
der Kommunisten, die mir gestatteten, die Zentrale Parteischule zu besuchen und dort zu sehen und zu hören, was immer ich während meines mehrtägigen Besuchs zu sehen und zu
hören wünschte. In ein Altersheim zu kommen bereitet Probleme, weil die Direktoren, aus Angst vor öffentlicher Kritik,
alle möglichen Hemmnisse erfunden haben; doch durch die
Freundlichkeit eines Ethnologen, der mich mit einem Psychiater bekannt machte, der einen Krankenhausarzt kannte, erhielt ich schließlich völlige Freiheit zu sprechen, mit wem ich
wollte. Eine große karitative Organisation, die den ganz Armen
hilft, war ohne langatmige Verhandlungen nicht gewillt, mich
einigen ihrer Klienten vorzustellen, die fast wie Privateigen-

tum – «unsere Armen» – behandelt wurden. Dagegen brauchte ich nur eine Minute, um mit einem Erzbischof zu telefonieren und eine Einladung zu erhalten. Die Franzosen in diesem Buch sind daher keine «wissenschaftlich ausgewählte Stichprobe», sondern Menschen, die ich zufällig kennenlernte.

Die Welt teilt sich in Liebhaber von Hunden und Katzen: Jede Gruppe ist von der Überlegenheit ihres Lieblingstiers überzeugt. Ich möchte niemanden überzeugen, die Franzosen seien liebenswürdiger als andere Völker, weil ich nicht glaube, daß es wünschenswert ist, irgendeine Nation geringer oder höher einzuschätzen. Und noch kein Katzenliebhaber ist zum Hundenarr geworden, weil er ein Buch gelesen hat. Mein Argument ist vielmehr, daß Franzosen beides sind, Katzen und Hunde und vieles andere auch, und daß niemand fremd in Frankreich ist.

2   Wie man ihre Mundarten interpretiert

«Ich habe mich nie als Franzose verstanden, ich dachte, ich sei ein Mensch.» Jean Estèbe, bärtiger Professor an der Universität von Toulouse, 50 Jahre alt, erfolgreicher Sohn seiner Stadt, war schon immer ein politisch aktiver Sozialist und glaubte an die Brüderlichkeit unter den Menschen. Doch dann besuchte er die USA und erkannte dort, daß er Franzose ist. Seine Reisen nach Italien oder Spanien, wo er sich wohl fühlte, hatten das nicht bewirkt, sicherlich auch, weil er beide Sprachen besser versteht als Englisch. «Doch in New York fühlte ich mich sehr französisch. Ich ging in ein Geschäft, ich lächelte, die Menschen lächelten nicht zurück. Mir wurde sehr unwohl. Ich kam mir lächerlich vor. Es war, als streckte ich meine Hand aus, und die Leute hätten sie nicht angenommen. Ich war ängstlich... Ich war schockiert, daß ich dafür bezahlen mußte, um meine Kinder zur Schule zu schicken, daß ich den Arzt bezahlen mußte. Bevor ich nach Amerika ging, hatte ich gedacht, daß Franzose zu sein keine Bedeutung für mich habe, aber dort entdeckte ich, daß es viele Einzelheiten gibt, die mir wichtig sind.»

Seine Beispiele zeigen jedoch, daß es nicht die Unterschiede zwischen den beiden Ländern sind, die ihn beunruhigten: Amerikanische Häuser, sagt er, sehen anders aus, sind anders, als er es gewohnt war. Allerdings fühlt er sich auch wie im Ausland, wenn er neue französische Vororte besucht. Sicher, hier kann er wenigstens eine *bar-tabac* finden, die überall in Frankreich praktisch gleich aussehen; sie geben ihm das Gefühl, zu Hause zu sein; er liebt diese *tabacs* und geht manchmal nur zum Vergnügen hinein, ohne etwas kaufen zu wollen. Im Grunde glaubt er eigentlich nicht, daß Amerikaner unfreundlicher als Franzosen seien: im Gegenteil, er empfand sie im Umgang mit Geld und Zeit großzügiger. In New York «erkannte ich, daß Franzosen knauserig sind, sie sparen ständig». Oberflächlich betrachtet mögen sie sympathisch sein, doch moralisch sind sie den Amerikanern unterlegen. «Als Einzelpersonen sind die Amerikaner gute Menschen, nur ihre Institutionen sind schlecht.» Estèbe gesteht ein, daß seine Gedanken verworren sind, denn er drückt instinktive Reaktionen aus, die er nicht ganz erklären kann. Hätte er anders empfunden, wenn er die englische Sprache besser beherrscht hätte? Welcher Trübsinn ließ ihn meinen, New Yorker würden nicht lächeln? Fühlt er sich wirklich in Frankreich wohler? Nicht ganz; seine Reisen ins Ausland verdeutlichen ihm zunehmend, «daß es Dinge in meinem Leben gibt, die ich hasse, die mich anwidern». Sein eigener Schwager zum Beispiel. Er kam noch nie mit der Familie seiner Frau zurecht, die einer höheren Schicht angehört als die seine. Sein Schwager ist ein gutverdienender Notar, der den Erfolg anbetet. Estèbe macht sich über erfolgreiche Menschen lustig, die ihren Erfolg mit schmucken Autos und maßgeschneiderten Anzügen zur Schau stellen; aber sein Schwager meint, es sei richtig, sich vernünftig zu kleiden, «es sei ein Zeichen von Respektabilität». Selbst unter seinen Universitätskollegen gibt es einige, die ihm fast wie Ausländer erscheinen, diejenigen, die nach Erfolg streben und stets damit beschäftigt sind, ihre Karriere durch neue Veröffentlichungen voranzutreiben, und heuchlerisch nützliche Bekanntschaften

Grandville Im Café

schließen. «Zwischen ihnen und denen, die nicht soviel Ehrgeiz an den Tag legen wollen, die ruhige Provinzler sind, klafft
ein tiefer Abgrund. Es sind zwei verschiedene Rassen, die sich
nicht verstehen.»

Das Paradox ist, daß Estèbe tief in seinem Herzen eben kein
ruhiger Provinzler ist, zufrieden mit seinem Los; oder zumin-

dest verrät er, welche Emotionen unter der liebenswürdigen Oberfläche brodeln können. Er ist sicher all das, was er seinen Landsleuten vorwirft, nicht zu sein: Er ist großzügig, freundlich, hilfsbereit und denkt ständig an das Wohlergehen anderer. Doch er, der bedeutende Professor, betrachtet sich als Versager. Unter seinem lockeren Äußeren ist er voller Selbstzweifel. «Ich muß ständig gelobt werden.» Kritik verletzt ihn nicht nur, «sie bestätigt meine schlechte Meinung von mir selbst». Auch Freundschaften, für die er eine natürliche Gabe hat, befriedigen ihn nicht. «Ich glaube nicht, daß meine Freunde interessant sind, denn wenn sie mich besuchen kommen, kann mit ihnen etwas nicht stimmen. Ich dachte immer, sie kämen, um meine Frau zu besuchen. Heute [seit er getrennt lebt] kommen sie sogar häufiger, doch ich kann mein Gefühl nicht loswerden.» Vielleicht, so grübelt er, stammen seine Zweifel von seiner Mutter, die immer depressiv war und Alkoholikerin wurde. Er fühlt sich für ihren Niedergang verantwortlich; seine Besuche bei ihr sind schmerzhaft, doch er fährt regelmäßig und bewußt hin, ordnet geduldig ihre kleinen Probleme, die sie sich selbst aufbürdet. Seine Zweifel wurden durch das Scheitern seiner Ehe noch verstärkt. «Ich glaube, daß mein Leben vergeudet ist, denn fünfundzwanzig Jahre habe ich versucht, ein Familienleben zu führen, und versagt... Ich bin stolz, daß ich zugeben kann, ein Versager zu sein, auch wenn es weh tut.» Seine Frau, so erzählt er, war härter als er, sie habe keine Ahnung von den Leiden gehabt, die sie anderen zufügte. Ihre Kritik konnte er nicht ertragen. Er war schnell beleidigt. Sie zankten sich ständig (nur nicht in der Öffentlichkeit, Außenstehenden erschienen sie als perfektes Ehepaar). Estèbe zeigt, daß die Selbstbewußten und die Zweifler, die Ehrgeizigen und die Hoffnungslosen auf ganz unterschiedliche Weise aggressiv, chauvinistisch und französisch sind. Aber zumindest war Frankreich ein Land, in dem Estèbe so akzeptiert wurde, wie er war.

Nicht ganz. Estèbe spricht mit deutlichem Toulouser Akzent. «Früher lachten die Leute mich wegen meines Akzents aus; sie hörten dem Klang meiner Sprache zu, aber nicht dem, was ich zu sagen hatte.» So schloß er sich der regionalistischen Okzitanien-Bewegung an, «um uns unsere Würde zu verleihen», in der gleichen Art, wie die Frauenbewegung Frauen eine neue Würde gebracht habe. Heute sagt er nicht, daß er «aus dem Süden» kommt, sondern «ich bin ein Okzitane: das gibt mir Selbstbewußtsein». Er hoffte einst, die Okzitanien-Bewegung, die für die Anerkennung der kulturellen Eigenständigkeit des französischen Südens, alias Okzitanien, kämpft, würde politisch so wichtig werden wie die Bewegung im benachbarten Katalonien. Doch er unterstützt sie heute nicht mehr: Er gibt zu, «sie hat die Massen nicht angesprochen». Auch wenn er noch einen Groll gegen jene hegt, die auf die Menschen aus dem Süden herabschauen, so betrachtet er sich jetzt als Franzosen, wenngleich als Südfranzosen.

Innerhalb dieser Grenzen jedenfalls kennt er die Spielregeln. Er braucht nur nach England zu fahren, um zu erkennen, wie wichtig dieses Wissen ist: «Ich kann die Engländer überhaupt nicht verstehen. Ich weiß nie, was ein Engländer will. Wenn ich mit einem Engländer über ein persönliches, intimes Thema rede, weiß ich nicht, was ich sagen darf, und auch nicht, was tabu ist.» Franzose zu sein bedeutet, die Tabus zu kennen und zu verstehen. Die Franzosen wissen nicht, wie verschieden ihre Tabus von denen anderer Völker sind: Sie gehen davon aus, daß sie verschieden sind, und das ist seltsam genug, denn viele ihrer eigenen Tabus beruhen einfach auf alten Weibergeschichten.

In Toulouse steht Claude Sicre in dem Ruf, einer der härtesten Verfechter des Okzitanien-Regionalismus zu sein. Ihn in seiner einfachen Zweizimmerwohnung an der Rückseite eines verfallenden alten Hauses in der Stadtmitte zu besuchen und am Küchentisch emsig schreiben zu sehen vermittelt einem das Gefühl, einem jener dunklen, unerschrockenen, vereinsamten Revolutionstheoretiker des 19. Jahrhunderts gegenüberzustehen. Sicres Redefluß ist wie eine Serie schneller Explosionen; man erwartet, daß er jeden Moment vor lauter hitziger Beredsamkeit und Überschwang in Flammen aufgeht; doch alles, was er sagt, ist kristallklar und vollkommen logisch geordnet. Sein Leben lang hat er, von anderen verachtet, mit Widerständen gekämpft. Vielleicht hat ihm seine Intelligenz die Konflikte auch bewußter gemacht als anderen. Als Sohn eines Arbeiters machte er seinen Weg durch die beste Schule von Toulouse, das Lycée Fermat, und stellte fest, daß er dort nicht hinpaßte; seine Klassenkameraden kamen größtenteils aus der Mittelschicht; die französische Literatur, die dort unterrichtet wurde, spiegelte weder die Probleme noch die Gefühle seines Milieus wider. Er wurde bereits als Junge intellektuell zum Aussteiger. Er wurde süchtig nach amerikanischen Krimis, Comics, Filmen und Rockmusik. Er konnte sich eher mit der Kultur der Armen und der Schwarzen Amerikas identifizieren als mit der höflichen, konventionellen französischen Kultur der Mittelschicht, die ihm in seiner Schule zur Bewunderung und Nachahmung vorgeführt wurde.

Sobald er konnte, ging er in die Vereinigten Staaten und trampte ein Jahr lang durch das ganze Land. Doch wurde er nicht zum Hippie; das verwarf er als Eskapismus der Kinder des Mittelstands, und er wollte sich nicht aus der Welt zurückziehen. Er hoffte, er könne sich in Amerika zu Hause fühlen, wurde aber enttäuscht. Er war natürlich von der amerikanischen Art begeistert, etwas ganz allein auf die Beine zu stellen, neue Dinge in Angriff zu nehmen; ihm gefiel die Art, wie Amerikaner ihre Häuser bauten oder einen Pickup-Truck kauften und herumreisten, um ihr eigenes Leben zu leben; es gab mehr Gemeinsamkeiten zwischen dieser Einstellung und der Art, wie arme Arbeiter in Toulouse ohne Geld auskamen und wie ihre Kinder auf ungenutztem Bauland tobten, ganz so, wie amerikanische Schwarze auf der Straße Basketball spielen. «Der Selfmademan faszinierte mich. Ich hatte den großen Wunsch, zusammen mit meiner Familie und meinen Freunden etwas zu schaffen. Aber das wollte ich zu Hause tun. Ich wollte, daß Toulouse die Vereinigten Staaten von Frankreich sind.» Wieder zu Hause, war er von den aus Algerien heimgekehrten Juden beeindruckt, die schnell Karriere machten: «Ich glaube, ich hatte viel mit ihnen gemein.» Als Jugendlicher identifizierte er sich mit jeder benachteiligten Minderheit.

Sein akademischer Erfolg änderte daran nichts grundlegend, denn obwohl er eine gute Stellung als Lektor beim renommierten Verlag Gallimard in Paris fand, gab man ihm bald zu verstehen, daß er kein echter Pariser war. Eine seiner Aufgaben war es, für die Übersetzungen amerikanischer Krimis zu sorgen und angemessene französische Titel zu finden. Das machte ihm Spaß, doch er stellte zu seinem Erstaunen fest, daß er nicht die gleiche Sprache wie seine Pariser Kollegen sprach: wenn es um den Slang ging, war ihm das Pariser Französisch unverständlich, und die ganze Mythologie, die den Pariser Gauner umgibt, hatte für ihn keine Bedeutung. Paris setzte sich aus einem Netz von Beziehungen zusammen, an denen er keinen Anteil hatte. Er lehnt eigentlich die Vorstellung ab, daß Provinzler in Paris nicht zum Erfolg kommen könnten: «Das ist ein Mythos, um die Durchschnittlichen zu beschwichtigen.» Aber «in Paris erkannte ich mein Anderssein». Er wurde regelmäßig daran erinnert, daß er ein Außenseiter war, indem man seinen südlichen Akzent kommentierte und sich oberflächlich bei ihm danach erkundigte, wie sonnig seine Heimat sei und ob er *pétanque* spiele (zu allem Überfluß war sein Vater ein Meister dieses Spiels). «Ich war kein gewöhnlicher Arbeiter aus der Provinz, der sich in Paris nicht wohl fühlt. Ich war unter Intellektuellen. Sie erzählten mir von Okzitanien». Dabei war er gar nicht in der Sprache Okzitan aufgewachsen. Seine Familie lebte zwar seit drei Generationen in der Stadt Toulouse als Arbeiter, hatte aber keine Verbindung zu Bauern, sprach «Francitan», Französisch mit ein paar Okzitanismen. Erst 1976 beschäftigte er sich näher mit seiner Region, doch weigerte er sich, die Sprache akademisch aus Büchern zu lernen: Sprachen aus Büchern zu lernen widerstrebt ihm. So lernte er vor allem im Gespräch mit Bauern, die die Sprache ererbt hatten, und unterhält sich gern mit ihnen, wenn er sie gut kennt; ansonsten vermeidet er, Okzitanisch zu sprechen, weil er es schlecht spricht und vor allem, weil er noch immer in Französisch denkt.

Sicre wollte immer schon Schriftsteller werden. Seinen ersten Roman schrieb er nach amerikanischer Manier. In Amerika war er begeistert, als er autodidaktischen Schriftstellern begegnete, die ihre Detektivgeschichten ohne literarische Ansprüche schrieben. In Frankreich, davon ist er überzeugt, sei ein Schriftsteller gewöhnlich ein Bourgeois. «Ich wollte kein bourgeoiser Schriftsteller werden, denn ich bin kein Bourgeois. Ich will gerne zugeben, daß ich Gitarre in meiner Garage spiele und Fußball auf einem freien Feld. Ich wollte zeigen, daß ich eine authentische universale Botschaft mitzuteilen habe, und ich habe auch eine, denn ich kann eine Lebensweise beschreiben, die kein anderer kennt.» Aus Amerika stammt seine Modellvorstellung, aber «ich beschloß, meinen Roman nicht zu veröffentlichen, weil ich kein Amerikaner bin». Er schien hin- und hergerissen zwischen zwei verschiedenen Kulturen, «schizoid» sozusagen. Dann entdeckte er, daß es Schriftsteller gab, die in Okzitanisch (Oc) schreiben, die «von meiner Art waren, aber nur über das Landleben geschrieben haben». Übrigens kann er nicht in Okzitanisch schreiben.

«Im Grunde hat mich die Musik zum Okzitanen gemacht. So, wie die Jugend der Welt durch amerikanischen Rock zu sich selbst gefunden hat.» Sicre versucht nun herauszufinden, ob die Okzitanen durch ihre traditionelle Musik zu sich finden können. «Es gibt eine große Ähnlichkeit zwischen Oc (der Sprache und der Musik der Region) und der Musik der amerikanischen Schwarzen», beide sind eng mit dem Tanz verbunden, beide schließen die Zuhörer mit ein – das Stampfen der Füße, das Schnippen der Finger, das Nachahmen tierischer Schreie –, beide bieten Raum für Improvisationen in der Liedmitte, beide versuchen, die Menschen zusammenzubringen. Natürlich sind dies Eigenschaften, die man auch in der Volksmusik zahlreicher anderer Länder findet. Sicre begann, die Volksmusik Italiens, Griechenlands, der Berber, des Mittelmeerraums insgesamt zu studieren, und lernte so die Musik seiner Heimat schätzen. Er fragte sich, ob er der Oc-Musik den Vorzug geben solle. «Ich erkannte, daß der Grund, warum ich ausländische Musik so vielfältig fand, darin lag, daß ich meine eigene Musik nicht zu bewerten wußte, doch heute finde ich sie sehr reichhaltig.» Es gibt nicht nur eine Art von Oc-Musik. Sieben verschiedene Oboen werden verwandt, während andererseits die Flöte und das Tambour-bourdon nicht nur im südlichen Okzitanien, sondern auch in Katalonien, Portugal und Spanien anzutreffen sind. «Ich möchte keine nationale Oc-Musik begründen oder ein großer Musiker werden. Ich möchte ein Volksmusiker sein und entsprechend der örtlichen Tradition spielen, am liebsten an Tanzabenden. Wir geben Konzerte, spielen auf der Straße, auf Hochzeiten, zu Weihnachten in großen Kirchen, auf Beerdigungen, auf Festen. Am beliebtesten ist Tanz- und Karnevalsmusik; wir haben Lieder für jede Lebenslage, satirische, politische, für Verlobungen und für den Hahnrei, für Arbeit und Trauer.» Doch der Text ist nicht so wichtig. «Er sagt kaum etwas über unsere Zeit aus.» Es ist wie mit amerikanischer Musik. «Wir mögen amerikanische Musik, ohne den Text zu verstehen. Einige singen amerikanische Songs mit einem englischen Text, den sie nicht verstehen. Die Wörter sprechen sie zwar korrekt aus, doch der Sinn entgeht ihnen.»

Für Sicre ist es wichtig, dem Gefühl entgangen zu sein, daß er im Provinzialismus eingesperrt ist: «Wir sind nicht länger Empfänger milder Gaben.» In der Oc-Musik, meint er, «wartet nur alles darauf, erfunden zu werden». Volksmusik baut auf der Wiederbelebung eines traditionellen Repertoires für moderne Zuhörer auf. Es ist nicht die Wiederbelebung der Troubadoure, deren Musik nicht für die einfachen Leute, sondern für den Adel bestimmt und eher lyrischer Gesang als volkstümliches Lied war. «Ich trat vor zwei Jahren der Oc-Bewegung bei, weil ich nicht intellektuell isoliert sein wollte. Ich habe den großen Wunsch, etwas zu machen – eine Reaktion auf den Mangel an Kreativität in meinem Milieu –, und zwar mit anderen zusammen. Ich kämpfe in der Oc-Bewegung in der Hoffnung, daß sie einfallsreicher wird. Und ich glaube, daß die traditionellen Musiker der Oc-Bewegung die einfallsreichsten sind. Wir können in Frankreich nicht anerkannt werden, weil wir hier immer Provinzler bleiben, doch wir können auf internationale Anerkennung hoffen. Ich versuche, das wissenschaftlich anzugehen und belege Seminare in Linguistik und Soziologie an der Universität; aber ich möchte noch herausfinden, was die verschiedenen Musikarten Okzitaniens verbindet. Mein Ziel ist es, einen Beitrag zur ethnomusikalischen Wissenschaft auf einer allgemeinen Ebene zu leisten und der Welt das musikalische Erbe Okzitaniens zu zeigen.» Was für eine Art Nationalismus sich daraus ergeben wird, weiß er nicht; das muß erst noch erarbeitet werden. Er weiß, es gibt außerhalb einer kleinen Minorität kein politisches Okzitanien-Bewußtsein. Das macht ihm wenig aus. Ihm kommt es darauf an, daß es ein kulturelles Okzitanien-Bewußtsein gibt.

Der Kongreß der Okzitanien-Bewegung gibt wenig Auskunft darüber, was dieses Bewußtsein ausdrückt. Dieser Kongreß scheint sich nicht sehr von irgendeinem anderen politischen Kongreß zu unterscheiden, verläßt kaum die Routine der Reden und Gerüchte, ist zwischen Fraktionen hin- und hergerissen und wird gefährlich beherrscht von dem Führer der Bewegung, Robert Lafont, den manche charismatisch finden, während andere sich bitter über sein Taktieren auslassen oder ihn beschuldigen, er komme sich wohl wie der «Papst des Midi» vor. Sie haben noch nicht genug Macht erobert, um voraussehen zu können, wer unter ihnen sich von der Macht korrumpieren läßt. Sie reden so, als stünde der Sieg kurz bevor. Aber der Physiklehrer (es gibt eine Vielzahl von Lehrern unter ihnen), der draußen vor dem Saal Streitschriften und Anstecker verkauft, gibt zu, daß auch er keine Antwort auf die Frage weiß, wie die Ausländer daran gehindert werden können, das Land und die Häuser als Sommerresidenzen aufzukaufen (so, wie die Juden das arabische Land in Israel aufkaufen, sagt er); und er ist traurig darüber, daß seine Söhne sich geweigert haben, das Okzitanische zu lernen.

Der Historiker Rémy Pech leitet eine Sitzung im roten Rollkragenpullover. Er sieht es als seine Lebensaufgabe an, als Chronist den wirtschaftlichen Verfall der Weinbauern des Languedoc aufzuzeichnen, von denen er stammt. Er träumt davon, eine ländliche Kultur wiederaufzubauen, die sich auf die sozialistische Kooperation gründet. In seiner Jugend war er Marxist, aber er fand heraus, daß Marx seiner Neigung nicht entsprach. Dieser Chronist Pech verehrt vor allem seinen Großvater, einen Weinbauern, der eine der frühesten Kooperativen gegründet hatte. «Ich war immer schon ein Anhänger der Kooperativen, schon als Student und auch als Rugbyspieler.» Aber sein Vater, ein Landarbeiter, fand, daß sie nicht länger vom Land leben könnten – «als Kinder aßen wir nichts anderes als Kartoffeln» – und ging in eine Fabrik arbeiten; ihm geht es besser heutzutage, doch glücklicher ist er nicht. Die Freunde aus der Jugend sind neidisch auf sein regelmäßiges Einkommen, aber er ist neidisch auf sie, weil sie es geschafft haben, als Weinproduzenten zu überleben. Und daher gibt es eine Kluft zwischen ihnen, die ihn ernsthaft belastet, da er früher die Seele des Dorfes war: Er organisierte gern den Karneval, und unter allen Männern war er der umgänglichste. Pech sehnt sich nach diesem alten Lebensstil so sehr zurück, daß er zum Weinbau zurückkehrte und die notwendigen körperlichen Arbeiten im Weinberg mit seinem Universitätsjob verbindet. Sein Vater verspottet ihn als Amateur und sagt, er wisse nicht einmal, wie er die Reben richtig beschneiden müsse. «Er ist stolz darauf, daß ich an der Universität lehre, und findet es seltsam, daß ich im Weinberg arbeite. Aber ich verspüre einen großen Drang danach. Ich habe nie eine gemeinsame Sprache mit den Bourgeois gefunden, weder mit denen in Toulouse noch mit denen in Paris. Lafont ist zu intellektuell für mich, obwohl er eine Analyse erstellt hat, in der ich mich selbst erkenne. Ich fühle mich mehr unter den Bauern zu Hause. Ich habe den Eindruck, daß ich ausgeglichener wäre, wenn ich auf dem Land geblieben wäre.»

In Pech steckt mehr als nur etwas von einem Utopisten des 19. Jahrhunderts. Er akzeptiert das Bildungssystem so, wie es ist, und glaubt, er habe seinen Lehrern viel zu verdanken. Als Junge wollte er Grundschullehrer werden. Doch sein beruflicher Erfolg läßt ihn nicht das Feixen seiner Prüfer vergessen, als sie seinen breiten Akzent aus Narbonne vernahmen, der sich abmühte, mit einer Frage über Nordfrankreich fertig zu werden. Er vermißt sehr den Teamgeist in der universitären Forschung und bedauert, daß alle so egoistisch sind. Er hat versucht, dagegen anzugehen, indem er mit einem Gleichgesinnten ein Seminar abhielt und die Zusammenarbeit als «gemeinsame Ernte» bezeichnete. Er ist lange schon Mitglied einer Gewerkschaft und gibt abends Unterricht für die Arbeiter aus den Dassault-Flugzeugwerken. Das Wesen der Menschen aus dem Süden besteht für ihn aus Freundlichkeit, Umgänglichkeit, dem Miteinanderreden. Ich erzählte ihm, daß ich am Abend zuvor in Toulouse ein bekanntes Restaurant aufgesucht hatte, wo die Gäste an langen Tischen saßen und von der dikken Wirtin und ihrer Tochter bedient wurden, aber daß sie kaum miteinander geredet haben. Ja, sagt er, gut möglich, daß diese Vision von der universalen Freundlichkeit nur in meiner Vorstellung besteht. Er jedenfalls mag gerne mit anderen Menschen zusammen Dinge erledigen. «Ich bin keiner, der sich selber jedwedem öffnet. Zum Beispiel Estèbe, er ist einer meiner besten Freunde, ich kenne ihn nun schon seit sieben Jahren, und doch habe ich heute zum erstenmal mit ihm über persönliche Themen geredet.»

Er sagt, er möchte etwas retten, das «von der Kultur des Weines übriggeblieben ist», aber in Wirklichkeit hofft er, etwas Neues zu schaffen. Er ist kein unverbesserlicher Optimist und kein Reaktionär, «eines Tages wird es eine Gesellschaft geben, in der die Menschen besser sind». Was zerstört werden muß, bevor dies eintreten kann, ist die abschätzige Behandlung der Bauern und der Leute aus dem Süden. Aus diesem Grund unterstützt er die Okzitanien-Bewegung, die sich für ihn und seine Freunde als Gemeinschaft durchsetzen wird, die genausoviel Respekt verdient, wie jede andere. Die Tatsache, daß die Menschen aus dem Süden durch Dialekte und wirtschaftliche Kräfte voneinander getrennt sind, ist kein Argument, so betont er, gegen die Existenz dieser Gemeinschaft. Er hätte Pariser Gepflogenheiten übernehmen können, aber er hat es nicht gewollt. Er möchte, daß die Leute verstehen, wie er fühlt. Am nächsten Tag brachte er mir einen langen, eigens für mich am Abend zuvor geschriebenen Aufsatz, in dem er seine Gefühle niedergeschrieben hatte, damit ich sie genau verstehe: Er war in dem perfekt geordneten logischen Stil geschrieben, in dem französische Lehrer so sehr glänzen. In intellektuellen Fragen denkt er immer auf französisch, selbst die kompromißlosesten Anhänger der Bewegung wechseln vom Okzitanischen ins Französische, wenn sie über Prinzipien reden wollen. Doch die Gefühle drückt er lieber in der Sprache seiner Vorfahren aus. Und erst wenn man diese Gefühle empfindet, kann man die Okzitanien-Loyalität in ihrer Bedeutung einschätzen.

Ein Grund dafür, daß sie sich nicht allzuschlecht behandelt fühlen, ist darin zu sehen, daß sie am nationalen Konkurrenzkampf nicht teilnehmen; im Gegensatz zu den Professoren sind sie keine Konkurrenz für die Pariser Intellektuellen und nicht daran interessiert, die hohen Auszeichnungen zu gewinnen. Georges Vaur, der mit dreizehn Jahren von der Schule und soeben nach 46 Berufsjahren als Drucker bei der Tageszeitung *Dépêche de Toulouse* in den Ruhestand ging, faßt seine Ansicht in dem folgenden Satz zusammen: «Ich will mir nicht den Kopf zerbrechen *(Je n'aime pas me casser la tête)*. Ich lese kaum die Tageszeitung, gerade eben nur die Schlagzeilen. Wenn ich ins Theater gehe, dann meistens in ein Musical. Ich war nur einmal in meinem Leben in der Oper, und mehr als vier Arien habe ich nicht behalten. Aber ich würde nie erkennen lassen, daß ich sie nicht mag. Ich lese keine Bücher. Ich sehe mir aber gerne Filme im Fernsehen an. Ich bin zufrieden.»

Er lebt in einem verfallenden Wohnblock mit Appartements, die die Gemeindeverwaltung von Toulouse ursprünglich für ihre Bediensteten gebaut hatte; aber als die Gebäude und die Nachbarschaft verwahrlosten, zogen die meisten der Mieter aus und arme Algerier und Marokkaner ein. Gegen diese Menschen hat er überhaupt nichts einzuwenden, obwohl einige seiner französischen Nachbarn nie mit ihnen reden. Seine Wohnung hat er hell ausgestattet und so den Kaufhausstil der 6oer Jahre übertüncht; Familienfotos und Reproduktionen bekannter Malereien hängen an den Wänden, Nippes steht überall herum, ein Auswahlangebot an Getränken, alles tipptopp sauber und gemütlich. Er mag seine Wohnung und glaubt, es sei ein Vorrecht, in einer Stadt zu leben. Er wuchs in einem der Nachbardörfer auf, «im Land von d'Artagnan»; sein Großvater war der Dorfzimmermann, und von seinem Großvater lernte er die Lieder, denn die Handwerker sangen den ganzen Tag während der Arbeit und auch abends, wenn sie zusammen tranken. Sein Onkel war Laiendarsteller, und vielleicht hat Georges Vaur dieses Talent von ihm übernommen. Denn er liebt es, den Clown zu spielen. Vor dreißig Jahren nahm er an einem Gesangs- und Theaterwettbewerb teil, in dem er einen lustigen Sketch zum besten gab, und zwar den Monolog eines stotternden Rechtsanwalts. Das war der Beginn seiner Karriere als Amateur-Unterhalter. Ein Radioproduzent entdeckte ihn und engagierte ihn für den örtlichen Rundfunksender. Erst schuf er die Toulouser Fassung von Dick und Doof, dann 1957 einen mehr einheimischen Charaktertyp, Piroulet, einen oberflächlichen Menschen, den er seitdem immer wieder portraitiert hat.

Kennzeichnend für seinen Charakter ist, daß er einen starken Toulouser Akzent besitzt. «Ich habe meinen Akzent beibehalten. Die Menschen erkennen an meinem Akzent, daß ich einer von ihnen bin, daß ich keiner bin, der es geschafft hat. Ich bin nicht stolz, ich rümpfe meine Nase nicht und binde auch nicht meine Krawatte enger.» Er spricht keine fremden Sprachen, «aber ich kann jeden Akzent nachäffen». Ich bat ihn, mir Französisch mit einem englischen Akzent vorzuführen. Es war in der Tat sehr amüsant, nur daß es kein englischer, sondern ein amerikanischer Akzent war. Er liebt es, die Japaner zu karikieren (obwohl er nie einen getroffen hat) und sich über die berühmten Markennamen französischer Produkte lustig zu machen. Er gibt nicht vor, sehr originell zu sein. «Ich plagiiere», gibt er offen zu, doch die Menschen amüsieren sich über die Geschichten, die er erzählt, so sehr, daß sie ihn immer wieder bitten, sie zu wiederholen. Zu seinen besten Nummern gehört die Geschichte des Bauern, der zu einem Rugbyspiel geht, den aber seine Schuhe sehr drücken: seine Schmerzensschreie, seine Verwirrung über den Spielverlauf, daß er ständig das Falsche zur falschen Zeit sagt und mißversteht, was man ihm sagt, all dies steht in der besten Tradition des klassischen Music-Hall. «Ich bin ein Geschichtenerzähler.» Es steckt nie Gift in dem, was er sagt. «Politik mag ich nicht, weil sie nur Haß zwischen den Arbeitern sät, genauso wie die Frauen; sie trennt nur die Menschen voneinander, genau wie die Religion. Ich bin ein Internationalist, ein Pazifist, ein Europäer. Okzitanien ist sehr in Ordnung. Ich mag einen okzitanischen Festabend, nur so zum Spaß, aber wir haben viele Ausländer hier, und ich möchte nicht in die Vergangenheit zurückgehen, denn es ist für alle Völker besser, daß sie sich gegenseitig besser kennenlernen und sich nicht voneinander abschneiden. Ich weiß, es gibt Geschichten über die Deutschen oder die Engländer, die in der Vergangenheit Böses verursacht haben, aber ich kümmere mich nicht darum, das gehört alles der Vergangenheit an – und so ist auch Okzitanien. Ich mag jeden.» Er scheint ohne jede Spur eines rassischen Vorurteils, kein Prediger für eine Integration zu sein, sondern praktiziert den freundlichen Umgang mit Arabern. Er erzählt keine schmutzigen Witze, genausowenig wie rassische Witze, «weil das bedeutet, daß Kinder nicht mehr mit ihren Eltern reden können und umgekehrt». Er führt seine Nummern sowohl bei katholischen wie bei kommunistischen Veranstaltungen vor: Es gibt nichts Anstößiges in ihnen.

Sein Erfolg ist ihm nicht zu Kopf gestiegen. Er tritt oft im Fernsehen auf, gewöhnlich als Einfaltspinsel aus Toulouse, und auch in Filmen – darunter in einem mit Jane Birkin; ein Journalist seiner Tageszeitung, der Leiter eines örtlichen Rundfunksenders wurde, hat ihm vier musikalische Komödien auf den Leib geschrieben. Jedoch sind seine Clown-Nummern immer ein Hobby von ihm geblieben, und er hat sein Leben lang als Drucker gearbeitet und auf dieselbe bescheidene Weise gelebt. Jetzt, da er in den Ruhestand getreten ist, «habe ich alles vergessen, was mit meinem Beruf zusammenhing». Er scheint immer guter Laune zu sein und zu einem Bonmot aufgelegt. Sein größtes Vergnügen ist das Feiern: «Ich mag Weihnachten und den 14. Juli.» Eine Alternative zum Protest über die Diskriminierung ist es, sich über die Besonderheiten der Menschen aus dem Süden lustig zu machen, sie in eine Quelle der Unterhaltung zu verwandeln, da seiner Meinung nach das Leben dazu da ist, daß man sich freut und nicht etwa dazu, daß man sich Sorgen macht.

In vielen Ländern gibt es Unterschiede zwischen der Mentalität ihrer nördlichen und südlichen Einwohner, wobei eine der Regionen gewöhnlich ärmer ist als die andere. Okzitanien erstreckt sich über ein Drittel des französischen Territoriums, doch das macht es politisch nicht stärker. Die Führer regionalistischer Bewegungen akzeptieren, daß es fast so vielschichtig ist wie Frankreich selbst. Die Verbreitung der Sprache (Oc bedeutet ja) reicht bis nach Italien und Spanien und wird von Katalanen, Italienern, Spaniern und Portugiesen eher verstanden als von Franzosen. Die Römer waren Geburtshelfer für zwei Sprachen im Gebiet des heutigen Frankreich: Französisch und

Provenzalisch. Im 12. Jahrhundert wurde Provenzalisch eine internationale Sprache, in der gefeierte Minnesänger in ganz Europa Lieder sangen, ungefähr so, wie die Popmusik heute überall mit amerikanischem Einschlag gesungen wird. Aber Okzitanien wurde nie zu einem Staatsgebiet vereinigt, und es entwickelten sich mindestens drei verschiedene Dialekte: Mittel-Oc (im Languedoc und in der Provence), Nord-Oc (im Limousin und in der Auvergne) und West-Oc (Gascogne). Im 19. Jahrhundert versuchten Oc-Regionalisten, diese Dialekte zu vereinheitlichen und ein Hoch-Oc zu bilden, was man heute ablehnt; linguistischer Pluralismus wird von den Regionalisten akzeptiert. Sie meinen, es sei absurd, den Bewohnern von Marseille Provenzalisch aufzudrängen, weil Marseille eine Weltstadt sei, in der Arabisch genauso viel gesprochen werde wie Provenzalisch oder Französisch. Marseille besitzt aufgrund seiner Größe tatsächlich eine eigene Identität, die kaum Platz läßt für Sympathien gegenüber allzu geplagten Bauern in dem öden Umland.

Die Fußballspieler von Olympique de Marseille (OM) zum Beispiel, dem Profi-Team der Stadt, sind alle in den Zwanzigern, doch ihre Loyalität gehört Marseille, nicht Okzitanien. Viele haben ausländische Namen, auch wenn sie hier geboren wurden – sie wuchsen als leidenschaftliche Anhänger ihrer Mannschaft auf und bemühen sich vor allem, für ihre Freunde und Familien zu gewinnen. Christian Caminiti, einer ihrer Stars, beteuert, daß allein OM «den wirklichen herzlichen, mediterranen Geist» besitze: Nizza und Menton seien «zu versnobt»; er glaubt, mehr mit Rom und Barcelona gemeinsam zu haben; wenn seine Fans ihm nach einem Tor zujubeln, «fühlen wir uns, als wären wir in Argentinien». Monsieur Lopez, ein kleiner Geschäftsmann und einer der treuen Fans der Mannschaft, der oft im Stadion das Training seiner Mannschaft beobachtet, betont: «Wir sind eine gemischte Rasse, wir Mediterranen», mit einer Wesensart, die man in allen großen Hafenstädten wie Barcelona und Genua finden kann; «wir sind ganz anders als die Leute von Béziers und Montpellier.» Ein anderer Spieler, José Anigo, erzählt, daß sie nie mit den anderen Mannschaften sprechen können, wenn sie in anderen Städten Frankreichs um die Meisterschaft kämpfen. Die Begeisterung der Anhänger und Spieler hat einen neuen Höhepunkt erreicht, denn das letzte Team mit älteren Profis wurde gefeuert, nachdem sie den Verein in die zweite Liga hatten absteigen lassen. Eine neue, verjüngte Mannschaft soll das Renommee der Stadt wiederherstellen. Roland Gransart, mit 28 Jahren einer der jüngsten unter den Trainern der wichtigsten Fußballmannschaften, bekräftigt, daß Leidenschaft das einzige Wort sei, das die Verbundenheit zwischen den Marseillern und ihrem Fußballteam beschreiben könne. Schulkinder verbrächten eine ganze Woche damit, sich auf ein Spiel vorzubereiten – als kleiner Junge habe er das früher selbst mitgemacht –, und ein Spiel sei stets ein Anlaß zum Feiern, zu Gaudi und ausgelassener Freude: «Wenn Sie die Massen vor dem Anpfiff sehen, steigt Ihr Blutdruck, ein großartiges Gefühl.» Ein anderer Fußballfan, dessen Familie seit 120 Jahren in Marseille lebt und der jeden Sonntag ins Stadion geht, sagt: «Ich bin in erster Linie Marseiller und Franzose aus Zwang.» Er fügt hinzu, daß er die Algerier nicht als Mitbürger akzeptieren könne: Ihre Anwesenheit in Marseille «kann nicht so bleiben, es wird mit einer Schießerei enden. Sollen sie doch nach Hause zurückkehren oder in ihren eigenen Vierteln leben, so wie die Schwarzen in Amerika».

Insgesamt behaupten 21 Prozent der Franzosen, eine Regionalsprache oder einen Dialekt gut, weitere 14 Prozent recht gut zu beherrschen. Aber diese Minderheit nimmt ab, weil sie hauptsächlich aus Menschen über 50 und Landbewohnern besteht, die zumeist nur Dialekt sprechen; die junge Generation wird ihn verlernen, es sei denn, die Lehrpläne der Schulen würden geändert. Die Regionalisten fordern auch «das Recht, in unserem eigenen *pays* zu leben» und nicht gezwungen zu sein, auf der Suche nach Arbeit in andere Gegenden Frankreichs auszuwandern. Sie protestieren gegen das Ideal der Technokraten von einer mobilen Gesellschaft; doch sie protestieren ebenso, wenn Arbeitsplätze von Firmen aus dem Norden oder dem Ausland bei ihnen geschaffen werden, da sie zwar Arbeitsplätze bringen, doch die höheren Positionen meist an Kräfte aus anderen Gegenden Frankreichs gehen. So vollziehen sie einen schwierigen Balanceakt zwischen ökonomischer Wiederbelebung und der Entwicklung eines eigenen Chauvinismus. Das einzige, was man über diese Suche nach Identität voraussagen kann, ist, daß sie sich wahrscheinlich in zunehmend unterschiedlicher Ausprägung niederschlagen wird; fast jeder neue Anhänger scheint seine eigenen Vorstellungen zu haben, und so, wie Programm und Möglichkeiten, werden sich auch die Gegenbewegungen entfalten.

Alain Saint-Ogan   **Diese Kleinen sind aber groß geworden!**

Die Lösung besteht nicht darin zu meinen, die Franzosen setzten sich aus Bretonen, Elsässern, Korsen, Auvergnaten, Normandiern usw. zusammen, und nun sämtliche alten Provinzen aufzuzählen. Der Mann, der den Franzosen mehr als alle anderen erklärt hat, was es heißt, Bretone zu sein, Pierre-Jakez Hélias, beteuert, daß Bretonen sich nie bewußt waren, zu einer Einheit, genannt Bretagne, zu gehören, und sich nur dann

Bretonen nennen, sobald sie sich außerhalb der Bretagne befinden. Sie verstehen sich als Einwohner einer bestimmten Stadt oder eines Bezirks und verhalten sich wie Mitglieder eines Clans oder Stammes. Ihre Freude am Bretonischen entspringt der Tatsache, daß fast jedes Dorf die Sprache verschieden artikuliert und somit zum Ausdruck örtlicher Besonderheiten macht. Die Unterschiede sind so gravierend, daß sie Französisch benutzen, wenn sie mit Bretonen aus einem anderen Distrikt zusammentreffen: würde Bretonisch vereinheitlicht, «wäre es nicht mehr Teil ihres Privateigentums».

Bretone zu sein bedeutete früher zumeist, ein armer Bauer zu sein, auf den die angeblich zivilisierten Pariser herabschauten. Der Reiz modernen Wohlstands und etwas mehr Weitläufigkeit haben aus den meisten Bauern nun Pseudo-Pariser gemacht. Die Mehrzahl der bretonischen Nationalisten stammt aus der Mittelschicht und wuchs in Städten auf. Die Rollen werden vertauscht, und Bretone im aggressiven oder autonomistischen Sinn zu sein heißt heute, sich der Schaffung einer neuen Kultur zu widmen und zur Erhaltung der alten beizutragen.

Die Memoiren von Hélias über seine bretonische Kindheit wurden zum Bestseller, weil er aufgezeigt hat, daß hinter der Scham der Bretonen wegen ihrer Armut und hinter der Fassade der Einfachheit, von der die Städter annahmen, daß sie das Wesen des bretonischen Lebens ausmache, eine unendlich komplexe Zivilisation stand oder eher mehrere Zivilisationen. Das typisch bretonische Essen umfaßte nicht notwendigerweise Hummer, Fisch und Austern: zwischen der Landbevölkerung und den Fischern tat sich nämlich ein großer Graben auf, so daß viele der Fischer nur freitags Fisch aßen, als Buße und mit Abscheu. Die traditionelle bretonische Kleidung zeigte an, aus welchem Dorf man stammte, und nicht etwa die Zugehörigkeit zu einer Nation. Innerhalb der Dörfer galt die Loyalität einzelnen Dorfteilen und nicht etwa dem eigenen Berufsstand. Stolz bezog das Kind aus seinem Eintritt ins Erwachsenendasein, der Handwerker aus seinem Geschick, eine Arbeit sauber auszuführen; Stolz erwuchs aus der Mitgliedschaft in einer kleinen Gemeinde, die *coterie* genannt wurde, etwas, das sich zwischen Freund- und Bruderschaft bewegte und dessen Sonnenseite die gegenseitige Unterstützung war. Die Schattenseite davon war die Angst, Zwangsvorstellungen vom Tod, eine blinde Unterwerfung unter die traditionellen Rollen. Der Vater von Hélias versteckte sich an dem Tag, an dem sein Schwein geschlachtet wurde, um seine Trauer zu verbergen und aus Angst vor der geheimnisvollen Rache, die unweigerlich eintreten würde, wenn das Schlachten nicht auf die korrekte rituelle Weise erledigt würde. Andererseits nahm er es als natürlich hin, daß Ratten gefangen und bei lebendigem Leib verbrannt werden mußten, so daß ihr furchtbares Schreien andere Ratten davon abhalten würde, das Haus heimzusuchen. Die gelegentlichen Feste, die die ganze Nacht andauerten, sollten nicht zu der Meinung verleiten, daß dies eine Gesellschaft war, die noch wußte, wie man sich vergnügte. Es war eine Gesellschaft, die darauf bestand, jedem das Seine zu geben und in der es keine konventionelle Höflichkeit gab: keinen guten Tag oder guten Abend, nicht mal ein Dankeschön, denn ein Geschenk, das man annahm, mußte man mit einem anderen Geschenk erwidern. Es gab auch so gut wie kein Küssen. Bretonische Bauern beschwerten sich über Angst und Alpträume, lange bevor sie ein Auto oder eine andere Wohltat der modernen Zivilisation sahen. Heute noch halten sie den Weltrekord im Alkoholismus, und eine der zwiespältigen Segnungen des Fortschritts, die sie am meisten zu schätzen wissen, sind die Schlaftabletten, von denen sie ungewöhnliche Mengen konsumieren, ganz besonders die Frauen. Aber um genau zu sein, ist es eine Minorität von Bretonen, die sich dem Alkohol und den Tabletten ergibt. Die Bretonen beziehen, wie die Franzosen, ihren Ruf aus dem Verhalten einer Minderheit. Sie beherrschen unendlich viele Varianten und Kombinationen der Befriedigung und des Terrors, für die sie bekannt sind, weil, wie Ernest Renan, einer ihrer berühmtesten Söhne, sagte, sie ein Volk von Häretikern sind.

Es gibt eine kleine Minderheit von Bretonen, die sich von Frankreich lossagen will. Einige verweisen darauf, daß, wären die Föderalisten 1789 nicht geschlagen worden, Frankreich heute ähnlich dem Verfassungsmodell der Vereinigten Staaten organisiert wäre und die Bretagne mehr von ihrer Einzigartigkeit hätte bewahren können, wie Texas oder Kalifornien. Es gibt keinen zwingenden Grund, warum die Bretagne zu Frankreich gehören sollte: die geographische Nähe allein, so wird argumentiert, sei kein ausreichender Grund; die Bretagne liegt näher an Washington als Hawaii oder Alaska. Wohlstand beruht nicht notwendigerweise auf der Zugehörigkeit zu einem großen Land, siehe die Schweiz, die bretonische Autonomisten dem Zentralstaat als Modell vorhalten. Sie lehnen die Jakobinische These ab, jede Provinz müsse gleich behandelt werden. Italien hat unlängst seine zentralistische Tradition aufgegeben und verschiedene Regionen mit unterschiedlich gestaffelten autonomen Befugnissen ausgestattet. Der Trend geht in Europa sicherlich in Richtung zu mehr regionaler Selbständigkeit. Sollte Brüssel dereinst mehr Macht als Paris haben, könnte die französische Einheit zerfallen. Doch dann wäre zu sehen, ob die Bretagne nicht eine ähnlich künstliche Einheit werden würde wie Frankreich heute. Die Schweizer Verfassung gestattet Kantonteilen, unabhängig zu werden, und der Jura hat sich kürzlich von Bern losgesagt. Selbst Einheiten von zwei bis fünf Millionen Einwohnern, wie sie bretonische Autonomisten als wünschenswert für ein Europa der Regionen ansehen, das ein Europa der Staaten ersetzen soll, sind nicht tabu.

Im Zuge der Anpassung führten Bretonen ein Doppelleben, sie waren Bretonen zu Hause und Franzosen im Kontakt mit der restlichen Welt, so wie die Japaner zwischen ihrer herkömmlichen und der westlichen Zivilisation pendeln. Die Elsässer führten drei Leben. Die Älteren unter ihnen wuchsen in ihrem eigenen Dialekt auf; dann mußten sie Französisch und Deutsch lernen, je nachdem, ob ihre Provinz von Paris oder Berlin aus regiert wurde. Das Ergebnis von Anschluß und Neuanschluß war, daß sie eine starke Autonomiebewegung entwickelten: Sie glaubten, daß sowohl Frankreich als auch Deutschland ihrer Individualität Gewalt antaten. Aber die Generation der weniger als 40jährigen erinnert sich an diesen alten Streit nicht mehr. Heute sprechen 85 Prozent der Elsässer Französisch als ihre Hauptsprache. Autonomisten erhalten bei

Wahlen nur 1 Prozent aller Stimmen. Die oberflächliche Anpassung verbirgt jedoch eine neue Art elsässischer Kleinstaaterei. Das Elsaß ist sicher nicht mehr das, was es einst war: zwei Drittel der Bevölkerung waren früher Bauern, und heute sind es nur noch 4 Prozent. Früher gehörte es zu den wichtigsten Zentren der Textilindustrie, verlor jedoch an Rang. Seit dem Krieg hat es sich durch ein Bevölkerungswachstum von 33 Prozent verändert, und die meisten Arbeitsplätze wurden von multinationalen Unternehmen geschaffen. Straßburg ist eine der europäischen Hauptstädte geworden. Im Elsaß kann man französisches, deutsches und schweizerisches Fernsehen empfangen. Die Bundesrepublik ist der Hauptexportabnehmer des Elsaß. Das Elsaß entwickelt sich als Teil der Rheinregion, der Brücke zwischen einer Reihe von Zivilisationen und als das Zentrum Europas. Englisch als zweite Sprache ist im Kommen. Wenngleich von den Lehrern behindert, die darauf beharren, sich als Boten des französischen Bekehrungseifers zu betrachten, lebt der Wunsch, Deutsch zu lernen, wieder auf, und die Hälfte der Schulkinder erhält Deutschunterricht. Einige junge elsässische Dichter schreiben in drei Sprachen – Elsässisch, Französisch und Deutsch – und drücken so die verschiedenen Aspekte ihrer Gedanken aus. Sie sehen ihre traumatischen Erfahrungen als Berechtigung an, ein neues Frankreich und Europa zu formen, das Gleichmacherei ablehnt, für äußere Einflüsse der übrigen Welt offen ist und dabei den Stolz auf die eigenen historischen Wurzeln entwickelt. Daraus folgt nicht, daß das Elsaß eine Provinz ist, die ihre Identität gefunden hat. Es ist auch selbst zwischen Nord und Süd geteilt, wobei der Norden die größte Konzentration von Protestanten in ganz Frankreich aufweist. Die Präsenz der Eurokraten in Straßburg erfüllte die Einwohner einst mit Stolz, weil sie so die Isolation überwanden (vor dem Bau des Europaparlaments reiste man von den europäischen Hauptstädten aus leichter nach Reykjavík in Island als nach Straßburg). Doch heute verursachen die Unannehmlichkeiten der europäischen Präsenz, hohe Mieten und schmierige Nachtklubs, eher Ernüchterung: «Straßburg ist zu einer fremden Stadt geworden», sagte ein elsässischer Nationalist, «Straßburg gehört nicht mehr zum Elsaß.»

Und Korsika? Sind Korsen Franzosen? Erst seit zweihundert Jahren gehört die Insel zu Frankreich. Sie liegt näher an Italien (83 km) als an Frankreich (170 km) und gehörte einst zu Genua. Im 18. Jahrhundert begann sie einen Unabhängigkeitskrieg, erklärte sich zunächst zur Monarchie, dann zur Republik und fand ihren politischen Führer in Pascal Paoli, der seinerzeit als einer der modernen europäischen Helden gefeiert wurde. Paoli glaubte, Korsika sei zu klein, um unabhängig zu bleiben. Als Frankreich daher Korsika 1768 von Genua kaufte und den Korsen dann Gleichberechtigung zusicherte (1789), akzeptierte er dies, doch als die konstitutionelle Monarchie in Frankreich fiel, bot er an, Korsika in das Britische Empire zu integrieren, was auch für kurze Zeit geschah (Paoli wurde in Londons Westminster Abbey begraben). Die Korsen überraschten dann die Franzosen, indem sie die Macht übernahmen. Napoleon war einer der ersten Korsen, die von Stipendien und Fördermaßnahmen profitierten, die in allen französischen Provinzen galten. Korsen mußten schon immer auswandern, um ihr Glück zu suchen (Paoli hatte dem König von Neapel gedient), nun standen ihnen sämtliche Karrieren in Frankreich offen. Sie haben sich auf Regierungsdienste verlegt, besonders auf die Polizei (15 Prozent aller französischen Polizisten sind Korsen), die Armee und die Kolonien. Sie besitzen eine überdurchschnittlich hohe Ausbildung, weil sie nur so in ihren Berufen auf dem Festland vorankommen können – mit den Folgen, daß Korsika die meisten seiner Talente exportiert hat und eine sehr arme Insel blieb. Kürzlich wurden enorme Subventionen bereitgestellt, um die rückständige Landwirtschaft zu entwickeln: doch vor allem die Bauern aus Algerien, die nach Korsika zogen, als Algerien unabhängig wurde, profitierten davon.

Korsen sind schon immer ein mobiles Volk gewesen; nur in den Sommerferien kann man die Korsen auf ihrer Insel antreffen. Wenn als Korse gilt, wer in Korsika geboren wurde oder wessen Vater dort zur Welt kam, dann gibt es deren 400 000; doch nur ein Drittel davon lebt auf der Insel. Lediglich 72 Prozent der Inselbewohner sind Korsen, der Rest setzt sich aus Einwanderern aus Algerien und anderen ehemaligen Kolonien und ausländischen Arbeitern zusammen (Korsika hat mit

13 Prozent den größten Ausländeranteil Frankreichs). Die Korsen hören langsam auf, Korsen zu sein, 82 Prozent von ihnen sind mit Festlandfranzosen verheiratet. Ihren Laufbahnen in Frankreich stand in den meisten Bereichen des Lebens nichts im Wege: Frankreichs größter moderner Dichter Paul Valéry war Sohn eines korsischen Zöllners (und einer Genueser Mutter). Tino Rossi war lange Zeit Frankreichs populärster Sänger. Nichtsdestoweniger ist die korsische Autonomiebewegung heute eine der aktivsten und gewalttätigsten. Ungefähr einer von zehn Korsen ist Autonomist, und 2 Prozent sind für die totale Unabhängigkeit. Sie beklagen, daß Korsen aufs Festland gehen mußten, um ihren Lebensunterhalt zu verdienen, und daß die Insel in zu großer Armut gehalten wurde, als daß sie ihre Kinder hätte ernähren können. Es gibt keine bedeutende Industrie; es wird viermal so viel importiert wie exportiert, und man ist auf Touristen angewiesen, um zu überleben (eine Million pro Jahr bei einer Bevölkerung von nur 220000). Die Autonomiebewegung muß noch eine praktikable Alternative für ökonomisches Wachstum entwickeln; die Nachbarinsel Sardinien war gezwungen, auf ausländische Investitionen für ihre Entwicklung zurückzugreifen und wurde so zu einer Art Dritte-Welt-Insel.

Die Gegner der Autonomiebestrebungen sagen, Korsika habe keine einheitliche Kultur aufzuweisen; erst Mitte des 19. Jahrhunderts seien die ersten literarischen Werke auf korsisch erschienen, und die Sprache müsse sich erst noch entwikkeln; Rechtschreibung, Aussprache und Vokabular variieren von Bezirk zu Bezirk, und Französisch ist die einfachste Art für Korsen, sich außerhalb ihrer Gegend verständlich zu machen. 1980 lernten nur 10 Prozent der Schulkinder Korsisch als zweite Sprache. Die Korsen haben eine lange Tradition interner Konflikte. Sie akzeptierten die französische Herrschaft zum Teil, weil «kein Korse jemals einem anderen gerecht werden kann» – wie einer von ihnen es formulierte. Sie haben sich nie so richtig für politische Ideologien erwärmt und ziehen personen- oder familienbezogene Bündnisse vor. In ihrer Sprache wie in ihren Bindungen fühlen sie sich ebenso als Bastianer, Corteaner usw. wie als Korsen.

Lokale Identität ist nicht nur eine Erinnerung, sie ist ein Prozeß von Entwicklung und Neuschöpfung, und ihre Formen ändern sich ständig. Die Nuancen, durch die sich die Franzosen voneinander unterscheiden, vermehren sich daher unaufhörlich.

3 Wie man sie unterscheidet

Nach General de Gaulle ist Asterix der bekannteste Franzose unserer Tage. Der General war so un- wie außergewöhnlich, daß es irreführend wäre, von seinen Qualitäten und Verschrobenheiten Rückschlüsse auf seine Landsleute zu ziehen. Einmal jedoch hat er, in einem ungewohnten Anfall von Bescheidenheit, zugegeben, daß es vielleicht doch eine Person gebe, die in der Lage wäre, es mit ihm aufzunehmen – der Comic-Held Tim aus der Serie «Tim und Struppi». Tim ist jetzt von Asterix in seiner Beliebtheit überrundet worden, der zwar nicht gerade das Gegenstück zu de Gaulle ist, es den Franzosen aber augenzwinkernd ermöglicht, dem General Beifall zu spenden und ihn gleichzeitig lächerlich zu machen; damit ist er in mancher Hinsicht ein vollkommenerer Franzose, auch wenn er sich über all das lustig macht, was die Franzosen angeblich achten und bewundern. Asterix ist klein und häßlich, dafür aber gerissen, mutig und nicht kleinzukriegen. Kein kultivierter Pariser Technokrat, sondern ein absurder Hinterwäldler, hat er keine Ambitionen, ein Star zu werden (er ist lediglich ein Sternchen). Er ist beinahe eine Micky Maus und manchmal auch ein wenig Superman. Er symbolisiert Frankreich (Gallien), das quasi auf eigene Faust der ganzen Welt Paroli bietet. Er lacht über alles Fremde, aber auch über seine eigenen dummen Klischees von Ausländern. Wenn Ausländer versuchen, ihn mit ihren gigantischen Hochhäusern aus Glas und Beton einzuschüchtern, wehrt er sie ab, indem er den beliebtesten Sänger seines Landes auf sie losläßt, der so gräßlich quietscht, daß alle die Flucht ergreifen.

Asterix parodiert alles, was französische Kinder in der Schule über die Tugenden ihrer Vorfahren lernen, so daß sie nie wieder ernst genommen werden können. Er ist stolz darauf, logisch und rational zu handeln, wie es sich für einen Franzosen gehört. «Was uns auszeichnet», sagt er, «ist, daß wir so voller Ideen stecken.» Aber sein bester Freund Obelix ist naiv, begriffsstutzig, streitsüchtig und hauptsächlich am Essen interessiert. So zeigt sich, daß der Charakter der Franzosen mindestens zwei Seiten hat. Was sie noch mehr hassen als Ausländer, sind diejenigen ihrer Landsleute, die aufgeblasene Heuchler, unechte Nachäffer fremder Schrullen oder angeblich große Denker und Volkshelden sind. Der Stolz der Franzosen auf ihre Unabhängigkeit zeigt sich als extreme Empfindlichkeit; diese wird zur Tugend erhoben, doch die Schlußfolgerung lautet: «Alle Menschen spinnen.» «Was sollen wir machen?» fragen sie sich, sobald sie in der Klemme stecken. «Laßt uns essen gehen», lautet die Antwort, und sie zerstreiten sich darüber, was sie denn nun essen sollen.

Asterix ist bei weitem Frankreichs größter Bestseller: Zwei Millionen Exemplare werden von jedem seiner Abenteuer gedruckt, mittlerweile gibt es deren über zwanzig. Er beweist, daß jede angeblich französische Tugend entweder von den Franzosen selbst veralbert oder von einer gegensätzlichen Eigenschaft ausgeglichen wird. Das erklärt auch, warum Asterix in einundzwanzig Sprachen übersetzt wurde. Bei weitem am beliebtesten ist er in der Bundesrepublik, landläufig als die Inkarnation vollkommen entgegengesetzter Werte angesehen. Die Auflagen in Deutschland sind fast genauso hoch wie in Frankreich. Die Deutschen lachen über französische Witze entschieden mehr als Engländer oder Amerikaner. Natürlich nicht alle Deutschen, aber auf beiden Seiten des Rheins gibt es eindeutig sehr viele, die die gleichen Witze mögen. Es ist also kein Zufall, daß laut Meinungsumfragen die Franzosen sich die Deutschen herausgesucht haben, denen sie sich am freundschaftlichsten verbunden fühlen. Wie arg Franzosen und Deutsche auch politisch verfeindet gewesen sein mögen, es existiert eine Haßliebe, die sie enger miteinander verbindet, als es die nationalen Klischees erlauben.

Asterix ist auch deshalb so populär, weil er in eine lange Tradition von Schriften über Frankreich paßt; der Boden war für ihn vorbereitet. Er paßte haargenau zu den Vorurteilen der Welt über Frankreich, und seit langem gibt es viele Franzosen, die sich so sehen mögen, wie Asterix sie sieht. Im 18. Jahrhundert behauptete die «Enzyclopaedia», daß jede Nation ihren Charakter habe. Frankreich wurde als *léger* beschrieben, was sowohl leicht und unbeschwert heißt als auch, sich selbst und andere nicht ernst zu nehmen. Der legere Franzose stand so dem eifersüchtigen Italiener, dem stolzen Schotten, dem betrunkenen Deutschen, dem faulen Iren und dem verschlagenen Griechen gegenüber. Ein Jahrhundert später definierten die Gelehrten noch immer das Wesen des Franzosen als die Fähigkeit, sein Leben in einer besonders vollkommenen Weise zu genießen, sowohl intellektuell wie sinnlich, mit Ideen zu spielen, brillant, höflich und witzig Konversation zu treiben, Traurigkeit durch Kunst zu vertreiben, Kunst in allen Lebensbereichen anzuwenden, vom Sex bis zum Garten; denn Franzose zu sein hieß in erster Linie, kunstvoll zu sein. Das machte ihn ihrer Meinung nach zum Gegenstück des puritanischen, versnobten Engländers und des praktischen, unersättlichen Amerikaners. Die Franzosen stritten untereinander und waren weit entfernt, sich darauf zu verständigen, daß die Eigenschaften, die sie sich selbst zuschrieben, auch nur mehrheitlich vorgefunden wurden; sie hatten ihr eigenes Kontingent an Miesmachern, Langweilern und kleinkarierten Geldschneidern. Die Definition ihres Charakters war keine Beschreibung dessen, was sie im wirklichen Leben waren, sondern dessen, was sie (oder zumindest die helleren Köpfe unter ihnen) sein wollten. Franzose zu sein war ein Ideal, ein Streben. Es wäre unangemessen zu versuchen, die verschiedenen Meinungen zu versöhnen, indem man zu der Feststellung gelangt, Franzosen seien eben paradox und widersprüchlich, manchmal ernsthaft, manchmal spöttisch, vereint oder gespalten und daß, so man all diese Eigenschaften verquirle, ein Franzose dabei herauskomme. Es hat in der Tat einige Rezepte gegeben, wie man einen Franzosen herstellt. Doch keines dieser Rezepte gelingt heute noch.

Am Anfang gab es überhaupt keine Franzosen. Frankreich ist das Ergebnis einer monarchischen Dynastie, die langsam ihre Domänen durch Gewalt, diplomatische List und Heiratspolitik ausweitete. Es ist keine naturgegebene geographische Einheit, weder ein Kontinent noch eine Insel. Seine Grenzen haben sich häufig verändert, und die heutigen stammen von 1919 oder sogar von 1953, als das Saarland gegen Frankreich votierte. Es umfaßt Regionen, die einst unabhängige Staaten waren, wie die Bretagne, das Languedoc und Navarra; Aquitanien gehörte einst zu England; Nizza und Savoyen wurden erst 1860 annektiert; die ältere Generation der heute französischen Elsässer wurde als deutsche Bürger geboren. Belgien und Luxemburg entkamen um Haaresbreite. In der Entstehung dieser eigenartigen Koalition der Völker lag nichts Unausweichliches, und die Vorstellung, «eins und unteilbar» zu sein, ist erst zweihundert Jahre alt. Genaugenommen bedeutete Frankreich nur die Region um Paris, die Ile de France. Es dauerte einige Jahrhunderte, bis sich dieser Kleinstaat ausgedehnt hatte und einen zentralistischen Despotismus einführte. Als die Könige nach dieser diplomatischen Glanzleistung 1789 von der Revolution gestürzt wurden, hielt das Land noch nicht aus gegenseitigem Zutrauen oder Übereinstimmung zusammen. Die meisten Untertanen des Königs hielten sich nicht für mehr als eben das, und Treue zur französischen «Nation» war ihnen noch fremd, denn «Nation» hieß für die meisten Menschen Region oder Provinz. Die Studenten der Sorbonne organisierten sich in «Nationen», je nach der Provinz, aus der sie stammten.

Im 18. Jahrhundert war Frankreich wahrscheinlich das reichste Land der Welt. Es glänzte nicht nur durch militärische Überlegenheit, sondern auch durch materiellen Luxus, Literatur und Kunst. Seine Sprache ersetzte Latein als universale Sprache der Gebildeten. Frankreich wurde quasi gleichbedeutend mit Zivilisation und Nachfolge des Römischen Reiches. Ludwig XIV. war der Sonnenkönig. Napoleon wäre es *beinah* gelungen, ganz Europa zu unterjochen, und er setzte seine Familie oder Marschälle auf die Throne Italiens, Spaniens, Schwedens und der Niederlande und anderswo. Franzose zu sein hieß zu diesem Zeitpunkt weitaus mehr, als nur in einem bestimmten Teil der Welt geboren zu sein, und ein französischer Patriot war nicht lediglich jemand, der sich seiner Heimat verbunden fühlte. Patriotismus bedeutete eher Hingabe an das Ideal menschlicher Glückseligkeit, an die Menschenrechte. Ein Patriot war deshalb weder ein Chauvinist noch ein blinder Gefolgsmann irgendeiner Regierung, sondern ein Bürger von Utopia, ein universaler Mensch. Die Attraktion Frankreichs für Europa ergab sich zum Teil aus dieser Interpretation seiner Mission: es repräsentierte die Befreiung der Menschheit und strebte die Schaffung einer neuartigen Gesellschaft an, in der die Menschen von Verstand, Prinzipien und Nächstenliebe regiert werden sollten.

Frankreich hielt also in der Welt eine Stellung, die sich kaum von der unterscheidet, die Amerika später übernahm: Asyl freier Menschen, Quell unbegrenzter Möglichkeiten, neuen Reichtums, neuer Ideen – bis dieses Bild durch die Vorwürfe des Imperialismus und der Nicht-Einhaltung dessen, was es predigte, seinen Glanz verlor. Nach diesem Rezept also bestand ein Franzose aus Bildung, Idealismus und Großzügigkeit zugleich; er tat sich hervor durch eine Kultur, nach der alle Menschen streben konnten und die viele gebildete Menschen in der ganzen Welt wie eine Religion auslegten. Paris war ihr Mekka. Aber diese Formel stimmt nicht mehr. Frankreich ist keine universale Zivilisation mehr. Seine Kultur hat sich für das demokratische Zeitalter als zu elitär erwiesen, seine Sprache ist vom Englischen überholt worden. In diesem alten Sinne ein Franzose zu sein erscheint wie die Mitgliedschaft in einem alten Club mit etwas seltsamen Aufnahmebedingungen.

Das Alternativrezept ist älteren Ursprungs und betont eher Unterschiede als Gemeinsamkeiten mit anderen Völkern. Es hieß, Franzosen nach einem einheitlichen Typus zu formen, und basierte auf ungeteiltem Nationalismus und ausschließlicher Treue. Napoleons Traum, jedes Kind dasselbe Stück lateinischer Prosa zur selben Zeit erlernen zu lassen, war ein Ausdruck des Wunsches nach einer Übereinstimmung, auf die man sich unfehlbar verlassen konnte. Das förderte das Klischee von dem Franzosen als einem klar erkennbaren, lokalen Phänomen. Doch es dauerte überraschend lange, bevor sich dieses Klischee vollständig entfaltet hatte, denn die Franzosen hatten niemals die Illusion, daß sie zu einem einzigen Typus verschmolzen werden könnten. Sie hatten anfangs auch weder eine Entsprechung für John Bull, der 1712 entstand, noch für Bruder Jonathan, wie Amerikaner im 19. Jahrhundert bezeichnet wurden (Uncle Sam kam erst mit dem Ersten Weltkrieg auf). Jacques Bonhomme war ein abfälliger Spitzname, den die Adligen vor der Revolution für die einfachen Leute und besonders für die Bauern benutzten; die feinen Damen und Herren konnten sich nicht vorstellen, irgend etwas mit ihm gemein zu haben. Monsieur Prudhomme hießen die Spießbürger.

Erst im frühen 20. Jahrhundert wurde Monsieur Dupont oder Monsieur Durand erfunden. Es ist merkwürdig, daß diese Symbolnamen für den Durchschnittsfranzosen benutzt werden; keiner von beiden ist besonders geläufig, wie Computeranalysen vor kurzem ergaben. Durand kommt im Norden und Osten selten vor. Der geläufigste Nachname in Frankreich ist Martin, gefolgt von Bernard und Thomas. Jungen werden am häufigsten Jean, Pierre oder Michel, Mädchen Marie oder Françoise genannt. Die geläufigsten französischen Namen sind also europäisch und nicht ausschließlich französisch; und keiner kann als typisch gelten, denn wenn man alle Personen mit den hundert typischsten Namen addiert, machen sie nur ein Zehntel der Bevölkerung aus. Der «Durchschnittsfranzose» wurde wahrscheinlich erst am 19. April 1924 geboren, als der Ausdruck *le français moyen* in der Zeitung *Le Temps* geprägt wurde – eine Schöpfung der modernen Statistik.

1980 erschien Monsieur Superdupont. Er war ein Comic-Held und Frankreichs Antwort auf Amerikas Superman. Der Karikaturist Gotlib ließ ihn als Ersatz für das Gewehr ein Baguette schwingen, Hausschuhe und Baskenmütze tragen; ein Camembert und eine Flasche Wein baumelten am Gürtel. Die Baskenmütze datiert die Idee hinter der Karikatur genau. Die Baskenmütze galt früher nie als das Merkmal eines Franzosen; bis 1923 wurde sie von Basken und nur in den Pyrenäen getragen. Dann avancierte sie plötzlich zur Modeerscheinung und wurde 1932, als 23 Millionen Exemplare angefertigt wurden, eine für jeden männlichen Kopf, fast zur eigentlichen Nationaltracht. Doch die Mode wurde in den fünfziger Jahren nahezu ganz abgelegt, und heute werden pro Jahr weniger als eine Million gekauft. Die Kopfbedeckung überlebte nur in der Armee, die versucht, korrekt und bescheiden auszusehen, indem sie sich an eine alte Kleidermode hängt; auch das ist recht neu, denn als martialische Tugenden noch bewundert wurden, taten die Soldaten ihr Bestes, um aufzufallen. Kein geringer Stolz des alten Frankreichs waren seine Hutgeschäfte, die eine fast unendliche Vielfalt der Stile in verschiedensten Materialien anboten. Nur wenige dieser Geschäfte haben im Sentier-Viertel in Paris überlebt. Der Mann mit der Baskenmütze spiegelt also nur eine kurze Episode der französischen Geschichte wider, eingefangen in den Filmen aus der Zeit Renoirs.

Die Krux mit solchen Stereotypen ist, daß sie bereits veraltet sind, wenn sie ins öffentliche Bewußtsein eingedrungen sind. Heute kann die Statistik keinen Durchschnittsmenschen mehr konstruieren, der nicht absurd erscheint. Nach dem letzten Stand verbringt der Durchschnittsfranzose die Hälfte seiner Zeit allein, ohne auch nur ein Wort zu sprechen, kauft alle drei Tage eine Zeitung, reist alle elf Tage mit dem Bus, einmal im Monat mit dem Zug, alle paar Jahre mit dem Flugzeug; er kauft alle zwei Jahre eine Jeans und jeden Tag eine Plastiktüte; er verbringt alle sechs Monate genau einen Tag im Krankenhaus, und alle vier Jahre zieht er vor Gericht; er lebt in einer Stadt mit 20 000 Einwohnern und stirbt im Alter von 69 an Herzversagen. Im wirklichen Leben ist der ganz durchschnittliche Franzose natürlich eine Seltenheit, und als durchschnittlich gelten zu wollen, ist eine reine Maskierung oder Ausrede, da der Durchschnittsfranzose nur äußerst vage Vorstellungen davon hat, was Durchschnitt ist. Was zum Durchschnitt gehört, dürfte in Frankreich wie in Amerika gleichermaßen schwer zu ermitteln sein.

Durch praktische Beobachtung habe ich versucht herauszufinden, was man widerspruchslos über die Franzosen aussagen kann. Allem Anschein nach unterscheiden sich die Franzosen von Ausländern am deutlichsten durch ihre Sprechweise, nicht nur, daß sie eine andere Sprache sprechen, sondern dadurch, wie ihre Sprache die Gesichtszüge bestimmt. Ihre Lippen müssen etwas vorstehen, denn Französisch hat mehr Laute, die verlangen, daß man die Lippen rundet als andere Sprachen. Neun der sechzehn französischen Vokale werden mit gerundeten Lippen gesprochen, im Vergleich mit nur zwei von zwanzig englischen Vokalen. Deutsch hat fünf lippenrundende Vokale. Der Grad der Lippenrundung im Französischen ist darüber hinaus größer, weil Vokale, die auf Konsonanten folgen, vorbereitet werden müssen, noch bevor der Konsonant abklingt. Vokale hinterlassen auch einen größeren Eindruck, weil Französisch weniger Konsonanten im Sprachverlauf aufweist als das Englische. Und Franzosen sprechen ihre Konsonanten mit weit vorgeschobener Zunge aus als die Engländer. Die französische Sprache verlangt eine andere Mund-, Zungen- und Lippenstellung als die englische.

Zur Zeit des Mittelalters klangen die französische und die englische Sprache viel ähnlicher, heute aber ist der Rhythmus der beiden Sprachen der bedeutendste Unterschied. Das Französische betont jede Silbe und hat keinen strengen Rhythmus, so daß die Wörter aus dem Mund zu kommen scheinen wie ein Maschinengewehrfeuer. Aus diesem Grunde ist es für jeden Franzosen, der Englisch lernt, am schwersten, die korrekte Betonung zu erlernen. (Aristokratische Franzosen haben es da viel leichter, sich dem Englischen zu nähern, da es beim englischen Akzent und seiner Aussprache auf Geziertheit ankommt.)

Schließlich kann man ahnen, daß eine Person französisch redet, ohne zu hören, was sie sagt, denn der häufigste Laut im Französischen ist das R (in verschiedenen charakteristischen Weisen auszusprechen möglich) und danach gleich das E. Im Englischen dagegen kommt der weiche Selbstlaut A (wie in another) recht häufig vor, gefolgt vom N; englische Selbstlaute sind seit dem Mittelalter in ihrer Aussprache bedeutend schwächer geworden. Giscard d'Estaing war seinerzeit ein perfektes, übertriebenes Beispiel eines Franzosen mit hervorstehenden Lippen; Chirac ist in seinen öffentlichen Reden eine gute Illustration der Gewohnheit, eine französische Rede wie ein Lied klingen zu lassen. In der Vergangenheit studierten

Cabu Die erste Lektion zu Beginn des neuen Schuljahrs

Bonjour! Ich trage ein Hörgerät und habe einen Herzschrittmacher sowie einen künstlichen Darmausgang...

aber ich fühle mich jünger als ihr alle zusammen!

Bonjour! Ich mache euch gleich darauf aufmerksam: keine Politik bitte! Reiche Kinder setzen sich auf die vorderen Bänke, arme Kinder auf die hinteren.

Ich freue mich sehr über diese erste Kontaktaufnahme: Laßt uns doch bald wieder einmal zusammenkommen!

Ich weiß, daß ihr euch einen Dreck um Racine und Corneille kümmert, aber sie sind nun mal mein Leben, und ich werde euch damit mästen, bis ihr daran erstickt!

französische Schauspieler das Fach «Ausdrucksweise», die Art des öffentlichen Vortrags; sie sprachen ihre Zeilen in einem Stil, der sich von dem einer gewöhnlichen Unterhaltung sehr abhob. Es gehörte sehr viel mehr dazu, als nur die Wörter zu kennen, um Französisch sprechen zu können. Chateaubriand sagte, daß Autoren, deren Verdienst ganz besonders in ihrer

Bonjour! Bildet euch nur ja nicht ein, ich sei ein Hippie geworden, bloß weil ein Todesfall in meiner Familie mich daran gehindert hat, vor Beginn des Schuljahres zum Haarschneider zu gehen.

Bonjour! Als Teil unseres beliebten Programms für Zeichenschulen im Rahmen des umfassenden Lebens der Gemeinschaft, möchte ich euch ein Exemplar meines neuesten Gedichtbandes zum Preis von 38 Francs verkaufen.

Bonjour! Ist etwa unter euch ein männlicher Chauvinist, der zu behaupten wagt, er sei gegen die Befreiung der Frauen?

Bonjour! Habt ihr schon die Neuigkeit gehört! Jesus lebt!

Bonjour! Meine Aufgabe besteht darin, euch eine gewisse Menge an Wissen zu vermitteln. Doch was die Entwicklung eurer Kritikfähigkeit, eures Verantwortungsgefühls und eurer nicht-verbalen Kommunikation angeht, so kann ich euch Privatunterricht darin zu wahrhaft günstigen Preisen anbieten.

Bonjour! Ich trage rosa Schlüpfer... Sonst noch Fragen?

Bonjour! Nehmt ein Stück Papier, schreibt euren Namen darauf und euer Tierkreiszeichen...

Ausdrucksweise liege, von Ausländern nie gebührend gewürdigt werden könnten. «Ein Autor kann eine gute Ausdrucksweise haben, aber keinen Stil.» Im letzten Jahrzehnt wurde Ausdrucksweise in den Schauspielschulen nicht mehr gelehrt: Ein etwas natürlicherer Schauspielstil wurde übernommen, der sich enger an den in Amerika beliebten anlehnt.

Bonjour! Diejenigen, die zum zweitenmal an meinem Unterricht teilnehmen und bereits meine Witze kennen, möchte ich freundlich bitten...

Uff! Was führt euch hierher?

Bonjour! Setzt euch!

Ihrem Ruf, beim Reden mit den Händen zu gestikulieren, werden sie allerdings nicht mehr gerecht. Lebhafte Gesten nehmen zu, je weiter man in Europa nach Süden fährt, nehmen aber ab, je weiter man in der Gesellschaft aufsteigt. Vielleicht befinden sich Gesten insgesamt auf dem Rückzug, weil die Bildung zunimmt oder nur noch bestimmte Gesten von einzelnen Gruppen beibehalten oder entwickelt werden. Die einzige ausführliche Studie zu diesem Thema wurde von einem Team um den Oxford-Psychologen Desmond Morris durchgeführt. Sie ergab, daß entgegen der weitverbreiteten Meinung, es gäbe typisch nationale Gesten, in Europa nur wenige auf ein Land beschränkt sind. Die Geste, die Ausländer mit Frankreich so sehr in Zusammenhang bringen, daß man sie verwendet, wenn man Franzosen imitieren will, ist die Kußhand. Sie kommt tatsächlich in Großbritannien sehr selten vor und ist auch in Italien selten, wird aber in Spanien, den Niederlanden, Jugoslawien, Griechenland und der Türkei ebenso häufig wie in Frankreich angetroffen.

Ein gebürtiger Provenzale wird seine Gesten ändern müssen, wenn er nach Paris zieht: die Ringgeste etwa – Daumen und Zeigefinger bilden einen Ring – bedeutet in England spätestens seit dem 17. Jahrhundert «in Ordnung, gut» und hatte schon im alten Rom, laut Quintilian, die gleiche Bedeutung. Doch in manchen Gegenden Frankreichs, besonders im Süden, kann sie auch «Null, schlecht» bedeuten. Morris fragte zwei Angler, die nebeneinander am Flußufer saßen, was diese Geste bedeute; der eine meinte: «*C'est bon*», der andere sagte «*Zéro*». Sie schauten sich verwundert an und entbrannten in Streit.

Ein Pariser kann sich daran erinnern, wie er diese Geste in ihrer neuen Bedeutung wahrnahm, da er aus dem Süden kam, wo ihm beigebracht worden war, daß sie schlecht bedeute. Das Ringzeichen hat sich nach und nach international als Zeichen für gut durchgesetzt, im Süden Frankreichs dagegen aber noch nicht gesiegt.

Es hat noch niemand erforscht, wie französische Gesten aufgenommen werden, wenn Franzosen ins Ausland reisen. (Vergleichbare Untersuchungen über italienische und israelische Immigranten in den Vereinigten Staaten liegen vor.) Und noch niemand hat bisher gezählt, wie oft genau Franzosen mit ihren

Händen reden. Quinault sagte im 19. Jahrhundert, daß «niemand auf einen schaut, wenn man nicht gestikuliert». Etwas merkwürdig, daß Engländer (von denen man annimmt, daß sie nicht sehr viel gestikulieren), wenn sie vom Fernsehen aufgenommen werden, manchmal mit ihren Armen in der Gegend herumwedeln.

Gestikulation kann ebensoviel mit Nervosität wie mit Nationalcharakter zu tun haben. Der Ruf des Gestikulierens ist genausooft auf die Eigentümlichkeit der Geste wie auf die Häufigkeit, mit der sie ausgeführt wird, zurückzuführen: Menschen sehen mehr oder weniger bewegt aus, je nachdem, welchen Teil ihres Arms sie bewegen. Es gibt zwei Gesten, die heute als typisch französisch gelten: der Kuß zur Begrüßung und der häufige Handschlag. Beide waren einst typisch englisch und lösten bei französischen Reisenden große Verwunderung aus. Unter Elisabeth I. war der Begrüßungskuß in England die Norm. Im 19. Jahrhundert wurde «*le handshake*» von den Dandies aus England importiert, und in Paris gaben sogar Lehrer Unterricht im Händeschütteln.

Professor Lawrence Wylie aus Harvard untersuchte die Bewegungen und die Körperhaltungen der Franzosen, indem er Filmstudien machte, und kam zu dem Schluß, daß sie durchaus ausgeprägte Merkmale aufweisen. Franzosen, so folgert er, scheinen auf eine Art und Weise ihre Muskeln zu kontrollieren, zu der Amerikaner nicht fähig seien. Sie halten ihre Schultern gerade. Die traditionellen französischen Stühle sind gerade und unbequem, als wären sie für Menschen gemacht, die sich beim Sitzen aufrecht halten können. Amerikaner dagegen strecken gern ihre Beine aus, legen sie auf einen Stuhl oder Schreibtisch, vergraben die Hände in den Hosentaschen, was Franzosen, wie Wylie sagt, selten tun. Amerikaner stehen mit den Füßen weit auseinander und verlagern das Gewicht von einem auf den anderen Fuß. Franzosen scheinen «mit der Anziehungskraft der Erde besser zurechtzukommen»; sie halten ihre Füße eng beieinander, wobei ein Fuß etwas nach vorn steht. Statt seitwärts zu schwingen, beugen sie sich nach vorn, wenn sie etwas in der Unterhaltung betonen wollen, und bewegen sich nach hinten als Zeichen der Zustimmung oder wenn sie lachen. Sie gehen mit ihrem Kopf leicht nach vorn gebeugt und halten an sich, als bewegten sie sich einen engen Korridor entlang. Jacques Tatis Gang, so behauptet Wylie, sei eine zutreffende Übertreibung. Doch Tatis Filme sind im Ausland erfolgreicher gewesen als in Frankreich selbst; es ist unklar, ob dies damit zusammenhängt, daß die Franzosen sich in seinen Filmen nicht wiedererkennen oder ob Wylie mit seiner Meinung unrecht hat. Tati war übrigens Russe von Geburt; eigentlich hieß er Tatischeff.

Die Untersuchung von Wylie ist bisher lediglich auf Paris und Boston beschränkt geblieben, und er hat nur in Boston detaillierte Filme von Franzosen gedreht, die vermutlich nervöse, gescheite, ehrgeizige Akademiker waren. Doch den entspannten Franzosen gibt es auch; der Unterschied zwischen Franzosen und Amerikanern ist nicht so leicht auszumachen. Wylie selbst stammt aus dem Mittleren Westen, und er gibt an, daß die Amerikaner in New York weniger häufig lächeln als die aus seiner Heimatstadt. Daher ist es nicht möglich, zuviel aus den Entdeckungen eines anderen amerikanischen Professors zu schließen, diesmal jemand von der Universität von Florida, der Ehepaare in verschiedenen Ländern während der Mahlzeit beobachtete und dabei die Zahl der körperlichen Berührungen im Zeitraum einer einzigen Stunde aufzeichnete: Das Resultat für London war keine, für Jacksonville (Florida) 8, für San Juan (Puerto Rico) 20 und für Paris 110. Sehr viel weiter entwickelte Statistiken wären vonnöten, um herauszufinden, wer wen berührt, wann und wo und weshalb.

Der Körperbau der Franzosen war natürlich schon immer höchst unterschiedlich. Ein Physiognomiespezialist schrieb 1830: «Man kann Bewohner der Provence nur höchst selten mit denen der Normandie verwechseln oder die der Picardie mit denen der Gascogne.» Bretonen waren früher kleinwüchsig (um 1900 fast durchschnittlich siebeneinhalb Zentimeter kleiner als die Einwohner von Cornwall auf der anderen Kanalseite). Die Menschen im Norden und Osten waren die größten, die in der Dordogne für ihre außergewöhnlich große Kopfform bekannt, und die der Auvergne und Burgunds für ihre ungewöhnlich flachen Köpfe. Heute wirkt sich der soziale Unterschied auf die Körpergröße aus. Besserverdienende sind im

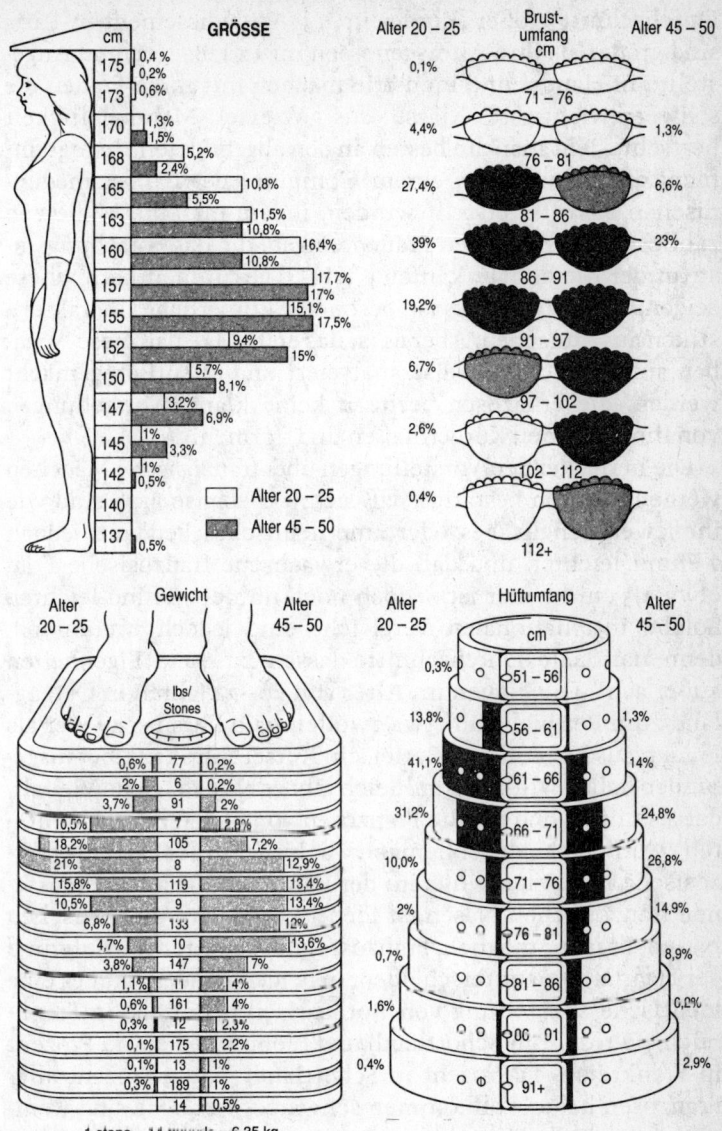

GRÖSSE

cm	Alter 20–25	Alter 45–50
175	0,4 %	0,2 %
173	0,6%	
170	1,3%	1,5%
168	5,2%	2,4%
165	10,8%	5,5%
163	11,5%	10,8%
160	16,4%	10,8%
157	17,7% / 17%	15,1%
155	17,5%	
152	9,4%	15%
150	5,7%	8,1%
147	3,2%	6,9%
145	1%	3,3%
142	1%	0,5%
140		
137	0,5%	

☐ Alter 20 – 25
▨ Alter 45 – 50

Brustumfang cm

Alter 20 – 25 · Alter 45 – 50

cm	Alter 20–25	Alter 45–50
71 – 76	0,1%	
76 – 81	4,4%	1,3%
81 – 86	27,4%	6,6%
86 – 91	39%	23%
91 – 97	19,2%	
97 – 102	6,7%	
102 – 112	2,6%	
112+	0,4%	

Gewicht

Alter 20 – 25 · lbs/Stones · Alter 45 – 50

lbs/Stones	Alter 20–25	Alter 45–50
77	0,6%	0,2%
6	2%	0,2%
91	3,7%	2%
7	10,5%	2,8%
105	18,2%	7,2%
8	21%	12,9%
119	15,8%	13,4%
9	10,5%	13,4%
133	6,8%	12%
10	4,7%	13,6%
147	3,8%	7%
11	1,1%	4%
161	0,6%	4%
12	0,3%	2,3%
175	0,1%	2,2%
13	0,1%	1%
189	0,3%	1%
14		0,5%

1 stone = 14 pounds = 6,35 kg

Hüftumfang cm

Alter 20 – 25 · Alter 45 – 50

cm	Alter 20–25	Alter 45–50
51 – 56	0,3%	
56 – 61	13,8%	1,3%
61 – 66	41,1%	14%
66 – 71	31,2%	24,8%
71 – 76	10,0%	26,8%
76 – 81	2%	14,9%
81 – 86	0,7%	8,9%
86 – 91	1,6%	6,2%
91+	0,4%	2,9%

Die Formen französischer Frauen

Durchschnitt größer (Kinder im 15. Arrondissement in Paris sind größer als ihre Altersgenossen im 12.). Bauern und Angestellte in Handel und Industrie machen mit ihren Frauen die schwergewichtigste Klasse aus. Wieviel Mannigfaltigkeit herrscht, sieht man am besten an den abgebildeten Histogrammen, die für mich an einem Computer der Pariser medizinischen Fakultät erstellt wurden, indem man die Maße von zahllosen französischen Frauen eingab, die das Forschungsinstitut der Kleiderfabrikanten (CEHTI) gesammelt hatte: diese zeigen, wie schwierig es ist, besondere körperliche Charakteristiken auszumachen. Aber es ist das erste Mal, daß diese Angaben auf eine solche Weise analysiert und öffentlich gemacht werden: die Franzosen besitzen keine klaren Vorstellungen von ihren eigenen Körpermaßen und -formen.

Die herrschenden Vorstellungen über französische Mädchen werden dadurch bestätigt, daß sie zwar ebenso groß sind wie ihr jeweils englisches oder amerikanisches Pendant, jedoch 7 Pfund leichter, und daß die erwachsene französische Frau etwa 2,5 cm kleiner ist, jedoch noch immer 7 Pfund leichter. Solche internationalen Vergleiche sind jedoch irreführend, denn nationale Durchschnitte lassen zu viele Eigenheiten außer acht. Die Frauen im Alter von 20–24 Jahren in Ostengland zum Beispiel sind etwa zwölfeinhalb Pfund schwerer als Frauen aus London (wie Berlei, ein Korsettfabrikant, herausgefunden haben will). In Frankreich gibt es eine so reiche Vielfalt, daß es unmöglich ist, die Franzosen von anderen Nationalitäten zu unterscheiden. Niemand war bisher in der Lage, die französische Nase zu definieren: der Durchschnitt aller gemessenen französischen Nasen ist identisch mit den slowakischen Nasen. Es ist unmöglich, Franzosen von Schotten nur aufgrund der Haarfarbe zu unterscheiden. In beiden Ländern gibt es eine identische Verbreitung von Rothaarigen (4 Prozent in Frankreich, 5 Prozent in Schottland) und Blondschöpfen (12 Prozent in Frankreich, 11 Prozent in Schottland). Nur 4 Prozent aller Franzosen haben vollkommen schwarzes Haar. Sie sind weniger häufig dunkeläugig als die Engländer (ein Viertel aller Franzosen hat dunkle Augen, während es bei den Engländern ein Drittel ist), was aber stark von Region zu Region schwankt:

14 Prozent im Morbihan, 42 Prozent im Gers, 57 Prozent in den Bouches-du-Rhône. Blaue, haselnußfarbene und dunkle Augen werden fast zu gleichen Anteilen angetroffen; im letzten Jahrhundert war eine Zunahme von blauen und dunklen Augen zu verzeichnen. Wenn Angehörige verschiedener Nationen, die die gleiche Tätigkeit ausüben und in ähnlicher Weise aufgezogen und ausgebildet wurden, wie zum Beispiel Flugzeugpiloten, miteinander verglichen werden, so ergeben sich für Frankreich, Deutschland und Großbritannien fast identische Körpermaße. Die NASA hat solche Vergleiche durchgeführt, um den idealen Astronauten zu finden. Unter amerikanischen Piloten gibt es einige, die vielleicht etwas schwerer sind, unter italienischen einige, die leichter und kleiner sind. Doch in der Mehrzahl gleichen sie sich alle. Der gigantische Amerikaner, der fette Deutsche oder der kleine Italiener mögen zwar den Ruf ihres Landes bestimmen, doch sind sie nicht die Norm. Die Wahrheit, die sich auch auf viele andere Bereiche übertragen läßt, lautet also: Minderheiten begründen den Ruf eines Volkes.

Es ist illusorisch zu glauben, die Franzosen würden sich immer ähnlicher. Seitdem Ehen Familien aus verschiedenen Landesteilen zusammenführen und bei einem Zehntel aller Franzosen ausländisches Blut in den Adern fließt, multiplizieren sich die genetischen Variablen von Generation zu Generation. Es wäre irreführend, wollte ein Franzose noch behaupten, in seinen Adern fließe französisches Blut. Das französische Volk besitzt längst kein gemeinsames physisches Erbe mehr. «Mein Freund Lampa, ein Bauer aus Ost-Senegal», schrieb der französische Genforscher Albert Jacquard, «ist sehr dunkelhäutig, und ich bin mehr oder weniger weiß, aber seine Blutdaten ähneln den meinen wahrscheinlich mehr als die von Monsieur Dupont in der Wohnung mir gegenüber.» Während nationale Einrichtungen versuchen, die Franzosen einander immer stärker anzugleichen, ist die Vorstellung von einem nationalen «Schmelztiegel», der einen einheitlichen Menschenschlag hervorbringe, ein Mythos: Gene behalten ihre Individualität bei, und die Mischung steigert lediglich die Vielfalt genetischer Ausprägungen. Die Franzosen werden einander immer weni-

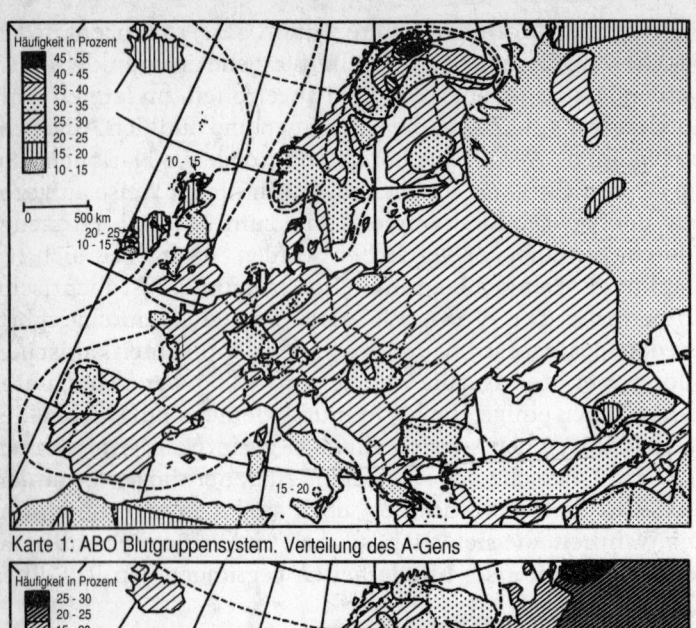

Karte 1: ABO Blutgruppensystem. Verteilung des A-Gens

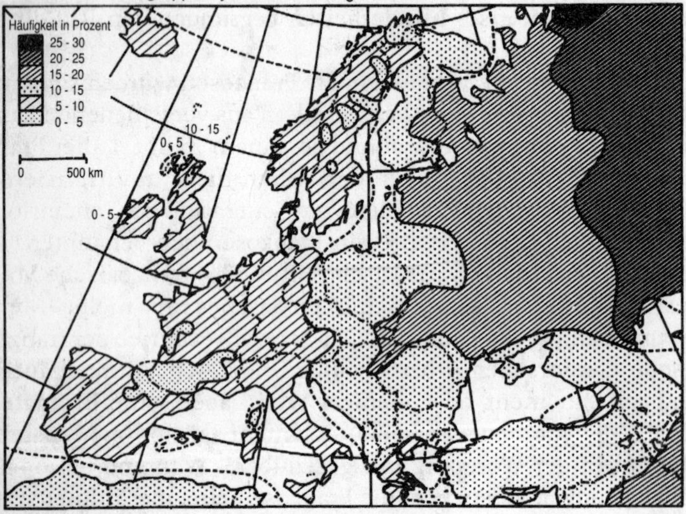

Karte 2: ABO Blutgruppensystem. Verteilung des B-Gens

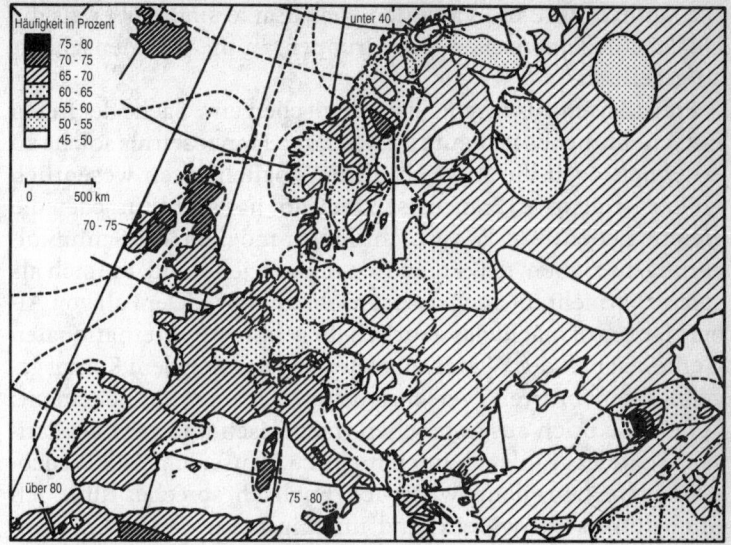

Karte 3: ABO Blutgruppensystem. Verteilung des O-Gens

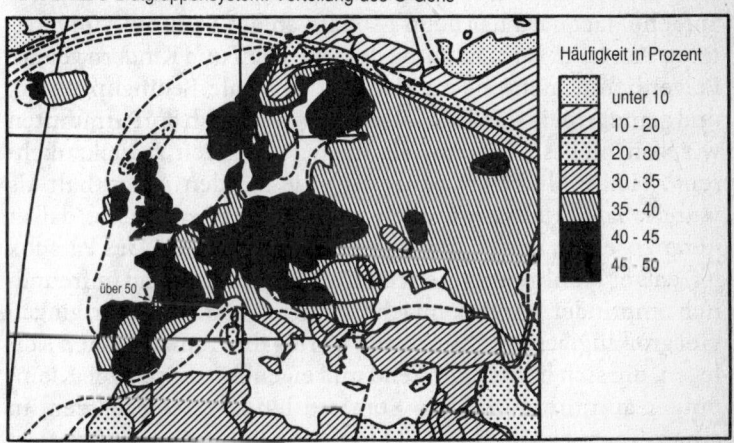

Karte 4: Rhesus Blutgruppensystem. Verteilung des d-Gens
(aus: A. E. Mourant, et al., *The Distribution of the Human Blood Groups and other Polymorphisms* [Oxford U. P. ²1976])

ger ähnlich. Ihre individuellen Gegensätze sind größer als die Unterschiede zwischen den Gruppen, in die die Menschheit aufgeteilt ist.

Französisch auszusehen ist inzwischen eine Sache der freien Entscheidung: Es ist heute schwieriger, Franzosen als solche zu erkennen, weil die Auswahl ihrer Möglichkeiten wesentlich größer ist denn je. Französisch zu sein, hat nicht für jeden die gleiche Bedeutung. Es ist nicht länger möglich, die Schlußfolgerung zu ziehen, daß Franzosen einfach jene sind, die sich als solche betrachten; auch das ist problematisch. Der Fall von Albert Jacquard macht das deutlich. Er gehört zur internationalen Gemeinschaft der Wissenschaftler und hat sich dem Kampf gegen Rassenvorurteile verschrieben. Doch er erklärt vehement: «Ich fühle mich ausgesprochen französisch und ganz als Pariser. Woanders fühle ich mich nicht zu Hause. Ich muß Französisch sprechen, denn wenn ich Englisch spreche, fühle ich mich dumm oder wie ein Kind, unfähig meine Gedanken nuanciert auszudrücken.» Es ist jedoch mehr als nur eine Frage der Sprache. Jacquard hat neun Monate an der Stanford-Universität in Amerika verbracht und dort mit Frau und Kindern gelebt. Er verdiente mehr als zu Hause, traf ideale Bedingungen an, und seine Arbeit war äußerst interessant. Doch dort «träumten wir von nichts anderem, als nach Frankreich zurückzukehren». Heute blickt die ganze Familie auf den Aufenthalt als wunderbare Erfahrung zurück, doch Jacquard entdeckte, daß er «Franzose sein muß». Er sagt, er brauche Freunde. Das Paradox ist, daß er Frankreich als entsetzlich kompetitiv und unfreundlich empfindet. Amerikanische Wissenschaftler, sagt er, gingen viel großzügiger mit ihren Ideen um als ihre französischen Kollegen, die sich besitzergreifend und eigenbrötlerisch wie Kleinbürger aufführten. Erst in Stanford lernte er es schätzen, in einem Team zu arbeiten. Er hatte an der Polytechnique studiert und daher die bestmögliche mathematische Ausbildung genossen, doch seine Kritik an den Auswirkungen seines Studiums ist vernichtend; sie fördere Anpassung, stehe kreativem Denken im Wege und bilde Technokraten heran, die mit lösbaren Problemen wohl fertig werden könnten, bringe aber nur selten Nobelpreisträger hervor. Das intellektuelle Leben von Paris sei nur an der Oberfläche prickelnd, eine Art Champagner, der einen bitteren Geschmack hinterlasse, weil «dir keiner hilft».

Welche Art Solidarität findet Jacquard dann in Frankreich vor? Als Volk sind die Franzosen auch nicht viel herzlicher. Er lag vor einiger Zeit in einem walisischen Krankenhaus und erzählt mit erstaunter Begeisterung von der herzlichen Betreuung und der Freundlichkeit der anderen Patienten. Dort herrschte wesentlich mehr Solidarität, als er je an der Polytechnique erfahren hatte. Das Netz von Beziehungen unter den ehemaligen Absolventen, das die Universitäten angeblich fördern, ist dagegen kaltes Elitedenken, und Jacquard haßt Elitedenken. Er haßt auch Antisemitismus und glaubt, der sei in Frankreich besonders ausgeprägt. Ein befreundeter Arzt erzählte ihm einst, ein ganz durchschnittlicher Patient mit *baccalauréat* habe ihn gefragt, ob das Kind, das seine Frau erwartete, «gezeichnet» sei, weil er fünf Jahre zuvor mit einem jüdischen Mädchen geschlafen habe. Jacquard glaubt, diese Haltung, ein Überbleibsel abergläubischer Hundezucht, sei unter der Hälfte der französischen Bevölkerung verbreitet. Für sie sind die Juden noch immer eine Art Teufel. Jacquard stört sich auch an der französischen Manie, jedem ein politisches Etikett aufzukleben. Weil er kommunistische Freunde hat und einige antirassistische Artikel in der kommunistischen Presse veröffentlichte, wurde er als «kommunistisches U-Boot» bezeichnet. Er haßt Menschen, die sich für intelligenter als andere halten, und lehnt jede Form von Verabscheuung ab, wobei Rassismus die grausamste ist, «weil ich auf Verachtung allergisch reagiere». Dies hat persönliche Gründe. Durch einen Unfall im Alter von zehn Jahren wurde sein Gesicht leicht verunstaltet. Die Grausamkeit seiner Klassenkameraden führte ihm vor Augen, was es heißt, zum Gespött anderer zu werden. Tränen treten ihm heute noch in die Augen, wenn er sich an sein damaliges Leid erinnert.

Es liegt Jacquard viel daran, geliebt und geschätzt zu werden. Er hat auf verschiedene Weise versucht, Anerkennung zu finden. Zunächst erreichte er akademische Würden und ging dann in den Staatsdienst, wo er es im Gesundheitsministerium bis zum stellvertretenden Regierungsdirektor brachte. Er wäre wohl lieber Arzt geworden, doch hatte er nicht den Mut, noch einmal von vorn anzufangen, bis politische Meinungsverschiedenheiten mit seinem Minister über die Verwendung des Etats für das Gesundheitswesen ihn veranlaßten, im Alter von 39 Jahren den Hut zu nehmen. Er studierte Genetik und machte noch einmal, im Alter von 42, ein Examen. Zehn Jahre lang war er damit zufrieden, zu forschen und gelehrte Bücher zu verfassen, die der einfache Mann auf der Straße nicht verstand. Er hatte das Gefühl, an vorderster Front der Wissenschaften zu kämpfen. Doch dann entdeckte er, zum Teil durch Gespräche mit seinen Kindern, daß er nichts Wesentliches, nichts Nützliches tat und daß im Namen seiner Wissenschaft Menschen unterdrückt wurden, daß er in einer ungerechten Gesellschaft lebte. Daher fühlte er sich verpflichtet, Publizist zu werden und der Öffentlichkeit zu berichten, daß die Wissenschaft eine große Befriedigung für Forscher sei und eine Gefahr für diejenigen, die nicht daran teilhaben. Er will den Mythos von der Ungleichheit aus der Welt schaffen, den die Scheinwissenschaft am Leben erhält, und verfaßte mehrere Bücher «über die Gefahren der Wissenschaft» und «ganze Lobeshymnen auf das Anderssein». Schreiben ist für ihn eine neue Bereicherung, eine neue Art des Überlebens. Seinen Namen auf einem Buchdeckel zu sehen bereitet ihm eine große Freude, die Zuneigung seiner Leser ist ihm reiche Belohnung. Doch wenn er auf seine Laufbahn zurückblickt und abschließend überlegt, dann war ihm nichts so wichtig wie seine Familie. Das Familienleben geht ihm über alles, wenngleich seine Frau einwenden könnte, daß er ihm nie genug Zeit gewidmet habe. Er ist stolz auf seine Kinder und auf seinen Erfolg, ihnen einen Sinn für Identität vermittelt zu haben. Sie arbeiten in anderen Berufen als er; sie werden ganz anders als ihr Vater, sagt er mit einer merkwürdig klingenden Befriedigung in der Stimme.

Was ist so französisch an diesem Mann? Nicht seine Bindung an bestimmte Ideen oder Vorurteile der meisten seiner Landsleute. Er lehnt vieles in Frankreich ab und folgt keinem vorgegebenen Muster. Sein Leben besteht aus der Teilnahme am Kreuzzug der Minderheiten, aus begrenzten Freundschaften, aus Familienleben und aus ganz persönlichen Abenteuern. Er verbindet diese verschiedenen Bereiche in Frankreich, und nur so vermeidet er dort Einsamkeit. Franzose zu sein ist also stets eine unterschiedliche Kombination von Minderheitsbeziehungen. Um einen Franzosen zu erkennen – das zeigt Jacquard –, muß man nicht nur eine Bindung kennen, sondern viele. Das führt uns zum dritten Rezept, wie man Franzosen formt. Das Frankreich der Übereinstimmung ist vom Frankreich der Minderheiten verdrängt worden. Pluralismus ist ein allseits anerkanntes nationales Merkmal und für viele ein Ziel. Die Rechte der verschiedenen ethnischen, regionalen, sexuellen und Generationsminderheiten wurden als berechtigt anerkannt. Und die Politik wird heute von der Verwirklichung dieser Ansprüche bestimmt. Damit gehört Frankreich zu einem der vielen Länder, die von vielen Kulturen belebt werden.

Doch ich glaube, daß auch dieses dritte Rezept sich bereits als unpassend erweist, denn die Minoritäten setzen sich aus vielen noch kleineren Minderheiten zusammen, und vor allem, weil Individuen gleichzeitig stets mehreren rivalisierenden Gesellschaftsgruppen angehören und auch angehören wollen. Das bringt eine ganz neue Art des Französisch-Seins hervor, das nicht den Rückzug in irgendeine Subkultur nach sich zieht. Das ist auch der Grund, warum ich mich in diesem Buch so sehr den einzelnen Personen widme. Sie gestalten heute ihre eigene Zukunft wesentlich bewußter und unabhängiger, treffen ihre Wahl, weisen manche ihnen offenstehende Möglichkeit zurück und bestimmen ihr Leben auf ihre Weise. Nach Tocquevilles Demokratiekritik glaubte man lange Zeit, daß die Menschen sich immer ähnlicher werden. Den Medien wird nachgesagt, sie förderten Uniformität und Konformität. Ich stimme dem nicht zu. Ich glaube, daß Tocqueville unrecht hat. Wie so viele andere Propheten wird er widerlegt von Menschen, die sich hartnäckig, listig und unvorhersehbar den Mächten, die sie umgeben, widersetzen.

4   Wie man über ihre Witze lacht und wann man ernst bleibt

Worüber lachen die Franzosen? Die Antwort auf diese Frage ist die beste Methode, um herauszufinden, was sie ernst nehmen. «Ich repräsentiere den Durchschnittsfranzosen», behauptet Philippe Bouvard, einer der höchstbezahlten Berufskomiker des Landes. «Ich habe nur ein Grundschulzeugnis in der Tasche, bin klein und nicht hübsch. Ich reise nicht gern ins Ausland, und wenn ich doch muß, esse ich am liebsten Steaks mit Pommes frites. Ich spreche keine fremden Sprachen. Gegenüber Ausländern bin ich chauvinistisch, aber zu Hause attackiere ich die Armee, die Kirche und respektiere nichts und niemanden. Ich mag keine Steuern zahlen. Ich nehme keine Person oder Institution ernst.» Er ist genau jene Art von Franzose, die die meisten Ausländer nicht mögen.

Bouvard ist ein fester Begriff, aber er ist nicht ganz zufrieden. Er hat nicht den Eindruck, daß er es bereits geschafft hat, zur Spitze zu gehören. «Eine meiner fixen Ideen ist der Erfolg.» Er hat eine Zeitschrift mit dem Namen *Réussir* (Erfolg haben) gegründet, denn er glaubt, daß dies eine fixe Idee jedes durchschnittlichen Franzosen sei. Er ist stolz darauf, von Null angefangen zu haben, und zwar als Bote in einer Zeitung, nachdem er durch sein *baccalauréat* gerasselt war, denn in Mathematik war er eine Niete. Ganz aus eigener Kraft hat er sich so emporgearbeitet, daß er sich erlauben konnte, einen Cadillac und einen Rolls Royce zu kaufen. Seinem Ehrgeiz sieht er keine Grenzen gesetzt. Er unterhält fünf Büros, und zwar dort, wo er tägliche Kolumnen hat: im Radio, im Fernsehen und in der Zeitung. Er pendelt zwischen ihnen hin und her, lenkt mit einer Hand, während die andere das Telefon hält und er mit seiner Sekretärin, seiner Familie, seinen Kollegen Nonstopgespräche führt. Er hat ein Dutzend Bücher veröffentlicht. Um eines fertigzustellen, braucht er drei Tage. Nie führt er eine Feder zum Papier, dafür diktiert er unaufhörlich. Einen Auftrag für einen Illustriertenartikel lehnt er nie ab: Innerhalb von zehn Minuten, nachdem der Auftrag eingegangen ist, ruft er zurück und diktiert den Artikel. «Ich bin immer bereit, neue Aufgaben zu übernehmen.» Er hat den Eindruck, daß er nie genug bekommen kann, weil sein Ehrgeiz grenzenlos ist und er glaubt, er müsse ständig kämpfen, um das zu halten, was er gewonnen hat.

Aus diesem Grunde ist Bouvard, der durchschnittliche Mann, nervös und in der Defensive, denn er hat entdeckt, daß er in der Minderheit ist. Er ist nicht wirklich der typische Franzose. Der durchschnittliche Franzose, so sagt er, kann paradoxerweise nicht mehr in Frankreich leben. Ein durchschnittlicher Franzose war jemand, «der mit einem bescheidenen Wohlstand zufrieden war und mit einer Arbeit, die ihn in die Lage versetzte, sich nach und nach zu verbessern». Doch heutzutage runzeln die andern die Stirn über einen, wenn man sich einen hohen Lebensstandard leisten kann. Das Wort Profit ist zu einem Schimpfwort geworden. Bouvard findet, daß dieser Angriff auf das Prinzip des harten Arbeitens das ganze Leben untergräbt. Er arbeitet täglich zehn Stunden, aber er kommt sich immer mehr wie ein Paria in einer Freizeitgesellschaft vor. «Ich bedaure, daß es immer schwieriger wird, jemanden zu finden, den ich für seine Arbeit bezahle, ganz besonders die Jungen. Der Müßiggang hat sich allgemein verbreitet, das ganze Land erfaßt, die ganze Welt.» Die Wahl einer sozialistischen Regierung hat dem wenigen Respekt für den Ehrgeiz, der übriggeblieben war, den Todesstoß versetzt. Doch Bouvard ist noch immer von dem Wunsch getrieben, «ein Selbstwertgefühl zu gewinnen». Er hat noch nicht genug getan. «Alles was ich habe, ist Geld.» Er träumt davon, ein wirklich großes Werk zu schreiben. Er wird zweifellos neue Ziele ansteuern, wenn er dieses erreicht hat. Er ist bestürzt darüber, «daß die Leute nicht mehr kämpfen wollen». Aus diesem Grund kämpft er gegen sich selbst; es gibt immerhin noch die eigenen Rekorde zu überbieten. «Das Problem von Frankreich ist, daß der Wunsch nach Erfolg weniger stark ist als der Wunsch, seinen Erfolg zu verbergen.» Bouvard gehört nicht zu jenen, die Typenbezeichnungen vom Auto abnehmen, um es so aussehen zu lassen, als handle es sich um ein billigeres Modell, wie einige Manager dies tun, um Neid zu vermeiden. Es ist nicht die Gier nach

Geld, die ihn antreibt; seit dreißig Jahren lebt er in derselben Straße und ist nur einmal umgezogen, und zwar in das Haus gegenüber. Viel eher wird er vom Gefühl angetrieben, noch nicht so recht akzeptiert worden zu sein, noch nicht ausreichend ernst genommen zu werden.

Wie kann jemand wie er ein Humorist sein, der so angespannt ist, so von einem Termin zum nächsten hetzt wie er, nie eine Minute verliert, und dessen Ruhm darauf beruht, einer von Frankreichs aggressivsten, mitleidlosesten Interviewern zu sein? «Ich werde dafür bezahlt, aggressiv zu sein.» Inzwischen glaubt er, daß er mit seiner Aggression zu weit gegangen ist. «In meiner Jugend war ich unmenschlich, ich respektierte die Gefühle der Menschen nicht genug.» Sein Verständnis von Humor ist nicht eines, das von ihm verlangt, barmherzig zu sein. «Frohsinn ist eine intellektuelle Veranlagung, die man nur langsam lernt», sagt er. Das Leben ist nicht lustig. Man muß schon Philosoph sein, um daraus Freude zu ziehen. Als junger Mann liebte er grausame Streiche; gewöhnlich rief er mitten in der Nacht Berühmtheiten an, um ihnen zu erzählen, wie sehr er sie bewundere: Sie fühlten sich so geschmeichelt, daß sie sich nie bei ihm darüber beschwerten, daß er sie mitten in der Nacht geweckt hatte. Ein neuerer Artikel in einer Frauenillustrierten warf die Frage auf: «Haben die Franzosen ihren Sinn für Humor verloren?» und stellte Humor mit Streichen auf die gleiche Stufe und beklagte, daß sie nicht mehr so weit verbreitet seien wie früher. Für Bouvard muß ein Spaß Elemente von Intelligenz oder Klugheit enthalten. Ihm zufolge ist der durchschnittliche Franzose jemand, der Intelligenz schätzt. (Die Varieté-Sendungen von Guy Lux – einer der berühmtesten und am meisten heruntergemachten Fernsehpräsentatoren des Landes – betrachtet er als tief unter seiner Würde, weil Lux sich an Menschen wendet, die jeden intellektuellen Anspruch in der Unterhaltung ablehnen, obwohl er zugeben muß, daß Lux einer «großen Minderheit» gefällt.) Doch die Intelligenz, die Bouvard mag, darf weder snobistisch noch exklusiv sein: er verabscheut Intellektuelle, die «von ihren eigenen Qualitäten zu sehr eingenommen sind», die irrigerweise annehmen, daß sie ein Monopol auf die Geisteskraft im Lande beanspruchen könnten.

Sein eigener Esprit, so betont er, ist im wesentlichen männlich. «Frauen haben keinen Esprit.» Trotzdem hat er eine große weibliche Anhängerschaft: er meint damit, daß er in der Tradition des Geisteswitzes steht, der sich aus der männerbeherrschten Gesellschaft der vergangenen Jahrhunderte nährte, wozu Wortgefechte, die Fähigkeit, den Widersacher mit arglistigen Pfeilen tiefgründiger Kenntnis zu treffen, und Klatsch gehören. So leitete er zum Beispiel eine Spielshow im Fernsehen mit dem Titel «Öl aufs Feuer», in der zwei Menschen – von denen bekannt war, daß sie gegensätzlicher Meinung waren – aufgefordert wurden, sich gegenseitig ohne Zaudern anzugreifen, in der Hoffnung, daß einer der beiden den anderen zur lächerlichen Figur mache und den vom Publikum verliehenen Preis gewinne. Witz und Esprit sind ein Spiel: «Wäre ich ein wirklich gehässiger Mensch, würde ich nicht so gut bezahlt, um gehässig zu sein.» Esprit ohne Feinsinn gibt es nicht: es ist eine Mischung aus Wortwitz und Klatsch, die unvorhersehbare Explosionen erzeugt.

Der durchschnittliche Mensch nach Bouvard bezieht seinen Selbstrespekt aus seinem Lachen über alles und jedes. Nachdem er mehr als 25 000 Interviews aufgezeichnet hat, ist Bouvard berühmt für seinen mitleidlosen Spott über all jene, die vornehm tun, für seine provozierenden Fragen, für sein Vergnügen daran, daß er seine Opfer in Rage bringt. «Jeder ist ein Heuchler, ausgenommen Sie und ich», sagt er. Er ist von Spitzenleuten fasziniert, aber er nimmt sie auseinander. Er haßt all jene, die behaupten, Experten zu sein. Er hegt eine besondere, altmodische Antipathie gegenüber Priestern, obwohl er zugibt, daß sie heute etwas weniger heucheln als früher, denn heutzutage «verstecken sie ihre kleinen sexuellen Sünden» nicht mehr. Ärzte sind Heuchler, weil sie mehr versprechen, als sie halten können. Politiker sind die größten aller Heuchler; es gibt keine ehrlichen Politiker; «der Beruf des Politikers ist vielleicht ein notwendiger Beruf, aber es ist bestimmt nicht der ehrlichste aller Berufe». Die ganze Gesellschaft beruht auf einer falschen Höflichkeit, auf einer Liebenswürdigkeit, die niemand pflegt, es sei denn, man wolle die wirklichen Gedanken verschleiern. Heuchelei in der Kunst bedeutet, daß sich niemand über ein Gemälde mit einer weißen Leinwand zu lachen traut, und daß Marguerite Duras sich erlaubt, einen Film zu drehen, in dem sie die meiste Zeit damit verbringt, mit Gérard Depardieu darüber zu diskutieren, daß sie gerne einen Film drehen würde, aber kein Thema finden kann. Niemand traut sich zu sagen, daß die Architektur von Beaubourg «Schund» ist und daß die Theaterstücke im Théâtre Chaillot «Nonsense» sind. Journalisten sind Heuchler, die nur über die sie selber interessierende Seite eines Problems berichten, und die Tageszeitung *Le Monde* ist die heuchlerischste von allen, denn sie gibt vor, objektiv zu sein. In einer Welt, die vor die Hunde geht, macht Bouvard aus seinem Zynismus die einzige Tugend.

Er hat fast jede Hoffnung verloren, aber doch nicht ganz. Denn er mag Kinder; die dürfen beanspruchen, ernst genommen zu werden, weil sie wehrlos sind. Über sein Familienleben spricht er nicht gerne, denn es geht vielleicht um die Beziehungen zu Leuten, die er nicht mag, zu seinen Vettern und Tanten, die er sich nicht ausgesucht hat. Freundschaft ist sogar noch seltener anzutreffen als Liebe, und unter Freundschaft versteht er ein Verhältnis außerhalb des Berufslebens, zwischen Menschen, «die mich um nichts bitten und die ich um nichts bitte»; «in einer auf Egoismus ausgerichteten Gesellschaft ist dies ein Luxus». Uneigennützigkeit überrascht ihn am meisten, deshalb bewundert er sie auch am meisten. Dem kommt er am nächsten in seiner Beziehung zu Kindern. Der Rest des Lebens wird vom Erfolg bestimmt. In seiner Freizeit hat er sich einige Jahre lang dem Glücksspiel ergeben, und es war für ihn ein ebenso großer Zwang wie seine Suche nach Erfolg in der Arbeit – «ein ererbtes Laster» seiner Familie, die immer und überall Karten spielte. Mit zunehmendem Reichtum spielte er immer mehr. Inzwischen hat er seine Spielsucht unter Kontrolle gebracht, obwohl er nach wie vor vom Glücksspiel fasziniert ist. Wie beim Ehrgeiz handelt es sich beim Spiel um etwas, bei dem man nie den größten Preis gewinnt.

Bouvard ist weder der Durchschnittsfranzose noch der ideale Franzose, denn vermutlich gibt es ebenso viele Franzosen, die ihn verwünschen wie solche, die ihn bewundern. Er verab-

Claude Serre

scheut so viele Dinge und Menschen in seinem eigenen Land,
er findet sich so wenig mit Modernität oder Veränderung ab, er
ist ein dermaßen außergewöhnliches Feuerwerk an Wortwitz,
daß er das genaue Gegenteil des Typischen ist. Er wäre entsetzt,
würde er dies hören, aber (einmal von seiner Animosität gegen

den Klerus abgesehen) er hat dennoch etwas gemeinsam mit einer anderen mythologischen Figur, mit dem Durchschnittsamerikaner nämlich.

Weshalb einem *bloßen* Humoristen soviel Aufmerksamkeit schenken? Weil Humor die Grenzen des Selbstvertrauens, der Zweideutigkeit und der Scham erforscht. Man hat sich ausreichend darum bemüht, die grundlegenden Kennzeichen und Glaubenssätze der Franzosen in den Programmen der vier größten politischen Parteien zu ergründen, deren Führern es nichtsdestotrotz irgendwie gelungen ist, sogar denen geheimnisvoll zu erscheinen, die jedes Wort und jede Tat genauestens untersucht haben. Ich hingegen zog es vor, vier berühmte Unterhalter zu befragen (und wir werden den anderen in den nächsten Kapiteln begegnen). Der Komiker Coluche sagte, daß er aufhören würde, über Politiker zu lachen, wenn die Politiker aufhörten, ihn zum Lachen zu bringen. Beobachtet man, womit Komiker seines Schlages die Franzosen zum Lachen bringen, so entdeckt man die versteckte Kehrseite der politischen Medaille, den Zynismus hinter dem Idealismus und die Angst hinter diesem Zynismus. Regierungen beruhen auf Institutionen, aber Institutionen werden vom Humor abgepolstert, der sie erträglich macht. Die Humoristen sind die populären Philosophen unserer Tage, weil sie aufzeigen, wie die Menschen mit dem Druck dieser Institutionen fertig werden; und sie helfen ihrem Publikum, es ebenso zu machen. Humoristen verschreiben keine Patentrezepte, und nach ihren Glaubenssätzen kann nicht gesucht werden: nur die ganze Persönlichkeit zählt. Aus diesem Grunde ist nur wichtig, was hinter ihrer Vorführung steckt, die sie vor der Welt aufführen, wie trivial sie auch all jenen erscheinen mag, die nicht gerne die bunte Presse lesen. Das Privatleben der Unterhalter ist Teil der neuen Mythologie unseres Zeitalters geworden und ersetzt die Geschichten der Militärhelden, die unsere Vorfahren sich so gerne erzählten. Ernsthafte Menschen mögen Humoristen als Clowns abtun, aber Clowns sind vermutlich die ernsthaftesten aller Menschen, denn sie können es sich nicht erlauben, sich selbst zum besten zu halten: wenn sie das tun, sind sie alles andere als lustig. Als Coluche sich als Kandidat für die Präsidentschaftswahlen aufstellen ließ, deckte er ein absurdes Element in der Politik auf; als er sich von seiner Phantasie forttragen ließ und anfing zu glauben, daß er tatsächlich gewählt werden könnte, wurde er selber absurd. Seine Demütigung war nicht rein persönlicher Natur; sie stellt vielmehr den ewigen Zusammenbruch der Phantasie dar, der überall und jeden Tag stattfindet.

Zwischen Bouvard und Guy Bedos liegen Welten. Bedos ist der französische Komiker, der am häufigsten zu sozialistischen Festveranstaltungen eingeladen wird. Er ist weit davon entfernt, sich selbst als einen Vertreter des Durchschnittsfranzosen zu betrachten, er verabscheut aus ganzem Herzen den Durchschnittsfranzosen. Eines Tages spazierte er als Tourist durch Rom, als er zufällig auf einen «typischen Franzosen» stieß, der sich wie die Karikatur eines Franzosen im Ausland verhielt, sich über alles beschwerte, was nicht französisch war, und die Italiener beschimpfte, daß sie nicht so wie die Franzosen seien. Bedos wurde so wütend auf ihn, daß er ihm sagte: «Ich mag Sie nicht»; und sogleich fing er an, dessen unangenehme Eigenschaften aufzuzählen. Der Franzose, der ihn plötzlich erkannte, überschüttete ihn mit Komplimenten; Bedos wollte davon nichts hören und fuhr fort, ihn unerbittlich zu geißeln. Bedos sagt, er habe sich zum erstenmal als wirklicher Franzose gefühlt, nachdem Mitterrand zum Präsidenten gewählt worden war. Schließlich würde Frankreich doch noch das Land werden, bei dem er stolz darauf sein konnte dazuzugehören. Davor sah er sich selber als Zigeuner an. Dies vor allem teilweise, weil er in Algerien geboren wurde und im Alter von fünfzehn Jahren nach Frankreich gekommen war; das heißt nicht, daß er sich nirgends zu Hause fühlt. Als er eine Tournee durch Rumänien machte, hatte er dermaßen das Gefühl, er befinde sich in einem Konzentrationslager, daß er all sein erspartes Geld zusammenklaubte, um das Wochenende über nach Paris zu fliegen. Auch in den Vereinigten Staaten fühlte er sich nicht zu Hause: die gigantischen Ausmaße bedrückten ihn eher, obwohl er sofort spürte, daß er mit einzelnen amerikanischen Schauspielern auf derselben Wellenlänge lag, wenn er sich mit ihnen unterhielt. Er sagt, seine Witze gehen in Belgien genauso-

gut wie in der Schweiz, weil seine Kritik des Durchschnittsfranzosen für Angehörige dieser Länder einer Art von Rache
gleichkommt, da sie gewöhnlich von Franzosen als fader Ab-
klatsch des wahren Franzosentums angesehen werden.

Zu Beginn seiner Schauspielerlaufbahn arbeitete Bedos für
Jean Renoir, von dem er die Ansicht übernahm, daß nicht so
sehr die Nationalität als vielmehr die Klassenzugehörigkeit die
Menschen trennt. Aber die Verbrüderung kommt eben nicht so
leicht zustande. Bedos ist zu unabhängig, um sich einer politischen Partei anzuschließen, auch wenn er sich selber als einen
Mann der Linken betrachtet: Der Unterschied zwischen Ost
und West besteht seiner Meinung nach darin, daß sie im Osten
«Halt's Maul» und im Westen «Reden Sie ruhig weiter» sagen.
Er verehrt Mitterrand sehr, macht sich aber über Politiker im
allgemeinen keine Illusionen; er zitiert zustimmend die Worte
von Woody Allen, den er auch bewundert, daß man von der
politischen Aktion keine tiefgreifenden Veränderungen im persönlichen Schicksal oder Verhalten erwarten dürfe. Doch ist er
sich sicher darin, daß es einen großen Teil der französischen
Nation gibt, mit dem er nichts gemein hat. Einer der berühmtesten Zwischenfälle in seiner Laufbahn war der öffentliche Austausch von Beschimpfungen mit Guy Lux, dem Symbol der anspruchslosen Unterhaltung. Lux verdammte Bedos als vulgär.
Bedos antwortete nicht nur, daß er nicht zum «Frankreich von
Guy Lux» gehöre, sondern auch, daß «alles, was ich tue, alles,
was ich geschrieben habe, seit ich zu schreiben anfing, gegen
das gerichtet war, was Guy Lux und seine Konsorten repräsentieren». Er sagte zu Lux: «Sie versuchen, die Leute einzuschlä-
fern, sie zu chloroformieren. Ich versuche hingegen, sie aufzu-
rütteln.» Er nennt «den großen Anästhesisten Lux» in einem
Atemzug mit Mireille Mathieu und ihren sentimentalen Liedern und auch mit Giscard d'Estaing, der als Präsident seinerzeit arme Leute zu sich in den Elysee-Palast einlud, um sich
mit ihnen heuchlerisch zu verbrüdern. «Alle diese Leute haben
eine widerliche Art, das Publikum einzulullen... als ob sie
Fleisch weichklopfen müßten.»

Der Humor, so sagt er, ist eine Art, die Falschheit und den
Betrug bloßzustellen. Seine Art des Humors entspricht einer

wütenden Satire, die sich sehr von den kleinen Späßen der altmodischen Bourgeoisie unterscheidet, mit denen man sich die
Zeit nach dem Essen vertrieb, und auch anders ist als die oberflächlichen, trockenen, mechanisch geistreichen Formulierungen, die Sacha Guitry so sehr schätzte. Bedos lacht, «um der
Mehrheit zu widerstehen»; sein Humor ist ein Mittel, um dem
Druck derer zu widerstehen, die an der Macht sind; «das Gelächter ist unser Adelstitel». Aus diesem Grunde lacht er nicht
über alles. Sein Humor hat einen moralischen Aspekt. «Ich
habe eine aristokratische Vorstellung von Humor. Es gibt
Dinge, die kann ich nicht attackieren.» Also macht er sich
nicht über die Justiz oder die Gleichheit der Rassen lustig; er
gibt auch nicht vor, ein Freund der sozialistischen Schichten zu
sein, die er verabscheut. Der Kampf gegen den Rassismus «ist
der Mittelpunkt meiner öffentlichen Aktivitäten». «Erst letzte
Woche», sagt er, «habe ich in Marseille drei verschiedene Taxis
benutzt. Innerhalb weniger Minuten gab jeder der Fahrer rassi-
stische Klagen von sich, so als ob sie einer Gehirnwäsche ausgesetzt gewesen wären, um dasselbe zu sagen.» Die Menschen,
die zu ihm ins Theater kommen, lädt er ein, «ihre Einstellungen zu ändern». Er möchte, daß sein Humor «das Leben verändert»; das Lachen ist ein Mittel dazu. «Lachen muß man dann,
wenn das Leben traurig ist, gerade dann.» Das heißt nicht, daß
man das Lachen über die menschlichsten Verrichtungen davon
ausschließt: Witze über «pipi-kaka» bringen ihn noch immer
aus der Fassung, so wie das in seiner Kindheit der Fall war.
(Zwei Männer wandeln durch die Flure eines Sanatoriums in
Chatelguyon, «das Las Vegas der Verstopften»: «Könnten Sie
mir bitte sagen, wo hier die Toiletten sind?» fragt der eine. «Ich
weiß es nicht», antwortet der andere, «ich bin erst seit zwei
Wochen hier.») Solche Scherze findet Guy Lux vulgär.

Bedos gibt zu, daß er nie Komiker geworden wäre, wenn er in
seiner Jugend glücklicher gewesen wäre. Hinter seinem Humor steckt nämlich Panik. Er hat sein Leben damit zugebracht,
sich selbst zu verstehen. «Ich beobachtete mich ständig. Wäre
ich eine Art von Entomologe, dann wäre ich das Insekt, das ich
am besten kennen würde.» Er hält sich selber für einen grundlegend bösartigen Menschen auf der Suche nach Freundlich-

73

keit. Er stammt aus einem zerrütteten Elternhaus; seinen Vater hat er kaum gekannt; seine Mutter mag er nicht. Er nimmt seinen Eltern übel, daß sie sich seiner komischen Begabung widersetzt haben, bis er erfolgreich war. Er rebellierte gegen seine Lehrer, er ist all denen feindlich gesonnen, die die Macht innehaben, in der Schule wie in der Familie. Aus der Armee wurde er als «geistig minderbemittelt» vorzeitig entlassen, und er haßt alles Militärische. Er sagt, er sei schon lange vor 1968 ein typischer Rebell der 68er Generation gewesen. Er möchte getröstet werden. Seine Bühnenauftritte verschaffen ihm eine unbeschreibliche Freude, auch wenn er vorher riesiges Lampenfieber hat, denn der Applaus und das Gelächter des Publikums zeigen, daß man ihn lieben kann und daß in der Tat sehr viel mehr Menschen ihn lieben, als den meisten Menschen gegeben ist. Er möchte nie ein Autor oder Filmschauspieler werden, denn das Vergnügen, es mit einem live applaudierenden Publikum zu tun zu haben, kann nicht übertroffen werden. Es ist eine seiner Methoden, sich zu «verbrüdern», indem er Beziehungen mit anderen eingeht. Er ist der Komiker der Verbrüderung oder, wie seine Feinde sagen würden, der Verschwörung. Erst im Alter von 18 Jahren entdeckte er die Freundschaft, als er mit Jean-Paul Belmondo und einigen anderen zusammen in einer Art Hippie-Gemeinschaft lebte. Wenn er Freundschaft schließt, dann «ist es fürs Leben», selbst wenn er seine Freunde im weiteren Verlauf nicht oft trifft. Daß er es geschafft hat, sich in Gegenwart anderer Menschen wohl zu fühlen, sieht er als Belohnung an. Er kann mit denen nicht reden, die er als anders ansieht. Seine Freunde hält er in verschiedenen Abteilungen: es gibt keine Freunde, auf die er sich regelmäßig verläßt. Er geht auf jeden einzelnen entsprechend dessen Eigenschaften zu, es gibt also viele verschiedene Arten der Freundschaft.

Am schwersten ist es, mit Frauen Freundschaft zu schließen. Als junger Mann konnte er sich nie einem attraktiven Mädchen nähern, ohne darauf zu hoffen, daß er sie verführen könne. Es hat ihn drei Ehen gekostet, um seine Beziehungen mit dem anderen Geschlecht zu klären. In einem seiner Sketche gibt er die Gedanken eines Paares wieder, das in einem Nachtclub einen langsamen Tanz tanzt. Die Frau hat die Einladung des Mannes zum Tanz nur angenommen, um kein Mauerblümchen zu bleiben, aber sie ist entsetzt darüber, daß er sie so eng umschlungen hält, wegen seines übelriechenden Aftershaves, weil er so klein ist und so dunkel aussieht, wo sie doch vor allem große Blonde mag. Aber sie traut sich nicht, die Tanzfläche zu verlassen, denn sonst würde sie vor ihren neidischen Freundinnen, die sie beobachten, das Gesicht verlieren. Eingestreut in diese Gedanken sind die Gedanken des Mannes: Er ist davon überzeugt, daß er auf sie anziehend wirkt; sie ist nicht wunderhübsch, aber auch nicht schlecht; sie hat feuchte Hände, aber das nur, weil er sie so erregt; er muß den Angriff weiterführen. Er beißt sie ins Ohr; sie denkt, er sei ein Verrückter. Er krallt seine Nägel in ihren Rücken, er ist sich sicher, daß Mädchen so was mögen, er hat es in einem Männermagazin gelesen. Sie wird hysterisch und wehrt sich schreiend dagegen. «Ich hab's geschafft», sagt er sich selbst. «Frauen sind doch nicht so kompliziert, wie ich dachte. Man muß nur wissen, wie man ihrer Herr wird...»

Diese Geschichte eines vollkommenen, gegenseitigen Mißverständnisses illustriert das Geschick von Bedos, die menschlichen Schwächen herauszuarbeiten, aber das bedeutet nicht, daß er in der Lage wäre, seinen eigenen zu entkommen. Er ist noch immer mit seiner ersten Frau und seiner Tochter Leslie befreundet, obwohl Leslie ihre Unabhängigkeit unter Beweis stellt, indem sie seine politischen Bindungen ablehnt. Seine erste Ehe zerbrach, als er sich in die schöne Sophie Daumier verliebte. Sie war zu dieser Zeit als Unterhalterin in einem Nachtclub tätig. Zusammen bildeten sie ein berühmtes Duett, vergleichbar dem von Maurice Chevalier und Mistinguett. Aber nach etwa zehn Jahren schlug ihre Liebe in Haß um. Sie trennten sich in einem öffentlichen Streit: Sie veröffentlichte ein Buch, in dem sie ihre Ehe mit ihm als einen Betrug hinstellte, ihn bezichtigte, sie wie Pygmalion geführt und ihre Unabhängigkeit zerstört zu haben. Am Tag ihrer Heirat hatte er ihr gesagt: «Von heute an vertraust du mir deine Zukunft an. Ich werde ihr Wächter sein.» Sie bewunderte ihn und hatte zugleich etwas Angst vor ihm: «Ich beschütze dich», sagte er, «du brauchst mir nur zu folgen.» Aber nach und nach nahm sie ihm seine Einbildung übel, daß sie ohne ihn nicht zurechtkomme: Sie beklagte, daß sie ihre Sketche zusammen ausdachten, er aber das Copyright nie auf beide Namen zusammen eintragen ließ, ihr auch keinen Anteil an den Tantiemen gab. Er unterbrach sie, wenn sie gemeinsam ein Interview gaben, obwohl sie auch etwas beizutragen hatte. Sie ist stolz darauf, Feministin gewesen zu sein, bevor die Frauenbewegung aktiv wurde; sie freundete sich mit Gisèle Halimi an, einer der ersten Führerinnen der französischen Frauenbewegung. Sie lehnte sich gegen die geltenden Schönheits- und Frauenideale auf. Sie wollte keine Kinder haben. Als sie sehr jung war, hatte sie einen außerehelichen Sohn geboren (Philippe, jetzt ein Rockmusiker) von einem Italiener, den sie kaum kannte. Sie erinnert sich, daß die Geburt eine fürchterliche Erfahrung für sie war, und danach ließ sie sich sterilisieren. Ihre beiden Katzen hat sie auch sterilisieren lassen. Eines Tages hatte sie genug davon, sich die Berichte über die Schlaflosigkeit von Bedos und seine Problemchen anhören zu müssen, als sie «ihre eigene Wahrheit» entdecken wollte. Sie fing an, die Solidarität gegen die Ausbeutung durch die Männer zu predigen. Der Bruch zwischen beiden war nicht kühl intellektuell. Dreimal hintereinander versuchte sie, sich umzubringen. Er sagt, sie hätten sich scheiden lassen, weil er es nicht habe mit ansehen können, wie sie seinetwegen litt, aber er liebe sie noch; er hofft, kein so großer männlicher Chauvinist mehr zu sein. Sie antwortet darauf, das sei alles Heuchelei, er gebe nur eine teilweise Schuld zu, damit er seine Anhänger nicht verliere.

Bedos ist davon überzeugt, daß er schließlich mit sich selber ins reine gekommen ist durch seine dritte Ehe mit einer Frau, die viel jünger ist als er, mit der er einen Sohn hat, den er verwöhnt. Sein Sohn ist der Mittelpunkt seines Lebens, der König des Haushalts, er hat aus Bedos einen sentimentalen Menschen gemacht. Bedos hat entdeckt, daß es Glück bedeutet, wenn er mit seinem nackten Baby spielt und wenn er mit seiner Frau im Bett liegt. Er hat erkannt, daß die Sentimentalität das Gegenteil des Humors ist; diese Kombination hat ihm das Gefühl vermittelt, daß er endlich mit sich eins geworden ist. Er glaubt nicht, daß er sich in Zukunft sehr verändern kann. Es

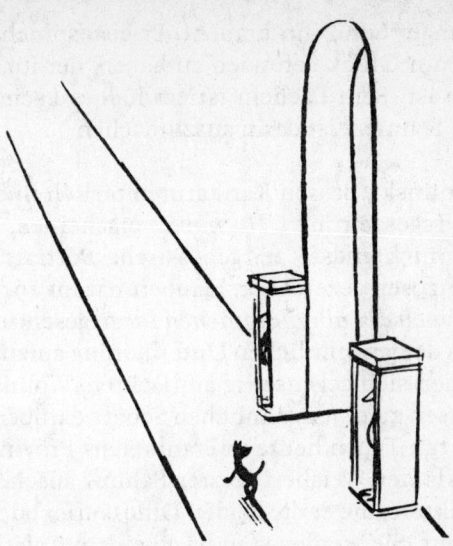

Chaval   Hund, seinen natürlichen Drang
vor dem Präsidentenpalast zurückhaltend

war ein schmerzensreicher Weg, sich selbst kennenzulernen,
«mit sich selbst Freundschaft zu schließen», daß er nicht den
Mut hat, «sich selbst umzubringen» wegen des Versuchs, einen
besseren Menschen aus sich zu machen. Schließlich hat er
seine eigene Art des Selbstvertrauens gewonnen. Ein Humorist
verbirgt sich normalerweise hinter einer Maske, schafft Charaktere, denen er Leben einhaucht, ohne sich selbst zu stark zu
binden. Bedos ist das Risiko eingegangen, in seinem eigenen
Namen zu sprechen. Er glaubt, daß dies sein Beitrag zur Entwicklung des Humors in Frankreich sei. Andere, wie Coluche,
sind in seine Fußstapfen getreten. Das Gefühl, daß seine
Stimme gehört worden ist, tröstet ihn. Er ist immer noch dar
auf angewiesen, ein Publikum zu haben, das an seinen Lippen
hängt und ihm applaudiert; er ist immer noch davon abhängig,

daß sein junger Sohn ihn braucht. Er beansprucht nicht, den Schlüssel zum Glück gefunden zu haben, der für alle Zeit zu gebrauchen ist. Sein Lächeln ist ein halbes Lächeln, und ein Anflug von Schmerz ist darin auszumachen.

Georges Wolinski, dessen Karikaturen täglich in der kommunistischen Tageszeitung *L'Humanité* erscheinen, hat vermutlich das vernichtendste zeitgenössische Portrait des Durchschnittsfranzosen gezeichnet. Flaubert hat im 19. Jahrhundert ein *Wörterbuch der übernommenen Ideen* geschrieben, um die Banalitäten der gewöhnlichen Unterhaltung aufzuspießen, die die Menschen sich gegenseitig auftischten. Wolinskis Karikaturen wachsen zu einem ähnlichen Schatz darüber an, was die verknöcherten Typen heute in Frankreichs Provinz, *la France profonde*, als der Weisheit letzter Schluß ansehen. Er schuf zwei Charaktere, die er die beiden Dinosaurier oder die beiden Idioten nennt. Sie werden ständig an einem Cafétisch sitzend gezeigt, jeder ein Glas Wein vor sich. Der Größere der beiden denunziert nachdrücklich die Verrücktheiten der Alten und sprüht über in seiner Nostalgie für die gute alte Zeit. Der Kleinere ist unterwürfig und stimmt ihm schnell zu, denn er läßt sich leicht von den fein gedrechselten Sätzen seines Freundes beeindrucken und möchte korrekt um jeden Preis sein; seine kleinbürgerlichen Beschäftigungen, sein Bemühen, seiner Frau zu gefallen, spielen eine Art unbeantwortet gebliebene Begleitung, denn der Größere hört ihm nie zu.

Die beiden Idioten sind fest davon überzeugt, daß es darauf ankomme, die Ordnung aufrechtzuerhalten. Aus diesem Grund stimmen sie der Einsatzpolizei (der CRS) zu. Der Große sagt: «Du mußt fair sein: die CRS sind von der SS meilenweit entfernt.» – «Sie tun nur ihre Arbeit», gibt der Kleine als Echo zurück. «Ehrbare Leute», sagt der Große, «zahlen ihre Steuern nicht dafür, daß die Gefängniszellen der Verbrecher wie Urlaubsorte dekoriert werden, und auch nicht für Gefängniswärter, die sie wie Kellner bedienen, mit einem weißen Tuch über dem Arm: Wünschen der Herr noch etwas Champagner?» Der Kleine schlägt schüchtern vor, daß vielleicht nicht jeder, der im Gefängnis sitze, dort auch hingehöre: «Justizirrtümer kommen immerhin vor.» – «Vielleicht», antwortet sein Freund, «aber mir ist es lieber, die Gefängnisse stecken voller Unschuldiger, als daß die Straßen voller Krimineller sind.»

Die beiden sind sich einig in der Meinung, daß das Problem ihres Landes darin begründet liege, daß die alten Vorschriften zerstört worden sind: «Nichts ist verboten; die Franzosen haben ihr Ehrgefühl verloren.» So hat zum Beispiel einer der Vettern des großen Mannes, der sich mit einem charmanten Mädchen verlobt hat, sich eine Syphilis zugezogen. Alle wußten es, nur das Mädchen nicht, denn sie war gut erzogen und wußte auf diesem Gebiet nicht Bescheid. Die Heirat wurde also vollzogen, keiner sagte etwas, und nach einer Weile produzierten sie einen idiotischen Jungen. Aber «die Ehre war gerettet». «Glaubst du nicht, das heißt das Ehrgefühl ein bißchen zu weit zu treiben?» – «Monsieur», betont der große Mann, «so verhielten sich unsere Familien in der Vergangenheit: das Ehrgefühl war grenzenlos.» Dies ist die einzige Sache, bei der er sich darüber freut, daß es keine Grenzen gibt. «Es ist doch gut, daß trotzdem das Penicillin erfunden wurde», murmelt der kleinere Mann.

Doch Veränderung ist etwas, das sie beide verabscheuen. Sie sind entsetzt über die Possen der Jungen. Sie protestieren dagegen, daß sie die Universitäten finanziell unterstützen, die doch nur Schulen für Sexorgien seien. Sie hassen Gewerkschafter, Umweltschützer, Marxisten, Intellektuelle, unverheiratete Mütter und Nacktbadende, genausowenig können sie Ausländer, Juden, Miniröcke, Abtreibungen, nachsichtige Richter und geschiedene Eheleute, Sinnlichkeit und Soziologen leiden. Sie beargwöhnen Leute, die behaupten, sie hätten mehr Talent als andere: «Wenn Gott gewünscht hätte, daß die Menschen mehr Talent besäßen, hätte er jedem von uns mehr Talent gegeben.» Sie sehnen sich in ein imaginäres Zeitalter zurück, als die Menschen noch mit ihrem Schicksal zufrieden waren, als ein unglücklicher Mensch noch mit seinem Unglück zufrieden war, als sogar die Aussätzigen glücklicher waren als die modernen überarbeiteten Manager, die den Eindruck erwecken wollen, sie wären reich. Wie Voltaires absurder Dr. Pangloss behaupten sie, Furcht sei vonnöten, denn ohne sie gäbe es keine Religion; Haß sei vonnöten, denn ohne ihn gäbe es keinen Bedarf an einer Armee. Ohne die Unwissenheit gäbe es keine gebildeten Leute, *comme il faut*, die den Unwissenden überlegen sind. Ohne die Scham würden wir alle mit nacktem Hintern herumlaufen. «Genau wie in St. Tropez», piepst der kleine Mann. «Es ist töricht», sagt der große Mann, «zu glauben, daß man eine Gesellschaft besser machen kann als die Menschen, die in ihr leben.» In der guten alten Zeit wußte jeder im Dorf, wer mit wem schlief, ob der Bürgermeister, der Apotheker und der Rechtsanwalt sexuell pervers waren, ob Betrüger oder Nazikollaborateure; aber sie schafften es trotzdem, friedfertig zusammenzuleben. Was bedeuten all diese neumodischen Störungen und technokratischen Computer? Sie beargwöhnen die modernen Erfindungen und alle Menschen, die nicht argwöhnisch sind. Der Gedanke, sie müßten Frankreich der unerträglichen jungen Generation überlassen, entsetzt sie. Doch wem anders könnte man es hinterlassen? fragt der kleine Mann.

Wolinski hat sein ganzes Leben damit zugebracht, diesen Typ des Durchschnittsfranzosen anzugreifen. Er ist der Feind der Tabus und der Prinzipien, ein Feind auch der Annahme, daß die Armen nicht so leben möchten wie die Reichen oder daß die Frauen ihre Augen auf den Boden gesenkt halten müßten, daß die Kinder bei Tisch nicht reden dürften, es sei denn, man fordere sie dazu auf, daß Pornographie und Drogen nur der Oberschicht zur Verfügung stehen sollten und daß die besten Stellen für all jene reserviert werden müßten, deren Eltern bereits die besten Stellen innehaben. Er hat diese Konservativen nicht erfunden; sie sind zu einem Teil seines eigenen Lebens geworden. Sein Vater war ein kleiner Angestellter, der von kommunistischen Arbeitern während der Volksfront im Jahre 1936 getötet wurde. Sein Stiefvater war ein «typischer Franzose», der den rechtskonservativen *Le Figaro* und die Sportzeitung *L'Equipe* las. Wolinski wurde von seinem Großvater erzogen, einem Konditor im europäischen Viertel von Tunis. (Es ist wichtig anzumerken, daß für die vorangegangene Generation Frankreich nicht etwa nur eine Ecke Europas darstellte, sondern ein internationales Imperium mit 100 Millionen Einwohnern; daß ein Teil der Franzosen mediterrane Menschen sind, nicht aus dem Norden stammen, daß sowohl der ehemalige Erzbischof von Paris wie der Führer der größten Gewerkschaft Frankreichs polnischer Abstammung sind.) Die altmodischen Ideale vom ehrbaren Familienleben wurden fromm aufrechterhalten: Der koloniale Franzose, die Juden, die Mediterranen blieben unter sich, aber ihnen waren ähnliche Verhaltensweisen gemeinsam. In Wolinskis Kindheit versorgten die Frauen noch den Haushalt, strickten, stopften und bügelten und überließen die Schmutzarbeit ihren arabischen Dienstmädchen; die Männer führten ein anderes Leben, gingen ins Café, um Karten zu spielen und sich zu unterhalten. Kinder durften nicht fluchen, und Eltern achteten darauf, daß sie keine unsaubere Rede in ihrer Gegenwart führten. Die einzigen groben Späße, die erlaubt waren, hatten mit dem Hintern, dem Scheißen und dem Furzen zu tun, nicht jedoch mit der Sexualität. Wolinski entdeckte die Pornographie, als er eine Schublade aufstemmte, in der die militärischen Auszeichnungen seines Onkels aufbewahrt wurden, der im Krieg umgekommen war, und in dem er das *Decamerone* und *Lady Chatterley's Lover* versteckt fand. Aber er konnte diese Bücher kaum verstehen. Er wuchs keusch und prüde auf, und die keuschen amerikanischen Filme jener Jahre, die er sehr mochte, paßten ihm ausgezeichnet. Später, bei einer Reise mit dem Motorrad in Italien, entdeckte er die Freuden der Sexualität in einem Genueser Bordell.

Einer der großen Unterschiede zwischen jener Welt und der Welt von heute ist seiner Meinung nach, daß es nun möglich ist, solche Themen öffentlich zu erwähnen. Vor fünfzehn Jahren noch wurde das Herrenmagazin *Lui* wegen einer Fotografie verboten, die zuviel von der weiblichen Brust entblößte. Heutzutage ist Sex ein häufiges Thema des Humors, und große Karikaturisten haben das produziert, was in anderen Ländern als pornographischer Humor bezeichnet würde. Wolinski hat dabei eine bestimmende Rolle gespielt, das zu zerstören, was er das Frankreich des Marschalls Pétain nennt, den er als Schuljunge noch zu ehren gezwungen war. Er ist stolz auf die Kämpfe, die er mit der Zensur ausgefochten hat, als er die satirischen Illustrierten *Harakiri* und *Charlie Hebdo* aufbaute. Die französischen Gesetze bestrafen nicht den Vertrieb solch «unflätiger» Literatur, sondern die Autoren und Herausgeber. Das heißt, daß persönlicher Mut reichlich vorhanden war, kommerzielle Zwänge gab es nicht. Er blieb in diesen Kämpfen Sieger, weil er eine mächtigere Waffe besaß: den Humor. Er brachte die Nation dazu, über ihre eigenen Prinzipien zu lachen. Doch nicht die ganze Nation, auf keinen Fall. «Das Frankreich der Provinz» sah ihn und Konsorten als «intellektuelle Terroristen» an, und er gibt zu, daß diese Beschreibung zutreffend ist. Er hat sich damit beschäftigt, die Inhaber der Macht mit seinem Spott zu überziehen, wie ein ungezogenes Kind seinem Lehrer Grimassen schneidet. Ursprünglich wurde er von den Karikaturen des Amerikaners Harvey Kurtzman und der Illustrierten *Mad* inspiriert, aber er ist ein viel weiter reichender, radikaler Satiriker. *Charlie Hebdo* bediente sich eines Angriffs in einer Art, die in den Vereinigten Staaten unmöglich gewesen wäre, wo Themen wie Religion als tabu gelten; die mangelnde Popularität von Charlie Chaplin in seinen späteren Jahren, so sagt Wolinski, zeige, daß die Amerikaner es nicht erlauben, daß man die Grundlagen ihrer Gesellschaft verspotte. Doch Wolinski repräsentiert nicht den Triumph des neuen offenen jungen Frankreich gegen das alte Frankreich, was ein absurd vereinfachter Gegensatz wäre. Obwohl er für die offizielle kommunistische Tageszeitung arbeitet, ist er kein Parteimitglied. Er fühlt sich unter den Kommunisten sehr wohl, weil er die Wärme in ihren zwischenmenschlichen Beziehungen liebt und ihre Bescheidenheit. Unter den Sozialisten trifft er zu viele gut ausgebildete Leute, die von demselben sozialen Hintergrund und denselben Schulen wie die Technokraten Giscards stammen, die nicht seine Art sind. Die Kommunisten sind sehr viel öfter Autodidakten wie er, die als Versager von den Schulen verwiesen wurden; sie haben ihre eigene populäre Kultur aufgebaut. Wolinski ist nicht von der klassischen französischen Literatur durchdrungen: als Junge liebte er amerikanische Filme und Comics, englische und amerikanische Bücher, Edgar Allan Poe, Kipling, Jerome K. Jerome, Mark Twain, James Fenimore Cooper. «Kein einziges französisches

Buch hat mich als Junge zum Lachen gebracht.» Er glaubt, daß er Einfluß auf die gleiche Art «unkultivierter» Menschen besitze, auf die Einwohner der Arbeitervorstädte, in denen triste Hochhäuser sehr wenig von dem an sich haben, was französisch sein könnte. Jedes Jahr gibt er drei Bücher mit seinen Karikaturen heraus und verkauft 50000 Stück davon, womit er die Romanciers und Philosophen, von denen man gerade redet, mit Leichtigkeit übertrifft. Inzwischen hat er mehr als dreißig Bücher veröffentlicht. Seinen ersten Film sahen insgesamt mehr als anderthalb Millionen Zuschauer. Er gibt zu, daß die Arbeit für die Kommunisten zur Folge hat, daß es Themen gibt, über die er gar nicht reden kann; instinktiv hat er zu erkennen gelernt, was die Parteilinie beinhaltet; aber er fühlt sich voll entschädigt durch die Freundlichkeit seiner Leser, die er bei verschiedenen Parteifesten trifft. Er mag sie, weil sie nicht snobistisch sind, sie sind andererseits auch keine Ästheten, sie möchten ihr Leben genießen wie alle anderen Menschen auch; in ihrer Gesellschaft entspannt er sich vollkommen. Würde er für eine größere Zeitung arbeiten, so würde ihm der strenge Wettbewerb nicht gefallen, das Leben mit gezückten Dolchen; in L'Humanité sind die Auseinandersetzungen ideologischer Natur, ums Geld oder um die Karriere geht es weniger. Einst wollte man ihm die Leitung einer bedeutenden Tageszeitung übertragen, doch er hat für sich entschieden, daß es ihm nicht liegt, Befehle zu erteilen und ein Anführer zu sein. Am meisten schätzt er seine Unabhängigkeit, was bedeutet, er schätzt das Recht, er selber zu sein. Er hat sich dieses Recht erarbeitet, denn er meint, daß er schließlich an die Macht gekommen ist, in dem Sinn, wie Menschen seiner Generation, die 1960 noch Teenager waren, inzwischen erfolgreiche Popstars der einen oder anderen Art geworden sind. Inzwischen sind sie als Teil des Establishments des mittleren Alters anerkannt, sie haben ihren eigenen Sieg erkämpft.

Für Wolinski bedeutet Humor heutzutage einerseits Hellsichtigkeit und andrerseits Provokation. Er ist nicht der Meinung, daß es spezifisch nationale Formen des Humors gibt. Humor ist die Fähigkeit, durch den Schleier der Konventionen hindurchzusehen. Humor ist gefährlich, weil er jede Absurdität ans Tageslicht bringen kann, ein Grund, weshalb so viele Komiker Selbstmord begehen. Jedoch ist Humor auch ein Zeichen der Reife. Obwohl er in seinen Kommentaren über die Welt vernichtend ist, lebt er sehr ruhig in ihr. Er regt sich selten auf: «Ich habe keine Komplexe.» Er staunt über die Art, in der sich seine Frau Sorgen über kleinere Probleme macht. Alles ist ein Problem, über das man sich Sorgen machen kann, so glaubt er, aber heißt das nicht auch andrerseits, daß nichts ein Problem sein kann? Es ist schwer zu sagen, was ein wirkliches Problem ist, und sogar wenn man es weiß, würde man nicht wissen, wie man es lösen kann. Daher ist es gut, wenn man versucht, nicht allzuviel zu verstehen. «Wenn man die Menschheit beglücken will, sollte man bei sich selbst beginnen.» Er meint, daß Glück nicht erreicht werde durch eine Politik der Selbstaufopferung und der Nächstenliebe: es besteht aus einfachen Augenblicken der Freude, so wie wenn ein hungriger Mensch eine Schale Reis bekommt; es ist ein Lächeln und ein Ton auf der Gitarre, das Versprechen, daß man heute nicht gefoltert wird, die kühle Hand auf der brennenden Stirn und natürlich die Lektüre der Werke von Wolinski, während man auf dem Sofa liegt und einen Riegel Schokolade verzehrt. Doch ist es nicht immer vollständig möglich, alles zu glauben, was Wolinski sagt: Er weigert sich, sich selbst zu widersprechen, da er jetzt das eine glaubt und kurz darauf das Gegenteil. Seine Weigerung, Gemeinplätze anzuerkennen, bedeutet gleichfalls, daß er seine eigenen Gedanken herausfordern kann: Ein Mensch, der festgefügte Vorstellungen habe, so sagt er, werde entweder zum Faschisten oder zum Gläubigen. Dadurch wird Wolinski zu einem der fürchterlichsten Humoristen, denn er macht aus seinen Widersprüchen eine Tugend. So zum Beispiel legt er einem seiner Charaktere in den Mund: «Wenn Rassist zu sein heißt, daß man Menschen nicht liebt, die anders sind als man selbst, gut, dann bin ich eben ein Rassist.» Zu seiner Verteidigung führt er an, daß die Wahrheit übertrieben und bis in ihre Extreme getrieben werden muß; auf diese Weise zeigt er auf, daß jedermann, er selbst eingeschlossen, etwas von einem Rassisten an sich hat. Sein Humor ist von der Art, die alle Verteidigungen zu zerstören versucht und sich selber dabei nicht schont. Sein Humor ist anders als Bouvards Zynismus, der defensiver Natur ist; Wolinski ist im Gegenteil ein Terrorist, der alle Sicherheiten sprengt und sich selber dabei mit.

Neben all diesen Granaten, die er legt, ist er natürlich ein häuslicher Mann, dessen Interessen seiner Familie und der Lektüre gelten. Seine kleine Tochter trippelt ins Zimmer und sagt, daß sie eine Nachricht für ihn habe; sie gibt ihm einen Kuß und läuft weg. «War das die Nachricht?» Das Telefon läutet ständig, aber er weiß, daß das für seine Frau ist, eine Journalistin, die bei *Le Monde* Spezialistin für Frauenangelegenheiten ist. Er überläßt es ihr, das Telefon abzuheben. In seinem Arbeitszimmer, das mit Büchern vollgestopft ist, scheint er wie von der Welt abgeschnitten. Aber er ist nicht gern allein. Seine Frau und er haben in den neun Jahren ihrer Ehe nicht mehr als drei Nächte in getrennten Betten geschlafen. Das einzige, was er noch nicht erfolgreich bewältigt hat, ist der «Phallokrat», der tief in ihm steckt. Er gesteht ein, daß er kurz nach seiner Heirat seine Frau wie ein hübsches Spielzeug behandelte; er gibt an, daß er Frauen nicht ernst behandelt, weil er sie ständig berühren möchte. Er versetzte seine Frau ständig dadurch in Zorn, daß er anderen Frauen nachblickte: Er versucht heute, vorsichtiger zu sein, doch ist er weiterhin davon überzeugt, daß, wenn Männer Augen haben, diese vor allen Dingen dazu dienen, Frauen nachzublicken. Er würde gerne den Anblick sämtlicher Sonnenuntergänge in Venedig eintauschen gegen die Ansicht eines weiblichen Hinterns. Könnte man das Gewicht von Männern messen, die Frauen nachstarren, sagt er, könnte eine Frau am Ende eines Tages einige Kilo an Blicken vorweisen; und es gebe Blicke, die verschieden schwer wiegen, je nachdem, von wem sie stammen, ob von einem jugoslawischen Fensterputzer, einem komplexbeladenen Jugendlichen, einem Fernfahrer, dessen Fahrkabine voll mit Pin-up-Fotos hängt, oder von dem Schürzenjäger, der sicher ist, daß es unter hundert Frauen immer eine gibt, die auf seine Avancen eingeht. Wolinski ist von all den traditionellen Frauenlisten fasziniert: «In einer Gesellschaft, die das Flirten ablehnen würde, die hohen Absätze, durchsichtige Kleider, das Parfum, und Röcke, die den Hintern eng umschließen, würde ich mich unglücklich fühlen. Ich glaube, ich bin nicht der einzige meiner Spezies.» Er ist ziemlich unfähig, sich an die neuen feministischen Theorien zu gewöhnen, was ziemlich unbequem ist, da seine Frau eine führende Aktivistin in der Frauenbewegung geworden ist, die es abgelehnt hat, nur als Hausfrau zu arbeiten, was ihm am liebsten gewesen wäre. Er betont, daß er sich geliebt fühlen muß, sich vorstellen möchte, daß sie ihn als ein Idol betrachtet, wie lächerlich auch immer er sein mag. Sie geht eher rauh mit ihm um. «Du bist wirklich die Frau, die ich brauche», meint er dann, «denn ich will keine Macht; dank deiner scheint es, daß ich welche besitze. Ohne dich hätte ich meine Nächte in den Bars zugebracht. Ich wäre fett, schmutzig und Alkoholiker geworden. Ich bin davon überzeugt, daß alles, was Männer an Gutem tun, sie bloß tun, um ihre Frauen zu beeindrucken. Welch ein Glück, daß es die Frauen gibt.» Aber es wird immer schwerer, sie zu beeindrucken. Männer ähneln immer mehr den Lehrern, die von ihren Schülern plötzlich ausgelacht werden. Seine Lehrer auszulachen war genau das, was Wolinski in seiner Jugendzeit machte. So ist er schließlich stolz auf seine Frau und auf das, was sie ist. Und er bedauert all jene Frauen, die sich nicht glücklich schätzen können, einen so netten Ehemann wie ihn zu haben. Da er sein ganzes Leben lang mit Granaten um sich geworfen hat, ist er einigermaßen verblüfft, erkennen zu müssen, daß er die ganze Zeit auf einer feministischen Granate gestanden hat.

Daher ist das einzige, das diesen verschiedenen und angeblichen Durchschnittsfranzosen gemeinsam ist, daß sie wehrlose kleine Kinder vollkommen ernst nehmen. Aber das ist keine sehr hilfreiche Schlußfolgerung. Die Alternative besteht darin, die ganze Vorstellung vom Durchschnittsfranzosen aufzugeben. Was ziemlich unausweichlich ist, wenn man einen noch anderen, vollkommen verschiedenen Charakter trifft, der ebenfalls beansprucht, ein Durchschnittsfranzose zu sein, ein Anspruch, der viele das Fürchten lehrt. Statistiker der Regierung ermittelten vor einigen Jahren, daß 44 Prozent der Nation sich zu *La France de Guy Lux* zugehörig fühlten. Guy Lux war einige Jahrzehnte lang einer der populärsten Radio- und Fernsehpersönlichkeiten des Landes. Er erklärt seinen Erfolg damit, daß er der «perfekte Durchschnittsfranzose» sei. «Ich bin *Monsieur tout-le-Monde*» (Herr Jedermann). Er ist der Sohn eines Chemikers, den er ebenso als Vertreter des alten Frankreich betrachtet. Lux senior war die Karikatur eines Wissenschaftlers seiner Generation: «Im Winter bedeckte er unsere Gesichter mit Glyzerin und desinfizierte uns mit Kampfer, Alkohol und Jod»; sein Hobby war das Erzählen: er war bekannt als Geschichtenerzähler und führte ein offenes Haus, so daß er zu jeder Zeit über eine große Zuhörerschaft verfügte. Guy Lux betrachtet sich selbst als in der Tradition dieser Geschichtenerzähler stehend. Sein Ziel ist es nicht, Menschen lächerlich zu machen, wie Bouvard, noch den Sittenprediger für sie zu spielen, wie der Nachrichtensprecher Gicquel, noch sich überall einzumischen, wie die Kolumnistin mit der Seufzerspalte Ménie Grégoire. «Ich habe ihnen nie eine Botschaft aufgezwungen noch eine Wunderlösung für ihre sexuellen Probleme oder ihre finanziellen Schwierigkeiten angedient. Ich habe ihnen nie gesagt, wie sie zu wählen haben.» Er hat keine Verwendung für «verknöcherte Pseudokultur, Halbdenker und Einzehntel-Intellektuelle», die sich des Fernsehens bedienen, um «alles kompliziert klingen zu lassen». Er erinnert sich noch an das Gefühl des Wunderbaren, mit dem er die ersten Radiosendungen verfolgte: «Das machte die Menschen glücklich.» Er sehnt sich danach, dieses Gefühl des Wunderbaren zum Leben zu erwecken. «In mir steckt die Nostalgie für diese Epoche, die sich noch nicht endgültig für den Fortschritt entschieden hatte», als man nach Hause kam, und das Essen war fertig, und die Familie wartete darauf, eine Geschichte erzählt zu bekommen: «Die Familien waren eine Art Gebäude in der Art von Kathedralen, die mit Worten gebaut wurden.» Er wuchs auf, als «das dahinvegetierende, rückwärtsgerichtete Leben einer Mechanisierung Platz machte, die den einfachen Mann in Verwirrung stürzte». Er sieht es als seine Aufgabe an, die Sorgen der Menschen beiseite zu drücken, indem er sie zum Lachen und Singen und Reden animiert. Er gibt zu, daß eine der fürchterlichen Erscheinungen der guten alten Zeit die Sonntage waren — «diese langen Stunden, die die Menschen mit Gähnen verbrachten» —, aber es ist auch seine Aufgabe, die heutige Generation aus dieser Langeweile zu befreien.

Dies ist ein Beispiel für einen der vielen Widersprüche von Guy Lux, die einer der vielen Gründe sind, weshalb er so bedeutend ist. Er fühlt sich in der Welt nicht zu Hause, und doch weiß er nicht genau, warum. «Vom Temperament her bin ich eher melancholisch und oft pessimistisch gestimmt», sagt er mit offensichtlicher Ehrlichkeit, aber er beschreibt sich selbst als *égayeur* (aufheiternder Mensch). Er haßt die Stille – «eine Welt, die den Mund hält, ist eine sterbende Welt» –, aber um die Zuschauer ruhig vor den Fernsehapparat zu bringen, mußte er sie auch zum Schweigen bringen. «Bin ich denn teilweise für diese Leere verantwortlich, diese kollektive Dekadenz, dieses Fehlen an Phantasie und für die Abgespanntheit? Dieser Gedanke entsetzt mich.» Er ist stolz darauf, die Menschen wenigstens in seinen Unterhaltungssendungen zum Reden gebracht zu haben. Eine seiner berühmtesten Radiosendungen, *Intervilles*, wurde als «ein nationales Fest, das zum Bürgerkrieg wird» beschrieben: Seine Aufgabe war ursprünglich gewesen, Fröhlichkeit zu verbreiten. Aber er entfesselte eine außergewöhnliche Aggression zwischen den Bewerbern, die das Spiel allzu ernst nahmen. Er behauptet, er möge Unterhaltung, aber erklärt, daß er damit nicht «den Austausch von Bissen» meint, die die Elite liebt, sondern «Monologe». Es hat ihn betrübt gemacht, daß man ihn (er zitiert diese Wörter selber) «einen Idioten, den Totengräber der französischen Sprache, den Verdummer der Massen» genannt hat. Das Gelächter, das er zutage fördert, ist das einer Fluchtbewegung, die offensichtlich keinen anderen Zweck hat, als die unerfreulichen Realitäten des Lebens auszuklammern. Er glaubt, daß er in jeder Sendung einen neuen Weg findet, um dies zu tun: «Die Ideen strömen aus mir heraus wie Wasser aus einem Wasserhahn», behauptet er. «Jedermann kennt dies: Ich weiß, wie ich meine Ideen in die Wirklichkeit umsetze.» Seine Feinde behaupten, er wiederhole sich ständig. Für die Originalität hat er nur Lippenbekenntnisse übrig, weil dies modisch ist, aber es wäre korrekter, wenn er zugeben würde, daß die Popularität der traditionellen Geschichtenerzähler daher stammt, daß sie immer und immer wieder dieselben Geschichten erzählen: die Geschichten fanden großen Anklang, weil sie schon bekannt waren, und das Gelächter kam gewöhnlich an jenen Stellen, an denen man zu lachen hatte.

Die Auseinandersetzungen über Guy Lux waren Auseinandersetzungen zwischen zwei Welten mit vollkommen verschiedenen Kriterien. Die Sozialisten gaben ihm den Laufpaß, als sie an die Macht kamen, denn sie wollten Schluß machen mit dem, was sie als ein unannehmbares geistiges Vakuum betrachteten. Sie sind der Meinung, daß die Massen eine etwas kultiviertere Fröhlichkeit und Musik schätzen lernen, wenn man ihnen nur die Gelegenheit dazu gibt. Das setzt voraus, daß Originalität universell populär ist oder sein kann. Sie werfen den Sendungen von Lux vor (die über Jahre hinweg Höhepunkte im Fernsehprogramm waren), lediglich verschleierte Werbesendungen für drittklassige Sänger gewesen zu sein. Lele Milcic, die zwölf Jahre lang Lux' Koproduzentin war, geht auf diese Vorwürfe ein. Es seien die Impresarios gewesen, die ständig telefoniert hätten, um ihre Protegés durchzuboxen. Sie ist Jugoslawin und war eine der ersten französischen Filmregisseurinnen in den frühen 70er Jahren. Sie hatte keine Ahnung vom französischen Unterhaltungsgeschäft, als sie nach Frankreich kam: «Ich konnte nicht mal die Lieder von Brassens verstehen.» Persönlich liebt sie die Musik, die sie in ihrer Jugend hörte: Jazz, Blues, klassische Musik. Was sie in die Unterhaltungssendungen brachte, ist davon völlig verschieden: «Ein bißchen von allem, um allen zu gefallen.» Gerade darum drehten sich die ganzen Auseinandersetzungen. Woher weiß sie, was den Leuten gefällt? «Wenn eine Platte sich verkauft, dann ist sie populär: das Publikum hat geurteilt.» Aber hat sie jedem die gleiche Möglichkeit geboten, vor dem Publikum aufzutreten? Sie hat sich nicht etwa zu einem Richter über die Publikumswünsche aufgeschwungen und sich nicht anders verhalten als viele der anderen Radioleute oder Herausgeber, die stets eine ähnliche Entscheidung für ihr Publikum treffen. «Mireille Mathieu», so behauptet sie, «wird von allen Generationen gemocht, außer der ganz jungen vielleicht, die sie vielleicht mag, aber es nicht zugeben möchte: keiner kann sie nicht wirklich nicht mögen, niemand kann sie tadeln.» Sänger und Komiker sind zu Symbolen des Widerstands und der Loyalität geworden. Guy Lux ist nur die Galionsfigur der geistig Anspruchslosen, die die Kultur ablehnen, gerade weil sie «besser» ist, die sich ihr mit dem Argument «langweilig» widersetzen, gerade weil sie anspruchsvoll ist, die lieber über das lachen wollen, was bedeutungslos oder manchmal sogar grausam ist. Die Anspruchslosen können die Anspruchsvollen nicht ernst nehmen.

Aus diesem Grunde lautet eine der Antworten auf die Frage «Worüber lachen die Franzosen?»: über die eigenen Landsleute. Franzosen finden sich selber komischer, als die Ausländer es tun. Doch Frankreich besteht aus einer großen Anzahl kleiner Republiken, die sich untereinander im Kriegszustand befinden, die das Gelächter als eine Waffe anderer Art betrachten. Ein Ausländer fühlt sich erst dann in Frankreich zu Hause, wenn er sich mit einem dieser Temperamente identifizieren kann, die diesen kleinen Republiken ihren Zusammenhalt verleihen, und wenn er sich mit einem der Kämpfe identifiziert, in denen sie einander so lustvoll zu Leibe rücken. Er kann mit ihnen lachen, wenn er erkennt, daß der Gegenstand ihrer Heiterkeit nicht wirklich eine örtliche Persönlichkeit ist, die außerhalb des Landes unbekannt ist, sondern viel eher Eigenschaften wie Snobismus, Gier, Schüchternheit, die vor einem örtlichen Zusammenhang symbolisiert werden, jedoch universale Bedeutung haben. Dasselbe gilt auch für die Franzosen: Sie fühlen sich nur innerhalb ihrer kleinen Republiken zu Hause, deren fixe Ideen und Aussagen sie teilen. Wer lacht, der gehört einer Verschwörung an. Und jedes Mitglied einer Verschwörung hat seine eigenen, nicht immer verständlichen Gründe für die Teilnahme.

Die Franzosen können sich daher nicht darüber einigen, was sie als ernst ansehen sollen. Von diesen vier Komikern hat jeder seine eigenen besonderen Sehnsüchte. Sparsamkeit, harte Arbeit, das Recht, dafür Respekt einzufordern, sind die Sorgen des einen. Für den anderen ist es die soziale Gerechtigkeit und das Bedürfnis, die heitere Gemütsruhe zu finden. Für den dritten ist es der Horror vor der Heuchelei, der feste Entschluß, die eigenen Fehler und den eigenen Charakter anzunehmen und die der anderen zu entblößen. Für den vierten ist es die Nostalgie einer weniger komplizierten Welt, die Angst vor Langeweile. Der Wert der Komiker liegt darin, daß sie – statt allgemeine Äußerungen zu machen, um eine Illusion von Einheit zu schaffen – die winzigen Unterschiede der Betonung klarmachen, die besondere Individuen bei ihren Mitmenschen als unerträglich betrachten, sowie die unauffälligen Zeichen, die warmherzige Gefühle bewirken.

Der Glaube, daß die Menschen in Frankreich einen grundsätzlich anderen Sinn für Humor haben als die anderer Nationen, so daß sie letztendlich unverständlich seien, ist ein Relikt eines Mythos aus dem 18. Jahrhundert. Die Vorliebe für extravagante Phantasien und für absurde Übertreibungen war ein gemeinsames Merkmal der europäischen Literaturen im 17. Jahrhundert. Das alte England unterschied sich damals nicht von dem *Pantagruel* von Rabelais, dem *Don Quijote* von Cervantes, dem *Simplicissimus* von Grimmelshausen und der italienischen Akademie der Umoristi; die treuesten Leser von Rabelais waren lange Zeit englische Geistliche. Dann wurde in England, als einzigem Land in Europa, der Humor in den Stand eines Nationalcharakters erhoben und mit Ehrwürde ausgestattet. Aus diesem Grund wurde es eine Platitüde zu wiederholen, daß der englische Sinn für Humor etwas Einzigartiges und Besonderes sei, der sich im Gegensatz zum französischen *esprit* befinde, der weniger spontan und ausgeklügelter sei. England wurde zum Symbol für das Exzentrische, und Humor wurde definiert als die Freude an der Verschrobenheit, ein Ausdruck individueller Originalität, eine Art Habeaskorpus gegen die strengen Regeln des rationalen französischen Geschmacks. Die Franzosen schlugen zurück, indem sie dem englischen Humor vorwarfen, eine untergründige Traurigkeit zu verschleiern, ein Widerschein des grauen englischen Wetters zu sein, und behaupteten, daß Frankreich sehr viel eher das Heim der Fröhlichkeit, des Frohsinns und des leichten Herzens sei.

Im 20. Jahrhundert stellte sich heraus, daß sich diese Gegensätze so dogmatisch nicht mehr aufrechterhalten ließen. Sowohl englischer wie amerikanischer Humor wurden zunehmend in Frankreich bekannt und geschätzt und beeinflußten unzweifelhaft die französischen Humoristen. Die Franzosen entdeckten vernachlässigte Humoristen wieder und verliehen ihren Karikaturisten einen neuen Status. Ihre Experten begannen zu erklären, daß es irreführend sei, von Nationalstilen des Humors zu sprechen: der Gegenstand der Untersuchung konnte nur der individuelle Humorist sein. Es mag angehen, daß einige Typen des Humors häufiger in einem Land als in einem anderen angetroffen werden. Eine Zeitlang habe ich angenommen, daß wenigstens die Untertreibung eigentümlich englischer Natur sei, die der Tradition von Rabelais gegenüberzustellen sei, die dasselbe Resultat durch große Übertreibung erzielt; mehrere Studien über die verschiedenen französischen Dialekte im 19. Jahrhundert behaupten, daß die Untertreibung ihnen ganz eigentümlich war oder jedenfalls charakteristisch für die Landbevölkerung. Was irgendeinem Land zuzurechnen ist, ist nicht mehr so offensichtlich, wenn man bedenkt, daß das Präservativ (in England als *french letter*, in Frankreich als *capote anglaise* bekannt) ein Zeichen französischer Ausschweifungen ist. Der Grund dafür, warum der Humor fremder Länder so merkwürdig klingt, ist darin zu suchen, daß eines der Kennzeichen des Humors darin besteht, daß er die Regeln des Verstandes bricht, Überraschungen schafft, indem er Gedanken zusammenfügt, die normalerweise nicht zusammenpassen; und diese Gegeneinanderstellung scheint im fremden Kontext sehr viel bizarrer. Vor dreißig Jahren trug ein junger Franzose (inzwischen ein berühmter Professor) im Militärdienst die Werke von Lewis Carrol vor, die er fast vollständig auswendig kannte, um nachzuweisen, daß er mondsüchtig sei. Heutzutage wäre einem solchen Einfall kaum Erfolg beschieden, da englischer *nonsense* inzwischen in Frankreich voll naturalisiert worden ist und hübsche und zahlreiche Nachfahren erzeugt hat. Im Jahre 1932 nahm die französische Akademie das Wort *humour* in ihr Wörterbuch der französischen Sprache auf. Die französische Bedeutung von Spaß wird nun breiter und mit mehr Varianten definiert, als Theoretiker des Esprit zu behaupten wagten. In den geschichtlichen Darstellungen des amerikanischen Humors kann man nachlesen, daß die beiden besonderen Eigenschaften der grobe Streich und die unglaubliche Geschichte seien. In den geschichtlichen Darstellungen des französischen Humors wird behauptet, daß diese Eigen-

Jean Effel   **Zu viele Fußgänger: Ich nehme lieber die Metro!**

schaften gerade typisch für den französischen Humor seien. Daß man diese Eigenschaften nicht als universale ansieht, liegt daran, daß der Witz unweigerlich mit örtlichen Details und Anspielungen eingekleidet wird, die ein Außenstehender einfach nicht zu erkennen in der Lage ist. Die Affinitäten zwischen dem naßforschen und respektlosen Pariser *titi* und dem englischen *Cockney* oder zwischen dem witzelnden *chtimi* in Nordfrankreich und Paul Bunyans großmäuligem amerikanischen Grubenarbeiter werden nicht bemerkt, da die Menschen normalerweise in nur einer Kultur zu Hause sind: Die «großspurige Rede» im amerikanischen Westen wird nicht als Echo der Übertreibungen der *galéjade* aus dem Midi gesehen, und der Big Bear von Arkansas wird nicht erkannt als in derselben Tradition wie Tartarin de Tarascon stehend. Der gerissene Schotte und der schäbige Auvergnate sind Teil desselben universalen Witzes, der karikierte Eigenschaften verschiedenen Landschaften zuschreibt.

Die Franzosen lachen heutzutage über Chaplin und Dick und Doof (Laurel und Hardy) und Woody Allen ebensosehr wie alle anderen auch. Das heißt weder, daß sie über gleich wen lachen, noch daß sie nicht über Witze verfügen, die zu schwer zu verstehen sind. Eines der Hauptziele des Humors besteht darin, eine Verschwörung zu schaffen, in der nur die Freunde den Witz entziffern können, und aus diesem Grund muß der Wortschatz der Witze sich so schnell verändern wie die Mode, um sie davor zu schützen, banal zu werden. Ebenso wie der Klassenkampf Anfang dieses Jahrhunderts ein einigendes Band über alle Grenzen hinweg schuf, hat sich heutzutage eine neue internationale Verschwörung entwickelt: es ist der Humor, der die Wehrlosen in die Lage versetzt, den Wichtigtuern Paroli zu bieten. Die Wichtigtuer, die sich selbst zu ernst nehmen, sind die wirklichen Unterdrücker von heute.

Zweiter Teil

Wie man sie liebt ────────

5 Wie man eine Großmutter zu schätzen weiß

Die Bourrels leben seit zweieinhalb Jahrhunderten im selben Haus inmitten der sonnigen, weinbestockten Ebene der Aude. Madame Bourrels Familie, die Amiels, lebt in ihrem nur ein paar Kilometer entfernten Haus seit 115 Jahren. Die Bourrels sind sich der Kontinuität, die die Generationen miteinander verbindet, sehr bewußt und auch der Ähnlichkeit zwischen alt und jung. Vererbung ist die Kraft, der sie sich am stärksten bewußt sind. Das älteste Familienmitglied, Pierre Amiel, hoch in den Neunzigern, erinnert sich an seinen Urgroßvater, der mit Napoleons Armee nach Moskau zog und von dort zu Fuß nach Hause marschierte. Die Muster der Vererbung haben sich allerdings nicht vollständig erhalten können. Pierre Amiel hätte wie seine Vorfahren Notar werden sollen, doch sein Leben war eine Kette von Enttäuschungen. Er wurde schon sehr jung auf ein Internat geschickt. «Das war das Schlimmste, was mir je passierte. Es war wie ein Gefängnis ohne Gitter. Ich war so sehr verstört, daß mir meine Zeit beim Militär wie eine Befreiung erschien.» Er fiel beim Abschlußexamen durch und wurde Weinhändler. Doch seine Kunden ließen ihn im Stich. Die Tätigkeit erlaubte ihm zwar, zu Hause zu arbeiten, doch war die Branche von boshaften Eifersüchteleien beherrscht. Die Inflation brachte die Familie um ihr Erspartes, nach und nach mußte Land verkauft werden, bis nur noch ein Zehntel des ursprünglichen Bodenbesitzes in Familienhand blieb.

Pierre wäre gern Schriftsteller geworden. Für die örtliche Tageszeitung schrieb er häufig Beiträge, und ein Roman von ihm wurde veröffentlicht, doch keiner wollte seinen zweiten herausbringen. Sein Bruder traf es in Paris besser, wo er sich als überaus produktiver, zweitklassiger Bühnenautor etablieren konnte. Pierre aber, intellektuell zwar ebenso begabt und fähig, sich bemerkenswert elegant und differenziert auszudrücken, hatte wahrscheinlich nicht die Willenskraft zum Erfolg. Er rühmt sich daher, mittelmäßig zu sein. Und da er nun einmal in so vielen Dingen mittelmäßig war, behauptet er, die Mittelmäßigkeit bis zur Vollendung entwickelt zu haben, so daß er im Endeffekt überhaupt nicht mehr mittelmäßig ist. Er nimmt das Leben so, wie es ist: «Man muß seinem Schicksal folgen. Man muß seine Wurzeln respektieren, auch wenn man nicht mehr an sie glaubt.» Frieden liebt er über alles, vielleicht weil seine Jugendzeit so von Traurigkeit erfüllt war: «Mein Vater war sehr streng zu mir.» Er kämpfte gegen seine Depressionen an, indem er versuchte, eine sinnvolle Beschäftigung zu finden — «die Arbeit ist das Chloroform des Lebens» —, anderen zu helfen, seine Kinder zu unterrichten und Konflikte zu vermeiden: «Die neuralgischen Punkte für Familienkonflikte sind die Mahlzeiten.» Die Lösung war: nicht lachen, denn «Lachen ist eine Sünde, sicher eine läßliche, gegen die Seele. Man lacht über den Schaden anderer, die dadurch herabgewürdigt werden.» Pierre Amiel zieht es vor zu lächeln. Nicht, daß er meint, es gebe vieles, über das man lächeln könnte. Die Menschen werden immer unehrlicher, wenn auch nur, weil sie mehr Gelegenheit dazu haben. Der Fortschritt bewirkt, daß die Menschen mehr Geld brauchen, was sie wiederum zwingt, härter zu arbeiten. Das ist kein Fortschritt. Und Kinder schimpfen heute mit ihren Eltern, anstatt sich ihnen unterzuordnen.

Seine Tochter Colette, mit ihren über sechzig Jahren noch voller Energie, ist das wirkliche Oberhaupt der Familie. Auch sie hat ihre Enttäuschungen hinter sich. Sie hätte gern studiert, aber ihre Eltern waren dagegen, daß Mädchen zu gebildet werden. «Man tat das eben nicht.» Sie wollte in die Nachbarstadt Toulouse ziehen, um entweder Ärztin oder Schauspielerin zu werden, aber «das war undenkbar». Sie wollte immer jemand anderer sein. Sie liebt es, sich herauszuputzen, zu schminken, Theater zu spielen, eine Rolle anzunehmen, in der sie nicht sich selbst darstellt, am liebsten die Rolle eines Mannes. Sie verkleidete sich als Bettler und ging, um Almosen bittend, durch das Dorf oder gab vor, eine Nonne zu sein. Sie nahm die Theaterrolle des Judas an, lehnte es aber ab, die Heilige Jungfrau zu spielen. Sie hat diese Seite in sich dadurch erfüllt, indem sie ihre Kinder anregte zu schauspielern, und ist selbst in ihrem Hause der Theaterproduzent. Dann, im Krieg, sah sie die Möglichkeit, Lehrerin zu werden, aber alle waren wieder dagegen, und es wurde ihr verboten. «Man hat mich immer davon abgehalten, das zu tun, was ich wollte. Doch heute lasse ich das nicht mehr mit mir machen.» Sie heiratete mit achtzehn und erkannte bald, daß ihr Mann gern im Glauben lebte, er würde bestimmen: «Er wollte immer recht haben. Er war ein verwöhntes Kind gewesen. Ich gebe ihm das Gefühl, er kann tun und lassen, was er will, doch ich bekomme, was ich will.» Sie hat ihre Berufsenttäuschungen überwunden («Hätte ich gearbeitet, dann bekäme ich heute eine Rente»), indem sie ein Familienleben schuf, das sich um sie herum bewegt. Ihre Tochter lebt auf der anderen Straßenseite, ihre zwei Söhne nur wenige Kilometer entfernt, und alle, auch die Enkel, kommen ständig zum Essen oder zum Übernachten. Und fast jeden Sonntagabend sitzen alle fünfzehn zusammen um einen Tisch. «Ich bin nicht von Natur aus gutmütig», sagt sie, «aber ich versuche, verständnisvoll zu sein.»

Ihr Ehemann Pierre sieht seine Hauptaufgabe darin, ein Beispiel für andere zu sein. «Ich bin ein Bourgeois. Ich wurde als Bourgeois geboren, ich habe nie diejenigen verachtet, die nicht bourgeois sind, aber ich habe immer versucht, nur mit anderen Bourgeois zu verkehren, weil es weniger Unterschiede zwischen uns gibt. Ein Bourgeois ist jemand, der eine gute Erziehung genossen hat, mehr Pflichten als Rechte kennt und anderen ein Vorbild sein muß. Ich habe dadurch keinen Vorteil: es bedeutet Würde, Treue, Ehrlichkeit, sogar Opfer und Edelmut des Geistes. Man muß nicht unbedingt reich sein. Ich kenne alte Familien, die, wenngleich sehr arm, immer noch mit

Grandville **Die glückliche Familie**

Würde leben, und ich kenne Reiche, deren Lebensweise ich ab-
lehne. Es ist wie mit der Reinlichkeit. Man muß nicht reich
sein, um sauber zu sein. Ich bin nicht gerade in das Wort Bourgeois verliebt. Ich habe einfach immer versucht, ein anstän-
diger Mensch zu sein. Und ich glaube, daß die Leute im Dorf
mich respektieren. Aber ich halte mich um so mehr für einen

Bourgeois, als es in diesem Land eine Tendenz gibt, alles herabzusetzen, und das paßt mir nicht. Die Regierung zerstört das an Frankreich, was es sein sollte. Es ist traurig. Ich gebe zu, die Sozialisten sind Franzosen – nicht die Kommunisten, das sind Moskowiter –, doch sie sehen die Dinge nicht so wie ich. Das ist ihr gutes Recht. Ich bin ein Demokrat, ein Republikaner. Ich diskutiere nie über Politik.»

Die Welt bewegt sich nicht so, wie Pierre Bourrel es gerne sähe. Er hat eine ehrbare Karriere hinter sich, wenn auch nicht unbedingt das, was er sich erträumt hatte. Nach seinem Chemiestudium an der Universität von Toulouse richtete er sich ein landwirtschaftliches Labor ein und erstellte chemische Analysen. Er sah einer glänzenden Zukunft entgegen. Doch der Krieg bereitete allem ein Ende. Er wurde Chemiker in einem staatlichen Landwirtschaftsdienst, stieg zu dessen örtlichem Leiter auf und ging 1975 im Alter von 60 Jahren in den Ruhestand. Er hätte lieber sein eigenes Unternehmen geführt. Er hatte seine frühen Jahre genossen, als er es noch mit chemischen Analysen und weniger mit Verwaltungsarbeit zu tun hatte. «Ich habe meine Arbeit für den Staat sehr gewissenhaft erledigt», aber der zündende Funke fehlte. Er bedauert, daß seine Pension nicht höher ist. Im Ruhestand ist es sein Ziel, gesund zu bleiben und seinem jüngsten Sohn zu helfen, eine bessere Stellung zu finden. Das Familienleben ist sein ein und alles. Seine eigenen Eltern starben jung, und er konnte nie mit ihnen zärtlich sein. Das macht er heute an seinen eigenen Kindern wett. «Als die Kinder klein waren, ging er mit ihnen sehr nachsichtig um», sagt seine Frau. «Er war schwach», sagt sein ältester Sohn. In seine Enkel ist er vernarrt, er spielt mit ihnen und küßt sie mit unendlicher Freude. Mit ihnen ist er genau das Gegenteil von dem, was er der Außenwelt zeigt. «In der Eisenbahn», berichtet seine Frau, «spricht er nie mit jemandem.» (Sie dagegen wohl.) Er bewahrt ein kühles Äußeres. Das ist seine Panzerung gegen die Welt, aber auch seine Art, die anderen ihren eigenen Weg gehen zu lassen.

Zwischen der Welt draußen und seiner Familie verläuft eine Art Graben: mit den Freunden geht er im Herbst und Winter auf die Jagd und im Frühling und Sommer angeln. Während der

Jagd ist es niemandem gestattet, über Politik oder Religion zu diskutieren; als Präsident des Jagdclubs fährt er jedem über den Mund, der auf diese Themen zu sprechen kommt. Das Vergnügen an der Jagd besteht für ihn hauptsächlich in der Partnerschaft zu den Hunden, die gut arbeiten: deshalb sind die Hunde auch das Hauptgesprächsthema. Das Vergnügen beim Angeln besteht in der Entspannung und in der Geduld, die man in der Stille der Natur erfährt.

Zu Hause hört er klassische Musik und liest Geschichtsbücher, zumindest solche, die die Vergangenheit nicht allzu schlecht machen. Er ist zufrieden mit den Traditionen, die er ererbte, und vermeidet Diskussionen über sie. Er gerät in Rage, wenn jemand diese Traditionen angreift, seine gemessene Rede wird lebhafter, sein Akzent mehr dem Dialekt verhaftet, sein Sprechduktus weniger zusammenhängend, wenn er spürt, daß seine Grundwerte nicht mehr geachtet werden. Er mußte aber akzeptieren, daß seine Kinder nicht so denken wie er. Doch haben ihre Ansichten keinen Eindruck auf ihn gemacht. Er sieht es als seine Pflicht an, den Kindern Respekt vor ihren Eltern einzuflößen und sie zur Nachahmung anzuregen. Doch individuelle Persönlichkeiten bringen solche Pläne oft durcheinander, und dagegen kämpft er nicht an, weil er Charakter ebenso als erbliche Eigenschaft interpretiert, die auf Eigenheiten eines der Vorfahren zurückgeht: so entstehen in Familien unausweichlich Unterschiede und Spannungen. Seine Frömmigkeit konnte er seinen Kindern nicht vermitteln; vielleicht geschieht das noch später. Er selbst kehrte nach zwei Krisen zum Glauben zurück. Zuerst ließen die Bomben im Krieg ihn so inständig beten wie nie zuvor, dann brachte ihn eine Operation nicht nur näher zu Gott, sondern auch zur konventionellsten Auffassung von Religion. Er glaubt, daß es auch mit der Religion bergab gehe, Priester vulgär würden und ihre Würde verlören, wenn sie das Priestergewand ablegen. «Ein Priester ist kein Mensch wie du und ich.» Er ist angewidert von der jungen Generation, die ein einfaches und «freizügiges» Leben den Beschränkungen vorzieht. «Glaube ist Beschränkung und zugleich Befreiung der Seele.» Er mag Beschränkung: «Sie ist eine Verpflichtung, die ich akzeptiere, weil sie mir Würde und Stolz verleiht.»

Der Verfall des Glaubens bekümmert ihn ebenso sehr wie der seines Landes. «Ich bin ein überzeugter Patriot und Nationalist. Ich bin Franzose bis in die Fingerspitzen.» Tränen steigen in seine Augen, wenn er vom Prestigeverlust Frankreichs spricht. Die Niederlage von 1940 hat er noch nicht verwunden: «Frankreich wurde damals entehrt, ich schäme mich noch heute, daß sich die französische Armee zurückgezogen hat.» Er weiß, wer schuld daran war: Der militärische Geist war von den Lehrern zerstört worden – noch so ein sozialistisch-kommunistisches Desaster. Seine Kinder sagen, daß man dem Statusverlust Frankreichs nichts entgegensetzen kann. Doch das regt ihn nur noch mehr auf. «Für mich wird Frankreich immer Frankreich bleiben.» Seine Frau erzählt, er könne es nicht ertragen, japanische Autos oder Motorräder auf den Straßen zu sehen, und sie selbst gibt zu, etwas rassistisch zu sein. Vergeblich versucht ihr Sohn, ihnen klarzumachen, daß spanische Einwanderer in ihrer Bereitschaft, hart zu arbeiten, oft «französischer sind als die Franzosen». Ausländer beunruhigen Pierre Bourrel: «Ich sehe keinen Grund, warum wir unser Leben nur wegen der Algerier verändern sollten.» – «Wir können uns nicht zu dem beglückwünschen, was aus Amerika kommt.» Sein Sohn erwidert, Amerika habe viele gute Dinge bewirkt. Der Vater antwortet, daß Frankreich Ausländer stets willkommen heißen muß, doch daß es sich deswegen nicht verändern dürfe. Er befürchtet, daß Frankreich seine alte Identität verliere. Er mag die Spanier, zumindest diejenigen, die in ihrem Land leben, wo er, nur ein paar Autostunden entfernt, häufig seine Ferien verbringt. Doch die Spanier, die nach Frankreich kommen, sind «Bastarde». Aber es gibt Unterschiede zwischen ihnen und den Franzosen: sie essen um halb drei und um 10 Uhr abends, die Küche ist unterschiedlich. Er möchte, daß die Menschen sich selber treu bleiben, und bekennt sich dazu, daß er nicht nur Franzose ist, sondern ein Franzose aus dem Midi, der sich sehr von einem aus dem Norden unterscheidet: Der Nordfranzose ist reservierter, weniger gefällig und gastfreundlich, wenngleich die Freundschaft der Franzosen aus dem Süden etwas oberflächlicher sein mag. Aber diese Tatsache kann ihn nicht davon abbringen, daß Frankreich eine einzigartige Einheit sei und «daß die Welt sich nicht um ihre Achse drehen kann ohne Frankreich». Und ohne England auch nicht, fügt er hinzu. Die Welt setzt sich aus gesonderten Einheiten zusammen wie Tier- oder Pflanzenarten, und er mag es nicht, wenn sie sich vermischen. Er weiß, welche Rolle er als Franzose spielen möchte, und reagiert empfindlich, wenn man ihm sagt, er müsse sie ändern.

Sein Sohn Christian ist Arzt, wie viele Familienmitglieder vor ihm. Christians Sohn, elf Jahre alt, möchte ebenfalls Arzt werden und seine achtjährige Tochter Apothekerin. Alle halbe Jahre untersucht Christian sie vorsorglich und macht ein Blutbild sowie eine Röntgenaufnahme von ihnen. Christian liebt seine Arbeit, doch wenn es darum geht, seine Kinder zu ermutigen, in seine Fußstapfen zu treten (manchmal nimmt er seinen Sohn zu den Patientenvisiten mit), reagiert er eher instinktiv als überlegt, denn er glaubt, daß die Medizin, so wie er sie schätzt, der praktische Arzt, der für seine Konsultationen privat bezahlt wird, langsam ausstirbt. Christian ist nicht so pessimistisch wie sein Vater, doch auch er stimmt ein Klagelied an über den Verfall der Arbeitsmoral und über «die Weigerung der Menschen, sich die Hände schmutzig zu machen, *je m'en foutisme*», die Geht-mich-nichts-an-Haltung und den Standpunkt, Änderungen als unvermeidlich hinzunehmen. Politisch eher zurückhaltend, ist er vom Temperament her lebhaft, jovial, liebenswürdig. «Er ist ein Schmeichler, ein Verführer», sagt seine Mutter. Er sieht gut aus, ist athletisch, spielt Tennis und treibt Gymnastik. Er führt stets seine Aquarellfarben mit sich im Auto und malt in den Pausen zwischen seinen Patientenvisiten. Seine Bilder sind weitaus mehr als nur amateurhafte Versuche. Er mag alle Arten von Musik, und sein Geschmack endet nicht vor fünfzig Jahren wie der seines Vaters. Um spät abends nicht von Patienten aus dem Schlaf gerissen zu werden, bleibt er bis nach Mitternacht auf, hört Schallplatten und spielt Klavier. Sein großes Hobby ist Kochen. Wie ein Chirurg vor der Operation krempelt er die Ärmel hoch und legt einen gegrillten Hasen in pikanter Soße vor, den er selbst erlegt hat. Seine Eltern sind verblüfft von seiner Vielseitigkeit, seine Patienten von seiner Effizienz. Und doch ist sein Familienleben schiefgelaufen. Er war glücklich verheiratet, bis er entdeckte, daß seine Frau ihn betrog. Er gesteht heute ein, daß er sich zu sehr seiner Arbeit gewidmet hatte. Die Landpraxis umfaßt sechs Dörfer mit viertausend Patienten. Er hat nur einen Kollegen und war so stets den ganzen Tag unterwegs und oft noch die halbe Nacht, da Hausbesuche zu seiner Hauptaufgabe gehören. Erst seit seiner Scheidung nimmt er sich regelmäßig einen Tag für seine Kinder frei. Seine Scheidung betrachtet er als ein «Versagen»; am schlimmsten war es, daß seine Frau «vom Podest fiel», auf das er sie gestellt hatte. Für ihn um so schmerzvoller, da dies zu einem vorübergehenden Bruch mit seiner Mutter führte, die er beschuldigte, die Partei seiner Frau zu ergreifen. Inzwischen steht er wieder sowohl mit seiner Mutter wie mit seiner Frau auf freundschaftlichem Fuß, und das ist der wichtigste Aspekt dabei. Seine Eltern, die im Prinzip gegen eine Scheidung waren, haben sich schließlich damit abgefunden. Das enge Leben der ganzen Familie ist nicht auseinandergebrochen. Christian und seine Frau leben getrennt, ihr Sohn aber ißt zu Mittag mit seinem Vater und zu Abend mit seiner Mutter; die Kinder pendeln formlos zwischen der Wohnung ihrer Eltern und der ihrer Großeltern.

Das Familienleben der Bourrels überlebt, weil es nachgiebiger geworden ist. Es hat die Scheidung überstanden und sich der Persönlichkeit der einzelnen Mitglieder angepaßt. Die nach außen konservativen Bourrels sind im Alltag recht geschickt, sich der Realität des Lebens anzupassen. Paule, Christians Schwester, ist auf ihre Art auch unorthodox und dies gleich mehrfach. Sie lebt im Dorf, doch ihr Mann arbeitet in Paris und kommt nur zum Wochenende nach Hause. Sie haßt Paris und hat sich geweigert, dort hinzuziehen. «Sie hat einen starken Willen», sagt ihre Mutter, «sie ändert nie ihre Meinung, wenn sie sich einmal entschieden hat. Die Leute sagen, sie sei stolz, aber nein, es ist ihr nur gleichgültig. Sie will nicht den Anschein erwecken, als wolle sie anderen gefallen, obwohl sie es tut. Die Ehe hat sie verändert. Sie ist verschlossener geworden, oder – anders gesagt – sie hat ihre eigene Persönlichkeit entdeckt. In den Geschäften spricht sie mit keinem, ist nicht neugierig und mag die Neugierde anderer nicht.» (Wie auffällig

Alain Saint-Ogan Meine Kinder organisieren heute
abend eine Party

das in dem Dorf sein muß, wurde deutlich, als ein Nachbar
nicht mal eine halbe Stunde nach meiner Ankunft die Bourrels
besuchte, angeblich um etwas auszuleihen, in Wirklichkeit
aber, um nachzusehen, wer der fremde Besucher war.) Madame
Bourrel billigt voll und ganz, daß Paule keine Kritik verträgt.
«Man darf sich nicht in ihr Privatleben einmischen. Sogar
wenn ich sie frage: ‹Das ist aber ein hübscher Pullover, wo hast
du den denn her?›, sagt sie es mir nicht.»

Paule heiratete mit achtzehn und ging mit ihrem Mann nach
Afrika. Er ist ganz anders als sie, ein redseliger Computerver-
käufer; «nicht so intelligent wie seine Frau», sagt Madame
Bourrel, aber er liebt seine Arbeit. «Sie ist sein Hauptinteresse», bemerkt Paule, «wahrscheinlich mehr noch als seine Familie, er liebt es, gut im Beruf zu sein.» Er liebt es, eine Menge

Freunde zu haben, und ist Mitglied im Rotary Club. Mit ihrem Arrangement, das beiden viele Freiheiten läßt, ist er sehr zufrieden. Sie kommen gut miteinander aus, wenn er zu Hause ist. Ob die Ehe Bestand hätte, wenn sie die ganze Zeit zusammenlebten, ist ungewiß, denn sie hat sich sehr an ihre Unabhängigkeit gewöhnt. Paule hat in der Ehe wahrscheinlich die Oberhand; zumindest kann sie machen, was sie will. Sie hat sich sogar schon geweigert, am Wochenende nach Hause zu fahren, um sich mit ihm zu treffen, da sie wegen ihres Russischunterrichts im nahegelegenen Carcassonne nicht abkömmlich war. (Sie hat bereits Englisch und Deutsch gelernt.) Wenn die Kinder groß sind, will sie an der Sorbonne studieren. Ihr Hauptinteresse gilt den östlichen Religionen und dem Umgang mit der Vergangenheit. «Ich bin fast ein echter Hindu», sagt sie. Sie glaubt an die Reinkarnation, ohne sich viel Gedanken darüber zu machen, wer sie einst war oder was sie im nächsten Leben sein wird. «Das wichtigste ist die Reise der Seele zur Vollkommenheit.» Sie war in Indien, und ihr hat es dort gefallen, da «die Idee der Göttlichkeit alles beeinflußt, die Inder sind wirklich Gott nahe, sehr viel näher, als wir es sind. Sie haben einen außergewöhnlich starken Glauben, lassen sich von ihrer Armut nicht niederkämpfen, sind nicht traurig. Ich möchte zwar nicht all meinen Wohlstand aufgeben (ihre Wohnung ist luxuriös und teuer mit antiken Möbeln eingerichtet, sie besitzt einen Garten mit vielen Blumen und einen Swimmingpool), doch Wohlstand ist nicht das wichtigste im Leben. Als wir jung verheiratet waren, waren wir glücklich, auch wenn wir arm waren. Aber natürlich ist es schön, seine eigenen Bücher zu Hause zu haben: auf diese Weise kann man nie unglücklich sein.» Sie mag keine teuren Kleider mit berühmten Markennamen kaufen, nur um anzugeben: «Ich finde neun Zehntel der Mode lächerlich. Ich kümmere mich nicht darum, ausgenommen ganz im allgemeinen; ich würde keine Shorts tragen, wenn gerade knöchellange Kleider modern wären. Ich mag keine Übertreibungen, sondern ziehe klassische Kleider vor.» (Ich sah sie dreimal im Laufe eines Tages: Sie hatte jeweils etwas anderes angelegt, Variationen des Themas von der eleganten Untertreibung; sie ist ganz dezent geschminkt, ihr Haar ist kunstvoll gefärbt.)

«Nach unserer Heirat habe ich meinen Mann gezwungen, mit mir zur Kirche zu gehen, aber wir gehen nicht mehr.» Sie verspürt kein Bedürfnis mehr, zur Kirche zu gehen – und bedauert dies –, die katholische Vorstellung vom Paradies sei «kindisch». «Der Katholizismus gibt mir nichts, er ist nicht das, was ich suche, er stellt mich nicht zufrieden, in den letzten fünfzehn Jahren hat er sich stark verändert, so daß es nichts Heiliges mehr gibt. Die Menschen brauchen ein Geheimnis.» Sie sucht das Geheimnis in der Vergangenheit und liest gerne Bücher darüber, besucht und studiert alte Ruinen und Schlösser und umgibt sich gern mit alten Möbeln. Das einzige moderne Sofa in ihrem Wohnzimmer ist ein Zugeständnis an den Wunsch ihres Mannes nach etwas Komfort und an seinen Horror vor den Löchern der Holzwürmer. Ihre Kinder verspotten sie wegen ihrer Leidenschaft für «kaputte Möbel». Aber «mein Geschmack geht in Richtung der Dinge aus der Vergangenheit». Als sie in Ägypten reiste, interessierte sie sich am meisten für die antiken Monumente; aber der Verfall des modernen Ägypten, im Vergleich zu dem, was es einmal war, verursachte ihr Kummer. Obwohl sie lange Reisen mag, verspürt sie nicht den Wunsch, nach Amerika zu fahren: die Modernität interessiert sie nicht.

Sie fragt sich nicht, ob die Leute sie «merkwürdig» finden. «Es ist mir egal, was die Leute denken.» Ihre Eigenarten sind um so offensichtlicher in einem Dorf, in dem «die Menschen sich immer darum sorgen, was die anderen von ihnen halten». Sie aber hat nur eine Freundin im Dorf, mit der sie sich über Bücher unterhält. Mit ihrem Mann unterhält sie sich nur selten über ihre esoterischen Interessen. Sie genießt ihre Ruhe, ohne einsam zu sein. «Ich möchte mich nicht verändern.» Sie glaubt, ihre Eltern seien über ihre exzentrischen Interessen entsetzt. Doch sie akzeptieren es, weil ihre Mutter in ihrer Willensstärke und Unabhängigkeit etwas von sich selbst wiedererkennt und es als ein Stück Erbgut betrachtet, das bis auf ihre eigene Mutter zurückgeht. «Ich sage, was ich denke», sagt Madame Bourrel. Sie gibt zu, Paules Charakter sei «nicht einfach». Aber so sind sie eben.

Philippe, das dritte Kind der Bourrels, bereitet ihnen mehr

Kummer. Sein Problem ist, daß er noch nie im Leben Glück hatte. Sie können es sich nicht erklären. Er studierte Chemie wie sein Vater, doch seit seinem Examen ist alles schiefgegangen. Genau wie sein Vater hätte er gern ein landwirtschaftliches Analyselabor gegründet, doch er scheiterte. Er ist darüber verbittert, daß seine Ausbildung sich als praktisch wertlos herausgestellt hat; die meisten seiner Studienkameraden mußten jede Art von Arbeit annehmen, um ihren Lebensunterhalt zu verdienen, auch wenn sie ihre Ausbildung nicht verwerten konnten, denn in der Gegend gibt es für Chemiker keine Arbeit. So begann er einen Handel mit Landwirtschaftsmaschinen, der jedoch zusammenbrach, weil seine Kunden nicht zahlten. Er hatte sich in verschiedenen anderen Geschäften versucht, ohne Erfolg. Heute arbeitet er für einen Freund, der eine Möbelfabrik besitzt, doch er ist nicht allzu optimistisch, was deren Zukunft anbelangt. Das Geschäftsleben liegt ihm eigentlich nicht. Er mag den Konkurrenzdruck nicht, das Gefühl, daß «es immer Gewinner und Verlierer geben muß. Es ist nicht gerade wie ein Kampf, aber man muß Waffen einsetzen, die ich nicht gern benutze. Meine Vorstellung von zwischenmenschlichen Beziehungen sieht anders aus.» Im Sport, zu Hause und im engeren Freundeskreis findet er seine Erfüllung. «Ich bin ein Individualist. Ich kann im Team arbeiten, doch ich treffe gern meine Entscheidungen allein oder ziehe einen gewissen Spielraum vor.» Er ist dafür, daß die menschlichen Beziehungen innerhalb der Industrie geändert werden müssen, und er hält sich mit seinem Urteil über die sozialistische Regierung zurück: nicht etwa, daß er für Selbstverwaltung wäre – bei der die Arbeiter die Politik ihres Unternehmens mitbestimmen und die leitenden Manager auf allen Ebenen wählen. Er ist davon überzeugt, daß es immer eine Person geben müsse, die die Entscheidungen trifft, aber es dürften die Untergebenen nicht mehr geringgeschätzt werden. Das ist um so schlimmer geworden, weil in Frankreich die an der Macht alle nur Mittelmaß seien: «Frankreich ist ein mittelmäßiges Land geworden.»

Als Landwirt wäre er sicher glücklicher, mit eigenem Land und in der Lage, neue Ideen auszuprobieren, ohne in die Routine zu geraten, die unausweichlich ist, wenn man sich auf Weinbau konzentriert. Der Besitz von Land würde ihm ein Gefühl von «Sicherheit» vermitteln. Diesem Ziel kommt er mit seinem Familienleben am nächsten, das ihm auch ermöglicht hat, trotz der Schicksalsschläge sein inneres Gleichgewicht zu halten. «Wir sind selbst für unser Familienleben verantwortlich. Niemand zwingt uns eine Ehefrau auf. Wir ziehen die Kinder groß, wie wir wollen.» Er hat eine sehr enge Beziehung zu seiner Frau, auch wenn sie in einem gemieteten Haus leben müssen und das Geld knapp ist. Vielleicht gerade darum, und weil auch sie sich ein wenig als Außenseiter fühlt. Ihre Familie zog 1968 von Algerien nach Frankreich. «Wir waren noch französischer als die Franzosen», sagt sie. «Wir waren überrascht, hier nicht den gleichen Patriotismus anzutreffen. Ich brauchte ein Jahr, um mich an Frankreich zu gewöhnen. Doch die Leute nennen uns immer noch *pieds noirs* und schauen auf uns herab. Ich fühle mich nur zu Hause, wenn ich in meinen vier Wänden bin.» Der Familiensinn wurde durch das Unglück gestärkt.

Philippe zieht einen klaren Trennstrich zwischen seiner Arbeit und seinem Heim. Und er zieht einen anderen Strich zwischen sich selbst und den Parisern. «Sie sind anders als wir. Wenn ein Mann für zehn Jahre nach Paris geht, kommt er zurück und weiß alles. Er vermittelt einem das Gefühl, daß er Vorzüge gegenüber einem hat, daß er jeden Abend ins Theater geht.» Philippe kennt in Wirklichkeit keine Pariser, außer denen, die er im Fernsehen gesehen hat. Es ist eher das Gefühl, daß eine kräftige Macht außerhalb seines Kontrollbereichs besteht, die ihn dazu veranlaßt, sich als «Mann aus dem Süden» einzubunkern und als jemand, dem Amerikas «Versuch, seinen Lebensstil auf die Verbündeten zu übertragen» zuwider ist. Er wünscht keine Autonomie für den Süden, obwohl er es lieber sähe, daß die Entscheidungen vor Ort getroffen würden als von einem Minister aus Paris, der nie in seiner Stadt gewesen ist. Er ist ein frustrierter Individualist, einer, der Herr seines eigenen Schicksals und desjenigen seiner Familie zu sein wünscht. Er ist strikt dagegen, daß die Eltern zu «Kumpeln» ihrer Kinder werden. Er ist der Ansicht, daß er seinen eigenen

Lebensstil in seinem Heim verwirklichen kann. Und daß dies noch ein weiterer Grund dafür ist, warum die Familie als Institution so unverrückbar überlebt und Hoffnung für so viele verschiedene Arten von Sehnsüchten bietet.

Nach all ihrem Suchen und Experimentieren heiraten die Franzosen heute mehr denn je und haben so ihr Familienleben erneuert. Sie haben diese alte Institution in dreifacher Hinsicht verändert: was die Rolle des Geldes, der Großeltern und der Scheidung betrifft, aber die Veränderungen zeigen nur, wie sehr sie sich noch immer auf die Familie verlassen.

In der Vergangenheit war die Familie häufig praktisch auch ein Unternehmen. Kinder galten als Einkommensquelle und Erfolg im Leben bedeutete, daß man das Vermögen und Ansehen der Familie mehrte und ihr seine persönlichen Vorlieben opfern mußte, auch wenn natürlich die meisten Familien so wenig verdienten und so geringe Ersparnisse hatten, daß sie oft an der Grenze zum Bankrott lebten. In diesem Zusammenhang hieß Liebe, die Kinder in die Lage zu versetzen, reicher als man selbst zu werden, ihnen ein Erbe zu hinterlassen, auch wenn dies Sparsamkeit und Opfer bedeutete. Diese finanzielle Zuwendung ist längst nicht ausgestorben. Sicher, sie ist nicht mehr selbstverständlich, die Generationen bewahren ihre Unabhängigkeit in einem größeren Ausmaß. Weniger als ein Drittel aller jungen Leute wissen, wie hoch die Ersparnisse ihrer Eltern sind, am wenigsten diejenigen, die eine höhere Bildung genossen haben, als gäbe es eine bewußte Verdrängung der finanziellen Seite des Familienlebens. Eltern zeigen ihre Zuneigung dadurch, daß sie ihren Kindern die bestmögliche Ausbildung angedeihen lassen, als daß sie sie nur mit Vermögen ausstatten. Und der Druck, in der Schule gut abschneiden zu müssen, ist für die Kinder stärker geworden — eine neue Ausprägung des alten Drucks, gesellschaftlich aufzusteigen. Es gibt jedoch immer noch Eltern, alles in allem ein Fünftel, die die Übertragung von Besitz auf ihre Kinder als ihre höchste Aufgabe ansehen. Die Mehrheit lehnt dieses alte Ideal heute ab, weil sie wünscht, daß die Ersparnisse an den Ehepartner übergehen. Die Familie ist kaum noch eine finanzielle Institution, seit die Kinder keine Altersversicherung mehr darstellen. Sie ist jedoch unzweifelhaft die stärkste Kraft zur Erhaltung und Ausweitung von Ungleichheit, weil Familienzuwendung ein wichtiger und ungleicher Teil von mehr als der Hälfte aller Haushaltskassen ist. Ein Drittel aller Hausbesitzer ist dank der Hilfe durch die Eltern zu ihrer Immobilie gekommen. Dem jungen Ehemann greift der Vater beim Autokauf unter die Arme, der jungen Ehefrau die Mutter bei der Kücheneinrichtung. Eltern sind natürlich vorsichtig, um jede Andeutung zu vermeiden, sie erkauften sich die Zuneigung ihrer Kinder. Zwangsläufig sind es die Reichen, die es sich erlauben können, großzügig zu sein; Darlehen oder Geschenke sind in der Arbeiterklasse selten.

Sich zu verlieben bedeutet normalerweise, daß man seine Eltern verläßt, um ein unabhängiges Leben mit einer anderen Person zu beginnen. Jede Generation glaubt, sie breche in jenem Moment mit alten Traditionen, und stellt sich vor, die traditionelle Familie lebe als Großverband mit verschiedenen Generationen unter einem Dach. In der Tat besteht die Großfamilie in Frankreich seit Jahrhunderten nicht mehr, jedoch erhielten sich die Familien als Clan. Das sonntägliche Mittagessen war früher Symbol dafür, wobei die herrische Großmutter ihre zehn oder sogar zwanzig Nachkommen um den Tisch versammelte. Sie kamen entweder, weil sie ihr Mißfallen fürchteten oder weil sie ihre gute Küche schätzten. Diese Tradition des Familienessens ist noch immer anzutreffen, auch wenn sie etwas von ihrer Förmlichkeit verloren hat. Doch die Gestalt des Familienclans hat sich verändert, seit die Menschen länger leben und weniger Kinder haben. Als Ergebnis gibt es eine wachsende Zahl von Familien, die vier Generationen vereinen; es gibt mehr Groß- und Urgroßeltern, aber weniger Brüder, Schwestern und Cousins. Die Rolle der Großeltern wurde gestärkt. Wenn Großeltern gefragt werden, was sie im Ruhestand tun möchten, antworten die meisten, «den Kindern helfen». Die Hälfte der Bevölkerung weist das als Einmischung von sich und glaubt, das sei die Aufgabe der Eltern, doch die andere Hälfte glaubt, daß Großeltern hier eine Aufgabe übernehmen, ja sogar eine Pflicht erfüllen können. Es überrascht daher kaum, daß, wenngleich die eine Hälfte aller Franzosen kaum Kontakt mit ihren Eltern hat, die andere Hälfte in einem Umkreis von 20 km von ihren Eltern wohnt und sie regelmäßig besucht. Ein Drittel aller Kleinkinder wird von den Großeltern gehütet, während die Mutter arbeiten geht, und die Hälfte aller Kinder verbringt regelmäßig die Ferien bei den Großeltern. Je größer die Stadt (Paris ausgenommen), desto häufiger sind die gegenseitigen Besuche, Hilfeleistungen und Ratschläge von Müttern und ihren verheirateten Töchtern – als wollte man die Einsamkeit ausgleichen. Die Verstädterung hat den Clan nicht verdrängt. Auto, Telefon und früherer Ruhestand haben ihn noch gestärkt. Die Balance der Zuneigung ist nicht immer ausgeglichen in diesen Clans. Eltern scheinen mehr zu geben, als ihnen erwidert wird; Großeltern kompensieren Fehler an ihren Kindern, indem sie die Enkel mit Zuneigung überschütten. Scheidungen beschäftigen sie noch mehr. Sie kümmern sich häufig um die Enkel, deren Eltern nicht mehr zurechtkommen. So vereint Liebe die Menschen nicht nur zu zweit, sondern auch zu dreiundzwanzig – die durchschnittliche Größe einer Familie heute. Der Mangel an Brüdern und Schwestern wird durch die Schwemme von Großeltern wettgemacht. Das Gerede vom Generationskonflikt ist eine natürliche Folge, aber beruht nur auf verstärktem Kontakt unter ihnen.

Die Enttäuschungen des Familienideals kann man an der Tatsache ablesen, daß nicht weniger als 7,7 Millionen Erwachsene sich entweder entschlossen haben, allein zu leben, oder durch den frühen Tod ihres Partners dazu gezwungen wurden. Frankreich hat eine Million Geschiedene, fast vier Millionen Witwen und Witwer und ungefähr 2,7 Millionen Junggesellen und Ledige über 30 Jahre. Zusammen machen sie fast ein Viertel der Bevölkerung über 30 aus. Das ist das Ausmaß von Einsamkeit oder Unabhängigkeit, das der Liebe die Waagschale hält.

6 Wie Kinder mit ihren Eltern umgehen

Manche würden gern die Schwierigkeiten im Familienleben mit den Erfahrungen erklären, die die Franzosen in ihrer Kindheit machen. Doch es gibt keine typisch französische Eigenart, Babies zu lieben oder aufzuziehen. Jede Generation, jede Gesellschaftsschicht, jede Familie hat ihre Gewohnheiten ererbt und sucht nach neuen Lösungen. Der einzig beständige Faktor ist der zuversichtliche Rat, den Ärzte, Psychiater und *puericulturists* mit einem nie getrübten Selbstbewußtsein endlos angeboten haben, auch wenn regelmäßig dem Rat der Vorgänger widersprochen wurde. In Frankreich findet die Kindererziehung in einem Wirbelwind widersprüchlicher Meinungen und Gewohnheiten statt. Ein Professor der Sorbonne betitelte sein Buch, in dem er das Wissen seiner Zeit zusammenfaßt, folgerichtig: «Es ist nicht einfach, seine Kinder zu lieben».

Bis ungefähr 1960 war das führende Buch über Babies das von Mme. Francisque Gay «Wie erziehe ich mein Kind» aus dem Jahr 1924. Es wurde von Mme. Laurence Pernoud entthront, die das Feld seit nunmehr 20 Jahren beherrscht, doch sie hat ihren Ratgeber fast jährlich überarbeitet und mehrfach grundlegend verändert. Seit 1970 haben zahlreiche Rivalen die Szene betreten, einige wurden aus dem Amerikanischen übersetzt. Die gebildeten Schichten schenken dieser Art von Ratschlag wesentlich mehr Aufmerksamkeit als Arbeiter, und ausländische Ratgeber werden nur von einer sehr kleinen, nonkonformistischen Minderheit geschätzt. Doch die Regierung sorgt dafür, daß jede Mutter ein Durcheinander dieser alten und neuen Ideen durch das kostenlose Pamphlet «Das Goldene Buch für werdende Mütter» vorgesetzt bekommt. Die Regierung möchte, daß Ehepaare mehr Kinder gebären, und zahlt kräftig, damit Eltern sich mehr als drei Kinder zulegen, und warnt davor, daß Einzelkinder zu «Monstern» heranwachsen könnten. Aber diese Bestechungsgelder üben wenig Einfluß auf die Entscheidung der Eltern aus, ob sie ein Kind haben wollen oder nicht. Die übliche Familiengröße hat sich rapide verändert. Das Einzelkind, vor dem Krieg noch sehr häufig, ist nicht mehr die Ausnahme. Nach einer Zeit größerer Familien in den fünfziger und sechziger Jahren haben die Franzosen ihr Verhalten plötzlich verändert und ziehen heute, statistisch gesprochen, 1,8 Kinder pro Ehepaar groß.

Bis auf die «fortschrittlichsten» Ratgeber werden Väter beim Kinderkriegen immer noch als Randfiguren betrachtet. Laurence Pernoud behauptet standhaft: «Der Vaterinstinkt existiert nicht – zumindest nicht vor der Geburt. Wenn ein Mann erfährt, daß er Vater wird, hat diese Nachricht keine emotionellen Auswirkungen und keinen Wirklichkeitsbezug.» Das Kind braucht die Mutter in seinem ersten Jahr: «Es wird keinen Schaden nehmen, wenn es den Vater nicht kennt.» Der Vater ist nur nützlich, indem er der Mutter beisteht und sie ermutigt: «Seien Sie der Hüter ihrer Nerven.» Die Windeln zu wechseln erzeugt bei Männern instinktiv Übelkeit, und es ist nur natürlich, wenn sie es der Mutter überlassen, sagt Dr. Cohen-Salal, der neueste Experte zum Thema «Ich bekomme ein Kind». Die Rolle des Mannes beginnt im siebten oder achten Monat, wenn er «in seltenen, privilegierten Augenblicken» anfängt, mit dem Kleinkind zu spielen. Doch viele Väter bezweifeln offensichtlich diese Binsenweisheit. Auch Großmütter verteidigen sich gegen die medizinischen Experten, die sie früher als Vertreterinnen altmodischen Aberglaubens betrachteten. Sie helfen, aber sie widersprechen auch ihren Töchtern.

Es gab eine Zeit, da erschien das Kinderkriegen als ganz natürliche Sache, mit der Mütter instinktiv umzugehen wußten. Die Ausdehnung des medizinischen Berufsstands setzte dem ein Ende. Ärzte wurden fortan bei der Geburt unersetzlich, legten fest, was erlaubt, was verboten war. Aber seit 1960 setzte eine Reformbewegung ein, und heute bestimmt der führende Kinderarzt Professor Debré: «Die Mutter hat immer recht.» Mütterlicher Instinkt triumphiert erneut. Launen während der Schwangerschaft, früher als abergläubische «Begierden» abgetan, werden höchst offiziell anerkannt und müssen befriedigt werden. Lange Zeit war das Stillen in Frankreich sehr populär. Wenn Mütter nicht selbst stillen wollten, schickten sie die Kinder zu Ammen aufs Land. 1966 legte Pernoud fest: «Sie müssen auf jeden Fall stillen.» Heute sieht sie das anders und erklärt, man könne wählen. Die Milchflasche wird immer populärer und verbreitet sich langsam auch in den unteren Gesellschaftsschichten – zu einer Zeit, da sich in England und Amerika eine Gegenströmung ausbreitet. Der empfohlene Zeitraum für das Bruststillen, vor dem Krieg noch sechs Monate, hat sich offiziell auf drei reduziert. Im Verlauf einer Generation hat sich die Ansicht darüber, wann Babies damit anfangen können, mehr oder weniger alles zu essen, vollständig gewandelt. Im 19. Jahrhundert wurden Kleinstkinder geschwind zu Gourmets und Weintrinkern gemacht. Dann kam eine Gegenbewegung und besondere Babynahrung. Jetzt schlägt das Pendel wieder in die andere Richtung aus. Vor dreißig Jahren etwa galten Eier als gefährlich für Kleinkinder unter zehn Monaten, heute werden sie als vertretbares Lebensmittel für Babies ab dreieinhalb Monaten angesehen.

Auch in bezug auf Schnuller hat sich die Meinung gewandelt. 1910 wurde ein Gesetz gegen ihre Herstellung oder ihren Verkauf verabschiedet. Schnuller zu verwenden galt als rückständig. Heute erlebt der Schnuller ein Comeback. Es ging dabei um mehr als nur um Hygiene: An einem Schnuller zu saugen wurde als «orale Selbstbefriedigung», als Mangel an Selbstdisziplin betrachtet. Aber die Hexenjagd gegen Onanie ist ebenfalls vorüber, und Psychiater wie Philippe Nahoun behaupten sogar: «Zu masturbieren bedeutet, seinen eigenen Körper in seiner Ganzheit lieben zu lernen.»

Es gab einen Unterschied in der Art und Weise, wie Franzosen und Engländer ihre Babies wickelten, und die vorangegangenen Generationen waren besorgt über die Gefahren der «englischen» Praxis, dem Baby die freie Bewegung seiner Beine zu erlauben. Französische Babies wurden so eng gewickelt, daß sie einem Kokon glichen; nicht nur ihre Beine wurden zusammengewickelt, sondern es wurden auch noch Spezialwickel um den Bauch gelegt, damit dieser warm bleibe. Diese Praktiken hat man aufgegeben, aber Laurence Pernoud empfahl sie immerhin 1979 noch für die Nacht und im Winter. Die Schwierigkeiten, die dies verursachte, um die Windeln zu wechseln, mag erklären, warum die Franzosen ihren Babies so wenig wie möglich zu trinken gaben; und weshalb Nierensteine bei Kindern vermutlich häufiger auftreten als zum Beispiel in den Vereinigten Staaten. Der Versuch, die Kinder sauber zu bekommen, wurde sehr früh unternommen, jedoch in den letzten fünfzig Jahren ist der empfohlene Zeitpunkt nach und nach von drei Monaten auf zwei Jahre verlegt worden.

Vor dem Krieg wurde Müttern geraten, nie ihre Kinder nur zum Vergnügen in den Arm zu nehmen. Weinen galt als Zeichen einer natürlichen Aktivität und nicht als Zeichen von Unwohlsein oder Unglück. Das hat sich geändert. Ebenso wie die alte Anweisung, Kinder nur zu festgesetzten Tageszeiten zu füttern. Heute sind Babies Individuen und keine Maschinen mehr. So werden jeder Generation neue Theorien eingebleut.

Die verschiedenen Gesellschaftsschichten folgen solchem Rat sehr unterschiedlich. Ein französischer Soziologe berichtete 1969, daß nur ein Drittel der Mütter aus der Arbeiterklasse glaubte, ihr drei Monate altes Kleinkind sollte jeden Tag gebadet werden, während zwei Drittel der Mütter aus der Oberschicht den Rat befolgten; sie suchten den Kinderarzt auch doppelt sooft auf. Die Armen folgen den ererbten Vorstellungen eher; sie gehen mit ihren Babies auch wesentlich zwangloser um, teils weil sie weniger Zeit haben, sich um sie zu kümmern, teils aber auch, weil sie in ihnen süße kleine Tiere sehen, die zu disziplinieren unfair und nutzlos wäre. Die Kleinbürger haben mehr Prinzipien und Ansprüche. Sie sind bemüht, Ordnung, Regelhaftigkeit und Routine einzuführen. Die Oberschicht betrachtet den Nachwuchs als für sich selbst verantwortliche Individuen, die lernen müssen, sich von anderen zu unterscheiden. Und sie sind geneigt, jeden Sprößling mit einem bestimmten Charakterzug zu umschreiben, denn sie schätzen Individualität. Dies sind Verallgemeinerungen, und die Zeit hat sicher diese Unterscheidungen, wie richtig auch immer sie waren, verwischt. Doch ein amerikanischer Soziologe kam 1979 zu dem Schluß, daß «französische Eltern eher englischen, italienischen, amerikanischen oder japanischen Eltern aus der gleichen Gesellschaftsschicht ähneln als französischen Eltern mit einem anderen sozialen Hintergrund». Das heißt, daß die Art und Weise, in der Eltern ihre Zuneigung zeigten, eher von ihren Ambitionen für sich und ihre Kinder bestimmt wurde als von nationalen Gepflogenheiten oder medizinischen Theorien. Aufgrund sorgfältig gekennzeichneter, wenngleich auch eher einfacher Tests stufte er die Franzosen in bezug auf Milde und Disziplin als durchschnittlich ein – verglichen mit anderen Nationen. Aber die französische Mittelklasse war am strengsten von allen in ihrer Einstellung zur Frechheit, obwohl sie andere Formen des Fehlverhaltens tolerierte; sie war am ehesten bereit, der Bitte eines Kindes nach Aufmerksamkeit nachzugeben, noch mehr als die Amerikaner, war jedoch eher abgeneigt, der Forderung nach Hilfe oder nach Tröstung zu entsprechen. Die Besonderheit von Frankreich, verglichen mit der anderer Nationen, ist, daß die Mittelschicht sehr streng ist, wogegen Arbeiter eher nachsichtig sind. Die französische Arbeiterklasse ähnelt der englischen Arbeiterklasse nur in ihrer Freundlichkeit Kindern gegenüber; überall anders scheinen die Arbeiter weniger nachsichtig als die Eltern aus der Mittelschicht zu sein. Die Franzosen ähneln den Amerikanern jedoch darin, daß Väter weniger trösten als Mütter, wogegen in England das Gegenteil der Fall zu sein scheint. Französische Väter sind schroffer zu ihren Söhnen als zu ihren Töchtern und zeigen nicht die Gleichmacherei, die in Amerika herrscht. Eine andere Studie, die die französisch sprechenden Belgier, Franzosen und Kanadier vergleicht, ergab, daß die Franzosen zwischen den Belgiern und den Kanadiern stehen, wobei die Belgier am strengsten sind und am meisten fordern; das legt nahe, daß einige Regionen Nordfrankreichs sich sehr wohl von anderen Regionen unterscheiden könnten.

Die Ansichten über den Umgang mit Kindern bewegen sich wahrscheinlich im Kreis. Sobald arme Eltern in der Welt aufsteigen und Verhaltensformen anstreben, wie Bildung und Wohlstand sie eingeben, fordern sie mehr von ihren Kindern. Doch wenn diese Kinder dann gegen die Disziplin aufbegehren, die ihnen die strebsamen Eltern auferlegt haben und wenn sie von deren Idealen enttäuscht sind, entdecken sie die Nachsicht der Armen wieder. Besonders seit 1968 bemühen sich die «neuen Eltern», eine andere Art von Beziehung zu ihren Kindern aufzubauen, die sich von ihrer eigenen Erfahrung wesentlich unterscheidet. Väter und Mütter, so glauben sie, sollten die

Kinder gemeinsam aufziehen; ihr Ziel sollte rein hedonistisch sein. Sie sehen Kinder als geplante und gewollte Investition, die allen das höchste Glück ermöglichen soll. Das Kind hat seine Rechte. Es ist von Anfang an eine Person, und alles muß getan werden, damit es seine eigenen Vorlieben finden kann. Sie bestechen ihre Kinder nicht mit Süßigkeiten, verbieten ihnen nicht, zuviel fernzusehen, feilschen weder mit ihnen, noch strafen sie sie und gestatten ihnen zu essen, was immer und wann immer sie wollen. Die Familie ist eine Kommune ohne Hierarchie, Autorität und Förmlichkeit. Sie zielen nicht darauf ab, den Kindern beizubringen, was richtig ist. Sie behandeln Jungen wie Mädchen gleich. Sie berufen sich dabei ebenso sehr auf die Theoretiker der Kindererziehung in Amerika wie in Frankreich; sie sagen, sie lehnen den neuen, mehr disziplinbetonten späteren Spock ab. Niemand vermag zu sagen, wie viele französische Eltern sich militant bilderstürmerisch verhalten; die Bilderstürmer selber geben zu, daß sie sich in der Minderheit befinden; es ist gut möglich, daß sie bereits eine Reaktion gegen sich selber erzeugen und daß Disziplin wieder «modern» wird. Bei all diesen Strömungen scheint es, daß Frankreich voll in die einander widerstrebenden, stets sich verändernden Lösungen über die Probleme der Kindererziehung eingetaucht ist. Dies bedeutet, daß Eltern zunehmend ihre eigene persönliche Entscheidung über die Art der Kindererziehung treffen; das bedeutet ebenso, daß, trifft man einen Franzosen, man überhaupt keine Annahme darüber machen kann, wie er erzogen worden ist, ob er als Kind viel oder wenig Liebe kennengelernt hat und von welcher Art sie gewesen sein könnte.

Welche verhängnisvollen Konsequenzen ergeben sich aus diesen widersprüchlichen Rezepten zum Glücklichsein? Wie können französische Eltern weiterhin ihren Nachwuchs lieben, wenn dieser zu unabhängigen Persönlichkeiten und nicht zu vorher einschätzbaren Jugendlichen heranwächst? Wie erwidern Kinder die Liebe ihrer Eltern? Es gibt viele Diskussionen über diese Fragen, doch das Verhalten hat sich wahrscheinlich weniger radikal verändert, als man meinen könnte. Liebe bedeutete einst in erster Linie Gehorsam und Pflicht. Am Ende des letzten Krieges antworteten französische Schulkinder auf die Frage nach dem wichtigsten der Zehn Gebote noch immer: «Ehre deine Eltern.» Das war der Drill, in dem sie aufgewachsen waren. Das Ideal der Familie orientierte sich an der Monarchie; der Vater galt als gütiger, aber furchterregender König, der am besten wußte, was für seine Untertanen am besten war. Das Heim war der einzige Ort, an dem der drangsalierte, schlechtbezahlte Schreiber und der überarbeitete Fabrikarbeiter endlich Herr sein konnten. Doch dieses seltsame Ideal konnte sich nicht entfalten; in Wirklichkeit war der Wunsch, Frau und Kinder zu unterjochen, nur selten erfolgreich. Wenn Väter sich heute beklagen, daß sie nicht den gleichen Respekt genießen wie ihre Väter oder Großväter, dann haben sie unrecht, daraus zu schließen, daß der grundsätzliche Wandel in der Familie zum Verfall väterlicher Autorität geführt habe. Die Bauern, die angeblich das Patriarchat verkörperten, waren bekannt dafür, daß sie ihre Kinder vernachlässigten und sie im Gegenzug im hohen Alter schlecht behandelt wurden, trotz all der Vorsichtsmaßnahmen, die sie trafen, um an ihrem Besitz so lange wie möglich festzuhalten. Die Bourgeoisie beklagte sich schon vor mehr als einem Jahrhundert, daß ihre Kinder freche Widerworte gaben, rauchten und schon in frühester Jugend im Haushalt herumkommandierten. Die Eltern konnten in der Vergangenheit ihre Autorität nicht lange aufrechterhalten, weil sie früher starben. Zu Beginn dieses Jahrhunderts war fast die Hälfte aller Jugendlichen Waisen. Das alte Ideal von Liebe beinhaltete, daß der Wille der Kinder gebrochen werden mußte, ihre ursprüngliche Sündhaftigkeit ausgerottet werden sollte und daß sie vor allerlei Versuchungen zu schützen seien. Aber die traditionelle Familie entsprach in der Wirklichkeit auch dem Brauch, daß Väter sich nicht um ihre Kinder kümmerten, entweder weil sie den ganzen Tag arbeiteten oder weil sie betrunken waren oder die Kinder der Verantwortung ihrer Frauen überließen.

Autoritäre Behandlung und Vernachlässigung sind wahrscheinlich die häufigsten Klagen, die Kinder über ihr Familienleben äußern. Sie würden gern die Beziehung zu ihren Eltern ändern, doch sind sie deshalb nicht unbedingt der Familie als Institution feindlich gesinnt. Tatsächlich möchten die meisten sie noch stärken. Häufig wünschen sie sich mehr, nicht weni-

Gad **Der Geist der Revolte breitet sich unter den Kleinen aus. Das wird noch böse enden, wenn Sie uns nicht mehr Bänke geben!**

ger Familienleben, vorausgesetzt es gibt ihnen sowohl Freiheit als auch Sicherheit. Eine Umfrage unter Sechzehn- bis Achtzehnjährigen ergab nur 22 Prozent Familiengegner (10 Prozent unter Erwachsenen). Ihre Opposition gegen Autoritarismus ist nicht revolutionär, denn 60 Prozent akzeptierten das Prinzip, daß Kinder ohne erhebliche Strafen nicht richtig erzogen werden könnten (die gleiche Anzahl Erwachsener teilte diese Meinung). Die Mehrheit der Eltern sieht in einem Mehr an «Disziplin» das Mittel gegen Gewalt und Chaos in der Welt; aber zu Hause können sie sie nicht selbst durchsetzen, weil sie zu sehr von der Zuneigung ihrer Kinder abhängen. Bislang gibt es bei den zahllosen Kämpfen zwischen Eltern und Kindern auf keiner Seite einen klaren Gewinner, auch wenn die Eltern sich stets darüber beschweren, daß sie verlieren. Der französische *père de famille* mag in der Defensive und gezwungen sein, zu argumentieren, um seinen Willen durchzusetzen, aber dafür setzt er sich überraschend häufig durch. Und nicht nur in traditionellen, katholischen Familien überlebt er.

Ein Arbeiter mit fünf Kindern in Vallourec im Norden, der sich als politisch fortschrittlich beschreibt, ist der unumschränkte Herrscher in seiner Familie. Seine Frau führt den Haushalt. Er tut nichts zu Hause. Sicher, in den ersten Jahren ihrer Ehe deckte er den Tisch, weil sie damals noch arbeitete und eine Stunde später nach Hause kam als er. Heute jedoch empfindet sie es als ganz selbstverständlich, daß alle Hausarbeit erledigt und das Essen gekocht ist, wenn er nach Hause kommt. «Denn die Fabrik ist so eine Art von Gefängnis», erklärt sie, «ich bin dort gewesen, ich weiß, wie es ist. Ich fühle mich nicht als Sklavin, so wie er in der Fabrik. Das sage ich ihm immer. Im Vergleich mit Fabrikarbeitern bin ich privilegiert. Das einzige, was ich aus der Fabrik vermisse, ist, daß ich in der Fabrik Freundinnen hatte.» Darüber hinaus verbrachte ihr Mann eine unglückliche Kindheit: «Er kommt nicht aus dem gleichen Milieu wie ich.» In der ersten Zeit ihrer Ehe «neigte ich dazu, ihn zu sehr in Watte zu packen. Ich sah ein, das war falsch. Ich brachte ihm immer seine Puschen, und ich glaube, ich habe ihn zum Egoisten erzogen. Die Dinge zwischen uns sind nicht gleich verteilt, aber das ist ausschließlich mein Fehler. Ich wollte ihn doch nur ein bißchen glücklicher machen. Er kam für mich immer an erster Stelle. Ich habe ihm ein angenehmes Leben bereitet.»

Ihr Ehemann interessiert sich kaum für die Erziehung seiner

Kinder. Manchmal diskutiert er mit ihnen fünf Minuten lang, aber sobald er sich vor den Fernseher setzt, darf sich keiner bewegen. Er nimmt seine Kinder mit zum Angeln, weil er möchte, daß sie daran genausoviel Freude finden wie er, aber «mit ihnen zu spielen oder sonst was zu machen, nein, das gibt's nicht». Von Zeit zu Zeit legt er sie übers Knie. Zum Beispiel klopfte einmal eine Nachbarin an die Tür und beschwerte sich, daß die Kinder die Luft aus ihren Reifen gelassen hätten. Er holte sofort seinen Gürtel. «Ich will nicht, daß sie zu Vandalen werden und anderer Leute Eigentum zerstören. Es ist schwer genug, das Geld dafür zu verdienen.» – «Sehen Sie», fügt seine Frau hinzu, «wir sind zwar Revolutionäre, aber dennoch glauben wir, daß man das Eigentum anderer Leute respektieren muß.» Aber das war das einzige Mal, daß die Kinder richtig versohlt wurden, und sie bedauerten es hinterher. Einer der Jungen bekam Schwierigkeiten mit der Polizei, weil er etwas aus der Schulkantine gestohlen hatte. Doch die Eltern machten sich keine großen Sorgen. Sie glauben nicht, daß sie sich in die schulischen Dinge ihrer Kinder groß einmischen sollten. Für die Hausaufgaben reicht ihre Bildung eh nicht aus: «Das geht über unsere Köpfe hinweg.» Sie gehen nicht oft zu den Elternversammlungen, weil sie die Lehrer unangenehm finden, selbst den kommunistischen finden sie so ungerecht wie alle übrigen auch. Die Kinder bekommen nur Taschengeld, wenn sie es durch Mitarbeit im Haushalt verdienen.

Der Älteste ist heute verheiratet und benimmt sich genauso wie sein Vater. Sowie er nach Hause gekommen ist, flezt er sich im Sessel und überläßt seiner Frau den Haushalt. Er bedauert, daß er sich nie mit seinem Vater richtig unterhalten hat, und hofft, die bei seinen Kindern besser zu machen. Wenngleich seine Eltern den Anschein erwecken, als wären sie nachsichtig mit ihren Kindern gewesen, glaubt er, sie seien sehr streng zu ihm gewesen. Es ist die übliche Geschichte. Der traditionelle Vater richtet sich so ein, daß er in Ruhe gelassen wird. Das heißt, alles geschieht, damit es ihm gefällt. Er meint, er sei großzügig, weil er sich um nichts kümmert, was ihn nichts angeht.

Um zu beurteilen, wie autoritär Eltern wirklich sind, muß

man die Kinder fragen und nicht einfach den Behauptungen der Eltern Glauben schenken, sie seien aufgeschlossen gewesen. Einige Dreizehnjährige in einer Realschule sollten Aufsätze über ihre Familien verfassen. Ein Mädchen schrieb: «Meine Beziehung zu meinen Eltern ist durchschnittlich. Mit meiner Mutter klappt alles, aber mit meinem Vater komme ich nicht so gut aus. Er interessiert sich nicht für uns. Er versucht nicht gerade, Ärger zu machen, aber er schreit, um uns einzuschüchtern. Wir dürfen nie was sagen, wenn ihn was interessiert. Aber wenn uns etwas interessiert, müssen wir den Mund halten.» Dennoch schließt sie: «Meine Kinder werden ihre Eltern respektieren.» Manchmal ist es gerade umgekehrt. «Mein Vater spielt mit uns, als ob er ein gleichaltriges Kind wäre. Meine Mutter ist anders, sie hat mir verboten, mit Jungen zu sprechen, sie mag nicht, wenn ich raus gehe, und wenn sie sieht, daß mein Vater Spaß mit uns hat, schreit sie immer: ‹Du bist schlimmer als die Kinder.› Sie wird schnell böse.» Selbst ein Vater, der offensichtlich sein Familienleben genießt, der mit seinen Kindern jedes Thema frei und offen bespricht und der ihnen fast völlige Unabhängigkeit zugesteht, wird beschuldigt, seine Kinder zu vernachlässigen. Gérard Barthélemy – er taucht in einem späteren Kapitel auf – ist wie ein Freund zu seinen Kindern, doch sie beklagen sich, daß er mit zu vielen Menschen befreundet ist, zu viele andere Interessen hat und immer Gäste zum Essen mit nach Hause bringt. Sie wünschen sich, daß er mehr Zeit für sie hätte. Sie möchten mehr als Familie zusammen sein, ohne Besuch. Aber wenn die Kinder sich vorstellen, wie sie ihre Kinder dereinst behandeln wollen, dann sind ihre Vorstellungen sehr begrenzt: Sie schwanken zwischen dem Versprechen, sie wollten ihren Kindern alles geben, worum sie bitten, und dem Reproduzieren des Erziehungsideals ihrer Eltern, zugleich streng, aber fair zu sein, um ihnen beizubringen, was richtig und was falsch ist – als ob sie dies wüßten.

Der Druck, dem Kinder besonders bewußt unterliegen, ist die andauernde Obsession ihrer Eltern mit Prüfungen und Abschlußexamen. Hier der Aufsatz eines Vierzehnjährigen, der ein Gymnasium in einem Pariser Vorort besucht: «Ich mag

Sempé

meine Familie. Meine Eltern sind stets um mich, sie unterstützen alle meine Wünsche. Sie sind immer bereit, mir zu helfen, auch wenn es außerhalb der Familie nichts nützt, etwa in der Schule. Wenn es um die Schule geht, dann reiten sie ihr Steckenpferd. Sie wollen, daß ich hart arbeite, um im Leben später etwas zu leisten. Wenn ich nicht arbeite: Strafe! Sonntags darf ich dann nicht ausgehen, ich darf dann nicht mehr tun, was ich will. Sie geben mir Freiheit, vorausgesetzt ich leiste etwas in der Schule. Da ich im Moment nichts tue, sitze ich zu Hause und drehe Däumchen. Im Unterricht sage ich kein Wort mehr, um bessere Zeugnisse zu bekommen und damit meine Eltern wieder zufrieden sind und ich ausgehen darf. Zur Zeit rede ich kaum, weder mit meinem Vater noch mit meiner Mutter. Sie sind mir böse, wir haben uns über die Schule gestritten, und so führe ich mein eigenes Leben. Am Abend gibt's Essen mit langen Gesichtern. Ich hoffe sehr, daß eines Tages wieder Ordnung einkehren wird. Wenn es um die Schule geht, ist das Leben zu Hause unmöglich. Meine Eltern tun ihr Bestes, um mir die bestmögliche Ausbildung zu geben. Ich bin nicht unabhängig. Ich esse mit ihnen zusammen, sie bestimmen, wann ich schlafen gehe. Ich muß tun, was sie mir sagen. Abgesehen davon mag ich mein Familienleben und meine Eltern sehr und auch, wie sie leben. Wir sind eine vereinte Familie und verstehen uns recht gut.»

Eine Befragung jüngeren Datums unter Managern und deren Kindern ergab, daß 28 Prozent dieser Eltern glaubten, ihre erste Aufgabe als Eltern bestehe darin, den Kindern eine gute Ausbildung zu sichern; 29 Prozent der Söhne vertraten dieselbe Ansicht, doch nur 13 Prozent der Töchter. Was die Mädchen von ihren Vätern erwarteten, war mehr Zuneigung (24 Prozent), doch nur 6 Prozent der Väter waren der Ansicht, daß es ihre erste Aufgabe sei, diesen Wunsch zu erfüllen. (Nur 8 Prozent der Söhne vertraten diese Meinung.) Das am weitesten verbreitete Ziel dieser Manager war es, ihren Kindern die «Entwicklung ihrer Persönlichkeit» zu erlauben (50 Prozent). Und alles in allem waren die Kinder zufrieden. Das Thema, über das sie am meisten zufrieden waren, war die Höhe des Taschengelds, das sie erhielten (90 Prozent). Die meisten Eltern erkaufen sich damit Frieden. Dieser Preis ist eher niedrig; selbst die gutverdie-nenden Manager zahlten ihren Kindern unter 16 Jahren häufig weniger als 50 Francs im Monat.

Es gibt sicher Kinder, die sich als Opfer der Probleme und Verwirrungen ihrer Eltern sehen. Gaby, ein Schweißer in den Hafendocks von St. Nazaire, steckt voller utopischer Pläne, wie er Wirtschaft und Gesellschaft reformieren könnte, aber er akzeptiert weise, daß der Krieg, den seine Frau Michèle gegen den elfjährigen Sohn führt, unausweichlich ist. Michèle be-klagt sich, «der Junge mißhandelt mich. Er nennt mich eine Hure.» Sie sagt dem Jungen, «du darfst nicht so mit mir reden, wir sollten Freunde sein». Wenn sie ihm eine Ohrfeige verab-reicht, reagiert er sehr empfindlich darauf und beklagt sich: «Du knallst mir eine, weil du stärker bist als ich.» Und sie bringt es nicht über sich zu sagen, «es tut mir leid, die Hand ist mir ausgerutscht». Gabys politische Ansichten hindern ihn daran, Autorität über seine Kinder auszuüben, aber er hat Ver-ständnis für Michèles Verhalten. Wenn sie zu Hause keine Macht hat, dann wäre sie rein gar nichts. Sie sagt: «Wenn die Kinder mir nicht gehorchen wollen, was habe ich dann davon? Ich bin dann nur noch Köchin und gut dazu, die Betten zu ma-chen.» Sie haben stürmische Auseinandersetzungen über das Fernsehprogramm. Er ist der Meinung, daß er kein Recht habe, den Kindern Programme aufzuzwingen, bloß weil sie ihn inter-essieren. Sie betont: «Du mußt dazwischengehen, sie müssen ins Bett.» Der Rat ihrer Freunde ist: «Gebt den Kindern einen Klaps, und es wird kein Wort mehr darüber verloren.» Gaby ist betrübt, daß er seine schönen, hehren politischen Ansichten zu Hause nicht in die Tat umsetzen und sein Familienleben nicht aus dem Trott von Zank und Machtkämpfen heraushalten kann. Michèle meint, sie könne die Probleme lösen, wenn sie einen Job hätte, aber sie hat keine Berufsausbildung, will nicht wirklich arbeiten und fürchtet sich eher vor der Außenwelt.

Michèle bestraft immer nur ihren Sohn, aber nie ihre Toch-ter. Gaby sagt, «es ist gesund», daß sie dies tut, auch wenn sie an ihm nur ihre Revolte gegen ihren Ehemann und ihren Vater ausläßt. «Für meine Mutter», so erklärt er, «sind alle Männer Schweine. Der Junge ist ein kleiner Mann, der sein Recht einklagt, sich so zu verhalten, wie er es will, und das kann sie nicht ertragen; das war zu erwarten. Viele andere Familien sagen, daß in der guten alten Zeit «der Sohn das Recht hatte, das zu tun, was ihm gefiel». Michèle erwidert, daß das nichts damit zu tun habe. «Ich wollte bloß, daß mein Sohn nett zu mir ist, alles akzeptiert, was ich sage, auch wenn ich unrecht habe. Aber so verhält er sich nicht. Und deshalb streiten wir die ganze Zeit. Aber meine Tochter Natascha möchte immer, daß ich sie beschütze.» Aus diesem Grunde vertragen Mutter und Tochter sich gut.

Andererseits gibt es vermutlich ebenso viele Eltern, die glauben, daß sie ihre Kinder nicht verstehen können. Sie sind davon überzeugt, alles richtig gemacht und ihnen jede Art von Zugeständnissen gemacht zu haben; sie haben mit ihnen gesprochen und versucht, ihren Standpunkt zu verstehen. Die Leiterin einer Grundschule aus dem Norden, katholisch durch Erziehung und durch Überzeugung, doch geheilt von allen Glaubensdogmen in Sachen Kindererziehung als Ergebnis ihrer eigenen Erfahrung, sagt: «Wir haben keinerlei Einfluß auf die Entwicklung der Beziehungen zwischen Eltern und Kindern. Diese Beziehungen werden uns von den Kindern aufgezwungen. Wir fühlen uns immer wie vor *faits accomplis* (vollendete Tatsachen) gestellt.» Sie ist eine joviale und extrovertierte Frau in den Vierzigern, sie ist bereit, frei darüber zu reden. Aber sie ist über das Verhalten ihrer Tochter verwirrt: «Weshalb vertrauen sich die Mädchen uns nicht an? Wir versuchen doch ständig, mit ihnen darüber zu diskutieren... aber in den wesentlichen Fragen erzählen sie uns nichts... oder wir hören zu und verstehen nicht, was gemeint ist.» Ihr Ehemann sagt, er sei sich sicher, daß seine älteste Tochter freier mit ihren Freundinnen spreche als mit ihm und daß er selber (ein Turnlehrer) einfacher mit anderen Mädchen umgehen könne als mit seiner eigenen Tochter.

Ein Professor einer Universität aus Südfrankreich glaubt auch, daß er seine Kinder sensibel erzogen hat; er würde genau das gleiche machen, wenn er noch einmal von vorne anzufangen hätte; doch mit vierzig stellt er nun fest, daß seine Kinder keine weitere Verwendung für ihn haben. Er erhielt einen Brief seines siebzehnjährigen Sohnes, in dem dieser ihm mitteilte, es habe keinen Zweck, wenn sie beide sich austauschen würden. Er kann auch nicht mehr mit seiner fünfzehnjährigen Tochter reden. Und doch, als sie jünger waren, redete er eine Menge mit ihnen, über Gott und die Welt. «Wir waren nie Kumpel», gibt er zu, «ich war immer gegen Lässigkeit, die Vorstellung von dem Kind als König, genauso wie ich mich dagegen wehrte, ihnen zuviel Schutz angedeihen zu lassen. Ich war immer schon dagegen, daß die Eltern den Kindern eine Abreibung verpassen oder sie schlagen, doch im Gegenzug möchte ich meinen Kindern nicht erlauben, daß sie mich unterdrükken... Ich habe versucht, sie zu respektieren und ihnen den Eindruck zu verschaffen, daß sie diesen Respekt verdienen, ganz besonders in ihren eigenen Augen. Und ich habe es immer geschätzt, daß ihr wildester Zorn gegen die Erwachsenen von einem Gefühl getragen wurde, daß sie sich wie Babies behandelt fühlten, mißachtet... Sonst haben wir uns nicht gestritten. Ich glaube, wir lieben einander noch ebensosehr wie zuvor, aber was unsere ‹Beziehungen› angeht, so sind diese zu Ende – wenigstens zur Zeit.» Er schließt daraus, daß die Eltern stets die Verlierer sind. Es ist zwar schön und gut zu sagen, die Eltern sollten zu verstehen versuchen: aber das ist leichter gesagt als getan.

Das neue Element in den Beziehungen zwischen Eltern und Kindern ist, daß das Thema Sexualität nicht mehr unaussprechlich ist. Das Ausmaß der erlaubten Freiheit kann an der Familie des Schweißers von St. Nazaire abgelesen werden. Michèle traf einmal ihre Kinder im Alter von sechs beim «Liebesspiel» mit ihren Freunden an. Sie ahmten ihre Eltern nach, küßten sich auf den Mund, masturbierten gegenseitig und lagen aufeinander. Sie entschied, daß sie kein Recht hatte einzuschreiten. Das geschah zum Teil, weil sie selbst als Jugendliche sexuell aktiv war, wenn auch im Verborgenen. Ein Techniker erzählte, daß er sich als Junge «eher in Stücke zerrissen hätte, als über Onanie zu sprechen. Darüber haben wir nie gesprochen, auch unter Freunden nicht.» Heute hat er einen Sohn von vierzehn und eine Tochter von zehn Jahren. Er spricht frei und ungezwungen mit ihnen über Sexualität, sagt ihnen, es sei ganz normal, einen sexuellen Drang zu verspüren. Als sein Sohn dreizehn Jahre alt wurde, gab er ihm ein Päckchen mit Verhütungsmitteln. Seither hat er ihm ein weiteres gegeben, und «ich werde ihm ein drittes zustecken, wenn er nach England fährt. Meine Tochter weiß, daß ich ihr welche geben werde, wenn sie mit ihrer Periode anfängt.» Zu Hause unter sich stört die Familie sich nicht an Nacktheit. Aber ein solches Verhalten ist wahrscheinlich immer noch das einer Minderheit. Die *pudeur* regiert nach wie vor. Ein sechsundvierzigjähriger Hühnerbauer beichtete, daß er erst nach zehn Jahren Ehe mit seiner Frau über Sexualität sprechen konnte. Sie berichtete, daß die Frauen im Dorf noch nicht einmal über die Pille sprechen, und ihre Tochter fügt hinzu, sie wäre sicherlich schockiert, wenn sie ihre Eltern nackt sähe. Die Tochter ist sich sicher, daß in der Schule zumindest die Hälfte aller Mädchen sich schämt, wenn sie sich in Gegenwart anderer ausziehen müssen. Eltern, die behaupten, ihre Kinder aufgeklärt zu haben, reagieren häufig verstört, wenn ihre Kinder das verneinen.

Gelingt es den Franzosen, ihre familiären Reibereien durch körperliche Wärme zu mildern, durch das Fehlen von Hemmungen, sich anzufassen? Das haben sie wahrscheinlich erst in letzter Zeit gelernt. Der Kuß zur Begrüßung war einst nicht typisch für Franzosen, sondern für Engländer. «Einen Fremden mit einem Kuß zu empfangen, wird nur in England als Höflichkeit ausgelegt, doch andere Nationen empfinden ihn als Aufdringlichkeit», schrieb ein Engländer 1620. Die Engländer küßten sich auf die Lippen. Französische Reisende wunderten sich darüber. Es gibt Menschen in der Bretagne, die sich daran erinnern, daß unter Bauern «Liebe nicht nach außen gezeigt wurde». Kinder und Eltern küßten sich nur zu besonderen Gelegenheiten ein- oder zweimal im Jahr, zu Weihnachten oder an Familienfesten. Doch ob die herzlichen Berührungen und Umarmungen, die die Südfranzosen, auch die Männer, kennzeichnen, wirklich auf die Römer zurückgehen oder wesentlich jüngeren Datums sind, ist weder bekannt, noch hat bislang jemand feststellen können, welchen Einfluß die Hygieneapostel hatten, als sie Müttern verboten, ihre Kinder zärtlich in den Arm zu nehmen.

Die junge Generation bewegt sich nicht unbedingt in Richtung von mehr körperlicher Wärme. Mädchen zwischen vierzehn und achtzehn sind die erste Generation, die ihr ganzes Leben auf gemischten Schulen zugebracht hat. Man beobachtet, «daß die Jungen sich nach außen hart zeigen. Man macht sich nicht mehr den Hof, zeigt keine Gefühle. Alles bewegt sich viel zu schnell: drei Komplimente, einen Sprudel, und sofort kommt man auf den Punkt.» Durch die Pille fühlen die Mädchen sich austauschbar. Liebe unter Jugendlichen ist dadurch nicht einfacher geworden. Die meisten Mädchen möchten, daß ihre Männer Freunde sind. Fast alle (91 Prozent) streben an, von ihren Männern finanziell unabhängig zu sein. Sie wollen Jobs, die ihnen darüber hinaus viel «menschliche Kontakte» ermöglichen. Sie bewegen sich vom alten Ideal der Leidenschaft weg und auf eine Gesellschaft der Kumpel zu.

7   Wie sie heiraten

Sie trafen sich 1967 in Paris. Beide waren fremd in der Stadt. Alains Familie war bürgerlich, atheistisch und kam aus dem Süden. Monique stammte aus der Bretagne, ihre Eltern waren Bauern und strenggläubige Katholiken. «Wir hatten keine Gemeinsamkeiten», sagt Alain, «wir waren nicht dazu bestimmt, aufeinander zu treffen.» Aber sie waren einsam. Nach nur einem Jahr, als sie sich noch kaum kannten, kam ein Kind. «Wir sind eines der wenigen Paare unter unseren Freunden, die noch immer zusammen sind.» Lange Zeit war ihre Ehe ein ständiger Krieg. Ihre Hochzeit war «schrecklich». Monique hatte ihr ganzes Leben lang von einer wunderschönen, herkömmlichen Zeremonie geträumt, doch als die beiden Familien sich in der Kirche trafen, verbargen sie nicht ihre gegenseitige Abneigung. Monique hatte mit ihrem atheistischen Mann einen Handel schließen müssen: sie willigte darin ein, daß die Kinder nicht religiös erzogen werden sollten, dafür stimmte er einer katholischen kirchlichen Trauung zu. Aber sein Vater war jüdischer Abstammung und seine Mutter eine ehemalige Protestantin, Mitglied der kommunistischen Partei, die glaubte, ihr Sohn sei durch diese Maskerade «verloren». Auch Moniques Eltern glaubten, ihre Tochter verloren zu haben. Als sie schrieben, sie freuten sich, zur Taufe des Kindes zu kommen, mußte sie ihnen antworten, daß es keine Taufe geben werde. Das war ein schwerer Schlag: es bestätigte Moniques Mutter in ihrem Gefühl, sie habe als Elternteil versagt. Monique war das einzige Mädchen unter fünf Brüdern; sie hat sich immer schon darüber geärgert, daß sie sich wie ein Mädchen verhalten und die Arbeit im Haushalt erledigen sollte. Sie haben sich untereinander nie vertragen. Als ihre Mutter sie zuletzt besuchte – vor über drei Jahren –, konnte Monique es nicht ertragen, wie eine ungezogene Erwachsene behandelt zu werden: «Weshalb trägst du dein Haar so?» Es war ihnen unmöglich, über irgend etwas zu diskutieren. Doch Monique fand auch in der Familie ihres Ehemannes keinen Ausgleich für die Ablehnung in ihrer eigenen Familie; sie fühlte sich also nirgends zugehörig. «Sie hat einen anderen Geschmack», sagt Alain. «Wir haben uns ständig gestritten», sagt Monique. «Ich war oft nahe daran, ihn zu verlassen. Inzwischen haben wir entdeckt, daß wir gemeinsame Interessen haben, aber es geht immer nur mit Kämpfen ab, das Spiel ist nie gewonnen. Ich habe halt keinen unterwürfigen Charakter. Es ist stets einer von uns, der Druck ausübt. Aber es gibt inzwischen einen Austausch zwischen uns, es ist nicht immer derselbe, der gewinnt. Ich glaube nicht, daß es Ehepaare gibt, die gut miteinander auskommen – wenn es so scheint, dann ist es nur oberflächliche Tünche. Wir reden eine Menge. Ich provoziere gern die Krisen.» Und aus einer solchen Krise heraus hat Monique ihren Weg gefunden, wie sie zu leben wünscht.

Anfangs war sie von dem Umzug nach Marseille, wo Alain eine Stellung annahm, völlig niedergeschlagen. Er bestand darauf, in den Süden zu ziehen, meinte, daß all das Geld, das man in Paris verdienen könne, kein ausreichender Trost sei. Er mochte und mag Paris nicht. Für sie war es eine «große Krise». «Ich zog in den Süden ohne Familie, Freunde, Arbeit und mit einem Kind, das ich kaum gewollt hatte. Ich war zweiundzwanzig. Ich war noch nie von zu Hause weggewesen, meine Eltern hatten keine Freunde. Nur ganz langsam lernte ich Marseille kennen. Ich war vollkommen fremd, das hieß, daß ich mich erklären mußte: ‹Wer sind Sie?› So mußte ich mich erfinden. Ich fing mit einem Minderwertigkeitskomplex an und fühle mich immer noch Menschen unterlegen, die mehr Kultur haben als ich.» Sie qualifizierte sich als Chemotechnikerin. Alain gründete eine Gewerkschaft mit seinen Kollegen, und das brachte ihnen neue Freunde. Sie fing an, für Zeitungen zu schreiben und verdient heute ihr Geld als Journalistin. Aber ihren Arbeitgebern hat sie nie etwas über ihren Hintergrund erzählt. «Ich will beweisen, wer ich bin, erst dann können wir darüber sprechen.»

Zwei Krisen haben sie in letzter Zeit deutlicher erkennen lassen, was sie von ihrem Leben erwartet. Sie hatten einen Hund gekauft, einen Schottischen Collie, der fast zu einem dritten Kind der Familie wurde. Sie ließen ihn kommen und gehen, wie es ihm gefiel, und weigerten sich, sich sklavenhaft um ihn zu kümmern. Er wurde überfahren. Das traf Monique so schwer wie der Tod irgendeines Familienmitglieds. Dann teilte ihr Arzt ihr mit, sie habe vermutlich Krebs. Sechs Monate lebte sie in Todesangst. Es stellte sich als falscher Alarm heraus, doch diese Begegnungen mit dem Tod haben den Entschluß in ihr reifen lassen, ihr Leben voll auszuschöpfen, jede Gelegenheit wahrzunehmen. Sie ist sich im klaren darüber, daß sie ihr eigenes Leben nicht für ihre Kinder opfern will. «Meine älteste Tochter lehnte früher meine Arbeit schroff ab. Aber es ist sinnlos, daß ich mich für meine Kinder aufopfere. In zwei Jahren ist meine Tochter aus dem Haus. Meine Eltern haben sich für uns aufgeopfert. Sie kamen aus bescheidenen Verhältnissen. Ihr einziges Ziel war, daß wir es zu etwas bringen sollten, das hieß, zu studieren und in die Mittelschicht aufzusteigen, so wie meine Brüder. Aber wir behandelten unsere Eltern mit Verachtung, wir benutzten sie. Wenn deine Eltern streng mit dir sind, reagierst du, indem du deine Kinder in Ruhe läßt. Meine Eltern haben uns nicht wirklich erzogen, sie flößten uns keinen Respekt ein, weil sie für uns eher wie Dienstboten waren. Das werde ich bei meinen Kindern nicht zulassen.» Monique läßt sich so schnell nicht einschüchtern. Als Journalistin hat sie die besten Berichte über den Mord an dem Richter Michel in Marseille verfaßt, weil sie nicht davor zurückschreckte zu berichten, was sie gehört hatte. Während andere konventionelle Loblieder auf den Richter anstimmten, veröffentlichte sie, was die Leute im stillen sagten.

Monique und Alain sind kein Ehepaar mit festen Vorstellungen von der Ehe. Sie entwickelten ihre Ansichten über Familie und Kinder erst im Laufe der Zeit. Alain sagt, daß er nicht wirklich an das Paar als Institution, sondern eher an den Clan glaube, das heißt, ein Paar umgeben von Freunden mit starken emotionalen Bindungen, «ein Gewebe aus Beziehungen, die sich ständig erneuern», zusammengehalten durch «Treue» und Vertrauen zueinander. Er sieht die Familie wie eine Art von Mafia. Das mag seine Art von Theorie sein. Er hat seinen Job als Werbemann aufgegeben, um Theoretiker oder Künstler des mediterranen Lebens zu werden. Sein Vater war ein «fotografierender Künstler» gewesen; sein älterer Bruder wurde Kameramann. Mit seinem Bruder hat er eine Firma gegründet, in der er als Geschäftsführer fungiert, um Filme zu produzieren, «die zeigen, was der Mittelmeerraum ist – nämlich ein Treffpunkt vieler Kulturen». Er organisierte ein Festival der mediterranen Musik mit Beiträgen aus Spanien und Marokko. Es gibt nun eine algerische Rockmusik in Marseille zu hören, auf algerischen Instrumenten. Aus der Okzitanien-Bewegung ist er ausgestiegen, weil er sie zu intellektuell findet, zu weit entfernt vom gewöhnlichen Leben und zu abweisend für Fremde: Monique hat in Marseille fünfzehn Jahre lang gelebt, jedoch als Bretonin wird sie stets noch als Außenseiterin angesehen. Alain will, daß seine Filme von Arabern wie Franzosen gleichermaßen gesehen werden. Vielleicht werden durch solche Mittel neue Kulturen geschaffen, aber unterdessen stellen ein bretonisches Mädchen und ein Junge aus den Cevennen immer noch fest, daß sie zwei verschiedenen Kulturen angehören, auch wenn sie eine Familie gegründet haben.

Wolinski

Die radikalste Änderung hinsichtlich der Ehe ist nicht die wachsende Scheidungsrate, sondern die Zunahme beim vorehelichen Zusammenleben. Beinahe vier von zehn Ehepaaren leben durchschnittlich eineinhalb bis zwei Jahre lang zusammen, bevor sie heiraten. Das ist eine Erscheinung, die sich erstaunlich schnell verbreitet, seit 1968 sogar verdoppelt hat. Das alte Ideal von der Braut als Jungfrau gibt es somit nicht mehr: nur eine kleinere Minderheit hängt noch daran, und selbst die gibt zu, daß es heute unrealistisch ist. Die meisten der unter Dreißigjährigen meinen, daß sexuelle Beziehungen vor der Ehe wünschenswert seien und mit achtzehn oder früher beginnen können. Aber es ist falsch, daraus zu schließen, daß die Institution der Ehe in Gefahr ist oder die Promiskuität ansteigt. Im Gegenteil: erstens halten sich die vorehelichen Lebensgemeinschaften in strengen Grenzen. In Schweden werden die Ehegesetze wirklich ignoriert. Zwei Fünftel der ehe-ähnlichen Paare unter vierundzwanzig haben ein Kind und drei Fünftel der zwischen Fünf- und Neunundzwanzigjährigen. In Frankreich gilt dies nur für zehn Prozent der Paare. Hier folgt auf die Schwangerschaft gewöhnlich die Hochzeit. Darüber hinaus sind voreheliche Beziehungen keine wirkliche Neuheit. In der Vergangenheit wurde ein beträchtlicher Anteil an Kindern vor der Ehe gezeugt. Die einzige wirkliche Neuheit war ein zeitweiliger viktorianischer Puritanismus, der inzwischen allerdings passé ist. Auch die schwedische Einstellung ist nur oberflächlich betrachtet eine Neuheit, denn unverheiratete Paare verhalten sich ziemlich genauso wie verheiratete. Das einzige, was weggelassen wurde, ist die Trauungszeremonie, und das ist in der Tat in Schweden eine alte Bauerntradition. Schließlich heiraten zwischen 70 und 80 Prozent aller Franzosen noch in der Kirche, auch wenn die meisten unter ihnen sonst nie einen Fuß in ein Gotteshaus setzen. Unverheiratete Paare sind also nur eine Alternative für die altmodische Verlobung – nicht, daß diese völlig verschwunden wäre: Verlobungsfeiern finden nach wie vor statt.

Wenn ein Junge und ein Mädchen sich für ein Zusammenleben entscheiden, so ist eins von drei Paaren bereits zur Heirat entschlossen und für das zweite Paar stellt das Zusammenleben eine Art von Generalprobe dar. Nur ein Viertel all jener Paare hat über eine Heirat nie diskutiert und lediglich 7 Prozent sind völlig gegen die Ehe. In sieben von zehn Fällen lebt ein Mädchen mit nur einem Jungen zusammen und heiratet ihn dann schließlich. Das ist zweifellos der Grund, warum Eltern diese neue Institution akzeptiert haben und sie nur selten als unmoralisch verwerfen; Eltern sehen sie als Vorbereitung auf die Ehe. Die jungen Leute meinen, sie bewahrten sich so ihre Entscheidungsfreiheit, und diese gelte als Zeichen ihrer Unabhängigkeit; und wenn sie heiraten, rechtfertigen sie ihren Rückfall in die Konventionalität als reine Formsache und sehen die Ehe als Fortführung ihrer vorehelichen Beziehung an. Die Ehe wurde dadurch gerettet. Die Promiskuität hat durch das Zusammenleben zweifelsohne abgenommen, weil der Zeitraum, in dem junge Männer sich für gewöhnlich die Hörner abstießen, kürzer geworden ist. Jetzt bleiben sie einer Partnerin wesentlich früher treu. Das sexuell freie Kommuneleben wird theoretisch von zwei Dritteln der jungen Leute befürwortet, aber nur wenige haben es selbst ausprobiert, und nur ein Drittel der Jungen und ein Viertel aller Mädchen meinen, sie persönlich würden sich wünschen, entsprechende Erfahrungen zu sammeln.

Voreheliches Zusammenleben ist eine Mode, die die gebildete und die Managerschicht einführten und der die meisten anderen Gesellschaftsschichten folgten. Einst war sie eine von der Bourgeoisie verworfene Erscheinung der Arbeiterklasse, ganz ähnlich den Jeans, die als Arbeitertracht galten. Heute blicken 50 Prozent der jungverheirateten Paare der Oberschicht auf ein voreheliches Zusammenleben zurück, in der Arbeiterklasse aber nur ein Viertel. Im Proletariat und in der altmodischen, konservativen Bourgeoisie ist der Widerstand gegen diese Praxis am größten. Unverheiratete Paare sind, oberflächlich betrachtet, ein Anzeichen für eine allgemeine Ablehnung der Konventionen. Die meisten Menschen denken, daß die Ehe eine der Institutionen ist, die am stärksten fehlgelaufen sind. Nur ein Viertel aller Ehepaare der vorigen Generation, so glaubt man, bleiben heute zusammen – und zwar 45 Jahre lang, so lange, wie heute eine Ehe durchschnittlich hält –, weil ihre Ehe wirklich erfolgreich war. Die junge Generation sieht ihre Eltern bestenfalls durch Routine aneinander gebunden, unterdrückend oder unterdrückt, zornig oder ergeben. Aber was wollen die jungen Leute für sich selbst? Sie verwerfen sicher nicht die Vorstellung vom Leben als Paar, im Gegenteil, sie wollen ihm mehr abgewinnen als ihre Eltern. Junge Männer suchen eine Partnerin im umfassendsten Sinne des Wortes, eine Freundin, die mit ihnen soweit als möglich ihre Vorlieben und Vorstellungen teilt, die sie vor der Einsamkeit schützt. Junge Frauen bewegen sich zunehmend auf die gleiche Vorstellung von der Ehe zu, statt sich mit Sicherheit und einem Heim zufriedenzugeben. Sie betonen ihr Bedürfnis nach Zärtlichkeit, aber darüber hinaus sagt mindestens die Hälfte von ihnen, sie wünschten sich, von einem Mann hingerissen zu sein. Das

Reiser

sind oft gerade diejenigen, die sich gleichzeitig einen gewissen Grad an Unabhängigkeit bewahren wollen. Für die Privilegierten gibt es die Wahlmöglichkeit, entweder ihre Ausbildung voranzutreiben oder sich in ihrem Beruf zu etablieren oder eine Familie zu gründen. Mit all diesen Unsicherheiten vor Augen verwundert es kaum, daß viele nicht sofort das finden, wonach sie eigentlich suchen. Sie können gar nicht genau wissen, was sie suchen, denn ihr Leben ändert sich zu schnell. Ihre Partner müssen daher bemerkenswerte Eigenschaften haben. Da zusätzlich Sexualität auch ohne Ehe genossen werden kann, muß der Ehepartner auch ein sexueller Athlet sein und vielseitiger befriedigen können, als man das von der traditionellen Jungfrau erwartete.

Die Arbeiterklasse ist manchmal auf eine andere Weise anspruchsvoll. Wenn ein Arbeiter heiratet, trennt er sich eher von seinen Kameraden, als dies in gebildeten Schichten der Fall ist, die den Freundeskreis zu erhalten trachten. Arbeiter behandeln ihre Heirat eher privat und reden öffentlich abwertend darüber. Es gehört sich nicht unter Männern, auf romantische Weise über seine eigene Frau zu reden; üblicher ist da schon der Ausspruch «mein altes Weib verursacht mir Schmerzen im Arsch» *(Ma bonne femme m'emmerde)*. Mädchen aus der Arbeiterklasse haben selten Aussichten auf eine Karriere, die sie in Versuchung bringen könnte. Aus diesem Grund muß die Heirat unausweichlich vor allem ein Heim und Kinder bedeuten.

Es gibt immer noch junge Menschen, die in sehr konventionellen Bahnen denken. Ein Mann in den Zwanzigern, «aus gutem Hause», sagt, «die körperliche Seite der Frau ist wichtig für das Vergnügen des Mannes, aber auch, damit die Kinder gut aussehen... Was den Charakter anbelangt, so schätze ich eine gewisse Zartheit; ich würde nicht gerade Unterwürfigkeit sagen, aber eine gewisse Liebenswürdigkeit, aber auch Lebhaftigkeit, Güte sind vielleicht wesentlich. Vom gesellschaftlichen Standpunkt aus stelle ich mir vor, daß das Mädchen, das ich mir schließlich aussuche, den gleichen gesellschaftlichen Hintergrund hat wie ich, und das heißt, daß sie entweder eine Ausbildung hat, die ihr ein gutes Leben ermöglicht, oder ausreichend Mittel geerbt hat, um nicht arbeiten zu müssen.» Es gibt immer noch Menschen, die ihren Jugendschwarm heiraten und die zufrieden sagen können: «Ich mag ihn, und er mich erst. Er ist nett, also sehe ich nicht ein, warum ich mich anderwärts umschauen sollte.» Die zwanzigjährige Kassiererin eines Supermarkts, das siebte von zwölf Kindern, deren Geschwister alle mit achtzehn heirateten, sagt, ihre Familie erwarte von ihr, daß sie bald heirate. Sie will das auch bald tun und fügt hinzu, daß sie sich glücklich schätze, weil ihr Freund nett sei.

Die Franzosen heiraten weiterhin, auch wenn dagegen angepredigt wird. Ihre Philosophen und Romanschriftsteller sind vielfach Feinde der Ehe gewesen. «Diejenigen, die sich lieben, sind Mann und Frau», sagte der Revolutionär Saint-Just. «Die Vorsehung wollte, daß die Vereinigung von Mann und Frau zeitlich begrenzt sei. Alles ist gegen eine dauernde Verbindung ausgerichtet, und der Wechsel ist ein notwendiger Teil ihrer Natur», schrieb die Feministin George Sand. Jean-Paul Sartre und Simone de Beauvoir symbolisierten für die letzte Generation die Verkörperung dieser Vorstellungen: Sie praktizierten die *union libre*, unverheiratetes Glück. Mit ihren anderen Theorien übten sie großen Einfluß auf die Intellektuellen aus, aber in Sachen Ehe folgten nur wenige ihrem Beispiel. Die freie Liebe hat in Frankreich kaum Fortschritte gemacht – und in der Tat gibt es heute wahrscheinlich weniger unverheiratete Paare als noch im 19. Jahrhundert, als es vielen Arbeitern zu lästig war zu heiraten. Es gibt ungefähr eine halbe Million unverheirateter Paare, aber die meisten sind noch sehr jung und werden im Laufe der nächsten Jahre in den Stand der Ehe treten. Das erstaunt um so mehr, als das Gesetz dahingehend erweitert wurde, daß verheiratete und unverheiratete Paare praktisch die gleichen Rechte haben. Seit 1978 reicht eine schriftliche Erklärung «auf Ehre» aus, daß ein Paar «ganz und dauernd» zusammenlebt. Der Ausdruck «ehelich leben» wird rechtlich als unverheiratetes Zusammenleben verstanden. 1970 bestimmte der Oberste Gerichtshof in einem Urteil, daß dies nicht länger «dem heutigen Moralverständnis» widerspreche. Seit 1972 haben uneheliche Kinder die gleichen Rechte wie eheliche. Die unverheiratete Mutter genießt gegenüber der Ehefrau sogar den Vorteil, daß sie im Fall einer Trennung automatisch das Sorgerecht für ihre Kinder erhält. Von ihrem Liebhaber kann sie eine Unterhaltszahlung für ihr gemeinsames Kind einfordern, ganz so, als wäre sie verheiratet. Sie muß nicht einmal nachweisen, daß er der Vater ist, nur, daß sie im fraglichen Zeitraum Geschlechtsverkehr mit ihm hatte. Wenn er sich mit Hilfe eines Bluttests nicht als unschuldig erweisen kann, bleibt ihm als Verteidigung nur der Nachweis, daß sie ein zügelloses Leben geführt hat. Um das zu beweisen, reicht es nicht aus aufzuzeigen, daß sie mit vielen Männern geschlafen hat. Sie muß sich als Prostituierte betätigt haben. Seit 1978 kann eine «Konkubine» wie eine Ehefrau über ihren Liebhaber sozialversichert werden. Es gibt sogar einen steuerlichen Anreiz, nicht zu heiraten: wenn beide Ehepartner arbeiten und zwei Kinder haben, würden sie sich als Geschiedene besser stehen. Eine Frau muß nicht mit einem Mann verheiratet sein, um sein Geld ausgeben zu können. Tragen sich beide als Monsieur und Madame in einem Hotel ein und geht sie zum Großeinkauf, ist er für ihre Schulden verantwortlich, wenn die gekauften Gegenstände für beide bestimmt sind. Der einzige finanzielle Nachteil bei der freien Liebe ist, daß der länger lebende Partner nicht als Erbe gilt und keine Pensionsanteile erhält.

Die *union libre* war in der Generation von 1968 nur sehr kurze Zeit in Mode. Insgesamt scheinen die Franzosen zu glauben, daß die Ehe ein Teil der Liebe ist und sie eher beflügelt, als daß sie ihr im Wege steht.

8 Warum es immer schwieriger wird, einen Ehepartner zu finden und zu halten

«Leitender Angestellter, beste Stellung, 49, höchst attraktiv, 1,77 m groß, mit Sinn für Humor, sucht sehr attraktive junge Frau bis 37, mindestens 1,67 m groß, kultiviert.» Auf diese kleine Zeitungsanzeige hin trafen achtzig Antworten ein. Der Inserent zerriß die meisten, weil die Absenderinnen nicht den gewünschten Anforderungen entsprachen. Er selbst entspricht seiner Beschreibung auch nicht. Er hat keine ausgezeichnete Stellung, ist vielmehr sechsundfünfzig, hat seiner Frau zufolge keinen Sinn für Humor, ist nicht frei zum Heiraten, und eine Ehe ist das letzte, was er will. Aber wenigstens war er ehrlich, was seine Attraktivität anbelangt, er glaubt es wirklich. Warum die Verstellung? Weil das Alter ihm angst macht: «Alt zu werden ist das Schlimmste, was mir in meinem Leben passierte.» Weil er von Jugend an davon träumte, eine hochgewachsene, skandinavische Schönheit würde ihn auf eine Art glücklich machen, die er nicht beschreiben kann; weil sein Leben ein wenig enttäuschend verlief und er die Hoffnung noch nicht aufgegeben hat; weil er stets in geistreichen, gebildeten Unterhaltungen glänzen möchte. Nicht daß er sich selbst bemitleidet, aber die Liebe ist irgendwie an ihm vorbeigegangen, oder zumindest hat er sie nicht erkennen können.

Er macht seine religiöse Erziehung dafür verantwortlich. Seine Lehrer brachten ihm bei, die größte Sünde sei es, vor der Heirat irgend etwas mit einer Frau zu schaffen zu haben. Erst mit zweiundzwanzig hatte er seine erste Freundin. Als Student wußte er nicht, was man einer Frau erzählt, selbst wenn Freunde ihm sagten, «jemand verschlinge ihn mit den Augen». Er brauchte fünf Jahre, bis er sich entschließen konnte, wen er heiraten solle, und er war sich nie sicher, daß er die richtige Wahl getroffen hatte. Seine Frau kann nicht begreifen, warum er sie heiratete, da er große Mädchen vorzieht und sie klein ist. Und nach dreißig Jahren sagt er noch immer, daß er seine Frau nicht verstehen kann. Er sieht in ihr im wesentlichen eine gerissene Schauspielerin und weiß nie, was sie gerade plant. Sie wollte ständige Aufmerksamkeit von einem Mann, sich geborgen fühlen, von ihm anerkannt werden, ein Selbstwertgefühl vermittelt bekommen. Sie war sich bewußt, daß sie wenig ge-

Jean Pierre Aldebert   **Sind Sie allein, Herr Vorsitzender?**

bildet war und weniger im Kopf hatte als er, der Absolvent einer *grande école*: «Ich mochte seinen unkonventionellen Charakter, ich mochte, wie er über Literatur, Musik und Theater sprach. Er war der Mann meines Lebens, ich bewunderte ihn.» Aber verheiratet oder nicht, er schaute sich immer nach anderen Frauen um, drehte sich um die eigene Achse, wenn eine Schönheit an ihnen vorbeiging. «Es ist natürlich, wenn ein Mann anderen Frauen nachschaut», sagt sie, «aber es systematisch zu tun ging einfach zu weit.» Es war eher Vernachlässigung als Untreue, die sie ihm vorhielt: er bemerkte nie das neue Kleid, die neue Haarfarbe. «Als verheiratete Frau existierte ich nicht.» In den ersten sechs Monaten ihrer Ehe sagte er ihr jeden Tag: «Ich habe dich geheiratet, also solltest du glücklich sein» – was sie völlig außer sich brachte. Sie akzeptiert, daß er andere Frauen liebt. Für sie ist er ein typisch südländischer Macho, nicht gerade ein Don Juan, denn er ist weder böse noch fehlt es ihm an Männlichkeit, aber er ist ein Verführer, der mit Frauen ausgehen muß, so wie er Wasser trinken muß, der seinen eigenen Ruhm in den Augen eines jeden Mädchens, vor allem der schönen, widergespiegelt sehen will. Er sagte ihr, sie solle nicht eifersüchtig sein, es handle sich um viele Mädchen, nicht nur um eines, und sie lernte, ihre Eifersucht zu überwinden. Aber er war natürlich nicht ganz so Macho, wie er meinte. Er war nie so entscheidungsfreudig, wie sie ihn gern gesehen hätte. Sie konnte nur selten eine direkte Antwort von ihm erhalten, wie Probleme des Haushalts zu lösen seien. Ihm wiederum erscheint sie zu hart, autoritär, kleinlich. Sie fand ein wenig Trost darin, ihn wie ein Kind zu behandeln, was er ihrer Ansicht nach sehr mochte, aber für sie war es nie ein perfektes Arrangement.

Er erwidert, daß das Leben als Verheirateter mit ihr «wie eine Lähmung für mich war». Sie gab ihm nicht das Vertrauen, das er brauchte. Er fand seine Arbeit anstrengend, den Konkurrenzdruck zu groß und konnte vor Sorgen nicht schlafen. Ein halbes dutzendmal wechselte er die Stellung und entschloß sich schließlich im Alter von achtunddreißig, daß er genug hatte von den ständigen Auseinandersetzungen im Geschäft, und hängte seinen beruflichen Ehrgeiz an den Nagel. Er nahm den Posten eines mittleren Managers mit Ansprüchen sehr technischer Art an, so daß nur wenige bestrebt sind, ihn zu verdrängen. Damit ist er nicht ganz zufrieden, denn er hat, wie er es ausdrückt, sich mit dem Rang eines Majors zufriedengegeben und wird nie General werden. Aber der Vorteil ist, daß er ein wesentlich ruhigeres Leben führen und sich seinen grundsätzlichen Bedürfnissen widmen kann, der Suche nach «der Frau seines Lebens».

Als seine Frau ihm untreu wurde, hat ihn das sehr verletzt, doch es gab ihm auch seine Freiheit. Seither hat er innerhalb von sechs Jahren mindestens hundert Frauen verführt. Zur Zeit hat er acht Geliebte gleichzeitig. Eine ist achtzehn, eine Freundin seiner Tochter; eine andere war früher eine Mätresse des Schahs; eine ist eine geschiedene, leitende Angestellte, die meisten sind blond und blauäugig, alle unter fünfunddreißig – er geht nie über vierzig. Keine ist verheiratet, weil er Komplikationen vermeiden will. Aus dem gleichen Grund gehört keine seinem Büro an. Frauen, so glaubt er irritiert, wollen Sicherheit von ihm und von ihm lernen, doch auf Grund der Erfahrungen mit seiner eigenen Frau mißtraut er allen Frauen. Bei amerikanischen Frauen muß er seine «Persönlichkeit verändern»: Für alle Amerikanerinnen ist Clark Gables Rhett Butler aus «Vom Winde verweht» das geheime Ideal. Der Mann, der wußte, wie man amerikanische Frauen beherrscht. Er fühlt sich am meisten von Frauen «aus dem Osten» angezogen, aus Rußland, Polen, Skandinavien, «die alle einen Sinn für das Geheimnisvolle haben», als wären die Mysterien der Frauen nicht das Verderben seines Lebens. Wenn eine Frau ihm Avancen macht, reagiert er nicht. Er liebt die Jagd und zieht eine schwierige Herausforderung vor. Wenn ein Mädchen sich als dumm herausstellt, schläft er einmal mit ihr, und damit ist der Fall dann erledigt.

Ein Kollege brachte ihm bei, wie man Mädchen anmacht: Es ist wichtig, nicht zu ernsthaft zu sein. Man muß leicht und fröhlich sein wie Champagner, unerwartete Komplimente machen. Ein hübsches Mädchen will vor allem hören, daß sie intelligent sei. Er beherrscht seine Kunst so gut, daß er unter Garantie innerhalb von fünf Minuten an ihre Telefonnummer herankommt. «Eine schöne Frau stimuliert meine Gedanken. Sie bringt mich dazu, ihr Dinge zu sagen, die sie noch nie gehört hat. Ich gehe in den Louvre, und keine Frau kann mir mit meiner Latein- und Griechischausbildung widerstehen.» Gewöhnlich ist er nervös, doch bei dieser Jagd ist er aufgekratzt. Für den nächsten Abend plante er, mit einem achtundvierzigjährigen, unverheirateten Kollegen, der «verrückt nach Frauen» ist, zum Flughafen Orly zu fahren; normalerweise ist er zu erschöpft in Orly, um irgend etwas mit all den hübschen Mädchen dort anzufangen. So wollen die beiden mit ihren Diplomatenkoffern hingehen und so tun, als wären sie gerade von einer internationalen Konferenz zurückgekehrt, und schauen, was sie finden können. Auf diese Weise gelingt es ihm, ein- oder zweimal in der Woche mit einer Frau zu schlafen; den Rest der Zeit verbringt er allein.

Ist er nicht mit Frauen oder für seine Firma unterwegs, dann spielt er Tennis, läuft Ski oder schwimmt; er ist stolz auf seinen Körper. «Ich sehe doch nicht aus wie fünfzig, oder?» sagt er in einer Mischung aus Stolz und Unsicherheit. Er ist stolz darauf, ein gebildeter Mann zu sein; er würde gerne ein Buch schreiben mit dem Titel *Die hundert Tricks eines französischen Verführers*, und es würde sich sicher gut verkaufen lassen. Doch er möchte nicht zu unverschämt erscheinen. Die Literatur, die er gerne liest, muß eine Literatur sein, die als gut anerkannt wird, die Klassiker; er liest nicht gern moderne Romane; und er geht nicht ins Kino, es sei denn, der Film ist von der Kritik gelobt worden. Er kauft zwar jeden Tag *Le Monde*, auch wenn er sie etwas zu links findet, denn sie ist gut geschrieben. Auf öffentliche Anerkennung ist er angewiesen. Dennoch macht das aus ihm keinen blinden Konformisten: Er ist ein Nationalist, weil er Frankreichs vergangenen Ruhm bewundert, seine Literatur, Architektur, Musik, seine glorreichen Kriege, doch all das in der Vergangenheit. Frankreich ist jetzt «eine alte Frau» und mißfällt ihm, wenn er es mit dem vergleicht, was es früher war. «Seine gezinkten Würfel» und «sein Kastensystem» widern ihn an; jetzt ist eine sozialistische Kaste an der Macht, die nur Giscards Kaste ersetzt. Wenn er noch einmal dreißig wäre, würde er nach Amerika auswandern, nicht etwa, weil er den «Wallstreet-Kapitalismus» gut findet, sondern weil Amerika Raum und Freiheit bietet, und so stellt er sich angeregt vor, wie sie dort einem immer noch eine Chance geben, auch wenn man ihnen erzählt, daß man in fünf verschiedenen Stellen gefeuert wurde, wogegen das in Frankreich ganz anders ist. Da er aber nicht mehr dreißig ist, will er noch so wie bisher fünf oder zehn Jährchen weitermachen und sich auf seine körperlichen Freuden konzentrieren: Er hat seinen Arzt um Rat gefragt, der hat ihm gesagt, es sei schon recht so, er könne sich das erlauben. Nach dieser Zeitspanne verspürt er vielleicht das Verlangen nach einer Frau, die weniger schön, dafür aber intelligent ist; vielleicht spielt er dann auch wieder mehr Schach und Bridge, «worin ich sehr gut bin, aber was ich bisher vernachlässigt habe». Er betont, daß er glücklich sei; er wiederholt es nachdrücklich mit einem traurigen Gesicht, einem Gesicht, von dem er behauptet, es sei fotogen, «was mir bei Frauen von Vorteil ist, aber nicht im Beruf».

«Meine Frau ist auf mich eifersüchtig», behauptete er, «weil sie ihr gutes Aussehen verliert.» Sie hat tatsächlich schreckliche Angst vor dem Alter, mehr noch als er. «Ich werde richtig krank, wenn ich daran denke, daß ich über fünfzig bin. Von einem bestimmten Alter an ist eine Frau keine Frau mehr. Es gibt nichts Schlimmeres, als sich körperlich herabgesetzt zu fühlen. Man wird nicht mit der Sünde geboren; das Alter ist die wahre Sünde, die größte Strafe.» Sie hatte eine Großmutter, die sich über ihr Aussehen nie Sorgen machte, aber «ich habe nicht die Charakterstärke, ich bin eine einfache Frau. Ich habe nie etwas Außergewöhnliches geleistet.» Sie hatte es aber einmal versucht: Ihr großer Ehrgeiz als Kind war es, Tänzerin zu werden, aber ihre bestürzten Eltern meinten, das gehöre sich nicht; deshalb hat sie nie etwas gelernt. Vor Jahren traf sie einen Judolehrer und lief mit ihm davon, um einen Gymnastikklub zu gründen. Das gab ihr den Mut, ihren Mann zu verlassen. Sie nahm sich eine eigene Wohnung, die eheliche war stets «seine Wohnung gewesen, und ich habe mich dort nie richtig zu Hause gefühlt». Seit ihre Kinder erwachsen sind, hat sie einen neuen Lebensinhalt gefunden, gibt Tanzstunden für Frauen mittleren Alters, die sich körperlich ausdrücken wollen. «Ich fühlte, daß ich zu keiner Kopfarbeit fähig war. Mein Mann denkt, Intelligenz sei das wichtigste und ich hätte keinen Verstand. Ich fühlte mich ausgeschlossen, wenn er mit den Kindern sprach, die sehr helle sind. Ich habe nur einen gesunden Menschenverstand.» Der Tanz gibt ihr das Gefühl, anderen zu helfen, sich wohl zu fühlen, und wenn sie tanzt, fühlt sie sich ein paar Stunden lang wieder als Zwanzigjährige. Aber sobald sie aufhört, «wird der Körper kalt, das Leben geht weiter». Es ist nur die halbe Antwort.

Sie hat mit ihrem Mann nicht ganz gebrochen. Sie leben getrennt, aber er kommt ein- oder zweimal die Woche zu Besuch. Die Familie trifft sich weiterhin zum gemeinsamen Mittagessen sonntags; sie will sich nicht scheiden lassen. Einige ihrer Freunde sagen, er werde schließlich doch noch zu ihr zurückkehren, aber sie bezweifelt das. Würde sie ihn im hohen Alter zurückhaben wollen? Allein zu sein ängstigt sie, und sie weiß nicht, ob sie stark genug ist, die Einsamkeit zu ertragen. Er behandelt sie noch immer wie früher, ruft plötzlich an, um ihr mitzuteilen, daß er zum Abendessen komme. Anfangs war sie erfreut, doch dann begann sie «nein» zu sagen, es tue ihr leid, aber sie wolle ausgehen, um ihm abzugewöhnen, über sie wie ganz selbstverständlich zu verfügen. Aber sie bemüht sich sehr darum, seine Freundschaft zu bewahren, auch wenn die Liebe abgenommen hat. Wenn er zu ihr in die Wohnung kommt, sich einfach hinsetzt und Zeitung liest, ohne irgend etwas zu sagen, dann weiß sie, daß er eine gute Woche hatte; wenn er mit Champagner auftaucht, weiß sie, er hat kein Mädchen gehabt. Es ist immer noch etwas zwischen ihnen, eine Mischung aus Flirt und Krieg.

Der Krieg wird hauptsächlich über die Kinder ausgefochten. Sie hat sich über den Verlust ihres Ehemannes dadurch hinweggetröstet, daß sie den zwanzigjährigen Sohn bemuttert, indem sie ihn wie ein Baby versorgt, ihn füttert und ankleidet; er scheint dies zu mögen; er ist sehr introvertiert, sehr religiös, liest viel in der Bibel und ist scheinbar tief betroffen von der Trennung seiner Eltern. Mit ihrer Tochter aber, die intellektuell ausgezeichnet ist, lebhaft, unabhängig und nicht ertragen kann, daß man ihr sagt, was sie zu tun habe, steht sie auf Kriegsfuß; die Tochter hat selber einen amerikanischen Freund; sechs Monate lang ist sie in Amerika auf die Schule gegangen und hat vor, dorthin zurückzukehren, um internationale Beziehungen zu studieren; sie macht ihre Mutter dafür verantwortlich, daß sie ihr Leben vergeudet, weil sie keine Tänzerin werden kann und ihren Eltern nicht *merde* sagt; dem

Vater gegenüber ist sie nachsichtiger und sagt von ihm, daß er nur Zuneigung brauche, und wenn er die Mädchen möge, so sei das ein falsches Vergnügen, denn die seien nur hinter seinem Geld her, aber sie erregen ihn, und das ist sein Leben, er brauche sie, um gegen seine Einsamkeit anzukämpfen. Diese siebzehn Jahre alte Tochter, weit davon entfernt, unter den Streitereien ihrer Eltern zu leiden, hat eine merkwürdige Reife entwickelt; sie steckt voller Optimismus, «weil alles vor mir liegt»; sie nimmt die, die Autorität besitzen, nicht allzu ernst und findet nichts amüsanter als jene Leute, die sich selbst ernst nehmen, «weil sie einfach die Tatsache verwechseln, daß sie Menschen sind und eine Stellung haben, indem sie die Kleider, die sie tragen, für sich selber halten»; der Oberflächlichkeit und der Heuchelei, die sie als ganz besondere amerikanische Untugenden ansieht, steht sie argwöhnisch gegenüber, so wie sie Kälte und Egoismus als französische Untugenden betrachtet. «In meinem Innersten lache ich ständig über die Leute.» Ihre Mutter fühlt sich durch dieses Gelächter persönlich getroffen: «Meine Tochter ist eine Gottesanbeterin: sie zerreißt mich»; aber sie tut ihr Bestes, um den Anschein zu wahren. Sie geben ihr ganzes Geld für eine schicke Wohnung in einem vornehmen Stadtteil aus, so daß ihnen kein Geld für ein Auto oder für Urlaub übrigbleibt. Damit sie weiterhin den Schein wahren können, haben sie mich gebeten, ihren Namen nicht zu erwähnen.

Für den Statistiker gelten solche Eltern als verheiratetes Ehepaar, aus diesem Grund sagen statistische Angaben über Scheidungen so wenig aus. Für den Statistiker zählen Scheidungen wie Pockenerkrankungen. Und jedes Jahr ist die Öffentlichkeit über die gestiegene Scheidungsrate entsetzt, selbst wenn sie jetzt nur die Hälfte der amerikanischen ausmacht (ein Sechstel der französischen Ehen werden geschieden, im Vergleich zu einem Drittel in den Vereinigten Staaten), so wird sie früher oder später diese einholen. Diese Scheidungen sind jedoch eher ein Anzeichen für die anhaltende Anziehungskraft der traditionellen Familie als für deren Verfall. Menschen, die sich scheiden lassen, unterscheiden sich etwas vom Rest der Bevölkerung. Es sind nicht gerade die, die an Freiheit in der Ehe glauben, sondern eine ungewöhnlich große Anzahl von Menschen, die aus der Familie die grundlegende Form sozialer Beziehungen in ihrem Leben machen wollen, die sagen, daß sie außerhalb der Familie keine Freunde hätten und all ihre Aufmerksamkeit sich ausschließlich auf die Familie konzentriere. Sie trennen sich, weil sie eine überhöhte Idealvorstellung vom Familienleben haben und dies nicht in die Tat umsetzen können. Sie bejahen häufig extreme Positionen, warum es gut sei, daß Frauen zu Hause bleiben sollen. Frauen, die arbeiten, lassen sich öfter scheiden, zum Teil, weil diejenigen, die nicht arbeiten, es sich nicht so leicht erlauben können. Sie zeichnen sich auch dadurch aus, daß sie nur halb so häufig wie die Bevölkerung insgesamt gemeinsam über Fragen der Kindererziehung entscheiden.

Die Scheidung ist nicht etwa ein Luxus, dem die Reichen frönen; man findet sie im Gegenteil ziemlich gleichmäßig in allen Schichten, doch etwas häufiger unter den Menschen, die nur eine Grundschulausbildung haben, und unter den Büroangestellten. Die von den Scheidungsgerichten aufgedeckten Einzelheiten unterstützen nicht die Ansicht, daß die Franzosen des Heiratens müde seien. Die Geschiedenen glaubten an die lebenslang während Ehe (wenn sie wieder heirateten) genauso häufig wie die übrige Bevölkerung. Daß sie dieses Ideal nicht erreicht haben, sehen sie als ihr persönliches Versagen an. Lediglich ein Viertel aller männlichen und ein Drittel aller weiblichen Geschiedenen möchten nicht wieder heiraten, und das hauptsächlich wegen der unterschiedlichen Art, in der sie die Interessen ihrer Kinder interpretieren. Im Jahre 1976 bezeichnete ein Minister die Gewalt gegen Frauen als «englisches Laster». Dies vor allen Dingen deswegen, weil die Engländer kurz zuvor dagegen protestiert hatten. Seitdem haben die Franzosen entdeckt, daß sie auch dasselbe Laster besitzen. Im Augenblick kann nicht gesagt werden, ob Ehemänner und -frauen sich in Frankreich und England auf verschiedene Weise streiten und scheiden lassen, denn englische Wissenschaftler haben herausgefunden, daß es nicht möglich ist, ein klares Muster herauszuarbeiten. Der amerikanische Film *Kramer gegen Kramer* war jedoch ein überragender Erfolg in Frankreich. Da die Scheidungsrate jährlich um 8 Prozent steigt, glauben die

Franzosen, daß sie bald das amerikanische Scheidungsniveau erreicht haben. Kinder geschiedener Eltern haben langsam die Nase voll davon, daß man sie – besonders in Paris – für anormal hält, und wehren sich gegen die Sticheleien dadurch, daß sie ihr eigenes Netz von Freundschaften aufbauen. Die Scheidung jedoch bleibt weiterhin eine Tragödie und weit davon entfernt, als eine Lebenserfahrung unter anderem betrachtet zu werden.

Dubout

Die wachsende Scheidungsrate wird unausweichlich eine andere Art französischer Kinder hervorbringen oder zumindest eine neue (noch eine) Minderheit von Kindern, die sich neuen Problemen gegenübersieht. Die Kinder geschiedener Eltern lernen in jungen Jahren, besondere Kämpfe auszutragen. Etwa die eines Richters, der während des Krieges eine Bildhauerin heiratete. Sie kamen miteinander nicht zurecht. Zunehmend wurde ihr Zusammenleben von Streit oder regelrechten Kämpfen bestimmt. Sie taten alles, um ihren Zwist vor den Kindern zu verbergen, aber die gegenseitige Zurückhaltung bewirkte nur, daß sie auf die Kinder einschlugen, wenn sie sich nicht gegenseitig schlugen. Sie schickten die Kinder im Alter von sechs Jahren auf Internate und beließen sie dort auch während der Ferien. Großeltern und Vettern taten so, als wäre alles in Ordnung: das äußere Erscheinungsbild wurde aufrechterhalten. Aber jeder wußte in Wahrheit, daß der Richter Mätressen hatte, auch wenn seine Abwesenheit von zu Hause mit den Anforderungen seines Berufs erklärt wurde, und daß die Bildhauerin sich Liebhaber hielt. In einer Kleinstadt führt solches Benehmen nicht nur zu geflüsterter Ablehnung; andere Eltern verboten ihren Kindern, irgend etwas mit der Familie zu tun zu haben. Die Tochter sagt: «Ich wurde als das Kind einer Schlampe angesehen, die nicht besucht werden durfte.» Ihre Klassenkameradinnen kamen nur heimlich samstags, wenn die Eltern aus waren. Sie konnte sie zu Hause nie besuchen. Diese soziale Ächtung verletzte sie genauso, als hätten ihre Eltern sie ausgesetzt; selbst als erwachsene Frau weinte sie noch in der Nacht. Der Richter zog zur rechten Zeit in eine andere Stadt, um einen Skandal zu vermeiden. Die Bildhauerin lebte lange Zeit im Ausland. Die Kinder wurden sich selbst überlassen und mußten mit den Problemen so gut wie möglich allein fertig werden. Oft wurden Gas und Strom abgeschaltet, weil die Eltern die Rechnungen nicht bezahlt hatten. Doch die Ansichten des Richters über seine Rechte als Vater waren dergestalt, daß er seiner Tochter verbot, Musik zu studieren und ihr sagte, daß sie tun und lassen könne, was sie wolle, wenn sie einundzwanzig sei, daß bis dahin er aber für sie entscheiden würde, was richtig für sie sei. Die Musik war ihre einzige Liebe. Er kehrte nach Hause zurück, um ihr die Harfe wegzunehmen, und verkaufte sie. Nachdem sie gerade mit einem Mann zusammengezogen war, drohte er ihr an, er werde sie vor Gericht zerren und in ein Heim für Schwererziehbare stecken. Sie reagierte darauf, indem sie ein Kind bekam. Daraufhin mußte er der Hochzeit zustimmen, um den schönen Schein zu wahren. Seine Mätresse hatte gerade ein Kind von ihm geboren. Das veranlaßte ihn, sich von der Bildhauerin scheiden zu lassen, um weiterhin gesellschaftsfähig zu bleiben. Es ist eine Geschichte wie aus dem 19. Jahrhundert, das Ende ausgenommen. Die Tochter ließ sich bald darauf scheiden und lebt heute allein mit ihrem Kind: Als alleinstehende Mutter mit eigenem Beruf hat sie endlich ihren Frieden gefunden.

Ein «moderneres» Beispiel ist die Geschichte von Martin, einem bekannten Ethnologen, Journalisten und Schriftsteller. Er kommt aus einer bürgerlichen, protestantischen Familie, von der er sich völlig trennte. Er kämpfte als Junge im kommunistischen Widerstand, war ein brillanter, leidenschaftlicher Student. An der Universität traf er Benoîte, die Tochter eines angesehenen Beamten. Sie lebten zwei Jahre lang ehelos zusammen, bis sie schwanger wurde, dann (1949) heirateten sie. Von da an bestimmten Geselligkeit und Diskussionen ihr Leben. In ihrer Wohnung im 5. Arrondissement von Paris waren ständig Freunde, die über Politik, Sex und internationale Beziehungen diskutierten. Martin schlief mit den Frauen, die zu den Diskussionen kamen, und Benoîte mit den Männern. Unter sich diskutierten sie hauptsächlich, wie ihr Junge und ihr Mädchen zu erziehen seien. Benoîte beklagte sich darüber, daß Martin den Sohn Stéphane ruiniert habe; sie machte sich daran, das Mädchen Ariane zu verwöhnen. Die Kinder waren, so wie die Dinge lagen, unter den beiden aufgeteilt. Schließlich setzte Benoîte Martin vor die Tür. Er bezog eine eigene Wohnung, nahm zunächst eine schöne Eurasierin zu sich, danach eine rothaarige Rumänin, die er schließlich heiratete. Die Kinder lebten in zwei Wohnungen, wenngleich mehr mit ihrer Mutter, aber die Mutter beschwerte sich ständig bei ihnen über das schlimme Benehmen des Vaters, der wiederum die Mutter beschuldigte, sie zwinge ihn ja, von seinen Kindern getrennt leben zu müssen. Zu guter Letzt mußten die Kinder die Besuche bei ihrem Vater einstellen, weil Benoîte ein Scheusal aus ihm gemacht hatte. Einige Jahre später drängte Stéphane, nunmehr Student an der Hochschule für Politische Wissenschaften, während der Unruhen vom Mai 1968 den Angriff von Polizisten zurück, als plötzlich ein Mann mit blutüberströmtem Gesicht aus dem Handgemenge auftauchte: es war Martin. Die emotional aufgewühlte Versöhnung auf den Barrikaden ließ Stéphane erkennen, daß es keinen Grund gab, seinen Vater nicht zu treffen. Er erfuhr nun Martins Fassung von der Trennungsgeschichte seiner Eltern. Er hat sich von der Notwendigkeit befreit, zwischen Vater und Mutter wählen zu müssen. Er sieht ein, daß Benoîte, obwohl ausgesprochene Feministin, zugleich auch eine typisch besitzergreifende Mutter ist. Stéphane hat alle möglichen Nervenkrisen bis hin zum Selbstmordversuch hinter sich wegen seines Bemühens, mit seinen Eltern zurechtzukommen. Heute, im Alter von dreißig, verheiratet, mit zwei Kindern, ist er ein vielversprechender höherer Beamter, aber seine zerrissene Kindheit hat Spuren hinterlassen.

In Frankreich gibt es mehr Alkoholiker als Geschiedene. Zuviel Alkohol kann durchaus eine stärkere Wirkung auf das Familienleben ausüben als die Scheidung, wird aber weniger beachtet, weil es sich schon seit Jahrhunderten so abspielt. Welcher Haß sich daraus entwickeln kann, zeigt das Beispiel von Raymond und Monique. Ihr Vater ist die Verkörperung des erfolglosen Kleinbürgers. Er war Gemüsehändler und hatte zwei Läden. Drei Tage pro Woche arbeitete er und verbrachte den Rest seiner Zeit damit, angeln oder mit seinen Hunden auf die Jagd zu gehen. Aber er trank zu gern, und ein Berufsgenosse zeigte ihn wegen Alkohols am Steuer an. Er wurde verhaftet, der Führerschein auf drei Jahre entzogen. Das brachte ihn ganz an die Flasche, weil er nunmehr die Bestellungen nicht mehr ausfahren durfte. Er weigerte sich, andere Arbeiten anzunehmen, befahl seiner Frau zu arbeiten, und sie weigerte sich. Er nahm es ihr sehr übel, daß sie ihm nicht gehorchte. Ganz Familienoberhaupt, erwartete er, am Tisch bedient zu werden. Seine Kinder mußten nach Tisch um Erlaubnis bitten, aufstehen zu dürfen, aber erst nachdem sie gefragt hatten, ob er etwas brauche. Er war ein stolzer Mann, und er erlaubte es nicht, daß seine Kinder ihm Widerworte gaben. So gab es ständig Streit, der sich noch verschlimmerte, als er anfing, seine Frau zu schlagen. Er schlief nicht mehr mit ihr, zum Teil, weil er darauf bestand, seine Hunde mit ins Bett zu bringen. Seine Frau war vor der Ehe seine Sekretärin gewesen, er wurde ihr bald untreu. Auch sie begann zu trinken. Die Kinder empfinden tiefen Haß für ihren Vater und fühlten sich machtlos, ihre Mutter vor dem Alkoholsuizid zu bewahren.

Es sind die in solchen Schlachten Verstümmelten, die in den Zeitungen nach Partnern suchen, wie etwa der gutaussehende leitende Angestellte auf der Suche nach einer sehr schönen Frau. Natürlich trifft man auch auf Menschen, die sich an die Tradition klammern, besonders in *Le Chasseur Français*, einer Jagdzeitschrift in mehr als einer Hinsicht, die seit 1892 Heiratsannoncen aufnimmt, die deutlich «eheliche Absichten» ausdrücken, «moralisch» und «ehrenwert» sein müssen. Hier findet man noch Anzeigen wie die folgende: «Älteres Ehepaar wünscht eine Ehe für seinen Sohn anzubahnen, Alter 34, groß, schlank, ernsthaft, katholisch, mit gemütlichem Heim, Besitz und gesicherter Stellung, Abitur; schüchtern, als Kind einem Trauma erlegen; wünscht sich in der Ehe zu entwickeln, sucht das Glück in einer tiefen emotionalen Bindung zu einer jungen Frau, drei- bis fünfunddreißig. »Auf eine Anzeige eines Siebenundvierzigjährigen kommen sogar Antworten vor wie diese: «Es wird Sie vielleicht überraschen, daß Sie in Ihrem Alter einen Brief von einem sechsundzwanzigjährigen Mädchen erhalten. Meine Gründe hierfür sind… daß ich glaube, daß ein Mann mit fast fünfzig glücklicherweise weniger Bedürfnisse hat als mit dreißig, und daß es weniger wahrscheinlich ist, daß er untreu wird. Ich muß Sie warnen, daß ich nicht den kleinsten *faux pas* tolerieren werde.» Der *Chasseur Français* untersagt die Erwähnung einer Fotozusendung. Die meisten Inserenten im *Nouvel Observateur* dagegen wollen gerade dies. Die Zeitung druckt «moderne» Anzeigen im Stil des *New York Review of Books* oder von *Time Out*, mit geringerer Betonung von Heiratsabsichten, doch mit phantasievollen Andeutungen, getarnt durch banalen Humor. «Im *Chasseur* ist es möglich, Mitgefühl für sein Unglück zu suchen; im *Nouvel Obs* schreibt man besser, daß man eine Psychoanalyse hinter sich hat.»

Einige der pathetischen Briefwechsel und Treffen, die solche Anzeigen hervorbringen, wurden von einer Geschiedenen sorgsam aufgezeichnet, die in ihren Vierzigern diese Methode versuchte, um ihr Glück zu finden. Die erste Antwort, die sie erhielt, waren sechs Seiten eng geschriebener, wohlformulierter, feuriger Prosa von einem älteren Herrn, der sich als Vierundsiebzigjähriger entpuppte. Er lud sie in seine Wohnung im 16. Arrondissement von Paris ein, wo er ihr, umgeben von Mingvasen und zwei Flügeln, Kamillentee anbot und ihr seine Träume von einer Liebhaberin erzählte, die seine Einsamkeit vertreiben sollte. Die nächste war von Ernest, dem leitenden Manager einer großen Firma, dessen Frau gerade gestorben war. Er versprach, allen Wünschen und Anforderungen einer neuen Braut nachzukommen, intellektuell, musikalisch und gesellschaftlich. Er fragte sie, wie er sich für ihr erstes Treffen kleiden solle, da er großen Wert auf Eleganz lege und dadurch seine «Dame» ehren wolle. Er tauchte mit einem grell karierten Anzug und Fliege auf, stank nach Kölnisch Wasser, lachte viel, schielte auf ihre Brüste, sagte, sein Ziel sei vor allem, Spaß zu haben. Aber er war unkultiviert, hatte kleine Schweinsaugen und, am schlimmsten, eine Glatze. (Die Kahlheit ist ein so großes Hindernis, daß viele Heiratsvermittler kahlköpfigen Männern raten, sich eine Perücke zuzulegen.) Dann gab es da noch Guy, voller Entschuldigungen, gequält von seiner Unzulänglichkeit, der aus Versehen ihre Hand berührte und sich langatmig für die unbeabsichtigte Unanständigkeit entschuldigte, stark nach Tabak und Medizin roch und nur über seine Fehlschläge sprechen konnte, seine Nachbarn, die ihn haßten, seine Krankheit, seinen schlechten Schlaf. Charles dagegen war fünfundvierzig, sah gut aus, groß und geradeaus, mit einem netten Lächeln, war aber unfähig, sich zu unterhalten und weigerte sich, mehr als einsilbige Antworten zu geben. Michel, jung, mit Vollbart und einem majestätischen Körper, nahm sie mit seiner Brillanz und Feinfühligkeit gefangen. Sie tranken, dann aßen sie, dann tranken sie noch mehr. Mit ihm fühlte sie sich wieder wie zwanzig. Doch zum Schluß verabschiedete sie sich, denn, wenngleich er in lobenden Tönen von der Reife des Alters sprach, fürchtete sie sich, weil sie zehn Jahre älter war als er. Bernard ließ sich gerade nach elf Jahren Ehe scheiden, sah seine Kinder am Wochenende: «Sie sind meine einzige gefühlsmäßige Verbindung zur Menschheit.» Er schrieb ergreifend von der Einsamkeit, die er sowohl während seiner Ehe als auch danach durchlitten hatte. Die «Tragödie meines Lebens» war, daß er zugleich die Schönheit und Zuneigung einer Frau brauchte. Als sie sich trafen, gestand er ihr, «nicht sehr viril» zu sein, aber er entschied, sich nicht mit ihr einlassen zu wollen, weil sie ihm nur Freundschaft anbot, er aber Liebe brauchte. Er schrieb ihr, er würde auf sie warten: «Ich verdiene Mitgefühl.»

Didier war ein hochrangiger Richter kurz vor der Pensionierung, der jemanden suchte, der zu ihm in sein Haus in der Charente ziehen wollte. Er sprach voller Autorität am Telefon. Aber er erwies sich als klein und unbeeindruckend; sein Haus war weniger großartig, als er angedeutet hatte, dunkel und traurig, mit Möbeln, die er von den Großeltern geerbt zu haben schien. Fünf Stunden lang erzählte er ihr von seinen Gewohnheiten und Marotten, seinen Lieblingsgerichten, wie er seine Salate angerichtet haben wollte, und gab ihr das Gefühl, er heuere sie als Haushälterin an. Er sprach nur von sich selbst und seinen Sorgen, ohne sich nach ihr zu erkundigen. Als die Nacht anbrach, erzählte er ihr von seinen Abenteuern mit seinen Geliebten und lud sie, zum Beweis seiner Männlichkeit, ohne Umschweife ins Bett ein. Die Eleganz und Gefeiltheit einiger anderer Briefe, die sie erhielt, erinnern daran, daß die klassischen Gebräuche des Werbens noch nicht ausgestorben sind. Doch noch mehr Briefe waren voller orthographischer und grammatischer Fehler, voll mit den klobigen Formeln der Geschäftskorrespondenz, verkrampften Versuchen, einfache Hoffnungen auszudrücken, die zeigen, daß die Jagd nach einer Frau häufig nicht anders angegangen wird als die Jagd nach einem neuen Job.

Die sprunghafte Vermehrung der Heiratsvermittlungsagenturen ist das Resultat der Spezialisierung auf die zunehmend verfeinerten Geschmacksbedürfnisse. Eine Agentur ist darauf ausgerichtet, die männlichen Kunden so schnell wie möglich zufriedenzustellen. Sie werden in eine ganze Abteilung von kleinen Räumen (1,18 m mal 1,2 m) mit zwei Sesseln gesetzt, und sieben Frauen werden ihnen zwecks Kurzinterview vorgestellt, alle fünfzehn Minuten eine. 200 Vorstellungen pro Tag finden in diesem Kabäuschen statt. Das Supermarktprinzip wird von einem Vermittler auf die Spitze getrieben, der behauptet, die größte Agentur Frankreichs zu betreiben. Er bietet sieben verschiedene Preiskategorien an, je nachdem, wie wählerisch der Kunde ist. Frauen, die sich mit einem Arbeiter oder Bauern zufriedengeben, zahlen einen besonders niedrigen Preis. Dieser Dienst wird besonders von den Armen bevorzugt. An anderen Ende der Skala steht die Hausdame, die ihre Kunden einzeln empfängt, sie persönlich vorstellt und den Eindruck vermittelt, als brächte sie zwei Freunde zusammen. Oder die besonders teure Agentur nahe am Elysée-Palast, die sich bei ihren Kunden nicht nur danach erkundigt, ob sie ein Auto, sondern auch danach, was für eins sie besitzen, ob sie eine Yacht ihr eigen nennen, wie hoch ihr Einkommen, ihr Vermögen ist, und die von sich behauptet, «die Privilegierten, Direktoren und führende Persönlichkeiten der Geschäftswelt, aus Kunst, Diplomatie und Wissenschaft» zu bedienen. Eine computergesteuerte Agentur zieht besonders Manager an und gleicht ihre pseudowissenschaftlichen Methoden (darunter auch die Graphologie) mit dem altmodischen Rat aus, daß ein Mann sich als «stark, elegant, hart arbeitend, solide und distinguiert» darstellen soll, während Frauen gedrängt werden, Eigenschaften wie Unterwürfigkeit, Großzügigkeit, Fröhlichkeit, Verständnis zu betonen und vor allem jeden Hinweis auf Ironie oder Sarkasmus zu vermeiden. Ein christliches Heiratsvermittlungsbüro verlangt das Versprechen, daß man in der Kirche heiratet. Aber es gibt auch Clubs, die lediglich Leute zusammenbringen, indem sie Fotografien verteilen und Parties organisieren, und einer bietet sogar «anonyme psychosexuelle Beziehungen» an. Einige Heiratsvermittlungsbüros verweisen auf ihre Erfolgsrate von 30 Prozent; Journalisten, die diese Angaben überprüften, kamen jedoch lediglich auf eine Quote von 2 Prozent. Das läßt erkennen, um wieviel schwieriger die Arbeit dieser Büros ist als die Heiratsvermittlung früher durch den Notar, den Arzt, den Schneider und die Geschaftlhuber im Dorf, die in der Vergangenheit Partner für die weniger anspruchsvollen Vorfahren der heutigen Generation fanden.

Zunehmende eheliche Unvereinbarkeit zeigt, daß die Menschen den Eindruck haben, daß es schwieriger geworden ist, eine verwandte Seele zu finden, weil sie genaue Vorstellungen von ihrer eigenen Individualität haben. Sie unterscheiden sich mehr und mehr voneinander, wenn auch nur in Nuancen, doch sie haben noch keine neuen Methoden gefunden, um die Resignation, die Selbstgefälligkeit oder die Toleranz zu ersetzen, die die Heirat bisher verlangte. Die Tochter des verführerischen Managers und seine tanzende Frau haben instinktiv die Fähigkeit, sich selber nicht zu ernst zu nehmen, als genau die Methode erkannt, die sie daran hindert, die Konfrontation ihrer Eltern zu wiederholen, aber sie ist verwirrt, weil sie sich fragt, was ihre Freunde und Freundinnen hinter ihrer Heuchelei und den Rollen, die sie spielen, in Wirklichkeit für Menschen sind. Dies alles verwandelt die Heirat in eine metaphysische Übung. Da die Wahlmöglichkeiten, die beiden Partnern offenstehen, immer mehr zunehmen, indem jeder ein verschiedenes Element der Bildung, der Reise- und Arbeitserfahrung einbringen kann, um seine oder ihre Persönlichkeit zu komplizieren, unterscheidet sich das Zusammenleben mit einer anderen Person im modernen Stil so sehr von der Heirat in der Vergangenheit wie etwa das Autofahren vom Reiten.

Ganz anders war dagegen die Art und Weise, wie der eher traditionelle Gaston Lucas, ein Schlosser, zu seiner zweiten Frau kam. Seine erste war vier Jahre zuvor, nach langer Krankheit, gestorben. Er war es leid, gekochte Eier und Salate zu essen und mochte nicht mehr einsam sein. Mit sechsundvierzig fühlte er sich noch jung: «Instinkt und Gefühl waren immer da. Man ist dazu geschaffen, mit einer Frau zu leben, das ist, was die Natur will.» In der Metro fiel ihm ein Exemplar von *Ici Paris* in die Hände, und er las die Anzeige einer Heiratsvermittlungsagentur. Er gab eine Anzeige auf, in der stand, daß er eine Frau suche, mit der er sich verstehen und die ihm den Haushalt führen könne. Schön müsse sie nicht sein und auch nicht aus einer bestimmten Region Frankreichs stammen. Er erhielt mehrere Zuschriften, auf einige schrieb er. Die meisten antworteten, doch nur zwei interessierten ihn näher. Die erste war von einer Frau, die sich als gelähmt herausstellte und eine blinde Mutter hatte, mit der sie weiterhin in Villejuif leben wollte. Er schrieb zurück, es tue ihm leid mit der Mutter, aber er habe seine eigene Wohnung und wolle nicht in die Vorstadt ziehen. Er hatte sich nach den langen Prüfungen mit seiner behinderten Frau geschworen, nur noch jemanden zu heiraten, der sich einer guten Gesundheit erfreute. Die zweite Frau, deren Brief er mochte, stammte aus Lyon, hatte gerade ihre Mutter und somit ihre Wohnung verloren, in der die Mutter lebenslanges Wohnrecht hatte. Sie tauschten mehrere Briefe und Fotos aus, und sie kam ihn in Paris besuchen. Sie erklärte ihm dann, daß sie während des Krieges lange Zeit in einem Sanatorium verbracht habe, schlecht behandelt worden sei und sich nicht vollständig davon erholt habe. Es war ihm peinlich. Aber dann hatte er Mitleid; er wußte, daß sie mehrmals aus diesem Grund abgewiesen worden war. Er überlegte sich, daß die Krankheit kein triftiger Grund sei, eine Ehe mit ihr abzulehnen: «Sie mißfiel mir nicht, schien in der Lage, einen Haushalt führen zu können, machte einen ordentlichen Eindruck, war sauber. Was wollte ich mehr.» Er hatte gedacht, er würde zunächst unverheiratet mit ihr sechs Monate lang zusammenleben, um zu sehen, ob es klappen würde, aber sie kam aus der Provinz, wo so etwas nicht so leicht toleriert wird. Deshalb heirateten sie sofort. Kein Statistiker hat gezählt, wie viele Menschen es noch gibt, die menschliche Beziehungen mit solch anspruchsloser Philosophie angehen.

9   Was Liebende voneinander erwarten

Brigitte Bardot glaubt, daß ihr Ruhm einerseits verständlich, andererseits aber das Resultat eines Mißverständnisses sei. Sie zog Menschen ihrer Generation in aller Welt an, weil sie einen neuen Mädchentyp zu verkörpern schien, der, vollkommen natürlich, ungeschminkt und sorgenfreier Lebensfreude hingegeben, mit der traditionellen, heuchlerischen Rolle der Frau brach, die man früher gewöhnlich erwartete. Sie selbst glaubt nicht, daß sie schön ist, weil ihre Gesichtszüge nicht perfekt sind, aber sie verkörpert Einfachheit und steht für die Abwesenheit falscher Scham. Jane Fonda erklärte, daß Brigitte Bardot den ersten Treffer für die Frauenbewegung landete, denn «sie setzte jeden Mann, dessen sie überdrüssig war, vor die Tür und lud den nächsten, den sie wollte, ein. Sie lebte wie ein Mann.» Das ist eines von vielen Mißverständnissen. Auch wenn sie sich so verhalten hätte, sie hätte eher dem Verhalten eines sehr altmodischen Mannes entsprochen. Ihre Natürlichkeit war in der Tat harte Arbeit und machte sie herzlich einsam. Während des Höhepunktes ihrer Karriere brauchte sie ständig Menschen um sich: «Wenn nicht mindestens fünfzehn Menschen um mich herum waren, wurde ich sehr unglücklich und sagte mir selbst: Großer Gott, was geschieht mir. Ich bin ja ganz allein.» Sie brauchte ständig die volle Aufmerksamkeit ihrer männlichen Bewunderer, vierundzwanzig Stunden am Tag, und, was schlimmer war, sie verabscheute diese, wenn sie genau ihren Erwartungen entsprachen. Sie hatte große Schwierigkeiten, mit ihren natürlichen Impulsen fertig zu werden oder sie zu verstehen.

1934 als Tochter eines gutsituierten Herstellers von flüssigem Sauerstoff geboren, in vornehmem Stil erzogen, mit der traditionellen Mischung aus bürgerlicher Strenge und Verwöhnung, wurde sie im Alter von fünfzehn Jahren vom Kino entdeckt, als ihr Foto auf dem Titelbild von *Elle* erschien. Brigitte verliebte sich sofort in den jungen Assistenten des Filmregisseurs, der losgeschickt worden war, um sie unter die Lupe zu nehmen: Roger Vadim. Sie verstand Liebe als Verlangen auf den ersten Blick. Marguerite Duras kommentierte: «Wenn ein Mann sie anzog, ging Brigitte sofort auf ihn zu. Nichts konnte sie zurückhalten. Es spielte keine Rolle, ob sie in einem Café, zu Hause oder zu Besuch bei Freunden war. Sie ging sofort auf ihn zu, ohne den Mann, den sie gerade stehengelassen hatte, eines Blickes zu würdigen. Abends kam sie vielleicht zurück, vielleicht aber auch nicht.» Brigitte selbst sagte: «Wenn ich liebe, gebe ich mich ganz.» Aber sie war nicht ganz so modern, wie sie dachte, und romantischer veranlagt, als sie glaubte. Der Wunsch, glücklich zu sein, wurde zu einer Obsession, sie sehnte sich nach Bewunderung, aber sie wußte nicht, wie man die Bewunderung aufrechterhält, wenn sie erst einmal die Phase äußerlicher Attraktivität überwunden hat. Wie eine romantische Heldin versuchte sie, sich umzubringen, als ihre Eltern ihr verboten, Roger Vadim zu heiraten. Daraufhin gaben sie nach, aber nur unter der Bedingung, daß er eine «ordentliche» Stelle annahm und zum Katholizismus konvertierte. Erst nach der kirchlichen Trauung, nicht nach der standesamtlichen, erkannten sie sein Recht an, mit ihr zu schlafen.

Ihre Suche nach sorgloser Lebensfreude bedeutete, daß sie die Gesellschaft von Männern bevorzugte, die viel ausgingen, schmucke Autos hatten, gern tanzten und alberne Geschichten erzählten. Nach Vadim verliebte sie sich in mindestens zwanzig andere Männer. Aber diese Beziehungen sahen so aus, daß ihre Liebhaber zuweilen «drei Wochen lang fortgingen, ohne eine Nachricht zu hinterlassen, und mich wie einen Trottel zurückließen, dann zurückkehrten und ganz erstaunt taten, wenn ich sagte, es ist aus». Sie hat sich vielleicht «ganz hingeben wollen», doch sie fügt hinzu, «wenn ich merkte, daß ich nichts zurückbekam, war ich schockiert». Vadim ermutigte sie, ihren Geschmack zu übertreiben, sogar zu verfälschen und sich der Welt als unerreichbare erotische Phantasie darzustellen. Er ließ sie ihre Intelligenz unterdrücken wie Marilyn Monroe, so daß sie zum weiblichen Gegenstück von James Dean werden konnte. Denn Vadim ist ein Mann, der sein ganzes Leben von dem altmodischen Wunsch gequält wurde, junge Frauen formen zu wollen, um erst, wenn sie reifer sind, zu protestieren, daß sie ihre Unabhängigkeit fordern, so wie er sich nach seiner nächsten Schöpfung, Cathérine Deneuve, beklagte, daß sie zu herrschsüchtig geworden war.

Brigittes Auftauchen als Nackte in der Öffentlichkeit war unerhört, aber nicht wirklich neu. Das hatte es schon früher gegeben. Sie mag den Eindruck erweckt haben, daß sie sich gegen die ehrbare Art von Ehe ihrer Eltern, als grundsätzlichem Arrangement von Ritual und Pflicht, auflehnte, weil Zuneigung nicht etwas war, worauf man sich verlassen konnte. Aber nach all ihren Erfahrungen kam sie zu einer ganz ähnlichen Schlußfolgerung: «Heute», so sagte sie, als sie fünfundvierzig Jahre alt wurde, «weiß ich, daß man sich nie auf einen Mann verlassen kann.» Sie glaubt, sie habe versagt, weil «ich nicht

verstand, wie außergewöhnlich es für ein Paar ist, zusammen-
zubleiben». Sie hat entdeckt, was sie wirklich am liebsten
macht, sich um ihr Haus zu kümmern, es zu gestalten, ganz
ähnlich, wie ihre Mutter es tat: «Ich bin lieber in meinem Leben erfolgreich als in meinem Beruf. Ich mag den Konkurrenzkampf nicht. Ich bin nicht dagegen, einem Mann zu gehorchen,
wenn er in der Lage ist, mich gehorsam zu machen – es wäre
sehr gut, wenn er es könnte.» Sie glaubt, sie sei jetzt soweit,
mit einem Mann seßhaft zu werden. Sie ist weniger anspruchsvoll. Sie genießt es, «zu beobachten, was um mich herum geschieht», manchmal allein zu sein, um nachdenken zu können, oder an gar nichts denken zu müssen. Somit ist sie weit
davon entfernt, eine «emanzipierte Frau» zu sein. Zwar ist sie
für die Emanzipation, aber nicht für die Frauenbewegung. Sie
sagt, sie wollte nie wie ein Mann behandelt werden, denn «eine
Frau muß vor allem Frau bleiben». Es ist richtig, wenn Frauen
«sich weigern, sich dem Joch des Mannes zu unterwerfen, der
ihnen nicht genug Geld gibt, oder daß sie sich ihren Lebensunterhalt selbst verdienen, ohne sich auf andere verlassen zu
müssen, andererseits aber glaube ich, daß Frauen sich selbst
zunehmend unglücklich machen, wenn sie sich zu sehr eman-
zipieren wollen. Denn Frauen sind nicht geschaffen, das Leben
eines Mannes zu führen. Eine Frau hat ihre Schwächen und ist
so verletzlich. Eine Frau ist ein zartes Wesen.»

Sie gesteht gerne ein, daß ihre Erziehung Spuren hinterlassen
hat. Die Verehrung des Prinzips Jugend liegt ihr so fern, daß sie
sich überhaupt keine Sorgen darüber macht, alt zu werden:
Eine nette alte Dame kann auch bewundernswert sein, ganz
besonders dann, wenn sie nicht versucht, ihr weißes Haar zu
kaschieren und ihre Falten mit Kosmetik zuzukleistern.
Schönheit, so betont sie, sei für Frauen (nicht für Männer) sehr
wichtig, jede Frau habe irgendeine Art von Schönheit in sich:
es sei nur die Frage, sie zu finden und dann weiterhin zu pflegen. Es ist ihre Einstellung zum Besitz und zum Eigentum, in
der sie sich vielleicht am weitesten von dem entfernt hat, was
ihre Eltern davon hielten: Besitz, so hat sie entdeckt, beansprucht viel zuviel Verantwortung. «Besitz ist Sklaverei.» Aus
diesem Grund ärgert sich Brigitte Bardot über das Image, das

man sich von ihr gemacht hat. Sie weiß, daß sie bei einigen in Frankreich unbeliebt ist: «Die sagen, ich sei egoistisch und unsozial, und behaupten, ich hätte kein Herz.» Dieses sind Anschuldigungen von der Art, die verschmähte Liebe immer erzeugt hat. Vielmehr widmet sie sich der Sozialarbeit mit alten Frauen, wie die Reichen es immer gehalten haben, und sie hat sich selbst zudem noch dem Tierschutz verschrieben: Das, sagt sie, drücke ein wenig die «Don Quijotische» Seite ihres Charakters aus.

Die Bedeutung von Brigitte Bardot liegt nicht darin, daß sie die männliche Lust beflügelte, sondern daß sie den Versuch einer Generation repräsentierte, einen neuen Stil in den Beziehungen der Geschlechter zu finden, bei dem Sexualität und Sinnlichkeit eine größere Rolle spielen. Sie stieß bald auf Hindernisse, die ebenso verblüffend waren wie die Beschränkungen der Generation ihrer Eltern, aber ihre persönlichen Fehlschläge und ihre Rückkehr zu den konservativeren Idealen bedeuten nicht, daß ihr Bemühen lediglich eine jugendliche Eskapade war. Sie müssen im Gesamtzusammenhang der verschiedenen Haltungen zur Sexualität gesehen werden. Diese können nicht als eine Fortsetzung und Verschärfung von Frankreichs angeblicher Tradition in Sachen Promiskuität verstanden werden. Die Studien über das Sexualverhalten, die im letzten Jahrzehnt erschienen sind, zeigen in der Tat, daß viele der sexuellen Handlungen in das traditionelle Spiel oder den Kampf der Geschlechter passen. Der Ruf des französischen Mannes als Latin Lover – sprudelnd vor Komplimenten, theatralisch in seiner Leidenschaft –, der zusätzlich zu seiner Frau noch eine Geliebte braucht, um seine romantischen Gelüste aufrechtzuerhalten, begeistert auch heute noch viele Menschen. Desgleichen der Ruf der Französin als Verkörperung der Koketterie, die ihren Charme bewußt kultiviert, um den Mann zu erobern, und große Anstrengungen unternimmt, um mit der Entfaltung von Witz, Schönheit und häuslichem Geschick Frankreich den Titel zu sichern, den die Viktorianer ihm einst gaben: «Ein Paradies für Frauen». Doch sexuelle Beziehungen bedeuten zunehmend mehr als nur natürliche Handlungen; sie sind darüber hinaus ein Mittel zur Selbstfindung geworden, ein Willensausdruck, das Leben als reichere

Gondot   **Sei vorsichtig, Liebling! Die Straßen sind vereist...**

Erfahrung zu gestalten, und, vor allem, ein Markstein für die Qualität menschlicher Beziehungen.

Wenn gallische Liebe nur ein Zeichen körperlicher Vitalität wäre, warum behaupten dann mehr als die Hälfte aller französischen Frauen, ihr Sexualleben sei unbefriedigend; und wie kommt es, daß drei Viertel derjenigen, die sagen, sie seien nun befriedigt, gestehen, daß sie diesen Zustand erst nach Jahren, manchmal vielen Jahren der Frustration erreicht haben? Französische Frauen beklagen sich zunächst über ihre Unkenntnis, darüber, wie sie aufgezogen wurden, und das bedeutet, daß sie bis zu einem gewissen Grad sich selbst oder ihre Mütter für ihre Schwierigkeiten mit Männern verantwortlich machen. Selbst Frauen über dreißig bringen Klagen wie diese vor: «Als Jugendliche erklärte mir meine Mutter ganz eindeutig, daß das Vergnügen für Männer reserviert sei, ‹die alle Schweine sind›, und daß Frauen durch diese Prüfung hindurch müßten, um

Kinder zu bekommen und ihre Männer zu halten.» Eine andere erfuhr von ihrer Mutter: «Wenn du eines Tages glücklich werden willst, mußt du dich als großes Geschenk für ihn aufbewahren, unversehrt, sonst wird er dich nicht wollen. Wer dich wirklich liebt, wird dich zum Altar führen, ohne dich berührt zu haben.» Eine dritte sagte: «Als Kind einer sehr katholischen Familie schenke ich meiner Sexualität kaum Beachtung. Ich habe manchmal den Eindruck, als könnte ich meine Lust nicht vom Akt der Fortpflanzung trennen. Das erzeugt Spannungen mit meinem Mann, der die Lust um ihrer selbst willen mag.» Die Warnungen der Mütter, die selbst eine schwere Zeit mit ihren Ehemännern durchmachten, erzeugen bei vielen Frauen Schuldgefühle und Sorgen über die Zärtlichkeit ihrer Männer. Daß das nicht öfter geschehen ist, liegt darin begründet, daß bis noch vor zehn Jahren nur ein Drittel der Frauen mit ihren Müttern über Sex sprach und nur ein Zehntel mit ihren Vätern. Eine Vierunddreißigjährige sagt, sie habe ihr Sexualleben so lange wie möglich hinausgezögert, weil sie nichts über Sex wußte und nicht zu fragen wagte, aus Angst, die Leute würden sie auslachen. Ihr Mann war ebenso unwissend wie sie selbst, und seine schroffe Art stieß sie noch mehr ab. Es gibt Frauen in den Vierzigern, die erst kürzlich ihre Klitoris und die Masturbation entdeckten. Eine beträchtliche Minderheit ist so schüchtern, daß sie es vorzieht, im Dunkeln zu lieben. Auf der anderen Seite gibt es die Frau von achtundzwanzig, die ihre Aufklärung dem Roman *Lady Chatterley's Lover* verdankt, den sie mit fünfzehn trotz des väterlichen Verbots las, und für die Sex seitdem eine einzige Enttäuschung war.

Männer beklagen sich, häufig verständnislos, daß ihre Frauen frigide seien. Dies ist eine alte Klage, die dem Mythos, Frauen seien sexuell unersättlich, die Waage hält. Vor zwanzig Jahren behauptete ein Priester, Frigidität sei «das schwerwiegendste Problem in der Ehe. Frauen sind immer verwundert, wenn man ihnen sagt, daß es vom Standpunkt der Kirche aus ein ernsthaftes Vergehen sei, sich dem Mann zu verweigern. In den meisten Fällen betrachtet die Frau die Ehe nicht als Geschenk des Körpers und ist von Anfang an schockiert über die sexuelle Beziehung und voller Ekel.» Es war nicht unbedingt eine größere Quelle der Freude, als die Vorstellung von der Ehe als Geschenk des Körpers akzeptiert wurde. In den fünfziger Jahren gab nur eine Minderheit von Frauen zu, von der körperlichen Liebe in ihrer Ehe befriedigt zu werden. Lange Zeit wurde Frigidität entweder als körperlicher Defekt oder als das Ergebnis einer psychischen Blockade angesehen. Seit kurzem antworten Frauen, daß es der Fehler ihres Mannes sei, nicht zu wissen, wie er sie glücklich machen könne; daß er sie so schnell liebe, daß sie sich dessen kaum gewahr würden. Zwei von fünf Männern sprechen während des Liebesaktes kein Wort, und drei von fünf Frauen sind gleichfalls stumm. Frauen strengen sich wahrscheinlich mehr an, um ihren Partner zu befriedigen, als Männer. Und um nicht den Geschlechtsverkehr mit einer ärgerlichen Befragung enden zu lassen, gibt eine große Minderheit manchmal oder oft vor, einen Orgasmus gehabt zu haben.

Eine Frau erinnert sich, daß sie seit ihrer Hochzeit im Alter von fünfundzwanzig, als sie und ihr Mann noch jungfräulich waren, den Geschlechtsverkehr nie genossen hat. Sie hat fünf Kinder und ist praktizierende Katholikin. Vor einem Jahr begann ein Mann, ihr den Hof zu machen. Sie widerstand ihm, so gut sie konnte, doch schließlich «fiel ich in seine Arme». Trotz ihrer Gewissensbisse entdeckte sie plötzlich den Orgasmus und fand Vergnügen am Sex. Was, so fragt sie sich, ist aus ihrer Frigidität geworden? «Ich bereue diese Erfahrung nicht, weil sie mir gezeigt hat, daß ich eine Frau sein kann.» Ehemänner lernen nur langsam dazu. «Ich war neun Jahre verheiratet», erzählte eine Frau von neunundzwanzig, «ich hatte nie einen Orgasmus. Unsere sexuellen Beziehungen spielen sich sehr, sehr schnell ab, ohne viel Gefühl oder Zärtlichkeit. Seit einigen Jahren hat er mich als frigide abgestempelt, was ihn von jeglicher Anstrengung losspricht. Jede Diskussion über dieses Thema endet mit Beleidigungen oder Geschrei.» – «Von der Verzweiflung getrieben», wie sie sagt, nahm sie sich einen Liebhaber, und heute genießen beide intensiv ihre Lust in der Liebe und fühlen sich schuldig, weil sie die Grenzen der ererbten Moral überschritten haben. Es ist die junge Generation von Frauen, die ihre Männer aufgefordert hat, mehr Zärtlichkeit und Verständnis zu zeigen. Vor zehn Jahren gaben nur 13 Prozent der Frauen an, sie hätten gern mehr Sex (im Gegensatz zu 30 Prozent der Männer). Zumindest unter den höher Gebildeten sagt heute die Hälfte der Frauen, sie wünschten sich mehr, und bedauern, daß Kinder, Erschöpfung oder die Abwesenheit ihres Partners, aber vor allem ihre eigene Schüchternheit ihnen im Wege stehen. Sex, so sagen sie, ist in ihren Dreißigern, Vierzigern oder sogar Fünfzigern wichtiger geworden, was, anders ausgedrückt, heißen mag, daß die Menschen dem Grad und der Beschaffenheit ihres Vergnügens, das sie daraus ziehen, mehr Aufmerksamkeit schenken. Die Pille hat sie nicht gänzlich befreit, weil nur ein Drittel aller Frauen sie nimmt. Ein Zehntel benutzt das Diaphragma, und so lebt die Mehrheit der französischen Frauen noch immer in der Furcht vor Schwangerschaft und verläßt sich auf den Mann, um sie davor zu bewahren.

Junge Frauen mögen glauben, ihre Männer hätten Phantasie, doch das glauben sie im Laufe der Zeit immer weniger; und wenn sie ins mittlere Alter gekommen sind, werfen sie ungefähr der Hälfte ihrer Gatten Phantasielosigkeit vor. Es gibt Ehemänner, die behaupten, Phantasie habe in der Ehe nichts zu suchen. Eine Frau, die nur einunddreißig Jahre alt ist, beklagte sich: «Mein Mann war ein eingefleischter Junggeselle, ein Schmetterling, der bis zu seinem dreißigsten Lebensjahr mit einem Kalender voller Mädchenadressen lebte. Als ich ihn kennenlernte, war ich fünfundzwanzig und noch nie mit einem Mann im Bett gewesen. Drei Jahre lang sah ich ihn an den Wochenenden und einmal in der Woche. Ich brauchte sehr lange, bis ich begriff, daß er gleichzeitig andere Mädchen hatte. Ich spielte die bevorzugte Rolle einer Halb-Gattin, umgeben von Mätressen. Unsere sexuellen Beziehungen machten mir damals großen Spaß, weil er mir alle möglichen sexuellen Spiele beibrachte. Wir machten ständig neue Entdeckungen; uns war der Austausch von Zärtlichkeiten unterschiedlichster Art sehr wichtig, und wir erlebten intensive Freuden. Dann sah ich ihn eines Tages in Begleitung eines anderen Mädchens. Ich brach unsere Affäre abrupt ab. In den folgenden sechs Monaten versuchte ich, ihn zu vergessen. Dann tauchte er plötzlich wieder auf, völlig verändert, und bot mir die Ehe an und gelobte

Treue. Er ist der beste Ehemann, liebend, aufmerksam und treu. Aber für ihn ist die Ehe mit einem erfüllten Sexualleben unvereinbar. Er liebt mich wie ein Ehemann. Es gibt keine sexuellen Spiele mehr. Er streichelt mich mechanisch, immer auf die gleiche Art, ohne Abwechslung. Es ist eine langweilige Gewohnheit geworden. Und wenn ich andere Wünsche äußere, dann erklärt er mir: ‹Aber so ist die Ehe.› Kurz, er hängte die Aufregung an den Nagel, als er sich von seinen Mätressen verabschiedete. Heute bin ich seiner tiefen und hingebungsvollen Liebe wert und verliere dadurch das Recht auf meine Lust. Wie kann ich ihm klarmachen, daß er zugleich Ehemann und Liebhaber der gleichen Frau sein kann und daß sich bei mir nach drei Jahren Ehe eine ganze Menge an Frust aufgestaut hat? Die Gefühle, die wir füreinander hegen, sind sehr stark, doch ich mag nicht die Lauheit unserer sexuellen Beziehung akzeptieren.» Es funktioniert auch andersherum: Eine fünfundvierzigjährige Frau erklärt, daß sie den Eindruck gewonnen hat, sie sei «ein nützlicher Gebrauchsgegenstand zwischen zwei Bettlaken um zehn Uhr abends geworden. Nach und nach habe ich die sexuelle Lust verloren, und ich habe ihn häufiger zurückgewiesen, was die Sache auch nicht einfacher gemacht hat… Ein Abgrund von Schweigen hat sich zwischen uns aufgetan.» Oder eine junge Frau von vierundzwanzig Jahren beschwert sich darüber, daß ihr Freund zu sehr Experte ist, ihr Orgasmus ist ihr zur Routine geworden und so langweilig.

All diese Menschen suchen nach etwas, das mehr ist als der Geschlechtsakt, aber auch mehr als das Allheilmittel «romantische Liebe». Diese Art von Liebe hat im Leben der Franzosen eine geringere Rolle gespielt, als die Legende andeutet. Selbst vor zwanzig Jahren, als die Sucht nach Liebesromanen ihren Höhepunkt erreicht zu haben schien, wären nur sehr wenige Frauen bereit gewesen, für die Liebe alles aufzugeben. Die meisten sagten sogar, sie seien nicht romantisch. Auch bei Mädchen in den Zwanzigern gab es eine große Minderheit, die nicht auf die «große Liebe» wartete. Nur wenig mehr als ein Viertel aller Französinnen sagte, sie hätten eine «große Liebe» erlebt: Diejenigen, die dies von sich behaupteten, waren vor allem verheiratete Frauen unter fünfunddreißig mit höherer Bildung und erfolgreichen Ehemännern. Die romantische Tradition ist im wesentlichen eine literarische, die in Büchern vorkommt. Heute sind es noch immer die Gebildeten, die zumeist über die große Liebe sprechen. Bauers- und Arbeiterfrauen sagen oft, daß Liebe nur in der Jugend vorkomme und daß sie nicht erwarteten, von irgendeinem fabelhaften Mann bezaubert zu werden. Ein Drittel der Bevölkerung glaubt, daß eine gute Ehe nicht unbedingt auf Liebe gegründet sein muß. Eine andere Umfrage unter Frauen mittleren Alters aus der Mittelschicht, aber auch unter einigen Arbeiter- und Bäuerinnen, ergab unlängst, daß sogar drei Viertel behaupteten, nicht aus Liebe geheiratet zu haben, sondern in erster Linie, um dem Elternhaus zu entrinnen.

Als Ausweg aus der Unzufriedenheit mit dem Eheleben scheint Ehebruch wesentlich seltener vorzukommen als Frankreichs Ruf vermuten läßt. Vor zehn Jahren gaben 30 Prozent der verheirateten Männer und 10 Prozent der verheirateten Frauen zu, irgendwann einmal Ehebruch begangen zu haben. Die meisten hatten es nur ein- oder zweimal getan und nur 5 Prozent der Männer und 3 Prozent der Frauen häufiger. Unter Männern mit höherer Bildung gab es wesentlich mehr Ehebrüche (40 Prozent), doch besonders bei Männern über Fünfzig in mittelgroßen Städten (42 Prozent) – die sprichwörtlich langweilige Provinz mit ihrer Doppelmoral. Männer begehen am häufigsten im mittleren Alter Ehebruch, Frauen hingegen am häufigsten in den Zwanzigern (13 Prozent). 1980 ergab jedoch eine andere Untersuchung (auf die Menschen mit höherer Bildung abgestimmt), daß 12 Prozent der Frauen angaben, daß sie tatsächlich sexuelle Beziehungen mit mehreren Männern zur gleichen Zeit hätten (und nicht nur zu bestimmten Zeiten in ihrem Leben); 21 Prozent unterstützten mehr oder weniger locker die Vorstellung, daß man Geschlechtsverkehr nur mit dem regulären Partner haben sollte; 36 Prozent gaben an, daß sie der Ansicht seien, man müsse nicht unbedingt verliebt sein, um sexuelle Beziehungen zu unterhalten; 43 Prozent gaben an, daß sie nicht genug sexuelle Beziehungen hätten. Es ist unmöglich zu sagen, ob in den letzten zehn Jahren die französischen Frauen entweder häufiger wechselnden Geschlechtsverkehr hatten oder nur offener darüber sprachen oder anspruchsvoller geworden sind. Die vorliegenden Statistiken, was auch immer sie wert sein mögen, unterscheiden die Franzosen kaum von anderen Völkern. Etwa die Hälfte aller amerikanischen Männer behauptet, daß sie ihre Frauen nie enttäuscht hätten. Engländer sind da zurückhaltender; ein Meinungsforscher hat herausgefunden, daß nur 8 Prozent unter den Verheirateten zugaben, jemals ihrem Ehepartner untreu geworden zu sein; ein anderer schlußfolgerte, daß es ungefähr vier Millionen Menschen in England gebe, die ungebundene Geschlechtsbeziehungen unterhielten. In der Tat legen die Umfrageergebnisse von 1980 eher eine größere Aktivität im Bereich der Phantasie als in dem der außerehelichen Abenteuer nahe. Dies wird durch eine Umfrage unter Leserinnen einer durchschnittlich anspruchsvollen Frauenzeitschrift bestätigt, in der 13 Prozent angaben, sie hätten eine lesbische Beziehung gehabt; 58 Prozent sagten hingegen, sie wollten auf gar keinen Fall eine solche eingehen, doch der Rest glaubte, sie wären daran interessiert oder könnten es sich vorstellen.

Franzosen mögen zwar viele erotische Bücher schreiben, doch sie sind mit ihnen nicht ganz zufrieden. Ausländer lassen sich durch französische Zweideutigkeiten eher anregen als die Franzosen selbst. Von einer der bekanntesten erotischen Schriften der Nachkriegszeit, *Die Geschichte der O.*, sind in den Vereinigten Staaten mehr als vier Millionen Exemplare verkauft worden, aber insgesamt «nur» 800000 Bücher in Frankreich. Ein pornographischer Text wird durchschnittlich nur drei- bis viertausendmal verkauft und vielleicht zehn- bis fünfzehntausendmal, wenn er als Paperback erscheint. Das sind Absatzzahlen, die ein Philosoph oder Theologe, der gerade *en vogue* ist, mehr oder weniger auch erzielen kann. Anaïs Nins Romane verkauften sich mit nur jeweils 1500 Exemplaren, aber ihr *Delta der Venus* brachte es auf 100000 in zwei Monaten, denn damals hatte sie sich bereits einen Ruf als ernsthafte Romanschriftstellerin erworben, und eine wesentlich breitere Öffentlichkeit war gewillt, dieses Buch als ein Werk der Literatur zu lesen. Die meiste Pornographie wird in kleinen, teuren Ausgaben herausgegeben. Sie zu sammeln ist das Hobby einer ebenfalls kleinen Gemeinde. Die größte Sammlung ist wahrscheinlich die eines erfolgreichen Politikers, der Erziehungsminister wurde.

Drei Viertel der Bevölkerung behaupten, noch nie ein pornographisches Magazin gelesen, zwei Drittel, noch nie einen pornographischen Film gesehen zu haben. Das hängt damit zusammen, daß Pornographie sehr festgelegten Mustern folgt und jeder im voraus weiß, was er zu erwarten hat. Man kann viel mehr über die Einstellung zur Sexualität aus dem Leben der Autoren von erotischen Büchern erfahren als aus den Büchern selbst, will sagen, die Absichten der Schriftsteller haben sich in ihren Texten nur selten erfüllt; die Veröffentlichungen selbst unterscheiden sich eher durch den literarischen Stil als durch die Phantasie der Autoren.

Jean-Jacques Pauvert, in seinem Land führender Verleger auf diesem Gebiet (der sich aber auch unkonventionell und erfolgreich in anderen Bereichen als Verleger betätigt hat), favorisiert de Sade als Frankreichs Antwort auf Freud, oder vielmehr als Freuds Vorbereiter, als großen Erforscher der Leidenschaften. Vor dreißig Jahren wurde Pauvert noch für die Veröffentlichung der Werke de Sades gerichtlich verfolgt, doch heute stehen seine Bücher in allen Universitätsbibliotheken, wenngleich eher in der Literatur- als in den Psychologieregalen. Wenn Pauvert Vorträge hält, besteht seine Zuhörerschaft zumeist aus Hausfrauen, die nicht wegen des Kitzels gekommen sind, sondern um sich zu bilden: Sie studieren seine Bücher, so wie sie Schriften zur Psychoanalyse oder Soziologie lesen. Sein Ziel ist es, die Rolle der erotischen Literatur im ästhetischen Abseits zu beenden.

Die Autorin der *Geschichte der O.* war jahrelang Herausgeberin einer der angesehensten Literaturzeitschriften, gleichwohl besteht sie darauf, daß ihre Anonymität gewahrt wird. Sie wuchs in einer großbürgerlichen Familie auf, deren Motto lautete: «Halte dich gerade, die Leute schauen auf dich.» Sie begann, Pornographie zu lesen, als sie vierzehn Jahre alt war, borgte sich die Bücher aus der Bibliothek ihres Vaters und las zuerst Boccaccio. Ihr Vater sagte ihr: «Du fängst aber früh an, du wirst nichts verstehen, wir sollten dich aufklären.» Ein Vetter wurde beauftragt, ihr alles über Sex zu erzählen. Er nahm sie mit in ein Bordell, das sie zugleich angsteinflößend und komisch fand. Doch in der Familie fiel über dieses Thema kein weiteres Wort.

Die Geschichte der O. ist eine fast wörtliche Niederschrift der Phantasien der Autorin als Kind und Jugendliche, die sie sich selbst erzählte, bevor sie einschlief, und die auch in ihrem Leben Bestand hatten. Atmosphäre und den historischen Hintergrund verdankt sie Ann Radcliffe und Sir Walter Scott, denn die Autorin ist leidenschaftlich anglophil und in der englischen Literatur höchst belesen: Ihre bevorzugte Lektüre sind die King-James-Fassung der Bibel und Shakespeare, den sie frei zitiert, wie auch Proust und Baudelaire. Die ausführlichen Beschreibungen der Kleider ihrer Heroine erklären sich durch ihr Interesse an der Geschichte der Mode; ihre Besessenheit, keine Unterwäsche zu tragen, rührt daher, daß ihre Mutter ihr erzählte, wie skandalös sie es empfunden habe, daß die Nonnen ihrer Klosterschule nichts unter den Röcken trugen. Die Gewalt in dem Buch, sagt sie, sei wie die Gewalt in einem Krimi, also nicht ernst zu nehmen. Ihr Buch ist nicht etwa als Handbuch der Ausschweifungen gedacht gewesen, sondern sie schrieb es für ihren Geliebten zu einer Zeit, als sie Angst hatte, er könnte sie verlassen. Sie betont, daß sie es nicht wegen des Geldes veröffentlicht habe. Sie verdiente tatsächlich kaum etwas daran, bis Kritiker forderten, das Buch müsse verboten werden. Überrascht es noch, daß ihr Liebhaber ihre Phantasien nicht teilte und daß sie nicht in gleicher Weise erniedrigt werden möchte wie ihre Heldin «O.»? Was soll das Ganze dann?

Zunächst dachte sie sich, es sei absurd, daß sie sexuelle Erniedrigung ablehnen solle. Sie wollte sich anders sehen, als sie in Wirklichkeit war. Das betont sie immer wieder. Sie genießt Phantasien, weil «man von sich selbst gelangweilt wird. Ich bin meiner selbst überdrüssig.» Sie liest unentwegt Bücher, auch schlecht geschriebene, entdeckt sie doch gern den Menschen dahinter. Sie gibt zu, daß Lesen ein Alibi ist, eine andere Art, von sich selbst loszukommen und durch andere zu leben. «Ich wäre eine ausgezeichnete Nonne geworden.» Das Problem mit dem wirklichen Leben ist, daß es nie so perfekt ist, wie man es sich erhofft. Menschen machen Versprechen, die sie nicht halten, sie sagen, ich liebe dich, und auch wenn es stimmt, kommt man damit nicht allzuweit. So meint sie zweitens, daß Liebe zum Schein keinem weh tue. Das einzige, was in der Welt heilig ist, sagt sie, sei die Liebe, aber sie sei so selten und schwierig, daß Liebe zum Schein nützlich sein könne und zumindest die Menschen anrege, sich anzustrengen und sich schöner, freundlicher und lustiger zu geben. Zu lieben ist gefährlich, und die Gefahr ist aufregend; heimliche Gefahr um so mehr. Sie kämpfte im Widerstand, weil sie Geheimgesellschaften und Gefahr als männliches Vorrecht empfand und ihre Teilnahme fast zu einer erotischen Erfahrung wurde. Ehemann, Arbeit, Kinder, die gewöhnlichen Dinge des Lebens sind für sie kein Leben, sondern Sklaverei. Dem Alltagstrott möchte sie entkommen, aber das gelingt nur «im Kopf». In ihrem wirklichen Leben fühlt sie sich nie den Männern unterlegen. Sie verneint, daß ihr Buch Schaden anrichten kann, und sagt: «Es waren nicht die Leser von de Sade, die die Konzentrationslager errichteten, sondern diejenigen, die ihn nie gelesen haben.»

Ihre literarischen Phantasien sind ganz der traditionellen Form verhaftet: Sie gleichen Märchen, die bei den Problemen des täglichen Lebens keine Hilfe bieten. Die Autorin aber verteidigt Pornographie als Mittel, die Menschen von Furcht schlechthin zu befreien, und sieht sie daher als einen Beitrag zur Freiheitsliebe, wenn mit Freiheit auch «Gedankenaustausch» gemeint ist. Menschen entdecken, daß «in den Tiefen, in denen der Eros versteckt ist», merkwürdige Quellen der Liebe bestehen, und daß diese nicht notwendigerweise schlecht sind. Liebe, so sagt sie, ist «eine *tour de force* der Intelligenz, die ständig neu erfunden werden muß.» Obwohl sie die Phantasie lobt, ist das Dumme dabei, daß es ihr in ihrem Werk genau daran fehlt, so elegant geschrieben es auch ist.

Die Autorin von *Emanuelle*, die Frau eines französischen Diplomaten, ist eine aggressivere Reformerin: Sie sagt, sie führe «einen Kreuzzug für die Umwälzung unserer Liebesgewohnheiten». Erotik, so argumentiert sie, ist «die einzige moderne Gemeinsamkeit aller Menschen, welcher Rasse auch immer sie angehören, die einzige Art aber auch, die es gestattet, in unseren Unterschieden zu schwelgen und unsere Träume mitzuteilen». Jedoch, so wie die Liebe derzeit um monogame Ehen organisiert ist, hat sie zu viele Probleme geschaffen. Sie glaubt, daß eine neue Art der Liebe erfunden werden muß, die die Probleme lösen kann, statt sie zu verursachen. Ihr Programm umfaßt das Ende der Ausschließlichkeit der Liebe als einer unnötigen Beschränkung der Erfahrung, die Abschaffung der Eifersucht, die Anerkennung der Unterscheidung zwischen Familie und erotischer Liebe. Sie singt Loblieder auf die Masturbation als «Autonomie des Vergnügens», auf die Homosexualität, auf «die Prostitution aus Vergnügen». Ihr Ideal ist es, wie eine Molluske zu sein: ein Lebewesen, das männlich geboren, dann hermaphrodit wird und schließlich weiblich endet. Nur die Gewißheit, verschiedene Rollen annehmen zu müssen, würde den Geschlechterkampf beenden. Das heißt, sehr weit in die Zukunft zu schauen.

Im Gegensatz dazu hat Régine Deforges, die erste Frau, die erotische Bücher verlegte, das Genre dazu benutzt, um zu entdecken, was sie persönlich erotisch findet. Sie behauptet, sie besitze die traditionell gewöhnliche Einstellung von Bauersfrauen zum Sex und empfinde ein körperliches Vergnügen dabei; als Heranwachsende sei sie daran gehindert worden, ihre Gefühle auszudrücken, und aus diesem Grunde enthalte die Erotik für sie immer noch ein Element der Übertretung, das sie gerade so sehr stimuliere. Sie sagt, verbotene Bücher herauszubringen, war teilweise ihre Art, dem Establishment *merde* zu sagen; mit den Anzeigen, in denen sie ihre Bücher bewarb und die ein Aktfoto von ihr enthielten, wollte sie um so mehr provozieren. Ihre Erscheinung bleibt jedoch augenfälliger als ihr Foto: Sie betrachtet Kleider als eine Aufforderung an die Männer; sie hat nichts dagegen, daß man sie eine Fetischistin nennt; sie mag es, und sie ist sich im klaren darüber, daß Männer ihr nachschauen und auf ihre Erscheinung reagieren. «Nichts ist aufregender, als sich selbst einem anderen völlig entwaffnet, transparent, nackt darzustellen. Ich brauche dieses Verlangen der Männer», sagt sie; sie hält es für eine Schwäche, eine, gegen die sie nicht angehen kann; als Kind hat sie die Liebe vermißt; die Literatur spielt auch eine wichtige Rolle da-

Roubille Ich enthülle Ihnen auch die ganze Schönheit
der Liebe!

bei, indem sie Mädchen in ihrer Suche nach einem Helden unterstützt. Die Suche hat immer etwas von einem Spiel an sich.
Sie mag den Frauen ebenso gefallen wie den Männern; sie mag

gefallen, weil sie geliebt werden möchte: Darin besteht für sie die ganze Verführung. Wenn sie einem Mann begegnet, der anziehend auf sie wirkt, und der von seiner Frau begleitet ist, dann redet sie nur mit seiner Frau, aus Taktik; die Freundschaft der Frau beschützt sie. Aber was sie zu Tode langweilt, sind die Theoretiker der Liebe. Wenn sie gerade verliebt ist, verliert sie jedes Interesse daran zu erfahren, was man von ihr hält. Immer schon brauchte sie eine gewisse Einsamkeit; jetzt sogar noch, auch wenn sie mit ihrem Mann glücklich zusammenlebt, geht sie hin und wieder eine oder zwei Wochen in ein Nonnenkloster; Liebe ist kein Spiel, das man immer spielt. Wie der Zufall es will, ist es nun mal ihre Spezialität, und sie verdient ihren Lebensunterhalt damit, romantische historische Romane und Filmdrehbücher über junge Frauen in Not zu schreiben. Auch bei ihr gibt es einen Abgrund zwischen dem, was sie im wirklichen Leben liebt, und ihren Phantasien. Sie verfügt über keine allgemeingültigen Antworten; sie hat «die Liebe gesucht und sie für sich erfunden». Jeder Mensch muß das tun.

Der Versuch, über die herkömmlichen Antworten hinauszugehen, wird auch in den Haltungen gegenüber der Prostitution gesehen. Die Hure spielt im Leben der Männer keine so bedeutende Rolle mehr wie einst. Paris konnte sich früher rühmen, Weltzentrum organisierter Ausschweifung zu sein, und jede kleine Provinzstadt hatte einst einen kleinen Bezirk mit Bordellen, genauso wie man verschiedene Cafés und später Kinos und Spielautomaten hatte. Aber heute scheint Frankreich (im Verhältnis zur Bevölkerungszahl) fast genauso viele Prostituierte wie die Vereinigten Staaten zu besitzen, zweimal soviel wie Großbritannien, aber nur halb so viele wie Deutschland. Prostituierte führten früher Schulknaben in die Geheimnisse der Liebe ein. Im Simon-Report von 1972 gaben 45 Prozent der Männer an, daß sie noch nie bei einer Hure waren. Zunehmend zahlen immer weniger junge Leute für ihre frühen Abenteuer, und die Kundschaft der Prostituierten sind heute Männer, die allein sind oder von ihren Frauen nicht das bekommen, was sie wollen. Jedoch ist in den letzten zwanzig Jahren in stärkerem Maße nicht nur ein Körper gefragt, die Freier wollen «auch das Herz». Ein neuer Typ von Prostituierten hat sich entwickelt, die nicht nur den Beichten ihrer Freier zuhören und Verständnis zeigen, sondern eher Liebe als Sex anbieten. Das markiert eine Abkehr von der Haltung, die besagte, Sex sei schmutzig, die bewirkte, daß die Prostituierte von ihren Freiern unweigerlich erniedrigt werden mußte. Doch es ist noch ein weiter Weg bis zu der Ansicht, sie sei genauso harmlos wie die Onanie oder der Verlust der Jungfräulichkeit vor der Ehe.

Sexuelle Phantasien sind zu einem modernen Geheimnis geworden, und ihre Interpretation ist eine Herausforderung, der viele mutig zu begegnen suchen. Als Nancy Friday ihren Bericht über die Phantasien amerikanischer Frauen veröffentlichte, war eine französische Feministin höchst verwundert und fest davon überzeugt, daß französische Frauen von ganz anderen Dingen angeregt werden. Doch als sie sie dann befragte, kam sie zu einer erstaunlichen Anzahl, die mit dem herkömmlichen Ablauf männlicher Pornographie stillschweigend übereinstimmten. Eine Lehrerin für französische Literatur in Le Havre, mit einem Industriemanager verheiratet, Mutter einer zwanzigjährigen Tochter und heimlich die Geliebte eines verheirateten Mannes, sagt, sie lasse sich gerne beim Liebesakt schlagen, weil sie sich so von ihren Schuldgefühlen befreie, die ihre religiöse Erziehung ihr für immer eingeflößt habe. Auch teure Einkäufe von Kosmetika und Kleidern erregen sie; sie fährt regelmäßig und oft nach Paris. Nach einer solchen Reise sehnt sie sich nach einer schnellen anonymen Verführung. Ihre Putzfrau fügt hinzu, daß sie ihre Erregung beim Kauf «nutzloser Dinge» und schöner Unterwäsche teile, aber sie selbst hasse es, geschlagen zu werden. Sie sieht sich gerne pornographische Filme mit ganz normalem Sex zwischen Mann und Frau an, aber nicht, wenn zu viele Menschen teilnehmen oder wenn es um Perversionen geht. Ihr Geschmack ist mehr auf den herkömmlichen heldenhaften Mann ausgerichtet. Sie liebt Schauspieler wie Luis Mariano und Jean Gabin, aber vor allem Männer in Uniform. Sie schwärmt besonders für Feuerwehrmänner. Ganz wunderbar findet sie, daß auch Hausputz ihr ein prickelndes Vergnügen bereitet. Je mehr sie schafft, desto mehr Erregung verschafft ihr die Arbeit. «Wenn ich den Staubsauger benutze, überkommt mich ein merkwürdiges Gefühl, und es ist unglaublich, was für eine Wirkung das Staubwischen bei mir auslöst.»

Eine dreiunddreißigjährige Journalistin aus Paris erklärt, es bereite ihr großes Vergnügen, wenn jemand für sie viel Geld ausgebe, wenn ein Liebhaber sie in ein teures Geschäft begleite und ihr einen Ring oder Kleider kaufe, während sie gleichzeitig ihn und sich selbst verachte, die erotische Erregung aber genieße. Eine Schneiderin gestand, daß keines dieser Dinge ihr Vergnügen bereite. Sie habe sich noch nie für hübsch gehalten und sei selbst an gerüschter Unterwäsche nicht interessiert. Ihr einziges erotisches Vergnügen erfahre sie beim Tanzen, besonders bei einer Rumba, eng an den Partner geschmiegt, in schlecht beleuchteten Tanzlokalen. Geschlechtliche Beziehungen aber widern sie an. Ihr Ehemann, ein Büroangestellter, geht jeden Samstag ins Kino und schaut sich trotz ihrer Mißfallensäußerungen pornographische Filme an. Sie ist heute einundsechzig und pensioniert. Ihre einzige Liebe war ihr Sohn: «Ich brauche etwas, das mir ganz allein gehört, und so habe ich all meine Liebe, all meine Erotik auf ihn konzentriert.» Welten trennen sie von der Pariser Haushälterin, die, mit einem Vorarbeiter verheiratet und vierzig Jahre alt, sich oft mit ihrem Mann pornographische Filme ansieht und durch nichts schockiert wird. «Ich will alles sehen und alles über das Leben wissen.» Sie wird erregt, wenn sie Menschen bei der Liebe stöhnen hört. «Neulich hörte ich meiner Madame im Zimmer nebenan dabei zu. Sie schrie laut, und ich hörte zu und genoß das sehr. Ich bin wie sie, ich muß schreien.» Sie geht mit ihrem Mann samstags abends auf die Terrasse eines Cafés in Pigalle und beobachtet die Prostituierten; es macht ihr Spaß, sie zu beobachten. Sie meint, man müsse sich an Sex erfreuen wie am Essen; es ist ebenso schön, ihn anzuschauen, wie ihn zu genießen.

All dies ist natürlich in unterschiedlichem Maß für Feministinnen verdammenswert. Sie vermuten, daß Gehirnwäsche, Ausbeutung und Gewalt hinter diesen divergierenden Haltungen stecken. Sie argumentieren, daß die weibliche Sexualität nur durch Zärtlichkeit, eher durch Anfassen als durch Phantasie, angeregt werden könne; und einige schlußfolgern, daß Frauen, wenn Männer ihnen nicht das bieten können, was sie wollen, ohne diese leben sollten. Es gibt einige Männer, die darauf eingegangen sind. Sie behaupten, daß jene Frauen ihnen eine ganz neue Art zu lieben beigebracht haben. Eine Umfrage des *F. Magazine* ergab kürzlich, daß die «männlichen» Eigenschaften, die Frauen am meisten ablehnen, Brutalität und Arroganz sind, das Gefühl, daß Männer alles besser wissen. Im wirklichen Leben möchten sie gut behandelt werden. Aber was in der Liebe geschieht, ist komplizierter. Es gibt kein einstimmiges Urteil darüber, was einen guten Liebhaber ausmacht oder einen attraktiven Bräutigam. Neun von zehn Frauen glauben, daß Männer ebensoviel Wert auf ihr Erscheinungsbild legen sollten wie Frauen; sieben von zehn mögen Männer, die sich parfümieren; sie wollen, daß ihre Männer *soigné* sind. Drei Viertel möchten, daß Männer ihnen den Hof machen, und sie ziehen Männer vor, die das Privatleben über den Beruf stellen. Aber es bedarf mehr als Zauber oder Ritterlichkeit, um sie zufriedenzustellen. Nur vier von zehn fühlen sich von einem schönen, aber dummen Mann in den siebten Himmel versetzt. So wie das Leben spielt, meinen weitere vier von zehn, daß ein gutes Aussehen zweitrangig sei und daß es ihnen nichts ausmache, wenn der Mann einen Bierbauch habe oder kleiner sei als sie. Und da Männer oft genug zu schüchtern sind, übernehmen sieben von zehn Frauen gewöhnlich die Initiative, und die meisten sagen, daß es ihnen sogar gefalle. Ist an dem Mythos von der französischen Verführerin also doch etwas wahr, so berichtet andererseits die Hälfte aller Frauen, daß männliche Arbeitskollegen versucht hätten, sie zu verführen. So scheint es, daß die Franzosen doch nicht die großen Liebeskünstler sind, für die sie gehalten werden, sondern vielmehr Anfänger in der Kunst der Liebe, aber das ist vielleicht fast dasselbe.

1961 forderte ein Meinungsforscher amerikanische Frauen auf, ihren Traummann zu benennen. Die vier, die sie angaben, waren John F. Kennedy, Gregory Peck, Cary Grant und Yves Montand. Kurz zuvor hatte Montand den Film *Machen wir's in Liebe* mit Marilyn Monroe gedreht. Sie sagte, daß er nach ihrem Mann und gleichauf mit Marlon Brando «der verführerischste Mann ist, den ich je kennengelernt habe». Zwanzig

Jahre später setzten französische Frauen nach derselben Frage Yves Montand an die Spitze ihrer Liste. Daraus folgt aber nicht, daß er von amerikanischen und französischen Frauen aus dem gleichen Grund geliebt wird. Beide Gruppen wissen vielleicht nur sehr wenig über ihn. Aber es ist kein Zufall, daß diese beiden Länder in der Lage sind, einen Gott anzubeten. Darüber hinaus ist Montand auch in der UdSSR sehr beliebt, wo er bis zu seinem Bruch mit der KP als Kämpfer für «das Recht auf Glück» und wegen seines unermüdlichen «Glaubens an die Menschheit» gefeiert wurde. Montands universelle Anziehungskraft hat nichts mit seiner Staatsangehörigkeit zu tun, sondern ist das Ergebnis von drei Eigenschaften, die ihn besonders auszeichnen.

Zunächst ist er ein Selfmademan im wahrsten Sinne des Wortes. Er ist nicht nur der arme Junge, der es geschafft hat, sondern ein ängstlicher, besorgter Junge, der seine Schüchternheit besiegte und eine mehr oder weniger tüchtige Persönlichkeit aus sich selbst gemacht hat. Sein richtiger Name ist Ivo Livi. Sein Vater war ein italienischer Bauer und Besenbinder, dessen Werkstatt von den Faschisten niedergebrannt wurde und der mit seiner Familie nach Marseille floh, in der Hoffnung, in die Vereinigten Staaten emigrieren zu können, jedoch kein Visum erhielt. Als Kind sprach Montand gewöhnlich französisch mit seinen Eltern, sie antworteten ihm auf italienisch. Er lernte auch Armenisch, weil in Marseille eine große armenische Bevölkerungsgruppe (heute ca. 100000) lebte. Er wuchs unter den Benachteiligten auf. Er verließ die Schule vorzeitig, weil sein Vater bankrott machte, und arbeitete als Friseur und dann als Arbeiter in einer Metallfabrik. In seiner Phantasie lebte er jedoch in den Vereinigten Staaten. Das amerikanische Kino war seine Leidenschaft. Er träumte von Harlem und vom Wilden Westen, vom Jazz und von Fred Astaire, und er lernte, Donald Duck nachzuahmen. Er begann seine Gesangskarriere im Cowboy-Kostüm und imitierte amerikanische Lieder. Sein erster Erfolg war das Chanson «The Plains of the Far West». Doch er wollte nicht einer jener singenden Schönlinge werden, die damals in Mode waren. Um sich von ihnen abzuheben, trat er in einem braunen Hemd mit offenem Kragen und schlichten Hosen auf. Das ist bis heute seine Uniform geblieben. Er hat sehr hart an seinem Erfolg gearbeitet, aber nicht um den Preis der Selbstachtung. Er hat nicht versucht, ein Schein-Image aufzubauen, um sich mit diesem Markenzeichen teuer verkaufen zu können. Er hat nicht gezögert, sich ständig zu verändern, und weigert sich, die Bezeichnung «Profi» gelten zu lassen, weil darin zuviel Routine mitklingt, auch Kälte. Professionalität bedeutet für ihn nur, pünktlich zu sein und hart zu arbeiten. Was er vermeiden wollte, ist die Wiederholung, die ein Zeichen von Alter ist. «Wenn man sich selbst kopiert, ist alles aus, das bedeutet, man ist bereits tot. Und ich kenne Leute, die sich als Dreißigjährige selbst kopieren. Man trifft sie in allen Lebensbereichen an.» Er gab den Bühnengesang auf, weil er befürchtete, dieses Schicksal würde ihn ereilen. «Weil das Publikum mir jeden Abend applaudierte, meinte ich auf einmal, ich sei Montand.» Er wollte mit jenem jungen Mann, der nicht mehr existierte, brechen. Er wollte, daß die Menschen fragten, wenn er in einer neuen Rolle auftauchte: «Wer ist dieser neue Sänger?» Er will jedesmal neu gewinnen, weshalb er auch leidenschaftlich gern Poker spielt.

Jederzeit siegen zu wollen setzt Mut voraus, und Montand war immer schüchtern. Jeder, der ihn kennt, stimmt zu, daß er ständig ängstlich ist. Diese Schüchternheit ist die zweite Eigenschaft, die es so vielen Menschen ermöglicht, sich mit ihm zu identifizieren. Er ist nicht der erfolgreiche Mann, der Versager verlegen macht: «Ich bin schon immer fast pathologisch schüchtern gewesen. Ich habe versucht, mich selbst zu heilen. Wenn ich etwa die Straßenbahn in Marseille nahm, blieb ich draußen auf der Plattform stehen, egal ob drinnen Sitzplätze frei waren oder nicht, ob ich müde war oder nicht. Ich wagte nicht, die Tür zu öffnen, weil die Leute mich anschauen würden. Eines Tages sagte ich mir: ‹Jetzt reicht's. Du wirst die Tür öffnen. Wenn dich Leute anschauen, wirst du ihnen direkt in die Augen sehen.› Ich konnte meinen Vorsatz nicht sofort ausführen. Aber schließlich konnte ich doch die verdammte Tür aufmachen. Die Leute schauten mich automatisch an. Ich schaute zurück, zitternd. Sie senkten ihre Augen. Ich fühlte eine starke Welle des Stolzes. Es war mein erster Sieg. Ich nahm Platz wie ein Papst.»

Montand ist weiterhin erschrocken geblieben, doch er hat gelernt, seine Angst zu überwinden, indem er sie zerstörte. Als er gerade vierzig wurde, erlebte er ein ganz besonders schreckliches Halbjahr: «Ich hatte Angst vor allem, vor dem Tod, vor Krebs.» Er hat sich davon befreit, doch die Ängste verlassen ihn nicht vollständig. Er macht sich Sorgen darüber, was die Menschen über ihn denken, über die Entscheidungen, die er getroffen hat, und über das, was er gesagt hat. Aus diesem Grunde nehmen gerade jene Kollegen, die ihn zu beherrschend finden, wenn sie mit ihm bei Dreharbeiten zusammenarbeiten, es ihm nicht übel, weil sie sich im klaren darüber sind, wie zerbrechlich er ist. Und sie sind entwaffnet von der Geschwindigkeit, mit der er seine Fehler zugibt; sie beobachten, daß er absolut dazu entschlossen ist, jede Kleinigkeit richtig zu tun. Er verabscheut Menschen, die ihn beurteilen und ihn falsch einschätzen; ihnen gegenüber möchte er sich selber beweisen. Die Tragödie seines Lebens, sagte ein gönnerhafter Freund, besteht darin, daß er seinen Minderwertigkeitskomplex den Intellektuellen gegenüber nicht überwinden kann. Es ist nicht sicher, daß er diesen Komplex hat, denn, wie Alain Resnais sagte, er ist ein Intellektueller in dem Sinn, daß «er das genaue Gegenteil von einem Instinktmenschen ist. Er benutzt seine Intelligenz überaus stark und denkt sehr viel nach. Er mag es, über dieses und jenes nachzudenken, über Politik, die kleinste Kleinigkeit des täglichen Lebens.»

Manche Menschen bewundern ihn wegen der Standpunkte, die er in der Politik eingenommen hat; er ist einer der regelmäßigen Förderer humanitärer und linker Anliegen geworden, so daß er während der McCarthy-Ära Einreiseverbot in die Vereinigten Staaten erhielt. Andere Menschen wiederum behaupten, daß er keinen festen Stand in dieser Diskussion habe, daß er seinen sozialistischen Prinzipien untreu geworden sei: Sein Bruder, ein Kommunist, hat über ein Jahrzehnt nicht mehr mit ihm geredet, weil Montand 1968 öffentlich einen kommunistischen Parteiführer beschimpft hatte. «Ich habe nie einer Partei angehört», sagt Montand, «denn mein Denken hat mich immer zu widersprüchlichen Schlußfolgerungen geführt, weil ich alles ständig anzweifle und ich nicht die Intoleranz tolerieren will.» Da man ihn der Heuchelei bezichtigte, weil er die soziale Gerechtigkeit predige, während er doch einen Rolls Royce fahre, antwortete er: «Ja, ich bin widersprüchlich: Wer ist es denn nicht? Und immerhin ist es besser, ein Kommunist in einem Rolls zu sein, als ein Faschist in einem Panzer. Ich leugne weder meine Ursprünge noch meine Klasse; ich habe auch weiterhin vor, die Unterdrückten zu verteidigen, soweit mir dies möglich ist, und zwar so, wie ich das empfinde, aber ich kann doch meinen Mund nicht halten darüber, was historisch passiert ist, als die Unterdrückten an die Macht kamen. Es ist weiterhin nicht mehr möglich zu glauben, der Kapitalismus sei die einzige Quelle unserer Übel, auch wenn es schmerzvoll ist, dies zuzugeben. Es gibt Scheißkerle, die keinen Rolls Royce fahren. Wenn uns jemand erzählen will, daß alle Probleme zu lösen seien, so erzählt er uns Märchen.» Er möchte seine Unabhängigkeit gegenüber allen Dogmen wahren, auch während er die Ungerechtigkeit bekämpft. Er bedauert seinen Skeptizismus, durch den er sich einsam und verletzlich fühlt. Seine bevorzugte Maxime hat er sich von F. Scott Fitzgerald ausgeborgt: Man muß verstehen lernen, daß es keine Hoffnung gibt, und doch entschlossen sein, die Dinge zu verändern. Wäre er ein Engländer, so würde man seine Haltung als pragmatisch bezeichnen. Dies ist nur eine Facette seiner Anerkennung der eigenen Grenzen.

Er betont, daß es Ideale gibt, an die er glaubt, Dinge, die er sagen möchte, aber er weiß nicht, wie er sie so ausdrücken kann, daß es ihn selbst befriedigt. Er hat keine eigenen Liedertexte geschrieben und auch nie einen eigenen Film gedreht, doch er singt nur Lieder, die das ausdrücken, was er sagen möchte, und er übernimmt nur Filmrollen, mit denen er sich identifizieren kann. Darin, so sagt er, verhält er sich so wie sein Publikum, das mit verwirrten Gefühlen ins Kino strömt, sich dann aber selbst in den Rollen der Schauspieler wiedererkennt. Hier spricht er einen wichtigen Punkt an: Für die öffentliche Meinungsäußerung sind beliebte Schauspieler so wichtig wie beliebte Politiker, vielleicht sogar noch wichtiger, denn das

Publikum ist zu zahlen bereit, um sie das Dilemma durchleiden zu sehen, mit dem ein jeder konfrontiert wird; die Tatsache, daß die Schauspieler lediglich eine Rolle spielen, hebt sie deshalb noch nicht aus dem Publikum heraus, das auch eine Rolle spielt: Ein französischer Mann zu sein, den Montand symbolisiert, heißt, eine Rolle zu spielen, die nicht notwendigerweise die einzige oder wahrste Rolle sein muß. Der Klatsch über Filmstars ist weder frivol noch unbedeutend für die Sichtweise eines Volkes auf sich selbst.

Montands Rollen haben Allgemeinbedeutung, weil drittens seine grundsätzliche Philosophie, die seine Ängste ausgleicht, auf dem Glauben an «menschliche Wärme» beruht. «Ich kenne die Wärme der Familienbande, die so typisch für italienische oder mediterrane Familien ist, die Komplizenschaft der Jungenbanden im Quartier Cabucelle in Marseille, die Begeisterungsfähigkeit des Publikums in beliebten Varietés, die politische Bruderschaft unter Arbeitern. Was für mich am meisten zählt, ist die menschliche Wärme. Ich will meine Freunde mögen, die Menschen, denen ich begegne. Es stört mich nicht, ob sie politisch rechts oder links oder in der Mitte stehen, Katholiken, Protestanten, Juden oder sonst irgend etwas sind, vorausgesetzt, es sind Menschen, mit guten und schlechten Eigenschaften wie ich, aber sie müssen im guten Glauben handeln. Denn was ich am meisten hasse, sind böse Absichten.»

Menschen zu mögen ist leichter gesagt als getan. Montand möchte ebenfalls geschätzt werden, und die Art von Zuneigung, die er fordert, kann ihm nicht jeder entgegenbringen. Als junger Mann ging ihm die Sorge nicht aus dem Kopf, er sei häßlich, dumm und arm. Er träumte davon, eines Tages würde sich alles ändern, und er müßte nur in die nächstbeste Bar gehen, und die hübsche Bedienung würde sich in ihn verlieben. Die erste Frau in seinem Leben war eine siebzehnjährige Kellerin in Marseille, die ihn faszinierte, aber sie war ein Mädchen, daß jedem Gast das Gefühl zu vermitteln wußte, er sei der einzige, den es bevorzugte. Die erste große Liebe seines Lebens war die wesentlich ältere Edith Piaf, mit der er drei Jahre lang zusammenlebte: Sie verbrachten die meiste Zeit mit Lachen. Er verjüngte sie, und sie half ihm, ein Star zu werden, half ihm, beim

Singen er selbst zu sein, statt den Moden zu folgen – etwas, das er nie vergessen hat. Aber schließlich wurde sie des Lachens müde und verließ ihn.

Er brauchte zwei Jahre, um die Grausamkeit zu überwinden, die hinter ihrem Lachen lag. 1949 heiratete er Simone Signoret. «Montand», sagte sie damals, «ist zehn Jahre jünger als ich, weil wir gleichaltrig sind und er ein Mann ist.» Er bewunderte sie als die intelligenteste Frau, die er je gekannt hatte, aber auch als eine Frau, die nicht betrog und sich ihrer grauen Haare oder Falten nie schämte, die sich nie mit Schlankheitskuren abgab, die gerne aß und trank und das Leben liebte. Er war durchaus in der Lage, Affären mit jüngeren Frauen zu haben. «Ich suchte sie nicht, aber es kam vor, daß ich in etwas hineingezogen wurde, ganz einfach weil ich ein Mann bin. Simone war so klug, mir niemals Fragen darüber zu stellen. Sie war eine gute Frau. Eine Frau wie sie zu haben bedeutet, daß es schwierig ist, ein Mädchen zu treffen, das mich meine Ehe in Frage stellen ließ.» Eine Zeitlang war er sehr eifersüchtig, aber bequemerweise glaubte er, daß Männer zeitweilig ihre Frauen betrügen könnten, ohne sie wirklich zu hintergehen. «Frauen sind in ihrer Liebe absoluter.» Die beiden führen jetzt ihr Leben so, wie es ihnen behagt. Sie haben nicht das Bedürfnis, einander zu verlassen. Seine Frau ist sein Heim. Jüngere Frauen sind wie Erkundungen: Um sexy zu sein, muß die Seele einer Frau nackt sein; die Nacktheit des Körpers spielt dabei keine Rolle.

Es geschieht selten, daß er einen wahrhaft geistesverwandten Partner findet. Sein Enthusiasmus für Marilyn Monroe – eine Affäre war es nicht – basierte auf der Entdeckung, daß sie etwas gemeinsam hatten. Sie sagte ihm, sie sei ängstlich. Er tröstete sie: «Du bist vielleicht beunruhigt, aber ich zittere vor Angst.» Doch er hat keine wirklichen Freundinnen. Menschliche Wärme, so meint er, kann man nur selten teilen. Er ist immer gut gelaunt, lacht, nimmt Probleme nicht zu schwer; er genießt es, die Menschen zum Lachen zu bringen. «Das», sagt sein Freund Costa-Gavras, «ist vielleicht eine Form der Großzügigkeit bei ihm, eine Art, die Show weiterzumachen, und somit eine Art seines Lebens. Aber er ist kein glücklicher Mensch.» Sein Humor ist sein offensichtlichster Charakterzug, knüpft aber nur an der Oberfläche die Verbindung, die er zu anderen sucht; im Gegenteil, indem er seine Beziehungen mit Witz belebt, stellt er sicher, daß sie nicht zu intensiv werden. So wird schließlich der Witz zu einer Form der Kälte oder des Selbstschutzes. Sogar seine besten Freunde finden, daß er einem ausweicht, wenn man ihn auf sein Privatleben anspricht. Vielleicht deshalb, weil er ständig auf der Suche danach ist.

Es ist angemessen, daß der Held der Französinnen nicht jener mythische Verführer ist, der alles weiß, was es über Frauen zu wissen gibt, und sie wie eine Violine zu spielen weiß, sondern jemand, der selbst die Antworten nicht kennt und ständig auf der Suche danach ist. Es gibt keine festgelegte französische Einstellung zur Liebe, und die Suche nach Liebe wird zweifellos die Spielarten der Einstellungen in Zukunft noch vervielfachen. Die Suche findet im Rahmen der Familie statt, aber dieser Rahmen wird, wie wir gesehen haben, ständig angepaßt, um Raum für neue Formen des Begehrens und des Verhaltens zu schaffen.

Dritter Teil

Wie man mit ihnen konkurriert und verhandelt ━━━━━━━

10 *Wie man die Menschen*
    mit wirklicher Macht findet

Wer einen Blick in die Geheimnisse der bürokratischen Macht werfen will, ist gut beraten, die Nationale Verwaltungshochschule, die ENA, zu besuchen, an der viele der Regierenden Frankreichs ausgebildet wurden. Die Atmosphäre ist kalt und nervös. «Die meisten hier sind immer nervös», sagt Roch-Olivier Maistre, ein großer, stattlich gebauter Student im dritten Jahrgang, sehr geschniegelt im blauen Blazer und grauer Flanellhose. «Jeder beobachtet dich die ganze Zeit. Vom ersten bis zum letzten Tag stehst du unter Druck. Die wollen uns nur in eine Rangordnung einstufen, aber nicht unterrichten. Und nach dem Examen vergessen wir alles wieder.» Die Angst wird dadurch verstärkt, daß alle zwei Monate Prüfungen stattfinden und man die Ergebnisse bis zum letzten Tag nicht erfährt; erst dann wird den Abschlußkandidaten ein verschlossener Umschlag überreicht, in dem ihnen mitgeteilt wird, welchen Rang sie unter ihren Mitschülern erzielt haben. Dieser Platz entscheidet über ihre Zukunft, ob sie die Wirtschaft lenken oder nur Akten im Ministerium für Veterane sortieren werden. Aber die Aussicht auf wirkliche Macht scheint Maistre all die Anstrengung wert. Er macht sich keine Illusionen. Sein Vater arbeitet für eine amerikanische Firma, und er selbst hat auch dort gearbeitet. Er mag die Vereinigten Staaten – «der American Way of Life ist wesentlich aufregender» – und begann im Mittleren Westen der USA sein Studium. Aber er strebte Macht an, sagt er offen, und die Geschäftswelt gibt ihm nicht die Möglichkeit, «das ganze Leben der Leute zu verändern. In Frankreich werde ich das können.» Darum ging er nach Frankreich zurück, als die ENA ihm die Gelegenheit zum Studium bot. «Diese Schule stimuliert den Ehrgeiz: Du erkennst, daß nur wenige Menschen die Macht in Händen halten, und so bemühst du dich, am besten abzuschneiden, um so zur Macht zu gelangen, wie schwierig es auch sein mag, in den ‹inneren Kreis›, der sie kontrolliert, vorzudringen.»

Der eigentliche Unterricht hat ihm nur wenig gebracht: «Man lernt nicht viel, nur Techniken, wie man sein Wissen schnell einsetzen kann, um Probleme zu lösen, wie man Aktennotizen in zwei oder drei Abschnitten verfaßt.» Die Unterrichtsmethoden gleichen denen an modernen amerikanischen Wirtschaftsschulen, Computer-Kurse inbegriffen, aber der Inhalt unterscheidet sich, weil Marketing, Finanzanalyse und Buchhaltung ausgelassen werden; dafür gibt es mehr Rechtskunde, Ökonomie, Verwaltung. «Wir lernen fortschrittliche Methoden, aber ich bezweifle, ob wir sie einsetzen können, denn die mittleren Beamten wissen nicht damit umzugehen.» Den praktischen Teil seiner Ausbildung verbrachte er in einer *préfecture*. Als er anfing, hatte er keine Vorstellung davon, was staatliche Verwaltung heißt, erst jetzt hat er Einblick gewonnen und war überrascht von dem, was er sah. Er bekennt: «Ich dachte, es würde sehr aufregend sein.» Jetzt wartet er nur darauf, daß die Abschlußprüfungen vorüber sind, denn er findet das Bücherstudium «sehr langweilig. Ich bin kein Intellektueller, sondern ein Macher. Ich möchte Probleme lösen und keine Memos schreiben.» Er ist sich nicht sicher, ob es richtig war, zur ENA zu gehen, denn für ihn hängt die Freude am Beruf davon ab, wie schnell er belohnt wird. Er spricht perfektes amerikanisches Englisch und gehört einer neuen Generation an, die in jedem Land arbeiten könnte, vorausgesetzt, die Arbeit könnte ihn reizen.

Aber er fällt aus dem Rahmen, wenn er zugibt, sein Ziel sei Macht. Nur wenige seiner Kollegen sind so direkt oder persönlich. Es gilt als vornehmer zu sagen, man wolle der Allgemeinheit dienen (so wie ein Priester sagen würde, er möchte die Seelen retten). Da Frankreichs Beamten so verachtet und beneidet werden wie einstmals der Adel des *ancien régime*, scheuen sich viele zuzugeben, daß sie sich für die Verwaltung berufen fühlen. Einige ENA-Absolventen sagen bescheiden, daß sie auf diese Schule gekommen sind, weil sie nicht Universitätsprofessoren werden oder nicht nur für Geld arbeiten wollten. Ein Forscher, der sie genau beobachtet hat, sagt: «Sie sind arrogant, aber auch anpassungsfähig, wollen Macht, aber es mangelt ihnen an Leidenschaft oder Idealen. Intellektuell glänzen sie, doch sind sie schwach, wenn es um gesunden Menschenverstand geht, sehr belesen, doch nur oberflächlich, in ihrer Rede energisch und fließend, aber kalt.» Ich stimme zu, sie tragen alle ziemlich teure Kleidung (das sagt einiges über sie aus), aber die Vorstellung, daß sie alle einen normierten Charakter haben, scheint mir übertrieben, sowohl was den Einfluß der Schule auf die Studenten als auch was die Uniformität ihrer Motivation betrifft. Der wirkliche Test für einen ENA-Studenten oder sonst jemanden ist nicht der jugendliche Ehrgeiz, da fast jede Institution darauf ausgerichtet ist, den Ehrgeiz zu fördern, sondern der Umgang mit jenem Ehrgeiz im reiferen Alter.

Den Außenstehenden legt die ENA nahe, daß Macht etwas ist, das gewöhnliche Menschen nie jemals berühren, sondern höchstens wie ein Ausstellungsstück in einem Museum aus großer Entfernung betrachten können. Aber der *enarque* ist keine Seltenheit mehr. Zur Zeit gibt es mehr als dreitausend von ihnen, und da ihre Zahl jedes Jahr größer wird, wird deutlich, daß die Schule keine Wurstfabrik ist und daß ihre Absolventen keineswegs alle Blaupausen von Jacques Chirac sind. Wie stets verhelfen einige besonders markante Persönlichkeiten der Institution zu ihrem Ruf. Die *enarques* teilen sich fast genau zu gleichen Teilen in ein politisch rechtes und linkes Lager auf, und das ist keine Verschwörung, um sicherzustellen, daß sie immer den Verwaltungsapparat leiten werden. Früher gingen drei Viertel von ihnen durch die nicht minder glatten Korridore der Hochschule für Politikwissenschaft, aber heute kommt nur ein Fünftel aus jener Schule. Ihre Herkunft ist zunehmend unterschiedlicher, aber sie waren eben immer schon

Mathieu

vielseitiger, als die reinen Politikertypen vom Schlage eines Chirac vermuten lassen. Die böseste Kritik an der ENA ist immer von den Absolventen gekommen, die sie als Symbol dessen, was im Mythos der französischen Bürokratie am starrsten ist, hassen, nämlich als Symbol des Formalismus, verbunden mit einem Hauch Amerikanismus, dem Traum, «Frankreich wie ein Kaufhaus zu regieren». Sie erzählen die Geschichte jenes *enarque*, der mit seiner Karriere so sehr beschäftigt war, daß er seinen Vater fragte, wie viele Stunden am Tag er für die Ehe benötige, und auf Grund der Antwort sich entschloß, Junggeselle zu bleiben. Aber es gibt auch *enarques*, die Bücher in der Tradition von Trollope geschrieben haben. Es sind geschäftige Männer, aber einige verbringen dennoch eine angenehme Zeit, wenn sie die Welt in irgendeiner «Mission» durchrasen. In der beeindruckend modernen Bibliothek der ENA mit mehreren Videorecordern, mit denen die Studenten lernen können, wie man die Leute, auf die es ankommt, schnell erkennt, sah ich einen jungen Mann, der ernsthaft einen Fred-Astaire-Film studierte. Der «Po-Wi-Stil», also die Kunst, die man an der Hochschule für Politikwissenschaften lehrt, nämlich Fragen zu beantworten, indem man das Für und das Wider in einem perfekt aufgebauten und klar formulierten dreiteiligen Essay auseinanderlegt, ist nicht nur ihnen zu eigen. Jeder englische Schuljunge lernt in der sechsten Klasse, Aufsätze in gleicher Weise zu verfassen. Die ENA hat allerdings der routinemäßigen Ausbildung eine Aura organisierter Konspiration verliehen und sich so den herkömmlichen Pomp und Mythos eines Geheimbundes erworben.

Was geschieht, wenn ein *enarque* mit den Einzelproblemen der Verwaltung konfrontiert ist, kann man in Josselin beobachten, einer Kleinstadt in der Bretagne. Der Besuch eines der Rathäuser ist stets eine nützliche Beruhigung nach der vollen Dosis Pariser Ministerien oder vielleicht eine nützliche Stimulanz, denn es hält häufig Überraschungen bereit. Die Überraschung in Josselin ist der Bürgermeister, der vierzehnte Duc de Rohan, dessen Familie einst ein Drittel der Bretagne besaß, aber heute außer dem mittelalterlichen Schloß mit Burggraben, das das Stadtbild beherrscht, nur noch wenig Grundbesitz ihr eigen nennt. Der Herzog ist Absolvent der ENA. Doch nach zwölf Jahren in hohen Verwaltungsposten in Paris war er enttäuscht von der Art, wie sich seine Kollegen von ihren persönlichen Ambitionen beherrschen ließen, von ihren Intrigen und ihrer Untreue. Er nahm einen Routinejob in einem verstaatlichten Konzern an (Ölgesellschaft ELF) und ging in die Lokalpolitik (diese Kombination kann in Frankreich zu wichtigen Ergebnissen führen). Er wurde zum Bürgermeister seiner Heimatstadt gewählt und damit jüngstes Stadtoberhaupt Frankreichs. Er ist ein ganz schlichter Mann, der seine Vorfahren als Privatangelegenheit betrachtet, die keinen besonderen Status nach sich zieht. Er ist mit einer Journalistin verheiratet und findet Erfüllung, indem er Menschen hilft. Er spricht mit jedem, den er trifft, und hört gern den letzten Tratsch; es ist sehr viel weniger dieser Zusammenstoß der Akzente, der den englischen Landedelmann von seinen Nachbarn unterscheidet, obwohl man den Herzog fast für einen Engländer halten könnte. Er beherrscht die englische Sprache ausgezeichnet, da er mit einem englischen Kindermädchen aufwuchs; nun hat er ein englisches Kindermädchen für seine eigenen Kinder und einen kleinen aus England importierten Hund, der ihm überallhin folgt.

Der Herzog wurde sicher weder gewählt, weil er ein Herzog ist, noch weil er freundlich oder einfach effizient ist. Seine wichtigste Qualifikation besteht darin, daß er als *enarque* Kontakte zur Regierung hat, die ihm besonderen Einfluß verleihen. Das wurde sehr schnell deutlich, kurz nachdem er sein Amt antrat. Es gab in der Stadtkasse kein Geld für ein längst überfälliges, neues Entwässerungssystem. Zufällig hatte der Herzog Jacques Chirac, damals Premierminister, vor Jahren als Tutor gehabt, als er sich für die Aufnahme in die ENA vorbereitete. Ein Anruf stellte sicher, daß Zuschüsse der Regierung für das Entwässerungssystem gewährt wurden. Einige Zeit später mußte entschieden werden, wo das neue regionale Schlachthaus zu bauen sei. Mit ihm würden siebzig neue Arbeitsplätze entstehen, und für die Bauern war es lebenswichtig. Eine Nachbarstadt wurde von dem örtlichen Parlamentsabgeordneten unterstützt. Aber der Herzog hatte Freunde aus seiner Studentenzeit, die hohe Positionen im Landwirtschaftsministerium bekleideten, und so kam das Schlachthaus nach Josselin.

Das mag den Eindruck vermitteln, alle wichtigen Entscheidungen würden in Paris getroffen und persönliche Beziehungen seien vonnöten, um diese zu beeinflussen. Aber das ist nur die halbe Wahrheit. Die Art und Weise, wie Themen in Paris vorgetragen und Entscheidungen gefällt werden, sind Gegenstand großer örtlicher Kontroversen. Der Herzog braucht jede Stimme, die er bekommen kann, um Bürgermeister zu bleiben. So hat er sich die Zufriedenheit jedes einzelnen seiner Wähler zum Ziel gemacht. Er beklagt sich, daß die Mächtigen in Paris nicht wissen, was ein wichtiges Problem ist. «Kein Problem ist ein kleines Problem», sagt er, «weil es für die beteiligten Menschen ihr ureigenes und damit ein wichtiges Problem ist.» Er erinnert sich an eine Geschichte, die ihn besonders getroffen hat. Eines Samstagnachmittags rief die Frau des Fleischers ihn aufgeregt an, um ihm zu sagen, daß sie den Schlüssel zum Schlachthaus nicht finden könne, ihr ganzes Leben schien durch diesen Verlust ruiniert zu sein. Sie bat ihn, die Feuerwehr zu holen. Was ihm wie ein triviales Vorkommnis erschien, verwandelte sie in eine große Tragödie, und er lachte schallend. Diese Frau spricht bis heute nicht mit ihm. «Ich nahm ihr Problem nicht ernst genug. Heute weiß ich, daß es falsch war.»

Der Grundschulleiter Monsieur Moisan führt die sozialistische Opposition gegen den Herzog an: er ist ein freundlicher Mann mit einem Bart und in seiner Freizeit Präsident des Fußballvereins. Er beteuert, der Herzog sei autoritär: «Wenn er alleine oder mit seinem Rat eine Entscheidung treffen muß, weigert er sich, darauf zurückzukommen oder die Diskussion erneut zu eröffnen unter dem Vorwand, daß, wenn Entscheidungen zu treffen seien, irgend jemand sie treffen und die Verantwortung dafür übernehmen müsse.» Der Herzog erwidert, er sei nicht autoritär; er benutze lediglich die Autorität, die er als Bürgermeister kraft Gesetzes habe, und Moisan würde zweifelsohne dieselbe Autorität nutzen, wenn er die Gelegenheit dazu hätte. In Wirklichkeit kommt er gut zurecht mit Moisan, denn obwohl sie heftige Auseinandersetzungen haben, geschieht dies auf sehr höfliche und unpersönliche Weise. «Er ist so objektiv, wie ein Parteimensch sein kann», sagt der Herzog. Jedermann zu Gefallen zu sein ist natürlich unmöglich. «In einer Kleinstadt kommt es vor, daß man seinen Nachbarn nicht mag oder persönlichen Zank hat mit Menschen aus Gründen, die man nicht genau kennt, oder weil es Ihr Vater war, der nicht gut mit dem Nachbarn konnte, und Sie übertragen diesen Zank nun auf die nächste Generation... Örtliche Auseinandersetzungen sind manchmal wie ein Bürgerkrieg.»

Der Herzog fühlte sich durch die Animosität verletzt, die sich an der Lokalpolitik entzündete. «Wenn es Haß gibt, dann glaube ich, daß irgend etwas falsch ist.» Abweichende Meinungen sind nur natürlich, aber «der Mensch, der einen anderen Menschen haßt, ist inwendig verfault»; da kann er nur traurig sein, denn die Alternative wäre, unempfindlich zu werden und, vielleicht noch etwas schlimmer, die eigene Fähigkeit zum Verständnis zu verlieren. Hier wird das Privatleben genauso scharf untersucht wie die politischen Programme: Als der Angestellte der Stadtverwaltung dabei erwischt wurde, daß er eine Affäre mit einer Bediensteten des Rathauses unterhielt, wurde er zur Kündigung gezwungen, und nun lebt er wie ein Einsiedler, ein gebrochener Mann, in einem Schuppen hinter seinem Haus und spricht mit niemandem. Ein jeder gibt seinen Kommentar ab zum Kommen und Gehen der anderen, und was sie tragen und mit wem sie reden; jedermann beobachtet die Abstufungen des Snobismus, den versteckten Groll, die Heuchelei hinter der Freundlichkeit.

Einige Opponenten des Herzogs sind Kinder ehemaliger Hausangestellter des Schlosses, die die Erinnerung an ihre ehemalige Unterordnung auslöschen wollen. Madame Martin zum Beispiel: die Tochter des ehemaligen herzöglichen Gärtners hat keine Kinder und strotzt vor Energie. Sie hat einen arbeitsbesessenen Holzbildhauer geheiratet, der Möbel herstellte, die viel zu teuer waren. Heute führen sie gemeinsam eine Möbelfabrik und produzieren serienmäßig Nachahmungen von Tischen, Schränken und Stühlen in pseudoklassischen Stilen. Dazu unterhalten sie ein florierendes Andenkengeschäft. Sie wollen, daß man ihnen zuhört. Der große und herzliche Direktor der landwirtschaftlichen Kooperative, Monsieur Fablez, den der Herzog bei den Wahlen nur knapp besiegt hatte, ist – so der Herzog – «ein beliebter Mensch, der gern seine Meinung offen sagt, auch vor dem Bürgermeister und gerade vor dem Bürgermeister, aber ich glaube, das ist mehr Theatralik als sonst etwas».

Monsieur Le Net, mit 300 Lohnempfängern in seiner Wurst- und Schinkenfabrik der größte Arbeitgeber in der Stadt, beklagt sich, daß der Herzog die Arbeitgeber nicht ausreichend konsultiere. Monsieur Le Net hat sich ein kleines Anwesen auf dem Hügel gegenüber vom Schloß zugelegt. Er hat zwar keine Zugbrücke, aber ein massives, elektronisch kontrolliertes Tor, durch das er mit seinem Mercedes den langen Weg zu seinem Schwimmbecken und seinen Schäferhunden fährt. Der Herzog sagt, er fühle sich bei Geldmenschen nicht wohl, aber die Beziehung zwischen den beiden Männern paßt auch nicht ins Bild von der klassischen Konfrontation eines Kapitalisten, der dem demokratisch gewählten Repräsentanten widersteht. Monsieur Le Nets Vater war der Fleischer in der Stadt und hatte ein kleines Geschäft am Fuße des Schlosses. In seiner Eigenschaft als Bankdirektor hatte der Vater des Herzogs ihm für den Bau seiner Fabrik einen Kredit besorgt. Monsieur Le Net hat sie so sehr vergrößert, daß sie heute, wie er stolz erzählt, zu den dreißig wichtigsten Wurst- und Schinkenfabriken im ganzen Land zählt. («Es ist für mich sehr befriedigend, wenn ich rohes Fleisch anfasse. Das muß man mögen, sonst ist es unmöglich, in dieser Branche zu arbeiten. Ein totes Huhn dagegen kann ich nicht anfassen, wenn ich nur die Federn berühre, so schüttle ich mich.») Er kennt alle seine Arbeiter persönlich und will seine Fabrik nicht weiter vergrößern. Er möchte vor allem ein Unternehmen führen, frei von Reibereien, in dem es Spaß macht zu arbeiten. Er hat keine politischen Ambitionen, weil er es leid ist, morgens um sechs Uhr aufstehen zu müssen, an Wochenenden zu arbeiten und kein Privatleben führen zu können: «Ich möchte gern meine Frau bei ihren Einkäufen begleiten, spazieren gehen oder einfach mal für einen Tag nach Paris fahren. Ich bin in China gewesen und würde gern wieder hinfahren. Ich kenne Südamerika überhaupt noch nicht. Nur mit größten Schwierigkeiten konnte ich mich bislang für den Urlaub freimachen.» Seine tratschenden Nachbarn erzählen gern, daß er seine Ferien auf den Seychellen und Guadeloupe verbringt. Monsieur Le Net ist zum Vizepräsidenten der Nationalen Vereinigung für Pökelwaren gewählt worden und nimmt somit an den Verhandlungen mit der Regierung und den Gewerkschaften teil. «Das gibt mir eine neue Einstellung. Es wurde mir deutlich, daß wir Dinge diskutieren müssen, es hält mich davon ab, einfach ‹nein› zu sagen.»

Diese Kombination aus dem Wunsch nach mehr Freizeit, der intensiven Beschäftigung, ein Vermögen aufzubauen oder den Lebensunterhalt zu verdienen, und die Abneigung gegen Konfrontationen veranlaßten außer Monsieur Le Net viele andere, die Regierungsgeschäfte der Stadt denen zu überlassen, die sich damit abgeben wollen. Den Reichen macht es mehr Spaß, am gesellschaftlichen Leben in Paris teilzunehmen, als in die örtlichen Intrigen hineingezogen zu werden. Das begrenzt den bitteren Geschmack persönlicher Rivalitäten. Dies erlaubt es dem besonders netten hinkenden Polizisten Francis – für seine Verdienste in vierzigjähriger Tätigkeit am selben Ort mit einem Orden ausgezeichnet – «eines jeden Freund» zu sein. Er hat noch keinem ein Strafmandat für falsches Parken gegeben. Der Herzog begrüßt das, weil er sich als Mittler zwischen der Bevölkerung und den Technokraten in Paris sieht. Die Elite der *enarques* und ihresgleichen, zu denen er gehört, überlebt in einer Demokratie nur, weil viele ihrer Mitglieder auf die andere Seite überwechseln, um den Menschen und der Privatwirtschaft beizubringen, sich gegen den Staat zu schützen. Es ist ungefähr das gleiche Prinzip, das dazu führt, daß viele ehemalige Steuerinspektoren als Steuerberater Karriere machen. So trifft die herkömmliche Sichtweise von Frankreich als einem bürokratischen Alptraum, in dem die Macht auf sehr wenige beschränkt ist, nur zu, wenn man größere Vorbehalte hiergegen mitdenkt.

Es gab eine Zeit, da herrschte in Frankreich die größte Despotie Europas. Unabhängige regionale und städtische Institutionen waren von Königen mit unstillbarem Machthunger zerstört worden, örtliche Standespersonen und Aristokraten wurden zu Gehorsam verführt durch die Konzentration von Belohnung und Prestige auf Paris. Frankreich stand in klarem Kontrast zu England mit seinen ehrenamtlichen Friedensrichtern und zu Amerika mit seinen gewählten Sheriffs, beides Symbole lokaler Unabhängigkeit. In den Vereinigten Staaten fußt die Demokratie auf dem Prinzip der Gewaltenteilung; Gruppeninteressen werden als berechtigt anerkannt. Es gab und gibt rechtliche Garantien für Einzelpersonen und ein System von Kontrollen, um die Regierungsmacht zu beschränken. Die Französische Revolution dagegen stärkte im Endeffekt die Zentralisierung, indem sie eine Demokratie bevorzugte, die einen einheitlichen Willen in der Regierung verkörperte; sie versuchte, den Druck einzelner Gruppen abzuschaffen und uniforme Rechte und Pflichten einzuführen. Das Vermächtnis der Geschichte lehrte die Franzosen die Gewohnheit, Regierungseinflüsse in fast allen Aspekten des Lebens anzuerkennen und die Lösung von Problemen darin zu suchen, staatliche Subventionen zu gewähren und neue staatliche Institutionen zu errichten. Die Bürokraten vervielfältigten sich daher, jeder mit seinem kleinen Stück der Macht. Der einfache Bürger, der ihnen trotzig entgegentrat, fühlte sich mehr und mehr wie ein einzelner Fußballspieler, der einem ganzen Team gegenübersteht, in dem alle darin geübt sind, sich ständig die Bälle zuzuspielen, und die jedesmal «Foul» schreien, wenn er sich je dem Tor nähert. Der Mann, der es wirklich darauf anlegt, kann sich beim Schiedsrichter (dem Staatsrat) beschweren und Entscheidungen als «Amtsmißbrauch» für nichtig erklären lassen, aber der Prozeß zieht sich gewöhnlich über viele Jahre hin. Die Bürokraten haben sich zu gutorganisierten Gewerkschaften zusammengeschlossen und einen Schild um sich herum aufgebaut in Form der ausgefeiltesten Sicherheiten gegen Entlassung, die es seit dem Zusammenbruch der alten Aristokratie gegeben hat. Es gibt heute 3000 Gesetze und Erlasse zu ihrer Verteidigung, die in einer Bibel von zwanzig Bänden zusammengefaßt sind. Da man sie nicht bekämpfen kann, sollte man ihnen am besten beitreten. Eine Beamtenkarriere ist seit Jahrhunderten die angesehenste und attraktivste, die jedermann offensteht, auf allen Ebenen der Gesellschaft. So wird die Bürokratie nicht nur als Quelle der Unterdrückung angesehen. Sie ist auch ein Mittel, mit dessen Hilfe Menschen sich auf der sozialen Leiter nach oben arbeiten können, und sie verspricht Sicherheit, Einfluß und Würde.

Die Bürokratie wird verteidigt, weil sie feste und unpersönliche Regeln aufstellt und so die Franzosen vor etwas schützt, was sie noch mehr hassen, nämlich die Günstlingswirtschaft. Wenn Entscheidungen von anonymen Pariser Herren gefällt werden, die niemand je zu Gesicht bekommt, verhindert das wenigstens die Entwürdigung von Angesicht zu Angesicht. Aber die Liberalen protestieren, das System sei zu rationalistisch. Die Vorstellung, es gebe nur einen besten Weg, ein bestimmtes Problem zu lösen, und die Annahme, daß diese eine Lösung überall angewandt werden könne, führt zu Starrheit. Ministerien und *Départements* werden so unflexibel und isoliert, daß die rechte Hand nicht weiß, was die linke tut. Das führt zu periodischen Krisen, die das gesamte System treffen.

Jeder wiederholt dann, daß ganz Frankreich eine «Gesellschaft des Stillstands» sei und daß die Franzosen in ihrem Herzen Reformen hassen und Revolutionen lieben; Krisen seien der einzige Weg zu einer Veränderung. Vor einigen Jahren veröffentlichte der Politiker Alain Peyrefitte einen Bestseller, der dieses Argument, das auf Tocqueville zurückgeht, aufgriff. Er argumentierte, die «Französische Krankheit» — so der Titel des Buches — könne auf einen einzigen Bazillus zurückgeführt werden: die Bürokratie. Peyrefitte meinte, Großbritannien habe diese Krankheit vermieden (auch wenn die Briten unter der britischen Krankheit litten, aber die war auf den Verfall der Arbeitsmoral oder auf die Gewerkschaften zurückzuführen). Er behauptete, daß in Großbritannien die Menschen sich viel stärker um das Gemeinwohl sorgten und daß sie darum die Kontrolle über ihre eigenen Angelegenheiten hätten bewahren können. Er konnte nie vergessen, wie er als Student kurz nach dem Krieg als zahlender Gast bei einer englischen Familie lebte und sein Gastgeber jeden Abend pünktlich um neun Uhr die Heizung abstellte; die Regierung hatte diese Sparmaßnahme «empfohlen». Dem stellt er die Franzosen gegenüber, die von Vorschriften erschlagen werden und ihre Zeit damit zubringen, neue Wege zu ersinnen, wie man die Vorschriften umgehen kann. Sein Buch führt einen ganzen Katalog von Schwierigkeiten auf, die er selbst als Minister hatte, um etwas zu erreichen. Bürokraten, so sagt er, «sind als Individuen einsatzfreudig, ehrlich, intelligent und kompetent, aber *en masse* werden sie zu unverantwortlichen, unkontrollierbaren und mißtrauischen Tyrannen».

Doch diese Sichtweise der französischen Bürokratie kann nicht länger hingenommen werden. Erstens haben sich Bürokratie und ein großer öffentlicher Sektor mit gleichbleibender Uniformität in fast allen westlichen Ländern ausgebreitet. In Großbritannien zum Beispiel arbeiten 30 Prozent aller Angestellten auf irgendeine Art für den öffentlichen Dienst, insgesamt fast sieben Millionen Menschen. Wenngleich nur eine dreiviertel Million im engeren Sinn Staatsbeamte sind, arbeiten 1,7 Millionen für örtliche Verwaltungen. In Frankreich gibt es eine wesentlich größere Zahl von Beamten, weil mehr Bedienstete diese Berufsbezeichnung führen, insgesamt 3,7 Millionen, doch gehören hierzu eine Million Lehrer, fast eine halbe Million Postbeamte, und die gleiche Anzahl ist im Krankenhaus tätig. Aber nur ein Fünftel (20,7 Prozent) der arbeitenden Bevölkerung, das heißt 4,5 Millionen Menschen, sind auf die

Piem

eine oder andere Art im öffentlichen Bereich tätig, und die Verstaatlichungen der letzten Jahre haben diese Zahlen nur unmerklich angehoben. Frankreich unterscheidet sich nicht allzusehr von der Bundesrepublik Deutschland, die ebenfalls viereinhalb Millionen Beamte und Angestellte im öffentlichen Dienst zählt. Die Vereinigten Staaten bilden die Ausnahme mit lediglich 2,7 Millionen Bundesbeamten (bei einer Bevölkerung, die fünfmal so groß ist), aber weitere 13 Millionen Angestellte arbeiten für Lokalverwaltungen, was zusammen 16 Prozent der arbeitenden Bevölkerung ausmacht.

Zweitens ist die französische Regierung seinerzeit sehr viel stärker zentralistisch ausgerichtet gewesen als in Großbritannien, jedoch gilt dies nicht mehr. Das Anwachsen des Wohlfahrtsstaats hat die örtlichen Regierungen unmerklich und unaufhörlich unter die Befehlsgewalt von White Hall gebracht, das fast zwei Drittel des örtlich ausgegebenen Einkommens kontrolliert und betont, daß das Geld entsprechend der zentralen Anweisungen ausgegeben wird; die örtlichen Verwaltungen sind mit einem altmodischen Steuersystem für Kommunen geschlagen, das ihre Freiheiten noch mehr einschränkt. Im Gegensatz dazu werden die zentralen Subsidien in Frankreich nach einem Verfahren verteilt, das sich enger an das in den Vereinigten Staaten anlehnt, und zwar durch eine große Breite an Quellen, so daß es mehr Spielraum für Verhandlungen gibt; die französischen Lokalverwaltungen erheben doppelt soviel kommunale Steuern wie die Briten, sie waren sehr viel erfolgreicher darin, Steuerreformen durchzusetzen, um ihre Unabhängigkeit zu vergrößern. Frankreich besitzt 468 000 Kommunalräte, das sind 2 Prozent der gesamten Wählerschaft, fast zwanzigmal soviel wie die lokalen Stadträte in Großbritannien (24 000). Die Wahlbeteiligung bei Kommunalwahlen ist in Frankreich doppelt so hoch wie die in Großbritannien. Lediglich ein Drittel der britischen Parlamentarier verfügt über Erfahrungen in Gemeinderegierungen; nur wenige bleiben Stadträte, wenn sie ins Parlament gewählt werden, doch vier Fünftel aller französischen Abgeordneten und 93 Prozent der französischen Senatoren behalten ihr kommunales Wahlamt. Die Folge davon ist, daß kommunale Belange sehr viel mehr Aufmerksamkeit in Paris beanspruchen können, und die französische Zentralregierung hat sehr viel mehr Schwierigkeiten, ihre Politik auf Gemeindeniveau durchzusetzen; sie ist erheblich viel näher an den Kommunen als die Beamten von White Hall, die keine Verbindungen zu den Kommunalverwaltungen haben und auch über keine persönlichen Erfahrungen verfügen. Beachtlich abweichende Meinungen sind viel mehr in Frankreich zu finden, weil es dort weniger Parteidisziplin gibt; französische Bürgermeister haben ihre Bürger sehr viel wirksamer Paris gegenüber verteidigt als britische Gemeindestadträte ihre Bürger London gegenüber. Die britischen Reformen der Kommunalregierungen haben wiederholt die Zentralregierung gestärkt; in Frankreich war das Gegenteil der Fall, und die sozialistische Regierung verspricht jetzt sogar noch mehr Dezentralisierung.

Die alte Meinung über die französische Bürokratie fußte nie auf detailliertem Wissen darüber, was wirklich in den Regierungsbüros vor sich ging. Mittlerweile ist deutlich geworden, daß die Rigidität der Zentralisierung teilweise eine Fassade war. Bürokraten sind nicht alle aus einem Holz geschnitzt. Jedes Ministerium hat sein Einstellungsprogramm und seine eigenen markanten Beziehungen zur Öffentlichkeit. Bürokraten führen nicht nur Befehle aus. Sie haben auch ihren Stolz als Experten. Sie streben auch soziales Ansehen in ihren eigenen Gemeinden an. Je kleiner die Gemeinden, desto mehr werden sie zu deren Verteidigern gegenüber Paris, und desto mehr zeigen sie, wie man die Vorschriften umgehen kann. In Städten unter 10000 Einwohnern geben die Leute an, daß sie mit ihren Beamten sehr zufrieden sind, während diejenigen in Städten mit über 20000 angeben, sie seien sehr unzufrieden. Regierungspolitik wird in einer Serie von Kompromissen zwischen Bürokraten und den Repräsentanten örtlicher Körperschaften und Verbänden – Bürgermeistern, Präsidenten der Gemeindeversammlungen, Handelskammern usw. – ausgehandelt. Es gibt insgesamt 4500 beratende Gremien, denen die Regierung einigermaßen Aufmerksamkeit schenken muß. So ist die Politik in verschiedenen Regionen ganz unterschiedlich, mitunter richtet sie sich sogar gegen die Regierung. Frühere Regierungen haben versucht, dieses Chaos zu «rationalisieren», indem sie Frankreich in fünfundzwanzig Regionen aufteilten, aber das erhöhte nur die Zahl der geschlossenen Kompromisse. Dieselbe Regierungsentscheidung wird noch immer nicht im Elsaß und Languedoc auf dieselbe Weise befolgt. Soziologen haben die «periphere Macht» der örtlichen Honoratioren entdeckt, die als Gegengewicht zur Regierung dienen, und sie haben fünf verschiedene Formen städtischer Verwaltung «identifiziert»: «ererbte Monarchie» in der Vendée, der «gewählte» Typus in Lothringen, «egalitäre Demokratie» im Jura, «Oligarchie» an der Mittelmeerküste und «Föderalismus» im Limousin. Die Zentralgewalt überlebt, weil die Ortspersönlichkeiten wissen, wie sie zu umgehen ist; da diese Fähigkeit ihnen Gewicht verleiht, sind sie wenig geneigt, die Zentralgewalt abzuschaffen. Die Beamten sind ihrerseits in der Lage, die Vorschriften durch die Gewerkschaften zu ihrem Vorteil zu manipulieren, und sie haben sich zu einer Interessengemeinschaft zusammengeschlossen, die jeder Regierung trotzen kann. Sie werden zuweilen mit dem Klerus verglichen, der zwar öffentliches Interesse predigt, aber den örtlichen Honoratioren schmeichelt oder mit ihnen Händel anbahnt; so wirken die Beamten schließlich im wesentlichen als Mittler zwischen Kräften, die sie nicht kontrollieren können.

Das Verwaltungssystem ist zudem mehrere Mal seit dem Krieg modifiziert worden, damit es effizienter und demokratischer wird, indem man sich an das anlehnte, was an den britischen und amerikanischen Vorbildern als Bestes empfunden wurde; von daher koexistieren mehrere Managementstile, um den Gemeindeverwaltungen gegenüberzutreten. Der traditionelle Jakobinerstil mit autoritärem Charakter wurde durch die «systematische Planung» ergänzt, die sich nicht auf die legalistische Verwirklichung der Regeln gründete, sondern auf den Austausch von Information zwischen Staatsexperten und Unternehmensführern, um die Politik zum gegenseitigen öffentlichen und privaten Vorteil abzustimmen. Das alte System der Verhandlungen wurde auf ein neues Niveau gehoben und gründete die Staatspolitik auf weitreichende Konsultationen. Doch sehr viele Beamte mochten dies nicht leiden; es zeichnete sich eine Teilung zwischen den Ökonomen und Rechtsanwälten in der Verwaltung ab, und die Rechtsanwälte sabotierten oft die Pläne der Ökonomen. In jüngerer Zeit wurde der Machtzuwachs der Bürgermeister von größeren Städten, die sich zu etwas Ähnlichem entwickelt haben wie ihre amerikanischen oder deutschen Gegenspieler, durch die Vorherrschaft der Präfekten gebrochen, die von der Zentralregierung bestallt werden. Die Technokraten in jedem Ministerium begannen, direkt mit den Bürgermeistern zu verhandeln, so daß neue großartige Lehen entstanden. Nun wird die Dezentralisierung, die von den Sozialisten angekündigt wurde, noch weitere, neue Beziehungen einführen.

In ihrer bemerkenswerten, detaillierten Studie über das Zustandekommen von Regierungsentscheidungen gelangt Cathérine Gremion zu dem Schluß, daß Frankreich nicht unter bürokratischer Verstopfung leide, wie Tocqueville und seine Anhänger annahmen, sondern unter einer Art multipler Schizophrenie. Das soll heißen: Frankreichs Problem ist, daß es geteilt ist. Die Verwaltung verfügt über viele hochintelligente Beamte; sie ist ein «Treffpunkt für Ideen»; und da Beamte Ideen aus verschiedenen Bereichen der fragmentierten Gesellschaft Frankreichs aufgreifen, herrscht eine «organisierte Anarchie», wenn es darum geht, irgend etwas zu tun. Es ist nicht nur so, daß die Beamten mit Händen und Füßen ihre Gebräuche und Privilegien verteidigen; das ist überall ganz normal. Auch ist es nicht ganz so wichtig, daß Jungtürken die alte Garde bekämpfen.

Der entscheidende Faktor, von dem heute angenommen wird, daß er die Laufbahn des höheren Beamten bestimmt, ist, wieviel Zeit er außerhalb der gewöhnlichen Karrieremuster verbracht hat, besonders auf Missionen im Ausland. Wenn die Regierung ein neues Projekt ankündigt, wird es als beständiges, logisches Ganzes dargestellt, das aber nur sorgsam die verschiedenen Vorbehalte der einzelnen Beteiligten kaschiert, die sich auf diesen Kompromiß haben einigen können. Die rivalisierenden Ministerien stimmen in ihrer Ablehnung gegen versteckte Kompromisse, die der Öffentlichkeit nur selten bewußt gemacht werden, überein. Die letzte Regionalreform entpuppte sich als sehr verschieden von dem, was sie sein sollte: was sozialistische Dezentralisierung bewirkt, stellt sich erst viele Jahre später heraus.

Es gibt Präfekte, die offen sagen, daß, da Beförderungen nur denen blühen, die sich in keine Kontroversen einlassen, sie «sich entschieden haben, gar nichts zu entscheiden». Aber es gibt auch andere, die vor Energie bersten, gern Risiken eingehen und ihr *Département* regieren wie altmodische Gouverneure. Wieder andere versuchen der öffentlichen Meinung zu folgen, und nicht wenige wurden vom technokratischen Idealismus gestochen. Es war einst modisch, ausländische Vorbilder zu kopieren, besonders die amerikanischen, selbst nachdem offenkundig wurde, daß sie in Amerika nicht mehr in Mode waren. Cathérine Gremion schließt mit den Worten, daß «die Geschichte der Einzelpersonen mit berücksichtigt werden muß» von jedem, der wissen will, wie Reformen sich auswirken werden. Das bedeutet einen wichtigen Schritt in den Ansichten der Experten über die Verwaltung. Frankreich wird von den Gelehrten endlich als Gebilde aus Einzelpersonen erkannt, von denen sich keine zwei finden lassen, die sich identisch verhalten. Die Starrheit der Bürokratie ist natürlich weitgehend eine Ausrede, mit der sich Starrköpfe schützen können, weil sie Angst haben vor ihren Vorgesetzten, vor ihren Mitmenschen und vor sich selbst.

«Das Heim, das letzte Refugium der Freiheit», sagt der Architekt Alain Sarfati. Theoretisch ist das Heim dort, wo man ganz bei sich selbst sein kann, wo man tun kann, was man möchte, wo man sich selbst mit den Gegenständen umgeben kann, die einem gefallen. Doch wie viele Franzosen sind tatsächlich in der Lage, ihren wahren Charakter in ihren Heimen auszudrücken? Und wird ihr Charakter eher durch die überladenen Heime des alten Frankreich oder eher durch die öden modernen Wohnsilos ausgedrückt, die man von jedem anderen Land nach Frankreich hätte verpflanzen können? Nicht weniger als die Hälfte aller französischen Häuser sind nach 1945 gebaut worden. Bekommen die Franzosen die Art von Häusern, die sie mögen, und wie sehr haben sie die Möglichkeit zu bestimmen, wo sie den größten Teil ihres Lebens verbringen möchten? Die Antwort auf all diese Fragen sagt eine Menge darüber aus, wie die Macht ausgeübt wird; Städteplaner und Architekten besitzen mehr Macht, als ihnen gewöhnlich zugeschrieben wird. Der Wohnungsbau druckt die Atmosphäre aus, die eine Regierung schafft, und ist auch ein sehr intimer Begegnungspunkt zwischen den Regierenden und den Regierten, denn sie trägt so sehr wie alles andere zu der Langeweile der Leute oder zu ihrem Gefühl des Wohlbefindens bei. Und doch hat Regierung nach Regierung den Wunsch der Menschen hinsichtlich des Häuserbaus ignoriert. 1955 ermittelte das Nationale Institut für demographische Studien, daß drei Viertel aller Franzosen in einem Einfamilienhaus wohnen wollten.

Nichtsdestotrotz war nur ein Drittel der neuen Häuser, die fünfzehn Jahre später gebaut wurden, Einfamilienhäuser. Frankreich war das Land, in dem weitaus weniger Einfamilienhäuser gebaut wurden als in jedem anderen Land, auch wenn jede Menge Bauland zur Verfügung stand. Dies ist inzwischen als ein Fehler erkannt worden. Dennoch haben die Architekten immer noch Schwierigkeiten, den Menschen das zu geben, wonach sie verlangen, weil sie vor allem ihre eigenen künstlerischen Ziele verfolgen. Die Hingabe an die «architektonische Wahrheit» bedeutet nichts anderes, als daß die Materialien und die Techniken beim Bau betont werden und daß sie für das gehalten werden, was sie sind (das Centre Beaubourg, mit all der offensichtlichen Mechanik, ist das Symbol dieses Standpunktes); die Suche nach architektonischer Reinheit bedeutet, daß jedes überflüssige Ornament aufgegeben wird. Aus diesem Grunde gibt es keinen «französischen» Stil mehr.

Der berühmteste französische Architekt unseres Jahrhunderts und der einzige, von dem Ausländer je gehört haben, ist Le Corbusier. Er hatte klare Vorstellungen darüber, daß die Menschen nicht mehr in der Art von Häusern wohnen sollten, an die sie sich gewöhnt hatten, und daß französische Städte, wie sehr man sie auch lieben mochte, nach ganz falschen Prinzipien organisiert waren. Er entwickelte einen Plan für den Abriß des Zentrums von Paris und den Bau von 18 vielstöckigen Wohneinheiten an dessen Stelle: Auf diese Weise, so glaubte er, könnten Licht, Luft und Grünanlagen in das Herz der Hauptstadt einziehen, und die «Straßenkorridore», die er verabscheute, wären überflüssig. Er hatte keine Gelegenheit, seine Pläne zu verwirklichen, und die Ironie seines Lebens bestand darin, daß man ihm nicht gestattete, einen großen Teil seiner Vorstellungen in Frankreich zu verwirklichen: lediglich nach seinem Tod wurde er zu einem Helden. Auf einer bescheideneren Ebene jedoch baute er die «Wohn-Maschinen» in der Nähe von Bordeaux, die man die Quartiers Modernes Fruges nannte nach dem exzentrischen Unternehmer, der dieses Experiment als ein «Labor» finanzierte, damit Le Corbusiers Theorien getestet werden konnten. Le Corbusier baute eine Serie identischer Häuser in Massenproduktion. Die Immobilienmakler hoben sie ausnahmslos in den Himmel, um deren Vorteile zu beschreiben. «Das neue Aussehen dieser Villa», sagte ihr Prospekt, «mag vielleicht Zweifel in Ihnen hervorrufen... die äußere Erscheinung findet auf den ersten Blick vielleicht nicht immer Ihre Zustimmung.» Die Menschen, die diese Häuser kauften, stimmten dem offensichtlich zu, denn innerhalb von zehn Jahren hatten sie diese Anlage vollkommen verwandelt: Die Einförmigkeit von Le Corbusier hatte sich in ein Chaos verwandelt, die Innenhöfe wurden zugemauert, viele der Terrassen wurden überdacht, die freien Räume neben den Pfeilern wurden abgeschlossen, die breiten Fenster wurden verengt, und die hellen Farben sind verschwunden. Eine große Anzahl von Schuppen ist aufgetaucht, und der allgemeine Eindruck ist der von Baufälligkeit. Alain Sarfati, der Le Corbusier als den «dogmatischsten Zuchtmeister der Architekten», als «einen Terroristen» betrachtet, stellt die Frage: Warum muß sich die moderne Architektur auf die Bewohner ihrer Gebäude aufpfropfen, so daß, wenn die leiseste Veränderung ausgeführt wird, wenn nur ein Fenster geändert wird, das ganze ästhetische Schema ruiniert ist? Vollkommene Regelmäßigkeit war vielleicht am Platz, als noch die Vermieter bestimmen konnten, wie ihre Mieter leben sollten, aber ist dies noch im Zeitalter der individuellen Selbstverwirklichung am Platze? Das Hindernis, so glaubt er, besteht darin, daß die Architekten sich nicht von ihrer Sehnsucht lösen können, Monumente zu erschaffen, die ihren Genius feiern: ein Beispiel dafür ist die Architektur von Emile Aillaud.

Aillaud steckte hinter dem spektakulären Büro- und Häuserkomplex von La Défense, östlich von Paris, und der Vorstadt von La Grande Borne, die als die einzig interessante Leistung der französischen Nachkriegsarchitektur bezeichnet wurde; fast wäre er mit der Konzeption und dem Entwurf des Centre Pompidou betraut worden: er war nämlich Pompidous bevorzugter Architekt. Sarfati sagt, Aillaud illustriere den Abgrund zwischen dem, was Architekten sagen, und dem, was sie tun, die unwiderstehliche Versuchung des architektonischen Größenwahns. Aillaud ist sicherlich ebensosehr am sozialen wie am technischen Aspekt seiner Kunst interessiert: er möchte, daß seine Gebäude die Menschen darin ermutigen, am gemeinschaftlichen Leben teilzunehmen, wobei sie ebensosehr die Möglichkeit haben, sich zurückzuziehen, wenn sie dies wünschen. Er stellte riesige Portraits von Rimbaud, Kafka und Baudelaire an den Außenmauern auf, um die Phantasie einführen. Wenn die Jugendlichen diese Portraits für Alain Delon halten, so ist ihm das einerlei. Statt ein Gebäude als Ganzes zu konzipieren, versucht er, die Sicht von jedem Punkt aus verschieden und überraschend zu gestalten: «Nur Gott kann das nämlich so sehen.» Da ihm die Bauverwaltungen vorschreiben, nur zugelassene, massengefertigte Materialien zu verwenden, meidet er die Eintönigkeit dadurch, daß er diese in vierzig verschiedenen Tönen anstreichen läßt; so versucht er, jeder Eingangstür eine unterschiedliche Ausschmückung zu geben, jedem Treppenhaus eine andere Tapete, jedem Block eine andere Farbe, so daß die Menschen erkennen können, wo sie wohnen.

Doch mag er es nicht, daß diejenigen, die in seine Häuser einziehen, ihm vorschreiben, was er zu machen habe, er ist an der Innengestaltung nicht interessiert. Resigniert beklagt er, daß der Geschmack der Öffentlichkeit verdorben und daß es aus diesem Grunde die beste Lösung sei, sie ihre Gewohnheiten beibehalten zu lassen. Darin steckt sicher eine Geringschätzung der Öffentlichkeit; er leugnet es nicht mal und sagt, daß er nicht wirklich für die Erwachsenen, sondern für die Kinder baue. «Der Erwachsene», so sagt er, «interessiert mich nicht. Der ist schon erledigt, der bleibt immer dabei, unterentwickelt zu sein. Aber ein Kind kann noch ein freies Individuum werden.» Er stellt sich vor, daß seine Architektur ein Kind zur Reife führen kann, indem er «eine Serie von Orten schafft, die eine okkulte Macht besitzen». Er bietet keinen Komfort, sondern eine neue Art des urbanen Lebens, «dessen Ordnung so versteckt ist, daß sie nicht wahrgenommen werden kann»; es steckt etwas von einem aufgeklärten Despoten in ihm, auch wenn er behauptet, daß er in Wirklichkeit ein Poet des Betons sei und daß seine Arbeiten im wesentlichen mehr psychologischer als architektonischer Natur seien; doch das macht das Ganze noch hinterhältiger. Er ist wütend darüber, daß er oft durch die öffentliche Meinung eine Niederlage erlitten hat und gezwungen wurde, noch mehr Menschen in seine Gebäude zu stecken, als er geplant hatte; er umgeht die Vorschriften über die statistische Besiedlungsdichte, indem er weite, leere Flächen unbebaut läßt, dafür aber die Häuser in einer Ecke nahe aneinanderrückt; er geißelt die nostalgischen Anhänger der «*villages à la française*»; es war ihm nur deshalb möglich, seine Vorstellungen durchzusetzen, weil er eine Ausnahmeregelung erwirkte, wodurch er die Bauvorschriften nicht einzuhalten gezwungen war. Seine Kritiker sagen, La Grande Borne sei faszinierend, doch sie tropfe leider, denn er sei mehr an der großen Gestaltung interessiert und vergebe alle Kleinarbeiten an Subunternehmer, so daß die Bewohner nicht den Eindruck haben, ihr Leben sei in Poesie verwandelt worden; sie fühlen sich im Gegenteil eingekerkert und beschweren sich darüber, daß sie von soviel Beton umgeben sind (auch wenn es tatsächlich mehr Grünanlagen als üblich gibt). Das kleine Einfamilienhäuschen ist nur noch die Traumvorstellung.

Die Schwierigkeit mit dem modernen Einzelhaus besteht darin, daß es anders als seine Vorgänger keine wirkliche Blüte erlebt. Zuerst einmal sind Anbieter in großem Stil aufgetaucht, die massengefertigte Fertighäuser anbieten so wie Autos, auch wenn sie dem Kunden die Möglichkeit geben, zwischen einem Dutzend gleichartiger Standardvariationen auszuwählen wie dem nachgemachten *mas provençal* oder dem «normannischen Bauernhäuschen» mit den unvermeidlich authentischen Balkon. Zweitens ist es den Architekten im allgemeinen nicht gelungen, den großen Zuwachs im Bauwesen, bis dahin ohne Parallele in der Geschichte, in eine Renaissance des Geschmacks zu verwandeln. Es mag sein, daß der Berufsstand der Architekten durch ihre Vergangenheit weiterhin engstirnig bleibt. Es ist eine ungewöhnlich kleine Berufsgruppe – nicht etwa, daß eine große Anzahl für mehr Phantasie bürgen würde (in Großbritannien wirken doppelt so viele Architekten, ein offensichtlicher Vorteil ist jedoch nicht zu erkennen) –, die aber nie das Prestige der Malkünstler erreicht hat, weil sie ihre akademischen Gleise nie verlassen hat. Der traditionelle Weg bei einer erfolgreichen Karriere bestand nicht etwa darin, neue

Richtungen einzuschlagen, sondern darin, die Prüfungen zu bestehen, den Spitzenpreis zu gewinnen (den *prix de Rome*), eine Arbeit in der staatlichen Abteilung für das Bauwesen zu ergattern und auf diese Weise zu der Gruppe zu gehören, die einen entscheidenden Anteil an den größten staatlichen Bauaufträgen erhält. Der *prix de Rome* ist inzwischen abgeschafft worden, jedoch nicht der Einfluß dieser akademisch erfolgreichen Architekten. Sie helfen natürlich bevorzugt denen weiter, die ihren eigenen Geschmack teilen. Man bezichtigt sie, nepotistisch zu sein (weil zwei Drittel aller französischen Architekten aus Familien von Architekten oder verwandten Berufen stammen). Das Berufsbild ist nicht durch die Tatsache verbessert worden, daß Architekten mit der Bauspekulation eine Menge Geld verdient haben, auch nicht dadurch, daß das Establishment es zuläßt, daß einer der häßlichsten Bauten der Welt an einem der besten Bauplätze dieser Welt errichtet wird – die Pariser Fakultät der Naturwissenschaften bei der Halle aux Vins am linken Seineufer –, auch nicht dadurch, daß es möglich war, öffentliche Schulen mit hochbrennbaren Materialien und ohne Brandschutz zu bauen: innerhalb von nur fünf Jahren gingen siebzehn davon in Flammen auf, weil das Bildungsministerium es vorzieht, seine Fehler zu wiederholen, statt neue Wege zu gehen.

Es wäre nicht ganz fair, wollte man die Architekten zu Sündenböcken für die zahlreichen ästhetischen und praktischen Desaster stempeln. Das französische Ausbildungssystem für Architekten kann nicht viel schlechter als anderswo bewertet werden, da Architekten genausoviel Schaden in vielen anderen Ländern angerichtet haben. Es ist jedoch verwunderlich, daß originelle Architekten es sehr schwer haben, ihre Ideen durchzusetzen. Die außergewöhnlichen Häuser von Lovag, Grataloup, Chaneac und Hanserman, die den Kasten als Grundform verwerfen und dafür Häuser anbieten, die wie riesige Muscheln, Weichtiere, Höhlen oder Vögel aussehen, sind nicht kopiert worden. Die Arbeiten von Lovag wurden rundum von *Le Monde* als «perfekt ärgerlicher Wahnsinn» verdammt. Dies ist das Schicksal der meisten Neuerer. Das wirkliche Problem liegt darin begründet, daß es nicht möglich ist, in Stilfragen eine allgemeine Zustimmung zu finden: Es darf keinen anderen französischen Stil geben, der für die ganze Generation unveränderlich ist. Ein neues Verhältnis zwischen Architekten, Städteplanern und Bewohnern wird jetzt als notwendig erachtet. Städteplaner, Soziologen, Ingenieure und Politiker und andere Vertreter der Gemeinschaft werden jetzt an einen Tisch zusammengebracht, um gemeinsam mit Architekten zu arbeiten, und alle sollen sich zu den Bauplänen äußern können. Die Gefahr liegt darin, daß man eventuell alles zu einem farblosen Kompromiß reduziert und nur nach dem kleinsten gemeinsamen Nenner sucht.

Alain Sarfati erwartet nicht, daß ein solcher Kompromiß zwischen allen möglichen Interessen noch befriedigt, wenn das Gebäude erst einmal steht. Er geht davon aus, daß die Menschen sich in ihrem Geschmack verändern und daß sie Veränderungen und Verbesserungen mögen. Nur selten trifft man auf einen Architekten, dem es gefällt, daß ein von ihm gebautes Haus nach Vollendung ergänzt oder abgeändert wird, jedoch Sarfati gefällt diese Vorstellung, und er baut so, daß derartige Veränderungen ermöglicht werden. Normalerweise geht man davon aus, daß die ästhetische Reinheit eines Appartementhauses ruiniert wird, wenn die Bewohner ihre Wäsche auf den Balkonen oder billige Vorhänge in schreienden Farben aufhängen. Sarfati malt seine Häuserblocks in vielen verschiedenen Farben an, stattet sie mit einem halben Dutzend verschiedener Fensterformen und genauso vielen Fensterrahmen aus, die verschieden angestrichen sind (seine Fenster haben wenigstens zwei verschiedene Farben), und verschiedene Arten von Dachpfannen auf den benachbarten Dächern. Daraus ergibt sich, daß ein brandneuer Wohnblock, noch einmal von der Sauberkeit abgesehen, so aussieht wie einer, der schon seit dem Mittelalter dort steht, und mit Zusätzen bedeckt ist, die die ausgefallenen Wünsche der einander nachfolgenden Bewohner und Erbauer hinzugefügt haben. «Ich bin gegen große Ideen», sagt er, «aber ich bin für die Verschwendung von Ideen.»

Für ihn besteht die Schönheit eines Gebäudes aus vielen Kleinigkeiten: er möchte jede als ein separates Bild betrachten und fotografiert sie – einen merkwürdig geschmückten Balkon an einer vollständig eintönigen Fassade, ein nicht passend hinzugefügter Vorbau, ein Blumentopf – als ob es sich um abstrakte Malereien handelte. Die Magie seiner Konstruktion besteht darin, daß er der Erfindungsgabe der Bewohner auf die Sprünge geholfen hat: er gab zum Beispiel jedem Haus einer Häuserreihe einen etwas verschiedenen schmiedeeisernen Balkon; nirgends, wo man also hinsieht, wiederholt sich etwas. Zwischen den Blocks gibt es weder weite Flächen, über die der Wind fegt, noch unverständliche Statuen oder Skulpturen, sondern pfiffige Spielzeuge und Bauten für die Kinder, die darauf spielen können, Strukturen im Asphalt, die die Grundlage für Spiele bieten, aber ebensosehr Zerstreuung fürs Auge bieten, Balkone mit großen Baldachinen aus Glas, auf denen die Alten sich sonnen können, Pflanzen, Tore, eine reichverzierte Laterne. Er verwendet die billigsten Materialien guter Qualität, und daher ist er in der Lage, etwa 7 Prozent des Etats für Luxus auszugeben, der ansonsten nicht an Gebäuden für die Minderbemittelten zu finden wäre, «und zwar in der Art, wie die Menschen in Jeans und Tennisschuhen sich eine Krawatte von Dior umbinden, um sich selber einen Kick zu geben». In den Materialien variiert er – zum Beispiel etwas Holz hier, ein paar Dachpfannen dort –, damit die Bewohner, wenn sie etwas verändern wollen, die Auswahl der Materialien für ihre Beigaben haben, die nicht aus dem Rahmen fallen. Und wenn teures Holz billiger wird, dann sind die hölzernen Beigaben doppelt gerechtfertigt. Die Vielfalt nimmt deswegen noch zu, weil er die Bauherren dazu beitragen läßt und ihnen ein Maximum an Initiative gibt; er mag nicht an einem starren Plan festhalten; macht jemand einen Fehler, so bezieht er diesen ein, um etwas vollständig Originales daraus zu schaffen, wo immer er kann. Er versucht, eine neue und unerwartete Verwendung für die billigen, massengefertigten Materialien zu finden, die er sehr trickreich arrangiert und bemalt, so daß jeder, der an dem Bau beteiligt ist, seine kreativen Vorstellungen zum Endergebnis beisteuern kann und die Bewohner in der Lage sind, diesen Prozeß fortzusetzen.

Sarfati erzählt, daß er einmal einen Mönch in einem von Le Corbusier erbauten Kloster getroffen hat. Der Mönch sagte ihm, der Architekt müsse ein Protestant gewesen sein, denn er habe keinen Raum vorgesehen, wo man Dinge herumliegen lassen könne. Die perfekte Symmetrie verlange, daß man alles sofort aufhebe und wegtrage. Sarfati hat keine Architektur erfunden, in der Abfall oder Müll hübsch aussieht, aber er ist dieser Vorstellung sehr nahe gekommen. Das verlorene Spielzeug oder der vergessene Schuh sieht nicht fehl am Platze aus. Seine bevorzugte Straße in Paris ist keine der großen, perfekt symmetrischen Straßen, sondern die Rue de Babylone, in der es keine zwei Häuser gibt, die sich gleichen, wo man jeden Stil vertreten findet, von der Polizeibarracke bis zur orientalischen Pagode; man könnte beklagen, daß dies ein Durcheinander sei wie in Las Vegas, aber er findet, daß Las Vegas einen bestimmten amerikanischen Charakter darstellt: es gibt eine Harmonie von etwas Ähnlichem, weil es soviel die Phantasie Stimulierendes gibt. Das ist keine Architektur, sagen die Kritiker von Sarfati, sondern *bricolage* (Bastelei). Er hat versucht, der Bastelei den Status der Kunst zu verleihen, und ist davon überzeugt, daß dies befriedigender ist, als ein Haus durch Komiteebeschluß bauen zu lassen, wo die zukünftigen Bewohner gefragt werden, was sie wünschen, und zum Schluß doch nicht das erhalten, was sie sich gewünscht oder erhofft haben. Er hat herausgefunden, daß die Mitbestimmung nur zu einer konservativen Architektur und zur Reproduktion des Vertrauten führt. Der erfolgreiche britische Architekt Barrett sagt, die Menschen seien konservativ, und aus diesem Grunde baue er Häuser, die absolut vorhersehbar seien. Sarfati erwidert, daß eine solche Haltung eine zu statische Sicht der Menschheit zugrunde lege. Manchmal, so gibt er zu, gehe er zu weit; manche Menschen haben sich beschwert, zum Beispiel, daß die Wände ihres hinteren Gartens nicht alle dieselben seien. Er zögert nicht, sie zufriedenzustellen, denn er verspürt nicht den Wunsch, sich ihnen gegenüber durchsetzen zu müssen.

Eines der frappierendsten Merkmale in seinem Verhalten ist die Aufmerksamkeit, die er den Äußerungen anderer Leute schenkt, sowie sein Sinn für die Individualität jeder Person. Das ist vermutlich der Tatsache zuzuschreiben, daß er selber stets eine Art Außenseiter war, der nie irgendwo genau hinein-

Haus mit ungekämmtem Haar

Die Kokette

Das weinende Haus

Hungriges Haus

Das militärische Haus

Der Künstler

Haus mit Bart

paßte. Er sieht seine Funktion vor allem darin, die individuelle Freiheit zu verteidigen; nun, da es zunehmend schwieriger geworden ist, in der Arbeit oder sogar in der vorgestanzten Freizeit die Freiheit zu finden, sieht er, daß der Architekt eine wichtige Rolle in der Versorgung mit Gelegenheiten für die Selbstfindung spielt. Er erinnert sich daran, daß sein Lehrer in der Schule ihm gesagt hat: Du sprichst immer so, wie deine Eltern sprechen – es gibt kein Entrinnen aus deiner gesellschaftlichen Schicht; er hat sich fest vorgenommen, nicht auch noch aus dem Heim ein Gefängnis zu machen. Die erste architektonische Arbeit, die er zustande brachte, war der Abriß der Zwischenwände in seiner eigenen Dreizimmerwohnung, um einen modischen offenen Raum zu schaffen, wie er in den 6oer Jahren beliebt war. Das erwies sich als furchtbar; es führte dazu, daß seine Ehe auseinanderbrach, weil es die Privatheit innerhalb der Familie zerstörte. Inzwischen versucht er das Gegenteil zu machen; sein Problem besteht darin, genug Orte zu finden, wo er Vielfalt einführen kann. Sein Stil steht nicht so sehr im Gegensatz zu der massiven Uniformarchitektur des 18. Jahrhunderts, wie es scheinen mag; er hat untersucht, wie Versailles gebaut ist, und fand heraus, daß es bei weitem nicht das großartig konzipierte einzelne Ganze ist, sondern eine vielschichtige Kombination von Kleinigkeiten, die so zusammengesetzt sind, daß man den Eindruck der Ordnung erhält; er mag besonders den Kontrast zwischen der vorderen und der hinteren Fassade, der vielleicht die Touristen beleidigt, für ihn aber eine wesentliche Quelle der Bereicherung darstellt. Er hat denselben Kontrast in einem seiner viel bescheideneren Häuser übernommen. Der Name Sarfati, so erzählt er all jenen, die nach dessen Bedeutung fragen, heißt auf hebräisch «französisch».

In seiner Jugend wollte er in die Vereinigten Staaten emigrieren, weil es so schien, als habe man dort größere Möglichkeiten der Innovation, aber heutzutage ist er nicht mehr dieser Ansicht. Wahr ist allerdings, daß es nicht so viele Möglichkeiten in Frankreich gibt, exotische Häuser für die Reichen zu bauen, die nicht am Geld sparen müssen; Marcel Dassault baute sich selber eine Replik des Trianon, genauso wie sich Randolph

Hearst sein Schloß in Kalifornien baute, doch die meisten Reichen sind daran interessiert, ihren Reichtum nicht zu sehr zu zeigen. Bei staatlichen Gebäuden jedoch gibt es sehr viel Aktivität, und die Behörden, die das Ganze kontrollieren, sind inzwischen daran interessiert, sich nicht auf einen Stil festzulegen, aus Angst, wieder einmal auf einen Verlierer zu setzen, so daß inzwischen vielfältige Experimente möglich geworden sind; da sie weniger an der Architektur an sich interessiert sind, als vielmehr an ihr als dem Werkzeug zur Lösung sozialer Probleme, mischen sie sich weniger in ästhetische Fragen ein. Sarfati selber interessiert sich mehr für den menschlichen Aspekt als für die technische Innovation; andere fühlten sich verpflichtet, Gebäude zu bauen, die mit Fernwärme oder mit Sonnenenergie beheizt werden; andere Architekten bauen überhaupt nicht, sondern restaurieren lieber alte Häuser. Es ist jedoch nur selten der Fall, daß ein Bürgermeister wie Jacques Chirac in Paris von sich sagt: «Der Chefarchitekt bin ich.»

11 Wie sich Manager von Aristokraten unterscheiden

Der Duc de Brissac ist für jeden der Inbegriff der alten Aristokratie. Er besitzt sowohl ein herrliches Schloß in Anjou als auch drei weitere Häuser und ist Erbe einer Dynastie, die viele Jahrhunderte alt ist und vier Marschälle hervorgebracht hat. Aber er ist auch ein begabter Absolvent der Polytechnique, ein Ingenieur, der zu einem der Direktoren von Schneider-Westinghouse aufstieg, einer Fusion aus französischer und amerikanischer Technologiemacht. Sicher, er hat die Tochter seines Chefs geheiratet, May Schneider, Erbin eines der wichtigsten französischen Industrieunternehmen, aber das gehört fast zur Familientradition. Seine Vorfahren heirateten die Erbin der Champagnerfirma Veuve Clicquot und die Erbin der Say Zukkerraffinerien. Er ist Präsident des aristokratischsten Clubs in

Frankreich, des «Jockey», wo allein ausschlaggebend ist, wen man zum Vater hat. Aber er hat auch Talent als Autor von einem halben Dutzend Bücher gezeigt und sich als vielseitiger Sportler erwiesen. Man könnte ihn als führenden Experten des Landes für Privilegien bezeichnen, denn es gibt kaum ein Privileg, das er nicht genießt; und er schämt sich dessen keineswegs. Er meint von sich selbst, daß er nicht irgend jemand ist, auch wenn er bei Wahlen nur eine Stimme hat. Autorität, sagt er, ist ihm sehr natürlich: «Selten habe ich in meinem Leben meine Stimme erheben müssen, um mir Gehör zu verschaffen.» Er gibt zu, daß es ungerecht sein mag, wenn es ihm stets zufiel zu kommandieren, aber so sei der Lauf der Welt nun einmal. «Einige Mädchen sind hübsch, andere häßlich. Jeder von uns muß das beste aus seinen Begabungen machen.» Nur seine zufällige mathematische Begabung hat ihn zum Ingenieur werden lassen. «Niemand erhält das, was er verdient, das wissen wir doch.» Er versucht nicht, die weniger Glücklichen davon abzubringen, Ehrgeiz zu entwickeln und aufzusteigen. Ehrgeiz ist eine gute Sache. Aber es hat wenig Sinn, sich selbst übertreffen zu wollen. Die moderne Welt fußt mehr auf der Anregung des Wunschdenkens als auf der Befriedigung von Bedürfnissen. Die Menschen meinen, sie würden doppelt so glücklich sein, wenn sie zwei Autos besäßen, aber das sei ein Irrtum. Seinen eigenen Besitz betrachtet er lediglich als «Verantwortung». Wenn das alles zu altmodisch und bevormundend klingt, nun gut, meint er, Bevormundung ist auch nicht schlimmer als die kalte Anonymität des modernen Kapitalismus. Aber er verneint, daß seine Ansicht statisch sei. Er ist stolz, sich den Zeiten angepaßt zu haben, im Gegensatz zu seinem Vater, der Demokratie einfach übertrieben fand und jeden, der damit etwas zu tun hatte, als Schwein bezeichnete: *les cochons*, die Minister; *les cochons*, die Steuereintreiber. Die Tochter des Herzogs heiratete einen berühmten Technokraten, Simon Nora. Die Ehe endete schließlich mit Scheidung: «Unsere Dörfer lagen zu weit auseinander», kommentiert der Herzog, denn Noras Vater war ein gewöhnlicher, bürgerlicher Arzt. Doch das stimmt nicht. Nora ist ein leibhaftiges Mitglied der neuen Aristokratie, auch wenn er kein Adelsprädikat besitzt.

Es mag merkwürdig erscheinen, in einer postrevolutionären Republik von Aristokratie zu sprechen. Was ist mit Freiheit, Gleichheit, Brüderlichkeit? Die Wörter sind auf Münzen und auf öffentlichen Gebäuden zu finden, aber ihre Bedeutung im täglichen Leben ist weniger offensichtlich. Freiheit bedeutet, daß man in Maßen sagen und tun kann, was man will, aber nur unter der Voraussetzung, daß man weiß, wie man um die Vorschriften und Regeln der Bürokratien herumkommen kann. Zum Beispiel gestattet das am häufigsten gedruckte Gesetz vom 29. Juli 1881 der Regierung und den Haus- und Grundbesitzern, auf Häusermauern die Aufschrift anzubringen: «Es ist verboten, Aufschriften anzubringen», *défense d'afficher*. Einige entdeckten, daß dieses Gesetz Regenrinnen nicht erwähnte, und so sind sie zu freien Plakatflächen geworden. Gleichheit bedeutet, daß man soviel wert ist wie jeder andere auch, aber selbst sozialistische und kommunistische Minister verdienen sechsmal so viel wie Arbeiter; und wieviel Steuern der einzelne zahlen muß, hängt noch immer teilweise von seinem Einfallsreichtum und von seiner Ehrlichkeit ab, da Steuerhinterziehung noch immer eine Art Volkssport ist. Brüderlichkeit bedeutet, daß es staatliche Hilfe für die Alten, Kranken und Arbeitslosen gibt, aber eine Schule brachte es irgendwie fertig, drei Eßzimmer für ihre Lehrer einzurichten, so daß diejenigen mit höheren akademischen Weihen, diejenigen mit einfachem Diplom und diejenigen mit einfachem Staatsexamen alle getrennt essen konnten.

Die Franzosen erfanden ihr Motto vor 200 Jahren, aber sie haben ebensoviel Energie darauf verwendet, die Worte zu umgehen, wie sie durchzusetzen. Die Alternative, das *Système D* (D steht für *débrouillard*, was soviel bedeutet wie die Kunst, sich vorbeizumogeln, Hindernisse zu umgehen), mündet oft in den Wettbewerb, besser als der Nachbar zu sein. Die Behauptung, nach dem Zweiten Weltkrieg habe eine neue Ära begonnen und es gebe einfach zwei Arten von Franzosen, die modernen und die alten, die langsam aussterben, führt nicht weiter, weil sie die Frage verdeckt, was die Erneuerer wirklich wollen und wie sie sich von ihren Eltern unterscheiden. Der Unterschied zwischen altmodischen und neumodischen

Franzosen ist genauso unklar, wie die herkömmliche, beliebte Unterscheidung zwischen Bourgeois und dem Volk. Sie ist noch hoffnungsloser als die alte Teilung der Engländer in Gentlemen und den Rest, denn zumindest war der Gentleman kein ungehobelter Kerl. Wichtiger als die vage Unterscheidung nach gesellschaftlichen Klassen ist mir die Frage, wie sich die Menschen zueinander verhalten, wie sie menschliche Beziehungen verstehen, was sie aus ihrem Leben zu machen versuchen. Die Anwendung dieser Kriterien auf die arbeitende Bevölkerung führt zur Aufteilung des französischen Volkes in drei Gruppen: diejenigen, die gerne andere führen oder ihnen Befehle erteilen und an Hierarchie glauben, wenn auch vielleicht aus ganz verschiedenen Gründen; diejenigen, die ihren Chef hassen oder ablehnen oder ihn sogar bekämpfen, ohne die hierarchischen Beziehungen durch andere ersetzen zu wollen; und schließlich diejenigen, die versuchen, aus dem hierarchischen System auszusteigen und ein Leben zu führen, das anderen keine Beschränkungen abverlangt. Der Duc de Brissac illustriert offensichtlich die erste Kategorie. Weit davon entfernt, der letzte einer aussterbenden Rasse zu sein, gehört er vielmehr einer wachsenden Zahl von ambitionierten Menschen an, die, stets darauf bedacht zu befehlen, eine neue Art von Aristokratie gebildet haben.

Der alte Adel ist der unwichtigste Teil der gegenwärtigen Aristokratie. Ein Adelstitel zählt nur bei wenigen – außer bei denen, die einen tragen. Er ist mehr ein Kennzeichen der Mitgliedschaft in einer genealogischen Gesellschaft, denn der Adel hat das größte Familiennetz im Land entwickelt, indem er vorteilhaften Eheschließungen große Aufmerksamkeit schenkte. So haben sie noch immer mehr als ihren gerechten Anteil an Führungspositionen in der Industrie (in der ungefähr ein Viertel der Nachkommen beschäftigt ist; ein Fünftel ist in der Armee, ein weiteres in der Landwirtschaft, ein Zehntel sind Bankiers). General Alain de Boissieu Dean de Luigné zum Beispiel, früher Chef des Armeestabs, heiratete General De Gaulles Tochter. Drei seiner Verwandten teilen sich zwanzig Direktorenposten. Natürlich sind Adlige schon immer sowohl Widersacher als auch Mitglieder des Establishments gewesen. So überrascht es nicht, daß einer der militanten maoistischen Arbeiter, die vor einigen Jahren in der Renault-Fabrik verhaftet wurden, der Comte de Choiseul-Praslin war oder daß einer der Führer der bretonischen Kommunistischen Partei der Comte Meriadec de Gouyon-Matignon ist. Immerhin hatte der Adel zur Revolution von 1789 den Anstoß gegeben. Doch während sich der englische Adel recht gleichmäßig in Whigs und Tories, Liberale und Konservative aufteilte, so daß niemals Gefahr bestand, völlig in Verruf zu geraten, haben die französischen Adligen damals die Nerven verloren. Sie wußten nicht, wie sie ausreichend große Zugeständnisse machen sollten, um ihre Führungspositionen beizubehalten.

Der Comte de Paris, Anwärter auf den Thron, hatte einst Hoffnungen auf die Rückkehr zur Monarchie gehegt. Er glaubte, General de Gaulle erzeuge einen charismatischen Strom, der überdauernde Wirkung zeigen könne. Der General ermutigte ihn in seinen Hoffnungen, behandelte ihn mit größter Höflichkeit und versicherte ihm, die Aufmerksamkeit der Klatschkolumnisten, die endlos über jedes andere Königshaus schrieben, nur nicht über das französische, würde sich schließlich auch ihm zuwenden. Doch der Graf zählt immer noch nichts, denn er hat nicht verstanden, daß eine Königsfamilie oder vielmehr der gesamte Adel nicht populär sein kann, wenn er nur ein einziges Prinzip verkörpert, nämlich nationale Einheit oder Autorität. De Gaulle war erfolgreicher, denn er gewann Stimmen von rechts wie von links. Die englische Königsfamilie überlebt, weil sie so vielseitig ist und jedes Familienmitglied ganz eigene Ansichten einbringt. Sie verkörpert Freimütigkeit wie auch Tradition, Wettbewerbsfähigkeit ebenso wie Etikette, Humor, Pferde, Technologie, Glanz und sogar enttäuschte Liebe. Es gibt wenigstens ein Element, mit dem sich jeder identifizieren kann. Die britische Monarchie ist nicht wirklich eine im wesentlichen ererbte Institution, weil sie sich ständig verändert hat. Im 18. Jahrhundert war sie recht unpopulär, und sie hat wiederholt neue Wege gefunden, an Beliebtheit zu gewinnen. Dagegen weigerte sich der Comte de Paris, an der Hochzeit von zweien seiner Kinder teilzunehmen, weil die zukünftigen Schwiegereltern unter seiner Würde waren. Die unterschiedlichen Schicksale der englischen und französischen Königshäuser liegen nicht in den grundsätzlich verschiedenen Mentalitäten der beiden Länder begründet, sondern im Geschick der einen Familie und in der Inkompetenz der anderen. Den Snobismus des Comte de Paris hätte man noch hinnehmen können, wenn er wenigstens ein paar andere typisch aristokratische Unarten an den Tag gelegt hätte. Jemanden danach zu beurteilen, wer seine Eltern sind, ist nicht nur traditionelles Merkmal des alten Adels, das gab und gibt es auch in anderen Klassen, und die gutsituierte Bourgeoisie hat wie der Adel ihren eigenen Almanach, in dem Eheverbindungen aufgeführt werden wie in einem Gestütbuch – mit unendlichem Feinsinn für Statusabstufungen. Menschen, die Adelsprädikate führen, sind nicht unbedingt Aristokraten im heutigen Sinn des Wortes. Eine der Überraschungen der französischen Geschichte ist, daß in der Revolution die Adligen geköpft wurden, aber irgendwie gibt es heute mehr denn je. Die Erklärung liegt darin, daß zusätzlich zu den 4000 uradligen Familien, die jene 12 000, die im Jahre 1789 existierten, überlebten, vielleicht zehnmal so viele heute vorgeben, adlig zu sein. Sie eigneten sich Titel an, auf die sie keinen Anspruch haben. Aber Aristokratie impliziert Macht und Prestige, und viele Familien mit Titel haben heute von beidem recht wenig.

So könnte man sagen, daß der Marquis de Brissac einer anderen sozialen Schicht angehört als sein Vater. Er hat jenen wichtigen Einfluß auf andere Menschen nicht mehr, den sein Vater als Oberhaupt noch ausübte. Er ist vielmehr ein Rentier, ein Mann, der von einem ererbten Vermögen lebt, mit all den Problemen, die ein bürgerlicher Rentier kennt, dessen Reichtum nicht ganz ausreicht. Er ist ein Mann mit feinen Manieren, der keinen Grund sieht, am Wettbewerb des Lebens teilzunehmen. Er ist am glücklichsten, wenn er sich mit seinen Pferden und Hunden beschäftigen kann. Er verbringt in der Tat sehr viel Zeit auf der Jagd oder mit der Pflege seiner vierzig Jagdhunde, die er alle mit Namen kennt (Conquérant, Protocol, Francophone, Impudent, Ingénu usw.) Er kennt sie von Geburt an: «Ich kenne ihre Väter und ihre Großväter. Sie sind für mich wie eine zweite Familie.» Ein Jäger, der in örtlichen Angelegenheiten keine Rolle spielt, ist ein Sportler, aber kein Aristokrat. Der Marquis hat tatsächlich eine neue Rolle seiner Klasse gefunden – als Erb-Museumswärter. Er liebt sein Haus, ein herrliches *Château* aus dem 15. Jahrhundert; er und seine Frau haben sich seit ihrer Hochzeit seiner Restaurierung verschrieben und leben von den Einnahmen, die ihnen die Öffnung für die Allgemeinheit einbringt. Er organisiert «angesehene Abendessen» für Geschäftsleute, die genug Geld übrig haben und Gefallen an antiker Pracht finden. Sein junger Sohn, meint, das Leben im Schloß sei ein «Paradies». Er will die gleiche Laufbahn anstreben wie Papa. Die Familie betrachtet dies als eine Art von Geschäft. Die Marquise spricht davon, aus dem Schloß *une affaire* zu machen, und hat daran mit großem kaufmännischen und künstlerischen Geschick gearbeitet. Sie hat sich unlängst mit mehr als vierzig Jahren als Theologiestudentin in der nahegelegenen Katholischen Fakultät von Angers eingeschrieben. Das hat ihr geholfen, einen weiteren Lebenssinn zu finden, der darin besteht, Gott zu ehren und in den Himmel aufzusteigen. Christin zu sein bedeutet für sie nicht, daß man all seine weltlichen Güter aufgeben muß, um erlöst zu werden. Sie glaubt, daß ein Reicher keine größeren Schwierigkeiten hat, in den Himmel zu kommen, als ein Armer: «Es sind nicht die eigenen Verdienste, durch die jemand in den Himmel kommt, sondern die Verdienste von Jesus Christus.» So studiert sie die Dreifaltigkeit, während ihr Mann auf die Jagd geht. Jeder hat sich seine eigene Welt geschaffen, in der beide mehr oder weniger Zufriedenheit gefunden haben, er wahrscheinlich mehr als sie, denn er hat ein wesentlich unbeschwerteres Temperament. Als ich ihn fragte, was er von der Leistungsgesellschaft halte, wußte er aufrichtig nicht, was das Wort bedeutet.

Im Gegensatz dazu gibt es Menschen in der Arbeiterklasse, die glauben, daß sie die Fähigkeit besitzen, ihresgleichen herumkommandieren zu können, und die hoffen, daß ihre Kinder an die Spitze gelangen. Monsieur Perrin ist Produktionschef in der Rossignol-Skifabrik bei Voiron im Isère, einem der dynamischsten Unternehmen Frankreichs und einem der weltweit größten Hersteller von Skiern und Tennisschlägern, mit Produktionsstätten in mehreren Ländern. Nach einer Drechslerlehre begann er als einfacher Arbeiter, hatte aber immer davon geträumt, «das Kommando zu übernehmen». «Zu befehlen ist meine Berufung», sagte er. Nach acht Jahren wurde er zum Vorarbeiter befördert, sechs Jahre später für seinen gegenwärtigen Posten ausgewählt, und heute steht er mehreren hundert Männern und Frauen vor. Er sieht seinen Aufstieg als «logisch» an, weil «man seinen Charakter nicht ändern kann», gibt sich demonstrativ hart, treibt sich selbst genauso streng wie alle anderen an. Es stört ihn nicht, wenn man ihn hart nennt. Die Arbeiter mögen ihn nicht, aber er akzeptiert das. Sein ganzes Leben lang hat er elf Stunden am Tag gearbeitet, manchmal dreizehn. Seine Philosophie ist, daß man «soviel wie möglich aus sich herausholen muß». Auch an andere stellt er hohe Anforderungen: Er durchschreitet die Fabrik mit einem sichtbaren Gefühl von Autorität, gibt seine Anweisungen ohne Umschweife, aber höflich, und keiner widerspricht ihm. Er ist der Ansicht, es sei richtig, daß er mehr verdient als seine Untergebenen, weil er hart für sein Ziel gearbeitet habe, und, so behauptet er, es stehe anderen offen, das gleiche zu tun. In Frankreich, betont er, könne jeder, der es wolle, aufsteigen. Er beklagt sich verständnislos darüber, daß französische Arbeiter nicht hart genug arbeiten, und spricht dabei fast wie ein englischer Manager, der meint, nur ein Krieg könnte die alte Arbeitsmoral wiederherstellen – andernfalls werde Frankreich vor die Hunde gehen. Vielleicht gibt es ja einen Bürgerkrieg, murmelt er finster. Für ihn ist ein gutes Gehalt die notwendige Grundlage für ein gutes Leben, das vor allem zwei Dinge beinhaltet: bequem zu leben und den Kindern eine gute Ausbildung zu ermöglichen. Es ist «absolut notwendig», gutes Geld zu machen. Er drängt seine Kinder in die gleiche Richtung und hofft, daß auch sie das Beste aus ihren Fähigkeiten machen werden. Er steht jeden Morgen um fünf Uhr auf, um seiner Tochter bei ihren Hausaufgaben zu helfen. Sein enges Familienleben ist seine große Freude. Die Wochenenden verbringt er mit Angeln, Jagd und Gartenarbeit, woran sich seine Frau und seine vier Kinder beteiligen. Er spricht abwertend von seinem Nachbarn, ebenfalls ein Manager, der vom Erfolg dazu verführt wurde, ein so reges gesellschaftliches Leben zu führen, daß er seine Kinder kaum sieht.

Lauzier

Er erschaudert vor den absehbaren Folgen, die sich einstellen, wenn Kinder sich selbst überlassen werden. Wenngleich er mit seinem Job zufrieden ist, wartet er auf weitere Beförderungen und wäre bereit, dafür jede Art erforderlicher Weiterbildung in Kauf zu nehmen. Sein Streben ist sein Lebensinhalt.

Die Franzosen sehen sich gern als unbhängige Menschen, die sich nicht herumkommandieren lassen. Aber viele haben offensichtlich gern selbst das Sagen über andere. Denn in den dreißig Jahren nach dem Krieg hat der Wunsch, Manager zu werden, so weit um sich gegriffen, daß sich ihre Anzahl verdoppelt hat, die der Vorarbeiter verdreifacht. So steht über zwei Arbeitern jeweils ein dritter, der ihnen sagt, wie sie zu arbeiten haben. Der Mythos von den Franzosen, die egalitärer seien als die Deutschen, hat sich als deutlich falsch herausgestellt, denn sie haben doppelt so viele Vorarbeiter wie die Deutschen. Die enorme Expansion der Managerklasse vermittelte vielen Menschen das Gefühl, sie könnten es in der Welt zu etwas bringen. Aber die Rezession setzte dem ein Ende, und Manager beschweren sich heute, daß der bürokratische Apparat, den sie selbst aufgebaut haben, nunmehr zum Hindernis für ihre persönliche Kreativität geworden sei. Das eröffnet die Hoffnung auf eine neue «Revolte des Adels». Denn eine erstaunliche Eigenschaft der französischen Manager besteht darin, daß sie eine wesentlich stärker erblich geprägte Klasse sind als in vergleichbaren Ländern. Ein deutscher Journalist hat errechnet, daß in Deutschland nur ein Viertel der Manager in den 200 größeren Firmen Söhne reicher Familien sind, in Frankreich drei Viertel, in den Vereinigten Staaten nur zu weniger als zehn Prozent. Es ist sicher noch möglich, ein kapitalistischer Chef zu werden (eine Viertelmillion hat den Status), wenngleich Frankreich nicht das Land der geschäftlichen Möglichkeiten ist, das die Vereinigten Staaten sind: dort werden jedes Jahr zehnmal mehr neue Firmen gegründet. Dennoch stammen drei Fünftel der Bosse in kleinen und mittelständischen Betrieben aus bescheidenen Verhältnissen. Das bedeutet, daß die Karriere vom Tellerwäscher zum Millionär nicht so ungewöhnlich ist. Aber die leitenden Köpfe der großen Firmen kommen zumeist aus gehobenen Verhältnissen.

Frankreich gelang es nicht, die Aristokratie 1789 abzuschaffen, denn die Leistungsgesellschaft, die an ihre Stelle trat, hat die Vererbung von Macht und Privilegien nicht beseitigt. Die originellste französische Steuer ist die auf «Zeichen des Reichtums». Man wird besteuert, wenn man eine Yacht, Pferde oder ein Schloß besitzt. Das hat zur Folge, daß insgesamt die Reichen in Frankreich bei weitem diskreter sind als in anderen Ländern. Die einheitlichen Fassaden der Straßen von Paris sind dazu bestimmt, Reichtum eine Privatangelegenheit sein zu lassen. Die Prachtentfaltung des alten Adels ist beseitigt worden. Aber die Reichen wurden nicht beseitigt. Vor einigen Jahren ermittelten Experten Zahlen, um zu belegen, daß Frankreich weitaus größere Extreme von arm und reich kennt als jede andere westliche Nation, selbst als die Vereinigten Staaten und Großbritannien. Andere Experten haben dies widerlegt, doch niemand weiß so richtig, wie reich die Reichen sind: Es ist unmöglich, genau zu wissen, ob Frankreich mehr oder weniger Millionäre besitzt als Großbritannien, teilweise deshalb, weil die Geheimnistuerei der Reichen dazu führt, daß sie keine demonstrativen Spenden leisten, und weil es vergleichsweise wenig philanthropische Stiftungen nach amerikanischem Muster gibt. Nur achttausend Menschen haben zugegeben, daß ihr Jahreseinkommen mehr als 1 Million Francs (330000 D-Mark) beträgt; doch Millionen französischer Francs sind anscheinend in ausländischen Banken verschwunden, als die sozialistische Regierung eine letztlich bescheidene Vermögenssteuer einführte. Daraus ist zu folgern, daß die Franzosen nur eine sehr geringe Vorstellung von ihren Ungleichheiten haben: als sie gebeten wurden, das Einkommen anderer Leute zu schätzen, wußten sie ziemlich gut zu sagen, wieviel etwa Leute aus einer vergleichbaren Schicht verdienten, unterschätzten aber die Gehälter von leitenden Direktoren bei weitem. Wenngleich der Staat den Reichen den Krieg erklärt hat, überlebt die Aristokratie – schon deshalb, weil die hohe Beamtenschaft selbst zu einer erblichen Elite geworden ist. In der fünften Republik werden hohe Beamte zunehmend Minister und Mitglieder der Nationalversammlung; es gibt weitaus weniger Parlamentarier aus der Arbeiterklasse als in Großbritannien oder den Vereinigten Staaten, und der Anteil derer, die aus der Oberschicht kommen, ist seit dem Krieg stetig angewachsen. Es ist also noch immer dieselbe Art von Beamten, die die verstaatlichten Industrien leitet. Deshalb ist die Vorstellung, jeder französische Soldat trage in seinem Tornister den Marschallstab mit sich und jeder Arbeiter könne hoffen, zum Direktor aufzusteigen, weil Frankreich eine Republik mit Gleichheitsprinzip sei, zugleich wahr und falsch, aber mehr falsch als wahr. Die meisten Angehörigen der französischen Oberschicht verdanken ihren Vätern ebensoviel wie ihren eigenen Fähigkeiten.

Der Wunsch, ein Boss zu sein, sagt Yvon Gattaz, Vorsitzender des Verbands der Arbeitgebervereinigungen, ist «angeboren», entweder man hat ihn oder nicht; er steckt einem in den Chromosomen. Er meint, die Tragödie Frankreichs sei es, daß viele, die das Zeug zum Chef hätten, von der Feindseligkeit, die den Chefs von ihren Arbeitern entgegengebracht wird, und von der Vorstellung, daß ein Chef Mitglied der ausbeuterischen Elite sei, abgehalten werden. Ein Chef, sagt er, ohne sich um das Paradox zu scheren, sei vor allen Dingen ein Nonkonformist. Er erklärt seinen eigenen «Nonkonformismus» als ererbt. Sein Vater war ein Lehrer, der seine sichere Stellung aufgab, um Maler zu werden. Sein eigenes Unternehmen zu besitzen, war für Gattaz eine Art, «sich selbst auszudrücken, meine eigene Identität zu finden, wie die Psychologen sagen». Im Alter von siebenundzwanzig gab er seinen sicheren Posten als Metalleinkäufer bei Citroën auf, um seine eigene Firma zu gründen. «Ich fragte Dutzende von Leuten um Rat – sie waren alle einer Meinung: ‹Nein, laß die Finger davon.› Es gibt einen wichtigen Faktor bei solchen Entscheidungen, den der Familie, besonders der Ehefrau. Zu häufig werden Nonkonformisten von ihren Frauen zurückgehalten, die sagen: ‹Ich war die Frau eines Chefingenieurs und soll jetzt die Frau eines Handwerkers werden. Das ist nicht ehrenhaft.› Ein Mann braucht Mut, um dem zu widerstehen.» Gattaz sieht den Chef als jemanden, der Risiken liebt. «Die Risikofreudigkeit nimmt mit der Zeit unerbittlich ab. Mit dem Alter, mit der Bequemlichkeit, mit der Sicherheit, mit Verpflichtungen und mit erfolglosen Erfahrungen wird sie unweigerlich immer kleiner.»

Er ist zweifellos durch die Tatsache ermutigt worden, als geborener Sieger auf die Welt gekommen zu sein. «Die Schule brachte ich leicht und schnell hinter mich. Ich hatte das Glück, sehr schnell in der Ecole Centrale für Ingenieure aufgenommen zu werden.» Er wurde trotz seines Alters im Eilschritt bei Citroën zum Chefingenieur befördert und hatte Aussicht, die oberste Etage des Unternehmens zu erreichen. «Aber ich zog es vor, gesellschaftlich abzusteigen und einen Kleinbetrieb mit zwei Angestellten aufzumachen. Immer hatte ich davon geträumt, einen eigenen Betrieb zu gründen, unabhängig zu sein und meiner Phantasie freien Lauf zu lassen. Das Glück war auf meiner Seite, weil ich einen Bruder im gleichen Alter hatte, der ebenfalls Ingenieur ist. Wir kommen gut miteinander aus und ergänzen einander sowohl charakterlich als auch beruflich. Unbescheiden, wie wir waren, hatten wir das Gefühl, wir könnten sehr gute Unternehmer werden, was dann auch mehr oder weniger eintraf. Es war der Wunsch, auf eigenen Füßen zu stehen, nicht so sehr der etwas kindliche Wunsch, den wir alle hegen, ein Vermögen zu machen. Viele glauben, wir wären von dem in amerikanischen Filmen verbreiteten Mythos beeinflußt worden, die Menschen in aufwendigen Villen und kostspieligen Autos zeigen. Ich sage nicht, daß das keine Rolle gespielt hat, aber ich glaube, der Hauptgrund war unser Wunsch, uns selbst zu verwirklichen, unser Wunsch nach Unabhängigkeit und die Freude am Risiko, vielleicht unsere Freude am Kommandieren, was landläufig der Wille zur Macht genannt wird, aber ich will keine große Macht, sondern die Macht, die der Unabhängigkeit entspringt.»

Gattaz machte sich einen Namen, indem er die Tugenden mittelständischer Unternehmen predigte, des Unternehmens mit «menschlichen Dimensionen». Er kennt jeden in seiner Fabrik mit Vornamen (auch wenn sie ihn immer noch mit Monsieur anreden). Gattaz sagt, daß große Firmen nicht die größten Profite machen; und Profit müsse in einem weiten Sinne interpretiert werden. Ein Unternehmen muß nicht nur ökonomisch erfolgreich sein, sondern auch seinen Anteilseignern, Kunden und Beschäftigten Befriedigung verschaffen, indem man allgemeinem Interesse nachgeht und Dinge macht, auf die alle stolz sein können. Die Angestellten müssen nicht nur mit ihrem guten Lohn zufriedengestellt werden, sondern auch mit attraktiven Arbeitsbedingungen, mit interessanter Arbeit und mit einem Anteil an der Verantwortung und am Profit. Das ist nur möglich, so argumentiert er, in Unternehmen mit weniger als zweitausend Beschäftigten, in denen der menschliche Maßstab noch erhalten bleibt. Schließlich arbeitet ein Viertel aller französischen Lohnabhängigen in Firmen mit weniger als fünfzig Beschäftigten, ein anderes Viertel für Unternehmen mit über zweitausend und die Hälfte in mittelgroßen Unternehmen. Zur Zeit stammen jedoch die Exporte Frankreichs ausschließlich aus den großen Firmen; nur wenn die mittelgroßen Unternehmen es lernen zu exportieren, werden sie eine volle Daseinsberechtigung haben, denn im Augenblick hängen sie noch von den großen Firmen ab, für die sie meistens die Zuarbeit leisten. Gattaz will seine Angestellten glücklich machen, aber nicht zu Gleichen. Der Chef muß Chef bleiben. Das sozialistische Ideal der Mitbestimmung, sagt er, ist von politischer Ideologie bestimmt, nicht von der Realität des Geschäftslebens. Er favorisiert die Dezentralisierung der Unternehmen in Gruppen von etwa 200 oder 300 Arbeitern und wiederum in kleine «Spezialistenteams» und fordert, den Arbeitern mehr Information zu geben, was ein Gesetz von 1977 vorschreibt, das seit 1982 in Kraft ist. Er befürwortet Teilzeitbeschäftigung als Bereicherung des Lebens und zugleich als Antwort auf die Arbeitslosigkeit und verweist auf ein Gesetz von 1975, das Arbeitnehmer für alle Nachteile entschädigt, die sich daraus ergeben, daß ein Arbeitsplatz geteilt wird. Aber das Gesetz ist bislang weitgehend ignoriert worden. Schließlich gibt er seinen Arbeitern ein Zehntel ihrer Zeit frei für «öffentliche Arbeiten».

Gattaz hat errechnet, daß nur 0,3 Prozent der Ingenieurabsolventen der *grandes écoles* ein eigenes Unternehmen gründen. Er will eine neue Mode initiieren und die Anregungen aus der Erfolgsgeschichte amerikanischer Millionäre und von Renault, Citroën und Michelin wiederbeleben. Erfolg bedeutet für ihn jedoch nicht nur ein Leben in Luxus – er investiert alle Gewinne in seine Firma und bezieht nur ein Gehalt. Unter Erfolg versteht er teils den gesellschaftlichen Erfolg, zum «Establishment zu gehören», teils das Gefühl, «ein Team anzuführen». Unabhängigkeit ist ein wenig illusorisch, denn «ein Unternehmen ist wie eine Geliebte», und es ist der Kunde, der bestimmt. Er arbeitet sechseinhalb Tage in der Woche, und erst kürzlich hat er sich einen Jahresurlaub von zwei Wochen gegönnt. Sein Unternehmen ist trotz der weltweiten Rezession ständig gewachsen, weil er sich auf ein bestimmtes Teil für elektronische Ausrüstungen spezialisiert hat (Koaxial-Verbindungen). In diesem Bereich ist er der zweitgrößte Produzent der Welt geworden – mit 800 Arbeitnehmern. Die amerikanischen Branchenführer produzieren Standardtypen, er erfüllt Sonderwünsche. Sein zweiter Mann am Ruder ist ein Franzose, der an der Stanford Business School in Kalifornien ausgebildet wurde. Er hat noch nicht entschieden, was geschehen soll, wenn ein Firmengründer stirbt. Er ist davon überzeugt, daß seine Kinder nicht einfach die Firma erben werden; wenn sie Unternehmer werden wollen, sollen sie ihre eigene Firma gründen. Doch bleibt abzuwarten, ob er ihnen dabei helfen wird, abgesehen von ihrem Privileg, daß sie bereits eine ausgezeichnete Ausbildung erhalten zu haben. Ihm liegt nicht soviel daran, seinen Angestellten eine Beförderung in Aussicht zu stellen, als ihnen dabei zu helfen, ihren eigenen Betrieb zu gründen. Er hat bislang fünf Mitarbeitern geholfen, sich auf eigene Füße zu stellen, und er hat ein Beratungszentrum «Allo Création» gegründet, um weitere dazu anzuregen. Aber er hilft nur denen, «die es verdienen, denn man muß vorsichtig sein, nicht die anzutreiben, die nicht die nötige Charakterstärke besitzen». Und gegenüber der rivalisierenden Anziehung einer Beamtenstellung erklärt er sich hilflos: «An deren Prestige hat noch keiner jemals etwas ändern können. Das ist der Gipfel aller Gipfel. Aus meiner Sicht ein Ansehen, das weit übertrieben ist, weil viele Beamte werden, um ein ruhiges Leben zu führen und in totaler Sicherheit dahinzuschlummern.» Er gesteht ein, daß Nonkonformismus nicht jedermanns Sache sei: «Menschen haben den Hang, zu tun, was man von ihnen erwartet, und das ist schade so, denn diejenigen, die Erfolg haben, und diejenigen, die leicht verrückt sind, tun genau das Gegenteil von dem, was normal ist.» Nun, da es seine Aufgabe ist, die Arbeitgeber zu vertreten, träumt er davon, sie mit einer Stimme sprechen zu lassen, doch das widerspricht natürlich seiner Ansicht von ihnen als Nonkonformisten. Der Dachverband der Arbeitgeber besteht aus über achthundert Verbänden, die lange Zeit eifersüchtig ihre Unabhängigkeit verteidigt haben. Der Verband der Spazierstockfabrikanten, der Baskenmützenhersteller, der Gerber von Reptilienhäuten, der Angorawolleweber, der Käsedosenhersteller, sind weitere exzentrische Beispiele des individuellen Stolzes und der inneren Konkurrenz der Chefs. Genau wie der alte Adel, der bitter aufgeteilt war in einen Hofadel und einen Provinzadel, so liegen sich die staatlichen, die multinationalen und die kleinen Unternehmen in den Haaren.

Ein wichtiger Bestandteil der Aristokratie des alten Regimes waren die Äbte reicher Klöster, deren Besitz sich ständig mehrte. Ihre zeitgemäßen Gegenstücke sind multinationale Firmen, die in gleicher Weise ständig wachsen. Heute besitzen Multinationale (europäische und amerikanische Unternehmen etwa zu gleichen Teilen) zirka ein Fünftel der französischen Industrie: das ist die Gesamtzahl, doch haben sie am meisten in die Wachstumsindustrien investiert. Sie besitzen vier Fünftel der Maschinenindustrie, 68 Prozent der Ölindustrie, 60 Prozent der landwirtschaftlichen Maschinenhersteller, 51 Prozent der chemischen Industrie, 41 Prozent an Minen und Erzen, 39 Prozent der pharmazeutischen Industrie, 36 Prozent der Präzisionsinstrumentenherstellung, 28 Prozent der elektrischen Haushaltsgeräteindustrie. Aus diesem Grund darf man nicht immer erwarten, daß französische Geschäftsleute sich so verhalten, wie man es von den Franzosen früher erwarten konnte. IBM Frankreich besteht darauf, französisch zu sein; alle Direktoren sind Franzosen, auch wenn sie in den Vereinigten Staaten ebenso ausgebildet wurden wie in Frankreich. Aber Jacques Maisonrouge, vormals Chef von IBM Europa, sagt, er sei von der Idee angetan, daß man es aus eigener Kraft schaffen muß – was er bezeichnenderweise als amerikanische und weniger als französische Vorstellung versteht , daß man abgleitet, wenn man versagt; daß es keinen Sinn hat, auf den allumsorgenden Staat zu warten, um die Gesellschaft zu verbessern. In den Kantinen der Motorola-Fabrik bei Toulouse sind die sozialen Unterschiede theoretisch abgeschafft. Manager und ihre Untergebenen essen alle zusammen und reden sich mit Vornamen an; jeder ist oberflächlich freundlich, aber wenn es zu Meinungsverschiedenheiten kommt, «werden die Messer gezückt». Die benachbarte Dassault-Flugzeugfabrik behauptet, bei ihnen herrsche eine wahrhaft entspannte Arbeitsatmosphäre. Als IBM Frankreich sich von einer alteingesessenen französischen Bank Geld lieh, wurde die Vereinbarung in einem Brief von nur einer Seite Länge abgefaßt. Als sie von der

Lauzier

Pariser Niederlassung der Chemical Bank of New York Geld
aufnahm, umfaßte der Vertrag zehn Seiten; als sie sich von der
Morgan Guarantee Bank, die in Frankreich seit langem ange-
siedelt ist, Geld lieh, reichte ein Vertrag von fünf Seiten aus.
Amerikanisierung ist nicht immer gleichbedeutend mit Unge-
zwungenheit, es bedeutet auch größeren Einfluß vorsichtiger
Rechtsanwälte.

Die modernen Feudalbarone sind die Industriemagnaten.
Mit der Zeit werden sie unweigerlich zu Rechtsanwälten und
Buchhaltern. Aber es gibt noch viele Abenteurer unter ihnen,
wie zum Beispiel Maurice Bidermann. Im Alter von fünf Jahren
von einem unberechenbaren böhmischen Vater ausgesetzt, arbeitet er «wie ein Dynamo», um all das zu leisten, was sein
Vater nicht geleistet hat. Es ist nicht die Gier nach Geld, die ihn
antreibt, sagt er, sondern der Geschmack an der Autorität, das

Vergnügen, «andere herumzukommandieren». Erst war er von dem Traum besessen, tausend Beschäftigte zu haben; er stellte sich vor, in seinem Plüschbüro brauche er nur auf Knöpfe zu drücken, und alles würde sich um ihn drehen. Geld wünschte er sich nur als Mittel für Abenteuer, die ihn in die Lage versetzen würden, Risiken einzugehen. Mit der Zeit wünschte er sich, von seinen Arbeitern geliebt zu werden, doch mit dieser Vorstellung ist jetzt Schluß. Der Boss, so sagt er, kann nicht geliebt, höchstens respektiert werden. Liebe hat er nicht etwa dadurch gewonnen, daß er in Not geratene Firmen übernommen hat, einige von ihnen alteingesessene, geachtete Firmen, die von stolzen alten Familien geführt wurden, die entsetzt darüber waren, daß sie vor solch einem Emporkömmling in die Knie gehen mußten. Er antwortete darauf: «Vergessen Sie nicht, daß ich es bin, der Sie vor dem schlimmsten Ehrverlust eines Bankrotts bewahrt.» Er hat nach Amerika expandiert, und es ist der amerikanische Industriemagnat, den er am meisten bewundert. Was er am meisten an der amerikanischen Mentalität mag, ist die Einstellung, daß, wenn die Arbeiter den Chef im Cadillac mit Chauffeur vorbeifahren sehen, sie ihn nicht beschimpfen, sondern sich sagen: «In den Vereinigten Staaten kann ich es vielleicht auch schaffen, in einem Cadillac zu fahren». Was er mit den Amerikanern gemeinsam zu haben glaubt, ist die Religion der harten Arbeit viel eher als der französische Zwang zum politischen Argument. Das sind eher leichtfertige Verallgemeinerungen; es sind immer ein paar Franzosen, die ihr eigenes Land zugunsten eines idealisierten ausländischen herunterputzen. Bidermann ist tatsächlich ein universaler Geschäftsmann. Sein Erfolg begann mit einem Liefervertrag für die Russen, denen er dreihunderttausend Kleidungsstücke lieferte, dem weitere Aufträge zur Lieferung von Uniformen für die französische Polizei und für die Bediensteten der Pariser Verkehrsgesellschaft folgten. Die Kunst zu befehlen ist offensichtlich im Begriff, wieder aufgefrischt und «modernisiert» zu werden. Das Auguste-Comte-Institut zur Erforschung der Wissenschaft von den Wirkungen wurde von Präsident Giscard d'Estaing als Superunternehmerschule gegründet, in der Manager und Beamte mit zehnjähriger Berufserfahrung, die ausersehen sind, in die höchsten Kreise der Macht aufzusteigen, ein Freijahr verbringen sollten, um ihre Methoden zu überdenken. Die Sozialisten mochten die hochgestochene Art und das Elitäre an dieser Idee nicht, und eine der ersten Handlungen nach der Machtübernahme war die Schließung des Instituts. Es war in den alten Gebäuden der Polytechnique in der Rue Descartes eingerichtet worden, die dem neuen Ministerium für Forschung und Technologie übergeben wurden. Aber das Institut verkörperte die Ansichten der Verfechter eines liberalen Kapitalismus, von Männern, die weiterhin Schlüsselpositionen im Land innehaben. Der Institutsdirektor war der Physiker Michel Lafon, ein Absolvent der Polytechnique und der Hochschule für Telekommunikation, der als Regionaldirektor von Telecommunications in Orléans entdeckt hatte, «daß meine Probleme nicht technischer, sondern menschlicher Natur waren. Wenn ich die Bürgermeister nicht für meine Pläne gewinnen konnte, konnte ich meine Arbeit nicht ausführen.» Er merkte bald, daß manche Bürgermeister die Tagesmitte, von 12 bis 17 Uhr, beim Mittagessen verbrachten und daß dort die Entscheidungen getroffen werden. Sein Problem war, wie er zum *Déjeuner* eingeladen werden konnte. Seine technische Ausbildung hatte ihn völlig unvorbereitet gelassen. Er hatte zwar die Quantenmechanik studiert, aber nie auf diesem Gebiet gearbeitet. Die Mathematik sollte ihm angeblich scharfes Denken einflößen, aber er glaubt, das sei ein Fehler gewesen. Scharfes Denken kommt gleichermaßen aus harter Arbeit wie aus der Mathematik, und ein «Mehr» an Philosophie hätte er vorgezogen, da sie ihn gelehrt hätte, Diskussionen zu interpretieren und an ihnen teilzunehmen. In der Hauptsache hatte er gelernt, innerhalb einer Woche vor einer Prüfung ein Thema schnell zu beherrschen, das heißt also, rasch zu arbeiten. Wenn er jetzt sieht, wie seine Tochter für ihr Abitur höhere Mathematik büffelt, meint er, die Suche nach mehr und mehr Wissen sei zu weit gegangen.

Er wollte, daß das Institut so etwas anbietet wie die Yale-Kurse für Organisation und Management, die Menschen aus verschiedenen Teilen der Geschäftswelt zusammenbringen, um zukünftige Trends zu studieren. Aber er meinte, daß, obwohl die Absicht aus Amerika stamme, die Instituts-Methoden zu sehr der französischen Tradition verhaftet blieben, weil die Kurse von Spezialisten abgehalten wurden. Es trifft sicherlich zu, daß amerikanische Geschäftsleute sehr viel praktische Erfahrung haben und es ihnen eher an Theorie fehlte, aber ihre französischen Kollegen waren in der umgekehrten Lage. Den Ingenieuren in Frankreich mangelte es sowohl an sozialem, kulturellem wie auch historischem Hintergrund. «Das alte Befehlssystem kann nicht aufrechterhalten werden und wird sich ändern müssen.» Es waren nicht nur die Manager, die neue Haltungen lernen mußten; Gewerkschafter waren nicht gewohnt, an Unternehmensentscheidungen teilzunehmen; Arbeiter waren nur selten darauf erpicht, Verantwortung zu übernehmen, meint er. «Wissenschaftliche Methoden sind zur Lösung der neuen Situation unangemessen.» Sein Ziel war es, das Element des Irrationalen zu berücksichtigen, das sich überall einfindet und das die Techniker veschmähten. Er wollte amerikanischer sein als die Amerikaner.

Sein Institut bot keine Vorlesungen an. Es gab Seminare, in denen Teilnehmer mit Arbeitgebern und Gewerkschaftern, die gestreikt hatten, über Arbeitsbeziehungen diskutierten. Sie verbrachten ein Viertel ihrer Zeit mit den Problemen der «Kommunikation und des Verhaltens, Verhandlungstechniken, Ausdrucksmitteln, Medien und Sprache, mit der Intention, die Persönlichkeit der Arbeitgeber zu verändern, ihren rein theoretischen Zugriff zu beenden und sie gelassener zu machen». Ein weiteres Viertel der Zeit wurde der Weltwirtschaft, Entscheidungsprozessen und Umwelt gewidmet, und sie sprachen mit Führungspersönlichkeiten wie Maisonrouge von IBM Europa. Aber das Hauptanliegen war, praktische Probleme in Dreiergruppen zu lösen, Probleme, die völlig außerhalb ihres Erfahrungshorizonts lagen. Da gab es etwa das Problem mit französischem Holz. Es war teurer als schwedisches Holz, von dem große Mengen importiert wurden, und die französischen Schreiner waren davon überzeugt, daß schwedisches Holz besser sei. Daraus ergab sich, daß französische Möbel aus importierten Hölzern hergestellt wurden. Die drei Manager, die dieses Problem untersuchten und nichts vom Thema verstanden, entdeckten zunächst, daß fünf verschiedene Ministerien für das Holz-Problem zuständig waren. Doch aus denen war nichts herauszubekommen. Sie gingen auf die Holzproduzenten in den Vogesen zu, die jedoch unorganisiert waren und sich nicht kannten und denen diese Einmischung der Ermittler lästig war, als diese eine Zusammenarbeit in den verschiedenen Produktionsphasen vorschlugen. Deshalb organisierten die drei Männer eine Reise der beteiligten Beamten und Forstwirte nach Schweden. Das Ergebnis war, daß sie sich davon überzeugen konnten, daß der schlechte Ruf des Vogesenholzes ungerechtfertigt war und dagegen etwas getan werden konnte. Die Beamten gewährten Subventionen, um dies zu ändern: «Sie hatten den Faktor des Irrationalen gefunden.»

Eine zusätzliche Aufgabe dieser Dreierteams war es, deren eckige Kanten abzuschleifen. Eine dynamische weibliche Managerin aus der Nähe von Bordeaux brachte jeden durch ihre herrische und intolerante Art auf die Palme. (Oft wurde vermutet, daß sie sich ein Jahr freigenommen hatte, weil ihr Ehemann sie auch nicht ertragen konnte). Sie war eine Selfdefrau ohne Diplome und Vorsitzende der Vereinigung junger Unternehmer in ihrer Stadt; mit guten Geschäftserfolgen übrigens. Doch als sie versuchte, ihren Willen gegen ihre zwei Mannschaftsgenossen durchzusetzen, die Abgangsdiplome der Polytechnique besaßen, ließen diese das keinesfalls zu. Ihnen zufolge wurde sie durch die Erfahrung «transformiert» und «stellte fest, daß ihre Unnachgiebigkeit ihr Handikap war». Natürlich ist dies ein einseitiger Bericht, und Michel Lafon, der über seine eigene Kühnheit sprach, mit seinen Angestellten «flexibel» zu sein, fügte hinzu, daß man manchmal «gezwungen ist, hart zu sein», denn die Angestellten könnten ja versuchen, einen zu übervorteilen: «Man darf ihnen nicht den Eindruck geben, man sei schwach.»

Lafon gibt zu, daß sein Anliegen, die Kultur der Manager zu erweitern, nicht bedeutet, daß er seine eigene ausweiten konnte. Er liest außer im Urlaub kaum Bücher. «Eine Ausbildung an der Polytechnique fördert nicht das Lesen.» Aber er ist dafür, daß das französische Bildungssystem so umgestaltet wird, daß ein jeder Englisch sprechen kann. Er behauptet, daß die Lehrergewerkschaft zu viele Interessengruppen habe, um das zuzulassen. Er vergleicht die Notwendigkeit, Englisch zu beherrschen, mit der Notwendigkeit, schwimmen zu können, was Voraussetzung war, um in die Polytechnique aufgenommen zu werden. Wenngleich das August-Comte-Institut nicht mehr existiert, setzt sich die Suche nach anderen als den alten französischen «Führungsmodellen» an vielen Wirtschaftsschulen fort. Die Pariser Handelskammer etwa hat eine Ecole des Affaires de Paris mit drei Niederlassungen gegründet, in Paris, Oxford und Düsseldorf, deren Schüler nicht nur einen Teil der Studienzeit in England und Deutschland verbringen, sondern auch während ihrer Ausbildung in britischen und deutschen Firmen arbeiten. Dies ist auch eine Schule, die sich darum bemüht, ausländische Studenten zu gewinnen, und im Endeffekt europäische Geschäftsleute ausbildet.

Wenn man so will, haben die Manager neue Anzüge angezogen, und deshalb überlebt das aristokratische System. Es überlebt auch aus dem gleichen Grund, aus dem der Landbesitz 1789 nicht abgeschafft werden konnte. Zu viele Bauern waren bereits Grundbesitzer, wenn auch kleinere. Die Landarbeiter ohne Bodenbesitz versprachen sich deshalb wenig von der Revolution und konnten keine gerechten Anteile erzielen. In ähnlicher Weise haben heute viele Menschen etwas Macht über ihresgleichen, so daß sie nicht glauben, sie könnten von der Gleichheit profitieren. Es sind nicht nur die vom Ehrgeiz besessenen Aufsteiger, die an die Spitze gelangen wollen und die die Aristokratie anerkennen.

Monsieur Cazeau ist ein Ingenieur, der nie danach strebte, sein eigener Herr zu werden. «Man muß schon realistisch sein. Es gibt eine ganze Menge Leute, die besser sind als man selbst, und andere, die weniger Glück haben.» Er ist zufrieden mit dem, was er hat. Er wollte schon immer Flugzeuge bauen, von Kindheit an. Heute, im Alter von dreißig Jahren, nachdem er von der führenden Hochschule für Flugtechnik, der *Sup. Aéro* kommt, ist er stolz auf seine Leistung, Ingenieur in Dassaults Flugzeugfabrik bei Toulouse zu sein. Um so mehr, als sein Vater einfacher Polizist ist, seine Schwester Krankenschwester, sein Schwager Arbeiter. Er ist der Ansicht, er habe ein großes

Opfer gebracht, um Ingenieur zu werden; er mußte einen «Teil seiner Jugend» opfern, um zu studieren, und er glaubt, das sei Grund genug, mehr zu verdienen als ein Arbeiter, der als Kind mehr Freizeit hatte, um sich zu amüsieren. Er akzeptiert, daß manch einer ein fünfmal höheres Gehalt bezieht als andere; Ungleichheit stört ihn nicht. In der Praxis ist er nicht reicher als sein Schwager, da dessen Frau auch arbeitet. Sein Luxus besteht darin, daß seine Frau nicht arbeiten muß. Er ist auch kein Individualist von der Art, wie Gattaz sie beschreibt. «Wenn man ständig auf der Suche ist, wird man enttäuscht und ruiniert sein Leben. Um frei zu sein, muß man nicht gegen den Strom der Entwicklung anschwimmen, und so wie die Menschheit sich bewegt, ist sie zu mächtig. Freiheit bedeutet nicht zu tun, was man möchte, sondern das zu tun, zu dem man fast gezwungen wird. Sich nicht einfügen zu wollen, ist reiner Selbstmord. Man muß seine Freiheit in dem Verständnis der Richtung finden, in die sich alles bewegt.» Darüber hinaus leistete er seine Arbeit im Team. Seine Ausbildung bezog Teamarbeit immer mit ein, Übungen mit mindestens einer anderen Person. «Wissenschaftliche Kreativität vollzieht sich in Teams, nicht in Einzelpersonen. Wir brauchen Computer, also sind andere Menschen daran beteiligt. Es gibt nicht mehr nur einen Vater des Gedankens. Nobelpreise gehen an mehrere Wissenschaftler.» Von den «herablassenden» Amerikanern fühlt er sich nicht angezogen. «Wir planen ein Flugzeug für die amerikanische Marine. Die waren überrascht, daß wir Flugzeuge bauen können.» Cazeau hat keine Lust, sich selbst Schwierigkeiten zu machen. Er ist ganz zufrieden, jeden Tag zur Arbeit zu gehen; er könne sich an manches gewöhnen, vorausgesetzt, man wird nicht dazu gezwungen. Er muß an seiner Arbeit, an seiner Freizeit und an seiner Familie Freude haben. Damit ist er vollkommen ausgelastet und hat keine Zeit, sich Sorgen zu machen, zu lesen oder müßige Gedanken zu hegen.

Trotz seiner Tätigkeit würde niemand Monsieur Cazeau einen Bourgeois nennen. Er mag für einen neuen Aristokraten zu bescheiden sein, aber er ist jenen beigetreten, die führen und ihre Mitmenschen in einem Stil beurteilen, der noch immer, und nicht selten, autoritäre Beziehungen in Anlehnung an die vorangegangene Epoche miteinbezieht. Der Bourgeois ist sicherlich nicht verschwunden, weder in seiner großen noch in seiner kleinen Ausprägung, aber die Bezeichnung beinhaltet eher Nostalgie als Wirklichkeit. Es ist durchaus möglich, die bürgerlichen Ideale eines gemäßigten, sparsamen Lebens zu befürworten, zu fühlen, nicht «gewöhnlich» zu sein, stolz darauf zu sein, daß man aus einem «ehrbaren» Hause kommt, sich so zu kleiden, daß man nicht mit einem Handarbeiter verwechselt wird, gewisse gesellschaftliche Ansprüche zu stellen und eine herablassende Haltung «Untergebenen» gegenüber zu kultivieren und für die menschenverbessernden Ideale der Bildung und Kultur ein Lippenbekenntnis abzulegen. Aber die Verbindung zwischen Bourgeoisie und Macht gehört der Vergangenheit an. Nur wenige, die die bürgerlichen Ideale leben, können sich noch eine Dienerschaft erlauben. Facharbeiter verdienen zuweilen mehr als die Menschen mit den genannten Anmaßungen, und oft unterscheidet sich der Lebensstil fast überhaupt nicht. Bildung ist universal, und die Fähigkeit, Hochfranzösisch korrekt und fließend zu sprechen, ist nicht mehr auf irgendeine Klasse beschränkt. «Arbeiter» arbeiten nicht mehr notwendigerweise mit ihren Händen, und die Trennungslinie zwischen ihnen und dem kleinbürgerlichen Büroangestellten besteht praktisch nicht mehr. Das Familienleben ist keine ausschließlich bürgerliche Tugend mehr. Ein Professor und ein Ladenbesitzer, beide einst bourgeois genannt, scheinen heute nur noch wenig gemein zu haben. 85 Prozent der Franzosen sind heute Gehaltsempfänger, und die meisten, die man früher als bourgeois bezeichnet hätte, beziehen ebenfalls ein Gehalt. Lohn wird heute meistens als monatliches Gehalt gezahlt. Es gibt weniger Gegensätze zwischen dem Bürgertum und dem Proletariat. Das Proletariat war früher ohne Besitz, aber reich an Kindern. Kinder sind für die Eltern längst keine Einkommensquelle mehr. Ein Drittel der Arbeiter sind heute Hausbesitzer. Mitglied des Proletariats zu sein bedeutete, daß man unsicher lebte und jederzeit vom Arbeitgeber auf die Straße gesetzt werden konnte, ohne Arbeitslosenunterstützung, die vor dem Hungertod schützt. Heute verlaufen die Trennungslinien anders. Es gibt diejenigen, die sichere Arbeitsplätze haben und Pensionen erwarten (Beamte und gewerkschaftlich organisierte Arbeitnehmer), und jene ohne Sicherheit. Es gibt diejenigen, die einer interessanten Tätigkeit nachgehen, und jene, die buchstäblich Packesel sind, deren Tätigkeit weder Würde noch Befriedigung mit sich bringt. Die Unterprivilegierten, vom Standpunkt der Beschäftigung aus, sind die Einwanderer, die Frauen, die Jugendlichen und die gewerkschaftlich nicht organisierten Zeitarbeiter.

Von diesen einmal abgesehen, unterscheiden sich die Privilegien allenfalls in Graden, aber sie sind grundsätzlich gleicher Art. Es gibt sicherlich versnobte und finanzielle Unterschiede zwischen dem Urlaub eines Fabrikarbeiters und dem seines Chefs, aber beide genießen ihre Ferien, ihre freien Wochenenden, und das ist nicht jedermanns Privileg.

Das System der Aristokratie hält sich, weil Privilegien noch immer von vielen angestrebt werden, die hoffen, sie könnten sich gegenüber ihren Mitmenschen verbessern. Eitelkeit wird immer noch gefördert. Französische Institutionen haben sich in dieser Hinsicht seit der Zeit Napoleons nicht viel weiterentwickelt. Der gegenwärtige Prinz Napoleon, ein Bankier in der Schweiz – er ist eigentlich ein Nachfahre von Jerôme, einem Neffen des Kaisers, und wie dieser ein Hüne von Mann –, ist sehr vorsichtig und bemüht, jede Art kontroverser Äußerung zu vermeiden. Die seiner Meinung nach am wenigsten umstrittene These ist, daß «jeder Franzose darauf hofft, mit dem Orden der Ehrenlegion ausgezeichnet und in ihr befördert zu werden». Frankreich ist in der Tat eines der ordenfreudigsten Länder der Welt und sticht vielleicht sogar noch Rußland aus. Es gibt über eine viertel Million Menschen, die ein Band oder eine Rosette im Knopfloch tragen, um ihren Mitmenschen ihren genauen Rang in der *Légion* zu zeigen und Polizisten zu warnen, daß sie nicht irgend jemand sind. Es gibt über 100000 Träger des nationalen *Ordre de Mérite*. Um die zu beschwichtigen, deren Leistungen weniger augenfällig sind, hat praktisch jede Berufssparte ihren eigenen Orden. Schullehrer erhalten den Orden der akademischen Palmen, Reiseagenten den Orden für touristische Leistungen, Postboten den Orden für postalische Leistungen und Fußballer den Orden für sportliche Leistungen. Die gegenseitige Beweihräucherung geriet schließlich außer Kontrolle, und viel bizarreren Ordensverleihungen wurde Einhalt geboten. Heute kann ein Mann sich nicht mehr sicher sein, ob sein Orden ihm Hochachtung oder Hohn einbringen wird. Daß diese Auszeichnungen nur auf Lebenszeit verliehen werden, ändert nichts an der Tatsache, daß Napoleon, wie das Oberhaupt seiner Familie bekräftigt, damit versucht hatte, einen «neuen Adelsstand» zu schaffen. Aber Napoleon fand keine neue Lösung für das Problem, was mit den Kindern der von ihm Ausgezeichneten und Geadelten geschehen solle; so erbten sie weiterhin indirekt Privilegien.

Das Erkennungszeichen für einen Aristokraten des alten Regimes war einst der Besitz eines großen Landhauses oder Schlosses. Davon bestehen heute noch ungefähr eintausend, die vor 1800 errichtet wurden, aber seither wurden zehnmal so viele gebaut. Sie spiegeln die endlose Suche nach Auszeichnung in der alten Weise wider. Die prachtvollen Anwesen ziehen jedoch nur ein Fünftel jener Besucherzahl an, die ihre britischen Pendants verzeichnen. Einer der Gründe dafür ist, daß Franzosen es vorziehen, sich selbst ein Landhaus zu kaufen, als die der Reichen zu begaffen. Nahezu eine von sechs Familien nutzt einen Zweitwohnsitz; ungefähr ein Drittel der Manager und Freiberuflichen haben einen, und sogar jeder zehnte Büroangestellte besitzt ein Landhäuschen, wie bescheiden auch immer. Der Zweitwohnsitz ist der ganze Stolz eines Franzosen. Der Lebensstil wird nicht nur von der Geburt oder vom Beruf oder vom Reichtum bestimmt. Wie die Adligen in der Vergangenheit, die sich entsprechend der Anzahl der Felder in ihren Wappen einstuften, so gewinnen die Menschen heute durch eine Reihe verschiedener Statussymbole an Prestige. Ein Soziologe schlug vor, die Franzosen nicht in drei, sondern in dreiundsechzig Gesellschaftsklassen aufzuteilen, um allen Nuancen der Kultur, der Erfahrung, des Besitzes und den Formen der Achtung, die man erwerben kann, gerecht zu werden. Schon deshalb ist die Vorstellung von «die anderen und wir» so verschwommen, auch wenn sie überlebt.

Die alte französische Bourgeoisie repräsentierte die Sehnsucht nach Respekt auf einer im wesentlichen örtlich begrenzten Rangordnung. Der erfolgreiche Bürger war eine Stadtpersönlichkeit. Die neuen französischen Aristokraten bewegen sich in einer unpersönlicheren und international technischen Kultur. Die Erfolgreichen darunter sind Direktoren multinationaler Firmen und steuerfreie Beamte internationaler Organisationen. Sollte ihnen nicht die Anerkennung für den wirtschaftlichen Aufschwung nach dem letzten Krieg, der Frankreich prächtige Zuwachsraten (höher als in den Vereinigten Staaten und Deutschland und nur von Japan übertroffen) über zwanzig Jahre hinweg sicherte, zuteil werden? Dieser Boom wurde als eine plötzliche Wende des Herzens geschildert, die Frankreich von einem archaischen, rückständigen Land in eine Nation verwandelte, die an der Spitze des modernen Fortschritts steht. Jeder würde gern die magische Formel benennen können, der dies zuzuschreiben war. Doch keine der Erklärungen der Wirtschaftswissenschaftler ist völlig befriedigend, und das geben sie selbst zu. Der einzigartige französische Plan, der Wachstumsziele und Investitionen festlegte und die Anstrengungen im privaten und öffentlichen Bereich durch Übereinkommen und nicht durch Direktiven koordinierte, half sicher, ein günstiges Klima für Expansion und Modernisierung zu schaffen. Aber er hätte zu nichts geführt, wenn nicht viele Firmen von allein, durch eigene Dynamik erfolgreich gewesen wären, die keine Regierung per Erlaß hätte verordnen können. Das plötzliche Bevölkerungswachstum nach 1940 liefert keine ausreichende Erklärung dafür, auch wenn dadurch das Land verjüngt wurde, denn Japan gedeiht wirtschaftlich trotz eines minimalen Bevölkerungswachstums. Der Schock der Niederlage von 1940 war zweifellos ein Stimulans, doch der Sieg von 1918 hatte ebenfalls einen enormen Anstieg der Produktion zur Folge. Massive öffentliche Investitionen halfen, aber so massiv waren sie wiederum auch nicht. Wenn Wirtschaftswissenschaftler die Antwort wüßten, hätten sie auch auf die Depression in den siebziger Jahren eine Antwort gehabt. Es ist ein Fehler, sich vorzustellen, das moderne Frankreich sei ein völlig neues Frankreich, und zu vergessen, daß Frankreich über Jahrhunderte hinweg eines der reichsten Länder der Welt war – oftmals das reichste in Europa. Es gab Zeiten in der Vergangenheit, als sein Wohlstand abnahm, wie in den dreißiger Jahren dieses Jahrhunderts, aber auch andere, als es seine Rivalen weit hinter sich ließ wie im 18. Jahrhundert, in der Mitte des 19. Jahrhunderts und zu Anfang des 20. Jahrhunderts. Oft stand es an vorderster Front des technischen Fortschritts. Bis zum Ersten Weltkrieg war es als Autohersteller sogar den Vereinigten Staaten überlegen, und es sollte keinen überraschen, daß es heute der viertgrößte Automobilhersteller der Welt ist.

Frankreichs Stärke liegt in der Vielfalt der Ambitionen seiner Bürger, die zu verschiedenen Zeiten mehr oder weniger aktiv werden. Der strebsame Geschäftsmann kann sich nicht als Prototyp der neuen französischen Rasse betrachten. Ein Psychologe hat herausgefunden, daß paradoxerweise die Kinder von Lehrern und Soldaten strebsamer sind als die von Geschäftsleuten. Die Mehrheit hält an dem Glauben fest, daß man durch harte Arbeit im Leben Erfolg haben kann – und das treibt Frankreich ökonomisch voran. Selbst jene, die auf der untersten gesellschaftlichen Stufe stehen, sind geteilter Meinung darüber, ob Beziehungen oder eigene Leistung den Erfolg bringt. Hoffnung und Verzweiflung halten sich die Waage. Das ist ein Grund, warum trotz der großen Ungleichheit Frankreich kein revolutionäres Land ist. Was die Revolutionäre aus ihrem Leben machen, ist eine andere Geschichte.

Keine Gruppe kann das Gefühl haben, eine unabhängige Existenz zu führen, bevor sie nicht ihre eigenen Späße und ihre eigenen Spaßvögel besitzt und bevor sie nicht selbstbewußt genug ist, darüber zu lachen, ohne sich bedrängt fühlen zu müssen. Einer der Hauptpfeiler der Bourgeoisie war das Boulevardtheater, wo man sich über deren Zwangsvorstellungen hinsichtlich des Besitztums, der Heirat und der Ehrbarkeit lustig machte und das sie rüstete, für die Schwierigkeiten den Anschein zu wahren, sie aber schließlich in diesen Beschäftigungen verstärkte. Der Comicstrip-Zeichner, Filmemacher und Theaterschriftsteller Gérard Lauzier zeigt, daß die neue Aristokratie auch ihre Identität gefunden hat. In seiner *Hetzjagd* hat er aufgezeichnet, wie fürchterlich das Leben sein kann, wie entsetzlich den Menschen geschmeichelt und sie bekämpft werden müssen, wenn man an die Spitze will, welche

Täuschungen und Neurosen kaum verborgen hinter der Fassade des Jetset liegen, welches Karussell der Promiskuität auf der Suche nach dem immer zuverlässigen Glück durchlaufen werden muß, aber auch, weshalb dieser Kampf dennoch sucht- erzeugend und unausweichlich ist. Lauzier kennt die Welt – er war ein erfolgreicher Werbefachmann in der Anzeigenbran- che –, aber er kennt auch die Welt derer, die die Reichen verab- scheuen, denn er ist auch mal Kommunist gewesen. Darüber hinaus hat er seinen Glauben durch eine umfassende Lektüre in den Sozialwissenschaften ausgepolstert, so daß er in der Lage ist, einen Fall zu schildern, der auch das Denken anderer Leute berücksichtigt. Einige seiner Einstellungen hat er ererbt: Sein Vater war Geschäftsmann und Mitglied der Action Fran- çaise, einer rechtsextremen Bewegung in der Zeit zwischen den beiden Weltkriegen. Er wuchs mit einer heroisch nationali- stischen Sicht des Lebens als eines Abenteuers auf, das man von wehenden Flaggen begleitet erlebt, bewacht von dem Geist Napoleons; er kann sich noch gut an den Schmerz erinnern, den er als Schuljunge erlebte, als er bemerkte, daß das britische Imperium auf der Weltkarte eine größere Fläche bedeckte als das französische, und die Trauer darüber hielt auch noch an, als er erfuhr, daß Frankreich Kanada an England verloren hatte. Er wollte Armee- oder Marineoffizier werden, so als ob er Rache für die demütigende Niederlage in Fashoda suchen wollte, oder vielleicht ein großer Maler werden, der Frankreichs National- erbe weitertragen könnte. In der Abiturklasse (der Philosophie- Klasse) las er Sartre, der ihn stark beeindruckte und ihm sozu- sagen eine noch wunderbarere Form des Heldentums anbot: sein Held wurde nun ein Revolutionär, der leidende Intellektu- elle, der sein Leben der Sache der unterdrückten Völker wid- met; Kapitalismus war nun der neue Bösewicht geworden; sein Ehrgeiz war es nun, ein gequälter Romancier zu werden, der der Qual der Massen Ausdruck verleihen konnte.

«Von Natur aus bin ich oberflächlich und ziemlich lustig», sagt er. Also schrieb er Romane, statt Bomben zu werfen, schlechte Romane aber, die niemand veröffentlichen wollte. Er entschloß sich, nach Brasilien zu gehen, um sein Abenteuer unter den Armen in der dritten Welt zu suchen; er fand Arbeit in einer der Hochburgen der kommunistischen Partei, wo er zum Leiter der Werbeabteilung avancierte; er schrieb für die kommunistischen Zeitungen; doch als die Armee die Macht übernahm, brachen all seine Hoffnungen zusammen, und er stellte fest, wie hilflos er war: «Es war der erste Bruch in meinen Überzeugungen.» Er ging nach Frankreich zurück, um seinen Militärdienst zu leisten, und erwartete, als Kommunist ein Märtyrerschicksal zu durchleiden. Und weil er einige der Bestimmungen im Zusammenhang mit der Einberufung verletzt hatte, wurde er auch tatsächlich bestraft, indem man ihn zu einem Fallschirmjäger-Regiment schickte. «Ich dachte, dies seien brutale Kerle, wie die SS, aber sie waren sehr nett.» Da er noch immer links und antimilitaristisch eingestellt war, debattierte er mit den einfachen Soldaten, doch trotzdem wurde er Offizier und zuletzt schließlich Adjutant eines Generals. «Ich war für ‹Algerien den Algeriern› und sagte es auch offen, sogar am Eßtisch des Generals, und niemand verbot mir, so zu reden. Meine Militärdienstzeit wurde zu einer der besten Zeiten in meinem Leben.» Er war nun davon überzeugt, daß die Armee verleumdet worden war; sicher, es gab Schweine und Folterer darunter; es gab da einen Leutnant, den er kannte, der es mochte, die Menschen zu exekutieren, und dem man gewöhnlich diese Aufgabe übertrug; aber die Mehrheit der Soldaten waren keine Sadisten; viele von ihnen mochten die Algerier, manche gaben sogar einen Teil ihres Solds ab, um eine Dorfschule zu unterstützen. «Die Tradition der Armee ist eine ethische, eine des Dienstes.» Wenn die Armee gefoltert hat, so hat sie nur den Regierungsbefehlen gehorcht; «die Folter ist die unausweichliche Antwort auf den Terrorismus, beide gehen Hand in Hand». Er verabscheut die Folter, doch war er gezwungen, den bitteren Ärger der Armee zu teilen, als sie Beschimpfungen ausgesetzt war: Altgediente Offiziere drehten durch, als sie feststellen mußten, daß man sie verachtete, ja sogar ihre eigenen Kinder sie verachteten und sie wie Hahnreie nach Frankreich zurückkehren mußten. Aus diesem Grunde wurde der Zusammenbruch des französischen Imperiums eine um so größere Tragödie. Sie brachte Lauzier in der Politik auf den rechten Flügel zurück. Der Bruch mit seiner kommunistischen

Vergangenheit wurde durch eine Klage vor Gericht abgeschlossen. Er verdiente seinen Lebensunterhalt als Karikaturist, arbeitete für Tageszeitungen, in denen die meisten seiner Kollegen sicherlich nicht rechtsgerichtet waren, und er schloß trotz ihrer politischen Ansichten Freundschaft mit ihnen. Danach bezichtigte man Lauzier, in eine jener maliziösen Leckerbissen, die satirische Zeitungen veröffentlichen, seinen Karikaturistenkollegen Cabu zu plagiieren. Er verlangte, daß man diese Meldung zurückzog und drohte mit einem Prozeß; der Streit nahm größere Ausmaße an; nun konnte er nicht mehr zurück und ging vor Gericht, auch wenn er sich darüber im klaren war, daß es «grotesk» war, daß er dies tat, auch wenn er zugestehen mußte, daß Cabu viel besser als er selber zeichnete; beide ließen sich nämlich von den Karikaturisten des *New Yorker* inspirieren. Heutzutage redet er nicht mehr mit seinen früheren Kollegen.

Er hat tatsächlich wenig mit ihnen gemeinsam und noch weniger, seitdem er so erfolgreich geworden ist und in einem luxuriösen Penthouse am Boulevard Exelmans lebt, im wesentlichen versorgt durch das erhebliche Einkommen aus einem Theaterstück, das zwei Jahre lang in Paris gelaufen ist, aus Filmen und von einem Dutzend Comicstrips. Beruflicher Erfolg versetzt die Menschen theoretisch in die Lage, das Leben zu führen, das die mögen, und vielleicht zeigt erst der Erfolg auf, was sie am meisten schätzen. Lauzier kennt inzwischen seine Prioritäten. Zuerst, so sagt er, kommt seine Tochter. Danach, gleichauf, seine Arbeit und die Frauen. Dann die Macht und das Geld. Seine Träume von Abenteuern nehmen eine konkrete Form an in der Neuschöpfung eines Harems, der eines Kolonialmagnaten würdig wäre. Sein Ideal wäre es, «viele Frauen und viele Kinder zu haben», die in vielen kleinen Häusern in der Nähe seines eigenen verteilt wären, mit einer Frau in jedem Haus: Er behauptet, dies sei ein mediterranes Ideal, ein atavistisches Relikt (Louis de Funès, der spanischer Abstammung war, hatte offensichtlich denselben Traum); etwas, dem er auch in Brasilien begegnet war, wo der französische Konsul von Bahia eine französische und eine brasilianische Frau hatte und zwischen beiden Häusern hin und her flitzte.

Lauzier aber lebt mit seiner Tochter zusammen, während seine frühere Frau einige Häuserblocks weiter wohnt, und die beiden anderen Frauen in seinem Leben wohnen ebenfalls in der Nähe; sein Haushalt wird von einer brasilianischen Haushälterin versorgt, deren Familie einen zusätzlichen Teil seiner Kundschaft ausmacht. Er braucht die Frauen, nicht nur aus sexuellen Gründen, sondern auch weil sie «angenehm» sind: sie müssen allerdings unter Kontrolle gehalten werden, weil sie einen Sinn für Macht haben, aber es ist auch möglich, mit ihnen zu einer Einigung zu gelangen. Die Freundschaft und die Geselligkeit mit Männern ist etwas, das getrennt genossen werden muß. Diesen Ehrgeiz betrachtet er als «die gesündeste Sache der Welt». Ehrgeiz bedeutet, «das Leben zu lieben, gesund zu sein». Er führt an, es sei eine natürliche Sache, daß einige Menschen an der Spitze seien und Chefs würden. «Beherrschung ist nicht Ausbeutung, sondern ein Austausch. Der Fortschritt ist so zu gestalten, daß die Beziehung so verfeinert wie möglich ist, so daß die Armen ihre Persönlichkeit auch im weitesten Maße entwickeln können. Jedoch die Herrschaft abzuschaffen, ist komplett unmöglich»: linke Regimes setzen nur etwas anderes an deren Stelle, wie zum Beispiel Militärherrschaft. «Ich liebe die Macht», sagt er. «Es ist das Leben, und ich akzeptiere Herrschaft über mich. Meine Gurus sind Bertrand de Jouvenel und Raymond Aron» (beide Männer haben konservative soziologische Abhandlungen über die Macht geschrieben). Die Macht, die er am meisten selber fühlt, ist die der Beamten – die seiner Meinung nach in Frankreich die Zügel in Händen halten – und ganz besonders die der Finanzbehörden: «Der Steuereinnehmer könnte mich ermorden.»

Aber er macht sich auch Sorgen wegen des Erfolgs, der ihn leicht zerstören könnte, würde er all den Schmeicheleien Glauben schenken, die er mit sich bringt. Bereits zwei Studenten haben Doktorarbeiten über ihn geschrieben (einer greift ihn deshalb an, weil er reaktionär sei; die andere Arbeit ist so soziologisch, daß er sie nicht versteht). Es gefällt ihm, daß man ihm eine solche Aufmerksamkeit widmet, «jeder ist irgendwie größenwahnsinnig». Eine Lösung besteht darin, «das eigene Ego zu kontrollieren» und zu vermeiden, anmaßend zu werden:

«Ich möchte mich nicht zu ernst nehmen, obwohl ich immer ernst nehme, was ich tue.» Er spielt seine Arbeiten als oberflächlich herunter und behauptet, keine Botschaft zu haben; seine Absicht sei, nur zu amüsieren; und er arbeitet nur, um Spaß zu haben; er ärgert sich ein wenig darüber, daß man ihn als einen Autor bezeichnet, der sich darauf spezialisiert, Kommentare über Manager zu verfassen, obwohl er noch über andere Themen geschrieben hat: tatsächlich ist es gewöhnlich die Mittelschicht, mit der er sich ausführlich beschäftigt, und der sexuelle Aspekt des Lebens nimmt einen prominenten Platz in seinen Arbeiten ein. Aus diesem Grunde hat sein Humor für ihn persönlich fast dieselbe Funktion wie für jene, die ihn bewundern. Er beobachtet die Fehler der Menschheit: «Ich kann mich nicht lustig machen über jemanden, der glücklich ist: es muß schon ein Wurm im Apfel vorhanden sein.» Er versteht diese Fehler als Teil der menschlichen Natur, und er versucht es zu erreichen, daß ähnliche Fehler seinen eigenen Erfolg nicht behindern. Da er sehr erfindungsreich darin ist, die Fehler und Schwächen zu porträtieren, sind seine Arbeiten fast ein Führer zum Erfolg im Geschäftsleben, das die ganze Welt mit einschließt. Er ist bereit, für seine Prinzipien zu kämpfen; seinerzeit unterstützte er Giscard und ist nun eingeschriebenes Mitglied der Gaullistischen Partei. Er ist davon überzeugt, daß es ein Teil der natürlichen Ordnung ist, daß die Menschen sich einander bekämpfen und versuchen, sich voneinander zu unterscheiden. Einmal hat er an einem Segeltörn teilgenommen, bei dem es zwei Gruppen gab. Nach nur einer Woche hatten sich völlig verschiedene Charakteristiken entwickelt: die eine Gruppe war ernsthaft und diszipliniert, die andere nahm es eher leicht und widmete sich einem guten Leben. Dies, so glaubt er, ist der Grund, weshalb Frankreich und England so unterschiedlich seien. Er bleibt dabei, Franzose zu sein: Frankreich besitzt eine Zivilisation so gut wie jede andere auch. Weshalb sollte man sie nicht akzeptieren? Sie hat Traditionen, Kultur, Schönheit. «Ich bin vollkommen französisch.» Dies ist eine weitere Definition dessen, was es heißt, Franzose zu sein.

12 Wie zornige Arbeiter mit ihren unnachgiebigen Vorgesetzten fertig werden

Ein Mann, der vierzig Jahre als Arbeiter in der gleichen Fabrik tätig war, der dreizehn Kinder großgezogen hatte und von ihnen allen enttäuscht war, dessen normale Haltung die der Hilflosigkeit und Resignation war und der Trost nur im Trinken fand – so erinnert sich Georges Navel an seinen Vater. Georges wurde ebenfalls Arbeiter, aber er reagierte mit Protest. Als Kind verbrachte er den größten Teil seiner Schulzeit, indem er bestraft wurde und auf dem Gang in der Ecke stehen mußte. Als Erwachsener wechselte er ständig seinen Job, oft der einzige Protest, zu dem Arbeiter in der Lage sind. Einfacher Lohnempfänger sein zu müssen ist ein Leben, das er bitterlich verachtet. Er empfindet es als unwürdig, fast wie Sklaverei, von anderen so abhängig zu sein. Er wußte fast überhaupt nichts von seinen Arbeitgebern, die in einer anderen Welt zu leben schienen, in die er gelegentlich im Kino einen Blick werfen konnte. Sie schienen einer «überlegenen Rasse» anzugehören, die anders sprach, sich anders kleidete und über ein Wissen verfügte, um das er sie beneidete. Sein *Gespür* für die Erniedrigung hätte er ohne seinen Glauben an Fortschritt und Revolution nicht ertragen können. Politische Arbeit, sagte er, sei das einzige Heilmittel gegen die Trauer des Arbeiters gewesen. Georges Navel repräsentiert die vorige Generation. 1945 veröffentlichte er seine bemerkenswerte Autobiographie. Aber er ist nachdenklich, weil die Proteste revolutionärer Arbeiter, die entschlossen waren, das kapitalistische System zu zerstören, weiterhin anklingen – selbst nach dem zeitweiligen politischen Sieg der Linken –, und das mit einer Bitterkeit, die manchmal auf gleiche Weise von der gegenwärtigen Generation vorgetragen wird. Es gibt heute junge Menschen, deren Erinnerungen an ihre Eltern nicht minder peinigend sind, trotz des allgemein gestiegenen Wohlstands.

Gaby, der Schweißer von St. Nazaire, Ende Dreißig, erinnert sich nur ungern an seine Mutter, die Kinder von drei verschie-

Pablo

denen Vätern hatte. Sie war Bardame, Prostituierte und Köchin in der Kantine bei Sud-Aviation. Er hat den Kontakt mit ihr abgebrochen und auch den zu seiner Schwester, die einen Amerikaner aus der dortigen Kaserne heiratete. Er lehnt seinen Schwager als gesellschaftlichen Aufsteiger ab. Sein Bruder ist dem Alkohol verfallen, vernachlässigt seine vier Kinder, die bereits alle wegen Unterernährung im Krankenhaus waren. Gaby wuchs in den Elendsvierteln von St. Nazaire auf, wo er Anführer einer Bande wurde. Er war ein Jahr im Gefängnis, weil er «ein Mädchen geschwängert hatte». Er fing mit fünfzehn als Hilfsarbeiter an, stieg zum Schweißer auf und wurde Mitglied der kommunistischen Gewerkschaft. Während seines Wehrdienstes lieh ihm ein Freund ein Buch von Emile Zola, das ihm die Freude am Lesen vermittelte. Als er ins Zivilleben zurückkehrte, schloß er sich der Kommunistischen Partei an. Er gehörte dem «harten Flügel» an, aber dann ärgerte er sich über die gewichtigen Mienen der Militanten, die ihn ständig mit marxistischer Literatur fütterten. «Was haben die denn, was ich nicht habe?» fragte er sich. Ein Philosophieprofessor, der in seiner Fabrik arbeitete, bekehrte ihn zum Maoismus. Er entwikkelte ein neues Selbstbewußtsein, als der Professor alles, was er sagte, wunderbar fand. Von seinen Kollegen wird er heute als Intellektueller angesehen, weil er Bücher liest und sich weigert, Vorarbeiter zu werden oder ein Haus zu kaufen, weil er sich nicht besser stellen will als sie. Das führt zu Spannungen mit seiner Frau, die von bürgerlichem Komfort träumt und einem Auto, das zu kaufen er sich weigert. Aber Gaby träumt davon, daß sie eines Tages auch das Licht sehen wird und die Revolution in das Haus einkehren läßt.

Er ist natürlich nicht der typische französische Arbeiter, weshalb es auch niemals eine ernstzunehmende Bedrohung für das kapitalistische System gegeben hat. Nur ein Fünftel aller arbeitenden Menschen ist gewerkschaftlich organisiert – der geringste Prozentsatz in Europa, geringer noch als in den Vereinigten Staaten. Und selbst diese Gewerkschafter haben nicht versucht, die Reichen zu enteignen. Ungefähr die Hälfte von ihnen ist Mitglied in der prokommunistischen CGT (Confédération générale du travail), die für die Abschaffung des Kapitalismus durch tägliche Auseinandersetzungen und andauerndes Schüren des Klassenkampfes eintritt, aber die Atmosphäre einer großen Familie mit autoritären Eltern verbreitet, Wärme und Sicherheit anbietet und sich selbst eine «brüderliche Gesellschaft von Kameraden» nennt. Im Prinzip lehnt sie Kompromisse ab, in der Praxis aber konzentriert sie sich nicht auf die Revolution, sondern auf die Erhöhung der Löhne. Sie hält ihre Mitglieder unter strenger Kontrolle und mißbilligt nicht geplante emotionale Krisen. Die prosozialistische CFDT-Gewerkschaft (Confédération française et démocratique du travail), die als christliche Gewerkschaft damit begann, die Zusammenarbeit der Klassen anzustreben, und ideologische Auseinandersetzungen ablehnte, legte ihren religiösen Charakter ab und schrieb die Mitbestimmung auf ihr Banner. Aber nur ein Viertel ihrer Mitglieder sind Arbeiter oder Handwerker. Ihr Anwachsen hat die steigende Zahl von Angestellten, Technikern und untergeordneten Abteilungsleitern widergespiegelt. Sie beunruhigt die Arbeitgeber weit mehr als die Kommunisten, denn sie untergräbt deren Autorität und versucht, sich stärker einzumischen. Die dritte Gewerkschaft, die FO (Force ouvrière), stimmt mit ihren beiden Konkurrenten nicht überein. Sie ist antikommunistisch und gegen Verbindungen zwischen Gewerkschaften und politischen Parteien und gegen Mitbestimmung, die sie als Chaos verdammt. Sie rühmt die Gewerkschaft als beste Organisationsform der Arbeiter, die eine wichtige Rolle in der Industrie spielen sollte, aber ohne in die Geschäftsleitung einzugreifen oder mit dem Staat identifiziert zu werden. Auf Grund dieser Spaltungen haben die Arbeiter weniger Macht als ihre britischen oder deutschen Kollegen. Der Unterschied zwischen den französischen und britischen Gewerkschaften – die ersteren sind ideologisch gespalten, während die letzteren es nach Berufsgruppen sind – ist nicht maßgebend.

Dem Temperament läßt man in Frankreich freieren Lauf, und daher ist die Masse der Arbeiter den Gewerkschaften nicht beigetreten, doch sie unterstützt sie, wann immer sie es für richtig hält. Die Gewerkschaften werden von einer großen Mehrheit als Repräsentanten der Arbeiterinteressen angesehen, auch wenn ihre Vorgehensweisen starker Kritik ausgesetzt sind. So gibt es nur selten nationale oder regionale Arbeitsniederlegungen. 90 Prozent der Streiks sind Auseinandersetzungen, die sich auf ein einzelnes Unternehmen beschränken. Die Verhandlungsprozeduren sind sehr schlecht organisiert, oder besser gesagt, weder Arbeitgeber noch Gewerkschaften halten sich an die aufgestellten Regeln. Die Anzahl der Streiks in Frankreich mit denen in anderen Ländern zu vergleichen, hieße Ungleiches abzuwägen. Von Zeit zu Zeit gibt es in Frankreich massiven Protest, der an Revolution grenzt, wie 1936 und 1968, der eine große Wirkung in allen Lebensbereichen nach sich zieht und das ganze Land bis in seine Wurzeln aufrüttelt. Die restliche Zeit streiken Franzosen nur halb so oft wie Amerikaner oder Engländer.

Die Revolutionäre sind untypisch, weil die meisten Arbeiter

weit davon entfernt snd, sich leidenschaftlich der Politik oder Agitation zu verschreiben. Es gibt zahllose Unternehmen, in denen nie über Politik diskutiert wird – oder nur ganz selten. Pop-Sänger, Sport und Wetten bieten mehr Gesprächsstoff. Es gibt viele Kindereien, Flirts, Tanz und Gesang, Schattenboxen. Diese Spiele können jedoch nicht die tiefe Langeweile ertränken, die oft herrscht. Es gibt sehr viele Fabriken, in denen die Atmosphäre genauso trüb ist wie vor fünfzig Jahren, in denen nach wie vor monotone und stumpfsinnige Arbeit ohne jegliches Interesse, Verdruß, Schmutz und Erschöpfung an der Tagesordnung sind. Es überrascht daher nicht, daß unter der Routine oft Spannungen lauern, die eine Art kalten Krieg zwischen Arbeitern und Arbeitgebern signalisieren, eine Sehnsucht nach Rache, derjenigen von Gefängnisinsassen nicht unähnlich, die sich unschuldig fühlen und gegen ihre ungerechtfertigte Verurteilung protestieren. Die Fabrik wird nicht selten als Gefängnis bezeichnet. Kleine Diebstähle, Sabotage, Aufmüpfigkeit mögen der einzig gangbare Weg sein, den Zorn zu zeigen. «Nichts hat sich verändert», sagt ein revolutionärer Arbeiter. «Die Fabrik ist geblieben, was sie immer schon war. Der Chef ist der Herrscher. Er macht, was er will.» Wenn Besucher durch die Arbeitshallen stolzieren, beachten die Arbeiter sie kaum, denn sie nehmen es bitter übel, daß die Besucher sich mehr für die Maschinen als für sie selbst interessieren.

Es gibt noch weitere besondere Beschwerden, die die Unzufriedenheit schüren. Die Disziplin kann manchmal auf eine archaische Weise streng sein. Schlechte Noten werden verteilt, Strafen werden auferlegt und Fehlverhalten wird die ganze Hierarchie hinauf berichtet. Die Macht des Vorarbeiters ist vermutlich größer oder willkürlicher als in manchen anderen Ländern. Die Beförderung ist eine unaufhörliche Quelle des Streits. Eine Skala, die nach ihrem Erfinder als Parodi-Skala bekannt ist, beabsichtigte einst, jeden auf eine der tausend Stufen einer Leiter zu stellen: der Arbeiter mit dem Mindestlohn startete auf Stufe 100, der Handarbeiter, die Sekretärin und der Laborassistent auf Stufe 155, Manager zwischen Stufe 350 und 660, der Chefingenieur ist 880 Stufen wert; ein Punktesystem belohnte besondere Qualifikationen, Diplome und Dienstalter. Dieses System war weniger komplex als das der britischen Beamtenschaft mit seinen vierzehnhundert Stufen; eine neue, sehr viel einfachere Skala wird nach und nach eingeführt. Die Schwäche dieses hierarchischen Systems besteht darin, daß es viel zu wenigen Menschen die Hoffnung gibt, aufsteigen zu können. Wenige Arbeiter oder Angestellte besuchen Kurse, um ihre berufliche Stellung zu verbessern; sie haben eine solch resignierte Haltung, daß sie sich nicht darum kümmern, am Konkurrenzkampf teilzunehmen. Die Hälfte aller, die dennoch teilnehmen, zieht aus solchen Kursen keinen Gewinn, wogegen nur ein Viertel der Vorarbeiter und Techniker und nur ein Zehntel aller Ingenieure und Manager ein positives Resultat sehen, nachdem sie Kurse besucht haben. Die Arbeiter haben also gute Gründe dafür, sich ausgeschlossen zu fühlen. Die Techniker machen sich ebenfalls Sorgen wegen der Schwierigkeiten, im Beruf vorwärtszukommen. Am leichtesten ist es noch für jene, die sich nahe an der Spitze befinden, den Eindruck zu gewinnen, daß sie in einer offenen Gesellschaft leben. Eine Untersuchung bei ausgewählten Firmen ergab, daß die Menschen glauben, daß zwei Fünftel aller Beförderungen nach Verdienst gehen, ein Viertel nach persönlichen Beziehungen, weniger als ein Sechstel auf der Grundlage von Kursen oder Diplomen, weniger als ein Zehntel nach Dienstalter.

Die Agitation in der Industrie wäre größer, aber ein Großteil der Mindestlohnempfänger beschwert sich aus verschiedenen Gründen nicht. Ein Zehntel der Handarbeiter sind Ausländer, die durch Rassismus eingeschüchtert sind, und ein Fünftel sind Frauen mit wenig Aussicht auf Beförderungen, die zudem kaum auf eine Protesttradition zurückgreifen können. Die Militanten, die ein Gefühl von Einheit erzeugen, um die verschiedenen Arbeiter glauben zu machen, daß sie ein gemeinsames Anliegen gegen die Arbeitgeber haben, erfahren, daß jede Gruppe unter Einheit etwas anderes versteht. Die ungelernten Arbeiter haben keine Möglichkeit zum Protest, es sei denn, sie werden von ihren Kollegen unterstützt, entweder informell oder durch gemeinsame Arbeitsniederlegung. Der gelernte Arbeiter fordert die Anerkennung seiner Unabhängigkeit, so daß für ihn die Einheit nur ein Mittel zu diesem Zweck ist, Einschränkungen aber deshalb nicht unbedingt in Kauf genommen werden. Der jüngere Arbeiter, der mit seinen Abschlußzeugnissen und dem Willen, alles besser zu machen als seine Kollegen, ankommt, ist gezwungen, die Gleichheit anzuerkennen, wenn er die bittere Erfahrung macht, daß ihm seine Zeugnispapiere nichts einbringen. Es sind die Ungelernten, die sich am bereitwilligsten hinter einen rhetorisch begabten Organisator stellen. Die Bewunderung der Sprachgewandtheit nimmt zu, je weiter man die gesellschaftliche Leiter hinabsteigt, weil diejenigen, die ganz unten stehen, keinen Ton mehr herausbringen können. Auch wenn demokratischere Beförderungssysteme eingeführt werden, wie es in einigen Firmen geschehen ist, kann die Spannung nicht aufgehoben werden, weil es stets Gewinner und Verlierer geben wird. Und die Frauen in den Sekretariaten beobachten, wie die dicksten Früchte der neuen Technologie den Männern aus der Produktion vorbehalten bleiben.

Der britische Wissenschaftler Duncan Gallie hat zwei Fabriken, die zu beiden Seiten des Ärmelkanals genau das gleiche Produkt herstellen, miteinander verglichen, die BP-Werke in Dünkirchen und in Kent. Er kommt zu dem Schluß, daß die französischen Manager reservierter und kälter und an den Arbeitern menschlich weniger interessiert sind. Die französischen Arbeiter beschweren sich darüber doppelt so häufig wie die englischen. Die französischen BP-Arbeiter fordern Arbeiterkontrolle in allen Bereichen des Managements, wogegen die englischen das System, wie es ist, akzeptieren und nur die Effizienz der Manager kritisieren, sich aber begnügen, ihnen ihre Bereiche zu überlassen. Die französischen Raffineriearbeiter verdienen 85 Prozent über dem nationalen Durchschnittslohn und die englischen nur 14 Prozent, aber die Franzosen sind wesentlich unzufriedener mit ihren Löhnen. Es gibt auch mehr Auseinandersetzungen in Dünkirchen, weil das Lohnsystem mehr Disziplinarmaßnahmen für Regelverstöße und schlechte Arbeit vorsieht und weil jeder einzelne Arbeiter für seine Fehler finanziell bestraft wird. Aber die Produktivität ist in Frankreich wesentlich höher: Eine Rohölanlage zu überholen, dauert in Frankreich zwei Wochen, in England sechs. Die englischen

Manager gründen ihre Politik auf Zustimmung; sie machen Zugeständnisse, helfen den Gewerkschaften, ihre Kräfte zu sammeln, und bekommen als Gegenleistung dafür eine gewisse Hilfestellung bei der Führung der Arbeiter. Vereinbarungen werden auf örtlicher Ebene ausgearbeitet. Die Kosten dieser Verhandlungen, so meint man, sind günstiger als die Kosten im Konfliktfall. In Frankreich gibt es jedoch einen ideologischen Krieg zwischen Management und Gewerkschaften, der das Gefühl der Arbeiter, ausgebeutet und entfremdet zu werden, verstärkt. So zeigen sie sich mit ihrem Lebensstandard unzufrieden, obwohl sie die bestbezahlten Arbeiter in ihrer Region sind. Im Gegensatz dazu sind die englischen Arbeiter, die jetzt mehr verdienen als der Durchschnitt, fast einstimmig der Meinung, daß es ihnen gut gehe. Der Hauptgrund dafür ist darin zu suchen, daß die französischen Manager auf den Antagonismus der Arbeiter reagieren, indem sie sich weigern, einfach den Lohn mit der Geschicklichkeit zu verbinden. Sie betonen, daß sie «nach Verdienst» bezahlen, gegründet auf die Berichte von Aufsehern, wodurch der Spielraum der Vorarbeiter für willkürliche Entscheidungen und Mißbrauch ihrer Macht größer geworden ist. Die französischen Manager hatten teilweise Erfolg mit ihrer Strategie, die Arbeiter gegeneinander auszuspielen, denn Arbeiter beargwöhnen sich gegenseitig mehr, wenn sie unterschiedlich belohnt werden, und sie glauben, daß sie von ihren Kollegen ausspioniert und ihre Fehler dem Vorarbeiter gleich brühwarm erzählt werden. Es gibt universale Lohnabsprachen, die auf nationaler Ebene ausgehandelt werden (in England dagegen für jedes Unternehmen einzeln), aber diese sind so kompliziert, daß sie wenig Bezug zur Wirklichkeit haben; diese nationalen Verhandlungen finden dreimal im Jahr statt (jedoch nur einmal in England), so daß kaum eine Atempause übrigbleibt zwischen dem Protest gegen die gerade ausgehandelten Ergebnisse und der Vorbereitung des Protests für die nächste Verhandlungsrunde.

Wenn CGT-Militante in der Michelin-Reifenfabrik in Clermont-Ferrand nach Schichtende Flugblätter verteilen, werden sie fast völlig ignoriert. Sie finden sehr wenig Unterstützung in

Sie würden lachen, wenn ich Ihnen erzähle, daß ich so gerade über die Runden komme.

Piem

dieser Bastion altväterlicher Bevormundung. Doch sind sie weit davon entfernt, niedergeschlagen zu sein. Sie vergleichen sich selbst mit den Männern aus der Résistance im letzten Krieg. Die Tatsache, daß sie nur wenige sind, verstärkt nur ihre Entschlossenheit. «Je mehr wir geschlagen werden, um so mehr schlagen wir zurück ... Und wir müssen weiter kämpfen, sonst werden wir zu den Verhältnissen zurückgedrängt, wie sie zu Zeiten Émile Zolas herrschten.» Sie sagen, die Geschäftsleitung behandle sie wie ungezogene Kinder, denen nicht erlaubt sei, dies und jenes zu tun, «nicht reden, sondern arbeiten». Alljährlich wird jeder Arbeiter vor ein Tribunal der Geschäftsleitung zitiert wie ein Schulkind vor den Lehrer, und ihm wird vorgehalten, was er falsch gemacht hat, etwa wie oft er zu spät gekommen ist. Alles wurde aufgeschrieben. Wenn man in der Gewerkschaft ist, wirkt sich das nur noch schlimmer aus; ihre Kinder können keine Arbeit in der Fabrik bekommen, man spioniert ihnen nach, nur selten werden Zugeständnisse gemacht. Das Gesetz sieht vor, daß die Geschäftsführung zweimal im Jahr eine Arbeiterdelegation empfangen muß, die ihre Klagen vorbringen darf. Die Delegierten zeigten mir, wie die Geschäftsleitung auf ihren zweiseitigen Fragenkatalog reagiert hatte, der unbeantwortet zurückkam. Der Raum für Antworten war leer geblieben, und nur eine kurze Notiz besagte, daß es nichts gebe, was der Diskussion wert sei. Aus der Sicht der Unternehmensführung sind diese Leute Störenfriede. Die Militanten sagen, sie wollten lediglich einen annehmbaren Lebensstandard und mit Achtung und Würde behandelt werden; sie könnten nicht einsehen, warum 30000 von ihnen unter miserablen Bedingungen schwitzen sollten, nur um einen Mann reich zu machen. Sie geben zu, daß sie mit den Kommunisten sympathisieren, aber nur weil die Kommunisten sich für die Rechte der Arbeiter einsetzten. Würde die KP oder in diesem Fall ihre Gewerkschaft nicht mehr die Interessen der Arbeiter vertreten, so würden sie sie ohne Zögern verlassen. Die Funktionäre aus der Zentrale haben vielleicht Vorbehalte gegenüber der freien Gewerkschaft in Polen, doch diese Arbeiter haben keine, sie haben sie begrüßt. «Wir kämpfen nicht etwa für die Ideologie, sondern für ein besseres Leben. Aber keiner hört uns zu.» Monsieur Michelin antwortet ihnen, so wie er Journalisten antwortet: Er gebe keine Interviews. Kein Wunder, daß die Revolutionäre nichts Gutes über ihren Arbeitgeber sagen können, den sie niemals zu Gesicht bekommen.

Pattsituationen wie diese können Jahrzehnte über andauern, und ein Grund dafür ist, daß die Revolutionäre in einem Netz familiärer Wünsche eingefangen sind, das ihr Gefühl der Hilflosigkeit nur noch betont. Bernard und Noëlle Mortagne, beide Mitte Dreißig, kämpfen immer noch mit dem Wohnungsproblem. Im Norden geboren, in Dünkirchen bzw. Valenciennes, konnten sie dort keine Arbeit finden. 1973 zogen sie in den Süden nach Fos, das als neue Industriestadt aufgebaut wurde. Dort aber konnten sie keine Wohnung finden. Zunächst richteten sie sich in einem Zelt ein; dann lebten sie ein Jahr lang in einem Wohnwagen ohne fließendes Wasser. Fos, sagt Bernard, war damals wie eine Stadt im Wilden Westen, ein heilloses Durcheinander von Zugezogenen aus ganz Frankreich. Die Leute aus den verschiedenen Regionen blieben unter sich. Noëlle hatte den Norden jedoch nie gemocht und versuchte, aus dieser Konvention auszubrechen und Freunde aus anderen Provinzen zu gewinnen. «Es ist besser, man fügt sich ein, nimmt am Stadtleben teil.» Sie will sich nicht wie im Exil fühlen. «Es ist die Hölle, wenn man keine Wurzeln hat. Heute glaube ich, immer hier gelebt zu haben, und würde nicht mehr weggehen wollen. Aber wir sind anders. Viele der Savoyarden, die hierher kamen, konnten sich nicht eingewöhnen und gingen zurück. Ich kenne auch einige Lothringer. Sie haben eine andere Mentalität, bleiben gern unter sich und haben ihren eigenen Verein.» Bernard und Noëlle sind nie wieder im Norden gewesen. Statt dessen beherbergen sie einen steten Strom von Verwandten, die sie besuchen und sich freuen, die Sonne genießen zu können. Nach dem Wohnwagen mieteten sie eine Wohnung in einem städtischen Wohnblock. Sie mochten die Wohnsituation dort überhaupt nicht. Es war immer laut. Irgendwann ging immer jemand zur Schicht, während des Ramadan feierten die Araber bis in die Nacht hinein, Zigeuner spielten Gitarre, die Kinder schrien auf der Straße, zu jeder Tages- und Nachtzeit kamen Autos an und starteten wieder. «Fünf Jahre lang schliefen wir nicht richtig. Wir wurden langsam verrückt.» Schließlich gelang es ihnen, genug Geld aufzunehmen, um ein kleines Haus zu kaufen, aber nur, weil der Bauunternehmer Pleite gemacht hatte. Das Haus war nicht fertig und deshalb preiswert. Sie sparten für die Anzahlung und zahlen heute die Hypothek ab, und das bedeutet, daß sie sich in den letzten dreizehn Jahren keinen Urlaub leisten konnten. Sie verbringen ihre Freizeit mit Arbeiten am Haus, das immer noch nicht fertig ist. Aber in diesem Jahr plant Noëlle zum erstenmal, mit drei ihrer Freundinnen Urlaub auf Korsika zu machen, und zwar ohne die Ehemänner; es ist ihnen gelungen, eine billige Ferienunterkunft zu mieten.

Noëlle wenigstens hat das Gefühl, daß sie es geschafft hat.

Ein Haus für sie ganz allein zu haben, betrachtet sie als eine der wichtigsten Errungenschaften in ihrem Leben. «Ich habe vielleicht keine Diplome, aber mit meiner eigenen Hände Arbeit habe ich es geschafft. Ich bin stolz darauf, diese Stellung erreicht zu haben. Jetzt habe ich etwas, was mir gehört und was ich den Kindern hinterlassen kann; sie sollen es besser haben als wir, es ist die Butter auf ihrem Brot.» Das Haus hat wirklich das Leben der Kinder verwandelt. «Im Hochhaus hatten sie eine schwere Zeit; sie hatten nichts anderes zu tun, als ungezogen zu sein, die Wände zu bekritzeln und Fensterscheiben zu zerdeppern. Meine Tochter ging nie aus dem Haus, als wir dort lebten, auch wenn draußen viele Kinder spielten; sie saß nur zu Hause herum mit dem Daumen im Mund; nun ist sie viel glücklicher und dauernd im Wald unterwegs.» Bernard jedoch ist nicht besonders stolz darauf, Hausbesitzer zu sein. Er ist Mitglied der kommunistischen Partei; er sagt, er sei nicht so besonders an Eigentum interessiert, obwohl er es auch schätzt, in einem Einzelhaus zu wohnen, so daß er die Ruhe genießt und etwas Privatsphäre hat. Aber es ist bedeutend, daß er nicht die Hypotheken als miesen kapitalistischen Trick bezeichnet, der die Arbeiter in die Fabriken zwingt – mit dem Eigentum als Möhre, die einem fünfundzwanzig Jahre lang vor der Nase baumelt.

Wegen der Hypothek müssen beide Geld verdienen, um zurechtzukommen. Noëlle, die nichts gelernt hatte, blieb nichts anderes übrig, als in die Fabrik arbeiten zu gehen, aber diese Erfahrung war ein seelischer Schock für sie. Die Arbeit erschöpfte sie, und zudem sah Noëlle kaum noch ihren Ehemann oder ihre Kinder. Unterm Strich zahlte sich das kaum aus, da sie die Hälfte ihres Lohns für jemanden ausgeben mußte, der auf ihre Kinder aufpaßte. Sie hat das Problem nun teilweise gelöst, indem sie zu Hause bleibt und sich um die Kinder anderer Leute kümmert, während diese arbeiten. So hat sie wenigstens das Gefühl, ihre Tochter richtig großziehen oder die Hausaufgaben, die sie gerade noch versteht, beaufsichtigen zu können. Doch ihr Sohn ist dreizehn, und seine Hausaufgaben sind zu hoch für sie. «Er macht Sachen, die ich nie gehabt habe.» Der Junge sagt, es liege ihm nichts daran, gute Zensuren zu bekommen. Es gäbe ja doch keine Arbeit – «dem können wir nicht widersprechen» –, warum soll er sich also anstrengen. Lernen hat Bernard auch nicht viel geholfen. Bernard kümmert sich kaum um seinen Sohn, weil er andere Prioritäten setzt. Noëlle sagt: «Wir sähen es gern, wenn die Kinder nicht so hart arbeiten müßten wie wir.» Aber sie kann die Unabhängigkeit ihres Jungen nicht kontrollieren. «Das ist nun mal seine Art. Heutzutage ist es nicht leicht, mit Kindern fertig zu weden.»

Weder Familienleben und Geldverdienen noch Beförderung sind Bernards Hauptbeschäftigung. Er ist der Sohn eines Minenarbeiters, eines von neun Kindern. «Als ich jung war, wollte ich ein Ingenieur ‹himmlischer Mechanik› werden. Ich hätte gern einen Beruf in der Forschung gehabt.» Er hat sich durch einen Fernkurs als Elektriker weitergebildet und erhielt den Job eines Kontrolleurs. Aber er mochte das nicht: erstens verdiente er weniger als ein Facharbeiter, und zweitens «wollte ich nicht herumkommandieren, ich konnte mich nicht überwinden, die anderen Arbeiter anzuschreien. Die arbeiten am härtesten, sie taten mir leid, warum sollte ich sie anschreien?» Sein Chef mochte das nicht und wollte, daß er den Arbeitsdruck aufrechterhalten solle. Aus diesem Grund zieht er es vor, als einfacher Elektriker zu arbeiten. Das wiederum erfordert ein großes Opfer. Er muß Schichtarbeit machen. Wenn er nachts arbeitet, hat er Schwierigkeiten, am Tag überhaupt zu schlafen; hat er Frühschicht, muß er um vier Uhr dreißig aufstehen. So fühlt er sich nur an den Nachmittagen richtig wohl, die übrige Zeit ist er erschöpft. Er kann sich bei der Arbeit nie hinsetzen, er muß sich ständig konzentrieren. Die Fabrik ist mit 130 Dezibel (obwohl höchstens 90 gesetzlich zugelassen sind) ungewöhnlich laut. «Dennoch macht mir meine Arbeit Spaß», behauptet er. «Ihm liegt nichts an der Arbeit», sagt Noëlle, «aber er ist einer der Arbeitervertreter. Er verbringt damit mehr Zeit als mit richtiger Arbeit.» Tatsächlich wird ihm gestattet, ein Viertel seiner Arbeitszeit der Gewerkschaftsarbeit zu widmen, darüber hinaus widmet er ungefähr zwanzig Stunden pro Woche der Gewerkschaft. Er ist der örtliche Schatzmeister der CGT und, sagte seine Frau, «liebt die Diskussionen mit den Chefs». «Ich fühle mich den Chefs gleichgestellt, wenn ich mit ihnen diskutiere», sagt er. «Sie glauben, wir wären Dummköpfe; sie behandeln uns, als wären wir nicht in der Lage zu denken. Es sind aber nur die dümmsten Vorgesetzten, die sich so benehmen; mit denjenigen, die uns nicht unterschätzen, sind die Verhandlungen am schwierigsten.» Er ist immer sehr ruhig, wenn er mit ihnen verhandelt. «Darum schreit er zu Hause so viel», erzählt Noëlle. «Die Kinder fragen: ‹Arbeitet Papa heute den ganzen Tag? Gut, dann hören wir nicht, wie er rumschreit.›» Sie macht die Schichtarbeit für die Zerstörung des Familienlebens verantwortlich. «Das heißt, daß man nie ins Kino gehen kann, man kann nicht mal zusammen fernsehen.» Also geht sie allein ins Theater, mit zwei anderen Frauen, deren Ehemänner auch Schichtarbeit machen. Schichtarbeit macht einen nervös. «Ich werde ganz krank von diesem Gebrülle, ich nahm jede Menge Medizin. Um sich gegenseitig besser zu verstehen, braucht man Zeit zum Reden, aber nie hat er diese Zeit. Aus diesem Grund explodiere ich. Wenn wir dann darüber sprechen, beruhige ich mich, und alles ist wieder gut.» Für eine Zeit jedenfalls.

Noëlle glaubt nicht, daß nur er schuld habe an ihren Streitereien, auch wenn sie bedauert, daß er sich, anders als sie, keine Zeit für den Jungen nimmt. «Als ich jung war, wollte ich immer alles auf meine Art machen. Aber ich stellte fest, daß dies bedeutet, ständig mit jemandem zu streiten. Liebe heißt, sich besser kennenzulernen, sich mit den Jahren zu verändern, verständnisvoller zu werden, leben zu lernen und bereitwillig nachzugeben.» Er hört sich diese Beschwerden seiner Frau an, ohne ihr zu widersprechen. Seine Freundschaft mit seinen Kollegen aber geht vor. Wenn es stimmt, daß Arbeitsverhältnisse das Familienleben dermaßen behindern, dann ist sein Einsatz für deren Verbesserung nur folgerichtig. Er sagt, er könne die Arbeitsorganisation nicht beeinflussen; aber seine Bosse hören genauer zu, wenn er sich über die Sicherheitsmängel beschwert, weil Unfälle teuer sind. Sie hatten früher eine Abwesenheitsquote von 13 Prozent. «Die Ärzte sahen, daß die Arbeiter vollständig erschöpft waren, aber sonst waren sie ganz in Ordnung. Sie gaben ihnen eine Woche frei, da erholten sie sich, aber drei Monate später waren sie wieder erschöpft.» Sie wagen nicht zu streiken, um die vollständige Reduzierung des erstikkenden Staubs durchzusetzen, weil die Arbeitgeber davon sprechen, die Fabrik ganz zu schließen. Eine Verstaatlichung, so sagt er, würde ihm ein sichereres Gefühl verschaffen. Es ist diese fundamentale Unsicherheit über die Beschäftigungslage, die Arbeiter zwingt, sich einem Leben zu fügen, das die Annehmlichkeit von Maschinen höher bewertet als die der Menschen.

Das Beispiel der Mortagnes zeigt, wie sehr Arbeiter vom Wohnungsproblem in Anspruch genommen und beherrscht werden, das fast so wichtig ist wie das Problem, eine Anstellung zu finden. So gibt es neben dem Typus des Revolutionärs, der für mehr Gerechtigkeit kämpft, der es ablehnt, seine Kraft zu verausgaben, und der die Fabrik als ein Mittel sieht, um die Unterprivilegierten für eine Revolte zu mobilisieren, auch den Optimisten, dessen Streben darauf ausgerichtet ist, durch die Arbeit seine Lage zu verbessern, zu sparen, zu kaufen, was immer ein höherer Lohn in die Nähe des Greifbaren bringt. Er trägt den Stempel der fetten sechziger Jahre, als die Liebesaffäre mit der Konsumgesellschaft darauf ausgerichtet war, ein Frankreich zu schaffen, das ziemlich genau wie jede andere westliche Nation aussehen würde: Doch weder die Verlobung noch die Ehe verliefen wie geplant.

Das neue Ziel, das den Ehrgeiz des einfachen Mannes beherrschte, war der Besitz eines Eigenheims. Um dafür zu sparen, haben die Franzosen bis vor kurzem länger gearbeitet als jede andere Nation in Europa. Die tatsächliche Arbeitszeit pro Tag betrug 1975 immerhin noch elf Stunden, obwohl der Acht-Stunden-Tag theoretisch 1919 und die Vierzig-Stunden-Woche im Jahre 1936 eingeführt worden waren. Heutzutage wohnen nicht nur mehr als ein Drittel aller Arbeiter in ihrem eigenen Häuschen, sondern mehr als die Hälfte von ihnen sind auch Hausbesitzer, wenn sie in den Ruhestand gehen. Das haben sie erreicht, indem sie ihre Ausgaben für die Wohnung mehr als verdoppelten: vor dem Krieg gaben sie nur 8 Prozent ihres Einkommens dafür aus, heute 20 Prozent. Sie haben zwar die Briten noch nicht eingeholt (die 25 Prozent ihres Einkommens für ihre Unterkunft ausgeben), ganz zu schweigen von den Vereinigten Staaten (29 Prozent). Aus diesem Grunde sind die französischen Arbeiter immer weniger als Proletariat zu betrachten. Ein Fünftel von ihnen hat Eigentum geerbt. Sie haben sich dagegen gewehrt, in Hochhäuser abgeschoben zu werden: tatsächlich wohnen nur 7 Prozent der Arbeiter in Hochhäusern. Die Hälfte von ihnen lebt in Einzelhäusern und ein Drittel in Dörfern oder Kleinstädten. Es sind eher die Angestellten als die Industriearbeiter, die die öden Wohntürme in den Vorstädten füllen. 18 Prozent der Arbeiter haben ihr eigenes Haus gebaut. Sie sind passionierte Gärtner und erledigen begeistert jede Arbeit, die anfällt. Sie haben die Größe ihres Hauses erweitert, das nun doppelt so groß ist wie die Häuser vor dem Krieg. Ihre Frauen verwenden mehr Zeit als Frauen aus anderen Schichten für die Hausarbeit, den Einkauf und die Reparaturen. Die Familien sind größer geworden; sie kommen zum Mittagessen nach Hause. Sie haben sich selbst ein gemütliches Familienleben geschaffen, ein Refugium.

Dieses sind die Erfolgreichen. Über die Hälfte der Arbeiter sind weiterhin Mieter. Die ausländischen Gastarbeiter, die die schlechtbezahlten Arbeiten erledigen, sind in deren alte Schuhe geschlüpft und leben, wie die Arbeiter vor einem Jahrhundert lebten, alleine, in überfüllten Häusern, und sie sparen, um in die alte Heimat zurückkehren zu können. Trotzdem ist die neugewonnene Unabhängigkeit der Arbeiter natürlich zum Teil illusorisch; sie haben sich selbst verschulden müssen, mehr als alle anderen. Sie haben eine illusorische Gleichheit gewonnen: ein Haus zu kaufen kostet einen Arbeiter doppelt soviel wie einen Manager. In Jahren der Wirtschaftsblüte und der Vollbeschäftigung konnten die Armen auf Erfolg hoffen: es gibt inzwischen weniger Gewißheit, daß die Konsumgesellschaft die Belohnungen austeilt, die sie versprochen hat.

Eine andere Neuerscheinung der sechziger Jahre war die Vermehrung der Vorarbeiter. In den Jahren des Wohlstands vermittelten sie den Eindruck, daß man es in der Welt zu etwas bringen konnte. Die Hälfte aller Vorarbeiter hatte als einfache Arbeiter oder Angestellte angefangen. Aber man kann nicht ständig neue leitende Stellungen einrichten; die Entwicklung ist praktisch zum Erliegen gekommen. Immer mehr Menschen mit Ausbildung müssen Tätigkeiten annehmen, die unter ihren Fähigkeiten liegen. Bereits zwei Fünftel der Franzosen sagen, daß sie meinen, nicht ihr ganzes Talent einsetzen zu dürfen. Die sich daraus ergebenden Frustrationen haben eher das Aussteigertum beflügelt als das Verlangen nach einer Revolution.

Warum gibt es so viele Menschen, die ohne zu murren eine Tätigkeit ausüben, die sie überhaupt nicht mögen? «Meine Arbeit ist kein wesentlicher Bestandteil meines Lebens», erwidert Daniel Bischoff, ein ungelernter Arbeiter von Anfang Dreißig. Er und seine Frau Marie-France haben sich seit Jahren an den gleichen Maschinen abgeplagt, führen immer wiederkehrende, langweilige Handgriffe aus. Aber sie sind nicht der Ansicht, daß sie irgend etwas im Leben aufgegeben haben, denn sie erledigen diese Arbeit freiwillig. Er will keine Arbeitsverantwortung: «Ich habe keinen beruflichen Ehrgeiz.» Er will nicht Vorarbeiter werden, da er nicht gerne andere herumkommandieren möchte, sowenig wie er selbst es erträgt, herumgestupst zu werden. Er muß den Mund halten, wenn in der Fabrik Bescheid gestoßen wird von einem Vorarbeiter, den er nicht schätzt, der aber die Befugnis hat, ihn mit einem Lohnabzug zu belegen oder anders zu bestrafen, wenn er zuviel Unabhängigkeit an den Tag legt. Während die Rezession sich verschärft, wird der Druck auf die Arbeiter, die Produktion zu steigern, größer, und er will nicht neue Spannungen erzeugen. Nach Jahren an der gleichen Maschine weiß ein Arbeiter alles, was man darüber wissen kann. Er lehnt die Einmischung der Vorarbeiter ab, die es nur in der Theorie besser wissen. Er berichtet darüber, daß die Geschäftsleitung die beiden Schichten gegeneinander ausspielt, damit sie schneller arbeiten, und daß sie es tatsächlich erreicht hat, böses Blut zwischen ihnen zu schaffen. In der Fabrik hält Daniel sich zurück und zeigt keine Spur von Gefühl. Aber wenn er nach Hause kommt, ist er ein anderer Mensch. Sein Gesicht hellt sich auf, seine Augen funkeln vor Neugier, er ist stets bereit zu lachen. Die große Leistung in seinem Leben ist der Bau seines Hauses. Viele Jahre haben sie sich sehr eingeschränkt, um die Anzahlung zusammenzusparen. Sie wollten auf keinen Fall in einem gewöhnlichen Betonklotz wohnen und haben sich ein Fertighaus im Chalet-Stil gekauft, aus norwegischem Holz, von einer niederländischen Firma importiert und von zwei englischen Fahrern auf einem Lastwagen angeliefert. Der Aufbau und die Installationen nahmen über ein Jahr in Anspruch. Vierzig Freunde und Nachbarn haben den beiden dabei geholfen. Am Arbeitsplatz sagt Daniel kaum ein Wort zu seinen Kollegen. Zu Hause schauen ständig Freunde vorbei, scherzen, helfen einander aus. Durch die Einsparung der Arbeitskosten konnte er sich ein gemütliches Heim einrichten, das mitten in der Landschaft steht, nach hinten mit Blick auf einen Wald, nach vorn mit einem herrlichen Blick auf die Alpen. Hier draußen führt er das Leben eines unabhängigen Pioniers. Sein Lebensziel, sagt er, sei die Freiheit, zu tun, was ihm Spaß mache (nachdem er den Preis von acht Stunden in der Fabrik gezahlt habe). Dazu gehören ganztägige Wanderungen in den Bergen, zu denen sie sich Brote mitnehmen und bei denen ihnen auffällt, wie behende ihre beiden Kinder geworden sind, im Winter das Skilaufen mit Freunden oder in einem Club. Sie schwärmen regelrecht von der Schönheit der Farben des Laubs, der Sonnenuntergänge und der Bergluft.

Was aber werden sie als nächstes tun, jetzt, da das Haus fertiggestellt ist? Zur Zeit arbeiten Mann und Frau noch in verschiedenen Schichten. Er fängt um fünf Uhr an und kommt um ein Uhr nach Hause. Sie geht dann in die Fabrik und schafft ihre acht Stunden. Auf diese Weise ist wenigstens immer einer von beiden bei den Kindern. «Wir wollen unsere Kinder nicht wie Hunde behandeln oder sie in Kinderkrippen geben.» Daniel meint, daß Marie-France mit dem Arbeiten aufhören solle, sobald sie es sich erlauben können. Sie aber entgegnet, sein Ideal sei, nur gemütlich zu leben, aber für sie sei das nicht genug. Sie träumt davon, eine angenehmere Arbeit mit mehr menschlichen Kontakten zu finden. «Ich fürchte mich davor, zu sehr mit mir allein zu sein.» Er sagt, eine Frau könne zu Hause aufblühen. Sie erwidert, daß ein Hausfrauendasein sie nicht ausfüllen würde. Er glaubt, daß er außerhalb seiner Arbeit die Freundschaft finden könne, die er wolle. Sie wünscht sich mehr als das und wird sich vielleicht wieder ihrer Gewerkschaftsarbeit widmen, die sie aufgab, weil sie den Kindern schadete. Sie hielt ihren kleinen Jungen während der Sitzungen bis zu drei Stunden unterm Tisch. Aber es gibt kaum andere Arbeit in der

Gegend. Deshalb akzeptieren die Arbeiter ihre Aufgaben in der Fabrik als notwendiges Übel, ein so notwendiges, daß sie sich kaum noch um die Schmerzen kümmern, die es verursacht. Sie sparen, indem sie zu Mittag Butterbrote essen, während sie auf dem winzigen Stück Rasen vor der Fabrik hocken. Sie haben fast alle die gleichen Interessen außerhalb der Arbeit, einen kleinen Bauernhof mit ein paar Kühen, oder sie verrichten Aushilfsarbeiten wie Tapezieren und Bauen. In der Fabrik verdienen sie sich das Grundgehalt, und ihre Lebensfreude kommt aus dem, was sie sich hinzuverdienen.

Die Menschen üben weiterhin Berufe aus, die ihnen keine Freude machen, weil sie sehen können, was passiert, wenn ein Arbeiter ohne Qualifikationen nicht die Spielregeln beachtet. Eluard ist ohne Arbeit. Er befand sich neunundzwanzig Tage im Hungerstreik, um auf sein Los aufmerksam zu machen, aber niemand nahm Notiz davon. Ein Sozialarbeiter kam mit 300 Francs (100 DM) und Essensmarken vorbei. «Ich weigere mich zu betteln, und ich nahm das nicht an.» Er will seinen Lebensunterhalt in einer Weise verdienen, die er mit seiner Würde für vereinbar hält. Das ist ihm nie gelungen. Er kommt aus dem gräßlichen Pariser Vorort Asnières, ist Sohn eines Arbeiters, der zwölf Stunden am Tag arbeitete, um seine Familie zu ernähren. «Wir Kinder aßen jeden Tag, aber meine Eltern nicht.» Eluards Bruder hat eine feste Stellung im Flughafen Orly, und das bereitet den Eltern große Freude. Aber Eluard selbst war, wie seine Mutter sagt, «das Entlein im Hühnernest». Er war der Schlechteste in der Schule und träumte dennoch davon, Lehrer zu werden. Er widersetzte sich dem Wunsch seiner Eltern, er solle einen ganz gewöhnlichen Arbeitsplatz annehmen. Er wurde Nachtwächter auf dem Pariser Großmarkt Les Halles und schrieb sich als Student der Philosophie an der Sorbonne ein. Das war 1968, und er war gerade achtzehn. Er interessierte sich nicht für die Demonstrationen – «Politik ist mir ziemlich fremd» –, aber er schien in seinen Studien nicht sehr viel weiterzukommen und gab nach einigen Monaten auf. Seine intellektuellen Interessen hat er dagegen beibehalten. Er hat die ganzen Monate der Arbeitslosigkeit mit Lesen verbracht und sich eine ziemlich umfangreiche Bibliothek zugelegt – Klassiker, Sozialwissenschaften und Astrologie –, auf die er recht stolz ist. Er las gerade Vuillaumes *Meine roten Tagebücher zur Zeit der Kommune*. Er spricht wie ein belesener Mensch. Aber er hat kein Diplom. Er leistete seinen Militärdienst nur ungern, verabscheute den Patriotismus seiner Kameraden. Wegen Trunkenheit wurde er eingesperrt und schließlich einer der Wärter von Rudolf Hess im Spandauer Gefängnis. Mit einundzwanzig wurde er Archivbediensteter in einer Versicherungsgesellschaft: «Es war die einzige Stelle, die ich bekommen konnte. Sie war nicht schlecht. Ich blieb zwei Jahre.» Aber er verliebte sich in ein Mädchen, das ihn nach nur einem Jahr Ehe verließ und alle Möbel mitnahm: «Eines Abends kam ich aus dem Kino nach Hause, und die Wohnung war leer.» Er brauchte ein Jahr, um sich davon zu erholen – «Scheidung ist der Tod» –, um so mehr, als er kurz darauf wegen eines «Fehlers» bei der Arbeit gefeuert wurde.

Nach zwei Monaten Arbeitslosigkeit bekam er einen Job bei einer anderen Versicherungsgesellschaft in dem monströsen Vorort La Défense. Er mochte seine Arbeit, weil er interessante Menschen mit Universitätsausbildung traf. Aber er trat einer Gewerkschaft bei und begann einen Streik, er klagte dagegen, daß er seine Arbeit drei Etagen unter der Erde ohne Tageslicht und in der erdrückenden Luft der Klimaanlage verrichten mußte. Zweieinhalb Monate lang veranstalteten elf von ihnen einen Sitzstreik, der verhinderte, daß irgendwelche Akten das Archiv verlassen konnten. Es waren «herrliche Tage», aber sie mußten aufgeben, als ihnen das Geld ausging. Während einer Solidaritätsdemonstration für andere Streikende lernte er seine zweite Frau kennen, die als Schreibkraft im achten Stock des gleichen Hochhauses arbeitete. «Wir hatten es schwer miteinander.» Er beschloß, Krankenhelfer in der Psychiatrie zu werden, absolvierte einen Kursus und fiel bei der Abschlußprüfung mit einem halben Punkt durch. So wurde er wieder arbeitslos.

Ein Freund erzählte ihm, in Marseille gebe es reichlich Arbeit. Er fuhr hin, fand es aber schwieriger als erwartet, Arbeit oder eine Wohnung zu finden. In einer Klinik wurde er schließlich als technischer Röntgenassistent angenommen. Man sagte, man sei mit ihm zufrieden, doch nach ungefähr vier Monaten feuerten sie ihn plötzlich «ohne jegliche Erklärung». Die Arbeit machte ihm Spaß, und er will nichts anderes lernen, aber keiner will ihn haben. Er hat Bewerbungen an siebenundvierzig Kliniken geschrieben, «aber ich habe nicht das Geld für die Briefmarken, um sie abzuschicken». Er hat sich als Straßenhändler für Gemüse auf dem Markt von Marseille versucht. Zunächst wollte die Stadtverwaltung ihm keine Erlaubnis erteilen, und dann halfen sie ihm nicht, einen Karren zu kaufen. Er lief monatelang von Büro zu Büro und bat um offizielle Unterstützung. Er wird einfach herumgeschickt, und man erklärt ihm, er erfülle nicht die eine oder andere Bestimmung für Bedürftige. Seine Frau hat eine Halbtagsstelle, darum wird er nicht als mittellos eingestuft. Und in der Tat lebt er in einer recht angenehmen Wohnung, die er, ohne Miete zu zahlen, besetzt hat. Laut offizieller Meinung ist er ein ständiger Querulant, der sich nie zufrieden gibt, der aber auch nicht zu Extremismus neigt. Nur um es ihnen zu zeigen, machte der Freund, mit dem er in Hungerstreik getreten war, einen Selbstmordversuch. Eluard sagt, das einzige, was die Behörden überzeugen würde, wäre, wenn er alle Menschen in Sichtweite umbrächte, denn es hätte sich keiner darum gekümmert, als sie vor Hunger zu sterben drohten, doch «Waffen sind keine Lösung». Vielleicht sollte er ins Gefängnis gehen, wo man ihn logieren und verköstigen und seine Wäsche kostenlos waschen würde. Er kann keine neue Berufsausbildung anstreben, weil er nicht gefördert werden würde, da man ihm bereits eine Ausbildung bezahlt hat. Er hält sich für ein Opfer der Bestimmungen, die die Beamten erfunden haben, um Menschen wie ihm zu helfen. Noch schlimmer ist, daß sich keiner für ihn interessiert. Die Lokalpresse will über sein Problem nicht berichten, weil man dort meint, er habe es selbst verursacht. Sehnsüchtig spricht er davon, als Weber in einem Dorf anzufangen. Warum dürfen Menschen diese verlassenen Bruchbuden nicht wieder beziehen?

Marseille ist ihm inzwischen zuwider. «Die verdorbenste Stadt von ganz Frankreich. Sie begrüßen dich mit offenen Armen, wenn du in ein Café gehst, aber die sind alle scheinheilig.

Wenn du gehst, haben sie schon vergessen, wer du bist.» Er wäre bereit, überall hinzugehen. «Ich fühle mich in jedem Land zu Hause.» Er mochte die Deutschen, die er während seiner Militärzeit kennenlernte. «Sie sind sauber, sehr sauber. Es ist mir egal, ob jemand Franzose ist oder Deutscher.» Nur die Amerikaner scheinen eine Ausnahme zu sein. Die Soldaten, die gerade aus Vietnam kamen und in Berlin dienten, waren «verrückt, immer betrunken» und nahmen ihre Manöver tierisch ernst: «Das sind Imperialisten wie die Russen auch.» Es ist die gesamte gesellschaftliche Organisation, die Eluard con – beschissen – findet. Er wird immer nervöser, da keine Lösung seiner Probleme in Sicht ist. Seine Frau beklagt sich, daß er keinen Job findet. Sein Sohn gerät langsam außer Kontrolle. Seine Wohnung befindet sich direkt neben einer Bar, in der vor einigen Jahren zehn Menschen in einem berüchtigten Massenmord umgebracht wurden, der symbolisiert, daß Hoffnungslosigkeit in Gewalt umschlagen kann.

Warum Verzweiflung nur selten in Gewalt endet, erklärt Jacques Fremontier in seinem quälenden Bericht über die viele Monate sich hinziehenden Gespräche mit erfolglosen Arbeitern. Er kommt zu dem Schluß, daß ein Teil der Kunst, sich in das Schicksal zu fügen, solch ein Arbeiter zu sein, darin besteht, das Scheitern der eigenen Ambitionen anzunehmen. Selbst die Ehe ist eine Unterdrückung der Phantasie. Mädchen halten sich im Alter von fünfundzwanzig für erledigt. Menschen, die durch «Geldmangel kastriert werden», die in ihren kastenartigen, ärmlichen Wohnungen leben, die gezwungen sind, je nach Laune ihrer Herren zu bestimmten Zeiten zu arbeiten oder zu spielen, die unfähig sind, jemals eine Identität mit Selbstachtung aufzubauen, weil sie lernen müssen zu gehorchen, zu sparen und sich nach den Vorstellungen anderer zu verhalten, solche Menschen lernen, mit dem Unausweichlichen umzugehen. Darüber hinaus werden sie eingeschüchtert und müssen sich selbst unter Kontrolle halten, aus Furcht davor, was andere Leute über sie sagen könnten, wenn sie aus der Reihe fallen. Revolutionäre mögen glauben, die Arbeiter der Welt würden eines Tages einsehen, daß sie gemeinsame Interessen haben, die die Grenzen der Länder überschreiten.

Chenez   **Söhne von Managern**   **Arbeitersöhne**

Aber im täglichen Leben gibt es zu viele dringende Probleme, zu viele Sorgen, wie man von einem Monat zum nächsten überleben soll (eine Verbesserung, früher war es von Woche zu Woche), zu viele Versuchungen und Ablenkungen, als daß jener revolutionäre Traum in Erfüllung gehen könnte. Deshalb heben Arbeiter häufig ihren Blick nicht über die Fußstapfen derer hoch, die es geschafft haben. So unterstützen sie die im Schwinden begriffenen Werte gerade zu einer Zeit, in der das enttäuschte Bürgertum den Glauben an sie verliert.

13 Wo man das Herz eines Kommunisten findet

Didier Chatel ist nicht daran interessiert, ein reicher Mann zu werden. Er ist zwanzig Jahre alt, Buchhalter im Wohnungsamt der kommunistischen Stadtverwaltung von Arceuil. Seine Arbeit gefällt ihm gut, weil er keine Qualifikationen vorzuweisen hat, und die einzige Alternative, die ihm bliebe, wäre, sich als ungelernter Arbeiter zu verdingen. Seine Mutter ist auch Buchhalterin und sein Vater Metallarbeiter: «Wenn man der Sohn eines Proletariers ist», sagt er, «bleibt einem nicht viel anderes übrig.» Er träumte davon, politische Wissenschaften zu studieren und Rechtsanwalt zu werden, «um die Leute zu verteidigen». «Ich möchte viele Sachen in meinem Leben machen»; aber er weiß, daß es bloß Träume sind. Aus diesem Grunde hat er sich im Alter von siebzehn Jahren der Kommunistischen Partei angeschlossen. Politik sieht er als eine Alternative zur Bildung und zur Berufskarriere an, die ihm nicht offenstehen; es ist «eine Möglichkeit, meine Sicht der Welt zu erweitern, zum Blühen zu bringen». Für materiellen Besitz interessiert er sich nicht wirklich: «Ich habe alles, was ich mir wünsche; ich habe meine Musik – meine Schallplatten.» Aber ihn bedrückt, daß er, wenn er seinen Arbeitsplatz verlöre, es schwer genug haben würde, eine andere Arbeit zu finden. Was er mehr wünscht als alles andere, ist das Gefühl, ein nützlicher Mensch zu sein: «Wenn ich zu nichts nutze bin, dann sollten sie mich aussortieren, mich in den Abfalleimer werfen... Die jungen Leute sind diejenigen, die in dieser Generation geopfert worden sind.» Die Vorstellung von der Arbeitslosigkeit bedrückt ihn wie eine Verurteilung, eine Abweisung, mehr noch, als der Verlust seiner Ersparnisse ihn bedrücken würde. Er schätzt an seiner Arbeit, daß seine Vorgesetzten keine Profitmacher sind und sie «es nicht fürs Geld tun». Sie hören ihm zu, wenn er seine Meinung sagt; er und seine Arbeitskollegen baten um mehr Abwechslung in ihrer Arbeit, und sie wurde ihnen zugestanden; nun füllt er nicht mehr nur Formulare aus, sondern hat direkt mit den Mietern zu tun, und das findet er befriedigender.

A LA FÊTE DE L'HUMA

Le Stand du Bonheur

Siné Der Glücks-Fotostand beim
alljährlichen Fest der
kommunistischen Tages-
zeitung *L'Humanité*

Seine Vorgesetzten sind das genaue Gegenteil von den kapitalistischen, jedoch zuvor hat er für eine andere staatliche Organisation, nämlich für die Post gearbeitet, und dort war man sehr strikt: Er hatte Pakete zu sortieren, aber man gestattete ihm nicht, Änderungen einzuführen. Am Prinzip der Hierarchie jedoch möchte er nicht rütteln: das betrachtet er als «normal». Alles was er sich wünscht, ist ein Selbstwertgefühl. «Ich möchte etwas tun, nicht nur für mich selbst, sondern so, daß die nächste Generation sagen kann, er hat das gemacht. Wozu wäre das Leben sonst gut?»

Doch sind nicht alle Kommunisten Utopisten, die wie Heilige für das Allgemeinwohl arbeiten möchten. Wenn sie sagen, sie seien Materialisten, dann meinen sie das oft in einem praktischen Sinn: Sie möchte ein größeres Stück vom Kuchen, auch wenn sie andere Sachen mehr schätzen: höhere Löhne

271

stehen an erster Stelle. Hinter ihnen liegt so manche Generation, die so in Armut gelebt hat, daß sie nicht länger warten möchten. Maurice Roche, ein Chemielehrer aus Limoges, der Sohn eines Eisenbahnvorarbeiters, war ziemlich erfolgreich und ist übrigens mit einer Bibliothekarin verheiratet. Er beschwert sich jedoch heftig, daß er unterbezahlt sei; weshalb verdienen denn die Chemiker in der Privatindustrie mehr als er? Weshalb verdient er nicht mehr als ein Busfahrer? Er ist nicht unbedingt dafür, daß alle den gleichen Lohn erhalten. Daniel Bourge, ein kommunistischer Aktivist, der seit mehr als zwanzig Jahren als hochspezialisierter Schweißer in der geheimen Abteilung für Prototypen bei Renault arbeitet, ist sich im klaren darüber, daß er nicht den gleichen Lohn haben möchte wie seine weniger qualifizierten Kollegen. Er ist der Ansicht, daß die Leute an der Spitze billigerweise fünfmal soviel verdienen sollen wie die am anderen Ende: Sie verdienen Belohnungen für ihre Studien, für ihre Opfer. Die Tatsache, daß er seine Arbeit mag, die sehr viel interessanter und angenehmer ist als die seiner Kollegen an den Fertigungsstraßen, da er daran beteiligt ist, neue Bauteile für neue Autos zu schaffen, scheint ihm nicht so relevant zu sein. «Wir können nie die Unterschiede abschaffen.» Er braucht Geld, weil er es mag, eine Frau zu haben, die nicht arbeitet; er sieht das als ein «vernünftiges Arrangement» an; er hält die Frauenbewegung für «übertrieben, nicht seriös: wenn Frauen sich einer Organisation anschließen möchten, dann gibt es eine Menge anderer, denen sie sich anschließen können, wie zum Beispiel den politischen Parteien». Er ist klein und kahl; er trägt einen weichen Filzhut und einen Mantel, in denen er – so hänseln ihn seine kommunistischen Kameraden – «wie ein Bourgeois aussieht». Weshalb denn nicht? Manche Kommunisten fühlen sich unbeachtet, sie möchten, daß diejenigen, die arriviert sind, für sie Platz machen, sie als Gleichberechtigte anerkennen.

Daniel Bourge spricht mit einer Beredtheit, um die ihn so mancher beneiden würde; er ist offensichtlich ein sehr harter Verhandlungsführer; und er hilft denjenigen, die ihr Vertrauen in ihn setzen, auf der Stufenleiter weiter. Sein Sohn hat schon den Sprung geschafft und sich an einer Technischen Universität eingeschrieben. Doch die Kommunisten unterscheiden sich von all jenen, die sich im Konkurrenzkampf kämpfend vorwärtsbewegen, durch die Art, in der sie betonen, daß es nicht helfe, wenn jeder Mensch ganz auf sich gestellt versuche, seine Lage zu verbessern. Individualismus ist ein natürliches Verhalten, besonders in einer Zeit der Arbeitslosigkeit und des strengeren Wettbewerbs um Arbeitsplätze: «Wir können diese Leute nicht tadeln», sagt der Chemielehrer Roche, «aber sie sind im Unrecht: sie werden sich nicht von alleine aus ihrer schwierigen Lage befreien können; kollektive Lösungen sind die einzigen, die noch etwas bringen. Übrigens befinden sich die sehr armen Leute am untersten Ende der sozialen Stufenleiter in einer Situation vollkommener Verzweiflung und können nicht darauf hoffen, daß individuelle Lösungen ihnen weiterhelfen.» Kommunist zu sein heißt, den Wunsch zu verspüren, gemeinsam an einem Strick zu ziehen und «die Großzügigkeit auszudrücken, die jungen Menschen eigen ist». Jedoch ohne Illusionen. Roche wohnt in einem sehr schmutzigen Wohnblock der Gemeinde zur Miete: Es hat Pläne gegeben, die Mieter dazu zu bringen, sich die Reinigungsarbeiten zu teilen, doch die meisten haben es abgelehnt; zur Zeit bezahlt man arabischen Arbeitern einen Hungerlohn für das Putzen, das jedoch über ihre Kräfte geht; die Antwort der Kommunisten heißt, man solle sich die schmutzigen Arbeiten nicht teilen, sondern sie besser bezahlen und ihnen so einen höheren Status verleihen. «Wir können nicht ständig Versammlungen abhalten; manche Menschen möchten sowenig wie möglich arbeiten, und es ist unvermeidbar, daß man sie dazu zwingen muß.» Es muß immer jemanden geben, der dafür geradesteht, daß jede Müllabfuhrmannschaft ihren gerechten Arbeitsanteil erledigt. Dies ist weit weniger als eine radikale Reform der kapitalistischen Gesellschaft, von der die utopischen Sozialisten geträumt haben.

Es ist natürlich das marxistische Dogma, das den Eindruck verschafft, daß die Kommunisten vollkommen andere Vorstellungen vertreten als die Mehrheit ihrer Landsleute. Sie saugen das Dogma auf Parteischulen ein, von denen es mehrere gibt, die über das ganze Land verteilt sind; die wichtigste ist die zentrale Parteischule in Choisy-le-Roi, in dem Haus, das erst Maurice Thorez und dann die Nordvietnamesische Delegation in Paris bewohnt hat. Fast die Hälfte aller Kämpfer, die an den Parteitagen teilnehmen, ist durch diese Schule gegangen, die Kurse von einem oder vier Monaten Dauer anbietet. Man betritt sie durch eine unauffällige kleine Seitentür (von der Art, wie mittelalterliche Klöster sie haben, während das beeindruckende riesige Portal verschlossen bleibt): In den vergangenen Jahren ist sie angegriffen worden und will daher keinen Ärger haben. Es gibt elf Schüler in der Klasse, in die ich komme (nur sehr selten werden Außenseiter zugelassen, aber Außenseiter bitten auch selten darum, hospitieren zu dürfen). Es sind alles Arbeiter oder Angestellte mit geringer Bildung in den Zwanzigern oder Dreißigern, Kämpfer aus verschiedenen Regionen, die Stipendien erhielten, die es ihnen erlauben, sich einige Zeit lang von der Arbeit freistellen zu lassen. Der Redner ist ein junger Lehrer von einer örtlichen Schule, bleiches Gesicht, breite Brillengläser, kurzes Haar, angezogen wie der Typus eines Strebers aus den fünfziger Jahren mit einem Sportjackett aus Tweed, grauen Hosen, grauer Krawatte, schwarzen Schuhen, in vollkommenem Gegensatz zu der lässigen Kleidung seiner Schüler. Er hält seine Vorlesung, wie es in den fünfziger Jahren üblich war: sehr langsam, mit Diktiergeschwindigkeit, eine Reihenfolge abstrakter Äußerungen. Sein Thema ist «Die Bildung des Klassenbewußtseins». Seine Schüler beginnen mitzuschreiben, was er sagt, noch bevor er einen halben Satz gesagt hat und noch bevor sie vermuten können, was er sagen wird: zum Beispiel «Die Sozialisation der Arbeit...» Jeder schreibt mit und wartet darauf, daß er weiterredet. «Es gibt viele Faktoren zu berücksichtigen...» Ja, der junge Mann mit dem Schnurrbart und dem Akzent aus der Provence nickt heftig. Der rundliche Mann mit den Stiefeln hat einen Satz verpaßt, er schreibt von seinem Nachbarn ab.

Die Vorlesung dauert, mit einer halbstündigen Pause, insgesamt drei Stunden. Gegen Ende beginnt der Mann aus der Provence zu gähnen und gibt es auf, Notizen zu machen, doch er ist der einzige. Er ist auch derjenige, der die erste Frage stellt, deren Absicht nicht ganz deutlich wird, und der Vortragende gibt eine ähnlich undeutliche Antwort. Ein anderer Schüler möchte gerne wissen, was man unter Anarcho-Syndikalismus zu verstehen habe; ein dritter möchte gerne den Unterschied zwischen der Linken und der Rechten erklärt bekommen, und er erhält sämtliche Daten seit 1890. Der Mann aus der Provence bittet um die Erläuterung des Schlagworts *Bourgeoisie*. Ein Mann glaubt, daß die MRP (die Christlich-Demokratische Partei) der alte Name für die als RPR (die Gaullistische Partei) bekannte Bewegung sei. Eine gewisse Neugierde über die Parteien auf der Rechten wird in der Diskussion deutlich, und es ist auch offensichtlich, daß nicht viel darüber bekannt ist. Der Vortragende liefert einen kurzen Abriß der Entwicklungsgeschichte des Stimmrechts in Frankreich, aber die Geschichte hört bei ihm mit 1880 auf; kein Wort verliert er über das Frauenwahlrecht. Als ich eine Erklärung begehre, wird mir gesagt, es sei nutzlos zu wiederholen, was ohnehin jeder wisse, daß das Frauenwahlrecht dank des kommunistischen Drucks im Jahre 1944 gewährt wurde. Die junge Frau neben mir sagt mir privat, daß ihr tatsächlich das meiste der Vorlesung bereits vertraut gewesen sei, doch dem Forstarbeiter aus dem Jura war es alles neu. Ihm wurde in der Schule nur gerade der Katalog von Fakten gelehrt, «Johanna von Orléans und die Kommune wurden alle in derselben Art behandelt»; aber hier gab es wenigstens eine Interpretation. Manchen Schülern fiel es offensichtlich nicht leicht, sich Notizen zu machen, und es gibt einen besonderen Lehrer, der ihnen beibringt, wie man Mitschriften anfertigt. Die Wiederholung des Redners, daß «die Dinge widersprüchlich sind», verwirrt sie jedoch nicht, auch wenn dieses klassische Schlagwort dazu dient, die Vielschichtigkeit der historischen Fakten zu beschönigen, die er zusammenzufassen versucht. Die Schüler erhalten eine Art der Weltsicht, die sie befriedigend finden. Sie studieren von morgens neun bis spät in den Abend, und ihre einzige Klage ist die, daß sie nicht genug lernen; sie bitten ständig darum, daß noch mehr Themen in den Lehrgangsplan aufgenommen werden, und möchten nie, daß irgend etwas ausgelassen wird. So wie es aussieht, beschränken sie sich nachmittags in ihrer Lesezeit auf eine sehr kleine Auswahl von Büchern, hauptsächlich jedoch auf Artikel kommunistischer Autoren.

Henri Martin, der Direktor der Parteischule, erinnert sich daran, daß es 1968 einigen Druck gab, die Methode der Frontalvorlesung aufzugeben, jedoch wurde beschlossen, daß die alten Methoden sich am besten bewährt hätten; er selbst legt großen Wert darauf, daß ein Lehrer die Vorlesung hält, «so daß er sehen kann, ob seine Schüler ihn verstehen», das sei immer noch besser, als sie alleine vor ihren Büchern hocken zu lassen. Der Vortragende, den ich miterlebte, behauptete, daß er erkennen könne, daß seine Schüler ihm folgen konnten; das erschien mir jedoch nicht so offensichtlich zu sein; ich selber fand es schwierig, ihm zu foglen, seine Äußerungen waren oft unzusammenhängend und konfus und bestanden aus abstrakten Formeln und zusammengewürfelten Fakten. Henri Martin jedoch ist sehr zufrieden mit der Art, wie die Schule läuft. Das heißt nicht, daß er Kritik gegenüber dogmatisch blind wäre, vielmehr wird er geleitet von einer besonderen Art des Pragmatismus, einer Bestimmtheit, die gegenwärtige Politik solange als die richtige anzuerkennen, bis sie unhaltbar und durch eine andere ersetzt wird. Was er vermeiden möchte, ist der Zweifel. Er ist ein Mann in Eile und hat genug gelitten. Er betrachtet den Zweifel lediglich als eine Weise der Verzögerung. «Wir zweifeln immer etwas an», sagt er, «weil wir wissen, daß die Welt sich ändert; doch wir sagen, daß es – beim derzeitigen Stand unserer Erkenntnis – die nächste Annäherung an die Wahrheit ist, die wir erzielen können, und wir werden sie anwenden; und wir werden in der Praxis entdecken, wenn wir Recht haben». Aus diesem Grunde mag er nicht seine Zeit oder die der Schüler verlieren, indem er sie die Arbeiten der liberalen Widersacher lesen läßt. «Unsere Professoren haben sie gelesen, und sie können sie widerlegen.» Er ist zufrieden, daß er es den Spezialisten überlassen kann, Tocqueville zu «widerlegen», den zu lesen er selber nie die Zeit gefunden hat, denn solche Lektüre trägt nichts zur Veränderung der Gesellschaft bei. Der Zweck der Schule ist es, Menschen zu trainieren, die Dinge so zu sehen, wie sie sind, nicht wie sie sein könnten, und die an ihrem eigenen Arbeitsplatz zu handeln in der Lage sind und über eine adäquate Grundlage in marxistischer Theorie verfügen, um dies selbständig zu tun, ohne auf Befehle zu warten.

Manchmal natürlich zeigen «unsere Historiker uns, daß unsere Sicht zu engstirnig war und daß die Ereignisse uns widerlegen. Aus diesem Grunde machten wir uns an die Lektüre von Marx im Original. Meiner Meinung nach hat Marx all das Beste von dem gesammelt, das je gedacht worden ist; er hat das Erbe all der Jahrhunderte kondensiert und sagt den Menschen, daß sie nicht länger nur die Beobachter der Ereignisse sind, sondern daß sie die Dinge selber verändern können, ja, sie können die Welt verändern und ihr tägliches Leben.»

Henri Martin ging mit dreizehneinhalb Jahren von der Schule ab. Er war der Sohn eines kommunistischen Vaters und einer katholischen Mutter: Als Junge sang er im Chor und ging bis zum sechzehnten Lebensjahr zur Messe. Während des Krieges schloß er sich «aus Patriotismus» der Partei an, um die Deutschen zu verjagen; zu diesem Zeitpunkt wußte er nichts über kommunistische Theorie. Er war verwirrt, daß die Franzosen, die mit den Nazis kollaboriert hatten, so sanft behandelt wurden; die Partei erklärte ihm dies damit, daß es eine Frage der Klassenzugehörigkeit sei; die Herren der Befreiung würden sich von denen aus Vichy nicht unterscheiden. Nach dem Krieg arbeitete Martin in einer großen Fabrik und meldete sich dann freiwillig zur Armee, wurde jedoch dreieinhalb Jahre lang wegen Verbreitung kommunistischer Propaganda eingesperrt. Im Armeegefängnis gab man ihm die Bibel als Lektüre (die er sehr interessant fand); doch später wurde er in ein öffentliches Gefängnis überstellt, wo die Gefängniswärter sich nicht wirklich darum kümmerten, was er tat, und dort nahm er begierig die Werke Lenins (er schlug falsche Umschläge um die Bücher) und von Maurice Thorez auf. Seit seiner Freilassung im Alter von sechsundzwanzig ist er ständig Funktionär der Partei gewesen. Seine Parteiarbeit erledigte er immer so hingebungsvoll, daß er es nie geschafft hat, die Jahresabschlußfeier in der Schule seiner drei Kinder zu besuchen, und selbst als sein drittes Kind geboren wurde, war er zu beschäftigt, um seine Frau am Wochenbett zu besuchen, weil er an einer Parteiversammlung teilnahm. Alle drei Kinder sind inzwischen Parteimitglieder, obwohl sie ihm wegen seiner Vernachlässigung Vorhaltungen machen; er gesteht, «ich würde das nicht noch einmal machen». Er weiß, daß er sein Familienleben durcheinandergebracht hat: das war ein Fehler. Er weiß auch, daß er zur Zeit der Befreiung zu optimistisch war, denn er erwartete, daß die Revolution sich innerhalb weniger Jahre (drei bis vier) vollziehen würde: «Diese Illusionen habe ich nicht mehr.» Er meint, daß er und seine Partei einen Fehler gemacht hätten, als sie 1981 keinen kommunistischen Gegenkandidaten gegen Mitterrand aufgestellt haben, weil sie damit die Chance verpaßt hätten, darauf hinzuweisen, daß die Kommunisten eine wirkliche Alternative zu bieten haben. Aber mit oder ohne Illusionen bleibt er zuversichtlich. Er sieht seine Fehler in einer ähnlichen Art, in der die Christen ihre Sünden betrachten: Fehler können ihn in seinem Glauben nicht erschüttern. Und er freut sich seines Lebens, auch wenn er ungehalten über die Ungerechtigkeiten ist. Das Essen, das ich mit den Schülern in der Parteischule einnahm – ein ganz gewöhnliches Essen –, war das beste Kantinenessen, das ich je bekommen habe.

Ein Kommunist ist häufig ein soziales Wesen, oder er bemüht sich, eins zu sein, «immer bereit zu diskutieren», wie der junge Forstarbeiter sagte, bevor er mir seine Lebensgeschichte erzählte. Die formelle Umgebung für ihre Diskussionen ist die Parteizelle, eine jener 23 000 Gruppen, deren Mitglieder sich jede Woche oder alle zwei Wochen versammeln. Jede Zelle hat durchschnittlich ein Dutzend bis zwanzig Mitglieder. Ein Drittel der Zellen wird von den Arbeitern in ihren Firmen und Fabriken gebildet, die restlichen organisieren sich nach den Wohnorten. In den kommunistischen Vorstädten von Paris kann eventuell jeder Wohnblock seine eigene Zelle haben; in konservativen Distrikten gibt es vielleicht für eine ganze Stadt nur eine Zelle. Die Treffen dauern gewöhnlich weniger als eine Stunde, wenn sie in einem Café außerhalb der Fabrik abgehalten werden und die Mitglieder einen langen Nachhauseweg haben; häufiger jedoch werden sie im Haus eines Mitglieds abgehalten, wo sie länger dauern; die Zellen der Lehrer sollen die redseligsten sein. Das Zeitgeschehen, Auseinandersetzungen am Ort, nationale und internationale Krisen werden diskutiert – Streitfälle werden als Krisenfälle angesehen; sie versuchen, diese mit der marxistischen Doktrin in Verbindung zu bringen, die ihnen eine Meinung und eine Lösung anbietet. Gelegentlich klingen ihre Diskussionen mehr wie eine Serie ritueller Äußerungen oder wie eine Gruppentherapie; Befriedigung wird daraus gezogen, daß der Satz «Dies ist eine sehr wichtige Diskussion, die wir gerade führen» wiederholt wird. Zitate von Lenin oder aus der Parteizeitung *L'Humanité* geben dem Verfahren Gewicht. Gewöhnlich findet man keine Freundschaft, sondern Kameradschaft, ein Gefühl der Verbundenheit, das über den persönlichen Hintergrund und die Umstände hinweggeht, eine Bindung an die Teamarbeit und eine Bereitschaft, die Führerschaft des Zentralkomitees anzuerkennen. Das Verteilen von Parteiliteratur und Abhalten von Demonstrationen drückt diese Solidarität aus, und die Organisation dieser Aktivitäten nimmt in der Praxis mehr Zeit in Anspruch als die politische Diskussion. Die Kommunisten sind wirklich dem politischen Leben gegenüber zwiespältig eingestellt. Auf der einen Seite glauben sie an die politische Sache und politisieren alle Fragen, all ihre Aktivitäten; aus diesem Grunde unterhalten sie ihre eigenen Gesellschaften und Vereine für alles und jedes im Bereich des Sports und der Freizeit, ihre eigenen Buchläden, Bücher, Tageszeitungen, Ferienanlagen, die alle ihren letzten, antikapitalistischen Zielen dienen müssen. Andererseits sind sie nicht wirklich an Politik interessiert in dem Sinn, daß sie genußvoll mit Menschen debattieren, die anderer Ansicht sind; sie wissen, was sie zu denken haben und ziehen es vor, sich unter Gleichgesinnten zu bewegen.

Die kommunistische Partei ist nicht einfach ein Getto, das getrennt von dem Rest der Nation lebt. Es gibt eine Viertelmillion Parteimitglieder (eine Zahl, die davon abhängt, ob man ihren Widersachern oder ihren Anhängern Glauben schenkt), aber es ist bekannt, daß diese Mitglieder stark fluktuieren. Die Partei hat jedes Jahr 70 000 Neuzugänge und etwa dieselbe Zahl Austritte zu verzeichnen. Dadurch wird sie zu einem höchst aktiven Ausdruck der politischen Bindung und Ernüchterung im Land. Es gibt bei weitem mehr abgefallene Kommunisten, als es Parteimitglieder gibt. Die Partei mag sich an den Rändern der Macht bewegen, sie hat jedoch eine enorme Anzahl von

Menschen in irgendeinem Stadium ihres Lebens gezeichnet. Sie zieht weiterhin die jungen Leute an, auch wenn sie «die Generation von 1968» wegen ihrer Eifersucht und Angst vor den Studenten verloren hat, die entschlossen schienen, ihr die Führerschaft in der revolutionären Sache aus den Händen zu reißen. Sie vermeidet das Bild einer Altherrenpartei nach russischem Muster, indem sie mehrere junge Leute in ihr Zentralkomitee aufgenommen hat. In Paris, so heißt es, ist die Hälfte aller Neuzugänge unter fünfundzwanzig Jahre alt. Die Partei hat einen größeren Anteil weiblicher Mitglieder (ungefähr ein Viertel) als jede andere Partei. 17 Prozent ihrer Mitglieder sind Lehrer. Aber die Mehrheit sind Arbeiter, und sie ist auf jeden Fall eine Partei der Arbeiterklasse. Von ihren Führern wird erwartet, daß ihr Lebensstandard dem eines Arbeiters entspricht; alle erhalten denselben Lohn wie ein Facharbeiter, und die Parlamentsmitglieder (oder Mitglieder anderer offizieller Körperschaften) führen ihr Gehalt an die Parteikasse ab; das Spesenkonto oder andere Vorteile, die sie manchmal genießen, sind nicht so bedeutend, als daß man sie der Heuchelei bezichtigen könnte, wie es unter angeblich altruistischen Politikern in einigen anderen Parteien der Fall ist. Obwohl ihre Langzeitziele sich davon unterscheiden, lehnen die meisten Kommunisten die Konsumgesellschaft in ihrem alltäglichen Leben nicht ab. Sie unterscheiden sich nicht von anderen Menschen in ihrem Besitztum, das sie haben oder nach dem sie streben.

Es wird behauptet, die kommunistische Partei sei der katholischen Kirche ähnlich; dies ist ein überholter Vergleich. Louisette Blancard, die die Frauenseite der *L'Humanité* redigiert, wurde katholisch erzogen. Für sie waren die Kommunisten früher die teuflischen Verfolger des Christentums, und während des Krieges leitete sie als Verantwortliche die «Compagnons de Saint Francis». Es war ihr christlicher Glaube, der sie dazu brachte, in einer Fabrik zu arbeiten. Im Alter von fünfunddreißig Jahren wurde sie zum Marxismus bekehrt. Sie sagte: «Ich bin mir immer selbst treu geblieben... ich habe den Dingen nur einen anderen Namen gegeben, das ist alles.» Ihr Vater sagte immer: «Wenn wenigstens die Christen alle wirkliche Christen wären, dann gäbe es keine Kommunisten.» In ihren

Augen ist der Kommunismus die effektivste Möglichkeit, für die Armen zu arbeiten. 6 Prozent aller, die kommunistisch wählen, sind praktizierende Katholiken und 13 Prozent gelegentliche Kirchgänger. Die Katholiken führen an, daß die Kommunistische Partei von heute der Kirche von vor dreißig Jahren ähnele. Der moderne Katholik behauptet nicht, dieselbe Art vollständiger Sicherheit zu genießen, die die Kommunisten vorzeigen; er lächelt über ihren Dogmatismus, wenn sie sagen, der Marxismus sei «wissenschaftlich»; er beargwöhnt stets ihr fundamentalistisches Verweisen auf die Parteitexte; er betrachtet sie als Parodien der Jesuiten alten Stils, die ihren Oberen gegenüber total unterwürfig waren, ihre antiklerikalen Widersacher karikierten und es ablehnten, die Argumente persönlich zu untersuchen. Eine kommunistische Verkäuferin sagt: «Es steht uns nicht zu, als Parteimitglieder zu urteilen. Man darf nicht alles in Frage stellen... Die Partei hat schließlich die Führung übernommen.» Die Attraktivität der beiden Glaubensrichtungen liegt offensichtlich darin begründet, daß sie eine geistige Sicherheit anbieten, doch die Katholiken behaupten, daß ihr Ziel weniger total sei, es weniger Sicherheit gebe, und alles zur ewigen Glückseligkeit führe. Die Kommunisten erwidern, ihre Rituale seien weniger formal, ihre Organisation dagegen demokratischer. Es bleibt ein gemeinsamer Puritanismus (Sexskandale werden von Parteikämpfern sorgfältig vermieden) sowie eine gemeinsame Betonung der Bescheidenheit (Machtstreben wird nie eingestanden, Offizielle sagen, sie seien bereit, dort zu dienen, wo immer die Partei es bestimme).

Es gibt eine große Anzahl von Menschen, die ihren Kommunismus von ihren Eltern geerbt haben. Der Sohn eines kommunistischen Abgeordneten erinnert sich daran, daß seine Eltern ihn – als er sich weigerte, sich für die Partei zu interessieren – zu einem Psychiater schickten. Rebellion gegen die Eltern ist ein anderer häufiger Grund für die Parteimitgliedschaft: François Hincker, der marxistische Professor für Geschichte an der Sorbonne, sagt, er trat aus diesem Grunde mit sechzehn Jahren der Partei bei, während er noch eine piekfeine katholische Schule besuchte. Philippe Herzog, der führende Ökonom der

Partei, ein Abgänger der Polytechnique, der die «Neue Logik» erfand, (ein Gegenstück zur antikommunistischen «Neuen Philosophie»), sagt, er habe den Regierungsdienst verlassen, um in die Partei einzutreten, weil er den Eindruck hatte, seine Talente würden vom Staat nicht richtig eingesetzt. Er hatte wie verrückt versucht, die Stufenleiter zu erklimmen, aber er war dabei sehr alleine geblieben. Er wurde mit Sachen beauftragt, die ihn nirgendwohin zu führen schienen. Er war ein Mathematiker, der in der Mathematik die Methode zur Beherrschung der Welt sah, aber auf eine abstrakte Weise, die die Wirklichkeit ignorierte, und er war von der Wirklichkeit verängstigt. Die Partei würdigte sein Streben nach einer Erklärung der Welt mit der absoluten Genauigkeit eines Mathematikers; sie schätzte seine hohe Ausbildung; sie beauftragte ihn mit Arbeiten, aus denen er entnahm, daß man ihn persönlich schätzte; das befreite ihn aus seiner Einsamkeit. «Marxismus», sagte er, «meint zuallererst kollektive Arbeit.» Es verschaffte ihm das Gefühl, wirklich zum Wohl der Allgemeinheit beizutragen: «Die Art und Weise, wie die Partei mit meinen Fähigkeiten umzugehen wußte, überzeugte mich von ihrer Wirksamkeit.» Er wurde sich klar darüber, daß sein wissenschaftlicher Hintergrund ziemlich begrenzt war und daß er in Sachen Geschichte, Philosophie und Literatur noch viel nachzuholen hatte. Der Marxismus reizte ihn, weil er eine «zusammenhängende Antwort» auf seine Fragen anbot.

Sogar vor 1981 war die Partei nicht von der Besetzung staatlicher Stellen ausgeschlossen: sie unterstützte fähige Leute dabei, einflußreiche Positionen in der Regierung und in der Industrie zu infiltrieren. Daher ist vor vielen Jahren Tony Duché, ein Absolvent der Schule für politische Wissenschaften, als er bei der Partei anfragte, in welcher Firma er für sie am nützlichsten wirken könne, Manager geworden; man sagte ihm, er könnte etwas in der Eisenbahngesellschaft leisten; er bewarb sich bei der Staatlichen Eisenbahn, indem er bei dem Einstellungsgespräch genau das Gegenteil von dem sagte, was er glaubte; da er wußte, was man zu hören wünschte, erklärte er mit geheucheltem Enthusiasmus, daß die Eisenbahn Manager benötige, die wüßten, wie man «Chef» sei: obwohl sie eine staatliche Gesellschaft sei, müsse sie sich doch mehr wie ein Wirtschaftsunternehmen gerieren. Das hörte man gerne. Mit seinen politischen Ansichten hielt er ein Jahr lang hinter dem Berg; sobald er seinen unbefristeten Arbeitsvertrag in der Tasche hatte, überraschte er sie, indem er sich als Gewerkschaftsdelegierter wählen ließ. Später ließ er sich vier Jahre beurlauben, um Vollzeit-Parteifunktionär zu werden, auch wenn dies bedeutete, daß sein Einkommen sich halbierte. Er ist der Sohn eines begüterten bourgeoisen Industriellen, doch er fühlte, daß – wenn er auf der Seite der Bourgeoisie bleiben würde – er eines Tages verurteilt würde, genau wie die Kollaborateure von 1940. Er ist ein Kämpfer und hat keine Geduld für die Routineaufgaben, denen die Kommunisten soviel Zeit widmen, wie zum Beispiel dem Verkauf von *L'Humanité*. Seine Arbeit bei der Eisenbahn sieht er als politischen Kampf an. Es gibt sehr viele junge Leute, die dasselbe sagen. Den Kommunisten beizutreten heißt kämpfen, obwohl ein jeder psychologisch von einem anderen Feind angestachelt wird.

Das intellektuelle Leben in Frankreich wird stark vom Marxismus beeinflußt, teilweise weil so viele Intellektuelle in ihrer Jugend durch die Partei gegangen sind, besonders während und nach dem Krieg. Sie nehmen den Marxismus auch weiterhin ernst, auch wenn sie den Glauben verloren haben, und debattieren endlos gegen die marxistische Position. In den Gesellschaftswissenschaften, vor allem im Fach Geschichte, ist der Hang zum Studium der wirtschaftlichen Einflüsse und Klasseneinstellungen vorherrschend. Kommunisten sind also keine Franzosen, die einen vollkommen anderen Lebens- oder Denkstil vertreten, sondern eher wie Häretiker, deren Nachdruck mehr herausgefordert wird als ihre fundamentalen Prinzipien. Sogar die katholische Kirche hat viele Mitglieder, die von ihnen genauso fasziniert sind, wie sie ihnen feindselig gegenüberstehen.

Die Kommunistische Partei ist die reichste Partei Frankreichs, auch wenn sie die Partei der Armen ist. Sie ist die kapitalistischste aller Parteien, weil sie ein breites Konglomerat von Unternehmen unterhält, deren Profite ihr den Großteil des Einkommens liefern. Jedes Jahr organisiert die Partei am

Rande von Paris ein großartiges Fest und einen Karneval, bei dem man sich trifft und amüsiert, wo jedoch auch die Parteikassen aufgefüllt werden, indem man dort einen geschäftsmäßigen Gebrauch von der Werbung macht: Coca Cola, Ford und viele andere Firmen bezahlen für die Werbung auf diesem Fest. Einige Firmen tun dies nicht, weil sie auf einer schwarzen Liste stehen (zum Beispiel Schweppes, Martini, Evian); da sie sich geweigert haben, in der kommunistischen Tageszeitung *L'Humanité* Anzeigen zu schalten, werden sie vom Fest ferngehalten. Die Tageszeitung *L'Humanité* ist nur die Spitze des größten Presseimperiums im Lande: die Kommunisten besitzen etwa 160 Tageszeitungen und Illustrierte, 24 Druckereien und ein Dutzend Verlage. Diese werden durch die Subsidien der kommunistischen Gemeindeverwaltungen unterstützt, denen Etatmittel für Information zur Verfügung stehen, um die Propaganda zu kaufen, und durch Bestellungen der städtischen Bibliotheken von Büchern und Illustrierten, die die Partei veröffentlicht. Die dickste Einnahmequelle für die Parteikasse sind jedoch die mehr als dreihundert Firmen im Parteibesitz, die vor allem ihre Dienstleistungen den kommunistischen Gemeindeverwaltungen anbieten – sie erhalten die Aufträge zum Bau öffentlicher Gebäude, für die Anlieferung von Lebensmitteln in den Schulkantinen und für Büroausrüstungen der Gemeindeverwaltungen. Der Vorteil dieser Firmen liegt darin, daß sie über privilegierte Beziehungen zu Rußland und den Ländern Osteuropas verfügen. Durch den Handel mit ihnen hat der reichste Kommunist der Welt, Jean-Baptiste Doumeng, seinen Reichtum erworben, der ihm erlaubt, genauso wie ein amerikanischer Magnat zu leben, mit einem privaten Jet und einer Flotte von Luxusautos. Doumeng trat der Partei im Alter von sechzehn Jahren bei, als er ein ganz gewöhnlicher Bauernjunge war. Er heiratete die Tochter des *châtelain* am Ort. Er lernte, wie man Agrarprodukte kauft und verkauft und wurde so in diesem Handel eine der wichtigsten Figuren der Welt. Aber im kommunistischen Imperium ist er ein unabhängiger Satellit. Gewöhnlicher sind da schon die umfangreichen Kooperativen der Partei, von denen sie rund 265 betreibt, die sowohl Lebensmittel wie Haushaltsgüter verkaufen und sich der Loyalität der Parteimitglieder sicher sein können. Die Partei unterhält eigene Reise- und Immobilienbüros, Hotels und Ferienanlagen, zumeist bescheidene, jedoch auch eine Drei-Sterne-Anlage an der Côte d'Azur. Der Profit aus all diesen wirtschaftlichen Aktivitäten genauso wie die erheblichen Aufkommen an Mitgliedsbeiträgen werden bei einer Bank in russischem Besitz, der BCEN (Banque Commerciale pour l'Europe du Nord) deponiert.

Kommunismus ist nicht nur eine Geisteshaltung. Er wird seit langem, zumindest teilweise in den örtlichen Regierungen, in die Praxis umgesetzt. Nach den Wahlen von 1977 gab es 1813 kommunistische Bürgermeister, sieben davon in Großstädten. In der Pariser Region wurde genau die Hälfte der dreißig Gemeindeverwaltungen von Kommunisten geführt; die Kommunisten sind in diesem «roten Gürtel» seit Jahrzehnten ständig angewachsen. Choisy-le-Roi (am Rand von Paris) wird seit 1947 von den Kommunisten regiert. Fernand Dupuy ist dort seit 1981 Bürgermeister. Früher war er Grundschullehrer, bis der Parteiführer Maurice Thorez, der in Choisy zu Hause war, ihn zu seinem Privatsekretär bestellte und später als Bürgermeisterkandidaten aufstellen ließ. Er ist umgänglich, freundlich und ein begeisterter Familienvater, ein Anhänger des Forellenangelns. Er ist bestrebt, der zugänglichste aller Bürgermeister zu sein: Jeder, der ihn sprechen wollte, konnte ihn aufsuchen, und zwischen vierzig und fünfzig Menschen kamen regelmäßig, um Hilfe bei der Wohnungs- und Arbeitsvermittlung zu suchen, doch auch in persönlichen und Heiratsangelegenheiten: Er sagt, die Menschen kamen zu ihm, so wie sie zum Beispiel zu einem Arzt oder zu einem Priester gehen; er ist stolz darauf, daß er weiß, wie man teilnahmsvoll zuhört. «Das Leben», sagt er, «ist vor allem eine persönliche Angelegenheit, die feinen Reden sind da nicht ausreichend. Die individuellen Sorgen darf man nie vergessen oder vernachlässigen.» Die kommunistische Gemeindeverwaltung muß stets «die Massenmitwirkung» im Auge behalten: das bedeutet gewöhnlich, daß man die Probleme von möglichst vielen Einzelwählern kennen sollte. Es bedeutet auch, daß Dupuy als Parteimitglied engen Kontakt mit der örtlichen Partei unterhielt (die genauso als

Vertreterin der Massen betrachtet wird wie der Gemeinderat) und mit der örtlichen CGT-Gewerkschaft; er nahm auch an Versammlungen mit den kommunistischen Bürgermeistern aus der Gegend teil, um die Politik zu koordinieren. Er behauptet, die Wähler würden in Sachen Regierungssubsidien nicht viel verlieren, wenn sie ihre Stimme den Kommunisten gäben; das Beamtentum hat schließlich seine kommunistischen Mitglieder und seine linksgerichteten Sympathisanten. Ein großer Vorteil der Partei ist es, daß Menschen, die sich einst beim bloßen Gedanken an einen kommunistischen Bürgermeister fürchteten, inzwischen einsehen, daß dies «weder Enteignung oder gar noch Schlimmeres bedeutet».

Dupuy ist mit der Zeit gegangen. Er war, wie er selbst zugibt, «Sektierer», was er jetzt definiert als jemanden, der Scheuklappen trägt, dessen Horizont nicht weit geöffnet ist. Er bedauert dies und glaubt, daß er nicht mehr blind ist: Die Enthüllungen über Stalin waren ein fürchterlicher Schock für ihn, sie stürzten ihn in einen Zustand der Verwirrung, der sein Innerstes erschütterte. Die Invasion der Tschechoslowakei war «ein furchtbares Drama» für ihn. Er weiß es jetzt nicht nur besser, sondern fühlt auch, daß er gereift ist. Er war früher richtig antiklerikal eingestellt, das hatte er geerbt; aber er ist ein so warmherziger Mann, daß er enge persönliche Beziehungen mit seinem Priester aufnahm, der die Proteste anführte, als Dupuy 1940 von den Deutschen verhaftet worden war. Als er im Jahre 1968 einen schweren Unfall hatte, betete der *curé* von Choisy in der Kathedrale für seine Genesung. Sein Antiklerikalismus ist vollständig verschwunden; er verspottet seine katholische Frau nicht, die noch immer «etwas» an Gott glaubt. Von *Agitprop* als Mittel zur Bekehrung zum Marxismus hält er nichts mehr: «Das Vorbild ist viel besser». Seit zwanzig Jahren lebt er in einem bescheidenen Appartement in einem Wohnblock des Staates. Als er einzog, wollten viele der Mieter nicht mit ihm reden, besonders jene nicht, die in dem privaten Unternehmen Rhône-Poulenc arbeiteten; doch inzwischen ist er mit allen befreundet, auch mit einem eingefleischten Antikommunisten, der ihn bat, die Standesamtzeremonie bei der Heirat seiner Tochter zu leiten. Er behauptet, nicht aus politischer Berechnung versuche er, freundlich zu ihm zu sein, sondern einfach weil es seiner Natur entspreche. Mit den Jahren wurde es ihm mehr und mehr möglich, sich selbst ohne Einschränkung auszudrücken. Kommunistische Gemeinden waren früher anders als die anderen beim Betteln um Hilfe für die Armen, für Stipendien und anderen sozialen Nutzen, doch heute glaubt er, daß die Unterschiede weitgehend abgeschliffen sind. Er hat nicht das Bedürfnis, sich von seinen politischen Feinden abzusetzen; ganz im Gegenteil. Als er in das Parlament gewählt wurde, hat er sich sofort um gute Beziehungen zu den Gaullisten bemüht, weil sie eine gemeinsame Erfahrung im Widerstand hatten: «Wir haben uns immer gegenseitig geachtet.» Mit sichtlichem Vergnügen wiederholt er das Kompliment von Pompidou, der einer Versammlung von kommunistischen Bürgermeistern sagte, er wisse, daß sie ihre Gemeinden gut und ehrlich führten.

Dupuy lobt sich selbst wegen seiner eigenen Ehrlichkeit; es gibt keinen Raum für persönliche Bereicherung oder Korruption in der Partei. Was für Vergnügen, so fragt er, kann man mit Geld schon kaufen? Er ist entsetzt darüber, daß es Arbeiter gibt, die ihren ganzen Lohn verspielen. Obwohl die Marxisten an die Veränderung der Gesellschaft durch die Veränderung ihrer Institutionen glauben, ist er sehr klug und pragmatisch in seiner Haltung Reformen gegenüber, und er erwartet wenig von den großen Prinzipien. Dezentralisierung heißt für ihn nur, daß es mehr Geld für die örtlichen Regierungen gibt. Er ist jedoch besorgt wegen des möglichen Zuwachses an Bürokratie, obwohl er sie auch als Mittel schätzt, um Arbeitslosen eine Beschäftigung zu geben. Er glaubt nicht an den Regionalismus auf kultureller Ebene und sagt, das korsische Begehren nach Autonomie sei das Werk einer Minderheit. Glauben denn Kommunisten nicht an die Minderheiten, die den Kampf anführen? «Ja, Sie haben recht», antwortet er mit einem Lächeln, «Entschuldigung, ich habe dieses Problem nicht wirklich durchdacht, es ist hier noch nicht aufgetaucht.» Auch wenn er früher Lehrer war, so ist er sich doch nicht sicher, daß man die Welt durch Bildung verändern könne; in eine der Schulen in Choisy wurde im Laufe von zehn Jahren mehr als hundertmal

Es gibt keinerlei Begrenzung für
die Anzahl der Bewerber um
einen Parlamentssitz.

Pablo

eingebrochen; er macht sich keine Illusionen über die Haltung der Kinder zur Schule und zur Bildung. Aber weil er sich so wenig Illusionen macht, wurde er fast wegen ideologischer Häresie aus der Partei ausgeschlossen.

Jedermann gibt zu, daß Fernand Dupuy ein wirklich außergewöhnlicher Politiker ist, dessen Persönlichkeit und Charme dazu beigetragen haben, daß die Kommunisten in Choisy populär geblieben sind. Schließlich hat er zu Gunsten eines jüngeren Mannes, Louis Luc, den Hut genommen. Luc, so geben Parteimitglieder zu, ist ein fähiger Mann, aber ihm fehlt Dupuys Takt; er ist fest entschlossen, das Leben seiner Mitbürger zu verbessern, neigt aber dazu, sie in diesem Bemühen zu überfahren. Es ist nicht so, daß er «fortschrittlicher» als Dupuy wäre; im Gegenteil, er ist sogar noch etwas traditionalistischer. «Ich bin mehr an der Vergangenheit als an der Zukunft interessiert», gibt er zu. «Ich bin ein Materialist, aber danach ist für mich das wichtigste im Leben die Kultur. Als ich in Versailles war, habe ich mich dafür geschämt, daß es dort Ausländer gab, die besser Bescheid wußten als ich.» Er hat eine Malerei-Ausstellung in Choisy eröffnet; er ist gerade dabei, ein Gebäude für die herrliche neue Bücherei zu bauen, die bei einer Bevölkerung von 40 000 Einwohnern einen Bestand von 50 000 Einheiten haben soll; er hat die Musikschule auf fünfhundert Plätze erweitert; die Schule für Tanz und Gymnastik und die Diskothek gedeihen. Das Stadttheater probt ein Stück über Bertolt Brecht mit einer dänischen Experimentaltruppe, die von einem in Griechenland geborenen Italiener geleitet wird; danach folgt eine Händel-*Messe*, Rossinis *Wilhelm Tell*, ein Jazz-Festival und zeitgenössisches Ballett; in den Kinos werden Filme aus Deutschland, Australien, der Tschechoslowakei sowie Loseys *The Criminal* gezeigt. Für Louis Luc persönlich bedeutet Kultur den Traum, wieder mal Zola zu lesen, den er fünfundzwanzig Jahre lang nicht mehr angerührt hat, auch Victor Hugo und Maupassant – warum? Weil er keine Zeit zum Lesen findet. Für Computer interessiert er sich nicht; er möchte gerne etwas von dem Erbe seines eigenen Landes aufarbeiten, das er sich bisher nicht hat aneignen können.

Sein Vater war ein Landarbeiter aus dem Corrèze, der schließlich als Eisenbahner arbeitete. Er wurde, ohne große Bildung, Briefträger, bevor er Journalist bei *L'Humanité* wurde, via die *résistance*: noch jemand, der während des Krieges Kommunist wurde, weil er ein Patriot war. Die Beschuldigung, die ihn mehr als jede andere trifft, ist die, daß er im Sold Rußlands stehe. «Ich fühle mich vollkommen als freier Mann. Als ich noch Artikel für *L'Humanité* schrieb, sagte ich, was ich dachte, und unterschrieb mit meinem Namen. Wenn ich im Auftrag der Partei Artikel verfaßte, unterzeichnete ich sie nicht. Ich würde Marchais gegenüber nie ‹Scheiße› sagen, nur weil es mir so durch den Kopf geht, obwohl ich mich frei fühle, es zu tun; es herrscht jedoch ein Kampf, und den möchte ich nicht durcheinanderbringen.» Kampf ist ihm wichtig, denn «wir sind in einem Getto gewesen, und das tut weh». Ein ständiger Refrain, der Wunsch, aus dem Getto der Armen herauszuwachsen. In Choisy gab es alte Leute, die in ihrem ganzen Leben nie in Paris gewesen waren; er hat Reisen für sie dorthin organisiert; er hat Flugzeuge gechartert, um die Kinder nach Korsika, an die Côte d'Azur und in Ski-Orte zu fliegen. Mehrere Male war er in Rußland; er bewundert dessen soziale Errungenschaften, jedoch nicht das «kollektive Leben» dort – beim Gedanken daran, daß mehrere Familien sich eine Wohnung teilen, schüttelt er sich; und er vermißte seinen Beaujolais. Er war auch einmal in den Vereinigten Staaten, und daß es dort keine Zäune zwischen den Häusern gab, gefiel ihm am allermeisten; dies schien ihm das richtige Gleichgewicht zwischen Privatsphäre und Gemeinschaft zu sein; er ist der Ansicht, die Vereinigten Staaten seien «nicht unangenehmer» als Frankreich, obwohl er seine französische Küche vermißte und von der «Verbreitung des Sex» schockiert war. Er bedauert, daß die Wählerschaft sich vorstellt, die Kommunisten wollten russische Verhältnisse in Frankreich einführen. Ihm selber gehört kein Haus, er wohnt in einem Wohnblock der Gemeinde zur Miete, aber er hat auch nichts dagegen, daß andere ein Haus besitzen, vorausgesetzt, sie besitzen nicht zu viele Häuser, vorausgesetzt, sie vergeuden ihren Wohlstand nicht mit eitlem Glücksspiel, während andere in den Fabriken malochen müssen. Aber er hat noch nicht alle überzeugt. Die Tante seines eigenen Stellvertreters lebt in der Stadt, wählt jedoch gaullistisch, denn sie befürchtet, daß ihr die Kommunisten eines Tages ihr Haus oder mindestens einen Teil davon wegnehmen. Und weil die Kommunisten so eng miteinander verbunden sind und politisch gesprochen ihre Distanz halten, werden sie von den anderen beargwöhnt. Sie besitzen jedoch auch ihr eigenes Erbe; von der Bevölkerung kann nicht erwartet werden, daß sie ihre Vorstellungen über sie ändert, jedesmal wenn die Kommunisten ihren Tonfall ändern. Der kommunistische Arzt am Ort, der stilvoll in einem beeindruckenden Penthouse lebt, von dem aus man auf das Rathaus blickt, sagt, die Kommunisten seien eine junge, unreife Partei, man müsse ihnen gestatten, ihre eigenen Fehler zu machen und erwachsen zu werden, und die alten Dogmatiker müßten sterben können. Er selber schreckt nicht davor zurück, seine Medizin privat auszuüben und die möglichen Honorare einzufordern, denn er betont, daß – einmal von der Tatsache abgesehen, daß der Patient seinen Arzt frei wähle und ihn bezahle – es bei dieser Beziehung keine wirkliche Gleichheit gebe, sondern nur eine demütigende Abhängigkeit. Seine kommunistischen Patienten fühlen sich vermutlich besser, wenn sie ihn bezahlt haben, da sie dieses vorziehen.

Eine kommunistische Gemeinde bedeutet auch Arbeitsplätze für den Verein und Vetternwirtschaft unterschiedlichster Art, aber das ist weder originell noch einzigartig. Dies ist auch keine furchteinflößende Aussicht mehr, genausowenig wie ein schwarzer Bürgermeister in den Vereinigten Staaten. Die Aufnahme einiger Kommunisten in die erste sozialistische Regierung Mitterrands hat gezeigt, daß sie sich wie die meisten anderen Politiker verhalten, doch dem Großteil der Parteimitglieder nicht das Gefühl von Freiheit vermitteln können, genausowenig wie ein paar amerikanische Schwarze in Regierungsämtern die Benachteiligung der rassischen Minderheit in den Vereinigten Staaten wettmachen. Die Sozialisten haben gehofft, daß die Kommunisten letztendlich verschwinden, wenn man ihnen einen Zipfel der Macht überläßt und den Armen den Eindruck vermittelt, sie wären nicht länger ausgeschlossen. Die Sozialisten haben insofern Fortschritte erzielt, als die Stimmenanteile der Kommunisten bei den Wahlen von den traditionellen 20 bis 25 Prozent auf etwa 15 Prozent gefallen sind. Doch sehr viel hängt von der Politik ab, die die nationalen kommunistischen Führer verfolgen, und sie wäre eine eigene Untersuchung wert. Dieses Buch soll jedoch kein Buch über Politik sein. Ich behandle hier jedoch die Kommunisten, weil sie nicht nur eine Erscheinung der Parteipolitik sind, sondern eine Illustration der besonderen Formen der Erfahrung und Gefühle, und diese Emotionen gehen sehr tief. Sie sind verantwortlich, so sagt der Historiker Le Roy Ladurie (der früher Kommunist war), für die «ernste Seite» im französischen Leben.

14   Was aus den Aussteigern wird

«Was willst du werden, wenn du groß bist?» fragt der zermürbte Vater seinen Sohn mit geistesabwesendem Gesichtsausdruck. «Ich weiß nicht.» – «Weiß nicht! Weiß nicht! Das ist doch keine Antwort. Überleg gefälligst. In deinem Alter mußt du doch wissen, was du werden willst.» Also verspricht der kleine Junge, darüber nachzudenken. Er geht und fragt seine Freundin, aber sie weiß auch nicht, was sie werden will. Er geht und fragt seinen tatterigen Großvater, was der in Zukunft machen möchte, aber der weiß es auch nicht. Er geht in die Küche und fragt die Köchin. «Wenn die Schweine mich nicht fressen, bekomme ich meine Rente und gehe in den Ruhestand», antwortet sie. «Das ist gar nicht so dumm», sagt sich der kleine Junge. Er kehrt zu seinem Vater zurück, der am Schreibtisch telefoniert – grafische Kurven hängen an der Wand, bedrückte Verzweiflung spiegelt sich auf seinem Gesicht –, und sagt ihm: «Wenn ich groß werde, will ich in den Ruhestand gehen, Schweine züchten, aber aufpassen, daß sie mich nicht fressen.» Der Junge könnte das Maskottchen einer dritten Kategorie von Franzosen sein: von solchen, die weder an der Hetzjagd noch am traditionellen Arbeiterprotest teilnehmen, sondern solche, die keine Macht über andere suchen. Was gibt es, das ihn zu gegebener Zeit von der internationalen Bruderschaft der Aufsteiger unterscheidet?

Jean Cabut, der den entsprechenden Comic strip zu dieser Geschichte gezeichnet hat, ist inzwischen vierundvierzig Jahre alt und weiß nicht, was er tun wird, wenn er weiter wächst. Der Filmemacher Jean-Luc Godard nannte ihn «den besten Journalisten Frankreichs». Er ist gewiß ein freier Berichterstatter, wenn er die Probleme seiner Landsleute in markigen moralischen Geschichten dieser Art aufzeichnet. Doch es ist nicht überraschend, daß er keine bessere Antwort geben kann als der kleine Junge. Die Grundlage seiner Ansichten vom Leben besteht darin, daß er keine Menschen mag, die Antworten kennen. Er betrachtet sie als gefährlich: sie fragen sich selber nie etwas; sie kennen nie den Zweifel, und Cabu (so unterzeichnet er seine Karikaturen) betont, daß es wichtig sei, zumindest einige wenige Zweifel zu haben. Er hat eine berühmte Figur geschaffen, *mon beauf* (mein Schwager), der die ganze Selbstzufriedenheit des provinziellen Frankreich verkörpert. Die nur halb fiktive Gestalt beruht zum Teil auf Cabuts wirklichem Schwager, der als Versicherungsagent in den Vogesen lebt (Cabuts Schwester ist Turnlehrerin), obwohl die Gesichtszüge eine Ähnlichkeit mit denen des Bürgermeisters von Nizza, Médecin, nicht verleugnen können, der Cabut einst wegen Verleumdung verklagte und den jetzt Graham Greene auf eine andere Weise beschäftigt. Cabut ist sowohl Journalist wie Karikaturist, da er sich nicht nur mit imaginären Stereotypen abgibt, sondern sich immer auf die wirklichen Menschen um ihn herum stützt; er ist ein Horcher, der es nicht nötig hat, auf die Fiktion zurückzugreifen. Jedesmal, wenn er seinen Schwager besucht, kehrt er mit einem ganzen Sack voller Juwelen zurück. Er war noch auf der Schule, als er diesen Menschentyp zu hassen lernte: er begann, eine Zeitschrift mit dem Titel *Le petit Fum*, eine Abkürzung für *fumiste* (jemand, der nichts ernsthaft macht und auf den man sich nicht verlassen kann), herauszugeben; das war die Bezeichnung, die die Wissenschaftler den Anhängern des Klassischen gaben, weil diese angeblich nicht viel arbeiteten. Cabut haßte die Wissenschaftler, weil sie sich nur davon faszinieren lassen, wie die Dinge funktionieren, jedoch nie sich selber die Fragen stellen: Wozu soll das gut sein? Welchem Zweck dient es? Er ist jemand, der ständig jeden Aspekt der Zivilisation in Frage stellt, und er spart sich selber dabei nicht aus.

Er ist sich nicht ganz sicher, ob er ein Utopist mit dem Kopf in den Wolken ist oder ein frühzeitig gereifter, verknöcherter

Alter, der nostalgischen Ideen nachhängt. Er betrachtet seine Jugend als die beste Zeit seines Lebens, denn damals schien alles möglich zu sein, weil ein Jugendlicher in einer Traumwelt lebt und sich alle Arten von wunderbaren Situationen vorstellt; und alles, was ihm in der wirklichen Welt begegnet, hat den unverdorbenen Geschmack der Neuheit. Das erste Mädchen, das Cabut in seine Arme schloß und die erste Karikatur, die er einer Zeitung verkaufte, sind Erinnerungen der Ekstase, die sich nicht wiederholt haben. Le Grand Duduche, die berühmteste Karikaturgestalt von Cabut, ist etwa siebzehn Jahre alt, doch ist er nicht nur ein Repräsentant der jungen Generation. Duduche liefert eine der genauesten Geschichten der Jugendlichen in den letzten zwei Jahrzehnten, weil Cabut sie anhand seines Sohnes und der vier Kinder seiner Frau ganz genau beobachtet hat. Dennoch ist Duduche sehr viel mehr als der Erbe von Billy Bunter. Er ist kein gieriges, ungezogenes Kind, sondern ein naiver Beobachter der Gesetze des Dschungels, die in der Schule herrschen, und verglichen mit den Abenteuern in der Schule scheint das Leben draußen ähnlich dschungelartig zu sein. Duduche ist in vielerlei Hinsicht Cabut selber, der sich immer noch über die unerklärlichen Dummheiten derjenigen wundert, die behaupten, erwachsen zu sein. Die Ereignisse von 1968 waren ein großer Augenblick in Cabuts Leben: «Das war mein großer Krieg von 1914.» Die Jugendzeit beschreibt er als eine permanente Revolution von 1968, die sich ständig selbst wiederholt. Er möchte am liebsten diesen Geist am Leben erhalten. Aber natürlich hat er seine Zweifel. Weshalb hat 1968 keine neue Welt eingeläutet? Hier zeigt Cabut, daß sowohl er wie auch Duduche – obwohl sie einen unverbesserlichen Glauben an die Menschen haben – zugleich auch von ihnen enttäuscht sind. Die Rebellen von 1968 machten denselben Fehler wie ihre Väter; sie wurden gewalttätig, und das ist selbstzerstörerisch; sie gierten nach der Macht, und das korrumpiert; vor allen Dingen bemerkten sie nicht, daß sie tatsächlich genau wie ihre Eltern waren, und sie haben nun – inzwischen selbst im mittleren Alter stehend – alle die furchtbaren Laster der eigenen Eltern entwickelt. Duduche hat sich in die Tochter des Schuldirektors verliebt, und sie ist ein dämliches Mädchen, mit dem er nichts gemeinsam hat. Cabut selber verliebte sich als junger Mensch ständig in spröde, katholische Mädchen: «Wir waren alle so, unsere Ideen und unser Verhalten stimmten nicht miteinander überein.» Als Duduche zur Feier der Ersten Kommunion seines Vetters geht, beobachtet er, wie die Verwandten ihre teuren Geschenke auf dem Tisch auftürmen – Radio, Walkie-Talkies und Spielzeugautos; der Vetter nimmt alles höflich an und malt dann den revolutionären Festspruch an die Wand: Nieder mit der Konsumgesellschaft! Die Freuden der Jugendzeit sind natürlich nur außerhalb des Schullehrplans zu erhalten: Duduche ist ein *marginal* (eine Randfigur), der Lehrpläne oder Systeme nicht ausstehen kann, und genauso ist Cabut: «Es ist sehr wichtig für mich, daß jeder von uns einsam sein kann, wenn er es wünscht – wie Sartre sagte, die Hölle sind die anderen; Einsamkeit braucht man zum Nachdenken; aber Einsamkeit funktioniert nur, wenn man sich in der eigenen Gesellschaft wohl fühlt.»

Die schlimmste Erfahrung in Cabuts Leben war deshalb – was niemanden überrascht – seine Militärdienstzeit. Er konnte es nicht ertragen, daß die Armee ihm sagte, was er zu tun habe und wie er sich von Kopf bis Fuß kleiden solle. (Er hat einen herrlichen, todernsten langen Armeebericht über die Verdienste der verschiedenen Unterhosenarten für Rekruten geschrieben.) Man gab ihm keinen verantwortlichen Posten: er fühlte sich in der Armee reduziert, als ob man ihn zwingen wollte, seine Schwäche gegenüber der Macht anzuerkennen. Solch eine Unterwerfung war für ihn um so schmerzvoller, als er sich sehr über die Zerbrechlichkeit des Menschen im klaren war: eine andere seiner Karikaturfiguren ist ein mongoloider Junge – so einen hatte er zum Nachbarn –, der den engen Bereich symbolisiert, der Erfolg von Mißerfolg trennt. Es ist so beängstigend, daß er lachen muß. Durch die Abgestumpftheit in der Armee wurde er zum Antimilitaristen. Er wurde zum Kämpfen nach Algerien geschickt: seine Kameraden und er waren zwei Wochen lang im Einsatz, Tag und Nacht, und starben fast vor Durst in dieser kochenden Hitze: ein Helikopter kam angeflogen, um sie mit Wasser zu beliefern. Er landete jedoch einen

Kilometer weit von ihnen entfernt, und sie mußten das Wasser in Kanistern auf dem Rücken heranschleppen. Kurz darauf sahen sie einen anderen Helikopter, der am Fuß des Kommandopostens landete: ein General mit einer Flasche Champagner im Eiskübel stieg aus dem Flugzeug heraus und überbrachte sie ihrem Oberst und flog wieder davon. «Von diesem Tag an begriff ich, daß die Militärs wirklich eine Kaste für sich sind.»

Cabut ist seit ewigen Zeiten ein unermüdlicher Verfechter der Gewaltlosigkeit: Er ist davon überzeugt, daß eine Lösung für die Krankheiten der Welt noch nicht ausprobiert worden ist, und das ist der passive Widerstand. Er hat für einseitige Abrüstung demonstriert; sein Karikaturenbuch *Nieder mit allen Armeen* ist über 75 000mal verkauft worden. Er hat nicht gezögert, darin zu ätzenden Beschimpfungen von Soldaten und zu schneidenden Karikaturen Zuflucht zu nehmen. Darüber hinaus hat er darin auch Unterhaltungen mit wirklichen Soldaten veröffentlicht, die ganz anständige Menschen sind, die sich als Linke verstehen, sogar Mao zitieren können und sagen, daß sie einen Job tun, wie jeden anderen auch, der Sicherheit und eine Pension garantiere. Seiner Meinung nach macht dies nur noch alles viel schlimmer, weil sie ihr ganzes Leben damit zubringen, Medaillen zu sammeln, «weil sie ein Fliegenbataillon auf einem Misthaufen zerstört haben, ohne an die Gefahren dabei zu denken.» Cabut protestiert auch gegen die Atomkraft. Er protestiert gegen die Umweltverschmutzung. Er ist verärgert über die moderne Betonarchitektur und protestiert dagegen, daß seine Heimatstadt Châlons-sur-Marne durch die Expansion und den Wiederaufbau ihren ganzen Charme verlieren soll. Er sagt, er sehe keinen Bedarf für Supermärkte: «Die kleinen Läden waren genau richtig.» Er weiß, daß das Leben in der Vergangenheit für die meisten Menschen furchtbar war, aber er vermißt trotzdem etwas davon. Er zieht Jazz dem Rock vor und Charles Trenet jedem modernen Sänger. Er mag die Autos aus den zwanziger Jahren. Er widerspricht allem, was er über seine Liebe zur Jugend sagt, indem er beklagt, daß Frankreichs alte Zivilisation Anleihen bei Amerika mache, das nur zweihundert Jahre alt sei.

Natürlich ist er erschreckt über das, was er sagt; arabische

Musik kann er nicht ausstehen, das ist ein Zeichen für seine Zugehörigkeit zu Frankreich, aber er denkt auch, daß es wirklich an der Zeit wäre, sie schätzen zu lernen. Er fühlt sich als Franzose, weil er das Leben auf dem Lande und die Architektur mag, aber er ist beschämt darüber, daß er es nicht ausführlicher bereist hat. Seine Freunde halten ihn für typisch französisch, vor allem wegen seiner Leidenschaft für alte Häuser und kleine Läden und weil er aus seiner Nostalgie eine Tugend macht, jedoch fällt es nicht schwer, sich ihn bei einer Antiatomdemonstration in Aldermaston in Großbritannien vorzustellen und wie er in einem Dorf in Suffolk lebt, denn er ist nicht nur Vegetarier, sondern trinkt auch selten, so daß die unvermeidliche Entschuldigung der Franzosen, daß sie sich nicht von ihrem Wein oder der Küche ihrer Mutter trennen können, hier nicht zutrifft. Cabut ist vom Verhalten seines Sohnes verwirrt, der ihn deswegen verspottet, weil er trotz seines endlosen Protestierens keine wirkliche Veränderung in der Welt bewirkt habe. Er glaubt, daß die Geschichte vielleicht in Zyklen verläuft und die Jungen eines Tages zum idealistischen Geist von 1968 zurückkehren werden. Doch ist er sich im klaren darüber, daß er seine Vision aus der Jugendzeit nicht erfüllt, jederzeit für neue Ideen offen zu sein. Er gibt zu, daß er sich vielleicht in ausgefahrenen Gleisen bewegt und sich genau derselben Hartnäckigkeit schuldig macht, für die er seinen Schwager kritisiert. Was er also mit der zweiten Hälfte seines Lebens macht, wird zum wirklichen Prüfstein seiner Philosophie werden. Ist es möglich oder wünschenswert, über den passiven Widerstand zum Konkurrenzkampf und anderen Formen der Gewalt überzugehen? Es könnten sich interessante Entwicklungen ergeben, wenn Cabut Großvater ist: Dann wird es zum erstenmal in der Geschichte eine Kombination einer greifbaren Gruppe von radikalen Ruheständlern geben – gesund und mit langer Lebenserwartung, mit viel frustrierter Energie für weitere Experimente – und einer neuen Generation von frühreifen Enkelkindern, die keinen Groll gegen sie hegen wird, den sie vielleicht gegen die Eltern hegen: Gemeinsam machen sie sich möglicherweise daran, etwas anderes zu erreichen, als die Enkelkinder traditionellerweise zu verziehen.

Die Unzufriedenheit sowohl mit der Konsumgesellschaft wie mit den herkömmlichen Formen des Protests gegen den Kapitalismus begann, als der Wohlstand am größten war. 1968 zwangen viele junge Leute in einer tiefschürfenden Revolution, die seither mit dem bescheidenen Schlagwort «Ereignisse des Mai» heruntergespielt wird, plötzlich die Mächtigen, Farbe zu bekennen. Studenten revoltierten, Arbeiter besetzten ihre Fabriken, das Leben kam vorübergehend zum Stillstand. Nach wenigen Monaten kam es wieder in Gang, aber eine Zeitlang war das gesamte Land gezwungen, seine Werte in Frage zu stellen, und es zeigte sich, daß eine ganze Reihe von Menschen sie nicht mehr akzeptierte. Die Graffiti auf den Mauern in Paris verkündeten: Vergnügen statt Macht. Ich lehne die Vergangenheit ab. Ich will Dialog. Recht auf Freude. Revolution ist Orgasmus. Schluß mit *metro, boulot, dodo*, also mit einem Leben, das nur aus Pendeln, Arbeiten und Schlafen besteht. Die Suche richtete sich nicht länger an Geld oder beruflicher Karriere oder materiellen Dingen aus, sondern an einem schwer zu bestimmenden Gefühl der Erfüllung, einer Kombination aus Sicherheit und Aufregung, an einem guten Leben, oder wie es heute genannt wird, an Lebensqualität. Das war nicht spezifisch französisch. Die Amerikaner hatten gegen ihren größeren Wohlstand schon früher protestiert, und Hippies wurden die Vorläufer der neuen französischen *Margineaux*, der Leute, die sich an den Rand der Gesellschaft zurückzogen. Die Zeitschrift *actuell*, die diese Gruppe auf dem laufenden hielt und ihnen gemeinsames Handeln ermöglichte, ging zum Teil auf das Modell von New Yorks *Village Voice* zurück. Seither haben die Tageszeitungen *Libération* und die Zeitschrift *Autrement* den Drang, mit neuen Lebensformen zu experimentieren, aufrechterhalten und koordiniert. Aber 1968 sind die Wellen des Wandels weit übner die Gruppen derer hinausgeschlagen, die sich tatsächlich in ländliche oder intellektuelle Unabhängigkeit zurückgezogen hatten. Viele von denen, die 1968 Mitte Zwanzig waren, sind für immer von ihrer Erfahrung gezeichnet. Sie sind weniger dogmatisch, weniger politisch, weniger brutal, als sie sonst geworden wären. Und die Gesellschaft insgesamt, einschließlich derjenigen, die mit Entsetzen auf die Revolte

* Radrennfahrer

Plantu **Schulleben**

reagierten, betont ihr Hierarchiegefühl weniger deutlich, gibt sich in persönlichen Beziehungen weniger herablassend, und selbst der Polizeipräfekt spricht mit einer sanfteren Stimme. Das «Recht, anders zu sein» wird heute mehr respektiert als früher, zumindest theoretisch.

Die Generation von 1968 – genauer die Affinität zu 1968, da es sich weniger um eine Altersgruppe, als um eine Tendenz handelt – ist besorgt über ihre Unfähigkeit, ihre Versprechen einzulösen, in dem Sinne, daß sie praktischere und konkret identifizierbare Resultate aus ihrer Agitation und ihren Experimenten vorweist. Cabut sagt, es stecke etwas von dem alten Schulmeister in ihm (sein Vater war einer), der die Menschen auch gegen ihren Willen glücklich machen wolle. Dies ist die Quelle der Unzufriedenheit, die in ihm und allen denen, die so sind wie er, nagt. Sie können nicht eingestehen, daß sie einfach dadurch eine Menge erreicht haben, daß sie ihr eigenes Leben mit einem größeren Anstand gelebt haben; sie können nicht die moralische Ansteckung ermessen, die ein Mehr an Freundlichkeit in den zwischenmenschlichen Beziehungen erbracht hat durch die Anwesenheit von Menschen, die nicht bereit sind, Gewalt anzuwenden, und die nicht von der Gier nach Geld oder Macht angetrieben werden. Sie können sich nicht mit dem Gedanken abfinden, daß das, was sie von dem Rest der Gesellschaft unterscheidet, ihre Erkenntnis ist, daß dieselben Ideale nicht für jeden passen, so daß sie vermutlich kaum «jeden glücklich machen können», auch wenn sie mehr Einfluß hätten. Sie repräsentieren ein Temperament und keine Lösung. War Cabut jedoch nicht besorgt über die Leute, die wissen, wie die Lösungen aussehen müssen?

Das ist alles ganz schön, doch unterdessen müssen die Men-

Sportjournalist

Modejournalistin

Karikaturist

Chefredakteur
einer politischen
Tageszeitung

Reporter einer
Illustrierten für
Folk Music

Jean Pierre Aldebert   **Und so sehen sie aus**

schen ihren Lebensunterhalt verdienen, und die Freuden der Kreativität kann man nicht nur auf einem primitiven Bauernhof in der Ardèche oder in einer kunsthandwerklichen Teppichweberei finden, sondern auch in der «wirklichen» Welt, die zum überwiegenden Teil von ganz anderen Ambitionen angetrieben wird. Das ist das Dilemma, dem sich die Tageszeitung *Libération* ausgesetzt sieht, die als Bannerträger jener überlebte, die Konkurrenzkampf und Hierarchie ablehnen. Sie hat in der Gesellschaft einen Platz gefunden wie der widerspenstige Bruder einer angesehenen Familie, der auszieht, um Rockmusiker zu werden, und den seine Altvorderen widerwillig zu respektieren beginnen, auch wenn sie davon überzeugt sind, er sei dumm, wenn nicht gar verrückt und gefährlich. *Libération* ist eine einzigartige Zeitung, weil sie ohne einen reichen Magnaten im Hintergrund startete (sie erhielt Spenden von einigen reichen Exzentrikern, die bald von ihren Stellungen in der Zeitung abgewählt wurden – wegen «Inkompetenz»). Sie wird weder von einer politischen Partei unterstützt, noch

Comic-strip-Zeichner

Kochkolumnistin

Journalist einer
Zeitschrift für
Inneneinrichtungen

Filmkritiker

Journalistin
eines Do-it-yourself-Blattes

unterstützt sie ihrerseits eine Partei. Sie repräsentiert den Triumph eines Do-it-yourself-Journalismus. Einige wenige nonkonformistische Persönlichkeiten – Sartre, Clavel, Foucault – leisteten Hilfestellung, aber sie wurde von jungen Leuten aufgebaut, die ihren Beruf erlernten, indem sie ihn ausübten, ohne eine Lehre in der kapitalistischen Presse absolviert zu haben. Alle bekamen anfangs dasselbe Gehalt, vom Herausgeber bis zur Putzfrau. Sie wollten zeigen, daß sie nicht nur den hierarchischen Geist ablehnten, sondern auch ohne ihn auskommen konnten. Die Druckmaschinen stellte man in die Mitte der Büros, damit Journalisten und Drucker nicht in zwei verschiedene Kasten geteilt wurden. Die Zeitung wurde von einer Vollversammlung geleitet, auf der alle Mitarbeiter gleiches Stimmrecht hatten. Sie finanzierte sich durch den Verkauf und nahm keine kommerziellen Anzeigen auf; im Gegenteil, Anzeigen von Lesern wurden kostenlos gedruckt. Diese Kleinanzeigen wurden einer der unterhaltsamsten und informativsten Teile, und viele kauften die Zeitung nur ihretwegen. Sie waren wesentlich mehr als nur das Gegenstück zur Gesellschaftsseite von *Le Figaro*, sehr viel frecher als die Kleinanzeigen, die einst die Titelseite der *Times* füllten, als die englische Oberschicht es sich noch leisten konnte, frivol zu sein. Phantasie, Verschrobenheit und Obszönität tobten sich hier aus.

Libération erkennt sämtliche Tabus nicht an, ist neugierig auf alle Experimente der Lebenskunst und hat keine Angst, absurd zu wirken. Sie hat es ganz bewußt darauf abgesehen, «zu verwundern, zu überraschen», nicht indem sie ihre Leserschaft mit der herkömmlichen Kost der Massenblätter kitzelt, sondern indem sie die Leser aus ihrer Selbstzufriedenheit herausreißt. Sie hat keine vorgefaßte Meinung darüber, was wichtig ist und was nicht, und wird von einem Team geführt, das beunruhigt ist, wenn alle einer Meinung sind, und das «das Zusammenleben der verschiedensten Menschentypen» hoch schätzt; sie widersteht der Bindung an eine Partei, weil sie dadurch unwillkürlich ihre Neugierde eingrenzen würde. Sartre hoffte, sie werde eine «gesprochene», weniger förmliche Sprache benutzen, die die wirklichen Gefühle der einfachen Leute authentischer wiedergibt. Philippe Gavi, ein weiteres Gründungsmitglied (Absolvent von Frankreichs führender Wirtschaftshochschule, der École des hautes études commerciales, und der Hochschule für Politische Wissenschaften), sah sie als Instrument für eine neue Art von Geselligkeit: «Ich höre gern Leuten zu, die ihre Lebensgeschichte bis ins Kleinste erzählen. Während unsere Diskussion sich langsam entwickelt, fühlen wir uns wärmer, reicher. Wir fühlen, wie die Schranken einstürzen. Ich würde gern überall Mikrofone aufstellen, in Bistros, unter Betten, in Werkstätten, in Büros, vor den Fabriktoren, in den Mündern küssender Paare. Wahre Kommunikation ist revolutionär, weil Sprechen Verdammung, Kritik, Bewertung des eigenen Lebens oder das der anderen bedeutet. Das Leben wird auch im Verlauf einer sich erhitzenden Diskussion entdeckt.» Er drängte die Zeitung, jene Stereotypen, die öffentliche Stellungnahmen normalerweise schaffen, zu überschreiten.

Der Herausgeber Serge July glaubte anfangs, daß im ganzen Land Komitees gegründet werden sollten, die dann – um «die Menschen sprechen zu lassen» – entscheiden würden, was zu sagen sei. Aber diese Komitees erwiesen sich bald als ineffizient. Er verläßt sich nun verstärkt auf sorgfältig recherchierten Journalismus und beklagt, daß die Presse so arm ist, daß sie einem Journalisten gewöhnlich zwei Stunden, allerhöchstens drei Tage gibt, um an einer Geschichte zu arbeiten – zuwenig. Seine ideale Zeitung würde 48 Seiten umfassen, wovon vier fünftel detaillierte Basisreportagen und Erkundungen zu sich ständig verändernden Themen ausmachen würden, von Erklärungen, warum Arbeiter den rechten Flügel unterstützen, warum ein Fußballteam ein anderes geschlagen hat, bis hin zum letzten Stand der Evolutionstheorie. Er möchte seine Zeitung auf das gleiche Niveau bringen wie das der großen Bücher, deren Entstehung manchmal Jahre in Anspruch nimmt, und er möchte Fotos abdrucken, die eine sinnvolle Dokumentation darstellen, und Zeichnungen, die den Standpunkt der Künstler ausdrücken. Er sieht im Journalismus von heute mehr als ein bloßes Werkzeug der Politik oder der Unterhaltung: «Der Journalismus ist heute die Hauptform des Ausdrucks. Er ist zugleich Literatur und Philosophie, weil es keine lesbare Literatur oder Philosophie ohne jene Ermittlungen geben kann, die

Journalisten durchführen.» Journalismus ist daher sowohl Modell als auch Grundlage jedes Nachdenkens. Er will auch weiterhin den Kreis der Fragen über jede anerkannte Grenze hinaus erweitern, um neue Blickwinkel zu finden, neue Themen, neue Techniken. Er sieht sich selbst als einen Anführer einer Gruppe von Scharfschützen, die alle Erscheinungsformen des Autoritären angreift, auf der Linken wie auf der Rechten, und allen Formen der Abweichung ein Sprachrohr gibt sowie Nachrichten bringt, die andere Zeitungen vernachlässigen.

Viele der Ideale von *Libération* mußten jedoch angepaßt werden, eines nach dem anderen, in qualvollen, selbstprüfenden und endlosen Debatten; gleiche Gehälter und der Verzicht auf kommerzielle Anzeigen wurden als zu utopisch abgeschafft in der Hoffnung, die Verbreitung über die ziemlich begrenzte Gemeinde, die die Zeitung liebt, auszudehnen. Sie hat eine Leserschaft gewonnen, die einen größeren Anteil von Lesern mit Hochschulausbildung aufweist als jede andere Tageszeitung, *Le Monde* inbegriffen. Professionell ausgezeichnet gemacht, versucht sie der grundlegenden Tradition treu zu bleiben, die vor allem von Respektlosigkeit, unorthodoxem Denken und Humor geprägt ist. Oft steckt Witz und Provokation in den Geschichten. Die Mission lautet, neue Formen der menschlichen Reife zu schaffen, eine neue Kunst, im mittleren Alter zu sein, ohne ehrwürdig zu werden. Vielleicht gelingt ihr das, indem sie beweist, daß Reife ein falsches Ideal ist, da eine reife Frucht schnell vom Baum fällt.

Pionierarbeit hat *Libération* in Sachen Selbstverwaltung geleistet, die die Sozialistische Partei ganz allgemein in die Industrie einführen will. Die Aufgabe, Selbstverwaltung in einer großen Organisation funktionsfähig zu machen und Organisationen, die zu groß sind, um Selbstverwaltung zuzulassen, abzubauen, ist eine Herkulesarbeit. Welche neuen Probleme die Umwandlung hervorbringen wird, kann noch nicht einmal vermutet werden. Daß es selten dauerhafte Lösungen gibt, kann man an dem Werdegang der Leser von *Libération* erkennen, auch wenn sie sich anscheinend erfolgreich mitten in ihrer Karriere umgestellt haben. Gérard Barthélemy zum Beispiel ist ein Diplomat, der Schreiner wurde. Er kommt aus einer begüterten Familie, studierte Jura, Medizin und schließlich Wirtschaftswissenschaften und Politik an der Hochschule für Politikwissenschaften in Paris. Er lehrte Wirtschaftsentwicklung an einer Universität und verbrachte dann als Beamter des Außenministeriums zehn Jahre im Ausland, zunächst als Attaché für technische Zusammenarbeit und dann als Kulturattaché. («Es ist immer das gleiche mit uns: wir meinen, daß alle Länder dieser Welt intellektuell unterentwickelt seien, und glauben daher, sie brauchten unsere technische und kulturelle Hilfe.») Er arbeitete in Bolivien, Kolumbien, Sri Lanka und Marokko. «Diplomatie ist ein faszinierender, herrlicher Beruf, vielleicht einer der besten überhaupt, gesellschaftlich gesehen und vom Standpunkt der Unabhängigkeit aus, die man genießt und die nicht unerheblich ist. Aber wie alle guten Dinge, wie Schokolade, darf man davon nicht zuviel zu sich nehmen. Nach zehn Jahren hatte ich das Gefühl, daß ich sehr künstlich lebte. Ich wollte am kulturellen Leben meines Landes nicht länger als Repräsentant, sondern aktiv teilnehmen, nicht nur Kultur verkaufen und ihre Kenntnis verbreiten.» Aus diesem Grund kehrte er nach Frankreich zurück und wurde Direktor eines Maison de la Culture, eines Kulturzentrums in der Provinz. «Ich sah sehr bald ein, daß ich einen Fehler gemacht hatte, denn ich stieß auf genau denselben kulturellen Imperialismus, eine kulturelle Kolonisation innerhalb Frankreichs, die ich außerhalb praktiziert hatte. Ich verbreitete im Endeffekt die Pariser Kultur, drängte eine großstädtische Kultur auf, verbreitete ein Wertsystem, das ganz einfach das einer kleinen Gruppe ist. Ich erkannte, daß ich in Frankreich das wiederholte, was ich im Ausland aufgegeben hatte. Die Leute von Verberie, der Stadt, in der ich lebte, sahen oder fühlten die Dinge einfach nicht so wie die Pariser, und ich wollte nicht der Repräsentant der Pariser Kultur sein.»

Deshalb bat er nach drei Monaten um seine Entlassung. Er nahm sich ein Jahr frei, während er sein Haus umbaute. «Dabei lernte ich ein anderes Leben kennen, das nicht von einer Organisation abhing, sondern das Überleben hing von mir selbst ab, von dem Geschick meiner Hände, von meinem Wissen. Ärzte und einige Freiberufler sind in der gleichen Situation. Aber auch Handwerker. Ich entschloß mich, diese

Richtung auszuprobieren.» Er erlernte ein Jahr lang das Schreinerhandwerk in einer Internatsschule. Er war doppelt so alt wie seine Mitschüler, und es war ein bißchen wie in der Armee, aber er erlernte den Beruf. «Mein Ziel war es nicht, im politischen oder gesellschaftlichen Sinn ein Arbeiter zu werden. Das interessierte mich nicht. Was ich wollte, war ein Lebensstil.» Er richtete sich als Schreiner ein. Seine Freunde erteilten ihm seine ersten Aufträge. Um die Kosten zu senken, tat er sich schließlich mit sechs anderen zusammen. Sie teilen sich die Werkstatt und einen Lastwagen, aber jeder arbeitet auf eigene Rechnung. Nur wenn ein Auftragsvolumen es erfordert, arbeiten sie zusammen. «Ich bin Schreiner, aber nicht, weil ich Holz oder Möbel besonders liebe. Ich hätte genausogut Maurer oder Installateur werden können. Was mich an meiner Arbeit interessiert, ist, wie ich lebe. Mein Handwerk ist keine Insel, sondern bietet mir die Gelegenheit, mit anderen in Beziehung zu treten, mit unsern Lieferanten, unsern Nachbarn, unsern Familien – alle sind miteinbezogen. Wenn die Leute erfahren, was ich früher war und hören, daß ich heute Möbelschreiner bin, sagen sie: ‹Ah, Sie sind Kunsttischler.› Wenn sie nett sein möchten, sagen sie: ‹Sie sind Holzkünstler.› Ich antworte: ‹Nein, ich bin Schreiner.› Nicht, weil ich mich herunterspielen möchte, sondern weil ich durch meine Arbeit Beziehungen suche, freundschaftliche und berufliche. In meinen Augen ist ein Auftrag dann gut erledigt, wenn mein Kunde sagt: ‹Genau das wollte ich.› Ursprünglich war es nicht genau das, wonach sie verlangt hatten, und auch nicht das, was ich für sie geplant hatte, sondern es ist so geworden, wie wir es uns gemeinsam ausgedacht hatten. Und dann sagen sie: ‹Ja, Sie haben's genauso gemacht, wie ich es mir vorgestellt habe.› Denn das ist von Anfang an nicht unbedingt klar. Die Kunden verlangen oft das eine, weil sie das andere möchten.»

Barthélemy ist seit sieben Jahren Schreiner. Er nimmt keine hohen Preise, aber er ist praktisch veranlagt und verdient genug Geld. Sein Haus ist interessanter ausgestattet und hat mehr auffallende Dinge als das eines normalen Schreiners, denn er hat die Relikte seiner vorangegangenen Existenzen um sich versammelt, lebt jedoch so einfach wie jeder Handwerker.

Er hat eine große Anzahl von Freunden gewonnen, aus allen Bereichen des Lebens. Ständig kommen ihn Menschen besuchen. Es gibt keine Trennung zwischen seinem Privat- und seinem Berufsleben. Und das ist sein Hauptproblem geworden. Seine Frau Mimi, von Geburt Haitianerin, ist ebenso gesellig und noch lebendiger als er, aber ihre Vorstellung von Ehe ist zu modern für diesen Lebensstil, der bei genauerer Überlegung etwas Mittelalterliches an sich hat. «Es ist unwahrscheinlich interessant, anders zu leben», sagt sie, «aber die Familie ist nach außen so offen, daß sie praktisch keine Familie mehr ist.» Ihre älteste Tochter pflichtet ihr bei. «Die Leute kommen und gehen ständig, essen mit uns. Es ist ganz selten, daß wir allein am Tisch sitzen, als eine Familie, nur wir sechs.» «Ich glaube, das ist in den letzten sechs Monaten nur zweimal passiert», fügt die jüngere Tochter hinzu. Barthélemy lädt Freunde, Arbeitskollegen und Kunden ein. Aber auch Freunde von Freunden, und alle Handwerker aus dem Dorf schauen einfach mal vorbei. Und die Kinder bringen ihre Freunde mit. Mimi ging dies zu weit. «Denn neben der Frau von Gérard und der Mutter meiner Kinder bin ich auch noch Mimi. Ich habe eine Persönlichkeit, und bei all diesem Kommen und Gehen ist es sehr schwer, die Möglichkeit zu finden, ich selbst zu sein.» Sie will mehr «Intimität». Das ist etwas, was die Handwerker im Mittelalter nicht kannten.

Sein zweites Problem ist, daß ihn selbst wieder die Unrast packte. Er war Schreiner geworden, um den Zwängen einer sicheren Stellung mit Rentenansprüchen, ohne Element von Risiko oder Abenteuer, zu entrinnen. Aber heute fühlt er sich in seinem Schreinerberuf gesichert. Alles ist ein wenig zur Routine geworden, und deshalb überlegt er, wie er «noch einmal der Sicherheit entkommen» kann, weil er etwas anderes machen möchte, denn «ich habe das Bedürfnis zu explodieren». Sein Plan ist, «die französische Universität von ihrem Sicherheitsgefühl zu befreien». Diese Seite von Barthélemy ist nicht mittelalterlich, sondern eher revolutionär. Ist er ein motorisierter Dinosaurier oder ein einsamer Astronaut, der sich nach altmodischen Dorffesten mit Gesang sehnt? Ich denke, er ist ein seltener Mensch, ein Mann mit Ideen und einem ungewöhnlichen

Mut, der versucht hat, die Welt nicht durch Bücher über sie zu verändern, wie man ihm das beigebracht hatte, sondern indem er sich selbst in einem Abenteuer mit aufs Spiel setzt, ein Risiko, das wesentlicher Bestandteil des Abenteuers ist. Er ist vielleicht ein Utopist des 19. Jahrhunderts, nur daß er eine Gemeinde für sich allein aufgebaut hat. Es ist kein Zeichen des Versagens, sondern des Erfolgs, wenn er immer noch die Lust auf weitere Abenteuer verspürt.

1936 wurde den Arbeitern die 40-Stunden-Woche versprochen. Das hob ihre Moral erheblich, auch wenn in der Praxis dieses Versprechen selten erfüllt wurde. Wenigstens war ihr Recht anerkannt worden, nicht bis zur totalen Erschöpfung arbeiten zu müssen. 1981 versprach die Regierung die 35-Stunden-Woche, aber wieder entgegneten die Arbeitgeber, das sei unmöglich. Man einigte sich auf den Kompromiß, die Wochenarbeitszeit jedes Jahr um eine Stunde zu kürzen, und so wird dieser wirkliche Wandel im Leben der Menschen fast zu langsam vonstatten gehen, als daß man ihn noch bemerkte. Aber es gibt einige Firmen, die gezeigt haben, daß eine sofortige Arbeitszeitverkürzung von 40 auf 35 Stunden durchaus möglich ist. In Cachan besitzt Jean de Cassagnac eine Druckerei und Werbeagentur, in der er fünfundvierzig Angestellte und Arbeiter beschäftigt: Drucker, Lithographen, Buchbinder, Zeichner, Sekretärinnen und Fahrer, Männer und Frauen. Er hat über zwanzig Jahre lang die Firma aufgebaut, aber vor zwei Jahren vollzog er eine Umwandlung, vergleichbar mit dem politischen Wandel, der sich im 19. Jahrhundert in der Politik Frankreichs vollzog: Er dankte von seiner Rolle als ein durch göttliches Recht eingesetzter Monarch ab und errichtete so etwas wie eine Demokratie. Er bot seinen Arbeitern an, innerhalb von fünf Jahren mit 70 Prozent des Firmenanteils Aktionär zu werden, während er sich 30 Prozent vorbehielt. Die Profite sollten gleichmäßig zwischen Unternehmen und Arbeitern im Verhältnis 50:50 verteilt werden. Die Stechuhr wurde abgeschafft, jeder kommt zur Arbeit, wann immer es ihm oder ihr paßt, und bleibt so lange, bis das Pensum geschafft ist. Jeder kann selbst entscheiden, ob er lieber an vier langen oder an fünf kurzen

Wochentagen arbeitet. Cassagnac betont, daß es nicht verwerflich sei, Langschläfer zu sein oder zu verschlafen. Keiner fühlt sich schuldig, wenn er zu spät kommt, und braucht sich auch bei niemandem zu entschuldigen. Die Arbeiter einigen sich untereinander, wenn sie sich für persönliche Besorgungen arbeitsfrei nehmen wollen. Der Vorteil für die Firma liegt darin, daß die Kollegen ihr Stundensoll auf einen längeren Zeitraum, einschließlich samstags, verteilen können, so daß Aufträge auch außerhalb der normalen Geschäftszeiten angenommen und ausgeliefert werden können. Wenn ein Eilauftrag in der Firma eingeht, ruft Cassagnac die Arbeiter zusammen. Sie diskutieren, ob es sich lohnt, das Wochenende zu opfern oder Überstunden zu machen, und erst dann nimmt er den Auftrag an oder lehnt ihn ab. Ein weiterer Vorteil ist, daß die Arbeiter für ihre Kollegen einspringen und also ihre Tätigkeiten vielseitiger geworden sind. Keiner sitzt herum und wartet, bis es fünf Uhr ist. Wenn es nichts zu tun gibt, gehen sie einfach nach Hause. Mütter brauchen sich keine Sorgen mehr zu machen, wenn sie wegen der Krankheit ihrer Kinder der Arbeit fern bleiben müssen, und sogar die ärztlichen Krankenbescheinigungen tauchen kaum noch auf, weil keiner mehr krankfeiert. Wenn jemand das Bedürfnis nach ein paar Tagen Ruhe verspürt, nimmt er frei und spricht sich mit einem Kollegen ab, ein andermal für ihn einzuspringen.

Disziplin im herkömmlichen Sinn gibt es nicht mehr. Es gibt keinen Vorabeiter. Cassagnac glaubt, daß er überflüssig ist. Er mag Arbeiter nicht wie Kinder behandeln, die zu tun haben, was man ihnen sagt, oder sie wie ein Oberst anschreien. Einer der Drucker erzählt davon, wie er an seinem letzten Arbeitsplatz ständig unter der Aufsicht des Vorarbeiters und dieser wiederum unter der Aufsicht des Abteilungsleiters stand. «Es war wie in der Armee, bis auf die Streifen an unseren Blaumännern.» Der Unterschied zu heute ist «wie Tag und Nacht. Ich bin auf einem anderen Planeten. Ich fühle, daß ich verantwortlich bin für das, was ich tue, daß die Menschen hier mir vertrauen, und obendrein ist die Arbeit ohne Zwang.» Der junge Mann, der die Offsetmaschine bedient, sagt, ihm gefalle am meisten, daß er es sich leisten könne, zu spät zu kommen, ohne daß er sich irgendwelche Kommentare anhören müsse. Und wenn er einen Fehler mache, schimpfe er sich selbst aus. Um den Fehler auszubügeln, bittet er seinen Kollegen um Hilfe; Strafen gebe es keine. «Ich habe endlich das Gefühl, erwachsen zu sein.» Der Mann an der Papierschneidemaschine vergleicht seine jetzige mit seiner vorherigen Stelle, wo die Unterhaltungen mit seinem Chef «im Telegrammstil abliefen. Guten Morgen, guten Abend, das war's. Wenn ich ihm was zu sagen hatte, mußte ich zu seiner Sekretärin gehen, die dann die Nachricht weitergab. Hier ist es ganz anders. Ich klopfe beim Chef an die Tür, gehe rein, er sagt mir, daß ich mich hinsetzen soll, und wir unterhalten uns. Und glauben Sie mir, sein Stuhl ist nicht höher als meiner.»

Cassagnac vergibt sich nichts. Man kann ihn dabei beobachten, wie er den Abfall zusammenfegt oder Pakete zum Lieferwagen trägt, so wie jeder andere auch. Keiner scheint auf ihn neidisch zu sein. Er arbeitet länger als jeder andere, aber wie ein Maschinenführer sagt: «Wenn Sie der Anführer sein wollen, müssen Sie auch länger arbeiten.» Cassagnac hat die Führung nicht abgegeben. Er ist der Chef und stolz darauf, und sein Ziel ist es, Profit zu machen, jedoch nicht auf Kosten der Arbeiter. Was er am meisten schätzt, ist die «menschliche Wärme». Er will sich nicht in die privaten Angelegenheiten seiner Leute einmischen, sie müssen als Individuen anerkannt werden. Die Vorstellung, daß sie alle den gleichen Regeln zu folgen haben, ist absurd. Ältere Arbeiterinnen etwa müssen wegen ihrer körperlichen Schwierigkeiten mit besonderer Rücksicht behandelt werden. Wenn eine Frau ihren Mann von der Arbeit abholt, «ist es dann logisch, daß sie draußen in der Kälte warten muß? Ist es nicht netter, sie hereinzubitten?» Jeder in der Firma hat einen Schlüssel, so daß er so früh kommen oder so lange bleiben kann, wie er will. «Es ist das erste Mal, daß ich solch einen Vertrauensbeweis in die Arbeiter gesehen habe», sagt ein Monteur mittleren Alters. Die Firma versucht, so etwas wie ein Dorf zu sein, in dem jeder seine Persönlichkeit ausdrücken kann und keine Aufgabe als nobler oder niedriger angesehen wird, denn jeder soll erkennen, daß er mit seinem Handeln einen Beitrag zum Allgemeinwohl leistet. Wenn sich eine schwierige Aufgabe abzeichnet, wird sie nach allgemeiner Zustimmung dem Erfahrensten übertragen.

Die Neuzugänge überrascht am meisten, daß «es keinen gibt, der befiehlt». Der dreiundzwanzigjährige Maschinenwart der Offset-Druckmaschine sagt, es gebe zwar eine Hierarchie, «aber die wird unter uns selbst ausgehandelt. Ist ein Kollege von uns bei einem Arbeitsgang besser als ein anderer, ohne daß der Chef ihn dazu bestimmt hat, dann wird er der Anführer, er wird als solcher anerkannt, aber er hat keinen Titel.» Und falls jemand seinen Beitrag nicht leistet, sind es die Arbeiter selber, die ihn bitten, seinen Posten aufzugeben. Die verschiedenen Teilbereiche des Unternehmens arbeiten als selbständige finanzielle Einheiten, und das erhöht den Sinn für die Verantwortung. Gibt es unterschiedliche Ansichten, so weigert Cassagnac sich, dazwischenzufahren und sagt ihnen, daß sie sich selbst einigen sollten. Der Art-designer sagt: «Was ich am meisten mag, ist die Art und Weise, in der den Leuten ständig Verantwortung übertragen wird, wenn sie zeigen, daß sie in der Lage sind, sie zu übernehmen. Und das ist sehr wichtig für die Würde der Arbeiter.» Natürlich kann man nicht immer übereinstimmen: Zum Beispiel wünschen mehrere Kollegen zur selben Zeit Urlaub zu nehmen; aber man einigt sich dann darauf, daß wenige ihre Wünsche in diesem Jahr zurückstellen, wenn sie dafür im nächsten Jahr den Vorzug haben werden. Ungefähr ein Fünftel der Arbeiter hat es vorgezogen, keine Anteile an der Firma zu halten: es sind in der Hauptsache Frauen, die einen festen Lohn vorziehen. Alle haben darin übereingestimmt, das System der Überstunden aufzugeben.

Das Unternehmen ist eine große Ausnahme; arbeitspolitisch gesehen besteht Frankreich noch immer aus einer Vielzahl von unterschiedlich ausgeprägten Tyranneien, und nicht alle sind gutwillige Tyrannen. Woran liegt das? Wie jeder gute Franzose gibt Cassagnac dem Staat die Schuld. Er ist entsetzt, wie Ausländer ihre französische Konkurrenz schlagen, wie Japaner Weingüter in Bordeaux aufkaufen und die Deutschen die pharmazeutische Industrie. Wenn es so weitergeht wie bisher, «dann bleibt mir nur übrig, meine Druckerei in einen Tanzsaal zu verwandeln und meine Werbeagentur in einen Sexshop».

Aber er gibt auch eine bessere Antwort: Arbeitgeber fürchten ihre Arbeiter und umgekehrt. Seine eigenen Ängste vor der ausländischen Konkurrenz zeigen, wie schwierig es ist, Ängste zu überwinden. Aber er sagt: «Ich vertraute auf das Ehrgefühl der Arbeiter, und ich zögere nicht zu sagen, ich habe gewonnen. Der Vertrag, der Arbeitgeber und Arbeiter bindet, sollte wie ein Ehevertrag sein: in guten wie in schlechten Tagen.»

Diese Ehe funktioniert allerdings nicht immer. Einige Arbeiter haben gekündigt, weil sie dieses System nicht ertragen konnten. Es gab sogar einige, die vor den Werkstoren standen, um ab acht Uhr zu streiken, und das sogar im Winter, als es bitterkalt war, denn sie schafften es nicht, einem Unternehmer mehr als das zu geben, was ihm zusteht. Einmal war ein großer Auftrag zu erfüllen, und die Arbeiter beschlossen, länger zu bleiben, um ihn fertigzustellen; doch zwei Kollegen gingen früher nach Hause, ohne ihren Anteil zu erledigen; am nächsten Tag gab es eine Versammlung mit dem Beschluß, daß Kollegen, die nicht bereit waren, das Allgemeininteresse über ihr persönliches Interesse zu stellen, keinen Platz in der Firma hätten, und die beiden wurden aufgefordert zu kündigen. Als die Regierungsinspektorin kam, um zu untersuchen, ob es eine ungesetzliche Kündigung gegeben habe, waren es die Arbeiter und nicht Cassagnac, die mit ihr sprachen; sie machten ihr klar, daß es keine Wahl geben könne zwischen der Sicherheit der Arbeitsplätze von zwei Arbeitern und dem Überleben der Firma: «Sie war ganz durcheinander, als sie ging.» Manche mögen dies als auf den Kopf gestellten Paternalismus abtun. Aber die Ehe, die Cassagnac angeboten hat, scheint eine zu sein, bei der die Beziehung sich ständig entwickelt: Es ist durchaus denkbar, daß die Arbeiter eines Tages beschließen, ihm den Laufpaß zu geben.

Diese kleine Revolution wurde von einem Unternehmer inspiriert; doch einzelne Arbeiter haben gelegentlich Erfolg dabei gehabt, ihr Leben so zu organisieren, daß es ihnen Vorteile bringt und sie einen größeren Zugriff auf ihre Zeit haben. Die Angestellte Claudie Besse hat seit ihrem achtzehnten Lebensjahr zwanzig Jahre lang von 8 bis 18 Uhr Briefe im Pariser Postscheckamt geöffnet, bis die Arbeitszeit reduziert wurde. Sie war eine von zehntausend Frauen in einem Amt, das mit einer riesigen Fabrik verglichen werden kann. Die Manager waren unbarmherzig: Niemand erzählte den Frauen, daß sie Anspruch auf eine zwanzigminütige Frühstückspause und in jedem Trimester auf eineinhalb arbeitsfreie Tage hatten. Als Claudie Besse das herausbekam und sich beschwerte, beschimpften die Manager sie und nannten sie einen «Provinzfloh». Die Situation verschlechterte sich noch dramatisch, als automatisiert wurde. Zuvor arbeiteten die Frauen in Gruppen zu viert, konnten sich unterhalten, auch wenn die Manager sie zwangen, sich so hinzustellen, daß sie mehr arbeiten mußten. Aber dann erreichte es der wunderbare Computer, die Arbeitsgruppen abzuschaffen, und zwang jede einzelne, sich ihm gegenüber zu setzen. Die Arbeitszeit wurde reduziert, aber die Arbeit selber war langweiliger denn je geworden. Claudie Besse hörte von dem Gesetz aus dem Jahr 1971, das allen Angestellten mit Kindern unter zwölf erlaubte, auf Teilzeitarbeit umzustellen. Nun hat sie wenigstens die Zeit, ihre Kinder von der Schule abzuholen, eine ganze halbe Stunde lang mit der ganzen Familie zu frühstücken und am Abend auszugehen. Sie braucht keine drei Autos oder eine Hi-Fi-Anlage, die ein Vermögen kostet. «Ich möchte ganz einfach Zeit haben, wirklich zu leben, mit meiner Familie zusammenzusein, Freunde zu treffen, mit denen ich mich unterhalte oder interessante Sachen unternehme.» Ihr Ehemann jedoch arbeitet noch weiter Vollzeit, geht um acht aus dem Haus und kommt um sieben abends zurück. Es dauerte eine geraume Zeit, bis sie ihn davon überzeugt hatte, daß er samstags nicht mehr arbeiten gehen solle; sie bedauert es, daß Männer noch immer denken, es sei unmännlich, wenn man nicht voll arbeite. Sie selber nimmt sich jetzt jeden Dienstag ganz frei – «Dienstag ist mein Tag» –, um ins Kino zu gehen oder ein Buch zu lesen. Die Mädchen in ihrem Büro sagen: «Aber was sollte ich denn mit einem ganzen freien Tag anfangen? Ich könnte doch nicht alleine ins Kino gehen.» Arbeit, so antwortet sie ihnen, ist doch nur eine Entschuldigung, die euch davor schützen soll, herauszufinden, was ihr wirklich wollt. Dies zu entdecken ist tatsächlich die schwierigste Suche von allen.

15   Wie kleine Ladenbesitzer überleben

Diejenigen, die die Formel «Small is beautiful» für die Lösung aller Probleme halten, können eine besonders interessante französische Erfahrung bedenken, da Frankreich traditionell das Refugium des «kleinen Mannes» ist. Es gab vor 1914 eine sehr große Anzahl «kleiner Leute», deren Interessen sogar von einer politischen Partei vertreten wurden, die über Jahre eine Mehrheit im Parlament innehatte. Der kleine Mann in dem Sinn, wie der Begriff früher verwendet wurde, war ein Mensch ohne große Ansprüche, der einfach seine Unabhängigkeit, so fragil sie auch sein mochte, bewahren wollte und der alle Regierungen als Bedrohung seiner Unabhängigkeit verabscheute. Aber indem er sich organisierte, schaffte er es, daß die Regierung ihn wie ein Exemplar aussterbender Rassen beschützte. Um ihre Gegner einzuschüchtern, nannte sich seine Partei Radikale Partei, aber sie griff die Mächtigen, die Kirche und die Reichen nur mit Worten an. Die kleinen Geschäftsleute und Handwerker von heute sind die Nachfahren dieser Spezies. Ihr Erbe ist sehr zwiespältig. Sie opferten eine ganze Menge, um unabhängig zu bleiben, und manchmal verfielen sie in Egoismus und Demagogie. Aber sie sind noch immer eine ansehnliche Gruppe. Frankreichs 800000 Kleingeschäfte sind seit über einem halben Jahrhundert in ihrer Existenz bedroht, die Supermärkte haben sie an den Rand des Ruins gebracht. Aber noch immer machen sie 60 Prozent des Lebensmittelmarktes und über 70 Prozent des allgemeinen Einzelhandels aus (im völligen Gegensatz dazu die Situation in den Vereinigten Staaten, wo die Supermärkte drei Viertel des Lebensmittelmarktes erobert haben).

Der kleine Handwerker bezeichnet alle Einwände der Technokraten gegen seine Ineffizienz als Vorurteil, das sich zu eng auf die Begriffe «Produktivität und Statistik» stütze. Er repräsentiert das Streben nach Würde und Lebensinhalt, die er als Alternative zu ihrer Art von Fortschritt versteht. Gaston Lucas, ein Pariser Schlosser, der 1907 geboren wurde, ist der Sohn eines Gärtners, der sich weigerte, Elektrizität in seinem Haus zu dulden, weil er gegen den Fortschritt war. Er fürchtete vor allem, daß Maschinen sämtliche Arbeiten ausführen würden und bald keine Arbeit für Menschen mehr übrig sei. Das war vor 1914. Er drängte Gaston, der natürlich von der Elektrizität träumte, Schlosser zu werden, weil die immer gebraucht würden. Gaston hat es nie bedauert, auch wenn er, finanziell gesehen, ein schweres Leben hinter sich hat. Die Freude an seinem Beruf beruht darauf, daß man ihn nie ganz erlernen kann, daß es immer noch etwas zu entdecken gibt. Kein Auftrag ist genauso wie der vorherige, und jeder Kunde hat einen besonderen Geschmack. Die Arbeit ist schwierig, aber wenn er erreicht hat, was er sich vorstellte, dann ist «es schön anzuschauen. Dann bin ich glücklich.» Er hat sich nie vor manueller Arbeit drücken wollen. Er spricht giftig über die Intellektuellen, weil sie nichts davon verstehen und meinen, es müsse eine Schinderei sein, die sie abschaffen wollen. Er betrachtet sich als eine Art Künstler, ohne in irgendeiner Weise leugnen zu wollen, daß er der Arbeiterklasse angehört. Die Menschen, die er bedauert, sind jene, die nicht mehr selbst bestimmen können, wie sie ihre Aufgabe gestalten, denen von der neuen Armee von Designern vorgeschrieben wird, was sie zu tun haben. Er arbeitet viele Stunden am Tag; als 1939 der Zweite Weltkrieg ausbrach, stellte er zuerst den Auftrag fertig, an dem er gerade arbeitete, bevor er sich freiwillig als Soldat meldete.

Sein Sohn erfüllte seinen Traum und wurde Elektriker bei Air France. Aber wenngleich das unter dem Gesichtspunkt von Prestige, Sicherheit und Verdienst eine fabelhafte Stelle war, fühlte er sich doch unzufrieden, weil er die meiste Zeit damit zubrachte, die Apparate zu reparieren. Dabei gab es keine menschlichen Kontakte, und deshalb ließ er sich zum Funklehrer ausbilden, aber das füllte ihn auch nicht aus, es war reine Wiederholung. Schließlich wurde er Fluglotse. Endlich übt er eine Tätigkeit aus, die ihn erfüllt; Leben und Sicherheit der Passagiere hängen von seinen Fähigkeiten ab. Heute hat er Verantwortung, und es kommt ihm wirklich darauf an, daß er seine Sache gut macht. Der Sohn kam zu den gleichen Schlußfolgerungen wie der Vater.

Was beide anstrebten, war Selbstachtung und eine Zufriedenheit, die weiter reicht als Status oder Geld. Gaston sieht keine Veranlassung, sich gesellschaftlich zu verbessern. Mit siebenundzwanzig wurde er Vorarbeiter, aber er blieb immer unter Arbeitern. Er ist nicht neidisch oder verbittert. Ebensowenig ist er in seinen Ansichten konservativ oder unterwürfig. Er hat immer die Sozialisten gewählt. Aber er sieht die Lösung von Ungleichheit und Ungerechtigkeit nicht in der Politik. Er beurteilt die Welt aus seiner eigenen Erfahrung heraus, und für ihn sind die Klassenunterschiede weniger wichtig in den täglichen Beziehungen als die menschlichen Eigenheiten und die Konflikte in der Persönlichkeit. Er weigert sich, einer Gewerkschaft beizutreten, weil er ihre «diktatorische Haltung» ablehnt. Er nennt sich selbst links, aber beurteilt seine Arbeitgeber nach ihren persönlichen Verdiensten. Der Arbeitgeber, der den ganzen Tag lang nur trinkt – und er hatte einen, der am Tag zehn Liter Wein verkonsumierte –, ist seiner Achtung wert, wenn er in nüchternen Augenblicken ein geschickter Handwerker ist, und der Arbeitgeber, der von seiner Freundin tyrannisiert wird, verdient sein Mitgefühl. Hunger nach Macht und Reichtum sind für ihn eine Krankheit: «Je wertloser ein Kerl ist», sagt er, «desto mehr versucht er, sich in den Vordergrund zu drängen.» Er will auf keinen Fall mit seinem Chef tauschen. Das liegt zum Teil darin begründet, daß er, während er für seine ehemaligen Chefs arbeitete, bewußt ihre Probleme und Sorgen beobachtete, unter denen jeder Arbeiter litt. Keiner der Chefs konnte mit seinem eigenen Glücksgefühl konkurrieren. Er ist andererseits nie besonders am Profit oder dem geschäftlichen Aspekt seiner Arbeit interessiert gewesen. Er hatte praktisch die Leitung einer Firma inne, hegte aber nie den Wunsch, neben der Unabhängigkeit auch noch einen Titel zu besitzen. Die Antwort auf die Schrecken der Industrialisierung, die die Menschen zwingt, eintönige Tätigkeiten auszuüben, sieht er nicht darin, daß jeder Mensch ein Handwerker wird. Dazu sind die Geschmäcker und Fähigkeiten zu verschieden.

Seine Ausgeglichenheit und seine Bescheidenheit bedeuten nicht, daß er keine klaren Standpunkte hat. Gaston mußte immer sparen und knausern, um zurechtzukommen, seine Kin-

der zu ernähren und zu kleiden. Im Krieg verlor er seine Ersparnisse, und er mußte wieder von vorn anfangen. Der letzte tragi-
sche Lohn seiner Arbeit war, daß er von einem jähzornigen
Arbeitgeber entlassen wurde, auch wenn er sich von seiner Abfindung eine Wohnung kaufen konnte. Sein Gleichmut ist eine
Mischung aus Realitätssinn und einem Gespür für seine eigene
Würde – nicht etwa ein dickes Fell. Er ist tolerant, weil er nicht
will, daß man ihm hineinredet. Er hat sich stets so verhalten,
wie er glaubt, daß es richtig sei. Er machte seiner Frau drei Jahre
lang den Hof, ohne sie auch nur einmal zu berühren. Wenn er
sie ins Theater ausführte, zahlte er auch für die Schwester, die
als Anstandsdame mitging. Sein Leben wurde von Anstand,
Opfer und Sparsamkeit bestimmt. Sein Gespür für Korrektheit
ist so ausgeprägt, daß er eines Tages, als er dachte, einen Freund
schlecht behandelt zu haben, einen Selbstmordversuch unter-
nahm. Auf diese Weise kam seine Geschichte – von jener Art,
die ansonsten im dunkeln bleiben – an die Öffentlichkeit.

Ein «kleiner Mann» war in der Vergangenheit nicht notwendigerweise jemand, der sich demütig den Großen unterwarf.
Gérard Nicoud, der einen energischen Verband der Ladenbesitzer gründete, hat sich im Gegenteil das Image körperlicher und
verbaler Gewalt zugelegt und war bereits mehrmals im Gefängnis. Er ist der sechste Sohn eines Marseiller Straßenbahn-
fahrers, der mit fünfzehn als Kellner anfing und seine Rhetorik
vor den Jukeboxes und den Spielautomaten lernte. Der große
Augenblick seines Lebens kam, als er das kleine Dorf-Café in
La Batie-Montgascon bei Lyon kaufte. Er fühlte sich wie neuge-
boren. «Das gehört mir», sagte er sich immer wieder, «und ich
habe die Verantwortung für alles.» Aber er stellte bald fest, daß
man kämpfen muß, um seinen Besitz zu wahren, dem Steuerbeamten zu widerstehen und gegenüber der Regierung protestieren muß, die Handwerker und Selbständige wie Verbrecher
behandelt. Diese Art von Anarchismus, die ihn veranlaßte, das
Büro eines Steuerbeamten zu stürmen und alle Akten durch-
einanderzuwerfen, traf auf zwiespältigen Beifall in weiten Teilen der Gesellschaft.

Der Bäcker, so sollte man meinen, wird der letzte der kleinen
Leute sein, die verschwinden, weil sich die Franzosen ein Le-

Handwerker von *Fred*: Der Reparateur der Spiegel

ben ohne ihr köstliches *baguette* nicht vorstellen können. Aber dieses Baguette wird unter hohen menschlichen Kosten hergestellt. Jean Marq steht jeden Morgen um drei Uhr auf und backt bis halb zwei nachmittags Brot. Er ißt zu Mittag, legt sich bis halb fünf schlafen und steht wieder bis sieben in der Backstube. Pro Woche nimmt er sich nur eineinhalb Tage frei. Er ist Anfang Vierzig und möchte mit fünfundfünfzig in Pension gehen, weil er bezweifelt, daß er diese harte Arbeit noch länger durchhält. Unterdessen verdient er gutes Geld. Er hat sich ein Landhäuschen gekauft, wo er seiner Leidenschaft, dem Angeln, nachgehen kann. Er mag seine Arbeit und übt sie seit nunmehr achtzehn Jahren aus. Er schätzt es, sein eigener Herr zu sein, und meint, er könnte arbeiten, wann es ihm passe, auch wenn in der Tat der Produktionsdruck unablässig vorhanden ist. Der Kontakt mit den Kunden regt ihn an und ebenso das Bedürfnis, ihre Wünsche zu erfüllen. Die Kunden wollen nicht bloß Brot, sondern «gut gebackenes» Brot, nicht zu hart, nicht zu weich, gerade so, als bestellten sie ein Steak. Er verkauft sogar ein Viertel eines kleinen Brotes, wenn jemand dies wünscht. Er wechselt die Kuchensorten, so wie die Moden sich ändern. Keiner fragt mehr nach «Liebesäpfeln», ein Mandelkuchen, auf den er besonders stolz war. Seine Frau, die im Laden bedient, ist geradezu süchtig nach der endlosen Schlange von Kunden und dem Klimpern der Münzen. Sie ist sich sicher, daß sie ohne dieses ständige Treiben verloren wäre. Marqs Vater war ebenfalls Bäcker, aber seine Kinder wollen seinen Beruf nicht ergreifen. «Kinder sehen die Nachteile der Berufe ihrer Eltern und nicht die der anderen», erklärt er ohne Verbitterung. Sein ältester Sohn ist Kühlschranktechniker, vielleicht weil der Vater so oft gestöhnt hat, wie schwer es sei, in der heißen Backstube zu arbeiten. Nach wie vor gibt es Bäcker, die sechs Tage in der Woche arbeiten. Marq sagt, es sei schwer, sich gegen die Supermärkte zu behaupten, «aber wir schaffen es, wenn wir mehr arbeiten als die andern».

Es sind aber nicht nur die alten Gewerbe, die den kleinen Mann am Leben halten. Die Anzahl kleiner Geschäfte ist in den letzten Jahren mit einer Art neuem Enthusiasmus dramatisch angestiegen. Der kleine Mann wird heute nicht mehr von dem fetten Mann mit Baskenmütze personifiziert, der den alten Zeiten nachjammert. Der kleine Mann ist wahrscheinlicher eine elegante Frau aus der Mittelschicht, die ein Einrichtungshaus oder ein Möbelgeschäft führt, oder ein Intellektueller, der einen Buchladen besitzt, der sowohl Treffpunkt als auch Geschäft ist. Einen Laden zu führen war früher der klassische Weg für alle jene, die aus der Arbeiterklasse ins Bürgertum aufsteigen wollten. Die Fürsprecher der kleinen Geschäfte glauben, daß es keine Möglichkeit gebe, den Trend hin zu großen Ladenketten mit ihrem klaren Preisvorteil aufzuhalten; aber die kleinen Geschäfte können überleben, wenn sie Leistungen anbieten, in denen sie besser sind als die großen Geschäfte, indem sie Güter herstellen und verkaufen, die persönlichen Einsatz, Service und Qualität erfordern, und indem sie ein Vertrauensverhältnis zu den Kunden aufbauen, das über das herkömmliche Profitmachen hinausgeht.

Es ist schwierig, Menschen zu finden, die nicht klagen. Monsieur Lupis, Besitzer eines Zeitungs- und Papierladens in Colomiers (Haute Garonne), eine kleine, vogelartige Gestalt, kommt dem Ideal des Zufriedenen wohl am nächsten. Er lebt in einem neuen Vorort, in dem die Stadt Bodenspekulationen durch Ankauf eines Großteils des Bodens zuvorgekommen ist; es gibt öffentliche Verkehrsmittel zum Nulltarif. Monsieur Lupis ist Mitglied im Gemeinderat, wird wegen seiner guten Laune geschätzt und ist stets bereit, einen Witz zu machen. Vielleicht kann er nur in einer solch friedlichen Gemeinde aufblühen. Großstädte widern ihn an. Er war nur zweimal in seinem Leben in Paris und möchte dort niemals leben. «Dort ist zuviel los.» Er fährt nur selten nach Toulouse und zieht kleine Städte wie Albi und Montauban vor. In Marseille war er noch nie. Seine Haltung beruht nicht auf der Unkenntnis über die Vorzüge städtischer Zivilisation, denn er ist viel in der Welt herumgekommen. Er hatte gerade vierzehn Tage in Amerika verbracht, war schon in Australien, Tahiti und Hongkong und hat Spanien, die Schweiz, Deutschland und Großbritannien bereist.

All dies bestätigte Lupis in seinem Vergnügen, ein Franzose zu sein. Was ihm in den Vereinigten Staaten auffiel, waren die

Ausmaße von jedem und allem, die Masse von Menschen, der Eindruck der Macht; jedes Ding ist zehnmal größer als zu Hause. Und noch mehr fiel ihm der amerikanische Nationalismus auf. Unbemerkt beschuldigt er die Amerikaner genau derselben Defekte, wegen derer die Amerikaner die Franzosen angreifen. «Überall gibt es amerikanische Flaggen. Die Amerikaner sind nicht so wie wir, sie sind stolz, obwohl ich sehr gut von ihnen aufgenommen wurde. Sie haben ein Gefühl für ihre Macht und möchten es offen zeigen. Sie sind stolz darauf, ihre Geheimnisse, so wie in Cape Kennedy, nicht zu verstecken; in Disneyworld sagen sie einem ständig, man könne ‹so etwas wie hier› nur in den USA finden. Die USA kommen für sie immer an erster Stelle.» Er beschwerte sich nicht darüber, jedoch: «Ich mag dies; ich möchte, daß die Franzosen auch so sind, stolz auf ihr Land. Ich persönlich mag es überhaupt nicht, wenn die französische Fußballmannschaft geschlagen wird, ganz besonders dann nicht, wenn sie nicht gut gekämpft hat. Ich bin voll und ganz für die Verbrüderung zwischen allen Völkern, aber wenn ich etwas verteidigen soll, dann verteidige ich es bis zum Tod. Müßte ich mein Land mit Waffen verteidigen, so würde ich das machen.» Er unterhält ausgezeichnete Beziehungen zu den Ausländern, die in seinem Laden Stammkunden sind, obwohl er die Deutschen kälter als die Engländer findet. «Ich habe den Krieg nicht vergessen: Ich hatte in meiner Familie zwar keine Toten zu beklagen, aber die deutschen Greuel kann ich einfach nicht vergessen. Ich mache die heutige Generation dafür nicht verantwortlich. Doch befürchte ich, daß es nicht unmöglich ist, daß das noch einmal geschieht.» Lupis glaubt, daß man stolz sein kann, ohne herrisch zu werden. Er hält solche Redensarten wie «Ein Bretone ist zwei Gascogner wert» für Unfug. Er zieht einen klaren Trennstrich zu den regionalen Nationalismen. «Frankreich muß eine zusammenhängende Einheit sein. Ich bin vor allen Dingen Franzose.» Örtliche Loyalitäten betrachtet er nur als angenehmen Rahmen für Folklore und Tanzveranstaltungen, die er mag, und für regionale Küche, wie zum Beispiel Cassoulet Toulousain.

Monsieur Lupis ist nicht stolz. Er ging mit sechzehn von der Schule ab. Er ist der Sohn eines Fleischers, mochte nicht lernen

Chaval Der Selfmademan

und zog es vor, in die Fußstapfen seines Vaters zu treten. Mit zwanzig heiratete er, wurde Lastwagenfahrer, arbeitete dann als Zeitungsauslieferer für Hachette. Mit zweiunddreißig richtete er sich sein eigenes Geschäft ein. Er will nicht zu einem Buchhändler aufsteigen, die nächste Stufe, weil «man dafür lernen muß. Ich kann mit Ihnen nicht über Bücher diskutieren. Ich gebe gerne zu, daß ich davon nichts verstehe. Ich lese keine Bücher, bis auf gelegentliche Krimis. Ich schäme mich nicht, das zu sagen. Auch nicht Fragen zu stellen, ich bin nicht schüchtern.» Aber als egalitärer Sozialist hat Monsieur Lupis doch eine altmodische Bescheidenheit. «Ich weiß, viele Leute sind mir überlegen. Ich kenne die Grenzen meiner Bildung. Vor Lehrern habe ich großen Respekt. Ich kann den Schulrektor

Monsieur Gillard zum Beispiel nicht mit Vornamen anreden, weil er mir überlegen ist. Selbst wenn ich mit meiner Frau über ihn spreche, sage ich Monsieur Gillard. Das ist keine Frage von Beruf oder Kultur, sondern der Eindruck, den ich habe, wenn ein Mensch mir überlegen ist. So könnte ich auch Mitterrand nie duzen. Ich respektiere diejenigen, die ihre Stellung durch Arbeit erreicht haben.» Das ist keine Anerkennung der Hierarchie, sondern Hochachtung vor persönlicher Würde.

Er respektiert jedoch nicht Monsieur Giscard. Warum ihn Monsieur nennen? «Würde ich ihm auf der Straße begegnen, so würde ich ihn Monsieur nennen, wenn wir uns die Hände schüttelten.» Der Sozialismus erzeugt nicht die Gleichheit, denn die Intelligenz ist ungleich verteilt, und «die Intelligenten sollten nicht behaupten, daß sie besser seien, sie sollten vielmehr an all diejenigen denken, die von Natur aus weniger gut ausgestattet sind. Ich habe nie jemanden um seinen Wohlstand beneidet. Ich bin nicht auf die Reichen neidisch. Ich freue mich, wenn andere in der Lotterie gewinnen.» Würde er in der Lotterie gewinnen, so würde er das Geld nicht investieren, sondern es so verwenden, daß er möglichst viele Menschen glücklich macht, seine Kinder zuerst. «Ich bin nicht knickerig.» Er mag reiche Menschen nicht, die nur an sich selber denken. «Wenn ein Mensch nicht versucht, mich zu belästigen, dann habe ich nichts dagegen, daß er reich ist.» Lupis möchte sich nicht einen schöneren Wagen kaufen. Und ihm selber würde es nicht gefallen, ein Leben wie das der Filmstars zu führen: «Ich halte überhaupt nichts von Extremen.» Das hindert ihn nicht daran, Filmstars in seiner Eigenschaft als Organisator von Festveranstaltungen in seine Stadt einzuladen. Er trug eine große Summe zusammen, um Julio Iglesias zu verpflichten, denn das war es, was die Menschen sich wünschten. Monsieur Lupis ist nicht am finanziellen Profit interessiert, sondern daran, Dienste zu leisten und Freunde zu finden.

«Ich mag nicht allein sein.» Das ist der Schlüssel zu seinem Leben. «Ich fürchte mich vor der Einsamkeit. Ohne andere bin ich verloren. Bin ich allein, so langweile ich mich, ich muß mit jemandem reden können. Ich habe keine Hobbys, ich sehe nie fern. Andere Leute sind nicht so wie ich, weil sie ihre persönlichen Interessen haben, die sie beschäftigen, aber ich bin gern mit anderen Menschen zusammen.» Er schließt sein Geschäft nur Sonntag nachmittags und nutzt die Zeit, um zu Sportwettkämpfen zu gehen. «Ich habe einen ausgeprägten Familiensinn, das ist sehr wichtig. Wir machen unsere Ferien gemeinsam, als Familie. Ich arbeite mit an der Verwaltung der Stadt, weil ich menschlichen Kontakt brauche. Ich bin Ladenbesitzer, weil ich gern behilflich bin, gern einen Gefallen tue.» Dafür genießt er wiederum die Achtung seiner Kunden. Er hat «Hunderte von Freunden», auch wenn nur vier oder vielleicht sechs ihm wirklich nahestehen, mit denen er «heikle oder ernsthafte Dinge» besprechen kann, aber er vertraut anderen sehr schnell. Wenn ihm jemand «etwas zufügt», dann reagiert er nicht in gleicher Weise, sondern ignoriert ihn. «Ich versuche, niemanden zu verletzen.» Haben Psychologen nicht entdeckt, daß zornige Menschen oft nur ihre Schüchternheit zu verbergen suchen? Monsieur Lupis sagt, er sei selbstsicher, und daher stört es ihn nicht, wenn Leute Witze über ihn machen. Witze sind sein ständiger Lebensbegleiter. In der Schule hat er viele Streiche gespielt und schon immer gern Geschichten erzählt. Und jeden Verkauf versucht er mit einem Scherz abzuschließen. «Ich sage immer: Ich tue meine Sache ernsthaft, aber ich nehme sie nicht ernst.» Das ist offensichtlich nur die halbe Wahrheit. Monsieur Lupis' Witze sind das Öl in der Maschinerie der Stadt, und er weiß ganz genau, wie die Maschine laufen soll. Wenn er zur Kirche geht (er ist ein «nicht praktizierender Gläubiger»), tut er das sehr ernsthaft, obwohl er Späße treibt, wenn er aus der Kirche kommt. Monsieur Lupis ist durchaus nicht so vertrauensselig, wie er den Anschein erwecken mag: «Normalerweise bin ich mißtrauisch, wenn Menschen mich ausfragen, aber da Sie mir ja von Monsieur Gillard, dem Schulleiter, vorgestellt wurden…» Monsieur Lupis ist vielleicht nicht der rundum glückliche Mensch; die Psychoanalytiker würden unzweifelhaft hinter seinem Lächeln und hinter seinem ununterbrochenen Redeschwall unterdrückte Sorgen entdecken, aber auf jeden Fall erzeugt er einen Eindruck von Fröhlichkeit, und seine Stadt schätzt ihn gerade deswegen.

Auch Bauern suchen nach neuen Überlebensmöglichkeiten. Für René Cadel, der fünfzig Morgen Land bei Tornac in den Cevennen besitzt, stellt die Arbeit drei Kreuzzüge in einem dar. Seit dem Alter von vierzehn fasziniert ihn die Qualitätsverbesserung von Wein und die Erfindung neuer Liköre aus verschiedenen Obstsorten, «um natürliche Getränke herzustellen, die direkt aus der Erde kommen». Das ist seine Leidenschaft; Wein ist sein Leben, und die ganze Arbeit, die er in seine Reben steckt, bereitet ihm eine tiefe Befriedigung. Und das um so mehr, als seine Mühen um die Qualitätsverbesserung des örtlichen Weinbaus es jungen Bauern ermöglicht haben, auf ihrem Land zu bleiben und die Tradition ihrer Väter fortzuführen. Jeder neue Jungwinzer ist ein Sieg über die «schwachsinnige Gesetzgebung der Regierungen» und die gewaltigen Kräfte der Ökonomie. Seit siebenundzwanzig Jahren ist er Präsident der örtlichen Winzergenossenschaft. Sie hat nicht nur vielen Kleinbauern das Überleben ermöglicht, sondern symbolisiert auch den moralischen Impuls, der hinter seinem Leben steht. «Kooperation ist ein Gedanke, den wir von den Russen übernommen haben», sagt er, fügt aber hinzu, daß sein Ideal die Anwendung des Christentums sei (er ist gläubiger Protestant). «Mit Maschinen das Schicksal meines Nachbarn zu verbessern» ist ein Aspekt, «daraus den Geist der Freundschaft wachsen zu lassen» ein anderer. Nur wenige wären ihm gefolgt, wenn er nicht hätte beweisen können, daß er ihr Einkommen steigern konnte. Aber der wichtigste, zusätzliche Lohn war für ihn die Neuerung, direkt an den Endverbraucher zu verkaufen, den Zwischenhändler auszuschalten. Wenn man zu ihm direkt kommt, kostet eine Flasche fast nur ein Drittel des Ladenpreises. Er hat sich eine Stammkundschaft aufgebaut, unter der er viele Freunde gefunden hat. Die Auslieferung von Wein wird stets von einem Fest im Haus des Empfängers begleitet, einem Austausch von Geschenken, dem Gespür von gemeinsamer Leistung. Er ist sehr stolz darauf, daß sein Wein rein und unverfälscht ist. Er ist ein zutiefst moralischer Mann, für den persönliche Beziehungen fast wie ein religiöser Ritus sind. Er scheint nicht zu wissen, was Neid und Zorn sind. Er bewundert die Einfachheit.

Seine Frau, die ebenfalls aus einem Winzerhaus stammt, zögert nicht zu sagen, daß sie das Leben liebt, das die beiden seit vierzig Jahren im selben Haus führen: «Ich bin sehr zufrieden. Es gibt Tage, an denen ich ein wenig mürrisch bin», sagt sie, «dann, wenn ich nicht genug Zeit für die Dinge habe, die zu Hause gemacht werden müssen.» Sie räumt auf, putzt und bewirtet die Gäste ebenso gewissenhaft, wie er an den stundenlangen Sitzungen der Genossenschaft teilnimmt. Ihr Sohn wurde Chemiker an einem nahegelegenen Weinforschungszentrum, wo er gerade eine neue Methode entwickelt hat, einen alkoholfreien Traubensaft mit einem noch nie dagewesenen Geschmack zu erzeugen; Tatsache ist, daß es endlich einen Saft gibt, der nicht zu süß ist und das volle Aroma der Traube beibehält. Als ich mit einem Winzer in Toulouse sprach, meinte er, daß jeder, der zum Essen keinen Wein trinke, seinen Freunden die Arbeit nehme. Dies wäre also ein Versuch, einen neuen Markt für die Weinbauern zu erobern.

Im Gegensatz dazu ist es die Freude am «Kampf», die Philippe Yverneau auf seinem Hof mit über 400 Hektar an Weizen, Rüben und Hülsenfrüchten bei Laon (im Dép. Aisne) aufrecht hält. «Ich habe schon immer gern gegen etwas angekämpft, von Jugend an.» In der Schule war er hoffnungslos und wurde von Pauker zu Pauker geschickt, in der vergeblichen Hoffnung, ihn durch die Prüfungen zu bugsieren. Schließlich gaben seine Eltern die Bemühungen auf, etwas aus ihm zu machen, und stimmten seinem Wunsch zu, auf eine Landwirtschaftsschule zu gehen. Er war davon überzeugt, daß es seine Berufung sei, Bauer zu werden. Seine Vorfahren hatten vor fünf Generationen das Land erworben, als es zur Zeit der Revolution der Kirche beschlagnahmt wurde. Aber das Land war nach und nach parzelliert worden, weil jede neue Generation es unter den Erben aufteilte. So erbte Yverneau weniger als acht Hektar, weshalb seine Familie so sehr darum bemüht war, daß er in einem anderen Beruf reüssierte. Er war gerade achtzehn Jahre alt, als der Zweite Weltkrieg zu Ende ging – der seine Familie vollständig in Durcheinander gebracht hatte aus Gründen, über die er sich lieber ausschweigt: Sein Vater ging vorzeitig in den Ruhestand. Er scheint sein Erwachsenendasein verbittert und mit hohen Schulden angetreten zu haben, was jedoch enorme Energien bei ihm freisetzte. Er befand, eine vollkommen neue Einstellung zur Landwirtschaft sei vonnöten.

«Früher arbeiteten Bauern im wesentlichen, um Land zu erwerben. Heute ist das fast unmöglich, weil man im Konkurrenzkampf mit den anderen nicht zugleich in Land und Maschinen investieren kann. Ich setzte auf die Modernisierung des Geräteparks und veränderte unsere Landwirtschaftsmethoden grundsätzlich.» Er pachtete seine tausend Hektar von zahlreichen Vettern (mit denen er zuweilen heftige Auseinandersetzungen hat, wenn sie ihr Land verkaufen, um Kapital daraus zu schlagen). Statt Land zählt er fünf Traktoren und zwei Mähdrescher zu seinem Besitz. Er zahlte die Schulden ab, indem er Erbsen und Bohnen anbaute, die er an eine Konservenfabrik in der Nachbarschaft verkaufen konnte. Er ist stolz darauf, daß er sich finanziell, beruflich und gesellschaftlich bewährt hat. Er arbeitet hart, um in seiner Gemeinde einen guten Ruf zu erwerben. Er wurde zum Bürgermeister gewählt und «kämpft» um die Arbeitsplätze der Menschen und für ihre Rechte, «um denen zu helfen, die weniger Glück hatten als ich». Er wiederholt, daß er «enorme Schwierigkeiten hatte, mich einzurichten, und wirklich hart kämpfen mußte». Sein Hauptkampf besteht zur Zeit in der Ansiedlung einer neuen Konservenfabrik. Die alte wurde vom Mutterkonzern geschlossen. Er ist zu vorsichtig zu sagen, warum dies geschah, er möchte keinen beschuldigen. Aber er sieht heute ein, daß die Bauern ihre eigene Fabrik brauchen. Er hat Landwirtschaft zu einem Geschäft gemacht, und er sieht sich selbst als den Geschäftsführer. Seine Arbeiter sagen, sie würden machen, was er ihnen aufträgt. «Kooperation» gibt es hier nicht. Er beginnt seine Arbeit jeden Morgen um sechs Uhr, weil er eine Menge Papierkram zu erledigen hat, und verbringt seine Samstage und den größeren Teil seiner Sonntage im Büro. Er macht nie Urlaub. Seine Frau fährt stets mit den Kindern für ein paar Tage in die Sommerfrische. Er ist mit seinen Hunden, mit seiner Jagd und dem Reiten als Ausgleich zufrieden. Er und René Cadel gestalten die Landwirtschaft in genau entgegengesetzter Richtung um.

Der Bauer war seit Jahrhunderten Außenseiter, Benachteiligter und vermeintlich die Personifizierung des Tölpelhaften, der Ignoranz, der Gier, Brutalität und jeder anderen Untugend, die sich gegen den Charme und die Grazie der Stadtkultur oder der Zivilisation abhebt, die Stadtbürger angeblich vorwiesen. Städter meinten, der Bauer sei still, isoliert und zurückgezogen. Sie stellten sich ihn als Relikt einer vergangenen Lebensform vor. Aber ein wesentlicher Teil bäuerlichen Lebens war stets die Rebellion. Die Bauern waren immer unterdrückt, und periodisch erhoben sie sich in einer Revolte gegen ihre Herren. Ihre letzten Invasionen in die Städte, Straßenblockaden mit dem Traktor, Barrikaden aus Artischocken oder Kartoffeln, sogar das Übersetzen über den Ärmelkanal, um gegen die englische Politik der billigen Lebensmittel zu protestieren, entsprechen alle ihrem Charakter. Cadel war sehr bewegt, als das Fernsehen den Roman eines Bauern mit dem Titel *Jacquou le Croquant* verfilmte. Der Held ist ein verwaister Knecht, der eine Revolte gegen die Burg seines adligen Herrn anführt. Die Geschichte spielt in der Mitte des 19. Jahrhunderts, unterschied sich aber gar nicht so sehr von dem Angriff einer Gruppe von 700 Bauern aus der Normandie, der 1972 gegen den Schauspieler Jean Gabin gerichtet war. Gabin war ein erfolgreicher Bauer mit über 240 Hektar Land geworden. Um vier Uhr morgens brachen sie in sein Bauernhaus ein und forderten unter Drohungen, daß er sein Land verkaufen solle. Es sei unfair, sagten sie, daß ein einzelner so viel besitze. Vergeblich versuchte Gabin zu erklären, daß er seinen Besitz durch harte Arbeit erworben hatte. Er stimmte schließlich zu, die Hälfte zu verpachten.

Bei den Kämpfen der Bauern ging es in erster Linie immer um mehr Land. Sie hatten nie genug. Der durchschnittliche französische Bauernhof ist nur ein Drittel so groß wie der englische. Vor hundert Jahren bestand die französische Nation zur Hälfte aus Bauern. In der hoffnungslosen Situation, nicht genug eigenes Land zu haben, um sich ernähren zu können, zog Generation um Generation in die Städte. Heute gibt es nur noch

Ja, schämen Sie sich denn nicht?

Piem

eineinhalb Millionen Bauernhöfe, und Bauern stellen nur noch sieben Prozent der Bevölkerung; doch noch immer kämpfen sie mit der gleichen Unerbittlichkeit um Land und meinen, immer noch nicht genug zu haben. In den Beneluxländern, wo Grund und Boden äußerst knapp sind, wurde eine höchst intensive Bewirtschaftung entwickelt. Franzosen denken nicht in die gleiche Richtung. Land ist nicht nur Lebensunterhalt; es bedeutet auch Ansehen und Sicherheit oder zumindest die Illusion von Sicherheit. Die Mehrheit begnügt sich nicht damit, es zu pachten. Sie verlangt den uneingeschränkten Besitz. Und selbst die Kommunisten unter ihnen glauben an Privateigentum. Nur zwei Fünftel des Landes werden gepachtet. Es ist so schwierig, Pachtland zu finden, daß die erste Zahlung oft bis zur Hälfte der vollen Kaufsumme ausmacht und gern geleistet wird, um eine Pacht zu erhalten. Die Bauern verachten die Städter, die auf dem Markt von käuflichem Land mit ihnen wettstreiten, denn Land ist schon immer eine Anlageform gewesen, sein Preis steigt Jahr für Jahr. Es ist wie mit dem Napoléon, einer Münze, die so sehr gehortet wird, daß sie mehr als ein normaler Goldbarren kostet. Land ist in Frankreich tatsächlich wesentlich preiswerter als in anderen Ländern (ungefähr halb so teuer wie in Deutschland), denn Frankreich ist das am dünnsten besiedelte Land in Europa. Aber nur ein Fünftel des französischen Ackerlandes wird als qualitativ hochwertig eingeschätzt. Der Wettbewerb, den eigenen Hof abzurunden, ist höchst angespannt und wird von der Hoffnung genährt, ein bißchen «Mehr» könne den eigenen Wohlstand erheblich steigern. Eine Hoffnung, die allem Anschein nach niemals erfüllt werden kann.

Die Bauern haben ein zweites Ziel, das theoretisch erreichbarer ist, sich aber auf bedrückende Weise als ungreifbar herausgestellt hat. Sie wollen mit den Industriearbeitern gleichziehen und genausoviel verdienen wie sie. Sie haben dementsprechend ihre Produktivität in den letzten zwanzig Jahren vervierfacht. Das hatte dramatische Auswirkungen auf ihren Lebensstandard, besonders in vormals unterentwickelten Regionen wie der Bretagne, wo Familien in einem Schritt von primitiven zu hochentwickelten Anbaumethoden sprangen. 1948 bestritten die vier Gebrüder Nicolas ein kärgliches Leben von ihren zwanzig Hektar Land bei Pluzunet. Drei der Brüder blieben Junggesellen, um die Lebensfähigkeit ihres Erbes nicht zu gefährden, denn das Gesetz hätte sie sonst gezwungen, es zu gleichen Teilen in unwirtschaftliche Parzellen aufzuteilen. Sie betrieben Ackerbau wie ihre Vorfahren, hielten nur sechs

Kühe, drei Kälber und drei dürre Pferde. Aber als der Sohn den Hof übernahm, bot ihm der Staat einen enormen Kredit zu niedrigen Zinsen an und sogar eine Modernisierungssubvention. Er begann eine Eierproduktion mit eintausend Hühnern, damals ein rentables Geschäft. Er kaufte einen Traktor, baute neue Ställe, und dank des Intensivanbaus von Futtermitteln gelang es ihm, achtundfünfzig Milchkühe zu halten, die ihm ein einträgliches Leben ermöglichten.

Aber all diese Bemühungen reichten nicht aus. Die höhere Produktivität der Landwirtschaft hat dazu geführt, daß die Erzeugerpreise fielen. Bauern sind immer schon von den Städtern hereingelegt worden, die wiederholt die Ernte niedrig eingeschätzt haben. Obwohl das Einkommen der Bauern eindrucksvoll angestiegen ist, ist auch das der Industriearbeiter im selben Ausmaß angestiegen, so daß die Bauern noch immer ein Drittel weniger verdienen. Aus diesem Grunde sind die Bauern selbst in ihrem Triumph noch unzufrieden. Ihre Frustration wird noch verstärkt, weil sie erfahren, daß die größten Profite von der Industrie erzielt werden, die die landwirtschaftlichen Produkte zu Lebensmitteln weiterverarbeitet – billiger Weizen wird zu teuren *biscuits*. In der Lebensmittelindustrie arbeiten eine halbe Million Menschen, sie rangiert nach der Maschinenbauindustrie in Frankreich an zweiter Stelle. Die Bauern sind der Ansicht, daß sie nicht für die hohen Lebensmittelpreise verantwortlich gemacht werden dürften, über die die Verbraucher sich beschweren; und trotzdem wissen sie, daß sie dafür verantwortlich gemacht werden. Die Produktivität der Bauern in der Region Paris und im Norden ist hoch, aber es gibt dort viele Bauern, die noch nicht effizient arbeiten. Frankreich hat einen halb so großen Verbrauch an Düngemitteln wie die Niederlande; die Kühe geben durchschnittlich nur zwei Drittel der Milch der niederländischen Kühe. Die Produktion von Kartoffeln pro Hektar beträgt nur 60 Prozent der niederländischen Produktion. Bei der Weizenproduktion erzielen sie die besten Leistungen und nur geringfügig weniger als die Niederlande, doch mehr als Deutschland und Großbritannien. Das Paradoxe ist also, daß Frankreich einer der größten Nahrungsmittelexporteure der Welt geworden ist – nach Rußland und den Vereinigten Staaten drittgrößter Produzent von Milch, viertgrößter von Fleisch und Gerste, und siebter von Getreide –, aber seine Bauern beklagen sich noch immer. Bauern klagen ständig, es ist Teil ihres Naturells, aber in Frankreich hat sich ungefähr ein Fünftel von ihnen geweigert oder es nicht für lohnend gehalten, zu modernisieren. Diese Gruppe hat das Bild vom verarmten Bauern aufrechterhalten. Die Einkommensstreuung unter Bauern ist in Wirklichkeit enorm groß, größer als in der Industrie. Einige verdienen vierzigmal soviel wie andere. Ein Viertel erzielt ein nach französischem Maßstab hohes Einkommen; ein Viertel liegt deutlich unter der Armutsgrenze. Arme Bauern sind in jeder Region zu finden, aber sie sind auf eine beängstigende Weise in den neun Départements konzentriert, deren Bevölkerung seit dem Zweiten Weltkrieg ständig gesunken ist; Départements wie Creuse sind inzwischen durch Emigration ganz ausgeblutet. Das Gefühl, ungeliebt zu sein, wird genährt durch die Tatsache, daß Bauern im überwiegenden Ausmaß Söhne von Bauern sind. Es gibt nur wenige Außenseiter, die glauben, daß diese Arbeit etwas für sie sei. Und von den Bauernsöhnen bleibt nur ein Viertel auf der Scholle.

Was veranlaßt den Bauern weiterzumachen? Vor allem ist er gern sein eigener Herr. Michel Debatisse, der führende Nachkriegs-Bauerngewerkschafter (wenngleich, wie man sich schon denken kann, es vier verschiedene Bauern-Verbände gibt und, alles in allem, über einhundert landwirtschaftliche Vereinigungen, die alle eifersüchtig über ihre Selbständigkeit wachen), Debatisse also sagt, das neue Motto der Bauern sei Wirtschaftlichkeit und Freiheit. Beides paßt natürlich nicht immer zusammen. Sicherheit zu erlangen, indem man mit einem großen Lebensmittelkonzern einen Vertrag abschließt, der die Abnahme der Ernte garantiert, aber gleichzeitig strengste Kontrolle über Anbaumethoden und -aktivitäten im allgemeinen zur Folge hat, ist eine große Versuchung. Der Massenanbau von Tomaten für Firmen wie Barbier-Dauphin oder von Erdbeeren für Lenzbourg verändert das bäuerliche Leben vollkommen. Der Lebensstandard steigt, und das Haus wird modernisiert, aber der Bauer hat weniger Freizeit, die finanziellen Probleme werden vielschichtiger, er wird gezwungen, Kredit aufzunehmen, und sorgt sich mehr. «Man wird dadurch nicht glücklicher... Es muß nicht unbedingt die Umstellung sein, vielleicht hat sich einfach das Leben geändert. Heute muß man mehr anbauen, um für jede Frucht weniger zu bekommen.» Denjenigen, die das Vertragssystem vermeiden oder aus ihm ausscheiden, wird gesagt: «Ihr seid die letzten freien Männer.»

Für Frauen ist das Vertragssystem oftmals günstig, denn es ermöglicht ihnen, ihre eigene Karriere zu verfolgen. Diejenigen, die es als Sklaverei ablehnen, sind oft froh, einen niedrigeren Lebensstandard als Preis dafür zu akzeptieren, der ihnen vertretbar erscheint. Der angeblich geizige Bauer kann auch überraschend immun gegenüber dem Materialismus sein. «Wir haben das Glück, in einer natürlichen Umgebung zu leben, um die uns so viele Menschen beneiden. Es gibt die Sonnenauf- und die -untergänge, die Morgende und die Abende, die nicht schlecht sind, die Gerüche, die Farben und all die anderen Reichtümer, die uns jeden Tag zur Verfügung stehen. Sein eigener Herr zu sein bedeutet, daß man auch willens ist, länger zu arbeiten als andere und schlechter bezahlt zu werden. Die Arbeit und das Wetter sind harte Zwänge, aber wir denken nicht daran, dagegen aufzubegehren, weil sie uns nicht von Menschen auferlegt werden, und das ist uns sehr wichtig.»

Der Bauer ist bislang außergewöhnlich erfolgreich darin gewesen, nicht nur unabhängig von staatlicher Kontrolle zu bleiben, sondern auch den Staat gleichzeitig kräftig zu melken. Seit langem zahlt er weniger Steuern als jeder andere, zuweilen sogar überhaupt keine. Im Gegenteil, er wird vom Staat in einer Größenordnung von jährlich ungefähr 3000 Mark pro Kopf subventioniert. Er ist zum Feudalherrn Europas oder angestammten Geist geworden, dem jedermann im europäischen Markt seinen bescheidenen Tribut zollt. Das ist keine schlechte Rache. Aber er will diese Rolle nicht für immer spielen. Er besteht darauf, daß er nicht überproduziert, denn die Weltbevölkerung wächst unaufhörlich, und die armen Länder werden bald dankbar sein für die Nahrungsmittel, die er anbaut. Er sieht Frankreich als die Kornkammer der Welt. Und er sagt in ferner Zukunft die Rettung der Landwirtschaft durch die Produktion von pflanzlichen Energieträgern sowie durch die Einführung weniger abfallträchtiger Ernten voraus. Er wird wahrscheinlich Verbündete finden, denn das offene Land wird zunehmend von Menschen besiedelt, die der Städte überdrüssig sind. Die Hälfte aller Stadtbewohner würde lieber auf dem Land leben, und nur 5 Prozent der Landbewohner würden gern in die Stadt ziehen. Der durchschnittliche Landbewohner ist schon in der Mehrzahl aller Fälle kein Bauer mehr, und dieser Anteil wird weiter zunehmen.

Vierter Teil

Wie man ihren Geschmack schätzenlernt ━━━━━━━━

17 *Wie man richtig ißt*

Wer gut französisch essen gehen will, würde normalerweise nicht daran denken, dafür nach Hollywood zu fahren. Aber gerade hier hat Patrick Terrail sein Restaurant, und hier kann man Beobachtungen anstellen, die bei einem großen Diner in Paris vielleicht nicht auffallen würden. Patrick Terrail stammt aus einem alten Geschlecht Pariser Hoteliers und Restaurantbesitzer, die nie zögerten, neue Ideen aufzugreifen, wo immer sie sie finden konnten. Sein Großvater, der in Paris den Tour d'Argent kaufte, siedelte das Restaurant im Dachgeschoß an, nachdem er die Vereinigten Staaten besucht hatte und von dem Rainbow Room im obersten Stock des Rockefeller Center beeindruckt war. Sein Onkel, der heutige Besitzer, heiratete die Tochter des Filmproduzenten Jack Warner und hat das Restaurantgeschäft fast in Showbusiness verwandelt. Patrick Terrail ging als Jugendlicher nach Amerika, um seiner Familie zu entkommen; er besuchte die Cornell-Hotelschule, die die organisatorischen Aspekte der Kunst der Gastlichkeit betonte und Restaurantbesitzer anregte, große Summen für Komfort und Dekoration auszugeben. Er setzte diese Ideen in die Praxis um, während er für die Firmen Restaurant Associates arbeitete, die den Ausdruck «Speisen als Erfahrung» prägte. All das mag weit entfernt sein von der gemütlich familiären Atmosphäre eines französischen Bistros, aber um im *Ma Maison* in Hollywood zu essen, das er anschließend aufmachte, muß man jemanden kennen, der dort schon einmal gegessen hat, denn es steht in keinem Telefonbuch. Patrick Terrail gab seinem Restaurant diesen Namen, weil er jeden als seinen persönlichen Gast betrachtet, und das Essen ist zugleich Show und Provokation, wie eine gute Party. «Ich gebe täglich zwei Shows. Ich möchte, daß die Leute die Show genießen und an ihr teilnehmen.» Er muß schon mehr sein als ein Koch: Es ist ein Dauer-Fest, ein Entertainment-Salon, den er geschaffen zu haben meint. Aber er ist auch ein höchst einfallsreicher Koch. Er behauptet, daß Kaninchen die Speise der Zukunft sei, und hat daraus ein bemerkenswertes Gericht komponiert. Er sagt voraus, daß es bald mehr Truthahn als Kalbfleisch geben wird, und züchtete eine neue Ente, indem er die französische Stockente mit einer Pekingente kreuzte. Die französische Haricot-Bohne führte er in Mexiko ein und errichtete eine neue Ziegenkäsefabrik in Nordkalifornien, die von einem Landsmann geleitet wird. Er hat die Vorstellung, daß amerikanische Weine eines Tages die Bretagne erobern werden. Hier ist nicht gerade die Pariser Atmosphäre zu verspüren, auch wenn Orson Welles jeden Tag hier speist; doch wissen Köche schließlich durch leicht unverschämte Kompositionen den Gaumen hungrig zu halten.

Als er sein Restaurant plante, besaß er nur 2000 Dollar. Er gab ein Abendessen in seinem Haus und konnte 35 000 Dollar sammeln – Gene Kelly war sein erster Geldgeber. Heute fährt er stolz einen Bentley, Baujahr '65, und gibt sich der Familienpassion hin: Antiquitäten. Sein Croissantladen in Beverley Hills überbietet die amerikanisierten Croissants, die heute in Paris angeboten werden. Der Purist der Pariser Gastronomie mag sich bei dieser Geschichte etwas unwohl fühlen, ganz so wie im 18. Jahrhundert, als die drei Provençal-Brüder sich unter sie gesellten. Provenzalische Küche wurde damals für ein Arme-Leute-Essen gehalten. Aber «eine neue Speise zu kreieren ist viel wichtiger, als einen neuen Stern zu entdecken», sagt Terrail. Dieser Geist, und nicht die endlose Wiederholung alter Rezepte, ist das Wesen der kulinarischen Tradition Frankreichs.

Es war einmal eine Zeit, da stellten die Schweizer die besten Uhren her, die Deutschen bauten die besten Kameras und jeder reiche Mann wünschte sich einen französischen Koch. In diesem Jahrhundert haben sich die teuersten Hotels dieser Welt verpflichtet gefühlt, französische Speisen oder eine Parodie davon, zumindest aber eine Speisekarte auf französisch anzubieten. Aber die Vorherrschaft der französischen Küche ist gefährdet. Die Franzosen begingen den Fehler, teure Speisen zu exportieren, das heißt also nur für eine Minderheit. Die Chinesen konterten, indem sie hungrige Studenten anlockten. Und da jede Nation ausländischen Speisen grundsätzlich mißtraut, überwanden die Chinesen diesen Widerstand, indem sie den Massen einen guten Grund gaben, ihre Speisen anzunehmen: sie machten sie billig. Als Ergebnis dieser Entwicklung kann man feststellen, daß es in Großbritannien achtmal mehr China-Restaurants als französische gibt, und in den Vereinigten Staaten sind die Chinesen (gleichauf mit den Italienern) ebenfalls führend. Einfache französische Bauerngerichte haben nicht in die Haushalte der Massen Eingang gefunden: Baked Beans werden Cassoulet Toulousain vorgezogen, und die Amerikaner haben die Schnellrestaurants der Welt im Griff. Der Refrain in jeder französischen Diskussion über ihre Haltungen Ausländern gegenüber ist ihre Unfähigkeit, ausländische Küchen zu tolerieren. Essen isoliert die Franzosen fast so sehr wie ihre Sprache. Das wäre nicht weiter schlimm, wenn Frankreich wenigstens sicher wäre, weiterhin eine Bastion des guten Essens zu bleiben. Aber das muß bezweifelt werden.

Es gibt Moden bei den Speisen wie bei der Kleidung, und kein Stil kann sicher sein, für immer zu gelten. Es gibt sicher einige, wie den Restaurantkritiker James de Coquet von *Le Figaro*, die behaupten, der Sinn einer Küche sei es, ein Gefühl von Sicherheit zu vermitteln, und daß Veränderungen das letzte seien, was man brauche. Demgegenüber fordern Experten wie Gault und Millau, die die Nouvelle cuisine populär machten, Überraschung und Aufregung. Frankreich hat unlängst seinen Anspruch als Land der führenden Küche erneuert, indem es sich auf eine höchst feinsinnige Ehe mit Japan einließ, und viele Japaner besuchten Frankreichs Kochschulen; die Nouvelle cuisine ist teilweise das Ergebnis. Die größte Kochschule der Welt ist heute in Japan beheimatet und wird in Partnerschaft

Quino

mit Paul Bocuse geleitet, der von der japanischen Sorgfalt beim Kochen, von der Vielfalt kleiner Mengen und der Betonung der Präsentation fasziniert war. Bocuse sagt heute, daß er der Nouvelle cuisine überdrüssig ist, daß es «fundamentale Unterschiede» zwischen japanischer und französischer Küche gibt – «erstere ist von der Textur besessen, letztere vom Aroma» –, und er plant eine Rückkehr zu den Klassikern. Es überrascht kaum, daß der Mann, den er wie keinen anderen bewundert, ein Modeschöpfer ist: «Was mir wirklich Freude machen würde, wäre, daß ich der Yves Saint-Laurent der Küche genannt werde.» Es ist kein Zufall, daß Köche ein Sternesystem wie die Couturiers haben und daß es nur achtzehn gibt, die die höchste Auszeichnung von drei Sternen im Michelin-Führer haben. Bocuse ist so sehr Showman wie Koch. Er vergleicht seine Gerichte mit der Oper: «Ich mag die Beleuchtung der Oper, die Ausstattung, die Chöre.» Er betrachtet die «Magie» als die wichtigste Zutat eines Rezepts. Er weigert sich daher, auf dem Elektroherd zu kochen, und behauptet, er brauche die Magie von Feuer und Pfanne. Er macht Essen zu einem Fest und Teil der Kunst, das Leben erschöpfend zu genießen. Er verabscheut Gerichte, die als Diät zum Abnehmen konzipiert werden, und bezeichnet solche Nahrung als «Oper ohne Orchester». Kochen ist für ihn mehr als nur ein Spiel: «Ich mag es nicht, zu verlieren.» Er behauptet, seine Künste als Darsteller würden eine schüchterne Natur verbergen: «Ich weiß nie, wo ich mit meinen Händen bleiben soll, außer bei Frauen.» Koch zu sein bedeutet auch, Risiken einzugehen: Er sagt, sogar die größten aller Köchinnen, wie La Mère Brazier, blieben bei einfachen, erprobten Rezepten. Seine Darstellerkunst ist natürlich im höchsten Maße kostspielig. Er beschäftigt über fünfzig Leute in seinem Restaurant, was bedeutet, daß er mehr als 150 Francs (50 Mark) pro Person berechnen muß, nur um die Fixkosten zu decken, noch bevor er irgendein Gericht serviert hat. Aus diesem Grunde reist er um die Welt, taucht gelegentlich für ein Dinner in New York oder Tokio auf. Die *haute cuisine* ist ein fragiler Luxus, genauso wie die *haute couture*, die kaum überleben kann in einer Welt, die sparen muß. Die organisatorische Seite des Kochens wird zunehmend ebenso wichtig wie die des Kochens. Die französische Küche kann einfach nicht auf ihren Lorbeeren ausruhen.

Genauso wie französische Couturiers ihre neuesten Stoffe im günstigsten Licht präsentieren, so liegt das erste Prinzip eines französischen Meisterkochs darin, frische, saftige, ausgereifte Zutaten zur Geltung zu bringen, um den natürlichen Geschmack der Nahrung deutlich zu machen und zu steigern. Gute Zutaten sind die Grundlage der französischen Küche, und das bedeutet, daß man Abwechslung je nach der Jahreszeit akzeptieren muß. Es ist unmöglich, das ganze Jahr über die gleichen Dinge anzubieten. Jeder Hauptbestandteil muß seinen Eigengeschmack beibehalten, aber das kann nur mit Geschick und sinnreichen Methoden erzielt werden. So soll Seeteufel in

Blätterteig, gefüllt mit Hummermousse, nicht wie ein kompliziertes Gemisch genossen werden; der Blätterteig soll nur den Saft halten, und auch die Füllung kann man ignorieren, sie hält den Fisch nur saftig. Das Merkmal der französischen Küche ist weder, daß sie Knoblauch, Schnecken oder Frösche verwendet, die alle regionale Spezialitäten sind, noch daß sie das Fleisch in einer pappigen Soße ertränkt, wie Anfänger meinen, um ihren Speisen einen Hauch von Luxus zu verleihen. Franzosen schätzen an ihren Speisen nicht nur Erfindungsgabe, sondern auch Ehrlichkeit. Das bedeutet, daß die Vielfalt der verwendeten Produkte ihren Erfolg ebenso erklärt wie ihre Rezepte. Darum wird Lyon auch eine Hauptstadt der Gastronomie bleiben. Seit langem schon liegt der vielfältigste Vorrat an frischen Nahrungsmitteln direkt vor der Stadt. Paul Bocuse geht jeden Tag auf den Markt und schlendert an den Ständen vorbei, so wie es seine Vorfahren, alle Köche seit dem 17. Jahrhundert, immer getan haben. Er stellt sein Menü normalerweise erst dann zusammen, wenn er gesehen hat, was angeboten wird. Aber diese Tradition ist gefährdet. Es ist weitaus schwieriger, in Paris auf gleiche Weise gut zu kochen, seitdem die Markthallen aus dem Zentrum entfernt wurden. In Lyon treffen sich die Meisterköche der Stadt jeden Montagmorgen im Café du Marché, um Ideen auszutauschen. Diesem Austausch und dem Wettbewerb wiederum entspringen neue Gerichte. Die Raffinesse der französischen *chefs* beruht auf dem Wissen, wie der Geschmack von Gemüse und Obst sich je nach Saison verändert, wie stark der Knoblauch ist – was von der Jahreszeit abhängt und davon, wo er angebaut wurde –, und auf dem Geschick, die Zutaten in ihrer charakteristischsten Form einzusetzen, wie etwa die Bevorzugung von Vanilleschoten gegenüber dem Extrakt. Aber schließlich hängt das Endergebnis von der persönlichen Eingebung ab. Deshalb ist Kochen eher eine Kunst als eine Wissenschaft.

Das widerspricht der gewöhnlichen Ansicht, die französische Küche sei die am strengsten reglementierte aller Nationen. Es stimmt allerdings, daß wesentlich mehr Mühe darauf verwandt wurde, die Gesetze und Prinzipien der guten französischen Küche festzulegen als anderswo, und die ausländischen Vorstellungen von der französischen Kochkunst stammen unausweichlich aus den entsprechenden Rezeptsammlungen. Die Franzosen selbst vergeben den Meistertitel an Köche in Prüfungen, in denen strengste Befolgung der klassischen Vorschrift erwartet wird. Es gibt Größenwahnsinnige und Pädagogen der Küche, die versuchen, Gesetze festzulegen, wie es auch Modeschöpfer gibt, die die Mode diktieren wollen. Es gibt Köche, die sich weigern, Salzstreuer auf die Tische ihrer Restaurants zu stellen, wie zum Beispiel in dem berühmten Drei-Sterne-Restaurant von Alain Chapel in Mionnay bei Lyon, der sagt: «Wenn Sie glauben, es salziger haben zu wollen, irren Sie sich.» Escoffier schrieb 1912 ein Kochbuch, mit dem er versuchte, bis ins kleinste Detail genau zusammenzufassen, wie man mehrere tausend Gerichte zubereitet, so daß «nichts dem Zufalle überlassen bleibt». Seine Vorstellungen sind sklavenhaft befolgt worden in dem Glauben, sie repräsentierten die wahre Kunst, aber wie alle Imitationen ging die Substanz hinter diesen Vorgaben verloren. Escoffier war ein Unternehmer im Hotelgewerbe (ein Kompagnon von César Ritz), und ihm unterstanden riesige Küchen mit bis zu achtzig Köchen. Er mußte seine Mannschaft einweisen, und er lebte zu einer Zeit, als man glaubte, Wissenschaft solle alles Handeln beherrschen. Doch die Regeln waren offensichtlich nicht für ihn selbst gedacht. Er bestand darauf, daß ein Koch seinen Kunden nichts aufzwingen darf, daß er sich stets den sich verändernden Strömungen und Moden anpassen muß. Er zitierte Carême, der gesagt hatte: «Beim Kochen gibt es keine Prinzipien bis auf den Wunsch, die Person zufriedenzustellen, die man bedient.»

Die Frage, ob französische Speisen notwendigerweise teuer sind, ist nur ein Teil des Problems. Carême bestand immer darauf, daß der größte Feind einer guten Küche die Sparsamkeit sei. Deshalb arbeitete er auch so gern und ausschließlich für den Baron Rothschild. Die Brüder Troisgros, die ein Eliterestaurant führen, sagen, sie weigern sich überhaupt, an Geld zu denken, weil es mit Kunst unvereinbar sei. Wie auch immer, große Köche sind auch Autoren. Die Fähigkeit, über Speisen zu sprechen, das Essen in eine Philosophie zu verwandeln, ist ein Kennzeichen der großen französischen Köche, denn die französische Gastronomie war schon immer ein Dialog. Allein zu essen heißt ein unvollständiges Menü zu genießen; man muß über das sprechen, was man ißt. Die Küche Frankreichs ist nicht nur von Köchen, sondern auch von Feinschmeckern geschaffen worden, die aus ihren Diskussionen über Speisen eine eigene Literaturgattung geschaffen haben. Es waren oft Geschäftsleute, Bankiers, Rechtsanwälte, Ärzte und Priester, für die das Speisen ihr liebstes Hobby war. Die engagiertesten waren Junggesellen, die keine andere Liebe kannten. Puritanismus und Bescheidenheit passen nicht zu ernstgemeinter Gastronomie, die ohne Scham dem Genuß der Sinnlichkeit dient, der subtilen Analyse des menschlichen Appetits und den Freuden seiner Befriedigung. Das Restaurant hat bei der Kreation der französischen Küche eine wesentliche Rolle gespielt, weil es sie ständig durch öffentliche Diskussionen und Wettbewerb stimuliert hat. Die großen *chefs* werden daher nicht nur von den Nahrungsmitteln, die sie vorfinden, «inspiriert», sondern auch von ihrer Beziehung zu den Gästen. Sie kommen nach dem Essen ins Speisezimmer, um sich das Echo anzuhören. Charles Barrier, der Drei-Sterne-Koch von Tours, sagt: «Wenn ich koche, stelle ich mir die Freude vor, die ich jemandem bereite – sich selbst Freude zu bereiten, ist wie Selbstbefriedigung.» Alain Chapel beharrt darauf, das Urteil seiner Gäste zu hören. Er trifft gerne jeden Gast, der hereinkommt, so daß jedes Gericht auf diese Person abgestimmt ist. Kochen ist für ihn «ein Liebesdienst»; und da Monotonie die große Bedrohung ist, freut er sich besonders, wenn Gerichte speziell bestellt werden. Seine Schlußfolgerung ist die eines Künstlers: «Es ist wichtig, daß ich mich entwickle und meine Wahrheit suche.» Er lehnt alle Versuche ab, Kochen in eine hochnäsige Affäre zu verwandeln, und weigert sich, «ausgefallene Speisen» anzubieten. Die Einfachheit eines Künstlers offenbart sich jedoch unausweichlich als ausgefeilt, wenn man sie analysiert, und nur selten kann sie nachgeahmt werden. Darum wird man so häufig in Restaurants enttäuscht. Genialität ist nicht beständig, und die Routine ist ihr größter Feind.

Einer der Mythen, den die *chefs* am Leben erhalten, besagt, daß französisches Essen schon immer hervorragend war und daß gutes Kochen sich auf alte Rezepte und traditionelle, regio-

Dubout

nale Speisen stützt. Doch die französische Küche hat sich über die Jahrhunderte enorm verändert. Vor zweihundert Jahren aß die Mehrheit der Franzosen nur 1700 Kalorien am Tag, was sie auf den niedrigsten Stand unter den Ländern der heutigen dritten Welt setzt, und tierische Nahrung stellte nur 15 Prozent dieser Kalorien. Bis 1900 bestand die Nahrung zu drei Vierteln aus Getreide. Französische Bauern aßen gewöhnlich vor allem Brot, Suppen und Grütze. Das Brot war nicht das feine Bäckerbaguette von heute, sondern ein schwerer dunkler Laib, der aus allen Arten von oft ranzigem Mehl gebacken wurde. Die Suppen bestanden im wesentlichen aus Gemüse mit Wasser. Fett und selbst Salz waren ein großer Luxus. Die Grütze setzte sich zusammen aus Weizen, Mais oder Buchweizen, in Milch oder

Wasser gekocht. Fleisch fand nur allmählich Einzug in ihren Speiseplan. Langsames Sieden in einem großen Topf war die wesentliche Kochmethode. Bauernnahrung war daher entweder fad oder zu gewürzt, denn man hielt sich an den mittelalterlichen Brauch, alle möglichen Geschmacksrichtungen willkürlich zu mischen, wenn überhaupt irgendwelche Gewürze vorhanden waren. Das traditionelle französische Frühstück bestand aus Suppe, und viele Angehörige der Arbeiterklasse können sich heute noch daran erinnern, damit aufgewachsen zu sein. Die Reichen dehnten die Mahlzeit zum Gabelfrühstück mit Eiern, Wurst, Käse, Wein oder Cidre aus. Das heutige Frühstück ist eine Erfindung neueren Datums. Suppen blieben ein beliebtes Abendgericht und werden erst in letzter Zeit langsam durch moderne Alternativen ersetzt. Franzosen halten daran fest, zu jeder Mahlzeit Brot aufzutischen, aber dies ist ein schwaches Überbleibsel alter Gewohnheiten, denn ihr Verbrauch an Brot hat sich in den letzten vierzig Jahren fast halbiert; und Frauen essen heute nur halb soviel Brot wie Männer. Einige Nahrungsmittel sind fast ganz vom Tisch verschwunden, wie gelbe Kohlrüben, Weißrüben und Kürbis; sie essen heute nur ein Drittel der Hülsenfrüchte, die ihre Eltern verzehrten, für die Bohnen oder Erbsen Hauptbestandteil der Nahrung waren. Der Verzehr von Kartoffeln ist im Sinken begriffen. Heute nähern sie sich mehr und mehr der reichhaltigen westlichen Ernährungsweise an, sind die größten Fleischverbraucher in Europa und dabei, die Amerikaner einzuholen, auch wenn es noch ein weiter Weg bis dahin ist. Vor zwanzig Jahren ließen sich Soziologen merkwürdige Theorien einfallen, um die Bedeutung des amerikanischen oder britischen Zuckerkonsums zu erklären, der hoch über dem der Franzosen lag. Seitdem jedoch haben die Franzosen fast aufgeholt, so daß sie inzwischen sicher mehr als zweimal soviel Zucker verbrauchen wie zu Anfang des Jahrhunderts. Die Franzosen unterscheiden sich auch dadurch, daß sie relativ wenig Frischmilch trinken, was sie aber mit Käse wettmachen: zweieinhalbmal soviel wie in Großbritannien. Und sie verzehren zweimal soviel Frischobst, zweimal soviel Reis, ein Drittel mehr Gemüse als die Briten. Bei allen anderen Lebensmitteln gibt es keinen sehr großen Unterschied zwischen den beiden Ländern. Die allgemeinen Zahlen verschleiern jedoch die Tatsache, daß jede Region weiterhin eine gewisse Identität beibehält: die Nordfranzosen essen mehr Gemüse als die übrige Bevölkerung, die mediterrane mehr Obst, die im Südwesten mehr Getreide, während die im Mittelosten sehr viel weniger Fleisch ißt. Die im Südwesten ißt nur halb soviel Käse wie die in der Region Paris.

Die Auswirkung des Wohlstands, die Industrialisierung der Nahrungsmittelherstellung und vermehrten Freizeitaktivitäten bedrohen nunmehr ihre Essensgewohnheiten, die jedoch um so schneller aufgegeben werden, als sie relativ neu sind. 1960 gaben die Franzosen 42 Prozent ihres Haushaltsgeldes für Nahrung aus, aber die letzte Volksbefragung (1975) wies nur 24 Prozent aus. Das ist nur wenig mehr als man erwarten würde im Vergleich mit anderen Wohlstandsländern, die um so weniger fürs Essen ausgeben, je reicher sie werden. Aber es ist zweifellos ein neuer Trend bei den Franzosen, ähnlich wie die Amerikaner weniger für die Nahrung und mehr für die Wohnung auszugeben. Der Soziologe Pierre Bourdieu behauptet, daß es heute eine Spannung zwischen zwei verschiedenen Einstellungen zum Essen gibt. Die alte Haltung der Arbeiterklasse und der unteren Mittelschicht, so sagt er, sei, daß üppiges Essen und Trinken zur Lebensqualität zähle. Wenn sie Gäste haben, bieten sie ihnen vor allem reichliche Portionen an. Sie schätzen in erster Linie die Gerichte, die ihre Mütter kochten, und finden keinen Gefallen an Experimenten, Einfallsreichtum oder exotischen Gerichten. Es ist ihnen wichtig, daß die Mahlzeit in einer gelassenen und freundlichen, jovialen Atmosphäre eingenommen wird, denn Essen ist ein Fest. Die gebildeten Schichten dagegen kultivieren einen Geschmack für leichte Speisen, delikat und künstlerisch zubereitet, für «amüsante» oder «interessante» Gerichte. Sie wollen ihre Gäste nicht vollstopfen, sondern sicherstellen, daß sie sich nicht langweilen. Die Prioritäten der Arbeiter können am Haushaltsgeld von Vorarbeitern abgelesen werden: sie geben genausoviel Geld für Nahrung aus wie Manager.

Die Trennungslinie verläuft nicht nur einfach zwischen Reichen und Armen. Die kommerzielle und industrielle Bourgeoisie teilt mit den Arbeitern die Vorlieben für schwere und reichhaltige Mahlzeiten. Die Freiberufler und Technokraten ihrerseits verwenden ihr Geld dazu, seltene und teure Gemüse oder Fleischsorten zu kaufen, Lehrer jedoch, die ärmer sind, sind mehr auf Originalität aus und bevorzugen die billige italienische oder chinesische Küche oder einfache «Bauerngerichte». Die Lieblingsgerichte der Arbeiter sind *gigot* (Lammkeule) und *pot au feu* (Fleischeintopf) oder als besonderer Leckerbissen *coq au vin*; Fisch mögen sie nicht so sehr, sie betrachten ihn als zu leicht – «eher was für Frauen». Sie erhalten die Vorstellung aufrecht, es gäbe Gerichte für Männer und welche für Frauen. Escoffier sagte, daß er deshalb so erfolgreich gewesen sei, weil die meisten seiner Gerichte für Frauen komponiert gewesen seien, und daß die Oberschicht inzwischen deren leichteren Geschmack und stete Sorge ums Abnehmen übernommen habe. Als Franzosen darum gebeten wurden anzugeben, wieviel Zeit und Interesse sie fürs Kochen aufwenden, antworteten 69 Prozent der Arbeiter, sie würden gerne kochen, doch nur 51 Prozent der Oberschicht kochten gerne, 59 Prozent der mittleren Manager und 52 Prozent der kleinen Ladeninhaber. Inwiefern diese Klassenunterscheidungen noch aufrechterhalten werden können, inwiefern sie zu schematisch sind, bleibt unklar.

Die Begüterten nutzen zunehmend Traiteure, die – im Gegensatz zu Amerika – höchst ausgefeilte Gerichte anbieten, oft von guter Qualität, eine Art Ersatz für den früheren Koch der Bürgerfamilien. Tiefkühlkost stieß anfangs auf erheblichen Widerstand so wie die Konserven zuvor, befindet sich aber überall auf dem Vormarsch. Der Verbrauch von Dosen- und Instant-Suppen hat sich in den sechziger Jahren mehr als verdoppelt, der an Dosengemüsen erzielte eine jährliche Zuwachsrate von 11 Prozent. Die Zunahme von Kantinen ist äußerst auffallend. Die Amerikaner, die eifrig nach Möglichkeiten suchen, ihre Massenabfütterungsmethoden auszudehnen, hielten die Aufteilung des Restaurantgewerbes in einzelne, unabhängige Familienunternehmen für ein großes Hindernis. Aber seit 1960 die erste amerikanische Restaurantkette ihre Geschäfte eröffnete, begann die französische Lebensmittelindustrie um 12 Prozent pro Jahr zu wachsen. Sechzig Prozent der arbeitenden Bevölkerung der Region von Paris essen heute in Kantinen. Schulmahlzeiten wurden «rationalisiert», und in einer Stadt liefert eine Zentralküche 18 500 Mahlzeiten pro Tag an die vielen Grundschulen aus. Es werden mehr Mahlzeiten in Kantinen als in Restaurants eingenommen.

In einer Umfrage meinten 44 Prozent der Befragten, daß das Essen in Frankreich schlechter sei als vor fünf Jahren, und 42 Prozent sahen keinen Unterschied. Aber 50 Prozent meinten, es sei ungesünder, und das ist eine neue Dimension in der Einstellung, die sich langsam von den Reichen auf die Armen überträgt. Es gibt ein neues Bewußtsein für Diätetik, und das bedeutet, daß die Nahrung sowohl nach Geschmack als auch nach gesundheitlichem Wert ausgewählt wird. Das muß nicht notwendigerweise Schwierigkeiten nach sich ziehen, denn die großen *chefs* haben sich schon immer für Amateurärzte gehalten; aber die industrialisierte Hygiene hat zweifellos die alte Würze vermindert und wird wahrscheinlich neue Geschmacksrichtungen erzeugen, die sich dann wieder ändern werden müssen, wenn Plastik nicht mehr billig ist. Eine Umfrage unter jungen Leuten hat ergeben, daß sie sich eigentlich keine Sorgen darum machen. Sie interessieren sich im allgemeinen nicht sehr fürs Essen, zumindest nicht im gastronomischen Sinn. In Schulen und Universitäten werden die Mahlzeiten oft in weniger als einer halben Stunde verschlungen oder sogar in weniger als zwanzig Minuten. Das muß man nicht unbedingt als einen Verfall betrachten. Es ist die Offenbarung eines anderen Aspekts der französischen Zivilisation, der immer verschwiegen wurde. Napoleon brüstete sich damit, eine Mahlzeit in weniger als achtzehn Minuten hinter sich zu bringen, und seine Lieblingsspeisen waren, zur Verzweiflung seiner geschickten Köche, einfache Makkaroni, *vol au vent*, gebratenes oder geröstetes Huhn ohne Knoblauch. Beschwerden über das miserable Essen, das in manchen französischen Restaurants angeboten wird, meldeten Gourmets, seit sie zu schreiben begannen, und es gibt keinen Grund, warum man ihnen keinen Glauben schenken sollte. Das Motiv des Profits bei der öffentlichen Verköstigung, das Fehlen von Zeit und Geld zu Hause standen schon immer den Idealisierungen der Gourmets entgegen.

Auf französische Art oder vielmehr auf Feinschmeckerart zu essen bedeutet, daß man die Seele und den Körper zugleich ehrt. Es ist nicht nur die Frage, welche Speisen man ißt. Die besten französischen Gastronomen behaupten nicht, daß die französische Küche allen anderen überlegen sei – sie sehen wohl, daß es auch anderswo herrliche Gerichte gibt –, aber sie behaupten, daß Frankreich die reichhaltigste Küche besitze. Der chauvinistische Hochmut, den französische Reisende gern zur Schau stellen, wenn sie andere Länder besuchen – so sehr, daß Michelin in Amerika oder England kaum ein Restaurant finden kann, das der drei Sterne würdig ist –, wird durch die bemerkenswerte Fähigkeit ihrer besten Köche ausgeglichen, ausländische Gerichte heimisch zu machen, so wie ihre Modeschöpfer ausländische Kleidung umgestalten und ihr dabei ein neues Flair verleihen. Carême nahm die russische Kohlsuppe der Bauern etwa und erhob sie zu unglaublichen Höhen – durch einige sinnreiche Veränderungen. Es sind die kleinen Besonderheiten, die zählen; und die sind nicht immer die gleichen. Französische Zwiebelsuppe kann auf mindestens hundert verschiedene Arten zubereitet werden. Es gibt endlose Diskussionen darüber, wie dick- oder dünnflüssig sie sein sollte; einige binden sie mit Eigelb, andere lassen den Cognac weg und geben ein paar Tropfen Essig hinzu, andere bereiten sie mit Milch statt Käse zu, einige wenige streiten sich, ob Camembert oder Brie oder Roquefort vorzuziehen sei. Des Südfranzosen Alternative zur Zwiebelsuppe ist wahrscheinlich die *Soupe au Pistous,* aber man kann sich nie sicher sein, wie sie schmecken wird. Wenngleich sie immer Basilikum und Knoblauch enthält, hängt die Auswahl der Gemüse doch von der Jahreszeit und den Vorlieben des Kochs ab. Die Ochsenschwanzsuppe ist Frankreich und Großbritannien gemeinsam: die Franzosen behaupten gerne, sie hätten sie erfunden, und sagen, die Briten hätten es zugelassen, daß sie zu einer einfachen Rinderbrühe verkomme. Die Originalversion zeigt die französische Betonung der subtilen Kombination von Geschmäckern: sie sollte nicht nur Ochsenschwanz, sondern auch mageres Rindfleisch enthalten sowie Sellerieherzen, Zwiebeln, Karotten, Butter, Eiweiß und Sherry.

Die französische Küche liegt tatsächlich manchmal schwer im Magen, wenn sie in der traditionellen bourgeoisen Form zubereitet wird so wie die 1737 erfundene *sole normande*, mit einer Sauce aus Austern, Muscheln, Langusten, Garnelen, Trüffeln und Champagner. Doch schwere Saucen sind in keiner Weise ein unerläßliches Kennzeichen. Die Nouvelle cuisine, die gegen diese Reichhaltigkeit reagiert, ist keine neue oder exzentrische Erfindung. Es ist die Wiederaufnahme wiederholter Bemühungen von Köchen über wenigstens ein Jahrhundert hinweg, eine Alternative zu den protzigen, phantastischen Mahlzeiten zu bieten, mit denen die Reichen immer schon ihre Gäste zu beeindrucken suchten. Bocuse wiederholt nur, was viele vor ihm bereits gesagt haben. Die überwältigend schwere Sauce, die in teuren Hotels über alle Gerichte gekippt wird, ist eine Parodie der französischen Küche: Die Quelle des französischen Stolzes ist darin zu suchen, daß es mehrere hundert verschiedene Saucen gibt, die das Geschick des Kochs ebensosehr wie Individualität ausdrücken und einer Speise ihre Originalität verleihen können. Unter französischer Küche sollte man sich nicht einfach Gerichte vorstellen, die für dieses Land einzigartig sind; ein ebenso effizientes Kriterium ist der Stil, in dem Gerichte präsentiert werden und den es mit anderen Nationen teilt. Das englische Gericht *sausages and beans* wird in Frankreich *cassoulet* und sieht dort ganz verschieden aus, weil sich in Frankreich so viele verschiedene Wurstformen entwickelt haben. Eintopf aus Fleisch und Gemüse wird in Frankreich interessanter, weil solche Zutaten wie geräucherte Wurst und Nelken hinzugegeben werden. Der feinste Unterschied ist vielleicht in der Apfeltorte zu suchen, deren Zutaten eigentlich in allen Ländern die gleichen sind; der Unterschied besteht aus dem Geschick, der Präsentation, der Qualität der Äpfel und der genauen Kochdauer. Man soll sich vor den kommerzialisierten französischen Gerichten hüten, die nur für den Export erzeugt werden, wie zum Beispiel *crêpes Suzette*, die sehr viel häufiger auf den Menüs prätentiöser Restaurants in New York zu finden sind als in Paris; angeblich sollen sie für einen Prince of Wales in Monte Carlo erfunden worden sein; sie gelten als zu einfallslos, als daß Franzosen sie essen würden. Es ist diese ständige einfallsreiche Suche, die die zunehmende Beliebtheit regionaler Gerichte erklärt, in denen sehr oft genausoviel an neuer Kreation steckt wie an einer echten Entdeckung alter Traditionen. Das französische Ideal ist also dem der massenweise produzierenden Lebensmittel-Fabrikanten in Amerika diametral entgegengesetzt, die dafür einstehen, daß ihre Lebensmittel immer denselben Geschmack haben; es ist allerdings der amerikanischen Eßform nicht so sehr entgegengesetzt, wie behauptet wird. Es besitzt einen vergleichbaren Reichtum an nationalen Traditionen: eine vergleichbare Neugierde im Kombinieren und Entwickeln der Speisen, es ist nur eine Frage des Ausmaßes.

Eines der größten Hindernisse, die einer Würdigung französischen Essens in vielen anderen, vor allem angelsächsischen Ländern im Wege steht, ist der Mythos des Knoblauchs. Um die Leidenschaft der Südfranzosen für Knoblauch zu verstehen, muß man nur die Lobeshymne auf den *Aïoli* (eine Knoblauchmayonnaise) des Romanautors Alphonse Daudet lesen. Er bewirkt, so schreibt er, «ein Wohlgefühl und eine Fülle, eine Euphorie... ähnlich wie sie von Opium hervorgerufen werden, nur ohne jegliche Gefahr»; das Gefühl steigert sich, wenn man sich nach dem Essen schlafen legt und eine «Siesta» hält. Er wirkt stimulierend, vorausgesetzt beide haben davon gegessen. Aber es gibt französische Gastronomen, die dem Knoblauch mißtrauen und darauf bestehen, daß er nur als Hauch von Würze hinzugefügt werden darf, daß er versagt, wenn er die ganze Speise beherrscht. Und in vielen Gerichten fehlt er ganz. Die Lyonaiser Küche etwa ist stolz darauf, daß sie die «provenzalischen Übertreibungen» zurückweist. Knoblauch ist in der Tat eine neuere Einführung auf dem französischen Küchenplan. Im 14. Jahrhundert war er wesentlicher Bestandteil englischer Gerichte und wurde dort so häufig benutzt wie in Frankreich oder Italien. Ein französisches Kochbuch aus dem 17. Jahrhundert erwähnt Knoblauch nicht ein einziges Mal, während ein englisches aus der gleichen Zeit empfiehlt, Knoblauch sogar in Tomatenmark zu geben. Man bricht auch keine französische Regel, wenn man den Käse nach dem Pudding einnimmt. Früher machten es die Franzosen ebenso, bevor sie anfingen, den Käse zu mögen (der bis vor etwa einem Jahrhundert sehr oft als derbe Bauernspeise betrachtet wurde); in früherer Zeit waren zudem ihre *pâtisseries* eher salzig als süß.

Rund um den Wein haben sich angeblich die unbeugsamsten Regeln herausgebildet, doch auch diese sind relativ neueren Datums. Für Kenner gibt es natürlich keine ehernen Grenzen. Wein verleiht dem Essen eine besondere Dimension, nicht nur weil er eine Mahlzeit um ein ganzes zusätzliches Spektrum von Geschmacksmöglichkeiten bereichert, sondern weil er Fröhlichkeit, Miteinander, *bonhomie* und *joie de vivre* symbolisiert. Das Element des Unterscheidungsvermögens nimmt ständig zu: der Verbrauch von Tafelwein geht zurück und der der Qualitätsweine steigt. Je besser der Wein, desto größer das Gefühl von Festlichkeit – im Gegensatz zu der traditionellen Einstellung der Arbeiter, daß Wein eine Quelle körperlicher Kraft sei und ein Arbeiter soundso viel brauche, um den Tag zu überstehen. Die Skandale, zu denen es von Zeit zu Zeit kommt, wenn sich herausstellt, daß Weine mit teuren Etiketten alle möglichen minderwertigen Mischungen enthalten, haben noch nie besonderen Eindruck auf die den Weingenuß gewöhnlich begleitende Geheimnistuerei und Rhetorik gemacht.

In Frankreich muß man nicht nur essen und trinken, sondern auch reden. Das Gespräch stimuliert neue Ideen über das Essen. Das Überleben der französischen Küche erfordert ein ständiges Bemühen um Innovation. Diejenigen, die sie betreiben, müssen in erster Linie Erfinder sein, nicht heimliche Imitatoren. Und keiner kann voraussagen, wie die französische Küche in hundert Jahren schmecken wird.

«Dis-moi…

... qui tu hantes, et je vais te dire qui tu es», sagt der Volksmund «en français».

Auf deutsch bedeutet das nichts anderes: Sage mir, mit wem du umgehst, und ich sage dir, wer du bist.

Der richtige Umgang prägt das Leben, der richtige Umgang mit Menschen – und mit Geld.

18 Wie man chic ist

Loulou de la Falaise, die Tochter eines französischen Marquis, ist Mitte Dreißig. Sie ist keine in die Augen springende Schönheit mit perfekt proportionierten Gesichtszügen, aber sie ist zweifellos elegant, auffallend, *chic*. Das ist das Geheimnis, das Frauen aller Länder zu ergründen versuchen: Wie schaffen es die Französinnen, diesen undefinierbaren *chic* zu haben? Das wiederum führt zu weiteren Fragen: Seit wann sind die Französinnen *chic*, wie viele von ihnen sind es tatsächlich, wie lange können sie ihrem Ruf gerecht werden? Warum war England, das in den 60er Jahren seinen wirtschaftlichen Rückgang durch ein plötzliches Erblühen der Erfindungskraft der Schneider ausglich, was eine ästhetische Revolution dadurch schuf, daß man den Wunsch der Teenager, so auszusehen wie die Mutter, zerstörte, nicht in der Lage, den Franzosen die Führung im Kleiderdesign abzuringen?

Die Antwort hat nichts mit Nationalitäten zu tun. Loulous Mutter ist die britische Designerin Maxine de la Falaise; zu ihren angeheirateten Tanten gehörte der Hollywood-Star Gloria Swanson. Mit achtzehn heiratete sie einen britischen Kunsthistoriker. Ihr gegenwärtiger Ehemann ist ein Pole. Sie wurde aufs Internat in die Schweiz geschickt und dann zur Therapie bei einem New Yorker Psychiater. Sie ist perfekt zweisprachig: «Ich fühle mich als Französin in England und als Engländerin in Frankreich und beides oder keines von beiden in New York. Wenn man keine Nationalität hat, braucht man sich nicht anzupassen; man ist frei, kreativ zu sein.» Sie ist heute eine der einflußreichsten Modeschöpferinnen in Paris und eine der Hauptmitarbeiterinnen und Ideenlieferantinnen von Yves Saint-Laurent. Sie hat keine Kunst-Ausbildung, verließ mit fünfzehn die Schule und führte die nächsten zehn Jahre ein «Zigeunerleben», arbeitete für Kunstgalerien und Textildesigner, stets umgeben von Künstlern und Malern. Sie setzte ihre Kraft daran, auch als sie wenig Geld hatte, «alles angenehm fürs Auge zu machen, einen Schweinestall in ein wunderbares Heim zu verwandeln. Ich lade gern Menschen ein, um zu ver-

Gourmelin

wöhnen, Wohlbehagen zu erzeugen, verändere gern, versuche aufzuheitern.» Sie war eine unverschämte Exhibitionistin: «Exhibitionismus ist, wie sich die Freiheit mit dem Leben nehmen: Man kündigt an, daß man nicht konservativ ist und die Regeln zu brechen gedenkt. Ein Exhibitionist zu sein, wenn man jung ist, ist genauso natürlich, wie Sozialist zu sein.» Für Loulou ist Mode eine Art von Theater: Französinnen, so meint sie, sind «ganz Auftritt, Effekt, Brillanz». Aber *chic* steht nicht nur für Mut, gemischt mit Eingebung. *Chic* heißt auch, den angeborenen Exhibitionismus zu kontrollieren, ist mehr Andeutung als Aussage; und Loulou verurteilt extravagante Kleidung als Kennzeichen frustrierter Designer. Die Engländer waren oftmals erfinderischer als die Franzosen; sie lieferten ausgezeichnete Ideen für die sehr jungen Leute, doch verfolgten selten ihren Erfolg weiter für die Kleider der Leute mittleren Alters. Der Grund dafür ist unzweifelhaft in der Tatsache zu suchen, daß Umziehen Zeit bedeutet und daß es noch mehr Zeit bedeutet, gute Kleider herzustellen, da nur diejenigen, die bereit sind, sich der Kleiderherstellung voll und ganz zu widmen, damit rechnen können, Phantastisches zu leisten. Das ist in Paris leichter zu bewerkstelligen als anderswo in der Welt, denn die geschicktesten Handwerker, die sich dem Studium des Luxus verschrieben haben, sind seit dem vergangenen Jahrhundert eher hier versammelt als in einer anderen Stadt. Es ist dieselbe Kategorie von Gründen, die Paris zu einer intellektuellen Hauptstadt machen: es gibt dort sehr viel mehr Menschen, die sich einander zu immer höheren Flügen der Einbildungskraft stimulieren oder zu tieferen Erkundungen des Scharfsinns. Ihr Vergnügen ist die Unterhaltung mit «den größeren Kunsthandwerkern dieser Welt», jeder von ihnen höchst spezialisiert, die ihre Lehre mit dreizehn begannen, die ihre Arbeit leidenschaftlich lieben, so daß sie desto angestrengter werden, je anspruchsvoller die ihnen gestellte Aufgabe ist, denen sie nicht einfach aufgibt, einen neuen Stil zu kreieren, sondern mit denen sie ihre Ideen diskutiert und die sie fragt: «Was hältst du davon?» Neue Ideen sprießen aus ihren Diskussionen und wunderbare Einfälle treten in einem Geist der Aufgeregtheit zutage. Diese Kunsthandwerker, ob sie nun Modeschmuck herstellen oder ein besonderes Geschick beim Nähen haben, sind gern bereit, drei Nächte lang durchzuarbeiten, wenn sie glauben, daß sie etwas wirklich Sensationelles herstellen, und sie sprechen ständig von den wunderbaren Dingen, die sie in der Vergangenheit kreierten. «Meine Rolle», sagt Loulou, «ist die einer guten Fee.»

Paris bleibt in der Mode führend, weil es eine weltweite

Knappheit an Feen gibt, die ihren Zauberstab auf diese Weise schwingen, und noch mehr an Menschen, die gewillt sind, ihnen zuzuhören. Die französische Führung in Sachen weiblicher Eleganz beruht auf der Reputation von dreiundzwanzig Männern und Frauen, die die Pariser Modekammer ausmachen und die ihren Ruf durch traumhafte Arbeitsbedingungen gewonnen haben. Alle zusammen kleiden vielleicht nur 2000 der reichsten Frauen und schönsten Schauspielerinnen dieser Welt ein. Guy Laroche zum Beispiel bedient nur fünfundsiebzig Kundinnen im Jahr. Es ist die persönliche Aufmerksamkeit, die sie anstreben, denn sie werden beauftragt, ein einzigartiges Kunstwerk herzustellen, und auf Kosten brauchen sie keine Rücksicht zu nehmen. Sie können die teuersten Stoffe verwenden. Aber Paris selbst war nie reich genug, um eine solch erstaunliche Luxusindustrie aufrechtzuerhalten. Nie wurde mehr als ein Drittel der Kleider an französische Kundinnen verkauft. Die französische Führung gründet auf der Wertschätzung von Millionären, zunächst aus England, dann aus Amerika und heute aus aller Welt. Der französische Geschmack war der Geschmack der Reichen, des internationalen Super-Jet-set. Paris war der Ort, wo man die besten Kleider kaufen konnte, aber es waren nicht notwendigerweise Franzosen, die sie herstellten. Der Erfinder des ganzen Spiels war der Engländer Worth. Heute sind vier der dreiundzwanzig Eminenzen italienischer Abstammung (Cardin, Carven, Ricci, Schiaparelli), einer ist Norweger (Spook), Yves Saint-Laurent kommt aus Algerien, Hanae Mori aus Japan, Paco Rabanne aus Spanien, Karl Lagerfeld aus Deutschland. In der Haute Couture hat Paris stets Frankreichs Universalismus, seiner Fähigkeit, über alle Grenzen hinweg zu sprechen, Ideen aus der ganzen Welt auszuleihen und zu sammeln, Ausdruck verliehen. Durch Paris wurden russische Stiefel und Bauernkittel, englische Tweeds, der Schottenrock, chinesische Jacken, japanische Schlitzröcke und amerikanischer Astronautenlook zu internationalen Uniformen erhoben. Andere Städte mögen Schneider mit ebenso großer Begabung haben, aber keine hat eine so große und anspruchsvolle Klientel.

Doch auch die Reichen sind nicht reich genug, um diese

Künstler am Leben zu halten. Die Couturiers können nur bestehen, weil sie genausoviel Energie für die Anknüpfung internationaler Geschäfte zur Auswertung ihrer Namen aufbringen. Sie verkaufen nicht nur Kleider, sondern auch das eingetragene Markenzeichen ihrer Namen, das sie als Synonym für guten Geschmack einbringen. Sie sind sowohl Werbefachleute als auch Schneider. Und durch einen gigantischen Werbefeldzug konnte Paris die Vorstellung von elegantem Luxus fest monopolisieren. Es begann mit Parfum, und heute gibt es Modeschöpfer wie Nina Ricci, die neun Zehntel ihres Einkommens mit dem Verkauf von Parfum erzielen. Sie stellt wenigstens ihr eigenes her – sonst nur noch Lanvin und Patou; ihr Geschäftsführer ist ein Parfumeur und kein Modedesigner. Die meisten Couturiers vergeben ihren Namen in Lizenz. Cardins Parfums werden von dem amerikanischen Unternehmen Shulton hergestellt oder verkauft, Laroches von L'Oréal, Christian Diors von dem Champagner- und Cognac-Mischkonzern Moët-Hennessy, Carvens von Scripps-Cochran aus den USA, Balmains von Revlon. Wenn Charles of the Ritz an Stelle des eigenen Namens den von Yves Saint-Laurent auf die Parfumflasche klebt, so zahlt er ihm 1 Prozent für das Privileg. Das Geschäft ist so einträglich geworden, daß es sich lohnt, ein Modehaus zu unterhalten, nur um den Namen auf Parfums zu verwenden. Dahinter steckt die Idee: Wenn man sich schon kein Kleid von Dior leisten kann, so erzeugt wenigstens das Parfum die Illusion, die zweitbeste Sache von Dior zu besitzen. Dieser Prozeß hat sich zu einer immer größer werdenden Produktpalette ausgeweitet, nicht nur Strümpfe und Schals, sondern auch Schokolade und Sardinen gehören dazu. Die Couturiers behaupten, daß sie all diesen Produkten, wenn auch nicht entworfen, dennoch ihr «flacet» gegeben hätten. Doch im wesentlichen veredeln sie Produkte, die oft recht gewöhnlich sind, so aber zum Vielfachen des normalen Preises verkauft werden. Es ist nicht nur ein «französischer» Geschmack, den sie anbieten, sondern ein besonders teurer.

Um bestehen zu können, sind die meisten Couturiers auch Massenhersteller von – allerdings «luxuriöser» – Kleidung geworden. Sie macht ein Fünftel des französischen Marktes aus.

Kleider, die mit einem solchen Etikett verkauft werden, stammen gewöhnlich aus der gleichen industriellen Fertigung wie die normale Ware und oft sogar aus derselben Fabrik. Maurice Bidermann, der größte Kleiderproduzent Frankreichs, verkauft seine Ware unter verschiedenen Namen, darunter nicht nur Big Chief, Henry Thiery, Balsan usw., sondern auch Yves Saint-Laurent. Man kann sich nie sicher sein, ob das französische Gewand nicht in Hongkong oder Lateinamerika produziert wurde, ausgenommen Uniformen der Polizei und der Pariser Busfahrer, die aus Prinzip garantiert in Frankreich genäht werden. Cardin war der erste, der einen Vertrag mit einem Massenhersteller unterschrieb. Brill produziert pro Jahr 100000 Anzüge nach seinen Entwürfen. Cardins Konkurrenten behaupten, er übergebe dem Hersteller lediglich ein Modell, der es dann, so gut er könne, kopiere. Dagegen behauptet jemand wie Ted Lapidus, der sich offen zur Massenproduktion bekennt, er überwache jedes Detail der Herstellung sehr sorgsam. Solche Luxuskleidung von der Stange unterscheidet sich sehr von den handgearbeiteten Originalen, die sie angeblich kopiert; doch das wird erst offensichtlich, wenn man sie direkt nebeneinander hält und vergleicht. Die Prêt-à-porter-Boutiquen waren einst die Orte, an denen Couturiers die Modelle loswerden konnten, die zu ausgefallen waren, doch mit der Massenherstellung haben sie sich auf den Verkauf von überwiegend klassischen Stilen verlegt. Die obere Mittelschicht will keine ausgefallene Kleidung. Für sie ist Eleganz ein Synonym von Sicherheit. Sie erwartet, daß ihnen das Markenschild garantiert, einen guten Geschmack zu haben.

Die weniger Betuchten ließen sich ihre Kleider nicht von einem Couturier, sondern von einem Stylisten entwerfen, deren Blütezeit in den 6oer Jahren lag, bis sie durch die alte Trennlinie zwischen arm und reich schnitten und sie durch eine zwischen jung und alt ersetzten. Die Boutiquen, die in der Rue de Sèvres aufblühten und von Dorothée Bis und Emanuelle Khanh geführt wurden, entsprachen denen von Biba und Mary Quant in England. Sie waren Teil einer internationalen Bewegung. Doch die französischen Mädchen hinkten über ein Jahrzehnt hinter den englischen in ihrer Befreiung hinterher, und der

Minirock wurde in Frankreich nicht in einem so großen Ausmaß angenommen wie in England. Die Stylisten sind ebenso wie die Couturiers von der Weigerung ihrer Kunden eingeschränkt, sich zu ausgefallen zu kleiden; ohne Frage bleibt der Japaner Kenzo (der in seinen Anfängen von dem Saudiaraber Kashoggi finanziell unterstützt wurde) eine Randfigur trotz oder wegen seines Erfindungsreichtums. Die Engländer hätten in diesem Bereich die Führung übernehmen können, laut Yves Saint-Laurent haben sie dies jedoch nicht gemacht, weil es ihnen nicht gelungen war, eine entsprechende Vertriebsorganisation aufzubauen. Aus diesem Grunde halten die französischen Stylisten heute einen Anteil von einem Fünftel am französischen Kleidermarkt.

Es ist bemerkenswert, daß die Hälfte aller in Frankreich verkauften Bekleidungsartikel irgendeinen mehr oder weniger bekannten Designernamen trägt. Während England traditionell das Ziel verfolgte, Kleider zu niedrigen Preisen anzubieten, und den Herstellern der Serienfertigung ermöglichte, zwei Drittel aller Verkäufe zu tätigen, hielt Frankreich mehr seinen kleinen Läden die Treue, auch wenn es etwas teurer ist: die Ladenketten in Frankreich sind nur für ein Drittel aller Verkäufe gut. Nichtsdestotrotz verkaufen die kleinen Läden oftmals sehr gewöhnliche Kleidung ohne jegliche wirkliche Prätention. Mehr als 50 Prozent aller französischen Kleider fallen in die Kategorie «klassische» Kleider, die alle Extreme vermeidet, die einen gemäßigten Preis hat, eine mäßige Qualität und einen ebensolchen Stil, also nichts wirklich Besonderes an sich habt. Mittelmäßigkeit ist das Zeichen der Hälfte aller Kleider, die in Frankreich gekauft werden, und das muß auch als Teil seines Geschmacks betrachtet werden. Es handelt sich dabei um die Kleider, die in den großen Kaufhäusern gekauft werden, in den Verkaufsketten Prisunic, Monoprix und Inno. Es handelt sich um massengefertigte Ware, die mit einem Firmennamen ausgeschildert ist, der den meisten Leuten nichts sagt. Bestellungen per Post nehmen mehr zu als in jeder anderen Branche. Im Bekleidungsgeschäft, das von drei großen Firmen beherrscht wird, die besonders bekannt sind für ihre Unterwäsche, Haushaltsgeräte und die Art von Kleidung, spielt Mode nur eine geringe Rolle. Es besteht eine wachsende Nachfrage nach wirklich billiger Kleidung, die von der neuen Tati-Ladenkette bedient wird, die seinerzeit behauptete, einen Jungen von Kopf bis Fuß für nur 80 Mark einkleiden zu können. Die französische Elite hat immer schon die französische Masse verachtet, sie habe keinen Geschmack, und das was beliebt ist, ist für manche Leute einfach vulgär. Die kleinen Schneiderläden um die Ecke sind weitgehend aus dem Blickfeld verschwunden: es war Schweißarbeit. Sie mußten lange Zeit als Erklärung für den französischen *chic* herhalten. Sie waren das demokratische Gegenstück zur *haute couture*. Sie bezeugen, daß Mode in Frankreich und im Ausland immer schon etwas anderes bedeutet hatte. Christian Dior pflegte zu beklagen, daß amerikanische Frauen sehr viel weniger Wert auf die kleinen Details des Sitzes und des letzten Schliffs legten als auf den allgemeinen Eindruck. Im 18. Jahrhundert bestand die französische Tradition darin, nur ein paar Kleidertypen zu haben, dafür aber 250 Arten, sie zu verzieren; im 19. Jahrhundert wuchsen große Industrien heran, die alle Arten von Kleiderbesatz und Ausstattungselementen produzierten, manche von exquisiter Handwerksarbeit, die alle dazu dienten, das Kleidergrundmodell zu variieren. Im 20. Jahrhundert verursachte Poiret schwere Verwüstungen, indem er Kleider herstellte, die viel mehr vom Schnitt und der Farbe als von ihren Accessoires abhingen, doch der Kult der Accessoires ist seitdem in subtilerer Form zurückgekehrt, und der Wohlstand der Couturiers ist zum großen Teil ihnen zuzuschreiben. Die französische Eleganz baute ebenso auf der Vorliebe für die feinen Materialien auf wie auf der «rückständigen» Textilindustrie Frankreichs, die sich darauf spezialisierte, eine Menge unüblichen und teuren Stoffs zu produzieren, während in England Massenproduktion gefertigt wurde. Das Überleben der kleinen Firmen, nach amerikanischem Standard ineffizient, war für das Überleben der französischen Vorstellung von *chic* ganz wesentlich. Die französische Vorstellung von Geschmack wird nicht einmal von der Beliebtheit der Jeans bedroht, denn die Franzosen behaupten, daß ihre Jeans besser geschnitten seien als sonstwo. Die Tradition der einfachen Kleidung ist bei ihnen so alt wie die Tradition der Luxuskleidung. Mademoiselle Bertin, Schneiderin der Königin Marie-Antoinette, erregte einen ebenso großen Wirbel mit ihrer neuen Mode der Einfachheit wie mit ihrer teuren Eleganz. Die beiden Söhne von Worth verhalfen in den neunziger Jahren des letzten Jahrhunderts Poiret zu einem Anfang, indem sie sagten, sie hätten schon immer die Höfe Europas eingekleidet, aber heute verlangten ihre Kunden nicht nur aufwendige Kleidung, sondern auch einfache. Sie selber mochten die simple Straßenkleidung nicht anfertigen, sie wollten, daß Poiret diese Aufgabe für sie übernehme. «Wir sind in der Situation eines großen Restaurants, das nichts anderes servieren möchte als Trüffel. Aber wir müssen jetzt eine Bar aufmachen, in der wir Kartoffelchips anbieten.» Poiret bewies, daß diese auch geschmackvoll sein konnten. Die Rebellion gegen das Diktat der Mode, von der viele annahmen, sie bedeute den Untergang der Pariser Führung, wird das nie erreichen, denn sie wiederholt sich periodisch. Unter Napoleon III. behaupteten die Zeitschriften ebenso, es gebe keine Mode mehr und Frauen könnten tragen, was sie wollten. Aber dies entspricht nur dem, was Mode ursprünglich bedeutete: nicht das Recht, sondern die Pflicht, alles zu tragen, sofern es einem steht. Worth erzielte seine Vormacht in der Mode in den sechziger Jahren des vorigen Jahrhunderts, indem er reichen Frauen Kleider anbot, die ihnen perfekt paßten und standen. Seine Revolution bestand darin, einige traditionelle «Modelle», die die Schneiderinnen bis dahin in unterschiedlichsten Stoffen und Farben kopierten, durch eine größere Bandbreite von Möglichkeiten zu ersetzen, so daß alle seine Kunden einzigartig aussehen konnten. Und dies ohne jeden Hintergedanken, daß die Mode jährlich wechseln solle. Poiret, der die Mode in der ersten Hälfte des 20. Jahrhunderts dominierte und der als erster seinen Namen für Taschen, Schuhe und dergleichen hergab, die er nicht selbst herstellte, wütete gegen amerikanische Frauen, die aus dem, was er «Andeutungen» nannte, Mode machen wollten. Er sah seine Aufgabe darin, jedem zu helfen, am vorteilhaftesten auszusehen, und nicht einen Stil zu entwickeln, in den sich jedermann hinein- und herauszwängen mußte, in der wirren Vorstellung, mit der Mode Schritt zu halten. Er beklagte sich, amerikanische Frauen hätten ihr ganzes Leben lang die Mentalität von Schulmädchen beibehalten. Ihr «Sinn für Mode» ließe sie wie ein Heer von Waisenkindern in Uniform erscheinen.

Es war Christian Dior, der das gegenwärtige Mißverständnis hervorrief, was Pariser Mode bedeutet. Sein «New Look» veranlaßte die Frauen der ganzen Welt, plötzlich ihre alten Kleider wegzuwerfen, sich der Vormachtstellung von Paris zu beugen und einen universalen Stil anzunehmen. Aber Dior hatte nicht die Absicht, solch eine Revolution auszulösen. Er war ein überaus konservativer Mann, der aus einer alten Familie von Düngemittelherstellern stammte. Er spielte ein wenig Student an der Hochschule für Politische Wissenschaften, dann Galerist, bis er und seine Familie in der Wirtschaftskrise der dreißiger Jahre Bankrott machten. Er ging in die Mode, um irgendeine geregelte Stellung anzunehmen. Das Novum seines Erfolgs war, daß er von Marcel Boussac, damals Leiter des größten Textilherstellers Frankreichs, unterstützt wurde und daß er einen amerikanischen Werbemanager, Harrison Elliott, hatte. Der «New Look» wurde zum Gesetz durch eine nie dagewesene Pressekampagne. Und durch Dior selbst, der sich unter dem Vorwand, nicht von kommerziellen Erwägungen beeinflußt werden zu wollen, weigerte, seine Kunden persönlich zu bedienen. Er war einfach der ferne Designer. Das war die wirkliche Revolution, daß ein Schneider ein einziges Image der Frau kreierte und die Menschen, die in das Image passen mußten, ignorierte. Diese falsche Interpretation von Paris und dessen, was es repräsentiert, hat zu den Anstrengungen geführt, es von seinem Podest herunterzuholen.

Die Verwirrung wird am deutlichsten durch den Aufstieg von Yves Saint-Laurent illustriert. Er verdankt seinen Erfolg nicht nur seinen brillanten Talenten, sondern auch dem unternehmerischen Geschick von Pierre Bergé, der vorher den Maler Bernard Buffet gefördert und innerhalb weniger Jahre zu einer reichen, internationalen Berühmtheit gemacht hatte. Yves Saint-Laurent war im Alter von siebzehn Jahren aus Algerien nach Paris gekommen. Er hatte Dior mit seinen Zeichnungen so beeindruckt, daß er sofort einen guten Job erhielt, und als

Dior starb, übernahm er als Einundzwanzigjähriger dessen Imperium. Dann wurde er zur Armee einberufen und erlitt einen Nervenzusammenbruch. Nach zwei Monaten entlassen, stellte er fest, daß sein Platz bei Dior von Marc Bohan eingenommen worden war. Mit der Hilfe von Bergé gründete er seine eigene Firma. Finanziert wurde sie zunächst von J. Mack Robinson, einem Geschäftsmann aus Atlanta, Georgia, später von Lanvin-Charles von der Ritz-Unternehmensgruppe, die schließlich von dem Pharmakonzern C. R. Squibb übernommen wurde. Yves Saint-Laurent steht heute einem großen industriellen Unternehmen mit Geschäften in aller Welt vor, mit Tantiemen aus fünfunddreißig Produkten, die unter seinem Namen verkauft werden, und hat sich selbst durch geschickte Werbung wie ein Filmschauspieler zu einem Star aufgebaut.

Saint-Laurent stellt sich selber als die Verkörperung der Modernität dar, ist jedoch eine vielschichtige Mischung von alt und neu. Er bietet sich selbst als Repräsentant der jungen Generation an. «Ich empfinde große Sympathie für die jungen Leute von heute», sagt er. «Ich glaube, sie haben recht. Sie verändern wirklich die Welt.» Er behauptet, er «übersetze, was die Jugend will». Er sagt, er verachte die traditionellen Kunden der *haute couture*; er mag den Jet-set überhaupt nicht leiden und auch nicht, nur für die Reichen Kleider zu entwerfen. Er sieht sich selber als Befreier der Mode aus dem Erbe Diors, der einen Stil durchsetzte. Dagegen, so sagt Saint-Laurent, wünschen Frauen heute, ihre Individualität zu finden und zur Geltung zu bringen, das bedeutet, daß sie nicht jedes Jahr ihre Mode zu ändern wünschen (mal ganz abgesehen von der Tatsache, daß sie nicht immer das Geld dazu haben). Dies jedoch ist nicht neu; die Kunden der *haute couture* haben immer schon gewünscht, anders zu sein. Saint-Laurent beruft sich unbeabsichtigt auf das 19. Jahrhundert, indem er das enervierende Spiel zurückweist, mal den Saum zu heben und ihn mal abzusenken, indem er den Frauen eine Grundausstattung in der Garderobe gibt, bestehend aus einer Bluse, einem Jackett, einem Rock oder Hosen und einem Regenmantel, in den Grundfarben Schwarz, Marineblau, Weiß oder Beige, zu der sie dann wegen der Vielfalt und der Farbe Accessoires hinzufügen können. Er rechtfertigt dies mit einer modernistischen Philosophie, indem er sagt, daß er versuche, die Frau von ihrer Kleidung zu befreien in derselben Weise, wie Männer von der Sorge um ihre Kleidung befreit wurden, und daß Männer und Frauen mehr oder weniger dieselbe Art von Garderobe haben sollten. Er möchte Kleider entwerfen, die von jeder Frau und von jedem Mann in jedem Bereich ihres Lebens getragen werden können; als einziges bedauert er nur, daß er die Jeans nicht erfunden hat. Seine Bilderstürmerei gegen die *haute couture* ist fast demagogischer Natur, aber er verschweigt dabei, daß er der Verewiger eines Aspektes von ihr ist; er selbst sagt, er sei gegen die Tradition von Dior, dagegen aber für die Tradition von Chanel, jene mit dem berühmten kleinen schwarzen Kleid. Weil er jedoch Industrieller geworden ist, balanciert er selber auf gefährliche Weise auf Messers Schneide zwischen Stil und Uniform und schafft das Verschwörertum zwischen dem Individuum und seinem Schneider oder seiner Schneiderin ab, das immer eine Bereicherung gewesen ist. Das Paradoxe ist, daß er sich sehr wohl über diese Widersprüche im klaren ist. Er gibt selber zu, daß die Vervielfältigung von Gegenständen, die seinen Namen tragen, selbstzerstörerisch ist. «Ein Name ist wie eine Zigarette: je mehr man daran zieht, desto mehr brennt sie aus, und nichts anderes bleibt zurück als eine Kippe.»

Es reicht nicht aus, *chic* mit ökonomischen Begriffen zu erklären. Es gibt auch ein Element der Magie, die ein Teil aus der großen Trickkiste der Designer ist. Yves Saint-Laurent gibt zu, daß er sich nicht «wohl fühlt mit Menschen, die zuviel über sich selbst reden und sich selbst erklären», auch wenn er gelernt hat, Theorien und knappe, treffende Aussprüche über Mode zu formulieren. Als er in Paris ankam, wurde er als «frühreifer Stummer» beschrieben, und bis heute ist er seiner Einsamkeit, Zartheit und Übersensibilität nicht entronnen. Als er für Dior arbeitete, sprach er wenig mit ihm. Wenn er mit Loulou de la Falaise arbeitet, lösen sie gegenseitig Ideen durch eine Art Einfühlungsvermögen aus. Verletzt durch seinen Ruhm und überwältigt von dem Druck, ständig genial sein zu müssen, zieht er sich von Zeit zu Zeit zurück und sucht psychiatrische Kliniken auf, wo allerdings einige seiner gewitztesten

Kreationen entstanden sind. Er ist dabei, seine Autobiographie zu schreiben, einen seltsam poetischen Gesang. Seine Lieblingslektüre ist Proust, sein Geschichtsheld ist der verrückte Bayernkönig Ludwig, sein bevorzugter Komponist Wagner. Seine Leistung, praktische Hosen für Frauen geschaffen zu haben, wird ausgeglichen von seinem Versuch, das Geheimnis der Frau wiederzuerschaffen, zumindest in ihrer Abendgarderobe: «Frauen werden schön, wenn die Kunstfertigkeit einsetzt.» Er will sie hinter irgendwelchen Masken sehen, hinter Kosmetik, hinter Kleidern, denn er liebt das theatralische Ritual, das sie dann aufwenden. Er ist ein Meister nicht nur der strukturierten Kleidung, sondern auch des *flou*, der Kleider, die aussehen, als würden sie jeden Moment dahinschmelzen, Kleider, die sich bewegen: «*Flou* ist Verführung.» Das Moderne an ihm beruht auf der Neugier an der Vergangenheit. Die Vollendung des *flou* hat er in den Entwürfen Viennets aus dem Jahr 1926 gefunden. Aber anschließend sagt er: «*Chic* ist nicht in einem Kleid, sondern in dem Geist.» Das heißt Selbstsicherheit. Wie weit geht sie?

Der sozialistische Präsident der Republik kleidet sich genauso wie sein aristokratischer Vorgänger. Der letzte Schachzug in seiner Wahlkampagne, sich einen besseren, klassischen Schneider zu nehmen, wurde als hilfreich für seinen Wahlsieg bewertet. Alle Mitglieder seines Kabinetts stolzierten in dunklen Anzügen durch Paris, sogar die kommunistischen waren äußerlich nicht zu unterscheiden. Das Höchste an Ausgefallenheit, was ein jüngerer dandyhafter Minister vorzuführen wagte, war ein Pullover – statt der Weste. Madame Mitterrand wollte sich nicht von einem großen Couturier einkleiden lassen, aber der etwas preiswertere, den sie fand, war nicht weniger traditionell. Warum gibt es nicht mehr Enthusiasmus für Phantasie und Erfindungsgeist der Schnittmuster? Paco Rabanne müßte die Antwort kennen. Er machte sich in den sechziger Jahren einen Namen mit erstaunlichen Kompositionen aus Metall und Plastik; sie sind so schön, daß eine im Metropolitan Museum in New York ausgestellt wird. «Jede Zivilisation braucht ihren Clown», sagt er, «und ich bin dieser Clown. Ich kann bestehen, weil es zu viele konservative Modeschöpfer gibt. Balmain vertritt den am meisten traditionalistischen Flügel in der Mode. Yves Saint-Laurent steht in der Mitte. Er ist sehr französisch in seiner Zurückhaltung, seiner Verständigkeit. Das ist es, was Frankreich mag, die goldene Mitte. Meine fortschrittlichen Ideen sind an der Grenze des guten Geschmacks. Ich stehe an vorderster Front, bin eine Barriere gegen den schlechten Geschmack. Ich mache Kleider, die einen Skandal provozieren, und ich habe keine Schwierigkeiten, sie zu verkaufen. Aber sie stellen nur 15 Prozent meines Schaffens dar, der Rest ist konventioneller.» Das Hindernis aus seiner Sicht ist, daß «wir in einem Zeitalter der Feigheit leben. Die Menschen haben Angst aufzufallen.» Designer sind auch nicht genügend kreativ gewesen. Der Bruch wird kommen, wenn Frauen anfangen, für Männer zu entwerfen. Die moderne Kleidung der Frau ist in bedeutendem Ausmaß von der Kleidung der Männer inspiriert und geht über mehrere Jahrhunderte zurück, aber Frauen hatten an dieser Schöpfung kaum Anteil. Der Fehler der männlichen Designer ist, daß sie heute Kleider für Frauen abstrakt entwerfen. Das Großartige an Coco Chanel war, daß sie Kleider für sich selbst entwarf. Sie konnte für niemand anderen entwerfen, und diejenigen, die ihre Mode trugen, sahen eben wie sie aus. Frauen sind jedoch «narzißtisch». Echte Erneuerung erfordert, daß Narzißmus eine Fülle neuer und verschiedener Früchte trägt. Der Narzißmus aber wird erwürgt.

Paco Rabanne betrachtet die Kreativität als etwas Instinktives, nicht als Anwendung von Theorien. «Ich entwerfe unbewußt. Ich weiß nicht, was ich machen will. Ich bin ein Medium.» Er meint das ganz im Ernst. Er war Architekt und wurde durch Zufall Modeschöpfer, als sein Amateurinteresse für Kleidung, angeregt durch seine Mutter, die für Balenciaga arbeitete, ihm plötzlich Ruhm einbrachte. Die Öffentlichkeit führte seine verblüffenden Aluminiumkleider auf seine technische Ausbildung zurück. Er betrachtet seine Arbeit in der Tat als eine Art von Forschung an Materialien und Techniken, aber das erklärt nicht, was er tut. Seine körperliche Erscheinung ist ebenfalls eine Maske für den Mann, der dahintersteckt. Er hat einen kräftigen Schnauzer und sieht wie Josef Stalin aus, eine

Ähnlichkeit, auf die er stolz ist und die er betont, indem er sich anzieht wie die Kunsthandwerker um 1900, eine Art von Buschjacke mit reichlich Taschen besetzt. Er will aussehen wie ein Handwerker. Als er sechzehn Jahre alt war, stellte sein Vater, ein exilierter spanischer General der Republikaner, ihm tatsächlich Stalin vor. Das Treffen kurierte ihn vom Marxismus. Rabanne ist nicht politisch radikal. Er betet das Mittelalter an, glaubt an Reinkarnation – in einem vorherigen Leben war er ein Priester des Tutanchamun, und oft kann er sagen, was andere Menschen in ihrem früheren Leben gewesen waren. Er meint, er besitze psychische Kräfte. Seine Vision von der Welt ist nicht wissenschaftlich, sondern mystisch, voller Symbolik, Vorzeichen und drohendem Untergang. «So wie dreimaliges Klopfen im Theater das Aufgehen des Vorhangs ankündet», prophezeit er einen Dritten Weltkrieg als notwendige Vorstufe für die nächste Phase der menschlichen Entwicklung, das Zeitalter der Freizeit. «Jeder glaubt, die Wissenschaft würde die Welt retten, aber heute erkennen wir, daß die Apokalypse bevorsteht.» Rabanne überbietet Saint-Laurents Gefallen an Mysterien mit Mystizismus.

Er ist sich im klaren darüber, daß die Funktion der Kleidung darin besteht, nicht so sehr die Persönlichkeit zu verschleiern, als sie vielmehr auszudrücken. Dies läßt die Frage aufkommen, wer es vorzieht zu verschleiern und wer es vorzieht, sich selber zu entblößen. Rabanne hat eine mystische Theorie darüber. Die Massen, so sagt er, wünschten eine Erneuerung, ein besseres Leben. «Anormale» Leute wie er selber und andere Künstler – denn es besteht eine tiefe Harmonie zwischen den verschiedenen Künsten – reagieren auf diese Wünsche mit Schöpfungen verschiedener Art, Poesie, Musik oder Kleidung. Die Massen akzeptieren, verdauen und verwerfen dieses und verlangen weiter nach Neuem. Was sie letztendlich davon akzeptieren, hängt von ihrem Lebensgefühl ab; was sie auswählen, hat eine «prophetische» Wirkung, weshalb es auch das Verhalten beeinflusse: Der Minirock, so sagt er, war das Zeichen von Wohlstand, schwarze Fingernägel sind das Zeichen der vollständigen Traurigkeit, toupierte Frisuren besiegelten das Schicksal politischer Regime. Rabanne ist persönlich ein lebender Widerspruch der Vorstellung, daß die Dinge das sind, was sie scheinen. Er legt großen Wert darauf, sein Privatleben privat zu halten. «Ich bin jemand anderer, sehr viel schwerer kennenzulernen, menschlicher, glücklicher und unglücklicher als Rabanne. Ich kann mit Distanz auf Rabanne schauen. Das ist eine Form des Schutzes.» Die perfekte Eleganz seiner Kreationen verschleiert Zweifel und Unsicherheit; der Schlüssel zu seiner Kreativität, so betont er, besteht darin, die eigenen Annahmen ständig in Frage zu stellen, immer zu zweifeln und den Mut zum Zweifel zu haben. Zweimal im Jahr versetzen ihn seine Modekreationen in einen großen Schrecken, denn alles scheint in Frage gestellt zu werden. Liegt darin vielleicht auch etwa ein Symbolismus?

Frankreich mag in der Welt weiblicher Mode führend sein, aber das bedeutet noch nicht, daß Französinnen in der Mehrheit modebewußt oder notwendigerweise elegant wären. Es bedeutet zunächst, daß Frankreich eine erfolgreiche und alteingesessene Modeindustrie hat, aber auch, daß Französinnen im allgemeinen meinen, daß sie überdurchschnittlich schön seien. Ein Selbstbewußtsein, das nicht dazu angetan ist, sich auffällig zu geben. Es steht zu ihrem Sozialstatus im Verhältnis: Nur ein Viertel der Gutsituierten, die Freiberuflichen und Industriellenfamilien, meint, daß sie unter dem Durchschnitt liegen, aber nur zwei Fünftel der Bauern sind mit ihrem Aussehen zufrieden. Gerade ein Zehntel aller Frauen meint, sie sähen älter aus, als sie sind. Das heißt aber auch nicht, daß sie mit ihrem Aussehen zufrieden wären. Ganz im Gegenteil. Die Mehrheit träumt oder wünscht sich «einen neuen Kopf», und es sind gerade diejenigen, die eine bessere Meinung von sich haben, die ihr Aussehen noch verbessern möchten. Theoretisch glaubt die Hälfte der Frauen, und in der oberen Mittelschicht ein noch größerer Anteil, daß Kosmetika ein legitimes Mittel sind, um das Alter zu verbergen, aber in der Praxis trägt weniger als die Hälfte aller berufstätigen und weniger als ein Drittel der nicht berufstätigen Frauen jeden Tag ein Make-up auf, eine große Minderheit nie (23 Prozent) oder nur ganz selten (35 Prozent). Es ist wahr, daß fast die Hälfte aller Frauen mehr als dreißig Minuten am Tag mit ihrer Toilette zubringt, aber nur in den oberen Schichten gehört das tägliche Bad oder die Dusche dazu (nur ein Zehntel der Bäuerinnen, etwas mehr Arbeiterinnen, ein Drittel aller Büroangestellten und ein Viertel aller Hausfrauen täglich). Nur ein Zehntel geht mindestens alle vierzehn Tage zum Friseur. Den Wunsch, eher «kultiviert» als «natürlich» auszusehen, hegt nur ein Fünftel von ihnen.

Frankreich ist erstaunlicherweise das Land in Europa, in dem die Menschen den kleinsten Teil ihres Einkommens für Bekleidung aufwenden. Vor zwanzig Jahren kauften sich die französischen Frauen im Durchschnitt ein Kleid pro Jahr und alle vier Jahre einen Mantel. Die letzte Umfrage ergab, daß sie noch immer im Durschschnitt nur zwei Kleider pro Jahr und alle zweieinhalb Jahre einen Mantel kaufen. Nur eine von zehn Kleiderkäuferinnen gehört zu den Modebewußten, die mehr als drei Kleider pro Jahr kaufen. Ehefrauen erklären dies damit, daß sie eher für ihre Kinder als für sich Bekleidung kaufen müssen. Es gibt eine standhafte Minderheit von einem Drittel der Frauen zwischen fünfunddreißig und fünfzig, die Mode entschieden ablehnt und angibt, sie wolle «diskret und korrekt» gekleidet sein. In der Arbeiterklasse schätzen Frauen vor allem Kleidung, die praktisch oder preiswert ist oder die ihren Ehemännern gefällt. Sie kaufen sie auf den Märkten, per Post oder in billigen Kaufhäusern, deren Verbindung zur Mode äußerst locker ist. Das Interesse an der Mode steigt mit dem Einkommen, aber nimmt auch mit dem Alter ab, und oft abrupt nach der Hochzeit und der Ankunft der ersten Kinder. Das bedeutet, daß es eine knappe Minderheit der Frauen gibt, die der Mode etwas Aufmerksamkeit schenkt, aber die meisten machen die Modeströmungen nur mit, wenn sie ihnen zusagen. In keiner Altersgruppe – mit Ausnahme der Jugend – sind die Diktate der Mode bindend. Neue Moden treffen in Frankreich auf mehr Widerstand als etwa in Großbritannien. Und die Sorge über den letzten Modeschrei hat sicherlich in den letzten zehn Jahren abgenommen. *Elle*, in den sechziger Jahren *die* Zeitschrift, die andächtig von all jenen studiert wurde, die stolz darauf waren, wie sie sich kleideten, hatte auch damals nur eine Auflage von 650000. Heute werden nur noch 360000 Exemplare verkauft.

Dubout

Die Hälfte der Leserinnen ist über fünfunddreißig, und die Zeitschrift wird wahrscheinlich mit der Generation aussterben, für die sie einst so viel leistete. Die Illustrierte, die die Grundlage des modischen französischen *chic* der Mittelklasse war, hieß *Le Petit Echo de la Mode*, wurde 1879 gegründet und verschwand 1977 wieder: gewöhnlich wurden mehr als eine Million Exemplare verkauft, und sie wurde ganz besonders wegen ihrer Schnittmuster geschätzt, von denen 6 Millionen Stück pro Jahr verkauft wurden (das ist die Hälfte aller in Frankreich verkauften Schnittmuster). 250 Stück davon produzierte sie in jeder Saison. Die Verkaufszahlen der Frauenillustrierten sind in den Siebzigern um die Hälfte gefallen. Die beliebteste Quelle für Schnittmuster ist jetzt die Monatszeitschrift *Modes et Travaux*, die anderthalb Millionen Exemplare absetzt; die beliebteste Informationsquelle für Mode ist die *Dépêche Mode Professionelle*, die 250000 Exemplare verkauft und ganz bewußt die hochpreisigen und unmöglichen Kleider links liegenläßt und sich von dem Druck der Anzeigenkunden unabhängig zu halten versucht. Die amerikanische *Vogue*, die «High Fashion» fördert, verkauft weniger als 70000 Exemplare.

Und doch ist Frankreich in Mode-Angelegenheiten so tonangebend, weil es eine Hingabe an erlesene Kunstfertigkeit, an schöne Stoffe, an Originalität und Harmonie kultiviert. Dennoch gibt es keinen Hinweis darauf, daß die Franzosen insgesamt diese Ideale mehr als andere Völker schätzen. Sie haben sich fast genausosehr kompromittiert wie andere vergleichbare Nationen, indem sie billigere, schwache Imitationen akzeptierten. Es gibt eben einen französischen und einen *guten* französischen Geschmack.

19 Wie sie ihren Lebensstil auswählen

Der Filmregisseur Claude Chabrol zitiert gern Oscar Wildes Epigramm, daß die Natur die Kunst imitiere. Er ist der Ansicht, daß Schriftsteller und Künstler mehr als nur Spiegel hochhalten, in denen die Menschen mit Vergnügen ihre Ideologien, Riten und versteckten Gedanken wiedererkennen können. Sie bieten auch Verhaltensmodelle und erzeugen Redeweisen, die zunächst himmelschreiend erscheinen, dann aber fast religiös kopiert werden. Er glaubt, diese Nachahmung sei besonders typisch für die Bourgeoisie, «die keine eigene Persönlichkeit hat». Von Zeit zu Zeit zerbricht ihr Spiegel, und sie sucht sich ein neues Modell aus. Das wirft die Frage auf, was die Franzosen dazu verführt, das zu sein, was sie sind, und welche Mechanismen hinter dieser Verführung stecken.

Chabrol gibt eine Antwort. Er war einem ganz bestimmten Typ von Erziehung ausgesetzt, sein Großvater und Vater waren beide gewissenhafte, angesehene Apotheker. Sein Großvater mütterlicherseits war ein Textilkaufmann, der es zum Leiter eines Samaritaine-Kaufhauses brachte; bis er erwachsen war, ging Chabrol regelmäßig zur Kirche. Als er im Alter von achtzehn England besuchte und durch eine Verzögerung beim Zoll den Zug von Dover nach London verpaßte, weigerte er sich, den nächsten zu nehmen, weil dieser keinen Erste-Klasse-Waggon hatte, er aber wohl eine Erste-Klasse-Fahrkarte. Er überredete den Bahnhofsvorsteher, einen Extrawaggon nur für ihn allein anzukoppeln. Er schrieb sich an der vornehmen Hochschule für Politische Wissenschaften wie auch an der Sorbonne in Rechtswissenschaften ein. Er führte das Leben eines Weltmannes in Gesellschaft von Nichtstuern, trank, lief Mädchen nach und stattete dem Bordell jeden Samstag einen Gewohnheitsbesuch ab. Er heiratete eine reiche Erbin, deren Großvater Direktor der Bank Rothschild gewesen war, was ihm erlaubte, sich sofort zur Ruhe zu setzen, Musik zu hören und über den Sinn des Lebens und der Börse nachzudenken.

Aber dann rebellierte er mit seinem Geld gegen die Werte, die seine Familie hochhielt. Er hatte schon als Student einige Anzeichen von Unabhängigkeit gezeigt. Die Hochschule für Politische Wissenschaften hatte er nach einer Woche bereits wieder verlassen. Als er die Masse junger Leute sah, die aus ganz ähnlichen Verhältnissen kam, wurde ihm übel von ihrem «Kastengestank, ihrer Selbstzufriedenheit und Pedanterie. Ihre Ignoranz, das Leben und die Menschen betreffend, war zu kraß.» Sie waren anmaßende «Idioten von Geburt» oder «servile Streber», die dabei waren, der Idiotie zu verfallen. Aus dieser Zeit stammt seine tiefe Abscheu vor den «kalten, mechanischen, paranoiden» Technokraten, die Frankreich regieren. Er beklagt, daß «wir so dumm oder so feige sind, daß wir es zulassen, daß diese Zwerge uns regieren». An der Sorbonne entwickelte er einen Haß auf die Gelehrsamkeit, die auf trockener Belesenheit und Auswendiglernen beruht, um so mehr, als er mit einem Minimum an Arbeit einen akademischen Abschluß erreichte. In der Fakultät für Rechtswissenschaften bombardierte er einen Professor während der Vorlesung mit Papiergeschossen; der Professor brach die Vorlesung ab und starb sechs Monate später. Während seines Militärdienstes hegte er eine solche Abneigung gegen die ständig trinkenden Offiziere, daß er selbst das Trinken aufgab, nur um sich von ihnen abzusetzen. Statt sich in die Welt der französischen Klassiker zu vertiefen, verschlang er praktisch jeden englischen Krimi, der erschien. Und heute liest er mit Begeisterung amerikanische Science-fiction. Als er reich wurde, verdammte er seine eigene Klasse als vom Eigentum besessen. Er ist nie in der Lage gewesen, wie ein echter Bourgeois zu leben; er gibt sein Geld aus, sowie er es einnimmt; er kauft weder Häuser noch Möbel, sondern mietet sie; nach zwei gescheiterten Ehen lebt er nun unverheiratet mit einer dritten Frau zusammen. Weder will er sexuell ungebunden bleiben, noch ist er andererseits besonders moralisch; er sagt, daß er «monogam» sei, teilweise aus Trägheit und teilweise, weil er die Nase voll habe von den Problemen, die Männer dadurch hätten, daß sie ihre Frauen enttäuschen, weil sie hoffnungslose Alibis erfinden, und er sieht keinen Sinn darin, die eigene Existenz durch Untreue zu komplizieren; er meint es nicht ganz ernst, wenn er alte Redensarten wiederholt wie die von den ältesten Töpfen, in denen man die beste Suppe koche. Seine Kinder hat er sich selbst überlassen; nie hat er sich so sehr über eines von ihnen gefreut, das immer schwer arbeiten wollte, wenn es damit aufhörte. Am liebsten tut er nichts und läßt alles bis zum letzten Augenblick liegen. Er verbringt ganze Tage vor dem Fernseher – was für ihn Arbeit bedeutet – und liest mindestens ein Buch pro Tag. Seine eigentliche Hemmungslosigkeit ist das Essen: Er redet ständig davon, was er als nächstes essen wird. «Ich esse schrecklich gern. Es ist das einzige, was ein normaler Mensch mindestens zweimal am Tag tut, und ich halte es für völlig normal, daß man ihm seine ganze Aufmerksamkeit schenkt.» In seinen Filmen läßt er selten eine Gelegenheit aus, seine Darsteller um einen gut-gedeckten Tisch zu versammeln. Wieso hat ein bourgeoiser Hintergrund eine solch exzentrische, nonkonformistische Frucht produziert, und weshalb beargwöhnt Chabrol automa-tisch alle akzeptierten Wahrheiten? Er versucht sich selber zu erklären, indem er sagt, daß er als Jugendlicher während des Krieges sehr frei gewesen sei, als man ihn zu seiner Großmut-ter aufs Land geschickt habe. Das heißt, daß er selbst nicht glaubt, daß die Theorie, die Natur imitiere die Kunst, auf ihn selbst anzuwenden sei: Irgendwie war er in der Lage, sich frei zu entwickeln und den Verhaltensmodellen zu widerstehen, die ihm zur Bewunderung vorgesetzt wurden.

Als Filmemacher achtet Chabrol darauf, seinem Publikum nicht eine offensichtliche Botschaft anzubieten, noch den An-schein zu erwecken, ihm irgend etwas beibringen zu wollen. Das liegt zum Teil daran, daß er Idealisten haßt, Menschen, die stets bemüht sind, die Dinge zu ändern, und sie dadurch nur durcheinanderbringen. Er haßt anmaßende Intellektuelle und modernistische Kunst. In *Les Biches* (1967; dt. *Zwei Freundin-nen*) macht er sich über den bekannten und unverständlichen Autor Robbe-Grillet mit Hilfe zweier absurder Personen lustig, Robeque und Riais, die ultramoderne Gemälde und Musik aus wahllosen Stücken zusammenstellen. Er verwirft «mental-gymnastische Religionen, die nirgendwo hinführen und den Menschen sowieso nicht von seinem Egoismus befreien». Er akzeptiert das Lasterhafte im Menschen und ist vom Krieg fas-ziniert. Das, so sagt er, sei seine «faschistische» Seite. Er glaubt, die Welt gehe vor die Hunde, wegen der Anbetung von Geld, Drogen, Sex und Alkohol. In seinen Filmen vermeidet er jedoch, didaktisch zu wirken, weil er erwartet, daß sein Publi-kum auf eine Botschaft genauso reagieren würde wie er, indem es sich entrüstet dagegen sträuben würde, gesagt zu bekom-men, was es glauben soll. Also ist seine Methode «sokratisch», er umschmeichelt das Publikum, indem er es vor Probleme stellt und in die Lage versetzt, Schlußfolgerungen zu ziehen, von denen er meint, es seien die eigenen. Die Zuschauer glauben, sie selbst wären die Philosophen und würden sich den Gedanken des Philosophen Chabrol nicht anschließen.

Die Formel hat zwei Haken. Zunächst funktioniert sie selten so, wie er es plant. Publikum und Kritiker mißverstehen ihn. Er ärgert sich darüber, daß sein Scharfsinn unterschätzt und seine Ironie nicht wahrgenommen wird. Er wurde sogar als ein Verteidiger des Bürgertums mißverstanden. Der zweite Haken ist, daß Chabrol selbst zu komplex ist, um eine klare Botschaft zu haben, und daß der Balanceakt seines eigenen Lebens sich nicht zur Lehre verarbeiten läßt. Er kann auf die Probleme des Lebens, so glaubt er, entweder durch Wut oder durch Lachen reagieren; man kann nicht die ganze Zeit wütend werden, aus diesem Grunde muß man eben lachen. Dadurch fällt es leichter, dem Fanatismus auszuweichen, sich seiner eigenen Meinung bewußt zu werden, einen mittleren Kurs zu steuern, seine eigene Unabhängigkeit zu schützen. Unabhängigkeit ist für ihn der Schlüssel zum Glück. Doch weiß er aus eigener Familienerfahrung, daß man die Kinder nicht glücklich macht, wenn man ihnen Unabhängigkeit zugesteht: Sie machen sich Sorgen und suchen tastend nach Stabilität. Er betont trotzdem, daß die Menschen geboren werden, um glücklich zu sein, daß es einfach nur eines gesunden Menschenverstandes bedarf, um das Glück zu erreichen, indem man Situationen und Verhalten vermeidet, die ein Hindernis darstellen können, vermeidet, was es ruinieren kann, die Sucht nach Sex vermeidet, die eine Form der Neurose ist, denn sie hindert einen Mann daran, Herr seiner selbst zu bleiben. Der rote Faden in seinen Filmen besteht darin, daß die einzige wirkliche Moral diejenige ist, die aus dem einzelnen selbst kommt. Moral heißt nicht, sich akzeptierten Normen anzupassen oder den Spielregeln, die die herrschende Klasse aufgestellt hat. Ein Mörder kann auch etwas Gutes in sich haben; keiner ist nur schwarz oder weiß. Das bedeutet jedoch, daß Chabrol auch das Bürgertum von zwei Seiten betrachtet. Er sagt, es sei dekadent und hat für die Parvenüs nichts übrig. Alle leitenden Direktoren, so sagt er, seien bis auf ein paar Ausnahmen «fette Schweine». Aber diese Dekadenz empfindet er auf manche Art und Weise auch als angenehm und amüsant. Es macht Spaß, sie zu filmen und zu

Tetsu

beobachten. Am interessantesten sei es, die materialistische Tünche zu durchdringen, die der Bourgeoisie ihre oberflächliche Uniformität gibt, und die Vulgarität und Menschlichkeit zu sehen, die unberührt geblieben ist. Fast jeder seiner Filme über das Bürgertum enthält eine Nachtclub-Szene, die für ihn die Derbheit des Stadtlebens versinnbildlicht. Chabrol selber ist ein Städter mit einem nostalgischen Hang zur Einfachheit des Landlebens. Er hat versucht, irgendein Gleichgewicht zu schaffen aus seiner Sichtweise von der Welt als Haus voller Narren, die ihre eigene Torheit nicht erkennen können, und seinem Empfinden vom Leben als voll von möglichen Freuden. Seine Schlußfolgerung ist die gleiche wie die Flauberts, daß die Torheit darin besteht, stets Schlußfolgerungen ziehen zu wollen. Flaubert wurde natürlich zu seiner Zeit entsetzlich mißverstanden. Chabrol wäre sich selbst treuer geblieben, wenn er vorausgesagt hätte, daß auch seine Filme unweigerlich mißverstanden werden müßten.

Weit entfernt von der Natur, die die Kunst imitiert, ist es deshalb genauso plausibel, daß die Natur durch und durch von der Kunst verwirrt wird. Im besten aller Fälle imitiert die

Kunst einfach andere Kunst, parodiert und mißinterpretiert sie im Laufe des Prozesses: Filmemacher sind besessen von den Techniken, die andere Filmemacher benutzen, und oft damit beschäftigt, sich über ihre Filme miteinander zu unterhalten, wie damit, ihre Ideen ans Publikum zu bringen. Chabrol ist einer der vielen Franzosen, die Hitchcock verehren, doch was er aus Hitchcocks Genius als am meisten lobenswert heraussucht, ist die Tatsache, daß dieser nicht filmt mit dem Ehrgeiz, objektiv zu sein, sondern stets subjektiv ist, indem er die Wahrheit zeigt, so wie er sie sieht. Dies erhöht noch das Element der Kunst bei der Beobachtung der Natur. Chabrol behauptet, daß er die Gewalt porträtiere, um das Publikum über deren Gefahren aufzuklären, aber er achtet auch darauf, die Gewalt zu «versüßen», sie etwas weniger «übertrieben, urban» zu machen, fast wie «von gutem Geschmack». Denn das Kino hat eine neue Mythologie der Gewalt geschaffen. Aus diesem Grunde wäre es naiv zu erwarten, daß Chabrols Werk ein «wahres» Bild Frankreichs liefere: Was er anbietet, ist eine Fassung seiner eigenen Sicht und seiner eigenen Schöpfungen der Wirklichkeit. Der nie enden wollende Fluß der Filmemacher, die einander Ideen ausleihen, ging weiter, als die britischen Filmemacher, die eine Fernsehserie über das heutige Frankreich drehen sollten, Chabrols Film *Le boucher* (1969; dt. *Der Schlachter*) als Modell nahmen, weil sie ihn wegen seines Geschmacks von Frankreich bewunderten. Chabrol ist amüsiert darüber, daß Ausländer seine «Folklore», wie er es nennt, so ernst nehmen, mit der er diesen Film ausgepolstert hat. Aber die andere Quelle der Inspiration für dieses britische Filmteam war das *Stundenbuch des Duc de Berry* aus dem 15. Jahrhundert, das eine statische Sicht von Frankreich liefert und nur in den Jahreszeiten wechselt, einem längst verschwundenen, landwirtschaftlich bestimmten Frankreich, das der Traum der ausländischen Ferienurlauber ist. Auf solche Weise werden Stereotypen von einem Bild zum anderen weitergereicht. Es kommt nur selten vor, daß Künstler eine Botschaft befördern, die man versteht. Der Einfluß der Künstler liegt darin, andere Leute durch die Originalität ihrer Erfahrung und ihres Experiments zu inspirieren und sie so zu ermutigen, ihre eigenen Experimente zu wagen, um die Individualität auf eigene Weise zur Geltung zu bringen. Die Natur mag vielleicht von der Kunst inspiriert sein, jedoch wiederholt sie sich selbst nie. Die Suggestion, daß die Franzosen sich selber in ihren Filmen entblößen, ist genauso oberflächlich wie die Vorstellung, daß Hollywood das Wesentliche der Vereinigten Staaten zeige.

Es gibt natürlich Filmregisseure, die behaupten, daß sie für das Publikum sprechen, das sie unterhalten, und daß sie aus diesem Grund auch erfolgreich sind. So ist Claude Lelouch auf seinen «Sinn für das Populäre» stolz, auf seine Intuition zu wissen, was die Massen fühlen. Er behauptet, den Geschmack des Publikums zu treffen, indem er die Kriterien seines eigenen anwendet. Er hat sich besonders darum bemüht, beliebte Phantasievorstellungen auszudrücken. Er ist ein Kameramann, der die Langeweile als des einfachen Mannes größten Feind betrachtet. Sein eigenes Hobby ist der Sport, und er sieht das Leben als Sportereignis an. Er mag den puren Kitzel der Aufregung, des Wettkampfs und des Erfolgs, den der Sport vermittelt. Alle seine Filme beinhalten irgendwelche sportliche Elemente. Er zielt nicht darauf ab, realistisch zu sein, denn «nichts ist langweiliger als die Wirklichkeit», sondern darauf, die Realität zu poetisieren, Mythen zu erzeugen und die Menschen träumen zu lassen, sie durch Überraschungen Aufregungen erfahren zu lassen. «Ich möchte verblüffen.» Die Kritiker beschwerten sich, daß er sein Publikum verderbe, indem er sie von schnellen Autos und schönen Mädchen träumen ließ, die außerhalb der Reichweite ihres Lebens sind, daß er daher ein einfacher «algerischer Teppichhändler» sei, der den Geschmack seiner Kunden nicht in Frage stelle, «ein Verkäufer mit gutem Gewissen für zehn Francs Eintritt». Sie bedauerten, daß jemand, der so einfallsreich in seiner Filmtechnik ist, der intellektuellen Avantgarde den Rücken kehrte und sich weigerte, das Leben außer mit populären Banalitäten nicht weiter zu kommentieren. Lelouch will jedoch die Welt nicht zurechtrücken. Er war einen weiten Weg gegangen und hatte Erfolg. Er ist der Sohn eines algerischen Kissenherstellers und wuchs in bescheidenen Verhältnissen auf. Er rebellierte nicht gegen seinen Vater, den er als ungebildet, aber dennoch brillant, als einfallsreich in seinem Beruf und freundlich zu seinen Freunden beschreibt, und das ist die Art Mensch, zu der er sich selbst zählt. Lelouch fiel in der Schule durch alle Prüfungen, das Establishment gab ihm nicht einen einzigen Preis. Er hatte keine Qualifikationen, um an der Filmschule aufgenommen zu werden. Sein Vater schenkte ihm eine Kamera, und er betätigte sich damit als Journalist, brachte ungewöhnliche Filme aus vielen Ländern mit, darunter einen aus Rußland, den die Amerikaner auf der Stelle für zehn Millionen alter Francs kauften, als er gerade achtzehn Jahre alt war. Er verdiente dann sein Geld, indem er Werbespots drehte. Er war nicht der reine Künstler, der einen Mäzen braucht, sondern ein Geschäftsmann, von dem behauptet wird, er hätte das Geld für manche seiner Filme aufgetrieben, indem Firmen ihn für die Schleichwerbung ihrer Produkte bezahlten. Er war über seinen Erfolg glücklich, der schließlich mit *Ein Mann und eine Frau* 1966 einsetzte, als er erst neunundzwanzig Jahre alt war.

Er ist dem kapitalistischen System dankbar, das ihm ermöglichte, das zu tun, was er wollte. Er glaubt nicht, daß die französische Gesellschaft perfekt sei, doch genauso gut wie jede andere auch. Der Kapitalismus möge zwar korrupt sein, passe aber zum Menschen, der durch das Prinzip von Zuckerbrot und Peitsche, von Profit und der Suche nach Erfolg angetrieben werde. Es sei sinnlos, eine tiefere Bedeutung darin zu suchen, meinte er. Der Mensch liebe einfach das Abenteuer; und das sei ohne weitere Bedeutung. Der Wunsch, reich zu sein, sei ein fast universaler Traum, auch wenn die Menschen nicht wüßten, was sie mit dem Geld anfangen wollten, wenn sie es dann haben. Es sei die Phantasie, die sie weitermachen ließe. Eines seiner beliebten Themen ist folglich die Eroberung. Das Wissen, daß die Lust verginge, wenn man erst einmal erobert habe, hielte die Menschen nicht davon ab, weiter erobern zu wollen. Lelouch ist ein Sportbegeisterter, der von neuen Rekorden träumt und davon, sich ständig zu verbessern. Es machte ihm nichts aus, daß er sich selbst und andere belügen mußte, um weiterzumachen oder um zu bekommen, was er suchte. Die Lüge sei eine Form der Phantasie, und sie verleihe dem Leben Charme. Er ist von dem Verführertyp fasziniert, wie ihn

Jean-Paul Belmondo darstellt, mit der Begabung, die Menschen zu bezaubern, gewöhnliche Augenblicke zu außergewöhnlichen zu machen – allein durch die Art, wie er sie vorführt. Ein Verführer hat Macht, er ist gefährlich. Er ist um nichts weniger faszinierend, wenn er auch sonst verabscheuungswürdig sein sollte, denn er weiß das Leben in etwas Aufregendes und Gefährliches zu verwandeln; weshalb auch so viele Frauen trotz seiner Fehler für ihn schwärmen. Ein Verführer ist jemand, der weiß, wie er sich verkaufen muß. Lelouche schämt sich nicht, als Filmregisseur ein Verführer zu sein. Er will gefallen und seine Filme kommerziell erfolgreich machen. Seine Filme fußen fast nie auf persönlichen Erfahrungen, sondern auf Phantasien, die seine Erfahrungen weit hinter sich lassen. Es ist leichter, Filme über Phantasien zu drehen als über das Leben. Es wäre schwierig zu beweisen, daß Lelouche recht hat, wenn er meint, daß er jedermanns Phantasien kenne oder daß seine Helden im wirklichen Leben vielfach kopiert werden.

Der Filmregisseur, der regelmäßig das größte Publikum anzieht, ist Claude Zidi. In neun der fünfzig Filme, die in den siebziger Jahren die meisten Zuschauer anzogen, führte er Regie. Nicht ein einziger davon wurde in Großbritannien oder den Vereinigten Staaten gezeigt; er kann also nicht behaupten, die ausländische Meinung über Frankreich beeinflußt zu haben. Aber er sagt ganz deutlich, daß er trotz seiner großen Popularität auch die der Franzosen nicht beeinflußt habe. Auch er war früher Kameramann und arbeitete an zehn Filmen von Chabrol mit, bevor er Produzent wurde; aber er hat nicht versucht, seine Filme in technische Kunstwerke zu verwandeln, noch hat er sich bemüht, sonst irgend etwas Besonderes in ihnen auszusagen. Er glaubt, daß Chabrol einen Fehler machte und seine Beliebtheit einbüßte, weil er glaubte, gewitzt und klüger als sein Publikum zu sein. Zuschauer mögen so etwas nicht. Zidi ist vor allem ein Produzent von Gags. Seine Filme haben Anti-Helden, den «kleinen Mann», der weder Mut noch herausragende Eigenschaften hat, der mit der Obrigkeit in Konflikt gerät, ob in der Kaserne, in der Schule, im Supermarkt oder auf einem Polizeirevier, der dann die absurdesten Dinge unternimmt, um sich aus dem Schlamassel herauszulavieren. Die

Handlungen sind bewußt absurd. Sie sollen häufig lustig sein auf Grund der Schere zwischen Glaubwürdigkeit der Personen und der Situationen, in denen sie sich befinden. Eine weltweite, alte Formel. Zidi gibt zu, daß ihm beim Schreiben seiner Gags ein Publikum vorschwebe, das seinen eigenen Jugenderinnerungen entspreche: er schreibt für das Publikum seiner Jugend. «Damals herrschte eine Unschuld, wenn man Filme anschaute, alles war weniger kultiviert, weniger cineastisch.»

Kein Wunder, daß die Kritiker Zidis Filme verabscheuen, um so mehr, als er wieder ganz bewußt das vermeidet, was er typisch französischen Humor nennt: Der beruht auf Dialogen, die er nicht schreiben kann. Er bringt die Menschen durch seinen fast kindlichen Humor zum Lachen. Er behauptet, er wiederhole seine Erfolge, weil er nie zuviel über seine Filme nachdenke. Er schaut sie sich nie an, nachdem sie abgedreht sind, und vermeidet so, wie er meint, die entsetzlichen Filme, in denen Komiker zu Intellektuellen werden, sich über ihren Humor Gedanken machen und so schließlich aufhören, lustig zu sein und Spaß zu haben. Tati, Woody Allen, Chaplin nahmen sich schließlich alle viel zu ernst. Der jüngste Fall eines Komikers, den seine Popularität auf einen Holzweg geführt habe, sei Coluche, der eine Zeitlang wirklich glaubte, er könnte Präsident der Republik werden. Er wurde sehr wütend, wenn man ihn nicht ernst nahm, und das zerstörte seine Ausstrahlung. Zidi ist vollkommen unintellektuell, er «langweilte sich endlos in der Schule», auch wenn er sein Abitur machte. Er wurde mit den besten Zensuren in die Pariser Filmhochschule aufgenommen, weil man dort eher Neugier als Wissen testete. Seine Bildung stammt im wesentlichen aus der Zeitung. Er liest jeden Tag alle Tageszeitungen und vergleicht gerne, wie sie ihre Leserschaft manipulieren, wie sie Ereignisse produzieren. Seine Lieblingslektüre sind die kleinen ungewöhnlichen Geschichten unter «Vermischte Meldungen», auf die sich die populären Blätter spezialisiert haben. Er mag elektronische Spiele, Poker und Sport. Er wünscht sich nicht, auf irgendeine andere Art sein Geld zu verdienen, weil er eine Formel gefunden zu haben scheint, die die Massen anlockt. Er will nicht den amerikanischen Markt erobern, auch wenn er es könnte, denn er hegt Amerika gegenüber ein Mißtrauen und empfindet den Markt dort als zu hart. «Man kann sich dort nie eine Blöße geben, das wird einem nie verziehen, wogegen man in Frankreich die Dinge wieder bereinigen kann.» Er bewertet seine Filme ausschließlich nach den Zuschauerzahlen. Er weiß selbst, daß er einfach Unterhaltung anbietet, die so lange Spaß macht, wie sie abläuft, und dann von allen Beteiligten wieder vergessen wird.

Seine berühmtesten Figuren sind Trottel. Es gibt viele Menschen, die sich mit ihnen identifizieren können. Er folgt der Tradition von *La Grande Vadrouille* (dt. *Die Große Sause*) von 1966, ein Lustspiel über den Krieg mit Louis de Funès, Bourvil und Terry Thomas, das zeigt, wie die Franzosen sogar in der Niederlage die Deutschen überlisten können. Das war der populärste französische Nachkriegsfilm. Die abgedroschenen Formeln von Bullen und Gangstern, Mantel und Degen, Farcen und Serien, die garantiert die Investitionen einspielen, werden weiterhin ohne Unterlaß produziert und befassen sich nicht damit, die Franzosen genau zu porträtieren oder die Probleme ihres täglichen Lebens zu kommentieren. Das Massenpublikum nimmt amerikanische Filme der gleichen Machart, die schlichtes Entertainment bieten und sich im wesentlichen kaum unterscheiden, ebenso schnell an. Die großen Filmregisseure der Vergangenheit wie Jean Renoir, der Frankreichs Ruf für Originalität begründete, mußten immer mit dieser Schwierigkeit leben, daß die Masse nicht an Neuerungen oder Unannehmlichkeiten interessiert ist. Renoirs Filme, die heute als Klassiker gelten, waren zu ihrer Zeit wirtschaftliche Mißerfolge.

Heute ist das Kino allerdings nicht mehr die Hauptquelle der populären Unterhaltung – in Frankreich wie auch anderswo. Das Fernsehen bringt zwanzigmal mehr Filme als die Kinos, und die Funktion des Kinos hat sich verändert, obwohl nicht auf die gleiche Weise wie in Großbritannien. Großbritannien besaß lange Zeit das lebhafteste Kinopublikum der Welt, mit 29 Besuchen im Jahr pro Kopf der Bevölkerung, mehr als die Vereinigten Staaten (20,5) und dreimal soviel wie in Frankreich (8–10); dies war die Grundlage für die Blüte der eigenen Produktionen. Inzwischen sind die Briten ins andere Extrem gefallen und besuchen nur noch 2,5mal im Jahr ein Kino. Die Franzosen sind da etwas aktiver (3,3 Besuche, gleichauf mit den Schweden). Die Amerikaner gehen ungefähr 4mal im Jahr ins Kino, und die Italiener sind die Spitzenreiter. Doch das französische Kinopublikum ist in zwei Gruppen geteilt. Der Großteil der Bevölkerung geht heute selten ins Kino; aber die Pariser gehen sechsmal so häufig wie der Durchschnitt; das bedeutet, daß die Pariser heute noch so häufig ins Kino gehen wie die Amerikaner in den fünfziger Jahren, d. h. also siebzehnmal pro Person. In Paris werden gewöhnlich ungefähr dreihundert verschiedene Filme gleichzeitig gezeigt, und während die Zahl der Kinos in der ganzen Welt stark rückläufig war, stieg sie in Paris an. Französische Kino-Fans bilden eine kompakte Gruppe: Weniger als ein Fünftel der Bevölkerung ersteht vier Fünftel der Eintrittskarten des ganzen Landes. Diese Fans bestehen aus zwei Gruppen: den Besserverdienenden oder «Kultivierten» mit einer höheren Schul- oder Hochschulbildung, die dem Kino ein ernstes Interesse entgegenbringen, das Werk eines einzelnen Filmregisseurs verfolgen, und den jungen Leuten, die weniger wählerisch sind, aber ausgehen wollen. Der Kinobesuch ist also kein Familienausflug für die Massen mehr und wurde eine Form des Nonkonformismus, ein Weg, der endlosen Berieselung des Fernsehens und der Wiederholungen zu entkommen. Die Kartenpreise haben sich derweil verdreifacht, während die Lebenshaltungskosten sich verdoppelt haben. Die Kinobesitzer konnten mit der Krise fertig werden, indem sie den Kinobesuch zu einer Sache der Elite machten. Diese Tendenz zum Elitären wird dadurch deutlich erkennbar, daß die Kinos sich in Paris hauptsächlich in nur sechs Arrondissements konzentrieren, wogegen die Arbeiterviertel nur spärlich mit Kinos versorgt sind, ganz zu schweigen von den Vorstädten.

Auf dieser Grundlage war es dem modernen französischen Film möglich, zu gedeihen und zu expandieren und 250 Filme pro Jahr zu produzieren. Besonders fällt auf, daß kaum ein Filmregisseur noch versucht, jedermann zufriedenzustellen. Billigproduktionen sind die Regel, und Frankreich hat nicht versucht, mit den amerikanischen Großproduktionen zu konkurrieren. Die restriktiven Praktiken der Gewerkschaften werden regelmäßig mißachtet. Obwohl der französische Staat der Filmindustrie nicht so viele Hilfen anbietet wie der italienische, gibt es ein System der automatischen Subventionierung, was finanziell nicht gerade viel ausmacht, da es dem Film ungefähr das zukommen läßt, was der Staat an Steuern auf diesem Gebiet einnimmt; aber es hilft, die Kameras laufen zu lassen. Der Staat hilft auch Kinobesitzern – er übernimmt die Hälfte aller Kosten für Neubauten – und den Regisseuren von kleinen, experimentellen Filmen. Nur die Verleihfirmen werden nicht unterstützt und verlieren Geld. Auf diese Weise bleibt Frankreichs Filmindustrie genügend *artisanal*, wird weder von großen Firmen noch vom Staat beherrscht, und so kann Optimismus noch über Ökonomie triumphieren. Nur ein Zwanzigstel der französischen Filme sind echte Kassenerfolge. Das staatliche Fernsehen, das heftig angegriffen wurde, weil es alte Filme zum gleichen Preis aufkauft wie eine Minute Werbung kostet, ist ein wichtiger Partner als Auftraggeber für neue Filme geworden. Frankreichs Filmindustrie hat daher eine Reihe spezialisierter Märkte (so wie bei Büchern) und bedient verschiedene Geschmacksrichtungen. Filme können ihre Kosten bereits in Paris einspielen, wo sie vor unterschiedlichem Publikum laufen; doch die in Paris erfolgreichen Filme sind nicht unbedingt jene, die sich in der Provinz oder in allen Provinzen verkaufen. Paris zum Beispiel entwickelte ein besonderes pornographisches Genre, zu dem sich einige ernsthafte Regisseure gelegentlich unter Pseudonym herabgelassen haben, um ihre Verluste wieder hereinzuholen. Das Publikum für Pornographie ist klein (etwa 5 Prozent, besonders in Großstädten), aber da solche Filme schnell und billig hergestellt werden können und da der Staat die ausländische Konkurrenz ausgeschaltet hat, kann man hier Profite machen: In den späten siebziger Jahren waren fast die Hälfte aller französischen Filme Pornoproduktionen. Paris hat jedoch auch Filme entwickelt, die obskur, eigenwillig und nicht selten bedeutungslos sind, weil der Filmkult, wie der Literaturkult, für einige besessene Anhänger zum Selbstzweck wurde.

Das Kino ist eine selbständige Welt oder vielmehr eine Serie von Welten. Diejenigen, die Frankreich durch seine Filme entdecken möchten, müssen die Motive und fixen Ideen der einzelnen Filmregisseure in Augenschein nehmen, und es gibt keine Gewißheit dafür, daß die Filme ihnen erzählen werden, was der Filmregisseur zu sagen versucht oder hinter der Kamera darstellt.

Das Gerede über den Einfluß der «Medien» auf die Öffentlichkeit muß zurechtgerückt werden durch etwas, über das wesentlich seltener gesprochen wird, nämlich über die Fähigkeit des Publikums, zu widerstehen. Es weiß, wie es sich über das Angebot lustig machen kann, was im Kino häufig deutlich wird. Es hat mehr Selbständigkeit, als jene zugeben wollen, die seine Dummheit, Unmoral oder seinen Konservativismus beklagen. Fernsehen und Radio bieten einen anderen Hinweis auf den Publikumsgeschmack: Die Zuschauer können Widerstand leisten, indem sie das Gerät abschalten. Es ist wahr, daß sie in ihrer Erschöpfung nicht immer widerstehen, aber es geht weit mehr in ein Ohr rein und aus dem anderen direkt wieder raus, als die Experten zugeben wollen. Die beliebtesten Fersehprogramme sind Sportsendungen, danach Filme, Theater, Fernsehshows, Serien und Spiele, in dieser Reihenfolge. Einer Statistik zufolge wird Sport von 29,6 Prozent gesehen, Kunst- und Kulturprogramme bilden das Schlußlicht mit nur 5,4 Prozent. Die Franzosen sagen, sie hörten gern Nachrichten, aber in Wirklichkeit hören sie nicht genau hin. Wenn sie hinterher befragt werden, können sie sich nur an sehr wenig aus den Nachrichten erinnern (genausowenig wie Briten oder Amerikaner dies können), und bei Nachrichtenmagazinen oder wissenschaftlichen Programmen schalten viele sofort ab.

Manche behaupten, die Mehrheit wolle vom Fernsehen entspannt werden. Andere verweisen darauf, daß es keinen Beweis dafür gibt, daß die Mehrheit eine Entspannung wünscht, die völlig geistlos ist. Der Mißerfolg langweiliger Kulturprogramme beweist nur, daß sie langweilig sind, nicht, daß die Menschen von Programmen gelangweilt werden, die etwas Intelligentes zu sagen haben. Es müssen noch bessere Alternativen und amüsante Methoden gefunden werden, um die Aufmerksamkeit einer großen Zuschauerschaft aufrechtzuerhalten, und sie müssen ständig erneuert werden. Von Experimenten darf man nicht erwarten, daß sie immer erfolgreich sind. Die Barrieren von Jargon und Spezialisierung lassen sich nicht so leicht zerstören. Dem Fernsehen wird darüber hinaus so lange vorgeworfen werden, politisch Partei zu ergreifen, bis jede Partei und Interessengemeinschaft ihr eigenes Nachrichtenprogramm erhält. Es wird immer Unterlassungen geben, die im Rückblick erschreckend scheinen (im französischen Fernsehen gab es kaum einen Bericht über den Widerstand gegen das Concorde-Flugzeug). Aber die Zuschauer werden von dem, was sie sehen, nicht so schnell beeinflußt. Ein vormals berühmter Nachrichtensprecher, Roger Gicquel, war einst so beliebt, weil er gut aussah und weil er sich über die Nachrichten, die er verlas, entrüstete. 47 Prozent der Zuschauer sagten, sie mochten ihn, aber nur 15 Prozent glaubten, er sage die Wahrheit. Auch der ehemalige Kommunistenführer Georges Marchais wird als Darsteller geschätzt, ohne daß er jemanden bekehrte. Bücherjournale, die den Zuschauern die Möglichkeit geben, sich ihr eigenes Urteil über Autoren zu machen, veranlassen die Menschen, mehr Bücher zu kaufen, aber es gibt Bestseller-Autoren wie Guy des Cars, deren Bücher auch ohne öffentliche Empfehlung gekauft werden.

Fernsehen ist jedoch nicht die liebste Freizeitbeschäftigung der Franzosen (so wie bei den Italienern und Briten, die es an die erste Stelle setzen). Es gibt erstaunlich viele andere Freizeitbeschäftigungen, denen die Franzosen mehr nachgehen als die Briten. Großbritannien hält sich selbst für die sportliche Nation par excellence, doch es gibt mehr Franzosen (und Deutsche) als Briten, die angeben, Sport sei ihre liebste Freizeitbeschäftigung. Einer von zehn Franzosen geht auf die Jagd, zwei von zehn sind Angler (nur 4 von 100 Briten), zwei von zehn üben gelegentlich Gymnastik, einer von zehn regelmäßig (und nur 1 bis 2 von 100 Briten), 24 Prozent aller Franzosen besuchen Sportveranstaltungen (mehr als doppelt so viele wie in Großbritannien). Sport ist jedoch immer noch eine Freizeitbeschäftigung für Minderheiten. Die beliebteste Freizeitbeschäftigung der Engländer ist immer noch, ins Pub zu gehen, und die

Cabu

387

Franzosen gehen fast ebensooft in ein Café. 25 Prozent der Franzosen (und nur 15 Prozent aller Briten) gehen regelmäßig tanzen, viele arbeiten gern und oft im Garten. Aber fast doppelt so viele französische Frauen stricken, nähen, sticken usw. (und einer von zehn Männern behauptet, auch zu stricken). Töpfern, flicken und die Wohnung ausmalen beschäftigt ungefähr die Hälfte der männlichen Bevölkerung im etwa gleich großen Ausmaß in beiden Ländern, doch zweimal so viele Franzosen wie Briten suchen Erholung bei geselligen Spielen (Karten, usw.). Diese Statistiken mögen falsch sein, doch das ist es, was sie sagen. Die Vorstellung, die Franzosen verbrächten viel Zeit mit Politik, ist falsch: Nur einer von zehn Männern geht zu politischen Treffen oder zu Demonstrationen. Das ist eine kleine Minderheit, wie alle kleinen Minderheiten mit ausgefallenen Hobbys. Einer von zehn geht ins Theater, zu Volkstänzen, zum Varieté oder in den Zirkus (im Durchschnitt zwei- bis dreimal im Jahr). Nur einer von zwanzig besucht klassische Konzerte, Popkonzerte, Ballette, Stierkämpfe oder Operetten. Nur einer von vierzig geht in die Oper, wenngleich im Durchschnitt fünfmal pro Jahr.

Diese Vorlieben der Minderheiten unterliegen in der Tat stets den Gesetzen des Snobismus. Sobald eine Beschäftigung populär wird, gibt es Menschen, die sie als vulgär betrachten und etwas anderes anfangen oder eine andere Art von Vergnügen daraus ziehen. So war Rugby-Fußball einst das Spiel der Ober- und Mittelschicht, als es Anfang dieses Jahrhunderts importiert wurde. Es war exotisch und selten, aber heute ist es populär. Die Mittelschicht hat sich auf Tennis und Skifahren, die Reichen haben sich auf Golf verlegt. So wie die Mittelschicht anwächst, verbreitet sich auch Tennis; zweieinhalb Millionen Spieler soll es heute geben, wenngleich sich ein Unterschied entwickelt zwischen denen, die in privaten Clubs spielen und die vorgeschriebene weiße Kluft tragen, und den anderen. Solche Spiele im mittleren Alter anzufangen ist eine andere Art, sich von der Masse abzuheben, denn die Sportfans der ärmeren Schichten verwandeln sich nach der Hochzeit sehr schnell von aktiven Fußballspielern in Zuschauer. Im Alter ist Sport im wesentlichen eine Beschäftigung für die Oberschicht.

1978 gab Präsident Giscard den Ton an, als er frühmorgens Tennisstunden nahm. Der nächste Schritt für all jene, die auffallen wollen, besteht darin, die Regeln der eigenen Klasse zu brechen und zum Beispiel Fußball zu spielen, auch wenn es sehr «populär» ist, aber man muß es natürlich «wild» halten, das heißt, ohne Wettbewerb und ohne Spezialkleidung spielen. Auf dieselbe Weise ist es gewöhnlich, den *vin ordinaire* zu mögen; die Betuchten reagieren darauf, indem sie für ihre Gäste Champagner bereitstellen; die modernen Manager versuchen, noch einen draufzusetzen und trinken Whisky; und nun ist Whisky zu trinken «gewöhnlich» geworden. Wem der Sinn danach steht, etwas anders zu sein, stellt häufig einen Geschmack für englische Sachen fest (Möbel, Kleidung, Hobbys), auf dieselbe Art, wie angeberische Engländer oder Amerikaner sich dadurch abheben, daß sie französische Dinge mögen. Das *Figaro Magazine* nahm, um ein Beispiel des guten Geschmacks zu geben, einen Artikel auf, der beschrieb, wie Isabelle d'Ornano, die Schwägerin des gaullistischen Ministers, ihr Schlafzimmer in dem ausgestattet hatte, was sie als «stil samovar et causi» beschrieb; ihr Bett war so konstruiert, daß es «an eine Gondel erinnert».

Hier geht es nicht einfach um einen Krieg zwischen arm und reich: Die Trennungslinie der Kultur ist nicht mit der zwischen arm und reich identisch, sondern schneidet sie. Es gibt wahrhaftig ein Element der freien Wahl. Leute wurden gefragt, ob es zum Beispiel möglich sei, ein schönes Foto von einem Kohl zu machen. Für die meisten gewöhnlichen Leute war dieser Gegenstand zu gewöhnlich, um «schöne Kunst» möglich zu machen; gewöhnliche Menschen hassen unverständliche Kunst; der Anteil von Leuten, der der Meinung war, Kohl könnte sehr wohl schön sein, wuchs stetig mit dem Bildungsniveau an; dennoch fanden 15 Prozent derjenigen mit einer Grundschulausbildung oder weniger diese Idee attraktiv oder interessant. Jede Gesellschaftsschicht hat ihre Exzentriker und ihre Aufsteiger. Das Kleinbürgertum hat zugleich Konformisten und einen angeberischen Flügel. Unter denen, die vorgeben, gebildet zu sein, gibt es eine gegenseitige Ablehnung, die jene trennt, die ihre Bildung einfach durch die Schule erhalten haben, und jene, die einen Geschmack anstreben, von dem sie behaupten, daß er nicht erlernt werden könne. Die freien Berufe unterscheiden sich also von den Lehrern, indem sie öfter versuchen, über die traditionell anerkannten Klassiker hinauszugehen, an Jazz oder Science-fiction Gefallen zu finden. Lehrer halten Distanz zu den Massen, indem sie weniger fernsehen oder überhaupt kein Gerät besitzen, es vorziehen, ins Theater zu gehen (was sie doppelt so oft tun wie Angestellte der Industrie oder des Handels). Das Theater, das sie mögen, ist entweder klassisch oder avantgardistisch, aber es gibt die Alternative des bürgerlichen Boulevardtheaters. Geschäftsleute, für die «Persönlichkeit» wichtiger ist als Gelehrsamkeit, können häufig bei anspruchslosen Stücken in demselben Foyer wie ihre Angestellten angetroffen werden. Das verstärkt sich, wenn sie im gleichen Alter sind, da eine weitere Trennungslinie, die die Geschmacksrichtungen schneidet, die des Generationenunterschieds ist. Es mag gewöhnlich sein, die «Blaue Donau» zu genießen, und gescheit, Bach oder Webern zu mögen, aber es gibt eine andere Hierarchie, in der die Älteren weiterhin die Lieder bevorzugen, mit denen sie aufgewachsen sind, wie die von Edith Piaf, Leo Ferré oder Jacques Brel, so wie die neuen Generationen stets neue Idole finden.

Lesen ist eine andere Möglichkeit, mit der Menschen ihre eigenen Welten gestalten können. Die Deutschen, die Niederländer und die Briten nennen Lesen als liebste Freizeitbeschäftigung häufiger als die Franzosen. Die Briten geben fast 50 Prozent mehr für Bücher aus und leihen ungefähr zwölfmal mehr Bücher aus Bibliotheken aus als die Franzosen, da die Franzosen weniger Leihbibliotheken haben und da britische Frauen bei weitem die süchtigsten Leserinnen in ganz Europa sind. Aber die Franzosen vermitteln den Eindruck, Buchliebhaber zu sein, weil sie eine Literaturschicht haben, für die Bücher fast das Leben bedeuten: 12 Prozent der Franzosen behaupten, mehr als fünfzig Bücher pro Jahr zu lesen und weitere 9 Prozent zwischen fünfundzwanzig und fünfzig. Im Unterschied zu den britischen Leserinnen, die Romane verschlingen, haben französische Leseratten ein breites Interesse an Sozialwissenschaften, Geschichte, Kunst, Anthropologie und Literatur. Und die

Franzosen wählen ihre Tageszeitung nicht einfach nach ihrer Gesellschaftsschicht aus. Die Topmanager in England lesen *The Times*, aber es gibt in Frankreich kein Gegenstück dazu. *Le Monde* wird bei weitem nicht von der Mehrzahl der leitenden Angestellten gelesen (von denen liest sie nur ein Viertel) nur 16 Prozent der Freiberufler, 8 Prozent der Industriekapitäne und 5 Prozent aller Händler lesen sie. Sie ist sicherlich die beliebteste Zeitung unter Schul- und Universitätslehrern (von denen 43 Prozent sie lesen) und von Grundschullehrern (19 Prozent), aber nur 2 Prozent der Arbeiter, 5 Prozent der kleinen Ladenbesitzer und 7 Prozent der Büroangestellten kaufen sie. Kein Professor und kein Industriemanager liest die *Parisien Libéré*, die Zeitung der *concierges*, aber ebenso viele mittlere Angestellte wie Arbeiter und genauso viele Ingenieure wie Bauern. Die Zeitung, die der Chefzeitung am nächsten kommt, ist *Le Figaro*, die fast überhaupt keine Leser in der Arbeiterschicht hat. Die Zeitung, die vermutlich am gleichmäßigsten in allen Gesellschaftsschichten verbreitet ist, ist die Sportzeitung *L'Équipe*.

Die Soziologen der Regierung, die nicht davor zurückschrecken, schematisch zu sein, haben die Franzosen in fünf verschiedene Kategorien eingeteilt. Die gebildete Elite macht höchstens ein Fünftel der Bevölkerung aus, obwohl eine deutliche Minderheit innerhalb dieser Gruppe lediglich die Hochkultur bewundert, ohne irgendein Zeichen erkennen zu lassen, daß sie diese auch praktiziert. Ein Zehntel sind die umgänglichen Menschen, die die Versammlungen, Vereine und Sport mögen. Ein weiteres Zehntel geht gerne aus, freut sich über populäre Shows und Freizeitaktivitäten – darunter befinden sich eine Menge junger Leute. Die Ausgehtypen, die jagen, angeln gehen und gerne im Garten arbeiten und auch das Haus ausmalen, sind fast, aber nicht ganz so zahlreich wie die gebildete Elite – 17 Prozent nämlich; darunter befinden sich eine Menge Leute mittleren Alters. Übrig bleiben 44 Prozent, der gewöhnlichste Typus des französischen Menschen, auch als das Frankreich von Guy Lux bekannt, die ohne weitere Ansprüche sind, die gerne viel fernsehen und unter denen sich sehr viele über vierzig und viele über sechzig befinden. Es wäre nicht schwer, diese Kategorien in noch weitere Kategorien zu unterteilen. Jede hat ihren eigenen Weg.

Die letzte Form des Widerstands gegen den Einfluß kommt von der Langeweile. Nur in Paris beschweren sich die meisten Leute nicht über Langeweile, sondern haben den Eindruck, daß ihnen am Ort genug Unterhaltung geboten wird (obwohl ein Viertel aller Pariser steif und fest behaupten, sie seien nicht zufrieden, und die mangelnden Vergnügungsmöglichkeiten in manchen Gebieten erklären dies teilweise). In den Pariser Vororten ist nur ein Drittel aller Bewohner der Meinung, daß sie über genug Vergnügungsangebote verfügen, und verlangen keine weiteren; in den Großstädten ist es die Hälfte; in Städten unter 20000 ein Viertel und in ländlichen Gegenden nur ein Zehntel der Bevölkerung. Aus diesem Grunde haben die ländlichen Gegenden in der Vergangenheit ihre Einwohner verloren, und aus diesem Grunde ziehen nun die Städter wieder aufs Land zurück, um nämlich diesen Vergnügungsangeboten zu entfliehen. Natur und Kunst gehen vielleicht auf dem Land ihre glücklichste Beziehung ein, nämlich die des gegenseitigen Respekts. Die Rückkehr zur Natur hat sich in einer anderen merkwürdigen Form gezeigt, nämlich in dem Zuwachs an Haustierbesitzern. Es heißt, die Franzosen importierten jährlich etwa 400000 Hunde, hauptsächlich aus England; 34 Prozent aller französischen Haushalte besitzen nun einen Hund; dadurch landet England weit abgeschlagen (wo nur 23 Prozent einen Hund haben). Während der englische Hundebestand ziemlich konstant ist, erwartet man, daß der Frankreichs sich bis zum Jahre 2000 verdoppelt hat. Darin wiederum werden die Franzosen den Amerikanern immer ähnlicher, die mehr Haustiere als Menschen haben, die Franzosen nicht ganz so viele.

Um zu entscheiden, was französischer Geschmack ist, vergleiche man die fünf folgenden klassischen Beispiele, die der Soziologe Bourdieu sammelte. Sie zeigen, daß der soziale Status die prinzipielle Trennungslinie bildet. Da aber die Einkommen sich mehr angleichen, können die Menschen ihren Besitz mit mehr Unabhängigkeit auswählen, und so mag der Geschmack weniger vorhersehbar werden.

Da ist der Vorarbeiter, der mit vierzehn bei der Eisenbahn

anfing und gerade in den Ruhestand gegangen ist. Er lebt in einer Siedlung in Grenoble und hat ein kleines Ferienhaus in den Bergen außerhalb der Stadt. Er hat seine eigenen Vorstellungen darüber, wie er gerne wohnen möchte, hat alle Zwischenwände herausgerissen und entsprechend seinen Bedürfnissen modernisiert und umgebaut. Er glaubt, er sei sein ganzes Leben lang ausgebeutet worden, und haßt es, beschwindelt zu werden. Auf Ladenbesitzer müsse man aufpassen oder sie überzögen die Preise, also kauft er die meisten Lebensmittel und Waren in Supermärkten. Er hat keinen Bedarf an eleganten Möbeln oder Antiquitäten: Wie schnell bekommt man eine Fälschung angedreht! Seine Frau ist genauso vorsichtig wie er, sie macht keine Schaufensterbummel, kauft nie etwas, bevor sie nicht sicher ist, wo es in der Wohnung hinkommt: Schnickschnack zieht nur den Staub an. Wenn seine Frau ihre Schwestern besucht, zieht er es vor, für sich selbst zu kochen. Er streitet sich mit seinen Kindern, deren ältester ein Computerprogrammierer ist, weil sie meinen, die Familie sollte nicht so sparsam leben und essen, was ihnen gefällt. Aber er antwortet, das Leben bringe Dinge mit sich, die man akzeptieren müsse, auch wenn man sie nicht möge, und an die man sich gewöhnen müsse. Er begeistert sich für Fußball, Western und Mantel-und-Degen-Filme und die Unterhaltungsprogramme von Guy Lux. Er hat die Museen von Paris besucht und gesteht ein, daß er Bilder mag, die «etwas darstellen». «Also: wenn man vier Bleistiftstriche sieht, die die Leute zu verrückten Preisen kaufen – ich persönlich würde sie in den Mülleimer werfen. Und außerdem will man ja nicht für dumm verkauft werden.»

Die Frau des Bäckers in der Nachbarschaft bestimmt ihren Geschmack nach dem Prinzip, daß man nichts übertreiben dürfe. Sie hat ihre Möbel von der großen Möbelkette Levitan gekauft, nachdem sie viele Geschäfte abgeklappert hatte. Sie entschied sich für etwas «halbwegs zwischen traditionell und modern», weil sie meinte, eine Frau ihres Alters (fünfzig) könne nicht mit ultramodernen Möbeln leben. Sie suchte etwas, was nicht zu gewöhnlich, aber auch nicht zu ausgefallen war. Sie wählte allein aus, weil ihr Mann weder Zeit noch Interesse hatte, ihr zu helfen; sie gehen sowieso kaum aus. Es liegt ihr viel an Sauberkeit und Gegenständen, die lange halten. Wenn sie Geld übrig hat, kauft sie lieber einen Teppich oder neue Vorhänge, die mehrere Jahre lang nützlich sein werden, als ein Kleid, das schnell aus der Mode kommt. Aber sie gehört nicht zu denen, die ständig etwas kaufen müssen: es sei sinnlos, den eigenen Wohlstand vorzuzeigen. Also legt sie ihren Schmuck nicht an, damit die Leute nicht sagen können, schau, sie hat ihren Schmuck herausgeholt. Sie gibt wenig Geld für Kleidung aus, zögert, Einladungen zu Hochzeiten anzunehmen, weil das bedeutet, daß sie Kleider braucht, die sie nur einmal anziehen kann. Sie wuchs auf dem Land auf, wo man sich nicht vor den Spiegel setzte und mit Kosmetik bedeckte. Zum Friseur geht sie nur selten, denn man muß ja ordentlich aussehen. Sie kocht wenig, wenn die beiden allein sind, doch wenn Besuch kommt, kocht sie gern solche klassischen Gerichte wie *quiches lorraines, gratins dauphinois*, alle möglichen Braten und gefüllte Tomaten. Ihr Mann hat viele Freunde, er spielt gern Karten und Boule, aber Hotels und Restaurants mag er nicht. Also nehmen sie im Urlaub ihren Wohnwagen mit: Bevor sie den hatten, fuhren sie nie in Urlaub. Sie kommen sehr gut mit Menschen aus, die den gleichen Geschmack haben, aber Verschwender können sie nicht leiden. Sie ist seit «mindestens zehn Jahren» nicht mehr im Kino gewesen und hat keine Zeit für Zeitungs- oder Zeitschriftenlektüre. Sie sieht fern, aber «nicht zuviel» und nie nach zehn Uhr und nur wenn das Programm unterhaltsam und anspruchslos ist und nicht versucht, zu klug zu sein. Sie mag Sänger, die «normal» singen und «normal» aussehen. Sie ist gern ständig beschäftigt und strickt, weil «das die Zeit schneller vertreibt».

Eine achtundvierzigjährige Krankenschwester, Tochter eines Bauern, seit langem schon geschieden, lebt mit ihrem erwachsenen Sohn in einer Zweizimmerwohnung. Die Wohnung sei sehr bescheiden, wiederholt sie. Sie hat keine Waschmaschine, sie betont, daß sie die nicht mag, und wäscht alles mit der Hand, liebt es, Wäsche zu kochen, weil sie so viel sauberer werde als in jeder Maschine. Sie hat einen Kühlschrank und einen Herd, beides hat sie bar bezahlt, weil sie Schulden nicht mag. «Ich verabscheue Menschen, die angeben, die nicht wissen, wie man sich benimmt, die nicht guten Morgen sagen, die einfach hereinkommen, als hätten sie dich nicht gesehen, die dich einfach ignorieren. Und warum? Weil sie meinen, du wärst ihnen nicht ebenbürtig. Ich mag nicht von Höhergestellten unterdrückt werden.» Sie ist sich bewußt, daß sie ungebildet ist: Bildung bedeutet für sie «zu wissen, wie man buchstabiert, und die Regeln der Grammatik zu kennen», und sie ist entsetzt darüber, daß ihre Kolleginnen nicht richtig sprechen können, nicht wissen, welche Worte männlich oder weiblich sind. Entsprechende Fehler schockieren sie. Sie mag es, wenn alles «sauber», «ordentlich» ist. Das bezieht sich auch auf ihre Kleidung. Sie kauft «klassisch» geschnittene Kostüme. Sie geht sehr gern einmal die Woche zum Friseur, liest dort Zeitschriften, denn sie selbst kauft keine. Sie ißt in der Hauptsache Gegrilltes, Salate, Früchte und achtet darauf, nicht zuviel zu essen. Sie hört Musik im Radio, mag Lieder, deren Worte einen Sinn ergeben, hört aufmerksam zu. Sie ist zufrieden mit ihrem Schicksal, wie bescheiden es auch sein mag, und betont, daß sie sich sauber hält. Ihre Auffassungen unterscheiden sich sehr von denen einer anderen, fünfundzwanzigjährigen Krankenschwester aus Paris, die in einem einzigen Zimmer ohne Möbel lebt, weder Tisch noch Stühle hat: all ihre Besitztümer liegen auf dem Boden, ihre Matratze, ihr Schallplattenspieler, ihre Schallplatten und Bücher; ihre Wände sind bedeckt mit Postern, Gedichten, Fotos und Halsketten. Sie hat ganz Europa bereist, nimmt an Theateraufführungen teil, ist eine große Bewunderin von Boris Vian und geht in Kunstausstellungen. Das Leben besteht für sie aus Hoffen und darin, niemals etwas als unausweichlich hinzunehmen. Sie ist eine Krankenschwester der neuen Generation, gebildet, mit *baccalauréat* in Philosophie und bewegt sich in einer ganz anderen kulturellen Welt.

Der dreißigjährige Werbefachmann, der in einer modernen Fünfzimmerwohnung lebt, kaufte seine nachgemachten englischen Möbel im Stil des 18. Jahrhunderts in London, als er heiratete. Er ist sich nicht sicher, ob er die selben heute noch einmal kaufen würde, aber er wählte sie aus, weil «sie vom bürgerlichen Standpunkt aus sicher eine gute Geldanlage waren». Seine Frau und er hatten sich zunächst in Antiquitätengeschäften umgesehen, aber alles war zu teuer und vieles war schlechter. Dieser Mann ist der Sohn eines Direktors einer multinationalen Firma, seine Frau die Tochter eines Industriellen aus der Provinz. (Beide besuchten die École des Sciences Politiques; sie arbeitet für eine Wochenzeitung.) Sie haben daher viel von ihren Großeltern geerbt, Familienporträts, Gemälde von Léger und Braque, aber sie wissen nicht genau, ob sie ihnen gefallen. Auch tragen sie nicht immer die Kleidung, die ihnen gefällt. Zur Arbeit zieht er teure englische Anzüge an, die er bei Barnes in der Avenue Victor Hugo kauft (englisch heißt für sie elegant, sein Vater geht noch einen Schritt weiter und hat einen Schneider in London). In seinem Beruf ist es wichtig, so betont er, korrekt auszusehen, nicht so eintönig wie ein Bankier, aber auch nicht extravagant – ein Samtanzug würde die Vermutung wachrufen, er kompensiere etwas. Seine Frau weist ihn darauf hin, daß es falsch sei, sich zu sehr nach der Mode zu richten; sie kleidet ihre Kinder im «klassischen Stil». Sie gibt zu, daß einige ihrer Kleider ein wenig «snob» seien, aber es sei keine Angeberei wie die mancher Frauen, die Kinderkleidung in jenen kleinen Boutiquen kaufen, die irrsinnig teuer sind, um aus den Kindern kleine Miniaturversionen der eleganten Eltern zu machen. Sie schaut auch auf die Kleinbürger herab, «die keinen Geschmack» haben und die ihre Gärten mit Zwergen vollstopfen. Sie schämt sich ein wenig ihrer Herablassung, aber diese Gartenzwerge regen ihre Eltern noch mehr auf, und sie sagen, die Herstellung sollte per Gesetz verboten werden. Sie meint, das ginge ein wenig zu weit, die Leute hätten das Recht zu wählen. Auch in ihren Speisen versucht sie, sorgsam den feinen Unterschied anzusteuern, vermeidet Angeberei und Übertreibungen: wenn sie allein sind, nehmen sie abends nur ein leichtes Mahl zu sich, gekochtes Gemüse und etwas Käse. Haben sie Besuch, servieren sie *escalopes à la crème*, *sauté de veau*, Curry, Lachs. Sie mögen auch herkömmliche Gerichte, die *cuisine de bonne femme*, haben aber wenig für die ausländischen Küchen, ob chinesisch oder italienisch, übrig. Er ist stolz darauf, ein Weinkenner zu sein. Früher spielten sie Tennis und Golf, bevor die Kinder ihre volle Aufmerksamkeit erforderten. Sie fahren noch immer Ski, gehen in die Oper und oft ins Kino.

Sie hören Beethoven, Mozart, Schubert auf ihrer Hi-Fi-Anlage. Er liest Bücher über Psychologie und Wirtschaft, aber nur wenige Romane. Sie renovieren ihre Wohnung nie selbst.

Nahe dem Gipfel der Gesellschaft steht ein fünfundvierzigjähriger Verteidiger, Sohn eines Verteidigers, mit einem großen Landhaus in Burgund und einer riesigen Wohnung in einem der vornehmsten Stadtteile von Paris. Geschmack ist für ihn Nachgiebigkeit gegen sich selbst. Er kauft seltene Antiquitäten oder teure Gemälde, «weil sie mir in einem bestimmten Augenblick besonders gefielen». Er lehnt jene ab, die Kunstgegenstände als Geldanlage kaufen oder andere aussuchen lassen. Sein Besitz repräsentiert Ideale, die er lange gesucht und schließlich gefunden hat. Der Preis spielt dabei keine Rolle. Sicher kann er sich nicht kaufen, was er sich nicht leisten kann. Er würde die Kathedrale von Chartres nicht kaufen, aber er würde gern eine alte Kirche umbauen, weil er alte Gemäuer mag, ihre Formen, ihre Gewölbe. Sein Auswahlkriterium ist, ob er lange Zeit an dem, was er kauft, Freude haben wird: Er liebt es, Raritäten wie seinen altgriechischen Kopf, seine Tangkeramiken, seinen Paul Serusier endlos lange und verträumt zu betrachten. Er hat die ganze Welt bereist, sich Museen und Antiquitäten angeschaut, geht aber selten in Pariser Kunstgalerien. Es liegt ihm nicht viel an den Möbeln und dem Silber, die er geerbt hat. Seine Wohnung ist mit eleganten, komfortablen modernen Möbeln ausgestattet, großen Kissen und Sesseln. Sein Landhaus richtete er «ganz rustikal» ein. Er sagt, er könne nicht ohne seine Hi-Fi-Anlage leben, die für ihn so wesentlich ist wie sein Gasherd. Ein Mann braucht Musik so wie die Nahrung. Essen ist für ihn eine Form der Entspannung und auch eine Kunst: Er ist so beschäftigt, daß er am liebsten das Mittagessen überspringen würde. Gutes Essen braucht seine Zeit für die Vorbereitung und eine entspannte Atmosphäre für den Genuß. Guter Wein muß wie eine «Liturgie» getrunken werden. Sein Gesetz ist sein eigenes Vergnügen. Es liegt ihm nichts daran, es öffentlich zu zeigen. Er lehnt es ab, sich gut zu kleiden; die Leute würden ihn nicht noch mehr schätzen, behauptet er, wenn er eine bessere Krawatte oder eine Blume im Knopfloch trüge.

Das mag ein Hinweis darauf sein, wie sich die Dinge entwikkeln werden. Geschmack entfernt sich beständig von der Konformität und von scheinbar eisernen Regeln, die durch Geburt oder Beruf für jedermann festgesetzt wurden. Die Lebensstile hören auf, homogen zu sein; jeder Mensch kann zunehmend die ihm passenden Verhaltensformen aus vielen verschiedenen Quellen wählen und sich seine besondere, eigene Mischung zusammenstellen. Frankreich scheint ins Zeitalter der Launen einzutreten.

Fünfter Teil

Wie man versteht, was sie sagen wollen ━━━━━━

20   *Wie man ihre Sprache entziffert*

Alle drei Monate veröffentlicht die französische Akademie eine Liste mit Warnungen vor neuen Fehlern im Gebrauch der französischen Sprache, die sich ständig in den Alltag einschleichen und sich einzunisten drohen. Jean Dutourd ist der Humorist unter den Akademiemitgliedern, aber er findet an dieser Tätigkeit nichts Komisches. Er sagt: «Ich brauche eine Welt, die französisch spricht, damit sie meine Bücher lesen kann. So einfach ist das. Ich gebe keinen Deut auf die Menschen, die englisch sprechen. Sie interessieren mich nicht. Ich möchte, daß meine Bücher auf französisch gelesen werden und nicht in einer Übersetzung.» Es ist ihm wichtig, daß sie weiterhin gelesen werden, denn sein Hauptanliegen ist es, durch seine Werke unsterblich zu werden. «Von der Nachwelt gelesen zu werden, ist mein himmlisches Königreich.» Die Akademiemitglieder werden spöttisch die Unsterblichen genannt, und er nimmt sich selbst ernst genug, um zu glauben, daß seine Bücher ihn überleben werden. Zumindest wünschte er es sich, denn er glaubt, daß sie von seinen Zeitgenossen mißverstanden werden; wenn er stirbt, wird die karikierende Sichtweise der Menschen verblassen, und «sie werden mich so sehen, wie ich wirklich bin». Es ist schwierig für Menschen, ihre lebenden Nachbarn zu mögen, aber wenn er tot ist, «werde ich von allen geliebt, weil ich nicht länger da sein werde».

Es gibt eine Parallele zwischen Dutourds Besorgnis um die

Daumier Die Akademiker

Sprache und um sich selbst. Er ist das einzige Kind eines Zahn-
arztes, der sein Leben lang bedauerte, daß Geldmangel ihn
daran gehindert hatte, Chirurg zu werden. Seine Mutter starb
an Tuberkulose, als er sieben war. Als Kind mußte er sich
immer gegen seinen Vater wehren, der ihn ständig mit Aufmerksamkeit und guten Ratschlägen belästigte. Seine Überzeugung wuchs, daß sein Vater ihn nicht verstehe, daß die
Menschen im allgemeinen sich nicht verstehen und daß «nur
ich die Welt richtig verstand, daß es ein Komplott gab, um mich
die Dinge so sehen zu lassen, wie sie nicht waren, und ich mich
dagegen wehren mußte». Er war überzeugt davon, einzigartig
in einer Welt zu sein, in der ihm keiner ähnlich war, und daß er
daher seine «Integrität garantieren» mußte, um nicht zuzulassen, daß er mit gewöhnlichen Dummheiten überzogen würde.

Er erzählte Lügen, um sich vor anderen und vor den Lügen, die die Menschen ihn glauben machen wollten, zu schützen. Er machte einen fügsamen, netten Eindruck; wenn man ihm Vergehen vorwarf, lachte er nur. Er entwickelte eine stets heitere Persönlichkeit. Das hieß aber nicht, daß er glücklich war – das zu wollen, ist ein «schwachsinniger Wunsch» –, aber es gelang ihm, all die Schwierigkeiten des Lebens mit einem Lächeln und einem Scherz zu überstehen. Er fand seine Jugendjahre abgrundtief langweilig. Seine Lösung bestand darin, einen Widerspruchsgeist zu kultivieren, der ihm half, sich selbst zu bestätigen. Dies wurde die Grundlage seines Humors. «Gedanken machen mir so lange Freude, solange ich der einzige bin, der sie hat. Wenn ein anderer sie aufgreift, lasse ich sie sofort fallen. Der Gedanke, der jedermanns Gedanke ist, interessiert mich nicht. Sobald eine Idee von der Mehrheit geteilt wird, wird sie falsch, weil sie einfach zu simpel wird, und was simpel ist, ist immer falsch. Wenn die Welt also ‹weiß› sagt, will ich sofort ‹schwarz› sagen.» Und wenn er mit einer Überzeugung allein steht, ist er stets überzeugt, daß er recht hat. Das verführt andere zu der Ansicht, er sei streitsüchtig. Darin liegt etwas Wahres, gibt er zu; er pflichtet Pompidou bei, der einst zu ihm sagte: «Frankreichs Problem ist, daß es keine Feinde mehr hat.» Wenn man keine Feinde hat, meint Dutourd, sei man ein Niemand. Er hat ein dickes Fell, und es stört ihn nicht, kritisiert zu werden. Er verlangt Zustimmung, Applaus, will ein großer Schriftsteller genannt werden, aber die Kritik ficht ihn weder an, noch verändert sie ihn, weil er sich «selbst treu bleiben» will. Er hat sogar eine gewisse Freude an seinen erfolglosen Anstrengungen, anerkannt zu werden, denn sie bekräftigen ihn in seinem Glauben, daß die Welt eine «unüberwindbare Mauer» sei. Er behauptet, das sei eine französische Eigenschaft: «Die Franzosen mögen nur den Krieg. Wenn sie nicht im Ausland kämpfen, vervielfachen sie ihre Gründe, sich gegenseitig zu hassen. Also war es ein Grundsatz der französischen Außenpolitik, Frankreich in einen ausländischen Krieg verwickelt zu halten, um, soweit wie möglich, einem Bürgerkrieg vorzubeugen.» Das wahre Kennzeichen eines Genies ist, sich nicht für jemand anders als sich selbst zu halten, und das trifft auch auf Nationen zu.

Dutourd ist ein Humorist für jene Franzosen, die die Franzosen nicht mögen und deren Anführer natürlich General de Gaulle war, der zwar Frankreich liebte, nicht aber die Franzosen. Er löste dieses Paradox, indem er die Vergangenheit verklärte, was ihm wiederum gestattete, die Gegenwart zu verabscheuen. Nationen und auch Städte sind «wie Frauen: um die Gefühle eines Mannes anzuregen, müssen sie eine Vergangenheit haben». Er verurteilt alle Formen des Modernen als Werk von «Elektrikern, und ich bin kein Elektriker. Ich kümmere mich nicht im mindesten um die Raumflüge zum Mond. Die kleinste Zeichnung von Delacroix, die unwichtigste Skizze von Manet scheinen mir unermeßlich viel wichtiger. Meine Philosophie ist, daß alles schlecht enden wird und daß alles nur schlimmer und schlimmer wird.» Sein Nationalismus schließt daher nicht die Wertschätzung anderer Länder aus. Nach dem Krieg arbeitete er für die französische Abteilung der BBC und genoß die Gesellschaft kultivierter Engländer, die ihm wie ein Ebenbild der Franzosen erschienen, deren Bildung auf vergleichbaren Klassikern fußte. Es gab einen gemeinsamen Nenner in ihrem Respekt vor der Vergangenheit. Aber all das ist natürlich vorüber. England war sich selbst auch nicht treu und ist nicht länger das wahre England. «Das perfide Albion wurde zum süßen England, zum menschlichen England. Es spricht amerikanisch.» England war einst «ein Meisterstück einer Nation»; es verdorben zu haben war ein Sakrileg, «als hätte man der Mona Lisa einen Schnauzbart gemalt».

Auf französisch zu schreiben, ist Dutourd sehr wichtig, weil er es als «Aktion» ansieht. Er verwandelt die Vergangenheit in Kunst; er «fabriziert Leben» in seinen Büchern. «Jedesmal, wenn ich eine Zeile schreibe, verändere ich die Welt. Wenn meine Arbeit gut läuft, habe ich das Gefühl, alles zu beherrschen.» Er ist recht zufrieden, für eine Leserschaft von nur 2000 Menschen zu schreiben, nicht mehr, als Diderot und Voltaire lasen, und die die «wahren Connaisseure» sind – auch wenn alle seine Bücher sich 30 000mal verkaufen. Er glaubt, Gott spreche durch ihn; er bat einmal Gott, ihm zu zeigen, wie er einen Roman beenden solle, und Gott tat es: Es war ein Wunder, also muß er jetzt an Gott glauben. Das ist seine einzige

Bescheidenheit: Er verdient keine Anerkennung für seine Leistungen, es ist Gottes Werk. Er behauptet, nicht «eine Spur Stolz zu haben». De Gaulle, der sein einziger zeitgenössischer Held ist und dessen Tod, so sagt er, für ihn wie der Tod eines Vaters war, sei ebenfalls ein «bescheidener Mann» gewesen. Dutourd weiß, daß er viele Menschen in Rage bringt, aber hat nicht vor, das zu ändern. Wieviel Zorn er erregt, wurde deutlich, als jemand eine Bombe in seine Pariser Wohnung warf und sie an einem 14. Juli in die Luft sprengte.

Kein Ausländer sollte sich über die französische Sprache lustig machen, weil er sie erstens nicht wirklich versteht und weil sie zweitens in Frankreich einen göttlichen Status genießt. Jeder Ausländer sollte jedoch beobachten, wie die Franzosen sich untereinander darüber lustig machen, wie sie selbst die Sprache anwenden. Zwei Parodisten, Burnier und Rambaud, haben eine sehr hilfreiche Anleitung zur Unterhaltung zusammengestellt, um den weniger Erfahrenen ihrer Landsleute die Möglichkeit zu geben, ohne viel Tränen jenes Französisch zu erlernen, mit dem sich die spitzfindigeren Gehirne austauschen; denn längst nicht alle Franzosen beherrschen alle Formen der französischen Sprache. Der hochgeschätzte Philosoph und Kritiker Roland Barthes etwa drückte sich auf eine Art aus, die einigen brillant erschien, anderen unverständlich. Burnier und Rambaud legen der breiten Masse nahe, nicht den Fehler zu machen, ihre Fragen allzu einfach zu formulieren: «Ist die Sprache von Roland Barthes selbst für Franzosen schwierig zu lernen?» Sei mutiger, frage lieber: «Ist R. B. unter seinem Deckmantel einer Makrologie nicht ein ‹borstiger Putz› oder eine geschlossene Ebene (Flachland), selbst gegenüber einer gallizistischen Interpellation?» Der Satz fördert eine Reihe von Regeln zutage: Wann immer möglich, erfinde neue Abkürzungen und neue Wörter, suche nach Wortspielen und versteckten Bedeutungen, sage alles doppelt oder noch häufiger, nicht nur einmal, und wenn du den Text so oft überarbeitet hast wie eben möglich, arbeite an den Satzzeichen und sieh nach, ob man sie nicht noch rätselhafter gestalten kann. Bald wird man so einfache Sätze sagen können wie: «Ich beherrsche die Sprache von Roland Barthes perfekt. Mein Diskurs mündet / zielt auf seine eigene Textualität, indem er an R.B. in einem Spiel von Spiegeln vorbeizieht.» Oder: «Ich fühle mich heute nicht wohl: Was das Ich-spüre-mein-eigenes-Ich angeht, könnte ich einer ‹Schwierigkeit des Habitats› angeklagt werden.» Wenn man es einmal gelernt hat, unvereinbare Worte nach dem Prinzip zusammenzufügen, daß Salziges und Süßes zusammen mehr suggerieren als beide für sich getrennt, Sätze wie die Beine eines Hummers auseinanderzunehmen oder Ideen in einer Serie von weniger naheliegenden, dafür aber geistreicheren Formen zu «teleskopieren», kann man sich an fortgeschrittenere Formulierungen heranwagen wie: «Mir fällt es schwer, morgens aufzustehen.» Das sollte man zunächst in eine Art scheinjapanisches Haiku übersetzen: «Der Tag bricht an: o die Qual, das Bett zu verlassen.» Die Sätze müssen dann mit zusätzlicher Bedeutung ausgestopft werden: «Noch ein (aber immer dergleiche) Tag bricht (mich?) an: oh, die Qual der Bettverlassensprozedur.» Schließlich muß man sie noch zugleich abstrakt und konkret machen: «Noch ein und immer derselbe (oder ähnliche) Tag, mein Tag, aber auch dein Tag, auf bestimmte Art treu der ‹gewöhnlichen› Omoiotik (jener des *vulgus*?), bricht/ficht (mich) an: (genügend bis zu diesem Tag): als Kind gönnte ich mir das Liegen – (Lügen, Phantasie?). Avanti, cretino, die (meine?) Mutter (Mammi) sagte stets: Oh, Qual, Folter, Hölle, Terror, Schmerz, Trauer, Angst der Bettverlassensprozedur.» In kürzester Zeit werden Sie einen Intellektuellen in seiner eigenen Sprache befragen und von ihm erfahren, daß er zwei Stifte zum Schreiben benutzt, den grünen zum Schreiben, den roten zum Ausstreichen, und es ist völlig unmöglich, daß er mit dem grünen streicht und dem roten schreibt, ein spezieller Stift natürlich, der nicht mehr hergestellt wird, aber er hat eine bemerkenswerte Sammlung davon, und der einzige Mensch, der sie noch in Frankreich verkauft, ist das Papiergeschäft der Witwe Leblanc in Arcachon.

Wenn man die Franzosen zwänge, einen Striptease vorzuführen, eine nach der anderen jener äußeren Verkleidungen abzulegen, die ihnen ihre nationale Identität verleihen, wäre ihre Sprache das letzte, was bliebe. In einem Labor in einem Industriepark außerhalb von Paris wurde ich einem Wissenschaftler vorgestellt, dessen Namen ich nicht verstand. Er erklärte mir die Bedeutung der Experimente, die dort durchgeführt wurden. Mir wurde gesagt, er habe seinen Doktor in Princeton gemacht, und er sprach perfektes Amerikanisch. Mit seiner lässigen Kleidung und seiner Hippiefrisur konnte man ihn nicht von einem amerikanischen Professor unterscheiden, die noch den Stempel ihrer Jugend in den rebellischen sechziger Jahren trugen. Ich nahm an, er sei Amerikaner, man sagte mir aber, er sei «reiner Franzose». Ich traf ihn später mit zwei Teebechern. «Auch wir haben unsere Teepausen», sagte er. Er sprach die internationale Sprache der Wissenschaft, und während er das tat, ließ er durch nichts erkennen, daß er Franzose war. Schon im 18. Jahrhundert hatte Senac de Meilhan gewarnt: «Eine Nation, die eine andere Sprache spricht als die eigene, verliert langsam ihren Charakter.» Das ist zweifellos der Grund, warum die französische Regierung so verbissen an ihrer Sprache als letztem Schutz ihrer Individualität festhält und warum sie mehr als die Hälfte des Budgets des Außenministeriums darauf verwendet, ihren Gebrauch in den ehemaligen Kolonien und im Ausland im allgemeinen zu fördern. Wenn Einsparungen vorgenommen werden müssen, bleibt dieser Posten unangetastet. Sie haben sicher recht, daß der wichtigste gemeinsame Besitz der Franzosen ihre Sprache ist. Aber es stellt sich die Frage, ob die Sprache wirklich ihren Charakter ausdrückt. Um das bestimmen zu können, muß man wissen, was ihr Charakter ist. Verschiedene Autoren haben behauptet, daß der Charakter von der Sprache geformt wird. Der Dichter Valéry schrieb, der französische Gedanke sei «nichts anderes als die Ausschöpfung bestimmter Eigenschaften» der Sprache. P. H. Simon, der sich auf die «Verteidigung der französischen Sprache» spezialisiert hat, behauptet: «Eine Sprache ist ein Schicksal, das Instrument, mit dem die Persönlichkeit einer Nation sich mitteilt, sie ihren Platz in der Geschichte findet, ihre aktive und kreative Einzigartigkeit bekräftigt.» Das ist ein gutes Beispiel für etwas, was man wohl nur auf französisch sagen kann. Es ist unmöglich, derartiges auf englisch oder deutsch auszudrücken, ohne sich den Vorwurf der Verschwommenheit einzuhandeln.

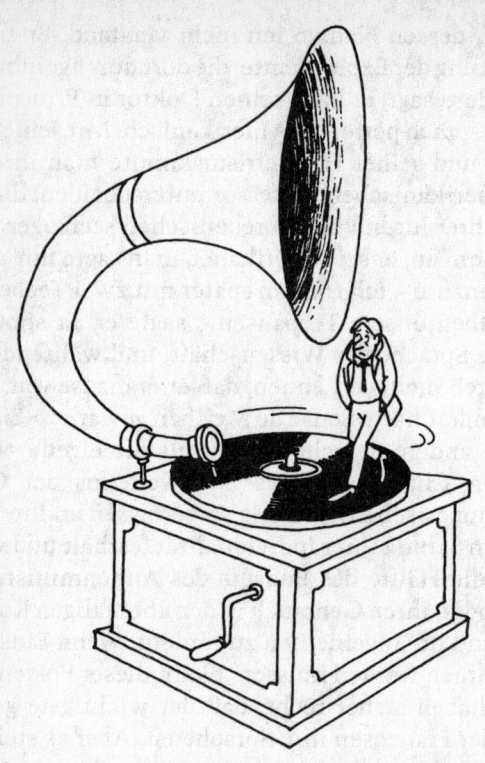

Faizant

Hier liegt das Paradox der französischen Sprache. Sie behauptet, so einzigartig klar zu sein, daß alle Gedanken so lange verschwommen blieben, bis sie auf französisch ausgedrückt würden, was sie notwendigerweise durchsichtig mache. Das war das Argument für Französisch als Sprache der Diplomatie. Aber diese Behauptung ist verwirrend. Französisch war in der Tat die internationale Sprache (des Westens), wie zuvor Latein. Sie konnte die Barrieren niederreißen, die die Nationen daran hinderten, einander zu verstehen. Französisch zu lernen hieß für einen Bauern, der sonst nur *patois* sprach, der internationalen Gemeinschaft der Gebildeten beizutreten, der Isolation seines Dorfes zu entfliehen. Diese Flucht wurde erst in den dreißiger Jahren dieses Jahrhunderts beendet, als die letzten alten Menschen, die an *patois* hingen, starben. Die Einigung Frankreichs vollzog sich im 19. Jahrhundert. Zu Beginn sprach etwa ein Viertel seiner Bewohner überhaupt kein Französisch und ein weiteres Viertel war fast unfähig, in dieser Sprache eine fließende Unterhaltung zu führen. Diejenigen, die die Sprache beherrschten, gehörten einer kleinen Minderheit an. Doch als jeder endlich die Sprache beherrschte, hatte sich ihr Status verändert. Mitte des 19. Jahrhunderts war Englisch bereits dabei, die internationale Handelssprache zu werden, und heute gibt es in allen Lebensbereichen, von der Wissenschaft bis zur Freizeit, keinen Rivalen. 56 Prozent aller gelehrten Veröffentlichungen von französischen Biochemikern zum Beispiel erscheinen auf englisch. Englisch war sogar die Sprache, in der Giscard d'Estaing und Helmut Schmidt sich unterhielten.

Also bedeutet es heute etwas anderes, Französisch zu lernen, es meint die Teilnahme an einem besonderen kulturellen Erbe. Wenn man nur Französisch lernt, sondert man sich von den meisten Menschen ab; es nimmt heute die Stellung ein, die *patois* früher innehatte. Es verfügt über die Anziehungskraft jenes mütterlichen Vertrautseins, die das *patois* einst besaß. Sein Schwung ist wie die Melodie eines Kinderliedes; die Grimassen, die man schneiden muß, um es zu artikulieren, die Gesten, die Intonationen sind ein akzeptiertes Ritual, wie eine Eintrittskarte, die man vorweist, um ins Fußballstadion zu gelangen, und wie die Abzeichen, die man dort trägt, um seine Anhängerschaft zu beweisen. Aber ob die Sprache den französischen Charakter ausdrückt, ist eine ganz andere Frage. Man könnte ebensogut behaupten, sie tue das Gegenteil. Denn sie ermöglichte nicht nur Menschen aus verschiedenen Regionen, sich auf gemeinsamem Boden zu treffen, einen gemeinsamen Schatz von Anspielungen zu finden, der ihren Gedanken Nuancen und Feinheit verlieh und ihre Verständigung in eine feinsinnige Kunst verwandelte. Der Entwicklung der Sprache saßen Schriftsteller vor, Höflinge und Verwalter, die zunehmend strenge Regeln aufstellten, die klassische Sprache zum Gegenstück der klassischen Kunst machten, eine Beschreibungs-

oder Sichtweise der Welt mit einer Harmonie, die die Menschen zu genießen lernten. Sie machten es fast zu einer Verschwörung um diejenigen, die seine Regeln beherrschten, von denen zu unterscheiden, die sie nicht kannten. Diese Art von Elitedenken ist heute nicht mehr annehmbar. Die literaturphilosophische Form, in die die Sprache gepreßt wird, wird heute nicht als Ausdruck des französischen Charakters im allgemeinen angesehen, sondern nur als die Vorliebe einer Minderheit. Viele andere Arten von Französisch beanspruchen Gleichstellung mit dem, was als «gutes Französisch» gilt, und erkennen nicht mehr die Überlegenheit eines Stils an, der von den Herrschern des Landes bestimmt wird. Ein Schuljunge, der sagt: «*Je sèche la philo et pousse en mob jusqu'au troquet écluser un godet et faire un flip*», (zu deutsch: Ich gehe nicht zum Philosophieunterricht, ich fahre meinen Motorroller bis zum Café, um etwas zu trinken und am Flipper zu spielen) verwendet eine Sprache, um die Eigenständigkeit seiner eigenen kleinen Welt zu unterstreichen, in genau der gleichen Art wie Bürokraten, die in pompöser Prosa Briefe schreiben: «*J'ai l'honneur de vous prier de bien vouloir*» (soll heißen: bitte), «*il ne saurait être question d'apporter à cette demande une suite favorable*» (soll heißen: nein), oder wie Geschäftsleute oder Sportler, die Franglais, also Französisch mit englischen Ausdrücken durchsetzt, sprechen.

Le Monde enthält ein englisches Wort auf 166 Wörter, und man schätzt, daß 5 Prozent des Französischen inzwischen Franglais ist. Sprachgelehrte haben nichts dagegen einzuwenden, daß die französische Sprache Lehnwörter aufnimmt – das gab es schon immer –, aber sie weisen jene Invasion zurück, die die Gebräuche ihres Landes ignoriert. Sie wollen, daß Lehnwörter entsprechend eingebürgert werden; für sie ist es unerträglich, daß Franglais die Regeln der Syntax, Semantik, Aussprache und Rechtschreibung nicht befolgt. Sie schätzen Importe aus Kanada oder sogar dem Senegal, die Exotik mit einem grundsätzlichen Respekt für ihren traditionellen Gebrauch verbinden. Warum, so fragen sie, soll man das scheußliche Wort Striptease benutzen, wenn *effeuillage* oder *chatouille-tripes* zur Verfügung stehen (und diese darüber hinaus den Vorzug haben, zwischen einem erfolgreichen und einem fingierten zu unterscheiden)? Es gibt Golfspieler, die sich dafür entschieden haben, keine englischen Wörter mehr zu benutzen – ihre «Caddies» wurden zu *cadets*, ihre Schläger zu *cannes*; «Cocktails» wurden zu *coquetèles*. Aber solche Art von Protest gleicht einem Murren über Zeiten, die sich ändern. Die Forderung, die Regierung solle die Sprache schützt, so wie sie die bedrohten Tierarten schützt, ist unrealistisch. Die Menschen benutzen Fremdwörter, weil sie sich als Teil einer internationalen Gemeinschaft fühlen, genauso wie sie Slang benutzen, weil sie Gruppen angehören, die noch begrenzter sind als ihre eigene Nation. Die Franzosen brauchen mehr als eine Sprache, um der ganzen Vielfalt ihrer Persönlichkeiten Ausdruck zu verleihen. Das Wiederaufleben regionalen Stolzes, die Forderung, wieder in Dialekten zu unterrichten, ist ein Ausdruck des Verfalls der Einheit als nationalem Ideal. Heute lernen 84 Prozent der Schulkinder Englisch – zur Bestürzung einiger Schulverwalter, die andere Alternativen für die Zweitsprache fordern, damit Englisch keine zu große Herausforderung wird. Aber in Privatschulen wählen 92 Prozent der Schüler Englisch. In Ostfrankreich, wo vor einer Generation noch 60 Prozent Deutsch als Zweitsprache lernten, liegt Englisch heute gleichauf mit Deutsch und hat es zuweilen auch überholt. Die Befürworter des Englischen argumentieren, daß es keine Bedrohung für Französisch darstelle: die Niederländer und Dänen lernen Englisch, ohne offensichtlichen Schaden an der nationalen Seele zu nehmen. Sie argumentieren, daß Englisch seinen Platz zwischen den zwei französischen Sprachen – dem literarischen und dem populären Französisch – habe und jede ihre unterschiedlichen Erfahrungen ausdrückt. Ausländer, die klassisches Französisch lernen und sich dem Land in der Sprache professioneller Autoren nähern, werden daran gehindert, die volle Breite aller möglichen Erfahrungen schätzen zu lernen. Die meisten Ausländer lernen in der Tat Frankreich nur über das geschriebene Wort kennen. Es gibt das Frankreich, dessen Sprache schönste Musik ist, dessen Reichtum, dessen Erfindungsgabe und Atmosphäre um so reizender und kraftvoller werden, je mehr man sie beherrscht. Nur eine kleine Minderheit lernt sie gut genug, um in den vollen Genuß zu gelangen. Aber Französisch ist nicht immer eine klare Sprache. Im Gegenteil, ihre zweite Eigenschaft ist ihre Fähigkeit, verbales Geschnatter zu tolerieren – eine Eigenschaft, die man früher hauptsächlich dem Deutschen zuschrieb. Vielleicht liegt es daran, daß die französische Philosophie viel von der deutschen übernommen hat. Man darf nicht annehmen, was auf französisch geschrieben sei, habe notwendigerweise eine Bedeutung, genausowenig wie ein abstraktes Bild etwas Verständliches bedeuten muß.

21   Wie man ihre Kultur erkennt

Ein Lehrer, für den die Lektüre von Balzac harte Arbeit ist: Das paßt kaum zu dem traditionellen Bild eines französischen Schulmeisters, der sich der Verehrung der Klassiker verschrieben hat. Aber Daniel Château, Rektor des weiterführenden Bildungsinstituts an der Technischen Fachhochschule in Reuil-Malmaison, beweist mit seiner Person, daß Bildung und Kultur nicht mehr notwendigerweise das gleiche sind. Er hat viele Diplome, aber sie haben nichts mit der klassischen Literatur zu tun. In der Auvergne geboren, hat er seinen heimatlichen Tonfall beibehalten. Der Sohn eines Handwerkers, Stukkateurs und Anstreichers wurde in einer Berufsschule ausgebildet, machte seinen Abschluß (*brevet*) in Industriekunde mit achtzehn. Man hoffte, daß er eines Tages den Familienbetrieb seines Vaters übernehmen würde (während sein Bruder, gleichfalls praktisch veranlagt, an der SNCF-Eisenbahnerschule ausgebildet wurde). Zwischen vierzehn und achtzehn verbrachte er zwei Drittel seiner Zeit in den Werkstätten der Berufsschule, erwarb handwerkliches Geschick, und nur zehn Stunden in der Woche wurden mit Mathematik und Naturkunde, Französisch und Bautheorie zugebracht. Seine Lehrer waren ehemalige Handwerker. «Kultur» stand nicht auf ihrem Lehrplan. Die Freizeit wurde mit Rugby und anderen Sportarten verbracht, und alle vierzehn Tage gab es einen Tanzabend. Zu Hause las sein Vater nie etwas anderes als die Tageszeitung, und er selbst öffnete freiwillig kaum ein Buch, bis er achtzehn war. Aus seiner Sicht war es jedoch noch viel schlimmer, daß seine Ausbildung ihn nicht einmal in die Lage versetzte, ein Bauunternehmen zu leiten. Sie konzentrierte sich zu stark auf Technik, er hatte nicht einmal gelernt, einen Kostenvoranschlag anzufertigen. Heute würde er jemandem in der gleichen Situation empfehlen, sein *Abitur* in Betriebswirtschaft zu machen und danach eine sechsmonatige praktische Lehre zu beginnen.

So ging er in die Welt hinaus, fühlte sich schlecht ausgerüstet und konnte dieses Gefühl nie loswerden. Das mag das wahre Kennzeichen eines gebildeten Menschen sein, der erkennt, daß man noch mehr lernen kann und daß er nie die richtige Antwort gefunden hat. Daniel war seither unaufhörlich Student, nicht von jenem alten Schlag, der studiert, weil er sich noch nicht reif für die Arbeit hält, sondern von dem neuen, dem Arbeiter, der immer auf der Suche nach neuen Qualifikationen ist, weil die Veränderungen ständig neue Möglichkeiten eröffnen. Während seines Wehrdienstes als Fahrer in Algerien begann er erstmals zu lesen; er belegte einen Fernkurs in Spanisch und Buchhaltung, um die Stunden des Wartens, bis die Abteilungen wieder zu ihrem Quartier zurückkehren mußten, auszufüllen. Nach seiner Entlassung schickte ihn sein Vater auf eine private Schule für Innenarchitektur nach Brüssel, damit er seine Kenntnisse erweitere. Dann arbeitete er als Dekorateur für verschiedene kleine Pariser Firmen, die Möbel und Gemälde restaurierten und ganz allgemein Inneneinrichtung betrieben. Das weckte in ihm ein Interesse für Kunst, und er schrieb sich für einen zweijährigen Abendkursus in angewandter Kunst im Centre National des Arts Manuels ein – eine Institution, wie er betont, in der ein Arbeiter nach zehn Jahren Abendschule zum Ingenieur aufsteigen kann. Wieder fand er das, was man ihn lehrte, nicht wirklich von Nutzen – «es war zu theoretisch. Die Lehrer unterrichteten Kunst ohne Bildbeispiele, erzählten uns, wir sollten in die Museen gehen und uns selbst die Gegenstände anschauen.» Daniel hatte nicht allzuviel Zeit dafür übrig. Er ging morgens um sechs aus dem Haus zur Arbeit, fuhr mit einem Auto, dem Bus und der Metro, war insgesamt mehr als drei Stunden am Tag unterwegs. Er besuchte seine Abendkurse zwischen sechs und neun Uhr. Wenn er gegen zehn Uhr nach Hause kam, war er oft bis Mitternacht oder länger mit privaten Aufträgen für Kunden beschäftigt, um seinen niedrigen Lohn aufzubessern. «Wir arbeiteten für die Ehre», sagte er. Er und seine Kollegen waren alle vom einfachen Anstreicher zum Dekorateur aufgestiegen, und sie waren stolz auf ihr Können. Das Problem war, daß er die bürgerlichen Kunden, mit denen er zu tun hatte, nicht mochte; sie änderten ständig ihre Meinung und gaben ihren Neigungen nach wie kleine verzogene Kinder. «Wir wußten, daß ohne das Bürgertum das Dekorationsgeschäft nicht existieren konnte, aber sie vergifteten unser tägliches Leben.» Dies und die schwere Arbeitssituation veranlaßten ihn, sich in einem anderen Kursus an der Abendschule einzuschreiben, der drei Jahre dauerte und ihn qualifizierte, sich als Dekorationslehrer zu bewerben.

Er fällte diese Entscheidung 1968, als das Dekorationsgeschäft plötzlich nachließ: Das Bürgertum schien plötzlich etwas dagegen zu haben, daß Arbeiter in ihre Häuser kamen. Als Lehrer konnte Daniel auf die Sicherheit einer Beamtenposition und regelmäßige Ferien hoffen, und er konnte auf dem Land leben, er glaubte, zurück in seine heimatliche Auvergne ziehen zu können. «Ich erkannte, daß ich eine bessere gesellschaftliche Position als Lehrer einnehmen würde, aber vor allem spürte ich meinen Mangel an Allgemeinbildung, weil ich in der Abendschule Menschen traf, die eine höhere Bildung genossen hatten, und das verschaffte mir einen großen Minderwertigkeitskomplex. Sie waren so lässig, in ihrer Art zu reden und sich zu geben. Den alltäglichen Problemen des Lebens gegenüber hatten Sie eine tolerante Einstellung, die ich nicht hatte, wie zum Beispiel in meinen Begegnungen mit bürgerlichen Kunden.» Er wurde auch durch die Tatsache beeinflußt, daß seine Schwester Grundschullehrerin geworden und ihr Mann, ein Arbeiter, ebenfalls zum Lehrer aufgestiegen war. Sein Schwager war Journalist, und er fühlte sich als der Ausgeschlossene. Etwas später wurde er zu einem ganztägigen Lehrerseminar in Lyon zugelassen. «Das war der Gipfel. Ich meinte endlich, ich würde gebil-

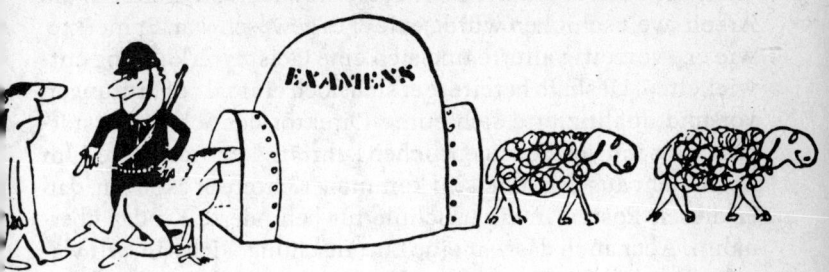

Siné

det», weil er nicht länger nur eine technische Ausbildung war, die er erhielt. Der Professor führte die Studenten durch die Stadt und erklärte Kunstschätze und Denkmäler. Er studierte Psychologie und lernte, sich auszudrücken. Hauptfach des Unterrichts war natürlich Pädagogik, was ihm ein Gefühl der Sicherheit vermittelte. Ihm wurde genau beigebracht, was und wie er unterrichten müsse, und erst im Rückblick, meint Daniel, war es ein Fehler, denn das Lehrerdasein sei doch nicht so einfach: «Die Fähigkeit zu unterrichten ist wirklich angeboren, entweder man kann den Kontakt herstellen oder man kann es nicht.» Seine Dozenten brachten ihm nicht bei, wie er über die angebotenen Konzepte hinausgehen konnte. Dennoch, mit dreißig wurde er endlich *professeur*, Lehrer an einer Berufsschule.

Sein Traum, in die Auvergne zurückzukehren, verwirklichte sich nicht, denn seiner Frau wurde prompt eine Stellung in Paris angeboten, die zu gut war, um sie abzulehnen (sie ist Buchhalterin und verdient mehr als er). Noch wurde sein Traum von einem kulturellen Leben Wirklichkeit. Die Schulverwaltung erwies sich als zu strikt für seinen Geschmack; sie schrieb ihm genauestens vor, was er zu tun habe, und das zu oft. Er hatte keinen Respekt vor der Hierarchie, fand, die Lehrergewerkschaft sei zu sehr mit ihren eigenen ideologischen Kämpfen beschäftigt und vernachlässige die Kinder. Ihm ging auf, daß er seinen Schülern einfach die gleiche Ausbildung vermit-

413

telte, die auch er erhalten hatte, die sie so unvorbereitet in die Arbeitswelt schicken würde, wie er es gewesen war. Er merkte, wie er «vorzeitig alterte und sich eine Geistesverkalkung entwickelte». Deshalb bereitete er sich noch einmal auf Prüfungen vor und qualifizierte sich zum «Direktor der Schulwerkstätten», was ihn von der eigentlichen Lehrtätigkeit freistellte. Um noch mehr aus dem Gleis zu kommen, richtete er es so ein, daß er diesen Posten in einer Schule für behinderte Kinder übernahm. Aber auch das war eine Enttäuschung: «Ich sah, wir waren machtlos. Die Kinder brauchten einen Arzt, keinen Anstreicher.» So ging er in die Fortbildung. Heute organisiert er Kurse für Berufstätige, die ihre Qualifikationen oder Allgemeinbildung verbessern wollen, entweder in einem Zeitraum von neunzig Stunden pro Jahr, die ihnen per Gesetz als Bildungsurlaub zustehen und vom Arbeitgeber bezahlt werden müssen, oder als Arbeitslose, die einen neuen Beruf erlernen müssen.

Wieder einmal jedoch befindet er sich in einer Reihe von Zwangslagen. Er glaubt, daß diese Art der Bildung im wesentlichen nur Allgemeinbildung bietet, doch hat er den Eindruck, daß es ihm persönlich leichter fällt, mit den technischen Ausbildern umzugehen als mit den Lehrern literarischer Themen. Auf jeden Fall sind die technischen Ausbilder selten in der Lage, die neuesten Techniken zu unterrichten. Seine Arbeit besteht darin, Arbeitgeber zu suchen, die willens sind, ihre Arbeiter für den Unterricht während der Arbeitszeit freizustellen, doch die Arbeitgeber wissen, was sie wollen: keine Bildung, sondern sofort umsetzbares Training. Die Präfektur von Hauts-de-Seine zum Beispiel benötigt Beamte, die bestimmte Formularmodelle vorbereiten und bearbeiten können; sie hat dreißig Arbeitsplätze anzubieten, die auf diesem Niveau nach einem Wettbewerb vergeben werden: Einhundertfünfzig jüngere Beamte haben sich für den Kursus angemeldet, doch die meisten werden nicht befördert und erwerben auf diese Weise eine nutzlose Fertigkeit. Die Zeit ist noch nicht reif dafür, daß die Arbeiter, und nicht die Arbeitgeber, Kurse auf die Beine stellen, die sie wirklich interessieren, die drohende Arbeitslosigkeit läßt dies zu sehr wie einen Luxus erscheinen. Kurze Spezialkurse, die seinerzeit in Mode waren, sind heute weniger nützlich, da sich die Nachfrage so schnell ändert. Eine gute Grundlage in Mathematik wird vorausgesetzt, um an einem Elektronikkurs teilzunehmen, zum Beispiel, doch nur wenige Arbeiter verfügen darüber; eine untergeordnete Ausbildung in diesem Bereich erweist sich als ein Training für einen Arbeitsplatz, der nicht besteht.

Wohin wird sich Daniel Château, jetzt zweiundvierzig, der in einer äußerst beeindruckenden, selbst eingerichteten Wohnung in Paris lebt, wenden? Nachdem er nun eine angesehene Stellung erreicht hat, plant er, hierin sich selbst treu, für die Zukunft. Er ist wieder zur Abendschule gegangen, um noch ein Zeugnis einzuholen, um sich als «Ökonom der Psychologie» zu qualifizieren – das heißt als Industriepsychologe. Er genießt es, weil er eine Einführung in die Soziologie, Statistik und Psychologie erhält. Er hat Freud und Adler gelesen, auch wenn er sie recht schwierig findet, und er hat bislang noch keine dieser Theorien auf sich selbst angewandt. Er ist von Natur aus kein sich selbst beobachtender Mensch. «Ich brauche einen Führer», sagt er, um zu erklären, warum seine Suche nach Kultur immer durch eine Schulung erfolgt. Er sehnt sich nach einer umfassenderen Allgemeinbildung, doch es fällt ihm schwer, selbst die Türen zu öffnen. Er ermöglicht seinem Sohn eine klassische Ausbildung, damit er nicht sein Leben lang in Abendschulen zubringen oder bis in die Nacht hinein arbeiten muß. Er will seine Spezialisierung so lange wie möglich hinauszögern oder ihm zumindest die Möglichkeit geben, seine Wahl frei zu treffen. Und doch, sagt er, «hat Bildung mich immer enttäuscht, als Lehrer wie als Schüler».

Er diskutiert mit seiner Frau nicht über seine Arbeit – «es geht sie nichts an». Dafür aber planen sie ihren Urlaub gemeinsam, der ihre größte Freude ist. In den letzten sechs Monaten haben sie eine Woche in Österreich und fünf Tage in der Auvergne verbracht, und eine Woche sind sie in den Pyrenäen Ski gelaufen. Sie haben ein Landhaus fünfzig Kilometer von ihrem Wohnort entfernt gemietet, zusammen mit den Verwandten seiner Frau, so daß sie an den Wochenenden aufs Land fahren können. Daniel macht nichts Besonderes dort, nicht einmal ein bißchen Gartenarbeit; er «genießt einfach die frische Landluft». Sein Sohn geht gerne angeln, in der Nähe ist dies möglich, und mag andere Sportarten, Judo, Tennis und Musik. Daniel ist ständig auf der Suche nach dem guten Leben, und er ist sich nicht sicher, daß er es gefunden hat. Er ist ein Mann der Linken («Man kann kein rechtsgestrickter Lehrer sein», sagt er). Aus diesem Grunde gilt sein Hauptinteresse dem Menschen und nicht materiellen Gütern. Er hat das Gefühl, daß die «Fähigkeit zu denken, zu überlegen» erlernt werden kann, daß «unsere Erziehung uns die ganze Zeit bestimmt», daß es irgendwie eine Weisheit gibt oder, genauer gesprochen, eine Gelassenheit, die sich ihm entzieht. Er kann sich nicht selbst mit einem Zitat von Horaz oder Pascal beruhigen. Dies ist das Zeichen einer neuen Art des gebildeten Menschen.

Man vergleiche sein intellektuelles Leben mit dem von Françoise Flageolet, die ungefähr im gleichen Alter ist und ebenfalls das Kind eines Handwerkers – in ihrem Fall ein Marmorpolier aus der Champagne. Sie erhielt eine Berufsausbildung, ohne daß ihre Eltern sie fragten, was sie werden wolle. Sie ließen sie einfach zur Sekretärin ausbilden, weil ihre Mutter dachte, das sei ein herrlicher Beruf. Aber letztes Jahr besuchte Françoise während ihrer Arbeitszeit einen Lehrgang in Allgemeinbildung, indem sie ihr Recht auf die neunzig Stunden Bildungsurlaub pro Jahr in Anspruch nahm. Er wurde von zwei «Animateuren» geleitet. Der erste hielt eine Vorlesung über Kunst – Cézanne, Picasso, abstrakte Malerei –, über Romane (sie schrieb einen Aufsatz über Dostojewskis *Der Idiot*), über Musik (in der Hauptsache Mahler), den amerikanischen Film (sie las Jean-Luc Godards *Geschichte des Films*), über Literatur (sie hat einen Roman von Balzac gelesen, den Titel aber vergessen), über Psychoanalyse (Freud, Jung, Lacan). Der zweite Animateur bot mehr Diskussion als Vortrag. Sie konnte weniger damit anfangen und kritisiert, daß es mehr persönliche Meinungen als Fakten gab: Sie diskutierten über Gewalt, die Familie, Rassismus, sie schrieb einen Aufsatz über das Drogenproblem. Das Eklektizistische in diesem Kurs gefiel ihr jedoch. Sie kauft mindestens hundert Bücher im Jahr. Ihre Lektüreliste für die nächsten drei Monate, die sie aus Zeitungskritiken und persönlichen Empfehlungen zusammenstellt, enthielt das letzte Buch von Konrad Lorenz (sie hat schon einige von ihm gelesen), von Naipaul über den Islam, die Memoiren von Galbraith, Anthony Burgess' letzten Roman, Yvon Gattaz' *La Fin des Patrons* (in ihrem Wunschdenken glaubt sie, es handle über das bevorstehende Verschwinden der Chefs), Lesourne über Zukunftsforschung, ein Buch über Astronomie, ein weiteres über *Science et Conscience* und zwei über Freiheit und Macht. Der intellektuelle Horizont von Françoise ist nicht durch die Bildung erweitert worden, sondern durch ihre Freunde und ihre Arbeit. Sie lebt mit einem Ingenieur zusammen, mit dem sie eine fünfjährige Tochter hat; sie halten es für unnötig zu heiraten. Sie träumen davon, eine eigene Firma auf kooperativer Grundlage aufzubauen, die Solarenergieeinheiten herstellen soll. Sie wurde Sozialistin, weil sie der Meinung ist, es sei wichtig, sich dafür zu interessieren, was um einen herum geschieht, aber ihr steht nicht der Sinn nach einer aktiven Parteimitgliedschaft, weil die politischen Parteien hierarchisch organisiert sind und sie genug Probleme hat, mit der Hierarchie in ihrer Firma fertig zu werden.

Sie brauchte fünf Jahre, bevor sie eine Stellung fand, die ihren latenten intellektuellen Kräften gerecht wurde. Nachdem sie Sekretärin einer Reihe von Geschäftsleuten («Die dachten alle, sie hätten recht, und meine Aufgabe sei es, ja und amen dazu zu sagen») und Verkäuferin in einem Elektrogeschäft gewesen war, wurde sie in einer Informations- und Presseagentur angestellt. Sie sollte Zeitungsartikel ausschneiden und begann so, Zeitungen zu lesen. Heute ist ihr Titel «Leiterin der Informationsabteilung». Ihre Neugierde wird angefacht – und sie macht sich Sorgen darüber, daß sie zum Stillstand kommen könnte, wenn sie nicht weitergeht: «Ich will nicht aufhören; das Leben bedeutet, sich zu verbessern und vor allem, an andere Menschen zu denken.» Es gibt zuviel Egoismus um sie herum, zuviel Gier nach Besitz, zuviel Anspruchsdenken statt der Bereitschaft, seinen Mitmenschen zu helfen, nicht genug menschliche Wärme (ihr Gatte – so nennt sie ihn – sagt, in Kanada könne man noch menschliche Wärme finden). Sie will demnächst einen Kursus in Biologie belegen, um sich auf das autarke Haus vorzubereiten, das sie im Süden von Frankreich planen, wo sie bereits einen Hektar Land gekauft haben. Aber sie wollen mehrere Häuser errichten, damit die Geschäftspartner in der Nähe wohnen können, mit gemeinsamen Sportplätzen und Kultureinrichtungen, während sie ansonsten zurückgezogen leben können. Glück ist für sie, «in dieselbe Richtung zu schauen, übereinzustimmen, sich freier zu fühlen und nicht von irgendeinem Chef herumgestoßen zu werden». Sie glaubt, daß man immer einen Boss brauchen wird, aber der sollte von den Arbeitern gewählt werden, und er sollte sie nicht wie Maschinen behandeln. Außerdem will nicht jeder Boss sein. Sie ist verbittert, daß die Firma von den Angestellten über Wasser gehalten, aber von einer Frau geleitet wird, die das Unternehmen von ihrem Vater erbte. Françoise ist nicht auf dieselbe Weise enttäuscht wie Daniel Château, sie hat eher utopischen und intellektuellen Trost für ihr Gefühl, daß sie etwas im Leben verpaßt, im Vergleich zu seinem rastlosen Bemühen um Jobs und Zeugnisse. Ihre Fähigkeit, sich von Ideen anregen zu lassen, mag in ihrer Familie liegen, die häufig einen entscheidenderen Einfluß ausübt als die Schule. Bei genauerer Befragung stellt sich heraus, daß sie der Mittelschicht näher steht, als sie zugeben will. Ihr Vater hatte sein eigenes Geschäft. Nun, im Ruhestand, ist er Kulturreferent seiner Gemeinde geworden und Kunstmaler. Sie reagiert ein wenig schockiert auf die Frage, ob sie in ihrer Jugend jemals Armut gekannt hat; sie zögert, ihr genaues Alter anzugeben. Ist «Kultur» das Hobby und das Erbe der Mittelschicht?

Die Vorstellung, daß man an einer nationalen Kultur teilnehmen muß, um im wahrsten Sinne Franzose zu sein, wird nicht länger allgemein anerkannt, weil dieses Ziel sich als unerreichbar herausgestellt hat. 1976 untersuchte eine Enquêtekommission dieses Thema und gab zu, daß «das französische Kulturleben sich nicht im geringsten vereinheitlicht hat, sondern im Gegenteil jedes Milieu als geschlossener Kreis funktioniert und seine eigene Kultur hervorbringt und konsumiert. Es ist wie eine Reihe von Wirbelwinden, die sich ohne Austausch gegenüberstehen.» Im letzten Jahrzehnt haben die Franzosen ihre Ausgaben im Freizeitbereich fast verdoppelt, für die Kultur aber nur 10 Prozent mehr ausgegeben. Die offizielle Nationalkultur wurde als Angelegenheit einer winzigen Minderheit von ein paar tausend Menschen erkannt, und die Planer schlossen: «Dieser Club kann nicht beliebig erweitert werden.» Die Hoffnung, die breite Masse zu verändern, wurde aufgegeben. Staatliche Subventionen wurden als Hilfsmaßnahmen lediglich für eine Minderheit erkannt, die ihre besonderen Aktivitäten unterhielt, um sich von der Masse abzuheben. Wenngleich die Zahl der Museumsbesucher ansteigt, sind weder Kunst noch Literatur zu zentralen Anliegen geworden; nur 2,5 Prozent der Haushaltsaufwendungen werden für «kulturelle Aktivitäten» ausgegeben, 20 Prozent dagegen für andere Zerstreuungen. Die traditionelle Kultur wird sicher noch immer von denen geliebt, die statusbewußt sind, von anderen aber als oberflächliche Tünche verurteilt, als «eine Kunst, Floskeln und höfliche Konversation auszutauschen», die sich seit dem 17. Jahrhundert grundsätzlich nicht verändert habe. Es war die Kunst, mit der guten Gesellschaft Schritt zu halten, von Zeit zu Zeit in die richtigen Galerien und Konzerte zu gehen, um die richtigen Dinge sagen zu können. Das Wesen der Kultur der Franzosen ist, daß sie sich nicht einigen können, welche Dinge das sein sollen.

Diejenigen, die die alte Sichtweise in Frage stellen, haben versucht, der Kultur eine neue Bedeutung zu geben. Sie war einst ein Weg, der Barbarei, dem Heidentum und dumpfem Provinzialismus zu entkommen. Sie wurde früher durch Bücher, Theaterstücke und Dichtung bestimmt. Aber die Kriterien des guten Geschmacks werden heute von einigen als altmodisch betrachtet, und sogar die Vorstellung von Kriterien überhaupt wird angefochten. Statt dessen wird vorgeschlagen, daß Kultur etwas gänzlich anderes werden soll. Zunächst ist ihre Funktion die Verteidigung des Individuums und kleiner Gruppen gegen die zunehmende Vereinheitlichung der Medien, gegen die Passivität vor dem Fernsehschirm oder dem Fußballspiel. Sie soll Individualität stimulieren und die unendlich verschiedene Kreativität ausdrücken, die potentiell in allen Menschen steckt. Es soll keinen Versuch mehr geben, diese Kreativität in anerkannte Formen zu pressen. Der Staat hat in der Tat akzeptiert, daß nicht etwa Funktionäre oder Lehrer gebraucht werden, sondern «Animateure», eine neue machtlose Gattung, die nicht die Führer, sondern die Diener des Geschehens sind, an dem sie teilnehmen. Weiter wird Kultur als Instrument angesehen, neue Formen der Sensibilität zu erzeugen, Individuen aus verschiedenen sozialen Gruppen in neuen Formen gemeinsamer Begeisterung zusammenzubringen, die im Endeffekt eine Neuauflage der mittelalterlichen Feste und des Karnevals sind. Doch anders als traditionelle Riten laden moderne Festivals die Menschen ein, ihre Unterhaltung selbst zu erfinden und ihre eigenen Ideen auszudrücken. «Kultur», schrieb Jack Lang, als er noch das Festival der freien Theatergruppen von Nancy organisierte, «ist der Kampf für das Recht, frei zu leben.» Dort versuchte man, den Einfallsreichtum zu betonen, «die kreativen Fähigkeiten in uns allen anzuregen», eine Form der Revolution zu sein, aber auch zu vermeiden, in eine bloße Gegenkultur abzugleiten, in der rivalisierende Sektierer sich gegen alle abschließen. Das ist ein grundverschiedenes Verständnis zu dem des Beamten im Kultusministerium, der sagte, daß Frankreich kulturell ein heidnisches Land sei, dringend missionarischer Bekehrung bedürfe, wobei er die gleiche Terminologie benutzte, die Christen gegenüber Ungläubigen verwenden. Die Kultur teilt heute Frankreich, statt es zu vereinen, weil viele ihrer Manifestationen Entsetzen und Freuden zugleich hervorrufen. Diese Unstimmigkeit ist in sich selber eine Quelle des Vergnügens für einige. Die Illustrierte *Esprit* drückte es in ihrem Manifest von 1977 so aus: «Wir glauben nicht an eine Gesellschaft ohne Widersprüche, sondern vielmehr an eine Gesellschaft der Vielfalt und des Konflikts, in der die Fähigkeit zu analysieren, zu führen und zu kritisieren – die die Organisatoren und Intellektuellen sich angeeignet haben – den Menschen im gewöhnlichen Leben zurückgegeben werden sollte», und daß die Menschen statt eine Kultur für die Massen zu produzieren und ihnen zu sagen, was sie zu denken haben, «die Grenzen der Vernunft und der Wichtigkeit sowie den Wert der Konflikte erkennen sollten».

Das Kultusministerium wurde von General de Gaulle in der Hoffnung geschaffen, Frankreichs Ruf als Mutter der Künste wiederzubeleben. Aber die grandiose Wunschvorstellung des Romanschriftstellers André Malraux, der diese Aufgabe als erster Minister übernahm, endete mit einem symbolischen Fehlschlag. Malraux hielt dafür, daß Kunst die neue Religion der Menschen sei, die aufgehört hätten, an Gott zu glauben. Das Kunstzeitalter sollte dem Bildungszeitalter folgen, das mit dem Schulzwang eingeläutet worden war und nun seine Ziele erreicht hatte. Er wollte den Massen die Kultur nahebringen, so wie Jules Ferry ihnen die Bildung gebracht hatte. Er stellt sich als Apostel der modernen Kunst vor, die die Welt vereinen könne, wenn alle Menschen erst einmal gelernt hätten, die Meisterwerke aller Nationen zu schätzen. Das würde geschehen, weil die moderne Kunst keine Geschichten mehr erzählt, sondern rein visuell ist. «Unsere Epoche bewundert, was sie nicht versteht.» Kunst gehe weit über das Verstehen hinaus, und Kunst sei, was Frankreich wirklich bedeute. «Ich bin Frankreich», sagte er gewöhnlich, in der gleichen Weise, wie Picasso ausrief: «Ich bin Gott». Er setzte eine Idee der Volksfront in die Tat um, indem er in den Provinzen Kulturzentren einrichtete, die *Maisons de la Culture*, die er gern Kathedralen des 20. Jahrhunderts nannte. Hier konnten sich alle Bereiche der Gemeinden treffen, um zu diskutieren und um ihre Kreativität auszudrücken, also um der Kunst zu huldigen. Der Erfolg zumal der experimentellen Theater hat sich jedoch nur im Spannungsfeld der Sichtweise von Kunst als Tradition und Kunst als Innovation gezeigt. Wenn Malraux sich auch selbst einen «Spezialisten in Sachen Rebellion» nannte, so hatte er doch eine konservative Einstellung zur Kunst und war besessen von der Vorstellung vom Museum als Hort der Kunst. Sein Bemühen um die Kunst war letztlich ein Bemühen um die Vergangenheit.

Pompidou ließ den Präsidentenpalast im modernen Stil einrichten und mit zeitgenössischen Gemälden ausstatten. Giscard riß alles heraus und ersetzte es im französischen Stil des 18. Jahrhunderts, den er für perfekt hält. Pompidou hatte vor Ausländern keine Angst: Die Oper überließ er einem Schweizer, das Musée de l'Art Moderne einem Schweden; das Centre Beaubourg ist so international geworden, daß man ihm vorgeworfen hat, «ein Instrument der berüchtigten franko-amerikanischen Kunstlobby» zu sein. Aber die nachfolgenden Kultusminister haben eher dem Erhalt alter Monumente den Vorzug gegeben als der Förderung neuer französischer Stile. Es ist schon paradox: Indem sie versuchten, dem formlosen Amerikanismus zu widerstehen, restaurierten sie Versailles größtenteils mit Geldern amerikanischer Philantropen, die von der amerikanischen Frau des dortigen Kurators zusammengetragen wurden. «Es ist nicht mehr Versailles», klagt einer, der meint, der Palast sei übermäßig restauriert worden, «es ist Technicolor made in USA.»

Dies ist mehr als der alte Streit der Alten gegen die Modernen, der sich durch die ganze Geschichte der französischen Literatur zieht. Als Jack Lang, der Kultusminister, noch in der Opposition war, schrieb er, daß «alles kulturelle Handeln gegen die Macht gerichtet sein muß». Aber er sagte auch, daß das Fernsehen «pädagogischer» ausgerichtet werden sollte. Frankreichs gegenwärtige Kulturkrise handelt von der Schwierigkeit, eine neue Form der Pädagogik zu entwickeln. Denn Kultur ist heute Erfahrung und nicht Lehre. Die alte Kultur lehrte die Menschen, was richtig war. Die neue Kultur erlaubt jedem einzelnen, sich seine Erfahrungen auszusuchen. Kultur kann sich nicht länger als einziges Ganzes darstellen, das die Menschen entweder als Kenner gutheißen oder als Banausen ablehnen. Sie ist eine Erweiterung der Horizonte, genauso wie das Kennenlernen anderer Menschen. Niemand kann vorhersagen, wie zwei Menschen aufeinander reagieren, noch darauf bestehen, daß sie sich mögen müssen.

22 Wie man die Auswirkungen ihres Bildungssystems beurteilt

«Meine Ausbildung widerte mich an, und ich verachtete den Unterricht, den ich bekam.» Jean Effel, Frankreichs produktivster Karikaturist (von dem Malraux einst sagte: «Von uns allen

ist Effel derjenige, der mit größter Sicherheit überleben wird»),
lebt heute im Ruhestand. Aber er erzählt voller Leidenschaft
von seinen Schultagen. «Ich hatte nie einen guten Lehrer. Sie
waren alle Langweiler. Keiner sagte uns, was ein gutes Gedicht
ist. Sie erklärten uns nie, warum wir unseren Stoff lernen mußten. Und als ich von der Schule ging, erkannte ich, daß sie mir
Dinge beigebracht hatten, die sie selbst nicht erklären konnten.» Er nimmt noch immer übel, daß er ständig in die Ecke
geschickt wurde. Daß ein Mensch nach fünfzig Jahren noch
meint, er sei noch immer als schlechter Schüler gebrandmarkt,
sagt einiges über die Stellung der Schule im Leben der Franzosen aus. Es kennzeichnet nicht etwa Haß auf die Schulen, sondern eine Haß-Liebe, denn Effel bedauert zutiefst, daß er nie
einen guten Lehrer hatte. Und er betont, daß er das Vergnügen,
das er daraus beziehe, ein Franzose zu sein, weitestgehend darauf zurückführt, daß er und seine Landsleute eine gemeinsame
Grundlage haben, die aus ihrer Grundschulzeit stammt: alle
kennen die Fabeln von La Fontaine, genau wie alle Käse mögen
und Brot und Wein; ihnen allen ist die «altehrwürdige Sitte des
Herumalberns» und «eine gewisse Art, das Leben anzunehmen» gemeinsam.

«Ich bin der einzige in meiner Familie, der nicht Lehrer
wurde», sagt er. Sein Bruder ist Professor für Archäologie, seine
beiden Schwestern unterrichten, seine Mutter war Deutschleh-
rerin, der dann Englisch aufgebürdet wurde. Die Familie hat es
weit gebracht, denn sein Vater war ein uneheliches Kind, das nie
über die Grundschule hinauskam, Handlungsreisender wurde
und es schließlich mit seiner Kurzwarenfirma zu bescheidenem
Reichtum brachte. Bildung war der nächste Schritt in Richtung
Ehrbarkeit. Aber der soziale Aufstieg brachte Repressionen mit
sich, die Jean Effel nicht ertragen konnte. Seine Mutter, so meint
er, mißbrauchte ihre Macht über ihn. «Ich fühlte mich freier in
der Armee als in der Schule oder zu Hause.» Sein Vater zwang
ihn, seine Kunden zu Geschäftsessen und in die Oper auszuführen, die er noch immer haßt: «Wir trauten uns nicht, mit ihnen
in die Folies Bergères zu gehen.» Schließlich wurde er aus dem
Betrieb entlassen, mit dem Geschenk von 800 Francs, die er für
den Kauf einer Ausrüstung verwandte, um sich als Künstler ein-

zurichten. Er begann für Zeitungen zu zeichnen, weil nur die sofort bezahlten: innerhalb eines Jahres verdiente er viermal soviel wie in der Firma seines Vaters. Er unterschrieb mit Effel – ein Spiel mit seinen Initialen, denn sein wirklicher Name war François Lejeune –, um eine eigene Identität zu schaffen. Er wurde ein Mann des linken Flügels, «wenn auch nur aus Opposition zu meinen Eltern».

Ein Kind, das zu selbständig ist, hat fast immer irgendwelche Schwierigkeiten in der Schule. Effels Originalität brachte ihn darauf, den Humor der Zeitungskarikaturen umzugestalten. Zeitungsredakteure dachten sich früher die Themen, zu denen sie Karikaturen brauchten, selber aus und baten einen Karikaturisten, sie zu illustrieren, etwa die aufgespreizte Moral über leichte Mädchen oder über verführtes Personal, die dann in den Bildlegenden mit ein paar Zeilen kommentiert wurden. In Frankreich gibt es eine reiche Tradition der Karikatur. Zu Daumiers Zeit zeichnete der Karikaturist, und der Zeitungsredakteur verfaßte die Bildlegende. Effel machte aus dem Karikaturisten einen neuen Literaten, einen Poeten. Sein Prinzip lautete, nichts zu tun, was andere vor ihm gemacht hatten. Er stellte dies unter Beweis, indem er nicht die übliche dünne Feder benutzte (wie etwa Ronald Searle sie bevorzugte), sondern eine dicke. Sein Meisterwerk, *Die Schöpfung der Welt*, ist das Ergebnis. «Es hat nichts mit Gott zu tun, sondern ist die Geschichte eines Arbeiters.» Gott wird vorgestellt als einfacher, netter alter Mann, der eine große Arbeit zu erledigen hat. Er wird von kleinen Engeln unterstützt, in einer Verbindung, die an eine idealisierte Fassung eines weisen Lehrers und glücklicher Schüler erinnert: Er hat eine schwarze Tafel, auf die Er schreibt, um die Schöpfung anzukündigen: Ich werde sein, du wirst sein, er wird sein. Als Karikaturist gibt sich Effel letztendlich doch als guter Schüler zu erkennen. Sein Werk gründet auf der erneuten Lektüre seiner Schulbücher, aus denen er die Realien bezieht, die er in seine Zeichnungen einbaut; er benutzt die Larousse Encyclopédie (Ausgabe von 1914), die seiner Großmutter gehörte, für seine anatomischen Zeichnungen (Venen in rot, Nerven in gelb). Er mag Enzyklopädien und Wörterbücher, «und ich brauche sie, weil ich nicht buchstabieren kann». Daraus schafft er seine Gedichte. Er vergleicht seine Arbeit mit chinesischen Gedichten (obwohl er zugibt, daß er kein Chinesisch versteht), deren Kunst offensichtlich darin besteht, daß ein unerwartetes Adjektiv einem Hauptwort und wenige Zeichen einer Zeichnung beigefügt werden. Seine Zeichnungen sind der Ausdruck seiner poetischen Vorstellung, die auf ihre einfachste Form zurückgeführt wird; die Bildlegende ist die letzte Zeile des Sonetts, und die Zeichnung ist das übrige Sonett. Er fügt so wenig Text wie möglich hinzu und widmet den Satzzeichen große Aufmerksamkeit. Ohne Untertitel kann er nicht zeichnen, «das ist eine völlig andere Sparte, wie Ballett oder Pantomime im Vergleich zum Theater». Er kann Ballett nicht ausstehen, er liebt die Worte, wollte immer Bühnenautor und Maler werden. Seine Karikaturen sind seine Theaterstücke, mit Personen, Text und Dekoration: «So habe ich gefunden, was ich suchte.»

Aber er fand auch, was seine Lehrer nicht gesehen hatten. Sein Können besteht darin, die Logik bis in ihre absurden Schlußfolgerungen zu treiben, indem er offensichtliche Fakten zu wörtlich nimmt, Themen verbindet, die in verschiedenen Kontexten auftreten, und langweilige Themen aufheitert. Gott setzt die Sterne an den Himmel, indem er zur Freude seiner kleinen Engel ein Feuerwerk entfacht. Er schleudert den Planeten Saturn ins Weltall wie ein Diskuswerfer. Er stellt den Sand der Strände in der Kaffeemühle her, während das Eis, auf dem die Engel auf der Straße ausrutschen, vom Teufel gemacht wird. Gott ist ein einfallsreicher, bezaubernder Lehrer. Als er einen Hund sieht, der seine Hinterpfote gegen das Bein eines Jungen anhebt und es anpinkelt, sagt Gott zu ihm: Siehst du jetzt, warum ich den Baum vor dem Hund erschaffen habe? Unter solchen Bedingungen macht das Lernen Spaß. Effel beobachtete drei Operationen in einem Krankenhaus, bevor er seine Karikatur von Eva zeichnete, die aus der Rippe Adams geformt wird. Er hat einen Weg gefunden, seinen Unabhängigkeitssinn mit der Aneignung von Wissen zu verbinden. Der einzige Rat, den er jungen Karikaturisten gibt: Schreib deine Unterschrift leserlich.

Er ärgert sich sehr über jede Bedrohung seiner Originalität; hier zeigt sich vielleicht die nationalistische Beeinflussung aus seiner Grundschulzeit. Die Amerikaner sind seine *bêtes noires*: «Sie sind so stolz darauf, daß sie mächtig sind, sie glauben, man liebt sie, doch wir verachten sie; das Beste, was de Gaulle machte, war, ihnen zu sagen, sie sollten abhauen; man sieht sie nicht mehr in Uniform in Frankreich, und das ist gut so; sie heiraten selten jemand aus Frankreich, weil sie so grob sind, und ihre Kinder sind schlecht erzogen.» Er findet es unerklärlich, daß sie in so vielen Bereichen des Lebens an die Spitze gelangen. Sein Vater schickte ihn für ein Jahr nach England, damit er das Kurzwarengeschäft erlerne; er spricht recht gut Englisch und ist «einer der wenigen Franzosen, die zum Frühstück Tee trinken» (was nicht so selten ist, denn 19 Prozent tun dies, wenigstens manchmal); er verdankt der britischen Armee, daß er 1940 aus Dünkirchen ausgeschifft wurde, im Zustand der Trunkenheit übrigens, nachdem er eine Flasche gestohlenen Bénédictine-Likör geleert hatte; aber er ist der Meinung, daß es einen tiefen geistigen Abgrund zwischen England und Frankreich gebe, der letztendlich dem Protestantismus der Engländer zuzuschreiben sei.

Seine *Schöpfung der Welt* wurde nie in den Vereinigten Staaten veröffentlicht, und sie wurde nur in einigen wenigen tausend Exemplaren in England verkauft. «Das liegt daran, daß die Protestanten das Alte Testament zu ernst nehmen», sagt er. Sein Buch ist jedoch in siebzehn Sprachen übersetzt worden und lief am besten in der Bundesrepublik, wo 1750000 Exemplare verkauft wurden (verglichen mit 1 Million in Frankreich); es war auch in den Ländern der kommunistischen Welt erfolgreich. Seinen Kerzenleuchter hat er sich von seinen Tantiemen in der Tschechoslowakei gekauft. Er hat insgesamt ein Jahr in Rußland gelebt, wo er seinen Lebensunterhalt mit Zeichnen verdiente. Seine Begeisterung für die russische Revolution hat nicht nachgelassen: Wenigstens, so sagt er, kennen die Russen keine Arbeitslosigkeit. Er hat sich jedoch nie einer Partei angeschlossen. Er beklagt, daß der Sozialismus nie irgendwo etwas geändert habe; nach wie vor gebe es Bedarf für eine neue französische Revolution, um die Industrie so zu reorganisieren, daß sie den Menschen diene und nicht umgekehrt. Als 1948 die amerikanische Hilfe kam, zeichnete er eine Karikatur, die Uncle Sam zeigte, der Frankreich-Marianne mit einem Karren voller Bomben überfuhr. Doch als General de Gaulle für sieben Jahre zum Präsidenten gewählt wurde, fragte Marianne ihn frech: «Und wie wäre es mit sieben Jahren bezahlten Urlaubs für mich?»

Rückblickend auf sein Leben, sagt Effel, was er am meisten genossen hat, waren «Freunde, Frauen und meine wunderbare Ehefrau. Seitdem ich verheiratet bin, bin ich glücklich. Zu Hause finde ich Güte, Frieden und guten Geschmack.» Aber «mein Leben ist wie ein Glücksspiel, ein Zufall», es ging vorüber, ohne daß er viel darüber nachgedacht hat: «Ich bin nicht ordentlich genug, um irgend etwas gezielt gesucht zu haben.» Er hat viele Stunden in Cafés verbracht. Es gibt einen Film über das Café du Cadran, an der Ecke der Avenue de l'Opéra, wo er, seine Kollegen und Pierre Benaert, der Herausgeber des *Canard Enchaîné*, von dem behauptet wird, er sei an Trunksucht gestorben, ihre trübe Stimmung ertränkten, während sie sich Witze ausdachten. Es ist Effels Leistung, daß seine Witze nie persönlich und gehässig sind. Er ist ohne Bösartigkeit durchs Leben gekommen. Seine Lehrer sind heute noch auf ihn stolz. Er wurde gebeten, Wände des Lycée Carnot auszumalen, in dem er einst so schlecht behandelt wurde.

Solch eine Geschichte über einen schlechten Schüler, der es doch noch zum Erfolg bringt, indem er die Schulregeln bricht, trifft ins Schwarze und charakterisiert die Misere des Bildungswesens. Wenn viele Franzosen sich höchst fein artikulieren und manchmal besonders graziös in ihrer Sprache ausdrücken können, so hat ein ganzes Jahrhundert schulischer Anstrengungen kaum etwas damit zu tun. An den Unterricht werden so viele Ansprüche gestellt, daß nur wenige Menschen mit der Art und Weise zufrieden sind, wie er erteilt wird. Bevor man eine französische Schule oder Universität besucht, sollte man das Schlimmste, was ihnen nachgesagt wird, wissen, so daß man die Frustrationen und Beschwerden dem Eigenlob gegenüberstellen und sich selber ein Urteil bilden kann.

Während die Bürokratie versucht hat, den Franzosen das Gefühl eines gemeinsamen Schicksals aufzuzwingen, indem alle Entscheidungen, die sie betreffen, über Paris kanalisiert werden, haben die Lehrer versucht, eine tiefere Einigkeit zu erzeugen, indem sie den Kindern den dauernden Stempel einer französischen Kultur, wie unfaßbar sie auch sein mag, aufdrückten. Eine französische Schulbildung soll etwas sein, was man nicht so schnell vergißt und was einen für das Leben prägt. Sie hat den Ruf, besonders schwierig und fordernd zu sein und den Kindern unglaublich lange Arbeitsstunden abzuverlangen – ein Ruf, der nur durch einige Bereiche des Systems verursacht wird, namentlich den höheren Klassen der ehrgeizigsten Lycées. Ein durchschnittlicher Schultag, der von 8.30 Uhr bis 16.30 Uhr dauert, wird in der Tat von einer zweistündigen Mittagspause unterbrochen. Der Mittwoch ist gewöhnlich unterrichtsfrei, das französische Schuljahr ist das kürzeste in der Welt, und da ein Monat den Prüfungen vorbehalten ist, findet der Unterricht praktisch nur an 155 Tagen statt. Es gibt tatsächlich strebsame Kinder oder Kinder strebsamer Eltern, die bis spät aufbleiben, um ihre Hausaufgaben zu machen, aber das ist eine Minderheit; die Mehrheit widmet den Hausaufgaben jeden Abend nur eine oder zwei Stunden. Nur ein Zehntel der Sekundärschüler sitzt mehr als zwanzig Wochenstunden über den Hausaufgaben. Überraschend wenige beklagen sich darüber, daß sie zu schwierig seien. Französische Kinder verlassen die Schule wahrscheinlich besser informiert als die in den Vereinigten Staaten, weil die Amerikaner mit einem anderen Zeitplan arbeiten; sie holen in ihren Colleges auf. Mit andern Ländern verglichen, sind jedoch die Resultate der französischen Schulbildung sehr ungewiß. Internationale Vergleichstests der Mathematikkenntnisse ergaben die nachfolgend aufgeführte Reihenfolge der Fertigkeiten, doch Experten bestreiten, daß diese Tests fair gewesen seien:

Dreizehnjährige:

Israel	Mittelwert	32,3
Japan	Mittelwert	31,2
Bundesrepublik	Mittelwert	25,4
England	Mittelwert	23,8
Frankreich	Mittelwert	21,0
USA	Mittelwert	17,8

Mathematikspezialisten in ihrem letzten Schuljahr:

Israel	36,4
England	35,2
Frankreich	33,4
Japan	31,4
USA	13,8

Die Franzosen erreichten die besten Resultate in der Kategorie der Nichtspezialisten, die in ihrem letzten Mittelschuljahr Mathematik als zweites Fach hatten:

Bundesrepublik	27,7
Frankreich	26,2
Japan	25,3
England	21,4
USA	8,3

Das letzte Resultat legt nahe, daß die besondere Qualität des französischen Systems darin liegt, daß Schüler eine ausgewogenere Allgemeinbildung erhalten und daß die Schüler, die sich in Humanwissenschaften spezialisieren, einen Mindestkenntnisstand in Mathematik und Naturwissenschaften erreichen. Dies unterscheidet gewiß die Franzosen von den Engländern, die jetzt die Spezialisierung in einem frühen Alter unterstützen, mehr als jedes andere Land in der Welt. Im Gegensatz zu den zwei oder drei A-Kursen, die normalerweise in England gewählt werden, verlangt das französische *baccalauréat* nicht weniger als sechs Themen, obwohl diese mit verschiedener Intensität erlernt werden. Aber es sind die Bundesrepublikaner, die das ausgewogenste System haben und von ihren Schülern verlangen, daß sie sowohl die Sprachen, die Human- wie auch die Naturwissenschaften gleichermaßen lernen.

Das Ideal einer guten französischen Bildung, so wie man sie früher verstand, wird in der Tat nicht der Mehrheit der französischen Kinder zuteil. Der traditionelle Lehrplan gipfelte im Studium der Philosophie und Rhetorik. Wenn das gründlich geschah, dann waren höchst geschliffene Männer von Welt das Bildungsresultat, die keine Universitätskurse mehr benötig-

Drei Jahre schon studiert sie Strömungsmechanik, doch schon drei Tage versucht sie, die Verstopfung des Badewannenabflusses zu beheben.

Das Kapitel über Gummienten war noch nicht dran.

Mathieu

ten, es sei denn als Berufsausbildung. Denn sie konnten mit Gewandtheit und Beredsamkeit schreiben und sprechen, mit jenem besonderen Ordnungssinn, der alle Schwierigkeiten auf drei Argumente und eine Schlußfolgerung reduzierte, mit jener Prise literarischer Raffinesse, die wie ein Parfum ihrer Argumentation Charme und Weltgewandtheit verlieh. Die Philosophen stehen jedoch zur Zeit unter Beschuß. Man ist nicht mehr davon überzeugt, daß nur sie allein den Kindern einen wahrhaft kritischen Geist vermitteln können, jene Fähigkeit, Probleme in ihrem weitesten Zusammenhang und im Licht allgemeiner Prinzipien zu sehen, oder daß sie für jene besondere Urbanität verantwortlich sind, die das Kennzeichen der höflichen, gebildeten Franzosen war. Viele argumentieren sogar, die Philosophen würden im Gegenteil nur eine leere und in der Tat gefährliche Wortfülle fördern. Die Philosophen lehren, was man bei den Eingangsprüfungen von Oxford und Cambridge bescheidener als allgemeinen Aufsatz bezeichnet; die Fragen, die im *baccalauréat* gestellt werden, befassen sich mit so allgemeinen Problemen wie: Kann Geschichte Moral lehren? Ist die Kunst reine Nachahmung der Natur oder Neuschöpfung? Was kann man sich von der Technologie erhoffen? Wird durch die Verschiedenheit der Philosophien der Anspruch der Philosophie auf Wahrheit untergraben? Der Philosophieunterricht versetzt die besten Schüler in die Lage, solche Probleme mit überraschender Reife und Wissen zu diskutieren, aber er kann auch zu Paukstunden voller hausbakkener Theorien und vorgefertigter Antworten herunterkommen. Die Philosophen haben ihr Prestige verloren, weil sie für die Öffentlichkeit zunehmend unverständlich und allzu beschränkte Spezialisten geworden sind, die im Gegensatz zu den Naturwissenschaftlern zum Ausgleich keine praktischen Ergebnisse aufweisen können. Ihre oft bemerkenswerten persönlichen Abenteuer des Geistes haben sich im Nebel der Abstraktion verloren und sind ohne Bedeutung für den einfachen Mann. Die Regierung schlug unlängst vor, Philosophie insgesamt aus dem Pflichtteil des Lehrplans zu streichen. Die Philosophen konnten das verhindern, aber nur knapp: sie überleben heute auf sehr eingeschränkte Weise. Die meisten Schulkinder lernen keine Philosophie mehr. Von denen, die die oberen Klassen erreichen und Philosophieunterricht erhalten, lavieren die meisten sich durch, indem sie ein oder zwei Autoren lesen und nur eine Frage im *baccalauréat* beantworten.

Wie lange unter solchen Bedingungen die besondere französische Argumentationsweise überleben wird, ist unsicher, da «Rhetorik», die früher die Philosophie unterstützte, nicht länger als Unterrichtsfach besteht. Ihre Methoden bleiben im Unterricht der französischen Sprache und Literatur erhalten, die beide versuchen, die Fähigkeit zu Analyse und Textzusammenfassung zu entwickeln, die eigene emotionale Reaktion in einem Prosatext oder Gedicht auszudrücken und vor allem Aufsätze zu schreiben, die zugleich einen persönlichen Standpunkt und die Kenntnis der klassischen Autoren erkennen lassen. Die Lehrer, die jedoch auf perfekter Beherrschung von Grammatik und Rechtschreibung und der Lobhudelei traditioneller Modelle beharren, kämpfen auf verlorenem Posten. Sie beschweren sich in der Tat, daß viele angeblich gebildete Menschen nicht mehr korrekt französisch schreiben können, und Racine der Mehrheit der Franzosen wahrscheinlich unverständlich ist. Die Kluft zwischen gesprochener und geschriebener Sprache wird im Zeitalter von Fernsehen und Telefon um so deutlicher. Es gibt einige Erneuerer unter den Französischlehrern, die argumentieren, es reiche aus, den Menschen beizubringen, Zeitungsartikel und gegenwärtige Themen zu verstehen, daß die gesprochene Sprache der Kinder als Grundlage eines Lehrplans genommen werden solle, um die Spontaneität zu fördern. Dies hat einen entsetzten Aufschrei der Entrüstung hervorgerufen, die französische Zivilisation werde bedroht. Die Frage stellt sich wirklich, ob die traditionelle französische, literarische Bildung mit den modernen Zielen vereinbar ist.

In der Vergangenheit besaß nur eine kleine Elite eine literarische Bildung; so war es der wortgewandte Teil der Nation, der ihr den Ruf der Redegewandtheit einbrachte. Die Vorstellung, daß alle Franzosen von Natur aus wunderbare Redner seien, wird aber von einer Untersuchung des Engländers Arthur Young nicht gestützt, der Frankreich Ende des 18. Jahrhunderts bereiste. Er meinte, ihr besonderes Charakteristikum sei eine bemerkenswerte Schweigsamkeit und nicht etwa Redseligkeit. Um 1900 bestand nur 1 Prozent der Bevölkerung das *baccalauréat*. Diese wurden beneidet, weil Bildung als das Instrument angesehen wurde, das den Menschen in die Lage versetze, interessant und überzeugend zu sprechen, sich mit Leichtigkeit zu unterhalten, zu argumentieren und über die Gesellschaftsschichten und verschiedenen Regionen hinweg zu kommunizieren. Heute besteht ein Viertel aller Schüler das *baccalauréat*. Aber es ist nicht mehr die gleiche Art von Verständigung, die die Bildung anregt. Es gibt heute nicht weniger als achtundzwanzig verschiedene Arten von *baccalauréats*, von denen die meisten in der Hauptsache der wissenschaftlichen oder technischen Richtung zugehören. Nur 65 000 Kinder (weniger als 20 Prozent) wählen das literarisch-philosophische *baccalauréat* (bekannt als *option A*), das früher als Kennzeichen einer abgeschlossenen Bildung galt. Bis 1968 war das bei weitem die bevorzugte

Wahl; seither hat es ständig abgenommen, und seit ein paar Jahren wurde es von den Naturwissenschaften (*option D*) überholt. Heutzutage ist die fixe Idee in den französischen Schulen die Mathematik. Gute Leistungen in diesem Fach sind der Schlüssel zu einer erfolgreichen Karriere. Während in England der Ehrgeiz eines jeden guten Schülers darin besteht, auf die Universität zu gehen, jedoch auf den intelligenten Schüler keinerlei Druck ausgeübt wird, irgendeine besondere Richtung zu wählen, gleich ob Kunst oder Wissenschaft (die zu etwa gleichen Teilen gewählt werden), gibt es in Frankreich einen mörderischen Konkurrenzdruck, um in die Vorbereitungsklassen für Mathematik und Physik zu gelangen. Diejenigen, die Erfolg haben, werden als Elite behandelt. Wenngleich ein technisches *baccalauréat* weniger Prestige mit sich bringt und von Kindern aus bescheideneren gesellschaftlichen Verhältnissen gewählt wird, gibt es dennoch Teile, die besonders schwer sind und manchmal fünfzehn Extrastunden pro Woche erfordern. Diese Schüler glauben, daß sie eine bessere Ausbildung als die Literaturschüler bekommen, auch wenn sie am Ende nur Techniker werden. Die Mehrheit der fähigsten Schüler wird nun vornehmlich zu Wissenschaftlern ausgebildet und somit in eine internationale, also nicht mehr nur nationale Kultur eingeführt. Das ist ein neuer Trend, und die Ergebnisse wird man erst spüren, wenn die neue Generation an die Macht gelangt. Mathematik hat Latein als Instrument zur Eliteauswahl ersetzt. Das Prestige dieser Elite läßt sich daran beurteilen, daß sich in Frankreich ungewöhnlich viele Menschen Wissenschaftler und Ingenieure nennen: anderthalb Millionen, im Vergleich zu einer Million in Deutschland und zweieinhalb Millionen in den Vereinigten Staaten.

Der Wechsel vom bürgerlichen Ideal der Rhetorik zu den technokratischen Fähigkeiten mag ein feiner oder subtiler sein, da Abstraktionsvermögen weiterhin geschätzt wird. Der Wechsel wurde auch von einem literarischen Anstrich verborgen, den die erfolgreichsten Technokraten sich selbst gaben. Aber die große Mehrheit der gewöhnlichen Wissenschaftler und Techniker – und mehr noch der durchschnittlichen Arbeitnehmer – haben keinen literarischen Ehrgeiz oder Drang.

Den Schulen ist es nicht gelungen, aus den Franzosen Literaten oder Leseratten zu machen. Insgesamt zeichnen die Franzosen sich dadurch aus, daß sie nicht viel lesen.[1] Sie lesen nicht einmal gern Zeitung, ganz zu schweigen von Büchern. Die Verbreitung von Zeitungen ist ungefähr so groß wie die in Singapur, Korea oder Irland; sie kaufen nur halb so viele Zeitungen wie die Briten, Deutschen, Niederländer, Japaner oder Schweden und 40 Prozent weniger als die Amerikaner.[2]

Warum ist das so? Französische Kinder haben einen schnelleren Start als ihre Nachbarn, denn sie gehen früher zur Schule. Die Eltern schätzen die Kindergartenschulen, die *maternelles*, für die Zwei- bis Fünfjährigen. Es gibt davon wesentlich mehr in Frankreich als sonst irgendwo, und sie gelten als eine der Ruhmestaten des französischen Systems. Es gab in der Vergangenheit nur wenige Beschwerden, und die Kinder werden immer früher dort hingeschickt, denn sie sind die am wenigsten prätentiösen Schulen. Die Lehrer sehen sich lediglich als Mutterersatz, nicht als überlegene Experten. An die Kinder, die nicht im eigentlichen Sinn Unterricht erhalten, werden kaum Ansprüche gestellt. Aber nun wurde den *maternelles* die Aufgabe übertragen, «Benachteiligungen» vom vierten Lebensjahr an aufzudecken, was höchstwahrscheinlich zu einer sehr unterschiedlichen Behandlung der Kleinkinder entsprechend ihren Fähigkeiten führen wird. Immer mehr Experten – Ärzte, Sozialarbeiter, Psychologen und auch Lehrer – müssen nun ihren Beitrag zu der Akte leisten, die jeder über sie vom dritten Lebensjahr an zu führen gezwungen ist. Jedes Kind ist in Gefahr, ein pathologisches Problem mit besonderen Aufmerksamkeitsbedürfnissen zu werden. In der Region Paris wurden 25 Prozent aller Kinder der *maternelles* an Psychologen überwiesen, weil irgend etwas mit ihnen nicht stimme, in einigen

---

[1] Gesamtzahl der jährlich veröffentlichten Bücher in Tausend: Frankreich 31 oder 21 (je nachdem, ob Broschüren mitgezählt werden), USA 85, UdSSR 85, BRD 50, Japan 43, Großbritannien 36, Spanien 24, Brasilien 20, Niederlande 13, Italien 10.

[2] Zeitungsverbreitung pro 1000 Einwohner: Frankreich 205, USA 287, GB 410, BRD 423, Niederlande 430, Schweden 529, Japan 546, Irland 220, Singapur 215.

Grandville **Mann, der sich stolz von seinem Hund ausführen läßt**

maternelles sogar 44 Prozent. Und es kommt höchst selten vor, daß ein Psychologe sagt, es sei alles in bester Ordnung. Die Schulen versuchen, den Krankenhäusern den Schwarzen Peter zuzuschieben.

Der Grundschulunterricht (dem die schulpflichtigen Kinder ab dem Alter von sechs Jahren nachkommen) wurde lange Zeit als das Hauptinstrument zur Eingliederung der Massen in die französische Zivilisation angesehen. Er war einst der respektierte Vorposten des Fortschritts, der unter ungebildeten Bauern aufgestellt wurde und ihnen beibrachte, wie man französisch spricht und liest, und ihnen zugleich auch die Grundlagen der Moral und des bürgerlichen Geistes eintrichterte. Heutzutage schleppt er die kunstvoll geregelten Traditionen wie eine Last mit sich herum, denn er hat keine Pionierrolle mehr zu erfüllen. Es ist das Fernsehen und nicht mehr die Literatur, die den Kindern die meisten ihrer Helden liefert; sehr viel mehr Zeit wird mit Radiohören und Fernsehen als mit Lesen zugebracht, das gilt sowohl für die Kinder wie für die Erwachsenen. Aus diesem Grunde sind die Lehrer zwischen dem Wunsch einerseits, diese Veränderungen – die sie bedauern – nicht zu beachten und den Geist ihrer Kinder zu fördern, und andererseits der Annahme, daß die akademischen Vorstellungen der Vergangenheit nicht mehr relevant sind, hin und her gerissen. Daher zielt der Lehrplan immer noch darauf ab, den Kindern eine allgemeine Kenntnis im Lesen, Schreiben und Rechnen zu vermitteln: er ist für die Schüler mit einem IQ von 100 bis 110 ausgelegt, was bedeutet, daß er für die große Minderheit zu anspruchsvoll ist; nur 11 Prozent der Kinder gehen auf eine «Förderschule», doch weitere 20 Prozent der Grundschüler haben einen IQ zwischen 85 und 95. Im Gegensatz zu anderen Ländern, in denen die Kinder je nach dem Alter eine Klasse weiter versetzt werden, werden sie in Frankreich nur dann versetzt, wenn sie einen gewissen Kenntnisstand erreicht haben. Aus diesem Grunde können in ein und derselben Klasse Kinder im Alter zwischen 8 und 13 Jahren sitzen, die angeblich alle über dasselbe Bildungsniveau verfügen. Die Unfähigkeit, einigen Teilen des Lehrplans entsprechend zu genügen, kann dazu führen, daß ein Kind sitzenbleibt. Dies wird in weitem Maße als einer der Hauptfehlerpunkte des Systems betrachtet, doch es scheint so gut wie keinen Ausweg zu geben, ausgenommen in den wenigen experimentellen Schulen. Es ist nicht einmal sichergestellt, daß die Schüler, die von der Grundschule abgehen, des Lesens, Schreibens und Rechnens wirklich kundig sind: von nur einem Viertel der Schüler nimmt man an, daß sie in der Lage sind, fließend zu lesen; ein weiteres Viertel beherrscht das Lesen nur insoweit, daß sie silbenweise lesen und die Wörter sehr schwer aussprechen können; der Rest der Schüler braucht ungefähr vier Minuten, um eine Seite zu lesen.

Man kann diese Resultate nicht irgendeiner besonderen Methode des Leseunterrichts zuschreiben, denn es gibt keine «französische» Methode. Jeder Lehrer arbeitet seinen eigenen Kompromiß aus zwischen den Idealen, den Regeln, den verfügbaren Büchern und den Protesten der Kinder. Die alte «Silben»-Methode, die im 18. Jahrhundert von Rousseau verworfen wurde (das Lernen in Buchstaben, Tönen, Silben und Wörtern), ist nicht verschwunden, sie überlebt in der als «gemischte» Methode bekannten Weise, die mit der «Ganzheits»-Methode vermischt wird, bei der Geschichten gelesen und die Wörter dann nach und nach identifiziert werden. Eins der Lesebücher, die sich am besten verkaufen, ist nach wie vor *Daniel und Valérie*, dessen Modernität man daran ablesen kann, daß es um zwei Kinder geht, die in Holzschuhen auf einem Bauernhof leben. Es gibt zahlreiche Varianten und Kombinationen der Theorien, die in der Menge der Lesebücher auftauchen: Plockies «englische» Methode, Gabliers «Quebecer» Methode und die neue phonetische «linguistische» Methode. Einige Lehrer benutzen *Rotkäppchen* und *Robinson Crusoe* als Lesevorlage; andere lehnen es ab, sich überhaupt auf irgendein Buch festzulegen; andere wiederum ermuntern die Kinder, ihr eigenes Lesematerial zusammenzustellen, indem sie sie auf ein Tonband sprechen oder eine eigene Zeitung anfertigen lassen (Freinets «natürliche» Methode). In Fontainebleau neigen die Lehrer dazu, hauptsächlich die «traditionelle» Methode zu benutzen, denn, so sagen sie, sie haben genug davon, ständig kritisiert zu werden; im 20. Arrondissement von Paris, wo die Mehrheit der Schüler Immigrantenkinder sind, ist die «natürliche» Methode am weitesten verbreitet; in Toulouse verzichtet man fast ganz auf Lesebücher. Die offizielle Ansicht besagt etwa, die beste Methode sei diejenige, in der sich der Lehrer am wohlsten fühle; aus diesem Grunde kleben noch so viele Anfänger an Lehrbüchern als einer Vorsichtsmaßnahme gegen das Chaos, dem sie sich gegenübersehen. Sie beschweren sich darüber, daß sie die merkwürdigen neuen Theorien nicht wirklich verstehen oder den Wortschatz der «Orthophonisten» und Experten in «Psychomotorik» und «Lateralisierung». Ein Journalist, der Grundschulen abklapperte, um zu untersuchen, welche Ergebnisse diese unterschiedlichen Leselernmethoden erbrachten, mußte feststellen, daß die Hälfte aller Lehrer ihm den Zutritt zu den Klassen verweigerte. Die meisten Lehrer billigen die Regelung, die Elternbesuche untersagt. Aus diesem Grunde bilden alle Grundschulen eher ein Museum, in dem fast jeder Lehrertypus anzutreffen ist, von dem strikt disziplinarischen bis zu den experimentierfreudigen und einfach jenen, die Kinder mögen und Spaß mit ihnen haben.

Die Schüler der Grundschule von der Ile St. Louis haben aufgezeichnet, was sie von dem System halten. Es ist eine Schule, in der sie den Lehrer mit dem Vornamen anreden und die Lehrer sich nicht mehr dafür verantwortlich fühlen, was vor sich geht, und wo den Schülern gestattet wird, mehr oder weniger offen zu sagen, was ihnen gefällt. «Ich mag die Schule nicht», schreibt Anna (11 Jahre alt). «In der Schule, in die ich ging, wurde mir gesagt, ich sei nicht fähig, das Lesen zu lernen.» «Mein Lehrer hat mir immer einen Klaps gegeben», schreibt Sylvie (10 Jahre). «Wenn ich etwas nicht verstand, schickten sie mich vor die Tür... es ist nett hier.» – «In Rechnen», sagt Alain (9 Jahre), «durften wir die anderen nicht fragen, wenn wir etwas nicht verstanden hatten. Der Lehrer setzte uns auseinander, wenn wir Freunde in der Klasse hatten. Hier ist der Lehrer sehr nett: er interessiert mich für die Sachen. Übrigens haben sie mich in der vorherigen Schule immer Jude gerufen.» – «In meiner früheren Schule», fügt Patrick (10 Jahre) hinzu, «sagten sie, ich hätte einen schlechten Charakter und würde immer böse.» In der Ile St. Louis sind die Kinder jedoch streng miteinander, so wie die Lehrer früher zu ihnen waren. Bei ihrer demokratischen Wahl der Klassensprecher und bei den Schülerratsversammlungen, in denen ihr Schulleben besprochen wird, sind die Beschuldigungen zu verzeichnen, daß «Patrick neidisch und brutal ist», daß «Sylvie sich wie ein Baby benimmt», daß «Jean-Claude glaubt, er habe immer recht, und behauptet, gut zu lernen in der Klasse», daß «Antoine die ganze Zeit spielt und über alles lacht», und über ihren Lehrer, daß er sehr böse zu Patrick, Anise, Alain und Stéphane sei, aber manchmal auch nett; er hänsele jeden, seine Arbeit mache er gut; er hat recht, daß er sich über Patrick aufregt, der ihn manchmal in den Hintern tritt. Der Lehrer verfügt nur über eine Stimme bei der Wahl zum Klassensprecher: er stimmt für den Jungen, der schließlich die meisten Stimmen erhält.

Einen anderen Eindruck über die Schulatmosphäre erhält man, wenn man über den Lehrerstreik in Villeneuve-sur-Lot liest, in der Ecole Nationale de Perfectionnement. Dies ist eine

Schule, die, weit davon entfernt, irgend jemanden «zu perfektionieren», diejenigen aufnimmt, die von normalen Grundschulen verwiesen werden, diejenigen, die das Klassenziel nicht erreicht haben und dazu verdammt sind, bis zum Alter von sechzehn Jahren in der Grundschule zu verweilen, die dann schließlich Gärtner, Maurer, Angestellte der Gemeindeverwaltung werden und sehr viel wahrscheinlicher Schlangensteher vor der Stempelkasse. Die Lehrer sind fast so unqualifiziert wie ihre Schüler. Sie traten in den Streik, weil einer von ihnen gegen seinen Willen versetzt werden sollte, nur weil der Schulleiter sich durch dessen schwarze Lederkleidung beleidigt fühlte und, was das Faß zum Überlaufen gebracht hatte, er den Kindern erlaubte, den «Slow» zu tanzen: «Sogar die Jungen tanzten zusammen, bei schummrigem Licht», beschwert sich der Schulleiter. Es ist ein Internat für Jungen und Mädchen, aber es gibt keine Sexualerziehung, da der Lehrplan für Grundschulen dies nicht vorsieht. Die Regeln verbieten den Kindern, Händchen zu halten oder einander auf dem Schoß zu hocken, obwohl Mädchen dies manchmal gestattet wird. Die Erklärung ist, daß «es immer so anfängt, und dann machen sie weiter und liegen auf dem Rasen herum», was auch verboten ist. Der Spitzname der Schüler für den Schulleiter ist «Der Verrückte» (le fou). Er ist ein energischer Mann in den Vierzigern, der, so sagen die Lehrer, das Buch mit den Dienstregeln und -vorschriften aus dem Erziehungsministerium für die Bibel hält; er glaubt, daß für jedes Problem darin eine Lösung zu finden sei, und wenn er mal vor einem Rätsel steht, telefoniert er gleich mit dem Schulinspektor. Ein Journalist gewann den Eindruck, die Lehrer würden übertreiben und wandte sich an den Schulleiter mit der Bitte um ein Interview. Der Schulleiter hielt ihm sehr höflich einen dicken blauen Band vor die Nase: «Monsieur, damit alles klar ist, dies ist das Verzeichnis der Gesetze und Regeln, in dem geschrieben steht, daß mir auferlegt wird, in meinem Verhalten Ihnen gegenüber mich der Zurückhaltung zu befleißigen. Ich werde deshalb keine Äußerungen machen. Und wenn Sie mir nicht glauben, können wir gerne mit dem Inspektor telefonieren.»

Die meisten Kinder, die die Schule durchlaufen, sind auf

irgendeine Weise als Versager abgestempelt. Gegenwärtig hat ungefähr ein Drittel aller über Vierzigjährigen kein Schulabgangszeugnis und ein weiteres Drittel nur einen Volksschulabschluß. Dieses Zeugnis hatte früher eine Bedeutung, aber durch die Ausdehnung der sekundären Schulbildung innerhalb der letzten zwanzig Jahre ist es zu einem Zeichen der Unfähigkeit abgewertet worden. Nur 6 Prozent dieser Erwachsenen haben das *baccalauréat*, nur 4 Prozent einen Universitätsabschluß. Die Anhebung des Schulabgangsalters auf sechzehn hat die Schulbildung nicht weniger diskrimierend gemacht. Erfolg wird immer noch weitgehend nach der Bildung und dem Status der Eltern des Kindes bestimmt: Der Mythos, die Schule führe die Gleichheit ein, ist wie eine Seifenblase zerplatzt. Nur ungefähr die Hälfte aller Kinder durchläuft die Grundschule, ohne wenigstens eine Klasse wiederholen zu müssen; 26 Prozent der Kinder von Landarbeitern müssen eine Klasse wiederholen, aber nur 2,2 Prozent der von leitenden Angestellten. In den sechziger und siebziger Jahren wurden Anstrengungen unternommen, um diesen «zurückgebliebenen» Kindern mit Nachhilfeunterricht in den unteren Klassen der weiterführenden Schulen zu helfen, aber das führte nur zu einer Trennung in «Übergangsklassen», die von jungen Lehrern unterrichtet wurden, und nur ein Zehntel dieser Schüler schaffte die Rückkehr in den Hauptstrom. Heute gibt es theoretisch für alle nach der Grundschule eine Gesamtschulbildung, die vier Jahre dauert. Aber in der Praxis fallen einige schon nach zwei Jahren heraus und begnügen sich mit einer Berufsausbildung.

Für diejenigen, die durchhalten, muß noch die Entscheidung getroffen werden, welche Art von Zeugnis das Kind anstreben sollte. Jede Zeugnisart hat ihr eigenes Prestige. Die Kinder sind angeblich durch die «Einschätzung ihrer Persönlichkeit», bekannt als «Orientierung» oder Berufsberatung, geschützt. Das soll fairer sein als bloß eine Prüfung: ihre Lehrer müssen sieben Dossiers über ihre Vergangenheit anlegen, die Wünsche der Schüler und Eltern sollen angeblich berücksichtigt werden. Aber nach all den Diskussionen entscheiden schließlich die Lehrer im wesentlichen auf einer akademischen Grundlage, was die Schüler später im Leben werden. Die Kinder, die am

Claude Serre

besten dabei wegkommen, sind die, die gut in Mathematik sind. Die weniger begabten Kinder müssen sich mit den jeweils übriggebliebenen freien Plätzen zufriedengeben: Ein Schüler, der um einen Kochkurs bittet, endet vielleicht in der Schreinerei, und ein Mädchen, das Schreibmaschine lernen möchte, findet sich vielleicht in der Schneidereiklasse wieder. Eltern aus der Oberschicht, die den größten Ehrgeiz haben, streiten sich mit den Lehrern (30 Prozent), aber die ohne Bildung wagen das nicht. Den meisten Eltern ist es unmöglich, Berufsentscheidungen für ihre fünfzehnjährigen Kinder zu treffen, und sie sagen, sie möchten nur, daß diese glücklich werden. Kinder, die nicht wissen, was sie werden wollen, nehmen die für sie getroffenen Entscheidungen überraschend fügsam hin, geben sich zufrieden mit dem Versuch, das Beste aus ihrer Situation zu machen. Die Lehrer sind natürlich nicht in der Lage, wirklich zu beurteilen, welches der 350 verschiedenen technischen

Zeugnisse zu einem Kind paßt. Sie wissen wenig über die Industrie, und der ganze Vorgang wurde von einem Lehrer als «Theater» bezeichnet, «das die Kinder wie Vieh ins Schlachthaus treibt». Das heißt, daß Kinder schließlich in Klassen untergebracht werden, die zu Berufen mit sehr ungleichen Gehältern führen. Kurze praktische Schullaufbahnen führen zu körperlicher Arbeit, längere technische Ausbildungen bieten das Spektrum qualifizierter Berufe; nur die akademischeen Lycées öffnen die Tür zu einer Universitätsausbildung. Die Mädchen sind für die Arbeitslosigkeit prädestiniert, da man sie in die Literaturklassen zusammentreibt (sie machen 74 Prozent dieser Klassen aus, doch nur ein Drittel der Mathematik-Klassen). Die andere Ausweichmöglichkeit ohne Mathematik (Wirtschaftsklasse G 1) wird als «Papierkorb»-Klasse angesehen; 40 Prozent derer, die in den anderen Wirtschaftskurs gehen (G 2) mit einem Minimum an Mathematikunterricht, sagen, sie seien gegen ihren Willen dort hineingesteckt worden, weil ihre Mathematikkenntnisse für etwas anderes nicht genügt hätten. Sogar die Musiker beschweren sich, daß die Zulassung zu den Musikklassen sehr viel mehr von den Fähigkeiten in Mathematik und Französisch abhänge als von denen in Musik. Die Art und Weise, in der die Schulen die erworbenen Privilegien verfestigen, kann man an den Mathematikklassen sehen: 40 Prozent der Kinder von Managern gehen in diese Klassen, wogegen es nur 25 Prozent derer von mittleren Managern sind und weniger als 5 Prozent Arbeiterkinder.

Der Junge, der sagte, er würde gern auf ein Zeugnis zum Straßenfeger hin lernen, war nicht gänzlich frivol. Das ist vielleicht die einzige Tätigkeit, für die noch keine Ausbildung erfunden wurde. Die Sucht nach Examen und Zeugnissen wächst unaufhörlich. Ein Kind, das den bescheidenen Wunsch hegt, in einer Wäscherei zu arbeiten, muß sich heute darauf vorbereiten, eines von vier Zeugnissen in dem Fach zu erwerben: es muß zwischen Färberei, Vorbereitung, Waschen und Bügeln wählen. Ist Frankreich das einzige Land auf der Welt mit einem Bügelzeugnis? Kein Wunder, daß Wäscher sich heute stolz als «Kleiderärzte» bezeichnen. Die Ironie ist, daß Arbeitgeber zumeist nicht viel auf Zeugnisse geben und ein Zeugnis noch lange keine Garantie für einen Arbeitsplatz darstellt. Je komplizierter die Vorschriften für die Ausbildung werden, um so weniger Bezug zur Realität haben sie.

Es trifft zu, daß die Schule Zugeständnisse an die Demokratie gemacht hat. Disziplin ist nicht länger das, was sie einmal war, und wurde offiziell durch «Selbstdisziplin» ersetzt. Das Lycée ist keine Mischung mehr aus Jesuitenseminar und Militärkaserne, auch wenn einige alte Schulgebäude noch immer ein wenig wie Gefängnisse aussehen; weniger als zehn Prozent der Schüler leben heute im Internat, und nur die Hälfte nimmt ihre Mahlzeiten in der Schule ein. Es gibt unzählige Gremien, die ein Lippenbekenntnis zur «Beteiligung» an schulischen Dingen ablegen: Schüler und Eltern wählen Delegierte in diese Gremien, die jede Schule verwalten; jede Klasse hat einen Beirat unter dem Vorsitz des Klassenlehrers; und Schüler haben ihren eigenen Beirat mit je zwei Delegierten aus jeder Klasse. Kein Land hat Demokratie formal so weit durchgesetzt. Aber das hat die Schulbildung nicht zu einer Sache persönlicher Verhandlung gemacht. Die Gremien haben völlig versagt darin, den Geist der Institution zu verändern. Die Eltern verstricken sich häufig in interne Rivalitäten oder politisches Gezänk. Was die Schüler lernen, wann und wie, wird noch immer von dem allmächtigen Minister vorgeschrieben, der seine Meinung und den Lehrplan mit der gleichen wirren Häufigkeit ändert, so daß erst im letzten Augenblick bekannt wird, mit welchen Lehrbüchern man im neuen Schuljahr arbeiten soll. Die erweiterte Autonomie, die die Minister von Zeit zu Zeit ankündigen, bleibt rein illusorisch, denn sie halten die Zügel so fest in der Hand wie eh und je.

Im Jahre 1973 gestattete ein Minister den Schulen, über 10 Prozent ihrer Unterrichtszeit so zu verfügen, wie sie es gerne mochten, doch nur wenige Schulen nahmen dieses Liberalisierungsangebot an, teilweise, da nur wenig mehr Gelder zur Verfügung gestellt wurden. Die Geschichte der Erziehung ist voll von solchen wohlgemeinten Erlassen, die schnell in Vergessenheit geraten.

Warum lassen sich die Eltern ein solches System gefallen? Weil es wie eine Nationallotterie ist, bietet es den Kindern, die

443

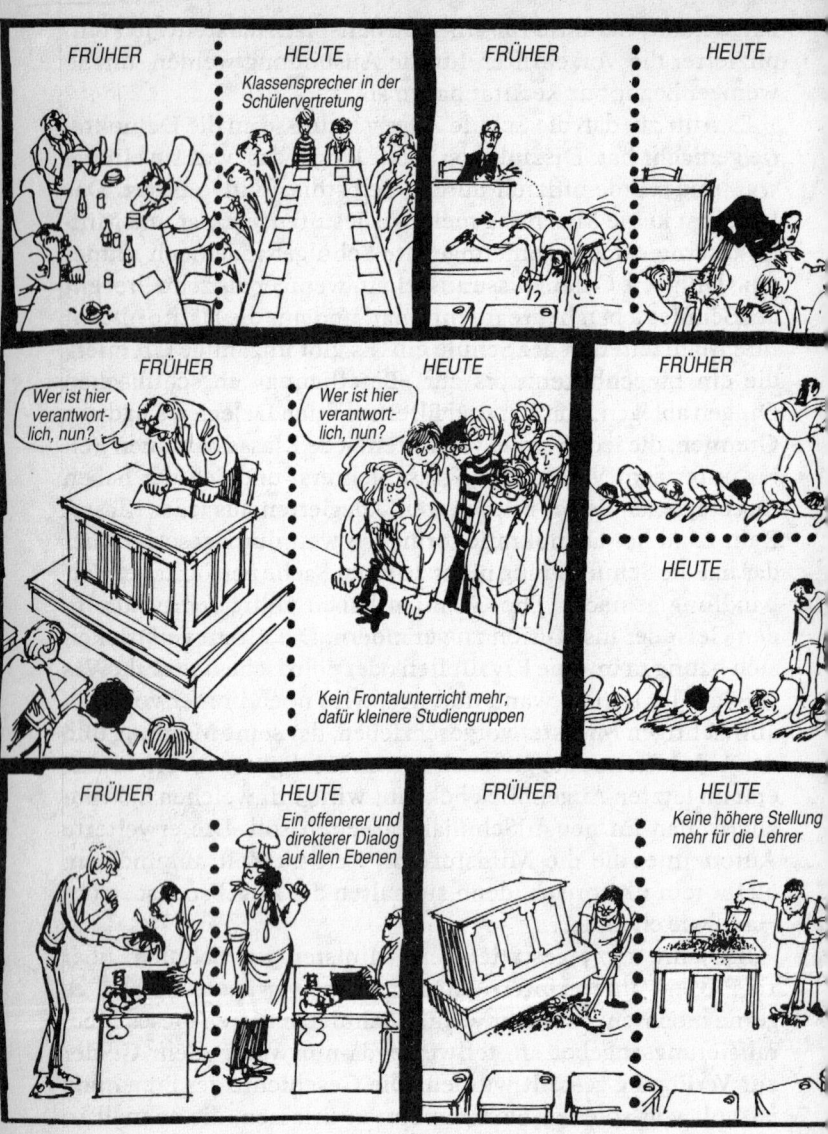

Cabu **Was sich in Duduches Schule geändert hat...**

erfolgreich sind, die Chance eines Gewinns, auch wenn die Mehrheit von ihnen die Schule mit Qualifikationen verläßt, die auf dem Papier stehen und keinen großen Nutzen haben, und 20 Prozent erhalten überhaupt kein Zeugnis. Die Eltern sind zugleich mit der Schule einverstanden und auch wiederum nicht. Häufig sind sie mit dem Fortschritt ihres eigenen Kindes zufrieden, obwohl sie die Schulen dafür kritisieren, daß sie unnützes Wissen vermitteln; sie bewundern die «Kultur», die ihr Kind erhält, sagen aber auch, sie verstünden das System nicht und sie wünschten, daß den Eltern mehr Aufmerksamkeit geschenkt und mehr Disziplin durchgesetzt werde. Auch gebildete Eltern stehen den Lehrern kritisch gegenüber und wünschen Reformen; doch die Mehrheit ist mit den traditionellen Methoden, die überlebt haben, zufrieden. Die Armen, die nur eine geringe Schulbildung genossen haben, fühlen sich von Lehrern, die sie eigentlich als Vertreter der Regierung betrachten, eingeschüchtert; sie sind vor allen Dingen daran interessiert, jedwedem Ärger mit ihnen aus dem Weg zu gehen, der ihnen unweigerlich ins Haus steht, wenn sie nicht die richtigen Formulare ausfüllen. Wenn sie sich zur Schule begeben müssen, äußern sie sich in denselben Worten, mit denen sie ihren eigenen Arbeitstag beschreiben: wieder mal ein paar Stunden abreißen; sie leisten sich Freudsche Versprecher und nennen die Lehrer Arbeitgeber. Sie geben vor, sie seien zu beschäftigt und zu müde, um die Lehrer aufzusuchen; nur ein Viertel der befragten Eltern aus der Gruppe der wenig Ausgebildeten hat jemals einen Fuß in die Schule ihrer Kinder gesetzt, sie fühlten sich oft gedemütigt, wenn sie dorthin gegangen waren, weil sie sich darüber im klaren waren, daß sie sich nicht richtig artikulieren konnten. «Die verachten uns, bloß weil wir keine Bildung haben.» Sie verspüren keine Lust dazu, sich anhören zu müssen, ihre Kinder seien Taugenichtse. Viele können nicht die Feinheiten der Kurse unterscheiden, die tatsächlich ihre Kinder herabstufen; um für sein eigenes Kind zu kämpfen, muß man über mehr Mittel verfügen, als sie haben.

Die Lehrer werden von Jahr zu Jahr unzufriedener, beklagen sich nicht nur über zuviel Arbeit, zu große Klassen, zuviel Gewalt an den Schulen – so, wie Lehrer sich halt überall beklagen –, sondern auch über zuwenig Respekt, Initiative und Freiheit. Sie glauben nicht mehr, daß sie noch die Pioniere des Fortschritts sind. Die Männer verlassen diesen Beruf (61 Prozent in den weiterführenden und 75 Prozent in den Grundschulen sind Frauen). Lehrer zu sein bietet nicht einmal mehr den Trost, in der Welt einen Schritt weiter gekommen zu sein: Arbeiter- und untere Mittelschichten fühlen sich heute von dem Beruf wesentlich weniger angezogen; es sind zunehmend die Töchter der Mittelschicht und Mütter, die die langen Ferien schätzen, die diesen Beruf ausüben. Der Wettlauf um eine Einstellung ist heute stärker als früher, weil es ein Überangebot von Staatsexamenskandidaten gibt, aber viele Lehrer sind unqualifiziert, verdienen zuwenig, Relikte aus der Zeit der raschen Expansion. Über die Hälfte der Lehrer gab in einer Umfrage zu, daß sie ihren Beruf nicht als Berufung, sondern als letzte Zuflucht annahm. Damit bleibt immer noch eine große Anzahl von Lehrern übrig, die sich selbstlos und leidenschaftlich ihrer Arbeit widmen und sie lieben. Aber ihre Zuneigung wird nicht immer erwidert, oder zumindest nicht auf die Weise, wie sie es gern hätten. Ihre Rolle ist zwiespältig, denn sie sind Teil des Establishments, geben vorgeschriebenen Stoff weiter und gleichzeitig rebellieren sie dagegen. Sie behaupten, die Jugend auf die Zukunft vorzubereiten, aber sie fühlen sich angesichts vieler Aspekte des modernen Lebens selbst unwohl. Sie sehen das Fernsehen als einen gefährlichen, manchmal sogar bösartigen Rivalen an, repräsentieren Werte, die nicht mit denen der Mehrheit ihrer Schüler übereinstimmen. Ihr Kult der Gleichheit ist dem Vorwurf der Scheinheiligkeit ausgesetzt, weil sie eine höchst hierarchische Arbeitsgemeinschaft mit höchst unterschiedlichen Gehältern für die gleiche Tätigkeit bilden und Zeugnisse fast wie aristokratische Titel behandeln. «In meinem Gymnasium», sagt ein Lehrer, «schüttelt der Direktor nur den Oberstudienräten die Hände, den Studienräten hält er nur zwei Finger entgegen und allen anderen Lehrern nickt er lediglich beiläufig zu.» Die Lehrer lassen es zu, daß ihnen die Inspektoren Noten geben, als wären sie übergroße Kinder. Sie sind auch äußerst empfindlich, wenn es um die Stufe geht, in der sie unterrichten sollen. Auch wenn sie das System ablehnen, wenden sie es an, weil sie sich nicht auf eine Alternative einigen können. Natürlich ist eine Einigung in der Bildung nicht möglich, aber das System funktioniert, um Kinder in Kategorien aufzuteilen, sie einzelnen Klassen zuzuordnen, die gewöhnlich über ihr Lebensschicksal entscheiden.

Universitätsprofessoren sind vermutlich die frustriertesten aller Lehrer, auch wenn sie die meisten Privilegien genießen. Die Universitätsstudenten von 1968 erschütterten die gesamte Gesellschaft, aber es gelang ihnen nicht, die Universitäten von Grund auf zu verändern. Die Professoren fühlen sich machtlos, den ererbten Traditionen zu entkommen. Französische Universitäten waren im 19. Jahrhundert eine bescheidene Sache, kaum mehr als Prüfungsanstalten der höheren Schulen und Ausbildungsstätten für Lehrer, Rechtsanwälte und Ärzte. Es waren die höheren Schulen, die das Rückgrat des Bildungswesens bildeten. Als nach dem Krieg plötzlich die höhere Schulbildung in Mode kam und die Studentenzahlen sich verachtfachten, schien es, als hätten die Universitäten endlich eine neue Rolle gefunden. Aber sie blieben an ihre Vergangenheit gekettet und bewundern mit Neid und Resignation ihre internationalen Gegenstücke, die sie mit eingebildeten Vorzügen ausstatten.

Der *erste* Grund dafür liegt darin, daß die besten und strebsamsten Studenten nicht auf die Universität gehen, sondern auf die *Grandes Écoles*, die auf Grund anderer Richtlinien unabhängig funktionieren. Napoleon schuf einige der *Grandes Écoles* als Ausbildungsstätten für die technischen Spezialisten in den Spitzenpositionen der staatlichen Verwaltung. So wie die Zahl der möglichen Spezialisierungen sich ausweitete, erhöhte sich auch die Zahl dieser Schulen, von denen es heute 275 gibt, die alles von der Luftfahrtkunde bis zur Chemie, von der Nachrichtentechnik bis zur Agrarwissenschaft und Betriebswirtschaft unterrichten und 100000 Studenten anziehen. Solange diese beiden parallelen Systeme nicht zusammengeführt sind, werden die Universitäten der unterlegene Partner in der Hochschulausbildung bleiben. Die *Grandes Écoles* haben sich auf praktische, wissenschaftliche Ausbildung spezialisiert, und deshalb halten die Führer von Industrie und Wirtschaft ihnen und nicht den Universitäten die Treue. Über ihr Netz der Alten Herren werden die besten Positionen vergeben, und ihre Zulassungsprüfung bestimmt das Leben der fähigsten Schüler. Weil sie naturwissenschaftlich ausgerichtet sind, besteht die Studentenschaft nur zu einem Zehntel aus Frauen, und das hilft auch, die männliche Vorherrschaft in den Führungspositionen zu festigen. Die *Grandes Écoles* geben fähigen Köpfen solch einzigartige Privilegien, daß ihre Absolventen sie erfolgreich als uneinnehmbare Bastionen erhalten konnten.

Zweitens können sich die Universitäten nicht an den Typ von Student gewöhnen, den sie zwar bedienen müssen, aber nicht auswählen können. Allzu selten sind Beziehungen zwischen Lehrer und Schüler durch Respekt, Zuneigung und die geteilte Aufregung, neue Entdeckungen zu machen, gekennzeichnet. An der Universität von Nancy zum Beispiel gibt es Studenten, die sagen, daß für sie das wichtigste Merkmal der Universität ihre Einführung ins Sexualleben gewesen sei. Die Buchhändler der Stadt beklagen sich, daß sie nur sehr wenige Bücher an Studenten verkaufen und Studenten nur selten Bücher auf ihren Zimmern haben. Einige Studenten betrachten ihre Studienjahre in erster Linie als Übergangsphase zwischen ihrer Kindheit unter der elterlichen Kontrolle und der Schinderei des Arbeitslebens, die sie anschließend erwartet. Man hat errechnet, daß die meisten Studenten weniger als dreißig Stunden pro Woche studieren, Vorlesungs- und Seminarbesuche inbegriffen, in den Naturwissenschaften ungefähr zweiunddreißig Stunden. Sie behaupten oft provozierend, daß ihr Hauptinteresse ihre Freizeit sei; wenn sie in Zeitnot geraten, leidet eher die Arbeit als ihr Vergnügen. Ein Drittel von ihnen hat einen Nebenjob. Sie sind sich nicht sicher, was sie studieren wollen, denn auf der einen Seite träumen sie von attraktiven Stellen und wählen Studiengänge aus, die ihnen dazu verhelfen sollen, andererseits aber wissen sie, daß es zu viele Universitätsdiplome gibt, die auf dem Arbeitsmarkt etwas gelten. Deshalb werden sie dazu verleitet, Fächer zu studieren, die ihnen irgendwie interessant erscheinen. Aber sie sind im allgemeinen nicht gewillt, ihre ganze Aufmerksamkeit den Professoren zu widmen. Wenn der Wettbewerb verschärft wird, wie in der Medizinischen Fakultät in Nancy, wo drei Viertel der Anfänger nach dem ersten Jahr aufgeben müssen, arbeiten sie besessen zwei Monate lang vor den Prüfungen, nur um besser als ihre Kommilitonen zu sein. Keinem gefällt die häßliche Atmosphäre, die sich daraus ergibt. Die Professoren finden als Ausgleich stets einige willige Studenten; aber sie empfinden den Unterricht der Masse als lästige Pflicht und sind verbittert darüber, so häufig als Teilzeitunterhalter behandelt zu werden. Ihre eigene Hingabe an die ihnen anvertrauten Schüler hat ihr eigenes Leben so sehr beherrscht, daß sie sich nicht an den Gedanken gewöhnen können, daß ihre Schüler das Studieren mehr als Hobby betrachten und es auf die leichte Schulter nehmen. Französische Studenten nehmen tatsächlich eine Haltung ein, die unter jenen jungen Aristokraten ganz normal war, die im 18. Jahrhundert, einem vergessenen Vorläufer unseres Zeitalters der Freizeit, nach Oxford gingen.

Drittens werden die meisten staatlichen Forschungsaufgaben in den von den Universitäten getrennten speziellen Forschungsinstituten durchgeführt. Wenngleich es auch nicht ungewöhnlich ist, daß ein Professor in Personalunion an beiden angestellt ist, entziehen sie allein durch ihre Existenz den Universitäten Prestige und beschränken die Möglichkeit der Industrie, Universitäten in der Entwicklung neuer Technologien zu Partnern zu machen. In den sechziger Jahren forschten einige Universitäten (besonders Grenoble) für Privatfirmen, doch der Enthusiasmus für solche Aktivitäten ist verblichen. Die neuen multinationalen Korporationen haben ihre eigenen Forschungseinrichtungen aufgebaut und ziehen es vor, Forschungsaufträge mit dem Nationalen Zentrum für Wissenschaftliche Forschung (CNRS) und ähnlichen Institutionen auszuhandeln, statt örtliche Universitäten aufzublähen. Eine Umfrage unter Geschäftsleuten in Aquitanien belegte vor einigen Jahren, daß zwei Drittel der Firmen sich nicht vorstellen konnten, wie die Universitäten ihnen in irgendeiner Weise nützlich sein könnten, und nur 3 Prozent hatten Forschungsverträge mit ihnen abgeschlossen. Gelegentlich spielen Professoren eine wichtige Rolle in der Umgestaltung der Umwelt, so, als in Lille ein Professor die dortige U-Bahn plante, und andere an der Universität von Pau halfen bei der Ausbeutung der Lacq-Gasreserven. Doch anders als an ausländischen und besonders amerikanischen Universitäten haben Professoren kaum Kontakte zur Wirtschaft. Michelins Fabriken dominieren Clermont-Ferrand, aber die Firma hat praktisch nichts für die örtliche Universität getan. Es gibt alte ideologische Gründe hierfür: Die Fakultäten galten früher als Vorposten linker Feindseligkeiten gegenüber den Reichen. Das trifft längst nicht mehr zu, aber es gibt ein neues Hindernis, verzögert den Brückenschlag zur Wirtschaft: Da die Universitäten nie viel mit privaten Geldgebern zu tun hatten, befürchten sie, daß finanzielle Unterstützung ihre Freiheit und Unabhängigkeit einschränke.

Viertens sind die Universitäten alle staatliche Einrichtungen, die von den Etatmitteln der wechselnden Regierungen abhängen. Dieser Grund an sich macht es ihnen schwer, die Autonomie zu gewinnen, nach der sie sich sehnen, aber ihr Kult des nationalen Gleichmaßes hat dazu geführt, daß sie sich weigern, irgendwelche anderen als nationale Diplome zu vergeben. Solange nicht jede Universität den Mut aufbringt, ihre eigenen akademischen Titel zu vergeben und darauf ihren Ruf aufzubauen, werden sie nicht in der Lage sein, eine wirkliche Unabhängigkeit zu entwickeln. Da die Professoren aber Beamte sind, haben sie nicht die Gewohnheit, ihre eigenen Angelegenheiten zu regeln. Es ist die Weigerung der gewöhnlichen Professoren, an der Lenkung der Geschicke ihrer Universität teilzunehmen, die schließlich die Hoffnung auf Autonomie zunichte macht. Die Komitees, die zu diesem Zweck gegründet wurden, werden von gespaltenen, politisierten Gewerkschaften dominiert, die sich als unfähig erweisen, die wahre Macht an sich zu reißen. Wenn sie mehr über die Beschränkungen der Selbstverwaltung wüßten, die in ausländischen Universitäten herrschen, auch in den angeblich demokratischen, wären sie weniger deprimiert über ihre eigenen Leistungen; aber so, wie es ist, sind sie sich bitter der unzureichenden Mittel bewußt, die man ihnen zur Verfügung stellt, um Forderungen, die weit darüber hinausgehen, zufriedenzustellen.

Denn *fünftens* kann keiner genau sagen, was diese Universitäten tun sollen – außer fast eine Million ruheloser Jugendlicher zu beherbergen. Die Universitäten haben sich traditionell auf ihre eigene Nachwuchsproduktion spezialisiert, Lehrer auszubilden, aber sie sind heute mit einem Überangebot von Lehrern konfrontiert. Die meisten ihrer Abschlüsse haben wenig unmittelbar praktischen Wert. Wenn sie den Studenten wenigstens eine Garantie auf «Allgemeinbildung» bieten würden, könnte man sie wenigstens dafür schätzen. Aber allem Anschein nach werden sie von einem System des Paukens und Prüfens beherrscht, das uneigennütziges Lesen oder Forschen nicht fördert. Ihre Aufnahme eines interdisziplinären Lehrplans verlief enttäuschend, weil das oft einfach eine Invasion der Mathematik in die Geisteswissenschaften bedeutete, ohne ausgleichende Studien der Literatur unter den naturwissenschaftlichen Studenten zu fördern, vor allem aber, weil es nur die Zahl der Prüfungen steigerte. Der Versuch des Establishments der Universität von Vincennes, mit den Traditionen radikal zu brechen, endete tragisch und mit ihrem Exil in die Vororte. Das französische Bildungswesen hat schon immer in begrenztem Umfang innovative Experimente gefördert, trotz der oberflächlich erstickenden Uniformität. Darum erhält sich die französische Pädagogik ihre intellektuelle Vitalität. Aber die Zerstörung der alten Formalien in Vincennes, auch wenn sie nicht sonderlich über das hinausging, was amerikanische Universitäten zur gleichen Zeit machten, hatte keinen so großen Einfluß, wie die Reformer sich erhofft hatten. Das großartige Gärmittel des Enthusiasmus aus der Frühzeit der neuen Universität von Vincennes, als noch alles möglich schien, ist schal geworden.

Die Hoffnung, daß die Universitäten eine neue Aufgabe finden als Pioniere der «lebenslangen Bildung» und als «Universitäten des dritten Lebensalters» für die älteren Menschen, blieb unerfüllt; nur ein winziger Teil ihres Etats ist dieser Aufgabe gewidmet, und lediglich eine winzige Minderheit der Öffentlichkeit hat sich daran interessiert gezeigt. So wie die Universitäten ausgestattet sind, können sie gar nicht die praktischen Fertigkeiten unterrichten, die die meisten Erwachsenen von ihnen erwarten. All diese Frustrationen führen jedoch nicht dazu, daß die Professoren vergessen, daß es eine Menge von Winkeln und Spalten in ihrem System gibt, die ihnen einen Großteil an Freiheit ermöglichen, so daß sie als Individuen in der Lage sind, das Lehren, Schreiben und Forschen auf einem Niveau zu betreiben, das außerhalb der Universität kaum übertroffen wird; sie verfügen über ausreichend Raum für gute Beziehungen und interessante Arbeit, wenn sie das Talent dazu besitzen. Die *Grandes Écoles* haben sich selber zu Gesellschaften zur gegenseitigen Bewunderung entwickelt: die Universitäten könnten dies nachvollziehen, wenn sie dies wünschten.

Die praktischen Ergebnisse, die dieses System der höheren Schulbildung zeitigt, sind nicht so exzentrisch, wie man oft annimmt. Die Institutionen haben vielleicht, mit den ausländischen verglichen, eine unterschiedliche Erscheinungsweise, aber ihre Absolventen können nicht als eine vollkommen merkwürdige Brut eingeordnet werden. Was die Ingenieursausbildung zum Beispiel betrifft, so genießen die vernünftig denkenden Briten den Ruf, vernünftig denkende und praktische Ingenieure auszubilden, die Franzosen hingegen hochtrabende Theoretiker. Dies mag vielleicht sogar einmal gestimmt haben. Britische Ingenieure wurden üblicherweise in Praktika ausgebildet, inzwischen aber in weitem Ausmaß an Universitäten, wo das Ingenieurwesen zu einer Abteilung der Naturwissenschaften und dadurch erheblich theoretischer geworden ist als in manch anderen Ländern. Im Gegensatz dazu ist die eher allgemeine und abstrakte mathematische Ausbildung, die französische Ingenieure üblicherweise erhielten, inzwischen durch Bemühungen um eine weitaus praktischere Anwendbarkeit ergänzt worden. Ein französischer Ingenieurstudent folgt heute einem Lehrplan, der in seinen akademischen Inhalten sehr denen britischer Universitäten entspricht, mit dem Unterschied, daß er länger dazu braucht, aus diesem Grund sein Thema tieferschürfend studiert und ein höheres mathematisches Niveau entwickelt. In seinem letzten Studienjahr jedoch spezialisiert er sich in einer bestimmten Fachrichtung, und zunehmend wird eine praktische Ausbildung in der Industrie in die Kurse integriert. Französische Ingenieure kritisieren selber, daß sie zwar sehr gut Probleme lösen könnten, doch weniger gut darin seien zu entdecken, was ein Problem ist. Britische Ingenieure beschweren sich ihrerseits, daß sie von den Universitäten eher als Wissenschaftler denn als potentielle Manager ausgebildet werden, was vielleicht auf das gleiche hinausläuft. Britische Ingenieure bleiben aus diesem Grunde ihr ganzes Leben lang Ingenieure, wogegen ein amerikanischer Ingenieur, der mit fünfunddreißig noch kein Manager ist, als jemand betrachtet wird, der den Anschluß verpaßt hat. In dieser Hinsicht sind die Franzosen tatsächlich jetzt den Amerikanern näher als die Briten. Die Existenz der *Grandes Écoles*, mit ihren gepriesenen Sonderprivilegien, fördern kluge Studenten in ihrem Entschluß, Ingenieure zu werden: Obwohl Frankreich und Großbritannien eine fast identische Anzahl von graduierten Ingenieuren ausbilden, gehen die Franzosen dagegen aus einer stärker vom Wettbewerb bestimmten Auswahl hervor: zwischen 30 und 40 Prozent aller Bewerber für die Ingenieurausbildung an britischen Universitäten und zwei Drittel der Bewerber für die Mathematikausbildung werden zugelassen, doch in Frankreich kann das Verhältnis von Bewerbern zu Zulassungen bis auf 100 : 1 (in der Aeronautik) ansteigen und beträgt im Durchschnitt ungefähr 10 : 1. Der Nachteil in diesem Verhältnis besteht darin, daß das Ingenieurdiplom nicht von den Durchschnittsstudenten erworben werden kann, so wie in den Vereinigten Staaten und Japan, die pro Jahr etwa achtzigtausend Ingenieure ausbilden im Vergleich zu den zwölftausend in Frankreich. Die Franzosen jedoch gleichen dies durch eine gutentwickelte, nicht universitäre Ausbildung für Techniker aus.

Daraus folgt jedoch natürlich nicht, daß ein Land industriell erfolgreicher ist, weil es eine Menge Ingenieure besitzt. Ein Erfinder ist schließlich im Normalfall eine Person, die ihre Ausbildung nicht zu hoch einschätzt. Doch vermutlich ist heutzutage nicht nur die Fähigkeit zum Erfinden ausschlaggebender, sondern auch der Wille, von den Erfindungen anderer Menschen zu profitieren. Britische Ingenieure, vielleicht weil sie einst auf der Welt die Erfinder waren, sind weniger gut im Wildern. Gemessen an den Einnahmen und Ausgaben in der Handelsbilanz für Patentrechte, borgt Großbritannien sehr wenig, wogegen Frankreich ausländische Patentrechte fast genauso begierig aufkauft wie die Japaner, obwohl die Amerikaner sicherlich die willigsten Aufkäufer der Welt sind. Daraus sollte man nicht ableiten, daß französische Ingenieure in allen Bereichen ihres Lebens offenherzig wären. Ingenieurstudenten sind politisch gewiß eher konservativ, religiös und konformistisch in ihren sozialen Ansichten wie in ihrem Verhalten als andere Universitätsstudenten; sie sind gewöhnlich keine hochfliegenden Intellektuellen und lesen überraschend wenig (ein Drittel liest nicht mal eine Tageszeitung). Da sie wie verrückt haben pauken müssen, um in die *Grandes Écoles* aufgenommen zu werden, nehmen sie ihr Studium leichter, indem sie nicht mehr als eine Vierzigstunden-Woche absolvieren. Dies mag vielleicht genau dem Bild der Ingenieurstudenten in anderen Ländern entsprechen.

Auch wenn es viele Bildungsexperten gibt, so haben sie es nicht fertiggebracht, ernsthafte Vergleichsstudien zu erstellen zwischen dem, was mit den jungen Menschen in Frankreich und was anderswo geschieht. Es ist ihnen sicherlich nicht gelungen, die ständig gehegten Mythen zu zerstören, die nicht nur heute unzutreffend sind, sondern immer schon falsch waren. So soll etwa das klassische System der «Public Schools» in England das Klassensystem gestärkt haben, hingegen die französischen *lycées* für jeden Jungen den Weg zur Spitze geöffnet haben. Doch in der Tat waren die besten höheren Schulen des *ancien régime*, die von Jesuiten geleitet wurden, bewußt darum bemüht, aus ihren Schülern angehende «Gentlemen» *comme il faut* zu machen, die sich von der Masse durch ihren Geschmack, ihre Manieren und ihre Lateinkenntnisse abhoben. Und die *lycées* unter Napoleon führten diese Tradition fort, schufen ganz offen eine «Elite». Bis zur gegenwärtigen Generation erhielten wesentlich weniger Jungen in Frankreich eine höhere Bildung als in England, wo die «Grammar Schools» zweimal so viele Schüler aufnahmen. In England gab es wesentlich häufiger Stipendien, und es war üblicher, daß arme Kinder von den Grundschulen auf höhere Schulen überwechselten. Die englischen «Public Schools» waren wahrscheinlich so offen wie die *lycées* im 19. Jahrhundert. Das englische Internatssystem war vermutlich grausamer, stand aber nicht gänzlich im Gegensatz zu der Behandlung, die die Schüler an den *lycées* erfuhren, denn auch hier waren zwei Drittel Internatsschüler. Die englische Bildung betonte angeblich die Persönlichkeit; die *lycées* gingen anders vor, um das gleiche Ziel anzupeilen, aber die französischen Privatschulen wurden zunehmend beliebter, weil sie es genau darauf anlegten, die Persönlichkeit herauszubilden. Den Kult um Prüfungen hegten beide Länder, wenn auch auf etwas unterschiedliche Weise. Und in beiden Ländern wurde es bald offensichtlich, daß der Erfolg eines Kindes im Leben nicht notwendigerweise von seinen Prüfungsergebnissen abhing, sondern eher davon, wer sein Vater war. So ruhen die scharfen Unterschiede zwischen dem englischen und französischen Schulsystem auf recht wackligen Beweisen, auch wenn es feine Unterschiede in der Atmosphäre und gewichtige Unterschiede im Detail gibt.

Die Lehrer sind so zahlreich geworden, daß sie heute eine Art neuer Armee bilden, mit einer eigenen Art zu denken und mit eigenen Idealen. Jeder hat in dieser Armee seine Pflichtzeit abgeleistet und ist mehr oder weniger beeinflußt, dankbar oder nachtragend daraus hervorgegangen. Eben weil die Lehrer heute eine so mächtige Lobby haben, fördern sie einen neuen Antiklerikalismus gegen sich selbst. In der Vergangenheit bestand ihre Mission darin, die Nation zu zivilisieren und ihre Bewohner zu nationalisieren; vor allem in den Schulen wurde den Kindern beigebracht, daß sie Franzosen seien. Unsicherheit und Skepsis über ihre Mission verunsichern sie heute, so ähnlich wie in der Vergangenheit die Feindschaft zur Kirche die Religion bedrohte. Nicht nur das französische Bildungswesen steckt in der Krise – es war immer gefährdet –, sondern die Bildung selbst. Es ist zunehmend offensichtlich, daß keine Lösung alle befriedigen wird.

So muß ein gerechtes Urteil über die Erziehung eines Franzosen nicht nur beachten, wie gut die Schule und die Lehrer waren, noch wieviel er sich zu eigen gemacht hat, sondern auch, was er erfolgreich hat abwehren können und, vor allem, was er ohne Anleitung gelernt hat. In jeder französischen Bildung versteckt sich gewöhnlich eine größere oder kleinere französische Revolution.

23 Wie man sich nicht von ihren Intellektuellen einschüchtern läßt

Jede Woche verkündet Jean Daniel im *Nouvel Observateur* seine Meinung. Jede Woche wird er von Menschen gelesen, die wissen wollen, was sie von dem, was sich in der Welt abspielt, zu halten haben. Jean Daniel wurde als einer von Frankreichs führenden «geistigen Direktoren» bezeichnet und seine Zeitschrift als «das Kirchenblatt der Intellektuellen». Intellektuelle handeln mit Meinungen, und das ist ein Handel, in dem es leichter als in jedem anderen ist, sich lächerlich zu machen. Die Nachfrage nach Führern ist größer, und die Versuchung, sich anzupassen, enorm. Jean Daniel weiß jedoch nicht genau, was er denkt. Er wüßte es gern: «Ich brauche einen Glauben», sagt er. Aber seine größte Ablehnung hebt er für den Dogmatiker und für die Experten auf. Er nennt die Wirtschaftswissenschaftler Science-fiction-Praktiker und hat herausgefunden, daß keine zwei Experten einer Meinung sind, nicht einmal zwei Marxisten. Er hat zwar seine Heroen, Gide und Camus, die er in seiner Jugend sehr bewunderte, will aber nicht der Sklave eines großen Denkers sein. Sein ganzes Leben war «eine langsame Suche nach der Bestätigung meiner selbst, abseits der Gleise der großen Denker». Er weigert sich, einfacher Gefolgsmann zu sein, aber er bewunderte schon immer gern Menschen. Er freut sich, wenn er Menschen findet, die er bewundern kann, und er mißtraut jenen, die das nicht brauchen oder können. Sein Geschmack ist auf das Komplexe ausgerichtet: Er möchte «alles besitzen, ohne zwischen Alternativen wählen zu müssen». Er fühlt sich wohler, wenn er Fragen stellt, als wenn er welche beantworten muß, aber er ist gegen Skeptizismus. Er schätzt die Diskussion, aber er möchte, daß sie zu Lösungen führt, auch wenn diese Lösungen zahlreich sind. Er scheint am glücklichsten, wenn es mehrere Lösungen gibt.

Er wurde als Philosoph ausgebildet, aber im Alter von fünfundzwanzig erhielt er die Möglichkeit, ein einflußreicher politischer Ghostwriter zu werden. Diese kurze Erfahrung kurierte ihn sowohl von der Politik als auch von der Macht. Als die Sozialisten durch die Wahlen von 1981 an die Macht kamen und ihm ein Ministerium anboten, lehnte er ab und entschied, daß er nicht den Wunsch hatte, daß andere sich vor ihm verbeugten, und an einem Spiel teilzunehmen, in dem die Menschen ihn als Supermann behandeln würden. Macht zu genießen bedeutet nichts anderes, als daß man dabei beweist, der Aufgabe gewachsen zu sein, und daß man kein Bündel mit Schwächen ist; aber das heißt, sich selbst zu blenden. Er wäre lieber Flaubert als ein Minister. Oder das ist zumindest eines der Dinge, die er gern wäre. «Jeder möchte gern eine Vielzahl sein», in anderen Worten, Verschiedenes. Zumindest in seinem Fall drückt der Wunsch eine Sehnsucht aus, seinem eigenen Gefühl der Eingeschränktheit zu entkommen. Am meisten bedauert er, daß er nur so wenige Talente hat. Als junger Mann wäre er gerne Schauspieler geworden, weil ein Schauspieler versuchen darf, oder zumindest vorgeben kann, zu sein, was er nicht ist. Ansonsten wäre er gern Romancier geworden, der in der Fiktion eine vielfältige Welt schaffen kann und durch seine Person lebt. Als Redakteur einer Zeitschrift kommt er dem am nächsten: er lebt durch seine Mitarbeiter. In seinen frühen Jahren verbrachte er viel Zeit mit seinen Journalisten und Reportern, arbeitete genau heraus, was sie sagen sollten, er spielte eine ähnliche Rolle wie Pygmalion. Der Journalist ist in gewisser Weise ein Romancier: Auch heute fühlt er noch einen Stich der Eifersucht, wenn er einen jungen Reporter losschickt, weil dieser und nicht er selbst die Freude haben wird, eine Geschichte zu schreiben.

In seiner Jugend erlangte er internationale Berühmtheit als einer der ersten Reporter, die über die Folter in Algerien berichteten. In den Kämpfen dort wurde er schwer verletzt. Er fühlt sich sehr stark in das einbezogen, was um ihn herum geschieht.

Er braucht das Gefühl, «engagiert» und verpflichtet zu sein. Wie ein Schauspieler hängt er von den Reaktionen der anderen ab. Allein ist er unglücklich und braucht ständig die Anregung anderer durch ihre Unterstützung und ihre Kritik. Er weigert sich daher, Menschen zu verachten, und weiß, er schreibt für ein Publikum, das nicht eine Durchschlagskopie seiner selbst ist. Er gibt sich Mühe, es nicht zu beleidigen, nicht Kritik zu üben, außer durch das Medium der Selbstkritik. Obwohl er von Sartre fasziniert war, konnte er nie Sartres Haß auf seine Verhältnisse und seine Familie teilen oder verstehen. Er selbst, Sohn eines Arbeiters, hat keinerlei Schuldgefühle, daß er ein Bourgeois geworden ist. Er träumt von einem Land ohne Klassen, ohne Rassen, ohne Grenzen, ohne Hierarchie; und das heißt auch von einer Gesellschaft, in der die Intellektuellen sich nicht in einem Getto versammeln und ideologische Gemeinden bilden. Er kann sich seine Stellung als einer der wichtigsten politischen Meinungsmacher seines Landes bewahren, weil er letztendlich an Politik nicht interessiert ist. Es ist die moralische Seite der Politik, nicht die tagtäglichen Reibereien, die ihn wirklich beschäftigen. Er hat eine außergewöhnliche Fähigkeit, sich einzufühlen und zu verstehen, was die Menschen empfinden. «Ich bin so sehr an Menschen interessiert, daß ich ihnen zustimme», sagt er, aber er sagt auch, daß er nicht viel von dem glaubt, was die Leute ihm erzählen; und gute Redner mag er am allerwenigsten.

Sein Horizont geht weit über Frankreich hinaus. Er spricht Englisch, obwohl er sich nur in der französischen Sprache sicher fühlt. Er fühlt sich persönlich beleidigt durch den Verfall von Großbritannien, dessen Zivilisation ihm zufolge permanente Werte verkörpert, wie das Fairplay beim Cricket, einen Sinn für das Augenmaß (*mens sana*), Humor und vor allem die Habeascorpusakte von 1679, die er als das drittwichtigste Erbe der Menschheit betrachtet, gleich nach Abrahams Opfer und dem Ausspruch von Jesus, daß derjenige, der nie gesündigt habe, den ersten Stein werfen solle. Obwohl er teilweise den Stil seiner Illustrierten nach dem «new journalism» Amerikas modelliert hat und obwohl er sich mit dem Element des «wandernden Juden» im amerikanischen Leben verwandt fühlt, gel-

Weshalb hast Du all dies erschaffen?
Wenn Leute dich das fragen, sag ihnen, du weißt es nicht.

ten seine Sympathien dennoch nicht den Vereinigten Staaten. Einst, als er John F. Kennedy interviewte, sagte ihm dieser, er habe entschieden, sich nicht mehr um die franko-amerikanischen Beziehungen zu kümmern, denn das sei reine Zeitverschwendung: Kennedy hatte erkennen müssen, daß er und General de Gaulle in rein gar keinem Punkt übereinstimmten. Daniel behauptet, daß die unterschiedlichen Haltungen Frankreichs und der Vereinigten Staaten zur Ernährung ein wesentliches Hindernis zwischen den zwei Ländern seien (wogegen ein Franzose unmittelbar die chinesische Küche verstehe). Dies ist nicht respektlos gemeint: es deutet vielmehr auf ein inneres Unbehagen hin, das keine noch so persönliche Freundschaft zwischen Individuen oder die Bewunderung für die Amerikaner bei besonderen Berufen überwinden kann. Schließlich wird dies durch die Tatsache erklärt, daß Daniels Brennpunkt immer Frankreich gewesen ist. Er ist in Algerien aufgewachsen und dachte, daß «Frankreich genug» und alles, was aus Frankreich kam, außergewöhnlich war. Seit dem Verlust von Algerien und dem Tod seiner Mutter hat sich seine Bindung zu diesem Land etwas gelockert. In den letzten zehn Jahren, das ist sein Eindruck, geht es in Frankreich weniger lebhaft zu, aber die sozialistische Regierung hat seinen Glauben an Frankreich wiederbelebt, weil er davon überzeugt ist, es könnte wieder das werden, was es einmal war, ein großzügiges, enthusiastisches Land, das alle willkommen heißt und offenherzig ist. Er gesteht zu, daß Frankreich keine Großmacht mehr ist, aber er hofft, daß es seine Bedeutung in der Welt wiedererlangen möge, indem es ein originelles Experiment im Sozialismus wagt, das als Modell dienen könnte. Doch er gibt zu, daß es altmodisch sei zu versuchen, anderen Völkern Lektionen zu erteilen. Er sagt, es sei für Frankreich in der Vergangenheit leichter gewesen, andere willkommen zu heißen, als es noch aus einer Position der Stärke heraus großzügig sein konnte, und daß es vielleicht eine Erklärung für den neuen Chauvinismus mancher Franzosen gibt: sie fühlen sich in die Defensive gedrängt; aber als Land ist es gerade groß genug, um eine separate, sich selbst genügende Welt zu bilden.

Was Daniel letzten Endes interessiert, sind menschliche Beziehungen, wie Menschen in den verschiedensten Lebensbereichen miteinander umgehen. Er meint, daß sich die Beziehungen durch den Verfall des Glaubens an die Hierarchie und durch die neue Haltung der Frauen radikal gewandelt haben.

Doch da er nun das hohe Alter näher kommen sieht, findet er die menschlichen Launen ein wenig trivial und versucht herauszufinden, was er über Gott denken soll. Daniel schreibt mit scheinbar autoritärer Stimme, die das dahinterliegende Zögern verbirgt. Und weil Außenseiter die Schichten der Unsicherheit unter den Überzeugungen und hinter der kraftvollen, geschliffenen Prosa nicht sehen, fühlen sie sich von französischen Intellektuellen eingeschüchtert, die das Rückgrat der Standhaftigkeit des Landes sind. Aber es ist falsch, sie als eine besondere Klasse zu betrachten.

Weit weniger Franzosen haben die Bücher von Lévi-Strauss gelesen, als sie Jeans des amerikanischen Namensvetters tragen: Warum genießen dieser Autor im besonderen und Intellektuelle im allgemeinen dann ein solch hohes Ansehen unter ihren Landsleuten? Warum ist das *Quartier Latin* in Paris Pilgerziel von so vielen Ausländern, die längst dem Studentenalter entwachsen sind? Warum haben diese Pilger nichtsdestotrotz so große Schwierigkeiten zu verstehen, worüber die französischen Intellektuellen sprechen? Welches Opium oder Lachgas durchdringt die Atmosphäre der Cafés an der *rive gauche*, daß diejenigen, die dort sitzen, sich so intelligent und heiter fühlen? Die Antworten auf diese Fragen führen in den Dunstkreis der Magie. Jede Untersuchung über Frankreich muß einen Besuch bei einem Pariser Intellektuellen einschließen, weil er zu der kleinen Gruppe gehört, die mit ihrem Zauber die Art, wie Franzosen sich selbst sehen und von Ausländern gesehen werden, in Bann hält. Man muß verstehen lernen, wie dieser Zauber wirkt, oder man wird weiterhin die alten Platitüden über Frankreich papageienhaft wiederholen und fortfahren, die Mythen, die um es herum geschaffen wurden, beharrlich zu glauben. Intellektuelle sind Spezialisten in der Interpretation des Lebenssinns. Sie sind professionelle Hersteller und Verkäufer von Meinungen. Die Meinungen, die es über Frankreich gibt, wurden von Intellektuellen erfunden. So wurde Frankreich ebensosehr von Intellektuellen geschaffen wie von Königen und ihren Armeen, die Land eroberten. Oberflächlich gesehen beziehen die Franzosen ihre Identität mehr oder weniger aus dem Glauben an die Mythen, die die Intellektuellen ihnen beigebracht haben. Die Intellektuellen haben Frankreich nicht nur als Ort, sondern als Idee, als Traum geschaffen, und sie haben diesem Traum ihre besondere Würze gegeben, wie Köche, die ein Gericht durch eine exotische Soße verwandeln. Man muß die Soße von ihren eigentlichen Zutaten unterscheiden. Man muß daher die Köche kennenlernen, um zu verstehen, was in ihrer Küche vor sich geht.

Sie sind es, die erklären, aus welchem Grund der amerikanische Traum so verschieden vom französischen zu sein scheint. Der amerikanische Traum ist in der Erfahrung der Amerikaner selbst verkörpert: Die Gründerväter, die Pioniere, die Immigranten, die Magnaten dienen als Modelle, die jeder nachzuahmen hoffen konnte. Aber dafür gibt es keine genauen französischen Entsprechungen: statt dessen besteht der französische Traum aus einer alptraumhaften Diskussion über Prinzipien und Ideologien. Es wäre falsch zu schließen, daß die Amerikaner praktisch und die Franzosen abstrakt veranlagt wären. Die Amerikaner können auch abstrakt sein. (Thornton Wilder hat tatsächlich behauptet, die Amerikaner seien im wesentlichen abstrakt in ihrer körperlichen Mobilität, in ihrer Überlegenheit in bezug auf Plätze und Umgebungen, in ihrem Interesse nicht etwa für die Vergangenheit, sondern für die Zukunft; obwohl Vann Woodward erwiderte, daß die Nordstaaten abstrakt seien, während die Südstaaten die Abstraktion fürchteten.) In Frankreich jedoch waren es die Intellektuellen, die behaupteten, sie würden die Rolle der Pioniere spielen, und es ist ihre Sprache, die die Debatte darüber, was Frankreich darstelle, gefärbt hat. Sie haben die nationalen Ziele formuliert und den Franzosen das Gefühl vermittelt, das auserwählte Volk zu sein. Ein Holländer und ein Franzose haben soviel gemeinsam, sagte Voltaire, wie eine Schildkröte und ein lebendiger Affe. «Als ich noch ein Kind war», sagte Cocteau, «glaubte ich, daß Ausländer überhaupt keine Sprache besäßen und nur vorgäben, untereinander würden sie eine sprechen.»

Aber wessen Küche sollte man besuchen? Eine Studie von 1981, die Frankreichs einflußreichsten Intellektuellen ermitteln sollte, brachte kaum Übereinstimmung. Der Ethnologe Claude Lévi-Strauss kam an die Spitze, aber nur 24 Prozent stimmten für ihn. Der politische Theoretiker Raymond Aron wurde zweiter und der Ideengeschichtler Michel Foucault dritter, mit ungefähr je 20 Prozent. Weitere vierzig Namen erhielten zwischen 10 und 20 Prozent der Stimmen, und darüber hinaus wurden weitere 164 angeblich höchst einflußreiche Menschen genannt, von denen die Mehrheit der Franzosen wahrscheinlich noch nie gehört hat. Hätte Jean-Paul Sartre noch gelebt, so wurde gesagt, wäre er wahrscheinlich zum überragenden Gewinner erklärt worden; aber dabei wird die Tatsache übersehen, daß Sartre stets dem extrem linken Flügel angehörte und mit den meisten Menschen meistens nicht übereinstimmte. Diese Unsicherheit verdeutlicht allerdings, daß Intellektuelle selbst in Cliquen aufgeteilt sind, die sich oft verabscheuen oder einander ignorieren. Das mag ihr besonderes Wesen um so unfaßbarer erscheinen lassen, bis man erkennt, daß ihre Anziehungskraft auf der Anwendung der gleichen Prinzipien beruht, die der französischen Küche ihren Ruhm verleihen. Französische Intellektuelle sind keine modernen Spezialisten, sondern die Erben einer Tradition, die forderte, das Denken solle, wie ein fein abgeschmecktes Gericht, eine Zusammenstellung sein, die die Wissenschaften mit Poesie und Philosophie aufgehen läßt. Ein Intellektueller ist nicht nur ein Gelehrter, sondern auch ein Künstler. Wie er die Dinge sagt, ist ebenso wichtig wie das, was er sagt; in gleicher Weise, wie die Zubereitung und das Würzen eines Stücks Fleisch ebenso entscheidend ist wie die Qualität des Fleisches selbst. Er macht das Leben interessanter und intensiver.

Claude Lévi-Strauss ist ein Professor, wie man ihn überall findet, aber er hat mehr Mut und einen weiteren Horizont als die meisten. Er geht über reines Wissen hinaus, beschreibt seine Theorien als «einen Akt des Glaubens». Er hat in der Tat einen Glauben formuliert, der zugleich tröstet und erregt: Es ist eine Weltanschauung. Seine Vorgehensweise ist um so wirkungsvoller, als sie nicht zu ausgefallen originell ist. Es ist tatsächlich, in einer neuen Sprache und mit neuen Beweisen, die Wiederholung von zwei alten Prinzipien – der Einheit der menschlichen Natur und des Vorhandenseins von Ordnung und System in einer scheinbar chaotischen Welt. Vielen legt diese

«So einfach geht das.»

Theorie nahe, daß es möglich ist, einen Sinn zu finden, wo scheinbar keiner existiert, daß es einen Reichtum symbolischer Bedeutung auch in den trivialsten Alltäglichkeiten des Lebens gibt. Die Bestätigung des Wertes abstrakter Gedanken, dieses Versprechen der Weisheit, macht einen Generalschlüssel zum Wissen attraktiv, genauso wie vor einem Jahrhundert der heute aus der Mode gekommene «Positivismus» von Auguste Comte als Sesam-öffne-dich zum Fortschritt angepriesen wurde. Intellektuelle Moden geben den Menschen die Hoffnung oder Illusion, daß sie die Werkzeuge besitzen, die Wunder vollbringen können. Sie regen Neuentdeckungen an, indem sie den Blickwinkel der Menschen verändern. Sie erzeugen neue Gemeinsamkeiten unter Menschen unterschiedlicher Berufe, lassen einen neuen Jargon entstehen, der schließlich zu Konformität und Banalität verkommt. Lévi-Strauss selbst leugnet, daß er wirkliche Gefolgsleute habe, und lehnt den Titel *maître à penser* (lies: Guru) seiner Generation ab. Er beharrt darauf, daß sein Werk anderen keinen Leitfaden darüber an die Hand geben könne, wie sie sich verhalten sollten. In früher Jugend gab er all sein Interesse an Politik auf. Der Sinn des Lebens, sagt er, sei, «sich nicht zu sehr zu langweilen». Er ist, mit anderen Worten, nicht der Herold einer Ideologie, sondern ein Zauberer, und zwar einer, der sich durch sein eigenes Geschick nicht verführen läßt. Seine Magie ist in vieler Hinsicht für ihn ein Spaß. Er hat seine Bücher so geschrieben, als komponiere er Opern, und glaubte, was er schreibe, sei eine Melodie, hier ein Rezitativ, dort ein vielstimmiger Chor. Er ist schon immer ein großer Musikliebhaber gewesen, der ständig mit Hintergrundmusik «als Stimulanz für das Denken» schreibt. Wäre er nicht Ethnologe, so wäre er gern Komponist geworden. Musik trägt ihn über sich selbst hinaus, und dieses Gefühl kommt seinem Glücksempfinden am nächsten. Er behauptet nicht, das Glück gefunden zu haben, so wenig wie Sicherheit oder Wahrheit.

Er wurde Ethnologe, weil er sich in Frankreich nicht wohl fühlte. Er ist nicht der Urtyp eines Franzosen, in dem seine Landsleute sich wiedererkennen können. Auf die Frage, welchem Land er angehört, ob er sich mehr dem Elsaß verbunden fühlt, woher seine Familie stammt, oder Paris, wo er lebt, oder Brasilien, wo er als junger Mann arbeitete, um der erdrückenden Atmosphäre Frankreichs zu entkommen, antwortet er nicht, daß er Franzose, sondern daß er zuallererst Jude sei. Er ist ein Außenseiter. Wenngleich sein Großvater Rabbi von Versailles war, war er weder praktizierender Jude, noch hat er irgendwelche Verwendung für jüdische Theologie. Für ihn heißt Jude zu sein, sich der Kunst und einem kultivierten Leben zu widmen. Er betrachtet sich als einen Mann des 19. Jahrhunderts, der seine Identität aus der künstlerischen Welt des zweiten Kaiserreichs bezieht und mehr seinen Eltern als seinen Lehrern verdankt. Sein Vater und zwei Onkel waren Maler, und er selbst wuchs mit einer Leidenschaft für die Kunst auf. Als Junge gab er sein Taschengeld für eine Sammlung japanischer Drucke und afrikanischer Skulpturen, exotische Kuriosiäten und alte Musikinstrumente aus. Lévi-Strauss wurde ein Guru, weil er ein Dichter der Prosa ist, ein begabter Schriftsteller, der bezaubert, aber der auch ein Erforscher ist, stets auf neue Abenteuer aus, der seine Leser über sich selbst hinaustragen kann und ihnen das Gefühl gibt, daß sie dabei sind, mit tieferen Wahrheiten und einem umfassenderen Leben Kontakt aufzunehmen, als sie es gewohnt sind. Er ist nicht nur ein Stubengelehrter. Als er siebzehn war, kauften seine Eltern ein kleines Bauernhaus in den Cevennen, was dazu führte, daß er die «Natur entdeckte» und erkannte, daß körperliche Anstrengung so wichtig ist wie intellektuelle Neugier. Er hat immer betont, daß es unmöglich sei, die Welt zu verstehen, es sei denn, man habe Vergnügen an körperlichen Berührungen mit ihr: Er ist auch ein rundum geschickter Alleskönner. Er war dreimal verheiratet. Mit anderen Worten: er ist gewiß ein Individuum, das versucht hat, seine eigene Lebensart zu schaffen und aus seiner Welt einen interessanteren Ort zu machen.

Lévi-Strauss wird von Ausländern als Inkarnation der Eigenschaften angesehen, die sofort als französisch zu erkennen sind. Aber die Kombination von abstraktem Denken, Systematisierung und blumiger Sprache ist ganz seine eigene: Er hat gewöhnliche Zutaten zusammengebracht und sie zu einem höchst berauschenden Gebräu vermischt. Dieses Gebräu ist wahrscheinlich außerhalb Frankreichs so beliebt wie innerhalb, weil Lévi-Strauss ein bestimmtes Temperament spiegelt und anzieht, das sich an Systematisierung und theoretischer Spekulation erfreut. Außerhalb Frankreichs ist dieses Temperament exzentrisch und vorwiegend unter Geisteswissenschaftlern zu finden. In Frankreich ist es weniger seltsam, weil es sich, wenn auch nur als Anstrich und in bestimmten Situationen, in gebildeten Menschen und der Oberschicht ganz allgemein manifestiert. In Abstraktionen zu sprechen ist Zeichen einer guten Kinderstube geworden, eine neue Version der alten aristokratischen Höflichkeitsfloskeln. Menschen wie Lévi-Strauss werden bewundert, weil sie in diesem Spiel nicht nur sehr geschickt sind, sondern es wunderbar zu spielen wissen. Sein literarischer Stil ist für seinen Erfolg ebenso entscheidend gewesen wie sein außergewöhnlich scharfer Geist. Er ist das Gegenstück zum beliebten Pop-Sänger, dessen Melodie jeder pfeift; aber es wäre irrig anzunehmen, daß die Wörter der Lieder das Credo einer ganzen Nation repräsentieren oder daß auch nur darüber nachgedacht wird. Während der Pop-Sänger oder Filmstar eine Ausnahme ist, einer aus einer Million, und versucht, sich als ganz normaler Mensch mit den gleichen Gefühlen wie jeder andere auch auszugeben, ist sich der Intellektuelle seiner Anomalität bewußt und kehrt sie in eine Tugend um. Sein Zweck ist es, eine unabhängige Identität für sich zu entdecken, er ist ein Pionier der Selbstbeobachtung. Der wichtigste Einfluß, den Intellektuelle ausübten, war die Kultivierung der Individualität. Sie reproduzieren sich daher nicht unverändert, sondern fördern eine noch größere Verschiedenheit unter den Individuen. Der Einfluß eines einzelnen Intellektuellen wird daher ständig ausgehöhlt. Da die Findung der eigenen Identität natürlich keine einfache Sache ist, gibt es eine Vielzahl von Intellektuellen, die als höchst originell posieren: Die Übernahme des Vokabulars von Lévi-Strauss ist kein Anzeichen für seinen Einfluß, sondern für das Ausmaß, in dem er mißverstanden wurde, denn er hat es auf seine Persönlichkeit maßgeschneidert. Genau wie die Höflichkeit oder Galanterie die Heuchelei oder tausend andere Gefühle verschleiern kann, so kann der Redestil der Intellektuellen Ausdruck für eine Fluchtbewegung vom Zweifel weg sein; der scheinbare Dogmatismus ist die glänzend polierte Oberfläche, die genausoviel verdeckt wie sie entdeckt. Unter denjenigen, die sich selber als Intellektuelle verstehen, gibt es nur wenige, die zugeben würden, glücklich zu sein.

Polemik ist daher gewöhnlich ein weiterer Aspekt des täglichen Geschäfts eines Intellektuellen, denn er ist jemand, der gern seine kritischen Fähigkeiten zeigt. Aus diesem Grunde war Sartre ein anderer Held. Sartre repräsentierte eine andere Tradition, indem er den Menschen sagte, was an der Welt falsch sei. Er definierte, wer niederträchtig (*salaud*) sei, auf die gleiche Art, wie sein Held Flaubert den scheinheiligen *Bourgeois* gebrandmarkt hat. Aber Sartre hob seine Verdammung auf eine neue Ebene: Wenn bislang das Ziel der Schmähungen der Intellektuellen eine besondere Klasse von Menschen war, so ist der *salaud* ein universaler Mensch; jeder von uns ist für einen anderen ein *salaud*. Sartre war jedem Menschen mit Prestige oder irgendwelchem Gewicht gegenüber mißtrauisch, jedem, der glaubte, seine Pflicht zu erfüllen, als Sohn, als Vater, Ehefrau oder als Führer. Es war unmöglich, irgendwelche Macht zu haben oder irgendwelchen Reichtum, ohne schuldig zu sein, ohne auf irgendeine Weise verächtlich zu sein. Der einzige Ausweg war, sich im Kampf um die Befreiung des Menschen zu engagieren, Seite an Seite mit anderen zu kämpfen. Es reicht nicht, einfach seine Unterschrift für die Unterstützung der Guerillas in Afrika oder Lateinamerika zu geben, die einen entlastet, sondern man mußte seine Überzeugungen zu seiner eigentlichen Passion machen – einer Passion auch im christlichen Sinn, denn sie beinhaltet auch das Opfer. (Es ist kein Zufall, daß ein Synonym für Intellektueller Kleriker ist: beide versuchen, Zeugen der Wahrheit zu sein; falls notwendig, werden beide zu Märtyrern.) Darum akzeptierte Sartre die Beleidigungen der Kommunistischen Partei so lange und unterstützte sie dennoch. Darum wurden Stalins Rußland, Maos China, Castros Kuba, Ben Bellas Algerien eines nach dem anderen idealisiert. Der Kampf ist nie zu Ende. Sartre bot stärkere Medizin an als Lévi-Strauss, keine theoretische Entdeckung des Sinns der Welt, sondern die leidenschaftliche Erfahrung, mit den eigenen Taten erschaffe man den Sinn der Welt. Das schmiedete tiefbefriedigende Bande der Freundschaft, auch wenn es manchmal die Schaffung von Mythen miteinbezog.

Heute polemisieren die «Neuen Philosophen» gegen diese Mythen, und die neueste Mode ist, die alten Dogmen und überhaupt alle Dogmen anzugreifen. Intellektuelle sind daher nicht notwendig «links». Sie erschienen als solche nach dem Krieg,

weil die Rechten sich durch Kollaboration in Mißkredit gebracht hatten, aber die Rechte greift heute wieder zu den Waffen. Beide, Rechte und Linke, finden den gemeinen Mann in der
Mitte unzureichend. Der Mythos, daß die Franzosen entweder
links oder rechts seien, ist eine folgenschwere Annahme, die
auf die Intellektuellen zurückgeht. Sie besagte, daß die Franzosen nicht harmonisch zusammenarbeiten können und daß alte
Streitigkeiten aufrechterhalten werden wie Familienzwiste,
auch wenn der ursprüngliche Grund längst in Vergessenheit
geraten ist. Die logische Simplizität ist ein Beispiel für die Vorliebe für Dichotomien, die aus der Weigerung folgt, die Widersprüche menschlichen Verhaltens zu akzeptieren. Es gibt viele
Intellektuelle, die meinen, sie könnten die Welt beherrschen,
indem sie diese erklären; indem sie das scheinbare Chaos redu-
zieren, während sie es in eine Ordnung bringen, die sich in
Worte fassen läßt. Das richtige Wort zu finden ist der halbe
Sieg. Wenn die Franzosen diese Wortspiele betreiben, scheinen
sie ein Volk von Intellektuellen zu sein, aber es ist nur eines
von vielen Spielen, die sie spielen, und entgegen ihren eigenen
Prinzipien bleiben sie weiterhin widersprüchlich.

Paris lebt von der Auseinandersetzung, auch wenn das Geschrei jedermann taub gemacht hat. Die Aufregung wird nie
gedämpft, denn niemand möchte gerne eine Niederlage eingestehen. Paris ist nicht mehr wie selbstverständlich die intellektuelle Hauptstadt der Welt – ein Titel, den es einst beanspruchen konnte –, sondern ist vermutlich diejenige Stadt mit
dem intensivsten intellektuellen Leben. Der Grund dafür ist
darin zu suchen, daß sie zugleich die Hauptstadt des Landes
mit Regierungssitz, der Finanzwelt und den künstlerischen
Aktivitäten ist. Die Intellektuellen von New York mögen noch
so aktiv sein, doch niemand wird behaupten, daß sich die besten Köpfe, ganz zu schweigen von den mächtigsten Gestalten
der Politik, des Geschäftslebens und der Bildung, dort konzentriert hätten. In Kalifornien mögen vielleicht mehr Ideen wie
ein Feuerwerk hochsteigen, aber sie sind über eine Küste von
zweitausend Kilometern verstreut. Die Vorherrschaft Londons
wird von Oxford und Cambridge herausgefordert. Obwohl es
französische Städte mit einem reichen kulturellen Erbe gibt,

Desclozeaux

kann keine den Rang von Paris beanspruchen. Die Zusammen-
ballung all jener Kräfte, die mit der Macht, dem Einfluß und der
Unterhaltung, mit Entscheidungen und der Verwaltung zu tun
haben, verleihen Paris diese ganz besondere, größenwahnsinnige Atmosphäre. Es ist gut möglich, daß die Menschen in benachbarten Vierteln sich einander sehr viel enger kennen und
unaufhörlich diskutieren, wie dies auch in einer Familie geschieht. Die Intellektuellen Frankreichs fühlen sich nicht wie
Gefangene in einem Elfenbeinturm.

Überdies liegt eine glorreiche Tradition hinter ihnen; sie
wandeln durch die gleichen Straßen, wie einst Voltaire und
Rousseau, die durch einen einfachen Federstrich übers Papier
fähig waren, das ganze Königreich zu stürzen. Deshalb bringen
sie manchmal vor, sie seien so einzigartig, daß Ausländer nicht
hoffen könnten, sie richtig zu verstehen. Pierre Nora (ein Pariser Herausgeber, Verleger und Professor) hat die Amerikaner
darauf aufmerksam gemacht, daß die französischen Intellektu-

ellen unausrottbar «gallozentristisch» seien: Obwohl die junge Generation von Amerika fasziniert sei, handle es sich dabei um kein sehr tiefschürfendes Gefühl; es gebe da eine «Unvereinbarkeit» zwischen den beiden Ländern, «einen unmöglichen Dialog»; dabei handle es sich nicht um einen Antiamerikanismus, sondern, viel schlimmer, um eine grundsätzliche Unvereinbarkeit. Die französischen Intellektuellen, sagt Nora, seien Erben einer traditionellen Rolle, der «Verbreitung kultureller Werte», die keine Entsprechung in Amerika habe. «Amerikanische Intellektuelle sind mit einer Funktion ausgestattet, nicht mit einem geistlichen Amt; sie treiben Handel, haben aber kein Verwaltungsamt.» Viele Nichtfranzosen mögen vielleicht finden, daß diese Unterscheidung schwer zu verstehen sei, aber sie ist ein Zeichen für den Gemeinschaftssinn, der die französischen Intellektuellen trägt. Frankreich ist in einem gewissen Sinn eine Insel, die vom Ausland intellektuell isoliert ist, weil nur ein winziger Teil der ausländischen Veröffentlichungen jemals von den Bibliotheken aufgekauft wird und eine noch geringere Zahl im Buchhandel erhältlich ist; wenn jemand nur französisch zu lesen imstande ist, wird es schwierig, viel darüber zu erfahren, was die übrige Welt denkt. Dies ist teilweise der Grund dafür, daß Frankreich seinen Charakter beibehalten hat und sein Gefühl dafür, eine sich selbst versorgende Einheit zu sein. Doch in Wirklichkeit haben die französischen Intellektuellen sehr viel mehr mit ihren ausländischen Ebenbildern gemeinsam, als ihnen bewußt ist. Worin unterscheidet sich Richard Sennett, der Theorien über die Autorität und die Einsamkeit am Rande von Greenwich Village verfaßt, von den Systemerfindern des *Quartier Latin*? Sein Institute of Humanities ist aber keine Imitation des Pariser Maison des Sciences de l'Homme, sondern gedeiht auf Grund der Unterstützung einer breiten Masse sehr intellektueller Laien, die sich so sehr der abstrakten Diskussion widmen, wie die *habitués* des Collège de France; die New Yorker Presse verfolgt diese gelehrten Schriften mit fast ebenso großer Aufmerksamkeit wie die Zeitungen in Paris. E. P. Thompson, gegen die Zeitströmungen wetternd, mag in der Tradition der britischen Nonkonformisten stehen, die auf die Prediger in Oliver Cromwells Zeit zurückgehen, doch er steht nicht weniger in der Tradition Proudhons oder Sartres. Carl Sagan ist ein Beispiel für einen Intellektuellen, der die Naturwissenschaft in eine Poesie für den Massenkonsum verwandelt hat, und er ist – dies dürfte kaum überraschen – von den Franzosen sehr viel ernster genommen worden als von den Briten. Seine Art ist weder französisch noch amerikanisch, sondern einfach 19. Jahrhundert. Und dafür gibt es immer noch eine Nachfrage.

Die französischen Intellektuellen stehen vor denselben Problemen, die die Intellektuellen anderswo herausfordern. Ihr Status ist jetzt sehr verschieden von jenem, als die Mehrheit ihrer Landsleute noch nicht lesen konnte, als die Bücher eigentlich die einzige Möglichkeit zur Verbreitung von Ideen waren, als die Universitäten nicht mehr als Körperschaften zur Abhaltung von Prüfungen waren, als die Regierung mit vergleichsweise wenigen Leuten besetzt, die Wirtschaft dezentralisiert und die Kirche die mächtigste geistige Kraft war. Sie haben etwas von ihrer Unabhängigkeit verloren, denn sie sind nun ein Teil des Establishments. Sie haben etwas von ihrer Autorität verloren, weil sie sich zunehmend spezialisiert haben und sich nicht dazu bereitfinden, Urteile über Themen abzugeben, die außerhalb ihrer Kompetenz liegen. Ihr Selbstvertrauen hat stark nachgelassen.

Im 18. Jahrhundert war der vorbildliche Franzose ein wohlgeborener Höfling, der alle Regeln der Höflichkeit beherrschte. Die Intellektuellen haben dieses Vorbild durch eines ersetzt, das Sprache und Literatur beherrscht, durch jemanden, der logisch und gewählt argumentieren und der vor allem über fast jedes Thema im allgemeinen, nicht im speziellen, sprechen konnte. Ihre Idealvorstellung war der Mann mit «Allgemeinbildung». Sie schufen eine Sichtweise Frankreichs, die dieses Ideal widerspiegelte. Aber heute widmen sie sich neuen Beschäftigungen. Ihr Ziel einer Universalbildung ist mehr oder weniger erreicht, was bedeutet, daß sie bis an ihre Grenze vorgestoßen sind. Während es zunehmend schwieriger wird, Wissensgebiete miteinander zu verbinden, fallen sie zurück auf den Status bloßer Experten. So wie ihre Zahl größer wird, werden sie sich ihrer Verschiedenheit bewußter. Ihr internationa-

Zoran Orlic

les Publikum ist nicht länger das, was es einmal war. Die UNESCO-Liste der am häufigsten übersetzten Autoren ist kein angemessener Indikator ihres Prestiges mehr, aber es ist bezeichnend, daß der französische Denker, der an höchster Stelle steht, Jean-Paul Sartre, Platz 125 einnimmt. Lenin, Agatha Christie, Walt Disney und Karl Marx führen die Liste an. Die einzigen französischen Bücher unter den ersten 30 sind Perraults Märchen aus dem 17. Jahrhundert, Jules Vernes Phantasien aus dem 19. Jahrhundert, Goscinnys Comic-Serie Asterix und die Detektivromane von Simenon, einem Belgier.

Schließlich haben Technokraten und Medienleute überall rivalisierende Gemeinden gegründet, und Intellektuelle fühlen sich von ihnen so in Frage gestellt wie Eltern von respektlosen

Kindern. Der Philosoph Michel Serre hat gesagt: «Der Platz, den Sartre offen ließ, ist für keinen anderen mehr verfügbar, weil er von den Medien und nicht von einem Menschen eingenommen worden ist. Ein Philosoph repräsentiert gar nichts mehr; es ist der Journalist, der die Botschaften übermittelt, die von Bedeutung sind.» Und Journalisten übernehmen nur zu gern diese Rolle. Der neue Herausgeber von *L'Express* gab das Motto aus: «Raus mit den Intellektuellen, Platz für die Profis.» Die Intellektuellen sind natürlich auch Profis geworden, und das hat sie dazu gezwungen, das Geschäft der Kommunikation mit der Öffentlichkeit den Kommunikationsexperten zu überlassen. Dies hat den Begriff des Intellektuellen in Frage gestellt. Intellektuelle meinen, daß sie von den Medienleuten zensiert werden und daher sie in Gefahr seien, von ihnen in die gleiche Dunkelheit gefegt zu werden wie ihre mönchischen Vorfahren. Sie beklagen, daß es nicht mehr ausreiche, ein Buch zu schreiben, um Einfluß auszuüben, daß es so viele Bücher gibt, daß nur die von Presse und Fernsehen empfohlenen von einem größeren Kreis gelesen werden (was nicht ganz zutrifft). *Le Monde* erhält ungefähr 10000 Bücher pro Jahr für Besprechungen, aber stellt von diesen Eingängen lediglich 1600 vor. Durch die Erwähnung eines Buches auf der Titelseite von *Le Monde* erhält es die Weihe seiner Wichtigkeit, und es gibt nur ein Dutzend Menschen in der Zeitung, die diese Entscheidung fällen. «Ein Buch, das *Le Monde* nicht erwähnt, existiert nicht», sagt Professor René Remond. Um eine noch größere Leserschaft zu gewinnen, muß ein Buch im Fernsehen diskutiert werden, besonders im einflußreichsten Programm *Apostrophes*, das von nur einem Mann geleitet wird, von Bernard Pivot.

Die Streitereien der Intellektuellen mit Pivot spiegeln ihr Unbehagen im Umgang mit der Öffentlichkeit wider. Pivot ist nicht nur ein Medienmann, sondern ein Vertreter des traditionellen, provinziellen Allgemeinlesers der Mittelschicht, der gern Bücher liest, aber nicht vorgibt, ein tiefgründiger Denker zu sein. Er ist Sohn eines Lebensmittelhändlers aus Lyon, hat keine Universität besucht und schließt sich ihren Kreisen nicht an; er spielt Fußball, ißt so gern, wie er liest, und sucht stets neue literarische Kuriositäten, so wie er gastronomische sucht. Bei den Rivalitäten, in denen die Intellektuellen aufgehen, ist er Beobachter, nicht Teilnehmer. Er ist an Menschen so sehr interessiert wie an Ideen und will wissen, was für ein Mensch dieser oder jener Autor ist. Es ist diese Schicht von Lesern, die erklärt, warum ein Philosoph 30000 Exemplare eines Buches mit dem unwahrscheinlichen Titel *Das Ich-weiß-nicht-was und das Fast-überhaupt-nichts* verkaufen konnte: Als Jankelevitch im Fernsehen auftrat, fanden die Zuschauer ihn interessant und kauften sein Buch. Es gibt jedoch Intellektuelle, die Pivot kritisieren, weil er Bücher über Themen diskutiert, von denen er nichts versteht. Das zeigt, wie einige Intellektuelle, zu Experten geworden, Schwierigkeiten haben, anzuerkennen, daß jeder ein Recht auf seine Meinung hat, es zeigt aber auch, wie sehr die traditionelle Kultur der Allgemeinbildung, die Spezialisierung verabscheute, zerfallen ist. Autoren beklagen sich natürlich ebensosehr, daß Leute, die über ihre Themen nichts wissen, ihnen nicht gerecht werden. Die Polemik unter den Spezialisten ist für sie ebenso schmerzlich wie das Versagen der Presse, ihre Arbeiten wahrzunehmen. Wenn sie es wirklich darauf anlegen, sich Gehör zu verschaffen, können sie Telegelehrter, Autor, Teilzeitverleger und gleichzeitig Universitätsprofessor werden. Zwei oder drei Dutzend Leute, die alle diese vier verschiedenen Hüte tragen, werden als die wahrhaft Mächtigen in der Welt der Intellektuellen angesehen; einer Zensur unterliegen sie nicht, im Gegenteil; sie nehmen daran teil, das zu zensieren, was sie nicht interessiert. Jeder, der irgendwie Macht hat, übt auf irgendeine Weise Zensur aus, nicht nur die Medienleute. Solange Autoren Bücher verkaufen wollen, müssen sie sich dem Problem stellen, daß nicht jeder ihre Bücher kaufen will. Popularisierung (bedeutsamerweise auf französisch *vulgarisation* genannt) war früher eine der Stärken französischer Gelehrsamkeit, aber seit die akademische Welt so angewachsen ist, ist es durchaus möglich, allein für die Kollegen ein Buch zu verlegen. Der reine Forscher, der sich gewöhnlichen Sterblichen nicht verständlich mitteilen will oder kann, kann ohne sie auskommen, und manchmal sind sie wütend darüber.

Das ist das Problem ihrer Beziehungen nach außen. Ihre in-

Sempé Aus Ihrem letzten Roman geht klar und deutlich hervor, daß Sie ein besorgter und ängstlicher Mann sind. Können Sie uns das erklären...?

ternen Beziehungen werden von ihrer Teilung in einander verachtende Cliquen und Systeme gegenseitiger Bewunderung beherrscht, beides macht ihnen zugleich Sorgen und beschwichtigt sie. Das französische Verlagswesen illustriert das auf sehr anschauliche Weise. Die Autoren haben es benutzt, um ganze Netze von Gönnerschaft und Gefolgschaft aufzubauen, die sich um den Herausgeber einer Reihe konzentrieren: Verleger beschäftigen freie Mitarbeiter, die für sie Bücher finden und die mit einem Prozentanteil der Tantiemen honoriert werden. Ihre Herausgeber versuchen, Serien aufzubauen, die ihren Vorstellungen gerecht werden, die ihr Prestige fördern und kleine Gruppen um sie herum bilden. Es ist nichts Ungewöhnliches, erst eine besondere Person zufriedenstellen zu müssen, damit man gedruckt wird; aber in Frankreich werden solche Durchstechereien offen ausgetragen. Sie sind die Grundlage für ideologische oder ästhetische Kämpfe. Loyalitäten werden in einem in der angelsächsischen Welt unbekannten Ausmaß entwickelt. So rezensieren zum Beispiel Autoren bevorzugt Bücher, die in ihrem Verlag erschienen sind; wenn sie Literaturpreise zu vergeben haben, gehen diese an Autoren aus dem eigenen Haus. Drei Firmen verlegen 25 Prozent aller französischen Romane, aber ihre Autoren stellen 70 Prozent der Juroren und gewinnen 82 Prozent dieser Preise. Die Juroren haben sechs Wochen Zeit, um 150 Romane zu lesen; sie schauen sich nur ein Zehntel der eingereichten Werke an, hauptsächlich nach dem Verlag ausgewählt. Mit Geschenken, Blumen und überzogenen Vorschüssen werden sie umworben. Anstatt große Summen für Werbung auszugeben, konzentrieren Verleger ihre Anstrengungen auf die Literaturpreise. Autoren erhalten eine fast unbegrenzte Anzahl von Belegexemplaren, manchmal sogar 300 Stück, um sie mit eigenhändiger Widmung an einflußreiche Leute zu schicken, in der Hoffnung, so ins Gespräch zu kommen. Es ist kein Zufall, daß Buchwidmungen noch gewundener und devoter geworden sind als die traditionellen Schlußfloskeln in Briefen. Die Verleihung eines Literaturpreises ist eines der besten Mittel geworden, ein Buch zu einem Bestseller zu machen. Das Cliquenwesen wird noch durch die periodischen Zeitschriften gestärkt. Pierre Nora, der eine Monatszeitschrift wie auch verschiedene Buchreihen herausgibt, sieht sich selber in der Rolle eines «Orchesterleiters» für Ideen, «der intellektuelle Wellen schafft». Aus diesem Grunde gibt es eine stürmische und geräuschvolle See. Die zahlreichen kleinen Verlagshäuser, oftmals sogar ohne Profitgier gegründet, um die Vorherrschaft solcher Orchesterleiter in Frage zu stellen, sind nur teilweise erfolgreich gewesen, denn ihr Vertriebssystem hat nie richtig effizient funktioniert.

Die führenden Intellektuellen Frankreichs spielen eine Rolle, die sich in Großbritannien die Kirche von England und die Opposition Ihrer Majestät teilen.

Frankreichs Intellektuelle erklären, was in der Gesellschaft im argen liegt, und lamentieren, daß die Menschen ihrer Weisheit und ihren Vorschriften nicht folgen. Ihre Beschwerden sind Teil des Systems, und sie werden mit Respekt behandelt. In Frankreich geben 12 Prozent der Bevölkerung an, daß es sie beeinflusse, wenn die Intellektuellen bestimmte politische Kandidaten unterstützten. Das ist fast genau derselbe Bevölkerungsanteil, der in England regelmäßig in die Kirche geht und den Predigten der Priester zuhört. In einigen Kreisen und in einigen Gemütern schwillt der Respekt für Intellektuelle so sehr an, daß sie zum Gegenstück von Cherubim und Seraphim, die in der christlichen Mythologie den Thron Gottes umranken, erhoben werden. (Cherubim stellt vorzügliches Wissen und Seraphim die Inbrunst der Liebe dar.) Sie können die Melodien auf den Trompeten von Vernunft und Gefühl mit solchem Geschick spielen, daß man sie manchmal für kleine Götter mit eigener, unabhängiger Macht hält. Der Glaube an ihren Einfluß auf das Schicksal der Menschheit stellt eine private Art von Astrologie dar, in der die Gebildeten sich so gern versuchen. Diese Astrologie kann anregend sein, amüsant und manchmal sogar überzeugend, aber sie regiert nicht das ganze Leben der Menschen. Aus diesem Grunde besteht das Ziel beim Besuch eines Pariser Intellektuellen nicht notwendigerweise darin, einem Meinungsführer zu begegnen, sondern vielmehr darin, ein Gefühl für die vielschichtigen Bestrebungen zu gewinnen, die hinter dem französischen Ruf der Logik verschleiert sind, sowie ein Verständnis für die Annäherung, die sie zu so schein-

bar hartnäckigen Opponenten in der internationalen Auseinandersetzung werden läßt.

Intellektuelle sind aber nicht nur Intellektuelle. Régis Debray, ehemals Berater von Che Guevara, dann von Präsident
Mitterrand, hat errechnet, daß es heute 130000 Intellektuelle
in Frankreich gibt (was durch einen merkwürdigen Zufall fast
die gleiche Anzahl ist, wie die der Geistlichen im Frankreich
des 18. Jahrhunderts). Aber ich glaube, es ist überholt, sie im
Hinblick auf Macht und Einfluß als Elite zu bezeichnen: Das
ist ein Vermächtnis des Zeitalters des Analphabetentums. Es
gibt keine notwendige Verbindung mehr zwischen der Bildung,
die eine Person genossen hat, oder der Tätigkeit, die sie ausübt,
und ihrem geistigen Leben. Vielleicht ist es an der Zeit, das
Wort nicht mehr als Substantiv zu gebrauchen, sondern nur
noch als Adjektiv und nicht mehr zu fragen, wer ein Intellektueller ist, sondern wieviel Zeit die Menschen intellektuellen
Anliegen widmen. Das würde ganz andere Berechnungen erfordern. «Intellektuelle» setzen die Dinge des Geistes nicht immer und fortwährend an die erste Stelle; einen Großteil ihrer
Energie verwenden sie für Klatsch, Fraktionsquerelen und
Selbstbespiegelungen. Jene, die andere zu beeinflussen suchen,
sind oft in einem hohen Maß von der guten Meinung der anderen abhängig. Ein Intellektueller zu sein heißt, sich verwund-
bar zu machen, und nicht notwendigerweise, mächtig zu werden. Der Urtyp eines Intellektuellen stellt alles gern in Frage,
hat aber dennoch seine Götter, denen er huldigt. Jeder hat seine
eigenen Helden, seine eigene Form der Selbstachtung; er neigt
dazu, sich sehr kraß über seine Feinde zu äußern, auch wenn
diese sich von ihm nur durch feinste Nuancen unterscheiden.
Darum kann man in den Cafés von St. Germain des Près jede
Meinung vertreten, und mit größter Wahrscheinlichkeit wird
man als Idiot abgestempelt werden.

Sechster Teil

Wie man mit ihnen sympathisiert ━━━━━━━━

24 *Wie man die Wut der Teenager interpretieren kann*

Die gelangweilten Teenager, die ziellos an den Straßenecken trüber Vororte herumlungern, sehen gefährlich aus; und wenn man sich verlaufen hat, sind sie nicht die idealen Ansprechpartner, um sich nach dem Weg zu erkundigen. Sie werden keine Antwort geben, es sei denn, man strengt sich wirklich an. Sie haben gute Gründe, mißtrauisch zu sein – es sind die Kinder, die nie irgendwelche Preise gewonnen haben. Ein Strafregister ist das einzige, was zum Beispiel Emmanuel im Alter von achtzehn vorweisen kann. Seine zur Bewährung ausgesetzte Strafe für Einbruch und Autodiebstahl hängt ihm an wie ein drittklassiges Abschlußzeugnis. Die Polizei hat ihn mehrere Male anderer Straftaten verdächtigt, war aber nicht in der Lage, ihm etwas anzuhängen. Emmanuel ging mit fünfzehn von der Schule ab, mit der Begründung, daß er nichts Brauchbares lerne. Er teilte seinen Eltern mit, sie könnten ihn mit Polizeigewalt in die Schule bringen lassen, aber sonst würde er nicht mehr hingehen. Seine Eltern, die utopische, individualistische Mittelstandsmenschen sind, ließen es dabei bewenden. Emmanuel hat ein paarmal versucht zu arbeiten, aber nie über einen längeren Zeitraum. Da er keine Ausbildung hat, kann er keine Arbeit finden, die ihn interessiert. Seine Eltern sind gezwungen, ihn zu unterstützen, weil er ansonsten wieder stehlen würde. Er hat den größten Teil der letzten drei Jahre damit zugebracht, durch das Land zu ziehen, zuweilen mit Drogen zu handeln, eine Rockmusikgruppe zu gründen, aber vor allem damit, Anschluß an jene zu finden, die seine rebellische Haltung teilen. Er scheint beim ersten Kennenlernen das perfekte Beispiel eines Jungen zu sein, der den Generationenkonflikt und die totale Ablehnung der Erwachsenenwelt durch die junge Generation verkörpert. Aber seine abweisende Haltung, seine wortkarge Sprache, sein provokatives Gebaren und die bedrohliche Andeutung, ein gefährlicher, zwiespältiger Bursche zu sein, äußert er nur zu seiner Verteidigung gegenüber Fremden. Wenn er will, kann er fließend, klar und mit einer Schärfe sprechen, daß es fast überrascht.

Er hegt keinen Groll gegen seine Eltern. «Mein Vater», erzählt er, «ist nicht dazu geschaffen, Vater zu sein, er weiß nicht, was ein Vater tun muß, deshalb gibt er mir Geld, um sein Gewissen zu beruhigen. Ich nehme ihm das nicht übel.» Auch liegt in seiner Rebellion keine leere Arroganz: Wenn sein Vater ihm vorhält, daß er keinen Ehrgeiz habe, daß er «eine Ratte ist, die von der Gesellschaft, die er verwirft, zu profitieren sucht», daß er Geld haben will, ohne zu arbeiten, dann antwortet er, ja, das sei alles wahr, und er gibt zu, daß er noch zu keiner echten Alternative zu den Werten seines Vaters gelangt ist. So ist es unmöglich, mit ihm zu diskutieren, weil er nicht behauptet, es besser zu wissen als seine Eltern. Bis etwa zu seinem vierzehnten Lebensjahr lebte er gerne bei seinen Eltern. Er nahm an ihren Abenteuern und Demonstrationen für Umweltschutz teil, aber heute meint er, das sei nur ein oberflächliches Glück gewesen, er habe sie damals lediglich kopiert. Der Bruch kam, als sie zusammen auf eine Demonstration gegen Atomkraft in Malville fuhren: Die Polizei setzte Tränengas gegen die Demonstranten ein und war für viele Verletzte und sogar Tote verantwortlich. «Ich mache meinen Eltern keinen Vorwurf, daß sie nicht gegen die Polizei gekämpft haben (sie sind Anhänger des gewaltlosen Protests), aber es ekelte mich an, daß sie einfach aus der Entfernung zuschauten, anstatt runterzugehen und sich der Polizei entgegenzustellen. Seither habe ich nie wieder an ihre Prinzipien glauben können, weder an ihren Umweltschutz noch an ihr Engagement.» Emmanuel sagt seinen Eltern, daß all ihre Prinzipien und Werte sie kein Stückchen weiter gebracht haben, daß sie niemals etwas haben ändern können. Sie können ihm kein Vorbild sein. Er hält seinen Vater für einen glücklichen Mann, der beruflich aus seinem Leben etwas gemacht hat, aber sein Vater kann ihm nicht das geben, was er am meisten braucht. «Ich habe nie von meinem Vater Anerkennung bekommen, weil ich ihn immer enttäuscht habe. Meine Lehrer sagten immer, ich habe Möglichkeiten, unausgeschöpfte Möglichkeiten.» Seine Eltern loben ihn manchmal, aber er glaubt ihnen nicht mehr. So hat ihn sein Leben dahin geführt, woanders zu suchen.

Zuerst hat er versucht, eine Zustimmung zu finden, an die er wirklich glauben kann. «Ich brauche andere, um mir zu beweisen, daß ich existiere, die mich in die Lage versetzen, stolz auf mich zu sein; ich brauche die Anfeuerung durch die anderen.» Er hatte eine Comic-Serie gezeichnet, «die wirklich aus den Tiefen meiner selbst kam, die eine Art Lied war, das ich in Bilder übersetzte, in denen ich die Langeweile des Lebens aufzuzeigen versuchte; es gab keine Wörter, keinen Anfang und kein Ende; sie war traurig, kummervoll; keiner hat's verstanden». Sein Vater konnte sich keinen Reim darauf machen. Seine Mutter sagte, sie sei gut, «aber das war mir zu wenig. Ich wußte, daß es gut war, daß es nicht leer war. Ich war sehr enttäuscht. Ich fühlte mich einsam bei meinen Ideen, in der Art, das Leben zu sehen.» Emmanuel hat sich deshalb selbst bemüht, verwandte Seelen zu finden. Auf seinen Reisen hat er bewußt die Nähe der *voyous* (Tagediebe) gesucht, «vielleicht aus einem Gefühl der Romantik heraus», junge Menschen am Rande der Gesellschaft *(marginaux)*, die versuchten, ihr Leben unabhängig zu gestalten, und die auf eine andere Weise als ihre Eltern protestierten. Er wurde ein Punk. Eine Zeitlang empfand er den Nihilismus und die gute Punkmusik als Ausdruck seiner eigenen Hoffnungslosigkeit: «Ich glaubte, wir würden eine neue Klasse; ich glaubte, ich hätte Brüder gefunden, weil ich mich zu einer Gruppe oder Klasse zugehörig fühlen muß. Doch ich merkte bald, daß Punk mich nirgendwo hinführte. Alle meine Freunde sind noch Punks, aber ihre Köpfe sind leer. Sie stopfen ihre Leere nur mit Punk voll; es führt nur dazu, daß sie nicht mehr über sich selbst und ihre eigene Situation nachdenken; sie denken gar nicht mehr nach. Ich glaubte, die Punks sind wie ich, aber sie waren es nicht. Sie gaben vor, wir säßen in der Scheiße, aber das war nicht der Fall. Ich lebte wie ein armer Junge, doch in Wirklichkeit war ich ein Kleinbürger, der von seinem Vater ausgehalten wurde. Wir zertrümmerten Sachen, weil die englischen Punks das auch machten, aber wir waren keine Engländer.» Er mochte fetzige Kleider, aber das war nicht genug. Er hatte den Eindruck, daß keine Philosophie dahintersteckte. Punks ersetzten die Gesetze, die sie verachteten, durch ihre eigenen Gesetze, die sogar noch schlimmer waren, «faschistisch, nutzlos, die Gewalt vergeudend: das half mir zu leben, doch nur für eine Zeitlang, nicht auf Dauer. Ich entdeckte, daß ich noch immer alleine war.» Die Punkmusik langweilt ihn nun, denn sie hat ihn nirgendwo hingeführt und weil er enttäuscht war zu entdecken, daß er «nur eine Imitation der Rocker von 1960 war, blöde und abstoßend». Er hätte viel darum gegeben, hätte er ein guter Musiker werden können, aber er entschied, daß er dafür nicht genug Talent besitze.

«Ich fühle mich durcheinander», sagt er immer wieder. Nichtsdestoweniger kann er dennoch herausfinden, was er sucht, wenn er sich anstrengt. Freundschaft bedeutet ihm sehr viel. «Ich fühle mich wohl, wenn ich befriedigende Beziehungen mit Leuten habe: Ein Freund zu sein bedeutet, für jemanden da zu sein, der für dich da ist, aber das geht über gegenseitige Hilfe hinaus.» Aber solche Freunde sind nicht leicht zu finden: Er lebt jetzt mit einem hübschen, punkigen Mädchen zusammen, einem ehemaligen Mitglied der Kommunistischen Jugend, die beklagt, daß er so abgrundtief pessimistisch ist. Er hat jedoch dem Druck seiner Eltern nachgegeben und angefangen, einen Schauspiellehrgang zu besuchen. Er mag das, aber «es kommt nicht aus dem Herzen». Er verschreibt sich nicht so schnell einer Sache. Als Schauspieler könnte er vielleicht Geld verdienen, ohne sich zu sehr anstrengen zu müssen. Vielleicht, fügt er hinzu, wird es ihn glücklich machen; Grund genug, es überhaupt zu versuchen. Die Tatsache, daß der Beruf ihm höchstwahrscheinlich keine reguläre Stellung einbringen wird, macht ihm keine Sorgen, weil er behauptet, keine Sicherheit zu wollen – die hat er immer von seinen Eltern bekom-

Boredom

Langeweile No Future… welch ein Abenteuer…

men. Schauspielerei könnte etwas sein, was ihm liegt, es könnte sich als amüsant herausstellen: «Ich spüre, daß ich es tun könnte.» Er hat sicherlich jene Kombination von keckem Aussehen und hitzigem Zorn, die so beliebt ist. Auf meine Bitte hin zeichnete er das Bild eines modernen Jugendlichen: Es ist ein entsetzliches Porträt aus Wut und Verzweiflung, das den Untertitel trägt: *No Future... Quelle Aventure...* Es war deutlich, daß er sich auch zu einem Künstler entwickeln könnte, wenn er wollte. Vorausgesetzt, er fände seine eigene Selbstsicherheit und nicht nur die Anerkennung von seinen Eltern. Seine Geschichte ist nicht die einer Rebellion, sondern die eines unabhängigen Versuchs, die eigene Individualität zu finden. Emmanuel ist ein echter Nachfahre mehrerer vorheriger Generationen, die versucht haben, das Individuum zum eigenständigen Denken hinzuführen. Und die Moral von seiner Geschichte ist nicht, daß seiner Meinung nach seine Eltern strenger hätten mit ihm umgehen müssen: Wenn sie das getan hätten, sagt er, wäre er abgehauen, und «ich wäre ein echter Herumtreiber geworden».

Der Generationenkonflikt mag den gefährlichsten und mächtigsten Ausdruck moderner Wut darstellen, der die größte Chance hat, sich in Veränderung zu übersetzen, da die Jugend früher oder später unausweichlich an die Macht kommt. Der Konflikt ist jedoch weitgehend ein Mythos, und das erklärt, warum der Wechsel so langsam und oberflächlich ist. Erwachsene glauben zweifellos, daß es einen Generationenkonflikt gibt. Sie glauben zum Beispiel, daß die meisten jungen Leute links, rebellisch oder revolutionär sind. Das trifft nicht zu. Vor zehn Jahren war nur ein Viertel aller Jugendlichen (zwischen sechzehn und dreiundzwanzig) uneingeschränkt links; heute wählt die Mehrheit von ihnen vielleicht links, aber auch die Mehrheit der Erwachsenen wählte so. Auf die Frage, wo die politischen Sympathien ihrer Kinder liegen, antworten Eltern jedoch entweder, daß diese keine politischen Meinungen haben oder daß sie die Meinungen ihrer Eltern teilen. Wenn sie über ihre eigenen Kinder sprechen, haben sie recht. Aber im allgemeinen ist die Jugend ein Schreckgespenst, und die Eltern befürchten irrigerweise, von ihr wie von einer eindringenden

Horde von Barbaren bedroht zu werden. Das scheint daran zu liegen, daß es im Gefolge des Babybooms nach dem Krieg anscheinend einfach mehr Kinder gab als je zuvor. Und in der Tat ist heute fast die Hälfte aller Franzosen unter fünfundzwanzig (45 Prozent). Wird das die Machtbalance zu ihren Gunsten ausschlagen lassen? Aber in der Vergangenheit waren die Jugendlichen noch zahlreicher, weil die Alten schneller starben. Tatsächlich ist der Anteil der jungen Leute heute kleiner als zur Zeit des *ancien régime*. Vielleicht machen sie dennoch den Eindruck zahlenmäßiger Überlegenheit, weil sie länger die Schulbank drücken. Ihre Absonderung heute steht im Gegensatz zu der früheren schnellen Aufnahme in Arbeitsplätze und Fabriken in ihrer Jugend oder sogar Kinderzeit; König Louis XIII bekam, als er gerade seinen fünften Geburtstag feierte, schon zu hören, daß er nun erwachsen sei. Die Rebellion der Jugend, sofern sie besteht, ist ebensosehr gegen die Schule und die Zwänge gerichtet, die den Jugendlichen auferlegt werden, wie gegen die erwachsenen Arbeiter. Dies um so mehr, als heute Kinder eine sehr viel längere Schulzeit abzusitzen haben als jemals zuvor: 80 Prozent besuchen bereits den Kindergarten im Alter von drei Jahren, und 50 Prozent der Jungen und 58 Prozent der Mädchen drücken im Alter von achtzehn Jahren noch immer eine Schulbank; sogar nach all dieser Bildung sind sie nicht sicher, daß sie einen Arbeitsplatz ergattern oder fähig sind, selbständig zu existieren. Insgesamt gesehen akzeptieren sie dies, weil sie weniger bilderstürmerisch sind und schüchterner, mehr um Sicherheit bemüht, als ihr Ruf es ahnen läßt. Sie übernehmen mehr von den Werten ihrer Eltern, als die Eltern selber bemerken. Nur ein Drittel aller jungen Leute sagt, daß ihre Eltern in einer geistig so verschiedenen Welt lebten, daß es keinen Zweck habe, mit ihnen zu diskutieren. Ein weiteres Drittel denkt das gleiche, dafür aber seltener. Der Rest sieht sich selbst mit den Eltern auf ein und derselben Wellenlänge. Es ist das gleiche mit dem Glauben: 54 Prozent der Kinder sind genauso religiös wie ihre Eltern, 14 Prozent sind religiöser und 33 Prozent weniger religiös. Das heißt also, daß die Hälfte aller jungen Leute sich mit ihren Eltern nicht in den Haaren liegen.

Es ist wahr, daß von Zeit zu Zeit die Jugend auf eine Art zu rebellieren scheint, die viele Erwachsene völlig befremdet und abstößt. Die klassische Art, das zu erreichen, geht über die Kleidung, Frisur, Sprache und Musik, die Erwachsene abscheulich finden. Es ist die klassische Art, so wie es seit Generationen gemacht wird, wobei sie später nur zu gerne vergessen, welchen Aufschrei des Entsetzens sie selbst einst verursacht haben. *Epater le bourgeois* (die Bürger erschrecken) ist eine alte französische Tradition. Noch vor dem Auftauchen der Punks zeichneten sich aufeinanderfolgende Generationen durch aufreizende Namen aus: die modische Jugend war in der Revolution von 1789 *les Incroyables*, unter Ludwig XVIII. *les Jeunes Frances*, unter Napoleon III. *Cocodès*, in der Dritten Republik *les Toufous, les Zutistes, les Hirsutes*, Anfang der Sechziger dieses Jahrhunderts *les Yéyé*. Der Cancan, die Polka, der Walzer wurden sämtlich von Erzbischöfen als unmoralisch verdammt und wurden von dem nicht weniger schimpflichen Schieber, Charleston, Rock 'n' Roll abgelöst, allesamt um so verwerflicher, als sie ausländischen Ursprungs waren. Die Revolte von 1968 mag dagegen als eine wesentlich ernsthaftere Attacke auf die Werte der Erwachsenen erscheinen. Sie rüttelte das Land aus seiner Selbstzufriedenheit auf und erzwang eine begrenzte Erneuerung der Haltungen und Ideale. Aber es war kein Kampf von Jung gegen Alt. Die Jugend war so gespalten wie die Älteren. Ihr Verbrechen war in der Tat, daß sie für einen Moment den Schleier der Heuchelei niederrissen, der der Gesellschaft der Erwachsenen zu überleben ermöglichte. Sie zeigten deren Schuld, Widersprüche und Absurditäten auf. Aber der Beschnitt hat dem alten Baum nur zu neuer Lebenskraft verholfen. Nach all diesem Aufruhr lebt noch immer die Hälfte aller Unverheirateten über sechsundzwanzig Jahre bei ihren Eltern. Das beweist nicht, daß zwischen den Generationen Harmonie besteht, sondern zeigt, daß die Wahl zwischen Abenteuer und Sicherheit für die Jugend keiner vorgegebenen Entscheidung unterliegt. Die Generationen geben sich zunehmend Mühe, einander nicht zu verletzen. Die Hälfte aller jungverheirateten Erwachsenen sagen, daß sie darauf verzichten, gewisse Themen mit ihren Eltern zu besprechen. Das Thema, über das ihre Ansichten am meisten auseinandergehen, ist natürlich, wie man sein Kind erzieht. Sollten die Eltern die Jungen lehren, was richtig und was falsch ist? 80 Prozent der Großeltern sagen ja; 55 Prozent der Eltern sagen ja. Dies bedeutet keinen vollkommenen Bruch zwischen den Generationen. Die jungen Rebellen von 1968, die heute um die vierzig sind, folgten zum größten Teil dem Weg ihrer Eltern; sie heirateten, kauften ein Haus und geben sich Mühe, mit ihrem Einkommen auszukommen. Erwachsene versuchen, sich «jünger» zu kleiden; sie legen ein Lippenbekenntnis auf die Verdienste der Jugend ab. Wogegen kann sich also die Jugend heute noch auflehnen?

Vor allem gibt es die Schwierigkeit, erwachsen zu werden, einen Beruf zu finden, um so wie jeder andere zu werden. Sie lehnen sich nicht gegen die Vorstellung von Arbeit auf: nur 5 Prozent mißfällt der Gedanke, arbeiten zu müssen, wie wiederholt Befragungen ergaben. Es ist die Arbeitslosigkeit, die sie wütend und ängstlich macht. Diejenigen, die eine Arbeit haben, rechtfertigen ihr Glück damit, daß sie über Qualifikationen und Erfahrungen verfügen, und weigern sich, ihr Privileg mit den Jungen zu teilen, die nichts dafür können, daß sie keinerlei Erfahrung haben. Schlimmer jedoch ist, daß die jungen Leute immer noch keine Garantie auf Arbeit besitzen, auch wenn sie Qualifikationen erworben haben. Es gibt heute keine Qualifikation, nicht einmal ein Zeugnis von den besten *Grandes Écoles*, die ihnen automatisch die Tür zu einer Einstellung öffnet. Universitätsabschlüsse, das *baccalauréat*, Zeugnisse als gelernte Kaufleute zählen heute an sich nicht mehr viel, da immer mehr Menschen sie besitzen. Ein Mechanikingenieur, der vom Nationalinstitut der Angewandten Wissenschaften in Lyon kommt, hat beispielsweise fast ein Jahr mit Arbeitssuche zugebracht und verzweifelt langsam, weil er weiß, daß seine Chancen abnehmen, sobald der nächste Absolventenjahrgang auf den Arbeitsmarkt drängt. Er wird abgewiesen, weil er keine Erfahrung hat oder weil Arbeitgeber jemanden vorziehen, der mit einem weniger prätentiösen Diplom von einem kleineren Kolleg kommt, etwa einer technischen Hochschule, IUT, oder aus irgendwelchen anderen unverständlichen Gründen. Weitaus demütigender als eine einfache Absage, die postwendend kommt, ist es, wenn man sich zu einem Vorstellungsgespräch begeben hat und dann mit irgendeinem Papierwisch abgespeist wird, der nicht mal etwas darüber sagt, weshalb man nicht eingestellt worden ist. Die jungen Leute bewegen sich in einem Teufelskreis. Da es keine Jobs gibt, gehen sie weiter zur Schule, um sich höher zu qualifizieren, aber es gibt noch weniger Stellen für Spezialisten. Während sie ausgebildet werden, nimmt die Zahl der Arbeitsplätze zu; die Nachfrage nach ungelernten Arbeitern hat seit 1965 um 7 bis 10 Prozent zugenommen und wird vermutlich im nächsten Jahrzehnt um 1 Prozent pro Jahr ansteigen. Das Ergebnis ist, daß der Anteil der jungen Leute unter zwanzig, die als ungelernte Arbeiter eine Beschäftigung finden, von 22 auf 35 Prozent gestiegen ist.

Die jungen Leute sehen sich selber als die am meisten Unterprivilegierten hinsichtlich der Sicherheit. Diejenigen, die in Lohn und Brot stehen, werden in zwei Kategorien unterteilt, und zwar in die, die privilegiert sind, einen unkündbaren Arbeitsplatz zu besitzen, meistens Beamte, und in diejenigen, die von der Gnade ihrer Arbeitgeber abhängen. Die Jungen werden nicht so oft entlassen wie die Immigranten, wechseln aber häufiger ihren Arbeitsplatz, teilweise weil sie einen zu geringen Lohn erhalten; sie sehen sich nach einer Arbeit um, die besser bezahlt wird und angenehmer ist; sie kündigen leichter, gedankenloser, obwohl dies immer weniger der Fall ist. Da sie in jedem Fall mit achtzehn zum Militärdienst einberufen werden, möchten die Arbeitgeber sie nicht so gerne an sich binden, und die Jungen sehen oftmals keinen Sinn darin, einen festen Arbeitsplatz zu suchen, solange sie den Militärdienst noch nicht abgeleistet haben. Die Arbeitslosigkeit ist in ihren Augen genauso etwas wie der Militärdienst: es ist eine *corvée*, eine unangenehme Pflichtübung, der sie sich unterziehen müssen. All dies ist weniger unannehmbar, als es den Anschein haben könnte, denn die jungen Leute und die Arbeitgeber haben das Beste daraus gemacht. Arbeitgeber, die sehr darauf bedacht sind, den ihnen von der Gesetzgebung und der Gewerkschaft auferlegten Kontrollen zu entgehen, haben zunehmend Teilzeitarbeiter eingesetzt, die ohne jede Abfindung entlassen werden können und die kleinen Unternehmen entgegenkommen, die niedrige Löhne zahlen und einen saisonal bedingten

Arbeitsbedarf haben. Über dreitausend Agenturen, die Zeitarbeiter vermitteln, sind in den letzten Jahren wie Pilze aus dem Boden geschossen, und Frankreich befindet sich nach den Vereinigten Staaten an zweiter Stelle im Einsatz dieser Art der Arbeiter. In einer kleinen Stadt wie Valenciennes mit einer Bevölkerung von 43 000 Einwohnern sind allein siebzig solcher Agenturen tätig. Zeitarbeiter werden natürlich oftmals sowohl von den Agenturen wie von den Arbeitgebern ausgebeutet; sie dürfen nicht streiken, in Krisenzeiten werden sie zuallererst entlassen; sie können nicht daran denken, zu heiraten oder eine Hypothek aufzunehmen. Aber die jungen Leute akzeptieren diesen Status, wenn sie diese Art der Tätigkeit als Lückenbüßer zwischen der Erfüllung anderer Pläne ansehen, wie zum Beispiel Auslandsreisen oder Studien, oder wenn sie daran interessiert sind, sich noch nicht auf eine bestimmte Arbeitsform festzulegen. Zeitarbeit paßt auch gut in die rasch expandierende Schattenwirtschaft. Arbeitslosigkeit ist weniger eine Bedrohung, wenn man gelernt hat, wie man Arbeit nebenbei finden kann, die keine Steuern nach sich zieht und die freie Hand gewährt, wenn man seine Initiative und individuelle Fähigkeiten einsetzen will. Das ist die Art von Arbeit, die viele gerne ausüben möchten.

Der Zorn der Jugend richtet sich jedoch weniger gegen Arbeitslosigkeit als allgemeines Phänomen, das oft fatalistisch als weltweiter Fluch akzeptiert wird, als vielmehr gegen einzelne Arbeitgeber, die sie diskriminieren, indem sie ihnen nicht einmal eine Chance geben oder indem sie niedrige Löhne anbieten, indem sie sie herauspicken, wenn die Belegschaft verkleinert wird – auch wenn sie ihre Arbeit so gut erledigen wie ältere Leute –, weil sie sie wie Dreck behandeln: «Wenn Sie was zu meckern haben, da ist die Tür!» Sie wollen mehr Respekt. Jeder kann eine Geschichte von Entwürdigung und Frustration erzählen. Selbst wenn sie ihre Ansprüche herunterschrauben und sogar als Hausbedienstete zu arbeiten bereit sind, treffen sie auf fünf andere, die sich um die gleiche Stelle bewerben. Die zunehmende Bereitschaft, ihre Ambitionen zu beschränken, zeigt, daß sogar ihr Stolz ausgehöhlt ist. Mädchen, die davon träumen, Mannequins, Stewardessen

Grandville In der Schule

oder Ethnologinnen zu werden, freuen sich am Ende, als Sekretärinnen oder niedere Beamtinnen angenommen zu werden; nach einem Jahr mit Töpferei- oder Webkursen arbeiten sie resigniert in einer Bank. Das soziale Prestige des Berufs zählt heute viel weniger; die Aussicht auf Beförderung interessiert nur 5 Prozent der Mädchen und 10 Prozent der Jungen. Sie stützen ihre Hoffnung darauf, trotz ihrer Arbeit ein besseres Leben zu führen, und wenn sie das Glück haben, zwischen mehreren Stellen auswählen zu können, ziehen sie diejenige mit der angenehmsten sozialen Atmosphäre vor.

Das wurde als ein weiteres Zeichen einer grundsätzlichen jugendlichen Rebellion angesehen. Sich nicht um Hierarchie und Prestige zu kümmern, kein Interesse für die Probleme des Klassenkampfs aufzubringen, für die Verteilung von Reichtum und Macht und für die Politik im allgemeinen, impliziert eine weitaus tiefere Ablehnung der Werte der Erwachsenen, als links zu sein. Jene Studenten, die links waren, gingen zumindest auf das Spiel der Erwachsenen ein. Heute kümmert sich die Jugend mehr um ihre Lebensqualität, das heißt, um die Verbesserung ihrer persönlichen Beziehungen, ihre Freundschaften, Ehen, ihre Freude an der Natur, um ihre Heiterkeit und Ruhe. Ihre Ziele sind eher kulturell, im weitesten Sinne des Wortes, als ökonomisch oder politisch. Sie sind individualistischer, und es ist daher weniger einfach, mit ihnen kollektiv zu verhandeln oder, wie manche es formulierten, «rational». Was sie wollen, kann nicht vom Staat bereitgestellt werden. Immer weniger von ihnen sind willens, am Konkurrenzkampf teilzunehmen. Die gefährlichste Ablehnung scheint jedoch aus ihrer Enttäuschung von der Schule zu kommen. Die Jugend, sagt der Soziologe Rousselet, ist *malade du savoir*, des Lernens müde, weil das Lernen, das die Schule ihnen zu vermitteln anstrebt, oft nicht hilft, im Leben weiterzukommen, eine Stelle zu finden, die Probleme zu lösen, die ihnen etwas bedeuten; die Hälfte aller Kinder sagt, daß die Vorbereitung der Schule auf den Beruf ihren Ansprüchen nicht gerecht werden kann. Das Endresultat all des Geldes, das für das Bildungssystem ausgegeben wird, ist, daß die Hälfte der Bevölkerung offiziell als unangemessen ausgebildet beurteilt, als Prüfungsversager eingestuft wird oder noch nicht einmal die Möglichkeit erhielt, an einer Prüfung teilzunehmen.

Aber von der Politik und der Bildung gelangweilt zu werden ist nichts Revolutionäres. Die Politik war nie etwas, das die Massen beschäftigte, ausgenommen in gelegentlichen Krisenperioden; meistens war sie das Geschäft der herrschenden Klasse. Die Bildung wurde vergleichsweise den Massen aufgedrängt, ja gegen erheblichen Widerstand zur Pflicht gemacht, und schien immer mehr zu versprechen, als sie einhalten konnte. Neu an diesem Skeptizismus ist, daß er jetzt offener zutage tritt. Die Politik, die Mitbeteiligung und die Massenbildung waren die neuen sozialen Arzneimittel, die das 18. und 19. Jahrhundert eingeführt haben. Nun, da das 20. Jahrhundert seinem Ende entgegengeht, haben sie aufgehört, moderne Arzneimittel zu sein, und werden bezichtigt, nichts weiteres als Altweibergeschichten zu sein. Die Menschen waren immer schon diesen Allheilmitteln gegenüber zwiespältig eingestellt; heutzutage sind sie weniger heuchlerisch, Lebensqualität ist das Motto der neuen Generation, aber es ist weit davon entfernt, ein Monopol der Jugend zu sein. Es belegt mehr Selbstbewußtsein bei der Suche nach Glück, aber viele junge Leute folgen schließlich dem Pfad der Anpassung; eine Zeitlang stehen ihnen mehr Möglichkeiten offen, aber in der Praxis verwirft die überwältigende Mehrheit experimentelle Formen des Lebens für sich selbst. Die wirklichen Erneuerer des Lebens sind die Erwachsenen, die ihre gutbezahlten Karrieren über Bord werfen, um ein befriedigenderes Leben in bescheidenen, aber freieren Bahnen zu suchen. Die Jugend ist zum Symbol der Rebellion geworden, auch wenn sie gar nicht so rebellisch ist. Die zornigen jungen Männer schlucken ihren Zorn herunter, vergessen ihn sogar. Jugend ist in der Tat eine Geisteshaltung, die nicht alle jungen Leute notwendigerweise besitzen.

Darum gibt es Popsänger, deren Aufgabe es ist, den Zorn auszudrücken, wozu die meisten der Jugendlichen nicht in der Lage sind oder den sie nur von Zeit zu Zeit fühlen; sie dienen als unverständliche Teufel, die die Erwachsenen gebührend hassen können. Die Mehrheit der französischen Sänger ist natürlich gemäßigt, in ihrer Musik und in ihren Texten traditionell und keine Bedrohung für irgend jemanden. Aber selbst jene, die als gefährlich und gewaltsam angesehen werden, sind keine Revolutionäre. Bernard Lavilliers zum Beispiel liebt es, zu provozieren und in Frage zu stellen. Er ist der Sohn eines Fabrikarbeiters und begann ebenfalls in der Fabrik. Er wuchs, so sagt er, im Getto von St. Etienne auf. Er wurde Bandenführer, ein *blouson noir*, stellte eine Armee von 300 bis 400 Jugendlichen zusammen, die sich damit ihre Zeit vertrieb, daß sie nach Lyon zog und dort mit anderen Banden kämpfte. Er lernt die Polizei zu hassen. Er genoß es, sie mit seiner Uniform zu provozieren, einer schwarzen Lederjacke, die ihnen stets ausreichte, um ihn anzuhalten und nach seinen Personalien zu befragen – ganz so, wie er heute die Bourgeoisie provoziert, indem er einen Ohrring und merkwürdige Kleidung trägt. «Ich verabscheue sie, und das spüren sie.» In seinen Liedern versucht er, seinen Haß auf die politischen Institutionen und die Moral auszudrücken und seine Weigerung, sie zu bekämpfen, denn er haßt gleichermaßen die Linke. «Seit meiner Jugendzeit habe ich gegen die alte Welt gekämpft. Heute lasse ich mir etwas anderes einfallen. Ich habe die Nase voll davon, ständig zu wiederholen, daß die alten linken Systeme vollkommen lächerlich sind und die Politiker krank und ansteckend sind, sobald sie an die Macht gelangen. Das ist alles so offensichtlich, daß ich eine andere Sprache sprechen und neue Erfahrungen machen möchte.» Als er ein Konzert in Toulouse gab, kamen zehntausend, um ihn zu hören, während nur zweitausend zu Mitterrand gingen, der zur gleichen Zeit in einer öffentlichen Versammlung auftrat. «Wir haben beide das gleiche Geschäft», aber «die alten Geschichten, die die Politiker erzählen, interessieren keinen mehr.» Lavilliers' Konzerte zogen die Jugend an, weil sie stets ein Fest waren, eine *fête*, ein Ausdruck von Sinnlichkeit, Verbundenheit: «Je bescheidener die Leute sind, desto größer ist ihr Gespür auf der Ebene der Schwingungen. In der Mittelschicht wird die Musik intellektuell – im Getto gibt es *feeling*.» (Er benutzt das englische Wort.) Seine Musik versetzt die Menschen in die Lage, zu «vibrieren», «Massenerlebnisse, sinnliche sexuelle Kommunikation» zu erleben. Die Worte seiner Lieder vermitteln etwas von der Trübsal des Lebens und seiner Gewalt. Aber wenngleich er seine eigene Gewalt ausdrücken muß, tut er dies nur in seinen Liedern und in seinem Hobby: Bodybuilding. Seine neue Welt ist überdies eine, in der die Liebe eine neue Bedeutung gewinnt: Er ist von der Frauenbewegung fasziniert und glaubt, daß neue Beziehungen zu Frauen der Schlüssel zu einer besseren Zukunft seien. Er lebt mit einer befreiten Frau zusammen, deren Hobby das Gewichtheben ist. Wegen ihrer körperlichen Kräfte haben beide den Eindruck, daß sie recht gefährlich geworden sind. Er mag die Vorstellung, zugleich «cool» und gefährlich zu sein wie ein Tier; er mag Beziehungen, die manchmal freundlich sind, aber dann plötzlich in Gewalt umschlagen können. Sicherheit langweilt ihn. Das ist es, was er meint, wenn er sagt, daß er mit dreiunddreißig noch immer ein *voyou*, ein Straßenjunge, sei. Jedoch ein Taugenichts, der singt, täglich Körpertraining macht und einen Pontiac fährt, hat einen Lebensstil gefunden.

25 Warum die Frauenbewegung so langsam vorankommt

Vor fünf Jahren geriet eine junge Frau, Françoise Chandernagor, in die Schlagzeilen, weil sie als Beste die schwerste aller staatlichen Prüfungen bestanden hatte: das Examen der ENA, der École Nationale d'Administration. Das war ein sehr großer Triumph für die Frauenbewegung. Sie erhielt einen leitenden Posten im Ministerium und heiratete einen Finanzinspektor. Sie brachte alle Voraussetzungen für eine Karriere mit, ihr Vater ist ein sozialistischer Politiker und wurde Minister. Wie weit ist sie seit ihrem berühmten Sieg aufgestiegen? Sie sitzt wieder zu Hause, zieht ihre drei Kinder auf und schreibt halbtags. Ihre Erklärung erhellt, warum Frauen nicht erfolgreicher waren bei dem Versuch, die Macht an sich zu ziehen. Sie sagt ganz deutlich: Wäre sie ein Mann gewesen, so hätte sie gleichzeitig eine befriedigende Karriere und ein Familienleben führen können. Aber als sie versuchte, zu arbeiten und gleichzeitig Mutter zu sein, sabotierten ihre männlichen Kollegen sie, indem sie unnachgiebig an ihren alten Gewohnheiten festhielten: Sie nahmen sich weiterhin bis drei Uhr Zeit zum Mittagessen und blieben dann bis neun Uhr abends in ihren Büros. Sie konnte nicht anders als mithalten – mit dem Ergebnis, daß sie keine Zeit hatte, ihre Kinder zu sehen, geschweige denn sie kennenzulernen, wenn sie abends um halb zehn nach Hause kam. Sie erinnert sich, daß sie selbst mit einem Vater aufwuchs, der kaum je zu Hause war; seine politischen Verpflichtungen brachten es mit sich, daß sie ihn nur alle vierzehn Tage sah. Und heute sabotiert ihr Ehemann sie genauso. Er tritt entschieden für die Frauenrechte ein, aber nur in der Theorie. Er hat sie ermuntert, ihre Persönlichkeit voll zu entwickeln. Aber wenn es wirklich darauf ankommt, «Frauenarbeit» zu leisten, erweist er sich als völlig unkooperativ, wenngleich nicht durch prinzipiellen Widerstand, sondern indem er sich den Anschein totaler Unfähigkeit gibt. Er wurde von einer Mutter erzogen, die ihm nie beibrachte, wie man etwas im Haushalt macht. Françoise hat immer wieder versucht, ihn dazu zu bringen, wenigstens den Geschirrspüler zu reparieren, aber er hat es nie geschafft. Er schmeißt seine Sachen überall auf den Boden hin; er schließt nie eine Schranktür. Sie hat alles versucht, um ihm das beizubringen, immer jedoch ohne Erfolg. Er hat nie angeboten, mit einem Kind zum Doktor zu gehen, wenn es mal krank war; er hat nie etwas für den Haushalt eingekauft; er war noch nicht einmal bereit, einen Babysitter zu besorgen. Sie hat es aufgegeben: sie hat nicht die Energie, gegen ihn anzukämpfen. Sie erwartet nicht mal seine Hilfe am Samstag; «Samstag spielen Männer Tennis».

Und daher ist sie sehr pessimistisch, wenn es darum geht, was die Sozialisten alles für die Frauen tun wollen. Natürlich sagen sie, daß sie Feministen seien, natürlich wieder in der Theorie, aber all ihre Erfahrungen überzeugen sie davon, daß es sich nur um Lippenbekenntnisse handelt. Als sie noch für die Partei geworben hat, sagten ihre männlichen Kollegen gewöhnlich zu ihr: «Wenn wir an dich denken, glauben wir, du wärst ein Mann.» Dies war als Kompliment gemeint: in deren Augen war das die Gleichheit. Aber sie war kein Mann: sie hatte drei Kinder zu versorgen, und die konnten nie verstehen, daß sie sie irgendwie alleine lassen mußte, wenn sie irgendwo Plakate aufzuhängen hatte. Sie hat ihrer Tochter geraten, ein Kind zu haben, wenn sie dies wünsche, aber nicht zu heiraten und sich auf keinen Fall zwei Kinder zuzulegen. Von der Idee des Kibbuz ist sie begeistert. Vor allen Dingen glaubt sie, daß die Antwort in der gegenseitigen Hilfe der Frauen untereinander liegen muß. Ihr liegt viel daran, für die Frauenrechte zu kämpfen, aber das muß das Recht zur Fraulichkeit einschließen, das Recht, Mutter zu sein, ohne den Status in der Arbeitswelt zu verlieren. Wollte man auf die Veränderung der Männer warten, so würde dies eine halbe Ewigkeit dauern.

Die Frauenbewegung ist ohne jeden Zweifel von den Männern sabotiert worden, aber auch von den Frauen selbst. In der Vergangenheit wählten Frauen eher Umwege, um ihre Benachteiligung zu kompensieren. In Frankreich ist ihr Zorn schon immer stummer gewesen als anderswo, und ihre Siege sind weniger offensichtlich. Eines der Rätsel der Geschichte ist, warum

Französinnen so viel später als in anderen westlichen Ländern, nämlich erst 1944, das Stimmrecht erhielten, und warum ihre Emanzipationsbewegung weniger aktiv oder provokativ gewesen ist. Sie hatten gute Gründe, zornig zu sein, denn der Code Napoleon gab ihnen einen deutlich formulierten rechtlichen Status der Unterlegenheit, beschränkte ihre Bewegungsfreiheit, ihre Vermögen und Familienrechte mit eindeutigen Nachteilen. Sie akzeptierten dies in der Vergangenheit zum Teil, weil sie sich ein privates Universum geschaffen hatten, das vom Katholizismus untermauert wurde, den die Männer in der Gesamtheit aufgegeben hatten. Und die Rollen und Pflichten, die sie in diesem Universum ausfüllten, gaben ihnen viele Befriedigungen, auch wenn sie oft schmerzhaft waren. Zu Hause konnten sie zu Matronen mit großem Einfluß aufsteigen. «Auch wenn die Frauen rechtlich eine den Männern untergeordnete Stellung einnehmen», schrieb ein englischer Reisender zu Beginn dieses Jahrhunderts, «stellen sie in der Praxis das überlegene Geschlecht. Sie sind die Macht hinter dem Thron, und sowohl in der Familie als auch im Geschäftsleben genießen sie zweifelsfrei eine größere Wertschätzung als englische Frauen.» – «In den meisten französischen Haushalten», schrieb ein anderer, «regieren die Frauen mit unangefochtener Herrschaft.»

Aus dieser Tradition heraus haben in letzter Zeit einige Frauen ganz bewußt versucht, die Revolte ihres Geschlechts auf bestimmte Bereiche zu beschränken. Menie Grégoire ist wahrscheinlich die führende Figur in der Verbreitung der neuen Hoffnung der Frauen. Außerhalb von Frankreich ist sie unbekannt, aber jede Französin hat ihr irgendwann einmal zugehört. Sie begann 1967 mit dem ersten Radioprogramm für Frauenprobleme, das sofort eine Massenzuhörerschaft fand und ein neues öffentliches Bewußtsein für die geteilten Sorgen und Feindseligkeiten schuf. Menie Grégoire hat jedoch einer Frauenbewegung, wie sie von Simone de Beauvoir und von den Amerikanerinnen gepredigt wurde, entschieden widersprochen und versucht, eine deutlich französische Form des Feminismus aufzubauen. Menie Grégoire wurde von Simone de Beauvoirs Schriften angeregt, einen Beruf zu ergreifen, doch sie sagt, Ar-

Daumier Eine Frau wie ich... einen Knopf
annähen? Du bist wohl übergeschnappt!
Sie hat nicht nur die Hosen an, sie wirft
sogar damit nach mir.

beit sei nicht genug. Sie heiratete, nachdem sie ihr Geschichts-
studium abgeschlossen und gerade ein Forschungsprojekt in
Ägyptologie begonnen hatte. «Ich suchte, traf und schnappte
meine Liebe in zwei Monaten.» Zehn Jahre lang ließ sie alle
intellektuellen Auseinandersetzungen fallen wie ein abgetrage-
nes Kleid, weil sie drei Kinder großzog. Sie beharrt darauf, daß

die Mutterschaft der wichtigste und beste Teil ihres Lebens war, mehr als jede Karriere, «mehr als Glück und Liebe»; und sie sagt voraus, daß ihre Enkel zu einer unumwundenen Bewunderung der Mutterschaft zurückkehren werden. Menie Grégoire erzählt wenig über ihren Ehemann, einen hohen Beamten. Sie bemüht sich standhaft, diesen Teil ihres Privatlebens privat zu halten. Aber es ist offensichtlich, daß das Familienleben nicht nur eitel Sonnenschein war. Sie hatte einen oder mehrere Zusammenbrüche; jahrelang ging sie zur psychiatrischen Analyse, während sie scheinbar ihre Rolle als Frau der High-Society spielte; und sie entdeckte, daß die Probleme der Frauen nicht dem Druck von außen, sondern den inneren Ängsten zuzuschreiben sind. Ihr Problem lag darin, daß ihre Mutter sie haßte oder neidisch auf sie war und daß sie sich wegen all der elterlichen Tabus, die sie gebrochen hatte, schuldig fühlte. Dennoch fühlt sie sich nicht von ihrem Ehemann oder von Männern im allgemeinen unterdrückt; im Gegenteil: sie hat von Männern «profitiert»; sie wußte, wie sie sie benutzen konnte, «wie alle Frauen der Bourgeoisie». Die Französin ist anders, behauptet sie; sie besitzt «ein außergewöhnliches Verständnis vom Mann, der immer etwas anderes war als der Herr und Meister». Sie hat sich verändert, weil Verhütungsmittel ihr ermöglichten, über ihr Mutterdasein hinauszugehen, aber sie ist nicht nachtragend, daß sie nicht das Staatsoberhaupt ist. Weiblichkeit ist ein «wertvolles Geschenk», das sie nicht zurückgeben möchte.

Menie Grégoire reagierte voller Abscheu auf das Heraufkommen des angelsächsischen Feminismus in Frankreich, der sich gezielt gegen die Männer richtete, der oberflächlich war, weil er zu stark die ökonomischen statt die psychologischen Aspekte betonte. Frei zu sein bedeutet, die eigene Sexualität zu genießen: Früher hatten nur Männer diese Freiheit, aber heute haben auch die Frauen sie. Die Probleme, die mit dem Gewinn dieser Freiheit einhergehen, gegen das traditionelle Trauma der Frigidität, waren die wirklich wichtigen. Das betonte sie in ihrem Radioprogramm, und die unzähligen Briefe, die sie erhielt, so behauptet sie, bestätigen ihre Diagnose, daß das Hauptproblem, an dem die Franzosen leiden, die vorzeitige Ejakulation sei. («80 Prozent der Schwierigkeiten von Paaren hängen damit zusammen.») Die Amerikaner dagegen, behauptet sie, leiden an Impotenz, die in Frankreich sehr selten ist und meist in Form einer «Panik nach dem Fiasko» auftritt, die das romanische Gefühl der Erniedrigung ausdrückt. Ihre Erklärung ist, daß amerikanische Mütter «unendlich kastrierender» sind als französische; amerikanische Frauen sind mächtig, unabhängig und selbstbewußt, und sie sind gewillt, die Rolle der Krankenschwester für die männliche Sexualität zu übernehmen. Franzosen haben weit weniger Interesse an sexuellen Perversionen als Amerikaner, weil Sexualität immer offen akzeptiert wurde. Aber es gibt eine Ausnahme: französische Frauen sind Masochistinnen, die von ihren Männern fordern, sie sollten sadistisch sein, auch wenn sie das selten sind: Französinnen, «die mit der Mentalität von Sklaven aufwachsen, fordern den Scharfrichter und veranlassen die Männer zu Brutalität und Verachtung durch ihre Haltung». Es gibt daher keine Gefahr, daß Französinnen wie amerikanische Frauen die Männer nachahmen wollen. Menie Grégoire will eindeutig die weibliche Form sexuellen Genusses bewahren; Amerikanerinnen dagegen versuchen fälschlicherweise, die Klitoris in ein Instrument zu verwandeln, um die Männer nachzuahmen und sie zu bestrafen. Kürzlich hat sie jedoch zugestanden, daß die Beziehungen der Französinnen zu den Männern nicht ganz so einfach sind: Männer reagieren auf die Emanzipation der Frauen mit Liebesentzug. Menie Grégoire sagt, sie kann viel verkraften, aber das, was ihr die größte Angst einjagt, ist das Gefühl, verlassen zu werden. Wenn Gruppen aus der Frauenbewegung Dampf ablassen, planen sie, Menie Grégoire abzusetzen, oder sie verbrennen sie als Puppe. Sie erwidert darauf, die Frauenbewegung berühre lediglich 5 Prozent der französischen Bevölkerung.

Die amerikanische Frau und der amerikanische Mann sind wahre Schreckgestalten. Wie sehr man internationalen Vergleichen über dieses Thema vertrauen kann, belegen zwei neuere Umfragen. Das auflagenstarke französische Männermagazin *Lui* stellte vor kurzem ein statistisches Porträt des französischen Liebhabers vor, das angeblich auf einer «wissenschaftlichen» Umfrage beruhte. Eine amerikanische Illustrierte derselben Art, *Oui* (deren Titel allein darauf hindeutet, daß Frankreichs Ruf als Land der Libertinage ungebremst überlebt), stellte einer Anzahl von Menschen in den Vereinigten Staaten dieselben Fragen und war überrascht herauszufinden, daß das Porträt des amerikanischen Liebhabers sich als eigentlich identisch mit dem des französischen herausstellte, was sogar so weit ging, daß genau derselbe Prozentanteil der Männer dieselben Gewohnheiten, Geschmäcker und Besonderheiten beichteten. Es gab nur einen Unterschied zwischen beiden Nationen: fünfzigmal mehr Franzosen als Amerikaner gaben zu, gelegentlich impotent zu sein – genau das Gegenteil dessen, was Menie Grégoire glaubt. Die Mythen werden unzweifelhaft trotzdem überleben, auch wenn, wie *Oui* das sagt, es keinen Anhaltspunkt für die Ansicht gibt, daß die Franzosen die «besten Superhengste der Welt» sind oder daß sie mehr aufschneiden und weniger offenherzig sind als die Amerikaner.

Die Feministinnen sind auch verärgert über Françoise Giroud, eine in Frankreich ebenfalls bekannte Frau, die sie als zu pragmatisch, zu «reformistisch», zu optimistisch empfinden in dem, was in Kooperation mit den Männern geleistet werden kann. Sie war bereit, in der gleichen Regierung mit Jacques Chirac zu arbeiten, der gesagt hat: «Für mich ist die ideale Frau die Frau von Corrèze (dem Teil Frankreichs, aus dem er stammt) aus den alten Zeiten, die hart arbeitet, ihren Mann beim Essen bedient, niemals mit ihm am Tisch sitzt und nicht redet.» Sie akzeptierte die Macht eben deshalb, weil, wie sie sagte, «Frauen eine Kategorie für sich sind, und wir müssen zu erreichen versuchen, daß sie aufhören, das zu sein». Sie behauptet, daß französische Frauen keine Veränderung ihrer Rolle wünschen, nicht aufhören wollen, als Liebhaberinnen, Mütter, Trostspender, Erzieherinnen und Köchinnen geliebt zu werden, sondern daß sie darüber hinaus noch etwas anderes sein wollen. Sie wollen die vollen Rechte eines Menschen, nicht etwa von Männern ununterscheidbar, sondern vielmehr als gleichwertig anerkannt werden, so daß jede für sich wählen kann, was sie für sich als richtig erachtet.

Françoise Girouds eigene Karriere zeigt, was sie meint. Sie verließ die Schule mit fünfzehn, wurde Filmassistentin, arbeitete mit Renoir und steuerte eine erfolgreiche Karriere als Filmautorin an. Sie wurde Herausgeberin von *Elle* und *L'Express* und verhalf beiden dazu, auflagenstarke und einflußreiche Zeitschriften zu werden. 1974 wurde sie zur Staatssekretärin für Frauenfragen ernannt. Sie war finanziell nie von einem Mann abhängig und hatte Erfolg in der Männerwelt. Aber sie beharrt darauf, daß sie nicht den Wunsch hat, die Männer nachzuäffen; sie schätzt das, was sie als weibliche Werte bezeichnet. Jede Frau, sagt sie, ist in einem verschiedenen Ausmaß eine Kurtisane, die weiß, wie sie sich attraktiv machen kann, wie sie Männer mit mehr oder weniger Geschick beraten und ermutigen kann. «Je scharfsinniger sie ist, desto mehr kann sie sich verstellen, desto besser kann sie die Wunden entdecken, die ihr Balsam zu heilen vermag. Die einzigen Frauen, die noch unerträglicher sind als Frauen, die weinen, sind Frauen mit kalten Gesichtern.» Sie identifiziert sich nicht mit der «neuen Frau», die weder die Geduld noch das Talent besitzt, Kurtisane zu sein, die sich weigert, sich einem Mann ganz hinzugeben als obligate Methode, die Oberhand über ihn zu gewinnen, die es leid ist, die «ewige Komödie der Frau» zu spielen. Vielmehr gibt sie zu, daß sie «die raffinierten Befriedigungen der Hochstapelei», die ihr diese Komödie ermöglicht, sehr genießt. Was sie zurückweist, ist die Vorstellung, daß Frauen nicht erlaubt wird, sie selbst zu sein, daß sie gezwungen werden, eine «ständige Maske für Körper, Gesicht und Sprache» zu tragen, und ihnen verboten wird zu sagen, was sie denken, hängende Brüste, formlose Hüften oder Haare auf den Beinen zu haben. Aber sie erwartet nicht, daß die Frauen sehr schnell aus ihren traditionellen Einstellungen herauskommen. Sie fürchtet, daß sie lediglich ihre gewalttätigen, aggressiven Züge entwickeln, wenn sie mehr Anteil an der Politik nehmen. Sie glaubt nicht, daß sich unbedingt Frieden einstellen würde, wenn Frauen an der Macht wären. Sie selbst hat einmal ein Maschinengewehr gegen sudanesische Rebellen benutzt, und sie kann sich noch heute an den Taumel und die Erregung beim Schießen erinnern.

Sie ist eine Frau, die keine Illusionen über Frauen oder das Leben hegt, aber sie ist deshalb nicht pessimistisch. Im Gegen-

Bretécher

Bretécher **Menschliche Kontakte**
Wegen der Sprachbarriere sind sie
schwer zu knüpfen, aber es ist sehr,
sehr, sehr interessant.

(Anzeige für den Reiseveranstalter *Nouvelles Frontières*)

teil, sie glaubt an das Glück und beharrt darauf, daß es erreichbar ist – denn wenn es verschwindet, merkt man es sofort. Aber sie ist nicht bereit, für Utopien zu kämpfen, Revolutionen heraufzubeschwören, die viele Menschen verletzen oder umbringen, nur damit Peter übernehmen kann, was Paul angefangen hat, auch wenn man manchmal dazu gezwungen ist. Sie will keinen neuen Herrn, sondern vielmehr eine Welt ohne Herrn, ohne Männer, die Frauen und die sich gegenseitig herumkommandieren, ohne Frauen, die Männer herumkommandieren. Sie hat keine Ehrfurcht vor Vätern, Führern, Präsidenten – vielleicht weil ihr eigener Vater kaum eine Rolle in ihrem Leben gespielt hat, fast immer unterwegs war und ihr nicht das Gespür für Autorität vermittelte. Darum trat sie nach einigen Jahren als Ministerin zurück, weil sie die «Komödie der Macht» leid war. Sie glaubt, daß man soviel aus sich herausholen soll wie möglich, sich aber selbst respektieren und seinem Körper Gutes tun muß, daß man das Animalische an sich selbst akzeptieren und entscheiden soll, was man am meisten schätzt, daß man keine Energie in Kämpfen für Dinge vergeuden soll, die man für unwesentlich hält: Passe dich in oberflächlichen Dingen an.

Als Ministerin gab sie eine Umfrage in Auftrag, die ergab, daß nur ein Fünftel aller Frauen «einen aggressiven Wunsch nach Veränderung» hegt, daß zwei Fünftel sich Veränderungen wünschten, aber nicht bereit waren, sich aktiv dafür einzusetzen, und daß der Rest mit dem gegenwärtigen Zustand zufrieden war. Und doch haben Frauen die am schlechtesten bezahlten Jobs im Land, verdienen zwei von drei Frauen nur den Mindestlohn, und ist nur ein verschwindend geringer Prozentsatz als Managerin tätig. Das erklärt sich zum Teil aus der Tatsache, daß die ältere Generation weniger Bildung genoß, aber auch wenn die Mädchen heute in der Schule besser abschneiden als die Jungen, ziehen sie es noch immer vor, literarische Fächer zu studieren, und nur wenige erlangen technische Qualifikationen. Wenngleich Frauen per Gesetz den gleichen Lohn wie Männer erhalten sollen, bekommen sie in der Praxis aus den verschiedensten Gründen meist weniger.

Gisèle Halimi, Gründerin und Führerin der gemäßigten

Bretécher

Emanzipationsbewegung, sagte einst, daß es besser für Frauenorganisationen sei, keine Männer zuzulassen, wie wohlmeinend sie auch sein mögen. Auf der anderen Seite besteht sie darauf, daß der einzige Weg, die Frauen zu befreien, darin liege, die Männer zu befreien. Wahrscheinlich konnten sie wegen dieses Widerspruchs und des sektiererischen Isolationismus vieler Frauenorganisationen bislang so relativ wenig erreichen. Die größten Erfolge betrafen Abtreibung und Verhütungsmittel. Gisèle Halimi weiß aus eigener Erfahrung, wie tief der männliche Widerstand sitzt: Als sie mit neunzehn heimlich abtreiben wollte, operierte ihr Arzt absichtlich ohne Betäubungsmittel und verursachte ihr Schmerzen, die sie mit Folter vergleicht. Er sagte ihr: «Danach werden Sie das nicht noch einmal machen.» Aber die Anstrengungen, Frauen aufzuwiegeln, haben die Bewegung nur in rivalisierende Gruppen mit rivalisierenden Theorien gespalten, die oft lediglich Echos der rivalisierenden Theorien der Männer sind. Simone de Beauvoir, die international bekannteste französische Feministin, hat wahrscheinlich mehr Einfluß in den Vereinigten Staaten als in Frankreich gehabt: Von ihrem Buch *Das andere Geschlecht* verkaufte sie in Amerika jedenfalls mehr Exemplare. In Frankreich setzten die Katholiken es auf den Index, und die Linke prangerte es an, weil es dem Klassenkampf nicht genug Aufmerksamkeit schenkte. Marx hat einige Abteilungen der Frauenbewegung beherrscht, mit all den üblichen Streitereien darüber, wie man ihn interpretieren müsse: Die Frauenorganisation selber nannte sich *Klassenkampf* und entlehnte ihren Wortschatz und die Methoden aus den linksgerichteten Gewerkschaften: Frauen wurden nicht als Frauen, sondern als Kameradinnen angeredet, Reden bei Versammlungen wurden im voraus abgesprochen; Unterbrechungen wurden als «unorganisiert» lächerlich gemacht und waren deshalb unerwünscht, Abweichungen von der Lehre wurden als reformistisch stigmatisiert. Die Ideen von Freud und Lacan beherrschten die als *Po. et Psy.* (Politique et Psychanalyse) bekannte Sekte – ein kaum aufwieglerischer Name. Es entstand eine intensive, eng miteinander verknüpfte Gemeinde. Der Psychoanalytikerin Antoinette Fouqué, ihrer charismatischen Führerin, warf man vor, eine fast messianische Sekte daraus machen zu wollen, in der sie eine Vater-Mutter-Rolle spielen wolle, um deren Liebe sich die Mitglieder eifersüchtig bemühten. Probleme der Homosexualität wurden ganz besonders diskutiert, und es wurden Versuche unternommen, eine neue Frauensprache und -literatur zu entwickeln. Die eher hermetische Professorin Hélène Cixious plädierte für eine «radikale» Erschütterung männlicher Formen durch «Umstürzung der Syntax», «Aufhebung der Teleologie und Entwicklung einer neuen Wissenschaft», die auf der systematischen Erfahrung über das Funktionieren des Körpers gründete, und «eine präzise und leidenschaftliche Befragung der eigenen Erogeneität». *Po. et Psy.* betonte darüber hinaus, daß sie antifeministisch sei, jedoch «fraulich», denn ihr zentrales Interesse sei die Entdeckung der Originalität des weiblichen Unbewußten, das von der männlichen Macht unabhängig sei; der Hang zur Intellektualität führte dazu, daß die Hauptbemühungen zur Eröffnung von Buchläden führten. Andere Sekten, wie die Roten Homosexuellen und die Trotzkisten, führten bittere Dispute darüber, wer das Recht hätte, sich selbst Frauenbewegung zu nennen. Das schuf weitere Komplikationen und Hindernisse, die einem Massenzulauf im Wege standen. Auf lange Sicht wäre dies nicht entscheidend gewesen, wenn eine gangbare alternative Lebensweise für Frauen in Sicht gewesen wäre. Dies war jedoch nicht der Fall.

Françoise d'Eaubonne, eine Romanschriftstellerin mit beachtlichem Einfluß und Originalität, kam zu dem Schluß, daß Protest und Revolution allein nicht genug sind. Sie schrieb eine Science-fiction-Geschichte, in der Männer insgesamt ausgerottet sind und Frauen sich durch Selbstbefruchtung vermehren. Sie sagt, daß jeder Mann, der den Körper einer Frau mag, im Grunde seines Herzens ein Sadist sei. Sie gibt sich mit Gleichheit nicht zufrieden. «Mutation» sei notwendig. Heterosexuelle Monogamie als Grundlage der Gesellschaft muß abgeschafft werden, die Verpflichtung zu heiraten muß aufhören, eine Norm zu sein. Das wird sich günstig auf die Bevölkerungsprobleme der Welt auswirken, besonders wenn der Feminismus sich mit der ökologischen Bewegung vereint und versucht, die natürlichen Ressourcen der Welt zu konservieren. Frauen würden so aufhören, einfach Gebärmaschinen zu sein. Eine Frau im gegenwärtigen System zu sein ist ein «Unglück» (37 Prozent der Frauen bedauern, kein Mann zu sein): Es bedeutet «Fleisch für Vergewaltigung zu sein, ein Zombie, ein Nichts, ein Loch». Wenn sie versucht, kreativ oder aktiv zu sein, sagt man von ihr, sie versuche, Männer nachzuahmen, obwohl niemand nachgiebige oder sensible Männer beschuldige, die Frauen nachzuäffen, sie wird täglich vergewaltigt, moralisch, wenn nicht körperlich. Die Schlußfolgerung: Kompromisse sind nicht möglich.

Das ist nur ein Prolog. Als Präsident Giscard d'Estaing sagte: «Die Welt wird sich durch Frauen verändern», erkannte er vielleicht nicht an, daß die Macht der Politiker oberflächlich ist und die wichtigen Entscheidungen nicht von ihnen getroffen werden, noch fand er eine Ausrede, um zu erklären, warum er nicht mehr für die Sache der Frauen getan hat. Die Welt wurde in der Vergangenheit oft von den Frauen verändert, wenngleich nicht immer zu ihrem eigenen Vorteil. Das Leben einiger der hier beschriebenen Frauen zum Beispiel wurde bewußt von ihren Müttern eingeschränkt. Die Frauen stehen vor der entscheidenden Wahl, ob sie nur einen gleichberechtigten Platz in einer Welt gewinnen wollen, die von den Männern gestaltet ist, mit dem Recht zu kämpfen, um Manager mit Magengeschwüren zu werden, oder ob sie die Männer dazu bewegen können, sich nicht nur in den sexuellen Beziehungen zu verändern, und den weniger gewalttätigen Werten, die besonders die Frauen gepflegt haben, ein größeres Gewicht zu geben.

26 Wie sie mit Ausländern und Juden umgehen

Was hat Frankreich mit Australien gemeinsam? Antwort: Beide Länder haben im Laufe ihrer Geschichte gleich viele Immigranten aufgenommen – nämlich zehn Millionen. Vor dem Krieg lag Frankreich nur wenig hinter den Vereinigten Staaten in der Rangfolge derjenigen Länder, die die größte Anzahl von Immigranten aufnahmen, und es hat tatsächlich – bezogen auf die Bevölkerungszahl – eine Zeitlang sogar mehr als die Vereinigten Staaten aufgenommen. Nach dem Krieg hat der Zustrom angehalten, und heute besteht ein Zehntel der französischen Bevölkerung aus Immigranten, davon vier Millionen Ausländer und anderthalb Millionen naturalisierte Franzosen. Der letzte Roman über dieses Thema geht auf das Jahr 1907 zurück – Louis Bertrands L'Invasion –, als bereits ein Fünftel der Bevölkerung Marseilles aus Ausländern bestand. Heute hat Korsika den höchsten Anteil an Immigranten, während in Paris fast anderthalb Millionen Ausländer leben.

Frankreich hat noch etwas anderes mit dem Amerika des 19. Jahrhunderts gemeinsam, wo der Wohlstand natürlich im wesentlichen auf der Sklaverei beruhte. Der Experte für französische Immigrantenprobleme in der Tageszeitung Le Monde

Wolinski

schrieb dazu: «Ich behaupte, daß die eingewanderten Arbeiter eine neue Sorte von Sklaven sind.» Einwanderer erledigen die schmutzigsten und am schlechtesten bezahlten Arbeiten; ihre in Frankreich geborenen Kinder haben keine größeren Aussichten, bessere Beschäftigungsmöglichkeiten zu finden, aus diesem Grunde bilden sie fast eine durch Vererbung unterprivilegierte Kaste. Seit Frankreich seine Kolonien verloren hat, haben die Franzosen Ausländer importiert, die die Arbeit für sie erledigen, und die koloniale Metapher ist um so zutreffender, da diese Ausländer sehr häufig in Gettos leben, die ihre

509

Isolation und ihre Armut noch vergrößern. Es stimmt, daß andere europäische Länder vor demselben Problem stehen, besonders die Bundesrepublik und die Schweiz, wo das Verhältnis von Einwanderern zu Einheimischen 1 : 10 beträgt. Man hat gesagt, daß die Ausländer das dreizehnte Land der Europäischen Gemeinschaft seien. Doch in Frankreich scheint das Problem virulenter zu sein, weil es seit geraumer Zeit besteht – nur ein Viertel der Immigranten in der Bundesrepublik lebt dort länger als zehn Jahre, jedoch zwei Drittel aller Einwanderer in Frankreich leben dort mindestens schon so lange. Und die Franzosen sind langsamer als jedes ihrer Nachbarländer, wenn es darum geht, ihren Einwanderern die gleichen Rechte zu verleihen. Schweden zum Beispiel gibt den Ausländern nach einem dreijährigen Aufenthalt das Wahlrecht bei Kommunalwahlen; die Bundesrepublik und die Beneluxländer haben Ausländerräte mit Beraterfunktionen eingerichtet. In Frankreich besteht keine solche nationale Politik, obwohl es einige Städte mit großem Einwandereranteil gibt, die ihre Ausländergemeinden eingeladen haben, Vertreter in die Gemeindeverwaltungen zu schicken, um über ihre Lage zu berichten: Lavalle verfügt über einen Ausländerbeauftragten, Mons-en-Baroeul lud seine Ausländer ein, an einer Abstimmung über den örtlichen Verwaltungsetat von 1977 teilzunehmen; Tourcoing hat eine öffentliche Diskussionsveranstaltung über Einwanderer organisiert. Doch vier Millionen Einwohner in Frankreich haben keine wirklichen politischen Rechte. Und die öffentliche Meinung ist nicht dafür, daß sie diese Rechte erhalten. Eine Meinungsumfrage (im Jahre 1973) ergab, daß 55 Prozent der Befragten gegen das Wahlrecht für Einwanderer bei Kommunalwahlen waren (bei 34 Prozent der Stimmen dafür). Die Verhältnisse können sich ändern, denn 52 Prozent der Einwohner unter fünfundzwanzig sind der Meinung, daß Einwanderer diese Rechte erhalten sollten. Insgesamt 72 Prozent aller Franzosen sind dagegen, daß Einwanderer die vollen politischen Rechte erhalten, einschließlich des Rechts, den Staatspräsidenten zu wählen. Lediglich 54 Prozent sprechen sich für die Bildung von Beratergremien aus. Eine solche Einstellung wird sich nur schwer aufrechterhalten lassen, da es Städte gibt, in denen ganze Distrikte von Ausländern beherrscht werden, wie Belleville und die Gouttes d'Or in Paris, die Grande Côte in Lyon, die Très Cloîtres in Grenoble und die Porte d'Aix in Marseille; in der Pariser Vorstadt von Gennevillers wohnen 28 Prozent Ausländer. Diese Situation ist notwendigerweise sehr viel explosiver als die in Großbritannien, wo es nur einen unter zwanzig Bewohnern gibt, der eingewandert ist (das ist die Hälfte des französischen Anteils), und die meisten von ihnen besitzen als britische Staatsbürger die vollen politischen Rechte.

Der Grund dafür, warum so viele Einwanderer nicht in der Lage waren, mehr zu erreichen, liegt darin, daß ihr Ehrgeiz und ihre Fähigkeiten ungewöhnlich verschieden sind. Die halbe Million Italiener und die halbe Million Spanier sind Erben einer langen Einwanderertradition, die sie gelehrt hat, wie man in Frankreich seinen Weg macht; es gibt nun fast eine Million Portugiesen, die die größte einzelne nationale Minderheit darstellen und denselben Weg der Akklimatisierung verfolgen. Die anderthalb Millionen Algerier, Marokkaner und Tunesier, obwohl oberflächlich betrachtet durch ihre Religion nicht voneinander unterschieden, nehmen verschiedene Haltungen ein; zwei Drittel der Tunesier leben mit ihren Ehefrauen in Frankreich; sie und die Marokkaner werden als angenehm «fügsame» Angestellte betrachtet; aber die Algerier haben eine Welt für sich geschaffen; die Hälfte von ihnen arbeitet im Baugewerbe oder in öffentlichen Projekten. Die 70 000 Türken sind ein neuerer Zugang wie auch die 30 000 Jugoslawen, doch die 80 000 Polen sind das Relikt einer Gemeinschaft, die vor dem Krieg fünfmal so groß und auf die Grubenstädte des Nordens konzentriert war; daher gibt es viele Polen, die die volle französische Staatsbürgerschaft besitzen, und einige haben wichtige Posten in der Regierung und in der Gewerkschaftsbewegung innegehabt. Die Schwarzafrikaner sind relativ gering an der Zahl (20 000 Senegalesen, 20 000 Malier, 10 000 von der Elfenbeinküste). Allerdings gibt es auch 1 133 000 französische Staatsbürger auf Martinique, Guadeloupe und Réunion, die nicht als Ausländer gezählt werden und daher auch nicht in den Zahlen für Einwanderer auftauchen; ihnen wird ein offizieller Mindestlohn garantiert, der 20 Prozent niedriger als der im Kerngebiet Frankreichs ist; ihre industrielle Produktivität beträgt ein Drittel derjenigen in Frankreich, und sie haben eine Arbeitslosenrate, die viermal so hoch ist; sie führen viele Beschwerden an über die Art und Weise, wie man sie sowohl zu Hause als auch im Kernland behandelt, wenn sie auf Arbeitssuche gehen.

Der Zorn der Einwanderer entzündet sich vor allen Dingen an der erschreckenden Wohnsituation, in der sie sich alle zusammengepfercht finden. In den 60er Jahren schossen in Frankreich die als *bidonvilles* bekannten Vorstädte wie Pilze aus dem Boden, die das genaue Gegenstück zu den Slums von Afrika oder Lateinamerika bilden – dünne Hütten ohne jede Sanitär- oder Wasserversorgung, vielfach überbelegt. Der Abriß dieser *bidonvilles* wurde oft ohne sorgfältige Erwägungen ausgeführt. Bulldozer kamen, um sie niederzureißen, und die Bewohner wurden vertrieben. Dafür wurden «Transitstädte» an ihrer Stelle gebaut, doch diese sind oft zu einer neuen Art von Slum heruntergekommen, denn die billigen Fertighäuser waren schnell verwohnt. Die Transitstadt Gutenberg ging sogar dreimal in Flammen auf, bevor man zugab, daß beim Bau brennbare Materialien verwendet wurden und es keinen Wasserhydranten und auch kein funktionierendes Telefon gab. Die Wohnheime, die der Staat zur Verfügung stellte, waren oftmals unannehmbar verdreckt und überfüllt, wie diejenigen der «Schlafhändler», die zehn Leute in einen kleinen Raum in einem geschmacklos aufgemachten Hotel steckten. Wiederholt sind die Einwanderer-Mieter in den Streik getreten; in den letzten vier Jahren gab es in mehr als hundert Heimen einen Mieterstreik; von Zeit zu Zeit kommt die Polizei und knüppelt die Bewohner auf brutale Weise hinaus.

Zweitens sind die Einwanderer über ihre geringen Löhne verärgert. Ein Drittel von ihnen sind ungelernte Arbeiter oder werden vielmehr als solche eingestuft. Gelegentlich fällt der Öffentlichkeit auf, in welchem Ausmaß die Schmutzarbeit von den Einwanderern erledigt wird, zum Beispiel dann, wenn die Straßenkehrer von Paris (fast alles Schwarze) streiken. Daß jede neue Welle von Einwanderern ausgebeutet wird, kam vor kurzem ans Tageslicht, als die Arbeiter, die an der ultraschnellen

Eisenbahnstrecke Paris–Lyon bauten, in den Streik traten: dieses Juwel der französischen Technologie wurde unter Bedingungen gebaut, die fast genau der Abgestumpftheit des 19. Jahrhunderts entsprachen. Die Streckenarbeiter, hauptsächlich Nordafrikaner, beschwerten sich nicht nur über die geringen Löhne, sondern auch darüber, daß sie in primitiven Hütten schlafen mußten, in denen es keine Waschgelegenheiten gab, und bei jedem Wetter draußen essen mußten, da keine Kantine vorhanden war. Wenn sie darauf bestanden, sich eine eigene Schlafstätte zu besorgen, dann gewährte man ihnen eine absurd unangemessene Wohnzulage von zwölf Francs (etwa vier Mark) pro Tag. Als sie streikten, fanden die Arbeitgeber als Ersatz notleidende Vietnamesen, die sich verzweifelt darum bemühten, aus ihrem Flüchtlingslager herauszukommen, und die zu offensichtlich sogar noch niedrigeren Löhnen eingestellt wurden und, so behauptete man, mit der versteckten Drohung, daß sie aus Frankreich hinausgeworfen würden, wenn sie nicht akzeptierten.

Einwanderer müssen wohl oder übel die Arbeit annehmen, die sie erledigen können, denn sie fühlen sich sehr unsicher in ihrem Recht auf Arbeit; die Androhung, ihre Aufenthaltsgenehmigung werde nicht verlängert, schwebt immer gefährlich dicht über ihren Köpfen; die Arbeitgeber wissen die Tatsache, daß die Immigranten in ihren Heimatländern noch größere Armut erwartet, zu ihren Gunsten auszunutzen. Einwanderer schaffen es nur selten, sich beruflich zu qualifizieren, und können sich nur mit der Hoffnung trösten, daß es ihren Kindern gelingen möge. Denn die Kinder haben in den französischen Schulen eine Menge Schwierigkeiten und hinken gewöhnlich ein Jahr hinter ihren französischen Altersgenossen her; ein Drittel von ihnen verläßt die Schule, ohne lesen und schreiben zu können, nur ein Fünftel schafft den Schulabschluß; nur dreitausend gehen auf eine Universität (dabei gibt es 1 200 000 Ausländer unter 19 Jahren). Schließlich haben einige wenige es geschafft. Um die Lage der Einwanderer zu verbessern, wurde 1974 ein Sonderministerium eingerichtet, das zuerst unter der Leitung von Paul Dijoud stand, der aus Nordafrika stammte, Absolvent der Schule für Politische Wissenschaften und der

ENA, und dann unter der Leitung von Lionel Stoleru, ein Jude rumänischer Herkunft, Ingenieur und Absolvent der Polytechnique. Beide wurden in unterschiedlicher Weise bewundert, doch auch dafür angegriffen, daß sie sehr wirksam die Rechte der Einwanderer beschränkten. Wachsende Arbeitslosigkeit hat nicht nur dazu geführt, daß sie die Einwanderung erschwerten, sondern sie ermutigten auch die Einwanderer in Frankreich, in ihre Heimat zurückzukehren. Ein in Frankreich geborener Algerier kann des Landes verwiesen werden, wenn er auf- oder straffällig wird, auch wenn er nur geringfügig mit dem Gesetz in Konflikt gerät. Obwohl man die Franzosen nicht beschuldigen kann, rassistischer als andere vergleichbare Völker zu sein, so sind sie es erkennbar auch nicht weniger.

Ein Ausländer, der nach Frankreich geht, muß über ein dikkes Fell verfügen. Ein spanischer Kühlschrankbauer zum Beispiel berichtet, daß man ihn noch nie zuvor in seinem Leben so schlecht behandelt habe wie damals, als er eine Arbeitserlaubnis beantragt habe. Er wurde mit zwanzig anderen in ein kleines Zimmer gepfercht, und man sagte ihnen, sie sollten sich ausziehen; er kann sich noch an das entsetzte Gesicht eines alten Mannes erinnern, der gezwungen wurde, sich vor den Augen seines Sohnes auszuziehen, zweifelsohne das erste Mal in seinem Leben; und sie standen so eng aneinander, daß ihre Körper sich berührten. Als der Spanier sich darüber beschwerte, antworteten ihm die Beamten: Ja, haben Sie denn nicht gedient? Er war beim Militär, doch diese Erfahrung erinnerte ihn eher an ein Arbeitslager. Endloses Schlangestehen war um so unannehmbarer, als niemand ihr Arbeitsangebot zu schätzen schien; man sagte ihm, er solle dankbar dafür sein, daß man ihm zu arbeiten erlaube, wobei es doch offensichtlich war, daß er die Erlaubnis nur deshalb erhielt, weil seine Arbeitskraft benötigt wurde. Er war schwer darüber enttäuscht, soviel Heuchelei und Abgestumpftheit in einem Land vorzufinden, das er zuvor als einen Hort der Freiheit und des Antikolonialismus bewundert hatte. Er hatte zuvor auch schon in Argentinien gearbeitet, dort jedoch nie eine solche militärische Beziehung zwischen Vorarbeitern und Arbeitern erlebt wie in Frankreich; die Arbeiter behandelten ihren Chef wie Gott auf Erden; er löste einen Skandal dadurch aus, daß er ihm guten Morgen sagte. Er konnte nicht normal wie ein Franzose leben, da er seiner Familie zu Hause Geld schicken mußte. Eine Wohnung war nicht zu finden – weshalb gab man ihnen keine besseren Wohnmöglichkeiten? Als er zu arbeiten anfing, kostete ihn seine Unterkunft allein vier Siebtel seines Lohnes: daher war er gezwungen, Überstunden zu leisten. Als Spanier hatte er mehr Stolz, sagt er, als die Portugiesen, auf die er etwas herabschaute, weil sie nur am Geldverdienen interessiert waren. Er ärgerte sich über die Polizei, die ihn drängte, sich naturalisieren zu lassen; das würde sicher alle seine Probleme aus dem Weg räumen. Er war wütend wegen ihrer Schikanen und ihrer unaufhörlichen Inspektion seiner Arbeitspapiere; er wollte nicht Franzose werden, sondern Spanier bleiben. Er war entsetzt über die Feindseligkeit, auf die er bei seinen Nachbarn stieß, die sich immer darüber beschwerten, daß Ausländer mehr Lärm verursachten. Auch andere Immigranten waren genauso schlimm zu ihm wie die Franzosen, ein jeder schloß sich in seiner eigenen Gruppierung ein. Er schlußfolgerte, daß sie importiert wurden, um ausgebeutet und versklavt zu werden. Aus diesem Grund hat er nie die Hoffnung aufgegeben, eines Tages nach Spanien zurückzukehren. Doch Spanier richten sich im allgemeinen gut ein, besonders wenn ihre Frau mitkommt und ebenfalls arbeitet.

Ein Portugiese, der im Alter von siebzehn Jahren nach Frankreich kam, gibt zu, daß seine Landsleute nur am Geldverdienen interessiert seien und sie deshalb sehr vielen die Hilfe verweigern; andererseits sei es ihre größte Furcht, isoliert und alleine zu leben, so daß sie jede Arbeit annehmen, wenn sie dabei nur mit anderen Portugiesen zusammensein könnten; sie stehen zu ihren nationalen Sitten, an Weihnachten essen sie Kabeljau und Kartoffeln, damit sie die Illusion haben, zu Hause zu sein. Einige packen ihre Koffer nie aus; sie schicken den größten Teil des verdienten Geldes nach Hause und essen nur eine Mahlzeit pro Tag. Sie sparen, um ein Stück Land in Portugal zu kaufen, obwohl es nicht groß genug ist, um eine Familie mit dessen Ertrag ernähren zu können; nach und nach bauen sie ein Haus in ihrem Heimatdorf. Doch zunehmend versucht die jüngere

Generation, die keine Familie in Portugal zu unterstützen hat, manchmal wie die Franzosen zu leben.

Das ist jedoch leichter gesagt als getan. Ein algerischer Kehrer in der Pariser Metro ist seit 1954 in Frankreich. Seine Familie zog 1960 nach, und nun hat er zehn Kinder, die in einem Fertighaus in Nanterre mit ihm leben. Nach Frankreich kam er in der Hoffnung, sich zum Mechaniker ausbilden zu lassen; in Algerien hatte er jedoch nie eine Schule besucht. Er war gezwungen, eine Arbeit als Grubenarbeiter anzunehmen und war darüber entsetzt. Seine gegenwärtige Arbeit ist für ihn zwar demütigend; da er jedoch ein Jahr lang arbeitslos war, ist er dankbar dafür, daß er wenigstens diese Arbeit hat. Da er keinen Handel erlernt hat, mag er nicht nach Algerien zurückgehen, wo es ihm noch schwerer fallen würde, eine Arbeit zu finden. Er akzeptiert sein Schicksal zum Wohl seiner Kinder, weil die meisten von ihnen hier geboren und zur Schule gegangen sind, obwohl er sich über deren Einstellung zu ihm skeptisch äußert: «Sowie sie erwachsen sind, gehen sie fort, mein Augenlicht wird schwächer, ich werde noch als alter Mann mit einem weißen Stock enden», und die Kinder werden nichts für ihn tun. «Sie sind glücklich, ich kannte nie diese Art von Glück – die Jugend habe ich im Dunkeln verlebt, ohne Freude, ohne alles.» Die Kinder sprechen besser Französisch als Arabisch, sein ältester Sohn geht jetzt auf eine technische Fachschule und erfüllt den Traum des Vaters, Mechaniker zu werden; sie haben französische Freunde; sie spielen in einer französischen Fußballmannschaft; sie sind keine Algerier mehr, sondern nur «halbe-halbe». Zu Hause sprechen sie Arabisch, und einer von ihnen muß immer mit der Mutter einkaufen gehen, da sie sehr schlecht Französisch spricht. Weder der Vater noch die Mutter gehen viel aus. Er tippt manchmal die Dreier-Wette beim Pferderennen, «das *tiercé*», und er hofft, daß dieses eines Tages seine Probleme lösen hilft. Er lehnt es ab, in einen jener großen Wohnblocks zu ziehen, die wie ein Gefängnis sind, wo man wie in einer Sardinendose zusammengepfercht lebt. «Hätte ich gewußt, daß es in Frankreich so ist, ich wäre nicht herübergekommen.»

Immigranten werden darüber hinweggetröstet, daß sie sehr

Reiser

viel weniger als die Franzosen verdienen, weil der Lohn, den sie erhalten, sie immerhin auf dieselbe Stufe mit den Lehrern und Beamten in ihrer Heimat stellt. Doch sie sind wütend darüber, daß ihre Hoffnungen so oft enttäuscht werden, so sehr, daß sie sich betrogen fühlen. Ein zwanzig Jahre altes Mädchen bewarb sich auf ihrer Heimatinsel Réunion um eine Ausbildung als Krankenschwester in Paris. Die Beamten versprachen ihr, das zu arrangieren. Doch als die Papiere eintrafen, stellte sich heraus, daß sie sich vertraglich verpflichtet hatte, für ein Jahr als Dienstmädchen nach Frankreich zu gehen. Danach, so versicherten die Beamten ihr, könne sie tun, was sie wolle. Man schickte sie in einen fünf Monate dauernden Kurs, in dem sie lernte, im französischen Stil zu kochen, zu waschen und zu bügeln. Sie erhielt jedoch kein Schulzeugnis: sie hatte keine Möglichkeit, einen Beruf zu ergreifen, auf den sie stolz gewesen wäre.

Den meisten ausländischen Frauen bleibt nichts anderes übrig, als eine Dienstmädchenstelle anzunehmen. Es gibt heute noch eine Million Dienstmädchen, die Hälfte davon ausländische. Die reichen und gebildeten Franzosen, die allein sich Dienstmädchen halten können, enthüllen im Kontakt mit ihnen, in ihren eigenen Wohnungen, wo es keine Zeugen gibt, die wahre Natur ihrer Hingabe an Freiheit, Gleichheit und Brüderlichkeit. Eines dieser Dienstmädchen, Maria Arondo, hat aufgezeichnet, was die Arbeitgeber ihr und vielen anderen Dienstmädchen, die sie kennengelernt hat, sagten. Maria, die älteste von elf Kindern, kam 1963 nach Paris, weil sie in ihrem armen spanischen Baskendorf, in dem sie geboren war und die ersten achtzehn Lebensjahre verbracht hatte, keine Arbeit finden konnte. Ihre Onkel und Tanten waren ihr vorausgegangen; sie freute sich, daß sie sich auf deren Hilfe bei der Arbeitssuche verlassen konnte, denn sie verfügte über keine Ausbildung, keine Fertigkeiten und keine Französischkenntnisse. Doch war sie der Arroganz oder Höflichkeit gegenüber, die die zukünftigen Arbeitgeber ihr zeigten, nicht unempfindlich. Sie war überwältigt, als sie den Luxus sah, der weit über das hinausging, was sie je gesehen hatte. Aber von den Warnungen der stolzen Hausherrinnen war sie nicht beeindruckt, wenn diese sagten, daß «Monsieur es nicht zuläßt, daß die kleinste Knautschfalte» im Hemd zu finden wäre, das sie für ihn bügeln müsse. Schließlich kam sie in den Haushalt eines Ingenieurs in Aulnay-sous-Bois, der sie freundlich und einfach willkommen hieß und ihr ein freundliches, kleines Zimmer hinter der Garage gab. Sie hatte von halb acht bis acht Uhr abends zu arbeiten, zwei Nachmittage in der Woche frei, für einen Lohn von 300 Francs im Monat (100 Mark), ein Viertel weniger, als die Reichen aus dem 16. Arrondissement in Paris anboten, aber ihr wurde eine bessere Behandlung versprochen: Sie sollte mit der Familie und nicht in der Küche essen, sie durfte telefonieren oder Kaffee machen, wann immer es ihr gefiel. Doch sehr schnell wurde ihr Stolz von der Hausfrau beleidigt. Sie sagte Maria, daß sie alles von Hand waschen müsse, denn Madame war gegen jede Waschmaschine und gestattete nicht einmal die Benutzung von Gummihandschuhen, da diese ihr delikates Leinen beschädigen könnten. Sie durfte auch nicht rauchen, «weil es nicht schön ist, wenn ein Dienstmädchen in Gegenwart ihres Arbeitgebers raucht». Sie hatte so viel zu arbeiten, daß sie ganz und gar erschöpft ins Bett fiel, sowie sie ihre Arbeit erledigt hatte. Wenn sie sich beschwerte, begann Madame mit einer Schimpfkanonade über «diese Spanier», die in ihrem eigenen Land «vor Hunger sterben» und die «dankbar sein müßten, daß sie eine Arbeit bekommen». Maria hätte diesen Haushalt schon früher verlassen, wären da nicht die netten Kinder gewesen und hätte Madame sich nicht sofort süßlich lächelnd mit ihr versöhnt.

Schließlich ging sie zu einem Arzt arbeiten, dessen Frau weniger heuchlerisch und reizbar schien. Der Arzt tat so, als ob sie Luft für ihn wäre. Schließlich versicherte sie sich seiner elementaren Höflichkeit, nachdem sie ihm, mit ihrer lautesten Stimme, Bonjour, Monsieur ins Ohr gebrüllt hatte; danach sagte er immer Bonjour zu ihr. Madame vertraute ihr alle Probleme an: «Sie sind wie eine Schwester für mich», sagte sie. In diesem Haushalt mußte das Wartezimmer zugleich als Dienstmädchenzimmer herhalten; das Dienstmädchen durfte aus diesem Grund keinen Freundesbesuch empfangen und erhielt zudem so gut wie keinen Ausgang. Es war die Kirche, die Maria enthüllte, daß sie ein besseres Leben erwarten dürfe: Sie trat einer Jugendgruppe der Gemeinde bei, und dadurch ging ihr auf, daß sie mehr Freizeit brauchte, um Französisch zu lernen. Daher ging sie in eine von Nonnen geführte Schule arbeiten. Die Dienstmädchen hier verhielten sich respektvoll und beschwerten sich nicht. Aber Maria konnte nicht akzeptieren, daß sie sich schlechter ernähren sollte als die Schüler: sie erhielt nie Butter, mußte immer die Essensreste und das altbackene Brot aufessen; es empörte sie, daß sie keinen Schlüssel erhielt, die Schüler dagegen wohl: wollte sie später als zehn Uhr abends nach Hause kommen, so mußte sie um eine Sondererlaubnis bitten. Aus diesem Grunde machte Maria sich als Putzfrau selbständig, arbeitete ein paar Stunden für drei verschiedene Familien und konnte daher ihre Arbeitszeit einteilen. Doch ihre Mitarbeit in der radikalen kirchlichen Organisation, der Jeunesses Ouvrières Chrétiennes, machte sie ihren Arbeitgebern gegenüber zunehmend zynischer, obgleich einige von ihnen sehr nett waren. Einer war sehr «liberal», und sie führte interessante Gespräche mit ihm über die Ungerechtigkeiten, denen Dienstmädchen ausgesetzt waren; das tröstete sie nicht über die Erkenntnis hinweg, daß sie für einen langweiligen Job bezahlt wurde, damit ihr Arbeitgeber sich frei fühlte, der Beschäftigung nachzugehen, die er mochte. Schließlich wurde Maria hauptamtliche Gewerkschaftsfunktionärin. Auf diese Weise sammelte sie einen Großteil der Informationen über das Leben der Dienstmädchen in Paris. Einige von ihnen, so erfuhr sie, waren nicht so rebellisch wie sie. Sie freuten sich darüber, daß sie Geschenke und abgelegte Kleider erhielten, auch wenn sie unterbezahlt waren, und reagierten nicht auf Marias Einwand, daß sie doch alt genug seien, um zu wissen, was sie selber brauchten, und daß nicht etwa die Freundlichkeit ausschlaggebend dafür war, daß sie unmoderne Kleider geschenkt bekamen, die die Hausherrin nicht mehr anziehen mochte. Manche schätzten es sehr, wie ein Familienmitglied behandelt zu werden und bei der Arbeit Radio hören zu dürfen. «Ich habe nicht den Eindruck, daß ich eine Chefin habe», sagte eine. «Sie sagt nie zu mir, tu dies und laß jenes: ich weiß genau, was ich zu machen habe. Wenn ich bei mir zu

Hause wäre, würde ich es genauso machen.» Doch andere beschwerten sich darüber, als minderwertig, ignorant und dumm beschimpft zu werden, und daß man ihnen, als sie sich dagegen verteidigten, antwortete, sie sollten nicht mit «Leuten argumentieren, die viel intelligenter sind» als sie. Eine war sehr aufgebracht über ihre Hausherrin, die sie stets Titi rief: sie reagierte nicht mehr darauf, bis sie ihren wirklichen Namen rufen hörte. «Gerade weil ich ein Dienstmädchen bin, ist das noch lange kein Grund dafür, daß man mich nicht zu respektieren braucht.» Manche verheimlichen ihre Arbeit vor ihren Bekannten, weil sie die Arbeit eines Dienstmädchens als demütigender ansehen als die einer Arbeiterin. Manchmal erhalten sie wirklich eine Behandlung, die keine andere Berufsgruppe sich würde gefallen lassen. Gelegentlich werden sie auch geschlagen. Nicht selten erhalten sie ein schlechteres Essen als die Hunde, ganz zu schweigen vom Rest der Familie. In einem Haushalt wurden zwei verschiedene Gedecke benutzt: das sehr schöne für die Herrschaft und das andere für den Hund und das Dienstmädchen. Das Dienstmädchen begehrte schließlich dagegen auf: «Ich bin doch kein Hund. Sie mögen zwar Ihren Hund sehr, doch Sie würden bestimmt nicht aus einem Teller mit ihm essen; nun, das will ich auch nicht.» Die etwas anspruchsvolleren Arbeitgeber versuchen, ihren Dienstmädchen beizubringen, wie man «richtig» spricht, die Etikette zu beachten, sie als Madame la Comtesse anzureden, und manche Mädchen ärgern sich darüber. Am schlimmsten jedoch sind die bedeutenden Leute, die ihre Dienstmädchen wie Unpersonen behandeln, sich in ihrer Gegenwart ausziehen, ohne sie zu beachten: «Nie hätte meine Mutter so etwas vor ihren Töchtern getan», sagte ein entsetztes Dienstmädchen. Im Schlafzimmer liegen benutzte Verhütungsmittel auf dem Boden herum, im Badezimmer Damenbinden und schmutzige Unterwäsche. Das Dienstmädchen wird zur Rede gestellt, wenn der Hund etwas Schlimmes anrichtet; sie kann nicht immer einsehen, warum sie auf die ekelhaften Arbeiten ein Monopol besitzen sollte. Liebesabenteuer können vor Dienstmädchen nicht geheimgehalten werden, doch ist es unerhört, wenn den Dienstmädchen dann eine Moralpredigt gehalten wird, daß sie nur ja keine männlichen Bekannten ins Haus bringen dürften; die Dienstherren haben, so scheint es, in weitem Ausmaß damit aufgehört, ihre Dienstmädchen zu verführen. Der einzige Ausweg für ein Dienstmädchen liegt in der Heirat, doch meistens heiratet sie einen armen Arbeiter oder Angestellten und muß weiterarbeiten, damit es hinten und vorne reicht.

Der Zorn der Immigranten ist letztlich der Zorn der Einsamkeit. Tahar Ben Jelloun, ein in Frankreich lebender marokkanischer Arzt, Dichter und Schriftsteller, schrieb seine Doktorarbeit in Sozialpsychiatrie, um zu verstehen, was seine nordafrikanischen Landsleute fühlten. Ein Verzeichnis klinischer Fälle enthüllt die Wut derer, die von einem Gefühl des Versagens übermannt werden und von ihrer Unfähigkeit, einen fremden Lebensstil zu meistern. Die sexuelle Frustration der Männer, die ihre Frauen in der Heimat gelassen haben, verwandeln ihre berufliche Enttäuschung oftmals in ein Unglück. Für manche liegt in der Männlichkeit das Wesen eines Mannes. Wenn sie diese nicht ausdrücken können, verlieren sie ihre Selbstachtung. Die Prostituierte tröstet nicht darüber hinweg; sie gehen zu ihr aus der abergläubischen Vorstellung heraus, daß sie krank werden würden, wenn sie nicht wenigstens einmal pro Woche ihre «Hoden entleeren». Im schlimmsten Fall verlieren sie ihren Sinn für die Identität; sie betrachten sich selber als Waisenkinder, richten ihre aggressiven Instinkte gegen sich selbst und verachten sich. «Von allen Männern bin ich der letzte», sagte ein fünfundzwanzigjähriger algerischer Arbeiter.

Warum sollten sogar die Juden in Frankreich, oder wenigstens einige von ihnen, zornig sein? Sie genießen mehr Erfolg, Einfluß und Macht als die Juden in irgendeiner anderen Nation, möglicherweise sogar mehr als die in den Vereinigten Staaten. Juden führten zwei der wichtigsten Bewegungen in der modernen französischen Geschichte an: Léon Blum 1936 die Volksfront und Daniel Cohn-Bendit im Mai 1968 die Studenten. Pierre Mendès-France war vermutlich der Politiker der Vierten Republik, den man am meisten schätzte. General de Gaulle bestallte Michel Debré, den Enkel eines Rabbiners, zu seinem Premierminister. Simone Veil, Präsidentin des Europäischen

Parlaments, war die populärste Ministerin in Giscards Kabinett, sie stand wiederholt auf der Beliebtheitsskala ganz obenan. Der Anthropologe Lévi-Strauss drückte einer ganzen Generation von Intellektuellen, den Sozialwissenschaften und der Literatur seinen Stempel auf; auf einem unterschiedlichen Feld wird die Neue Philosophie von Bernard Henri Lévy angeführt, der sogar aus dem Judaismus einen zentralen Bestandteil seiner Theorien machte. Hinter der atomaren Verteidigung Frankreichs steckte Robert Dautray; die Luftfahrtindustrie wurde von Marcel Dassault zu internationaler Bedeutung geführt; Pierre Dreyfus machte aus Renault das seltene Vorbild einer erfolgreich verstaatlichten Industrie. Nach den Vereinigten Staaten besitzt Frankreich mit rund 700000 Mitgliedern die zweitgrößte jüdische Gemeinde außerhalb Israels. Frankreich war das erste Land, das vor zweihundert Jahren den Juden die vollen und gleichen Rechte verlieh. Doch es gibt eine inzwischen wachsende Zahl von Juden, die trotzdem der Ansicht sind, daß sie nicht ganz gleich behandelt werden, und (wie die Feministen) meinen, daß sie besser sein müßten als die anderen, um Erfolg zu haben; aber auch, daß sie «betrogen worden» seien.

Der Grund dafür ist darin zu suchen, daß die Situation der Juden sich die ganze Zeit über verändert hat. Es gibt drei verschiedene Gruppen von Juden. Bis zum späten 19. Jahrhundert gab es nur wenige Juden in Frankreich, die hauptsächlich im Elsaß und im Gard konzentriert waren, so daß viele Franzosen nicht einmal wußten, was ein Jude ist. Nach ihrer Emanzipation waren sie der Republik treu ergeben und wurden zunehmend assimiliert. Sie betrachteten sich selber als Franzosen, die rein zufällig jüdischen Glaubens waren, in derselben Weise, wie andere Protestanten waren. Danach kamen zwei Wellen mit neuen Immigranten – aus Osteuropa (die erst vor der zaristischen und dann der Verfolgung Hitlers flohen) und aus Nordafrika (vom arabischen Nationalismus vertrieben). Der Antisemitismus, der zuerst um die Jahrhundertwende virulent wurde, als der jüdische Offizier Dreyfus fälschlicherweise verurteilt wurde und seine Unschuld wegen der Vorurteile eines Großteils der Bevölkerung im Land unbeachtet blieb, explodierte im

Zweiten Weltkrieg, als unter Pétain die französischen Juden plötzlich feststellen mußten, daß sie nicht den Schutz der Gesetze genossen und sie nicht mehr als volle Franzosen galten: Die Regierung lieferte die Juden zur Endlösung an die Deutschen aus. Das Resultat dieses Entsetzens ist, daß der Antisemitismus nun boykottiert und in einer Weise verurteilt wurde, wie es nie zuvor der Fall war.

Und trotzdem können die Juden, ganz besonders jene, die in ein Konzentrationslager kamen und Verwandte haben, die von den Deutschen gefoltert oder getötet wurden, dies nicht vergessen, und das Gefühl, daß so etwas wieder passieren könnte, bleibt lebendig und wird jedesmal aufs neue entfacht, wenn es einen neuen Ausbruch von Antisemitismus gibt. Dies geschieht von Zeit zu Zeit, wenn Gerüchte sich wie bei einer mittelalterlichen Hysterie verbreiten, daß die Juden irgendein eingebildetes Verbrechen verübt hätten. Jüdische Eltern berichten, daß ihre Kinder in der Schule gehänselt würden und die Lehrer diese Hänseleien nicht immer unterbinden. Die Staatsgründung von Israel hat manche dazu gebracht, ihre Loyalität neu zu überdenken, um so mehr als die Bedeutung des arabischen Öls für Frankreich die frühere Begeisterung der Regierung für Israel beendet hat. Der Einigungsruf, der in der Mai-Bewegung von 1968 auftauchte, «Wir sind alle deutsche Juden», zeigt, daß die Einstellung zu den Juden günstiger ist, als sie jemals war. Es gibt Juden, die darauf antworten, diese Einstellungen blieben auf einige wenige Zirkel beschränkt. Es gibt da zum Beispiel einen Arzt in Straßburg, der sich darüber beklagt, daß er beleidigende Telefonanrufe erhalte, und wenn Beförderungen im Krankenhaus beschlossen würden, komme der Ratschlag, es sollten nicht zu viele Juden darunter sein. Diese Art der Diskriminierung wird in derselben Weise übelgenommen, wie Frauen es übelnehmen, daß man von ihnen erwartet, sie müßten außergewöhnlich oder hübsch sein, um eine Arbeit zu finden. Françoise Giroud sagt, sie möchte erreichen, daß die berufstätigen Frauen das Recht haben, genauso mittelmäßig wie die Männer zu sein. Das ist im Fall der Juden sehr schwer zu beweisen.

Für viele französische Juden ist ihr Judentum nicht mehr als eine fast vergessene Erinnerung; ihre Familien sind seit Generationen Franzosen; sie praktizieren ihren Glauben nicht mehr; einige der jüngsten Immigranten erinnern sich vielleicht an die gastronomischen Verschrobenheiten ihrer Großeltern; sie verwerfen das Klischee vom stereotypen Juden als ein Relikt aus der Vergangenheit; oftmals wissen ihre Kollegen nicht einmal, daß sie jüdische Wurzeln haben. Sind sie Israel gegenüber freundlich gesonnen, dann eher im Prinzip als vom Gefühl her, wie Jean Elleinstein sagt, weil sie gegen jede Art der Verfolgung seien. Dies bringt sie vor allem dann in eine schwierige Lage, wenn die Israelis die Araber verfolgen. Es war Alain Geismar, der – obwohl Jude – die französische Pro-Palästinensische Bewegung mit ins Leben rief und gegen die unbeugsame Haltung der Israelis protestierte. Jacques Frémontier sagte, er habe 1940 im Alter von zehn Jahren zum erstenmal das Wort Jude vernommen, als seine Eltern ihm sagten, die Deutschen würden ihm noch viele Schwierigkeiten bereiten. Er hatte den Eindruck, sie hätten ihm ebensogut sagen können, er sei Chinese. Nachdem er die ENA absolviert hatte, ging er in den Staatsdienst, um sich von der jüdischen Tradition des privaten Profits im Kleinhandel zu entfernen. Er wollte den Staatsdienst verlassen, als man ihm einen Posten als Finanzdirektor in der staatlichen Ölgesellschaft (CFP) anbot, bis schließlich jemand fragte, ob er vielleicht zufällig Jude sei, und man dann das Angebot zurückzog, weil man andernfalls vielleicht die Araber brüskiert hätte. Seitdem hat er als Journalist und Radiomann gearbeitet. Er ist ein abgefallener Kommunist und ein ebenso abgefallener Anhänger Israels. Er verweigert das Etikett des Juden, genauso wie er andere Etiketts und Klischeevorstellungen ablehnt. Franzose zu sein bedeutet für ihn, in der Lage zu sein, sich frei zu entscheiden, seinen eigenen Lebensstil aufzubauen und nicht seine Nachbarn nachzuäffen. Assimilierung bedeutet nicht, ein «typischer Franzose» zu werden. Als junger Mann verursachte er einen Skandal, indem er offen mit einem Mannequin zusammenlebte, während er noch an der ENA studierte, und sich weigerte zu heiraten. Er hat seine Karriere aufgegeben und zieht es vor, freiberuflich zu arbeiten. Andererseits hat er jedoch nicht das Gefühl, daß ihn etwas mit dem «typischen

Juden» verbindet; dieser Typus, sagt er, ist im Verschwinden begriffen, nun, da die Juden aus dem Getto herausgetreten sind.

Doch genau dies ist nicht geschehen, denn der Vorstellung von Assimilierung wird nun von einer neuen Generation von Juden widersprochen. Kinder von assimilierten Juden lernen Hebräisch und versuchen, eine jüdische Gemeinde aufzubauen – mit eigenen Illustrierten, Büchern und Clubs –, die sich auf die traditionelle jüdische Religionsausübung besinnt. Sie wurden durch den jüngsten Zustrom algerischer, tunesischer und marokkanischer Juden verstärkt, die zwischen arabischer und französischer Tradition hin- und hergerissen sind. Die alten Gettos werden nicht wiederbelebt, doch gibt es Gebiete, in denen sich Juden zusammengeschlossen haben, wie zum Beispiel in Sarcelles, einer Vorstadt von Paris, wo der kommunistisch beherrschte Gemeinderat ihnen, als Anerkennung für ihre Stimmabgabe bei den Wahlen, besondere Vorrechte einräumt. Die Jüdische Schule, die Baron Hirsch vor einem Jahrhundert gegründet hat, um aus jüdischen Immigranten gute Franzosen zu machen, hat eine Kehrtwende vollzogen: sie betont nun die Wahrung des Judentums. Die Schulleiterin erklärt dies mit dem unvergeßlichen Schock, den sie 1941 erlitten habe, als ihr Vater – ein überzeugter Patriot, dessen einzige Beziehung zum Judentum darin bestand, daß er zweimal im Jahr zur Synagoge ging, jedoch nicht an den jüdischen, sondern an den französischen Festtagen 14. Juli und 11. November – plötzlich einen Personalausweis in die Hand gedrückt bekam, in dem seine Nationalität mit jüdisch statt mit französisch angegeben war. Sie zeigt ihren Schülern diesen Personalausweis. Sie fühlt, daß die Republik sie betrogen habe. Früher hat sie die Errungenschaften der Kreuzfahrer verherrlicht; heute lehrt sie ihre Schüler, daß diese auf ihrem Weg nach Jerusalem Juden massakriert hätten. Heute gibt sie zu, daß ihr Herz eher für Israel als für Frankreich schlägt: Israel ist das «Amerika», das ihre Schüler vor Augen haben; sie sind stolz darauf, jüdisch zu sein, und begierig, eine eigene Identität zu entwickeln. Die Juden vom alten französischen Schlag sind darüber entsetzt: Ein Angehöriger der Familie Rothschild bemerkte anläßlich eines

Besuchs der Schule, ob sie mit dem Hebräischen nicht übertreiben würden; sie reagieren geringschätzig. Die Rothschilds werden nicht als Führer oder Vertreter der neuen Gemeinde akzeptiert, besonders nicht, nachdem einer von ihnen öffentlich erklärte: «Ich fühle mich in Israel nicht zu Hause.»

Der logische Schritt für Juden, die sich in ihrer Loyalität näher zu Israel als zu Frankreich hingezogen fühlen und die sagen, daß sie zwar französische Staatsbürger, doch israelischer Nationalität seien, wäre die Emigration. Doch nur sehr wenige französische Juden sind emigriert. Der Beauftragte zur Förderung der Emigration nach Israel kann sich selbst dazu nicht entschließen. Er begründet dies damit, daß er sagt, es sei nicht so leicht, einfach über Jahrhunderte des Exils hinwegzuschreiten; der Einfluß der französischen Kultur und die Anziehungskraft des französischen Lebens seien zu groß. Die Theorie hinter dem neuen Judentum besagt, daß die Bildung das Siegel der Vorfahren nicht auslöschen und auch soviel Glanz das Erbe des Judentums nicht ändern könne; das heißt nichts anderes, als einen der Glaubenssätze der Modernität zu verneinen, daß es möglich ist, eine neue Art der Zivilisation zu schaffen, einen neuen Lebensstil, und die Vergangenheit zu vergessen. Aber sie schaffen es auch nicht, ihre französische Vergangenheit zu vergessen. Diese konservativen Juden haben keine Antwort auf ihr Dilemma.

27   Unter welchen Krankheiten sie leiden und wie sie mit ihnen leben

Dr. Gérard Debuignés Aufgabe ist es, die Menschen davon abzubringen, sich Sorgen zu machen, aber er macht sich ständig Sorgen über sich selbst. Er ist praktischer Arzt, der sich unendlich viel Mühe mit seinen Patienten gibt, der aber für seine eigenen Ängste und Zweifel kein Heilmittel findet. Er stammt aus der Arbeiterklasse, sein Großvater war Fuhrmann, sein Vater Metallhandwerker und Vorarbeiter, der später Gläser an Cafés verkaufte, zu oft aber auf ein Gläschen blieb und schließlich an Leberzirrhose starb. Gérard erinnert sich, daß seine Eltern sich ständig stritten, seine Mutter von Zeit zu Zeit die Koffer packte und so tat, als ob sie ausziehen wollte. Zu Hause gab es wenig Wärme, er fühlte sich ungeliebt, auch heute noch. Er hat hart gekämpft, um Anerkennung zu gewinnen, aber sein Ehrgeiz stieß sich immer an seinen Selbstzweifeln. Keiner nahm von ihm in der Schule groß Notiz, bis er zu tanzen anfing und Meister im «Jiteburg» (so buchstabiert er den «Jitterbug») wurde. Er streunte durch die *bals populaires* auf der Suche nach Mädchen, nahm Drogen (Ortedrin), um sein Leben aufzuhellen, blieb Jungfrau, um sich romantisch auf die ersehnte, glückliche Ehe vorzubereiten. Er onanierte, war aber höchst deprimiert, daß ihn das wiederum von Gott trennte. Er war stolz, das *baccalauréat* zu bestehen – eine seltene Leistung für ein Arbeiterkind –, wenngleich er es nur mit einigen Schwierigkeiten schaffte, denn wegen einer unglücklichen Liebe mußte er das Examen wiederholen. Er schaffte es gerade noch, in die medizinische Fakultät in Lille aufgenommen zu werden, und fand das Studium auch sehr anstrengend, sowohl intellektuell wie zwischenmenschlich. In seinem dritten Studienjahr traf er eine geschiedene Grundschullehrerin, die ihn faszinierte. Sie lebten zusammen und heirateten. Er mußte noch härter arbeiten als zuvor, um sich ihrer wert zu erweisen. Er versuchte, Psychiater zu werden (das war 1951), wurde in einem Krankenhaus angenommen, fiel aber im Abschlußexamen durch. So mußte er sich damit bescheiden, praktischer Arzt zu sein. Er eröffnete eine Praxis in Estaires in zwei Räumen, die er von der Witwe eines Arztes mietete, der gerade an Trunksucht gestorben war, und schaffte es irgendwann, sich einen Gebrauchtwagen zu kaufen. Sein Kreis von Patienten wuchs langsam, und er gewann ihre Bewunderung durch seine ausgezeichneten Diagnosen, die er erstellte, da er jeden Tag die Fachliteratur studierte und sich die Beschreibungen der Krankheiten sorgsam einprägte. Er machte sich ständig Sorgen, daß er einen Fehler begehen könnte. Er war stolz auf die Achtung, die ihm seine Patienten entgegenbrachten. Er gab ihre Komplimente zurück, war abhängig von ihrer Zuneigung, mehr als von den Honoraren, die er ihnen gar nicht mal so leicht entlokken konnte. Er schämte sich, wenn er mit Kleingeld in der Tasche klimpern mußte, um sie an sein Honorar zu erinnern. Aber langsam wurde er reich, kaufte ein Haus und füllte es mit Orientteppichen, Louis-quinze und Regency-Möbeln, Baccaratkristall. Er hatte immer schon von einem amerikanischen Straßenkreuzer geträumt, also kaufte er sich einen. Damit machte er die Runde der Restaurants, denn Feinschmeckerei wurde sein Hobby; er schloß Freundschaft mit einem Meisterkoch, und sein sonntäglicher Besuch in dessen Restaurant wurde zum Höhepunkt der Woche. Er wurde fett. Er begann Sport zu treiben und wurde so besessen davon, daß er zwei Bücher darüber schrieb. Er ging zur Kur, war arriviert. Endlich hatte er keine Geldsorgen mehr.

Aber er war unzufrieden. Nachdem er endlich sein gestecktes Ziel erreicht hatte, entdeckte er, daß ihm der Sinn des Lebens abhanden gekommen war. Er war überdrüssig, für Geld arbeiten zu müssen, ständig überarbeitet, finanziell von seinen Patienten abhängig zu sein. Als er entdeckte, daß der Posten eines Inspektors für Medizinkosten in der Sozialversicherungsanstalt ausgeschrieben wurde, bewarb er sich und erhielt den Job, von dem er sich erhoffte, daß er nun als Beamter mit einem regelmäßigen Einkommen frei von Sorgen sein würde. Aber er kam vom Regen in die Traufe: Er haßte sofort die Hierarchie und den autoritären Stil des Verwaltungsapparates. Er reichte bald seinen Abschied ein, gab dem Drängen seiner Frau nach und eröffnete nahe der Côte d'Azur eine neue Praxis. Er liebte die Landschaft, wurde aber noch deprimierter als je zuvor. Er nahm wieder Drogen, suchte einen Psychotherapeuten auf, wurde religiös. Es war die Einsamkeit. Er kannte keinen in der Gegend, und es dauerte lange, bis Patienten zu ihm kamen. Er brauchte ihre Zuneigung und Treue, um sich aufrecht zu halten. In seinem alten Dorf hatte er großes Ansehen genossen, hier war er ein Fremder. Er brauchte mehrere Jahre, um sich zu etablieren. Heute ist er ausgeglichener, wenngleich nicht zufrieden. Seine Depressionen brachten ihn dazu, viel über den Sinn des Lebens nachzudenken. Er fragt sich, ob das Glück darin bestehe, nichts zu wollen. Er hat versucht, diese unlösbaren Fragen zu vergessen, indem er sich als Autor einen Namen machte. Er nutzte sein gastronomisches Wissen, um darüber zu schreiben, und glaubte den Gipfel erreicht zu haben, als der Verlag Larousse ihm einen Auftrag gab. Er machte ihre *Enzyklopädie medizinischer Pflanzen* (1975). Denn er hat keine engstirnige Einstellung zur Medizin. Er interessiert sich für Homöopathie und Naturheilmittel. Wenn er kein Mediziner wäre und noch einmal von vorn anfangen könnte, würde er Heiler oder vielleicht Prediger werden. Was er predigt, ist nicht revolutionär. Er erzählt seiner Stieftochter und seinem Neffen, die beide Ärzte geworden sind: Richte nicht über andere, ehre deine Eltern, gib den Vorbereitungen deiner Untersuchungen den Vorrang, ohne aber deine Gefühle zu unterdrücken. Richte dein Leben nach akademischen Würden aus, denn leider beginnt alles mit dem Diplom. Habe keine Angst, dich lächerlich zu machen, öffne den Menschen dein Herz, auch denen, die nichts erwidern, gib von dir selbst, und dir wird am Ende gegeben. Aber all diese guten Ratschläge helfen ihm selbst nicht sonderlich weiter. Die Beziehung zu seiner Frau ist recht abgekühlt. Er durchlebt gern seine Jugend noch einmal, indem er Popmusik hört, die sie überhaupt nicht mag. Sie ist eine passionierte Gärtnerin, wozu er sich «nicht berufen» fühlt. Er hat keine Zauberformel, um den Juckreiz des Selbstbewußtseins zu heilen, noch den bitteren Geschmack des Erfolgs zu versüßen.

Der Arzt scheint Frankreichs moderner Beichtvater zu sein. Die Nation setzt ihren ganzen Glauben in ihn: Für Gesundheit wird mehr Geld ausgegeben als für Erziehung oder Verteidigung. Die gegenwärtige Generation hat ihren neu erzielten Wohlstand dazu verwandt, die Zahl der Ärzte zu vervierfachen. Doch wie gut auch immer die Ärzte sein mögen, so hat sich deutlich gezeigt, die Krankheiten können sie nicht ausmerzen. Je mehr Ärzte man konsultieren kann, um so mehr die Reichen sie aufsuchen, um so mehr werden sie in Anspruch genommen. Frankreich hält einen beneidenswerten Rekord im Gesundheitswesen: Die Kindersterblichkeitsrate zum Beispiel ist weit unter die Großbritanniens gefallen. Offenkundig jedoch hat die Medizin das Leben nicht einfacher gemacht. Die heutzutage am weitesten verbreitete Beschwerde ist Müdigkeit. Die erste nationale Studie dieser Krankheit von 1977 ergab, daß drei Fünftel der französischen Frauen und zwei Fünftel der Männer unter *fatigue* leiden. Besonders betroffen sind Frauen zwischen 20 und 40 und Männer in ihren Vierzigern. Eine andere Studie, die sich auf arbeitende Mütter in der Charente-Maritime konzentrierte, fand heraus, daß, wenngleich drei Viertel von ihnen gern arbeiten, nur 29 Prozent sagten, daß sie sich in guter Verfassung fühlten; 30 Prozent waren ständig müde, 25 Prozent abgespannt und 14 Prozent zugleich müde und abgespannt. Wenn müde Menschen zu ihrem Arzt gehen und sich vor allem beklagen, daß sie morgens bereits müde aufstehen, sagt ihnen der Doktor in 57 Prozent der Fälle, daß sie sich ausruhen sollen. Das finden sie nicht sonderlich hilfreich, was ihm gewöhnlich bewußt ist, also verschreibt er in 78 Prozent der Fälle Beruhigungsmittel, Aufputschmittel und antidepressive Mittel verschiedenster Art. 70 Prozent der Ärzte verschreiben zwischen drei und sieben Medikamenten pro Patient; 15 Prozent von ihnen verschreiben sogar bis zu zehn unterschiedliche Medikamente. Sie befreien sich von einem Drittel ihrer Patienten, indem sie sie an einen Psychiater überweisen. Einige Ärzte meinen, damit verdränge man das Problem, schiebe den Schwarzen Peter nur weiter. So hat ein führender *fatigue*-Doktor unlängst ein Anti-Fatigue-Centre in den Alpen eingerichtet, wo Patienten sich in einem dem ägyptischen Lotusblatt nachempfundenen Schwimmbecken erholen können.

Psychiater haben noch nicht das Ansehen erlangt, das sie in den Vereinigten Staaten genießen. In Frankreich gibt es lediglich 2500. Die meisten praktischen Ärzte erhalten keine nennenswerte Ausbildung in Psychiatrie; auch wenn sie den größten Teil der Beratung übernehmen, verwenden sie eine ganz andere Klassifikation der Leiden. Das Fehlen einer einheitlichen Diagnose innerhalb eines Landes macht es unmöglich zu sagen, welche tieferen psychischen Sorgen hinter den Beschwerden stecken. Und das Fehlen einer einheitlichen internationalen Diagnose macht es unmöglich, Frankreich mit anderen Ländern zu vergleichen. Aber die Franzosen sind schwierige Patienten. Dr. Olié vom Psychiatrischen Krankenhaus Sainte-Anne in Paris behauptet, daß die Medizin 70 Prozent der Patienten, die unter Depressionen leiden, ganz heilen könne. Ein berühmter Patient dieses Krankenhauses, ein Absolvent der Ecole Normale Supérieure, der viele Jahre damit zubrachte, nicht geheilt zu werden, und seine unfreiwillige Freizeit dazu verwandte, literarische Zitate über den Schwachsinn zu sammeln, sagte einmal zu seinen Ärzten: «Wenn wir zahlreicher wären, wären Sie statt meiner hier.» Es scheint, daß die Anormalen mittlerweile die Mehrheit in diesem Land bilden. Sie meiden diejenigen, die ihnen eine gar zu gründliche Heilung anbieten. Eine Umfrage offenbarte, daß zwei Drittel der Bevölkerung eine Psychoanalyse ablehnen würden, selbst wenn sie kostenlos wäre. Selbst Dr. Jean Thuillier, ein Experte in Neuropharmakologie, gibt zu, daß – sollte seine Wissenschaft Pillen produzieren können, die den Menschen genau die Stimmung liefern, die sie sich wünschen – die Patienten zögern würden, diese zu schlucken: «Ich glaube, der Mensch wird immer die Freiheit vorziehen, seine Vorstellungskraft und seinen Verstand selbst auszugleichen und gleichzeitig Don Quichotte und Sancho Pansa in seinem Kopf zu erzeugen.»

Nicht, daß die Franzosen vor Arzneimitteln zurückschrekken. Im Gegensatz zu den Briten konzentrieren sie ihre Ausgaben für das Gesundheitswesen nicht auf die Krankenhäuser, sondern geben ihr Geld statt dessen für Medikamente aus (und zwar doppelt soviel wie die Briten). Sie haben sogar eine Vereinbarung getroffen, wonach man Medikamente ohne Rezept kaufen, anschließend zum Arzt gehen kann, um sich im nachhinein das Rezept verschreiben zu lassen, damit man die Kosten von der Krankenversicherung erstattet bekommt. Ärzte beschweren sich ständig, daß ihnen die Patienten ihre Arbeit vorschreiben würden, und nicht nur auf diese Art. Ein beliebter Arzt ist jemand, der großzügig Rezepte ausstellt, die neuesten Medikamente kennt und sie in großen Mengen verabreicht. Die Krankenversicherungen stießen auf außergewöhnliche Fälle: Ein dreiundzwanzigjähriger Mann erhielt von fünf verschiedenen Medikamenten insgesamt einundsechzig Packungen; ein zweiundachtzigjähriger Mann kam mit vierundfünfzig verschiedenen Packungen aus der Apotheke, alle sehr gefährlich, die für das nächste halbe Jahr ausgereicht hätten; ein weiterer erhielt dreiundzwanzig Tuben Antikoagulanzien, eine Jahresration; einem neunjährigen Jungen wurden sechsundzwanzig Medikamente auf einmal verschrieben, als Tropfen, Ampullen, Pillen, Gelee, zum Schlucken, Einatmen, Einreiben und fünf Zäpfchen mit drei verschiedenen Arzneien. Die Ampulle ist eindeutiger Favorit der Franzosen – und gleichzeitig die teuerste Verpackungsform für Medikamente. Es gibt noch andere Besonderheiten in der französischen Verschreibungspraxis. Librium zum Beispiel wird gewöhnlich in den Vereinigten Staaten für schwere nervöse Angstzustände verschrieben und Valium für leichte. In Frankreich war es genau umgekehrt. Der Grund: In den Vereinigten Staaten wurde Librium gewöhnlich als Spritze verabreicht, während in Frankreich Valium gespritzt wurde, und eine Spritze scheint bei ernsthaften Fällen angemessener. Aber dies sind oberflächliche Unterschiede, denn 60 Prozent der französischen Medikamente sind heute amerikanisch: Es gab eine totale Umkehrung der pharmazeutischen Welt in Frankreich.

Vor dem Krieg gab es ungefähr eintausend Labore, die eine endlose Vielzahl von traditionellen Heilmitteln herstellten. Sie wurden fast alle von den großen internationalen Unternehmen geschluckt. Der Wettbewerb unter ihnen bedeutet, daß jedes Jahr 250 neue Medikamente auf den Markt gebracht werden müssen. Medikamente haben ein kurzes Leben; fast drei Viertel aller Mittel, die heute verschrieben werden, sind weniger als zehn Jahre alt. Der Apotheker, der früher im 19. Jahrhundert ein kleiner Wissenschaftler war, ist heute fast auf den Status eines Lebensmittelhändlers abgerutscht, allerdings eines reichen Händlers, denn er erhält 28 Prozent des Verkaufspreises dafür, daß er die Medikamente über den Ladentisch schiebt. Er braucht kein großes Lager zu führen, ganz zu schweigen vom Anrühren der Medikamente, weil es nunmehr drei Großhändler gibt, die ihn höchst effizient aus einer computergesteuerten Quelle versorgen. Die Apotheker würden sehr gern ihren Status wieder aufwerten und eine neue Art von Sozialarbeiter, Organisator der örtlichen Umwelt und sanitärer Strategien, Erzieher in Fragen von Drogen, Sex und Medizin werden; aber sie vergessen dabei, daß die Öffentlichkeit nicht mehr so ungebildet ist wie im 19. Jahrhundert. Die praktischen Ärzte machen sich noch größere Sorgen, daß sie zu einfachen Technikern, die lediglich Rezepte ausschreiben, und zu hilflosen Handlangern der Pharmaindustrie degradiert werden. Sie sind natürlich nicht mehr in der Lage, sämtliche 8500 vertriebenen Präparate zu kennen. Umfragen zeigen, daß sie zwischen 80 und 200 Medikamentennamen auswendig kennen. In ihren sieben Studienjahren haben sie nur 70 Stunden Unterricht in Pharmakologie erhalten. So sind sie der Werbung der Pillenindustrie ausgeliefert, die in der Tat zweimal soviel für Werbung wie für die Forschung ausgibt. Sowie es ein Arzneimittel nur noch auf Rezept gibt, darf es nicht mehr öffentlich, sondern nur bei den Ärzten beworben werden; und aus diesem Grunde unterstützt die Pharmaindustrie 550 medizinische Fachzeitschriften. Die Pharmahersteller führen Karteien mit Ärzten, die bereit sind, neue Arzneimittel auszuprobieren; sie zahlen erhebliche Gelder an die, die mit ihnen gemeinsam experimentieren wollen; sie schicken ganze Armeen von Ärztebesuchern los, die mit ihren Artikeln hausieren gehen und Probierpackungen verteilen.

Man hat erkannt, daß die Ärzte die Neigung haben, an älteren Arzneimitteln festzuhalten, die sich als wirksam erwiesen haben, sich jedoch ebenso von der neuesten Entwicklung angezogen fühlen; das etwas ältere Medikament wird dann aufgegeben.

Die Mechanismen pharmazeutischer Erneuerung ähneln sehr denen der Mode. Natürlich heißt kaufen noch lange nicht, daß man die teuren, schicken Kleider auch wirklich trägt, und so werden 40 Prozent der Medikamente von denen in den Papierkorb geworfen, denen sie verschrieben wurden. Die Nachfrage nach medizinischer Betreuung kann auch mit der Nachfrage nach Kultur verglichen werden, die unersättlich ist. Die neueste und wirkungsvollste Medizin zu bekommen (wie gefährlich sie auch sein mag, und so viele Krankheiten entstehen durch Medikamente, weil sich ein neuer Spezialbereich für die Industrie öffnete) schmeichelt sowohl dem Patienten als auch dem Doktor. Praktische Ärzte sagen, daß sie bei drei Vierteln ihrer Patienten nicht wissen, was ihnen genau fehlt, sie ihnen aber etwas verschreiben müssen, um zu zeigen, daß sie ihnen etwas bieten können, und um dem Anspruch eines Patienten auf Heilung gerecht zu werden. Ein schwacher Arzt ist, wem nichts besseres einfällt, als nur Aspirin zu verschreiben: Glücklicherweise stellt die Pharmaindustrie eine Vielzahl von Präparaten her, die den Anschein haben, «seriöser» zu sein. Die Wahl eines Medikaments wird nicht länger vom Arzt allein getroffen, sondern ist das Ergebnis komplizierter Verhandlungstechniken. Häufig verlangt der Patient nach einer besonderen Medizin. Häufiger noch steht nicht die Universitätsausbildung des Arztes, sondern ein Medikamentenhersteller hinter der Verschreibung.

Es kann fast behauptet werden, daß auch das Kranksein in einem gewissen Maß eine Angelegenheit der individuellen Entscheidung ist. Eine besonders interessierte Gemeindeverwaltung, die ein Programm zur Gesundheitsvorsorge auflegte, fand heraus, daß zwei Fünftel der Bevölkerung krank waren, ohne es zu wissen. Der Gesundheitsminister stoppte die weiteren Untersuchungen, indem er angab, diese Methoden erinnerten ihn an die der Nazis. Ausfallzeiten wegen Krankheit bei der Arbeit spiegeln sicherlich Faktoren wider, die nicht rein medizinischer Natur sind. Frankreich hat eine höhere Ausfallrate als Großbritannien oder die Vereinigten Staaten, aber das verschleiert die Tatsache, daß einige britische Automobilfabriken eine doppelt hohe Ausfallrate haben, was sie einigen Regionen in Nordfrankreich angleicht; Ausfallzeiten wegen Krankheit sind im Norden fast dreimal so hoch wie in Aquitanien; männliche Angestellte fehlen bei der Arbeit zweimal so häufig wie weibliche; doch die höchste Ausfallrate gibt es unter den weiblichen Fabrikarbeiterinnen. Schlaflosigkeit, die von dem Psychiater Dr. Yves Pelicier als die «Sprache des Kummers» beschrieben wird, betrifft ein Viertel der Bevölkerung und ein Drittel der über Fünfzigjährigen. Die Erkrankten ertragen dies mit unterschiedlichen Stufen der Resignation, wie Ärzte bekanntgaben, die in dem bretonischen Dorf Plozevet vor zehn Jahren Untersuchungen anstellten; sie fanden heraus, daß es

Claude Serre

fünfzigmal mehr geistige Erkrankungen als bei Parisern mit vergleichbarem Sozialstatus gab, achtmal mehr Geschlechtskrankheiten, dreimal mehr Magenprobleme und doppelt soviel Knochen- oder Muskeldefekte. Die Bretonen jedoch reagieren nicht auf dieselbe Art auf ihre Erkrankungen: 20 Prozent der Frauen nahmen Schlaftabletten, doch nur 8 Prozent der Männer; es waren die weiblichen Ladeninhaberinnen, die unter den größten Schlafstörungen litten (35 Prozent nahmen Tabletten), doch männliche Ladeninhaber schienen das Leben etwas leichter zu nehmen (nur 5 Prozent nahmen Tabletten). Ähnlich nahmen die Bauersfrauen Schlaftabletten doppelt so häufig ein wie die Bauern (18 und 10 Prozent).

Mit der Zigarette im Mundwinkel, einem Weinglas in der

Hand – der typische Franzose, so wie er in Karikaturen gesehen wird, regt sich regelmäßig über die Regierung und seine Leber auf. Im wahren Leben ist die Zigarettensucht mehr oder weniger typisch, als man es annimmt. Der Tabakkonsum hat sich in den letzten zwanzig Jahren verdreifacht, unter den Besserverdienenden, den Managern, Freiberuflern und Menschen mit höherer Bildung aber an Boden verloren. Über ein Fünftel von ihnen hat noch nie geraucht, ein weiteres Fünftel hat das Rauchen aufgegeben, so daß 45 Prozent von ihnen überhaupt nicht rauchen. Die Zahl der Nichtraucher beträgt 35 Prozent in der Arbeiterklasse und 37 Prozent bei Angestellten. Erst die letzte Generation der Franzosen hat also mit der Karikatur gleichgezogen. Im Vergleich: nur 39 Prozent der Briten und 36 Prozent der Amerikaner rauchen.

Die Sorge des Franzosen um den Zustand seiner Leber ist ebenfalls nur selten ungerechtfertigt. Frankreich hält in der Tat die Weltrekorde im Alkoholkonsum (doppelt so hoch wie der in Großbritannien oder der in den Vereinigten Staaten) und für tödlich verlaufende Leberzirrhose. Alkohol bringt mehr Menschen um als Autounfälle und ist die dritthäufigste Todesursache nach Herzkrankheiten und Krebs. Die Sucht ist allerdings noch nicht so alt. Im 18. Jahrhundert war der Wein noch weitgehend ein Vergnügen des reichen Mannes, und während des Zweiten Weltkriegs war es so schwierig, welchen zu bekommen, daß die damit verknüpften Leiden sehr selten wurden und die klinischen Lehrer ihren Schülern kaum ein Delirium tremens oder eine Zirrhose vorführen konnten. Nach dem Zweiten Weltkrieg sank der Alkoholkonsum drastisch; es wird weniger Wein getrunken (dafür aber mehr Bier und mehr Whisky). Heute wird offiziell angenommen, daß es in Frankreich zwei Millionen Alkoholiker und drei Millionen «übermäßige Trinker» gibt, die in wenigen Jahren zu ausgewachsenen Alkoholikern werden. Alkoholiker sind besonders zahlreich in der Bretagne, der Normandie, der Picardie und im Norden. Es gibt aber auch Regionen, wo Eltern ihren Kindern immer noch «einen kräftigen Schluck eau-de-vie» geben, bevor sie morgens zur Schule gehen. In der Auvergne ging jedem Fußballspiel von Fünfzehnjährigen ein Umtrunk von je einem

Liter Wein voraus. Nicht selten wird Kleinkindern von zwei Jahren Wein eingetrichtert, damit sie sich daran gewöhnen können. Die Regierungen haben nicht gewagt einzugreifen, auch wenn sie sich beklagen, daß die Kosten für Krankenhausrechnungen, Kriminalität und verlorene Arbeitszeit größer sind als die Budgets des Erziehungs- und des Justizministeriums zusammen (40 Prozent aller Krankenhauspatienten weisen alkoholverwandte Symptome auf). Wein bringt nicht mehr Mehrwertsteuer ein als alkoholfreie Getränke, und in der Tat sind es die alkoholfreien Getränke und Mineralwasser, die mit einer zusätzlichen Steuer belegt werden.

Die jungen Leute haben ihre unterschiedlichen Gründe für die Übernahme der Traditionen, die sie ererbt haben. Im Alter von achtzehn sind es fast 40 Prozent aller Schüler, die weder trinken noch rauchen, noch Drogen nehmen. Es trifft zu, daß 50 Prozent von ihnen die Gelegenheit hatten, Marihuana zu rauchen, doch nur ein Sechstel der Jungen und ein Achtel der Mädchen machten Gebrauch von dieser Gelegenheit und nahmen diese Droge; höchstens 7 Prozent der Schüler rauchten ziemlich regelmäßig. Das Rauchen ist unter den jungen Leuten in den 70er Jahren ziemlich drastisch zurückgegangen: nur ein Viertel rauchte regelmäßig und nur ein Zehntel rauchte mehr als zehn Zigaretten am Tag. Der Alkoholkonsum unter den Jungen hat sich in diesem Jahrzehnt mehr als halbiert. Dagegen hat die Einnahme von Pillen gegen Nervosität oder Schlaflosigkeit zugenommen, und nun sind es die Mädchen, die den Ton angeben: im Alter von achtzehn nimmt ein Viertel der Mädchen solche Pillen (und ein Zehntel der Jungen) zu sich; in der Pariser Region nimmt bereits ein Fünftel der Mädchen sie im Alter von sechzehn Jahren. Als sie befragt wurden, weshalb sie sich des Trinkens, Rauchens oder Drogenkonsums enthielten, führten die Schüler ihr Verhalten nur teilweise auf den Grad ihres Unglücklichseins zurück. Die Gruppe A in der Tabelle zeichnet das Verhalten der Jugendlichen auf, die zwischen sechzehn und achtzehn Jahre alt sind, die weder trinken noch rauchen, noch Drogen einnehmen (sie bilden 38 Prozent der befragten Gruppe). Die Gruppe B setzt sich aus gleichaltrigen Jugendlichen zusammen, die ein oder mehrere Male diese Produkte in erheblichen Mengen konsumierten (sie machen 24 Prozent der befragten Gruppe aus). Und so beschrieben sie sich selbst:

	A	B
leicht irritierbar	46	71
ängstlich	46	61
pessimistisch	21	33
verschwenderisch	40	66
häufig depressiv	21	55
denke oft an Selbstmord	3	13
will alles sofort haben	26	40
nicht sehr ehrgeizig	25	30
ruhig	57	42
habe ein gespanntes Familienleben	18	35

Doch sowie sie zu arbeiten anfangen, ändert sich ihre Situation: Doppelt so viele der achtzehnjährigen jungen Männer in Arbeit rauchen, verglichen mit den Altersgenossen in der Schule; fast dreimal so viele trinken (34 Prozent statt 12 Prozent); und 50 Prozent mehr Mädchen in Arbeit als Schulmädchen nehmen Tabletten ein.

Vielleicht findet man eher heraus, was die Franzosen wirklich von ihrem Leben erwarten und worüber sie sich die meisten Sorgen machen, wenn man statt ihrer Antworten bei Meinungsumfragen sich ihre Träume anschaut. Die Gruppe, die am freiesten über ihre Träume spricht, sind die Bauern, die Träume wie Volksmärchen betrachten, als Teile ihres eigenen Lebens, die ihnen nur wenig Angst einjagen. Bauern träumen viel von toten Familienmitgliedern, aber nicht leidvoll; des Nachts scheinen sie die Kontinuität der Generationen wiederherzustellen. Musik und Schauspiel haben in ihren Träumen ein großes Gewicht; Träumen ist ein Fest. Ladenbesitzer sind dagegen recht unwillig, über ihre Träume zu sprechen. «Ich träume vom Steuereintreiber», sagte einer, «wenn Sie es wirklich wissen wollen, finde ich es unangenehm und ziehe vor, nicht zu träumen.» Viele sagen, sie essen bewußt viel am Abend, um nicht träumen zu müssen. Das kommt daher, daß sie viel von ihrem Geschäft träumen und darüber, wie ihre Ladenkassen von Gangstern ausgeraubt werden. Ein Fleischer träumt, wie er Fleisch zubereitet. Einige Geschäftsbesitzer beobachten im Traum, wie ihre Verkäufer die Kunden falsch bedienen: «Ich stehe an der Kasse und kann nicht eingreifen.» «Ich räume meinen Laden auf und räume weiter auf, als ob ein Wind durchblasen und ständig alles in Unordnung bringen würde.» Auch Handwerker haben diese Sorge. Ein Schusterlehrling hört die ganze Nacht, wie seine Arbeit kritisiert wird, und träumt, er sei taub geworden. Eine Schuhverkäuferin träumt davon, daß alle Schuhe aus ihren Kartons fallen und sie sie nicht aufhalten kann. Das nette kleine Geschäft, das freundliche Bedienung symbolisiert, wird so von Alpträumen überschattet, die sehr häufig mit den täglichen Problemen zu tun haben, verschlimmert, da Logik und Routine plötzlich verschwunden sind. Angestellte teilen einen besonders charakteristischen Traum: sie fliegen oder fahren schnelle Sportwagen; sie stellen sich vor, wie sie dem Alltagstrott und der Verfolgung ihres Chefs entfliehen. Sie träumen davon, daß es ihnen möglich ist, alles das zu kaufen, was sie in den Läden sehen, aber es gibt selten viel Phantasie in ihrem erträumten Leben, das sich von ihrem wirklichen Leben kaum unterscheidet. Sie werden von der Angst zurückgehalten, daß sie vielleicht ihren Arbeitsplatz, ihre Motorräder, ihre Hi-Fi-Anlagen, ihre elektrischen Hausgeräte verlieren könnten, daß sie nicht mehr in der Lage sind, einen Lebensstil zu führen, den sie sich wünschen.

Nur um Grade weichen ihre Träume von denen der Manager ab. Manager sagen manchmal, sie seien zu beschäftigt, um zu träumen, oder sie tun so, als ob Träumen einfach eine Form der Erholung sei, wie eines ihrer Hobbies. Es ist wahr, daß sie viel von Ferien träumen, von Meer, Sonne und Nichtstun, häufig mit Musik – Frauen bevorzugen klassische Musik, die Männer lassen die Popsongs der sechziger Jahre wieder aufleben. Sie stellen sich vor, daß sie in der Lage wären, Musikinstrumente zu spielen. Aber zumindest die Hälfte ihrer Träume handelt vom Verlust ihrer Privilegien. Ärzte verlieren ihre Diplome und werden gezwungen, Krankenpfleger zu werden; Ingenieure verlieren ihre Zeugnisse und werden gezwungen, die

Nacht in einem Heim für Obdachlose zu verbringen; Manager erfahren, daß die Revolution ihre Qualifikationen annulliert hat, sie aber nicht in der Lage sind, neue zu erhalten; andere werden verhaftet, weil sie ohne Versicherung mit dem Auto gefahren sind, oder sie werden entführt. Die Frauen von Managern verlieren Besitz und Status, aber anders als Ladenbesitzer weigern sie sich nicht, darüber zu sprechen, sondern versuchen, ihre Träume zu interpretieren; eine überraschend große Minderheit hat sich auf die eine oder andere Art mit Psychologie beschäftigt. Träume, in denen das Sozialgefüge auf den Kopf gestellt wird, sind nicht notwendigerweise unangenehm. Ein Betriebsleiter tanzt mit seinen Arbeiterinnen, die alle sehr hübsch sind, und verspricht, sie als Stenotypistinnen einzustellen, so daß keine mehr schmutzige Arbeit verrichten muß, und «dadurch sind alle glücklich, und ich werde reich». Die Frau eines Managers gibt in der Präfektur einen Ball, der Präfekt wird ganz klein und bittet um Nahrung wie ein Baby, «und ich nehme ihn auf den Arm und drücke ihn an mich». Die Kinder der Reichen träumen häufiger vom Selbstmord als die aller anderen Klassen, aber zumeist haben sie in ihren Träumen weniger Angst oder sind weniger erschrocken als die Sprößlinge armer Eltern. Junge Arbeiter werden im Bett zu revolutionären Anführern, werden dynamisch und aggressiv, stark und eine Art von Superman. «Ich bin Lokführer und habe es geschafft, ein Zugunglück zu verhindern, und die Menschen haben mir applaudiert», oder: «Ich bin auf den Tisch geklettert und habe eine Rede gehalten, und alle haben applaudiert.» Arbeiter träumen nicht nur von ihrer Arbeit oder ihren Fabriken (wie etwa die Bauern). Ein Klempner sagt: «Meine Träume sind von dem getrennt, was ich bin.» Viele träumen davon, daß sie frei herumwandern können, unter freiem Himmel nächtigen, endlos mit dem Wagen reisen: «Keiner stört uns, wir sind frei.» Ältere Männer träumen von großen Essen auf dem Land mit ihren Familien oder davon, nichts zu tun. Viele träumen vom Zweiten Weltkrieg oder vom Krieg in Algerien oder anderen Kollektiverfahrungen. Fernsehen wie auch Kino bringen zahlreiche Themen in die Träume ein: Popmusik, glückliche Zeiten mit Jungen oder Mädchen, Liebe, Libertinage, Freiheit, Sonne,

Glück. Einige Frauen träumen davon, angegriffen oder vergewaltigt zu werden, aber insgesamt bereichern Träume das Leben der Menschen, ganz so als wären es interessante Erfahrungen.

Es ist vielleicht bezeichnend, daß in allen Gesellschaftsschichten Träume über Essen sich mehr um Gastlichkeit als um Feinschmeckerei drehen. Es gibt nur wenige Träume darüber, daß man seine Lieblingsspeisen nicht zu essen vermag. Hunger mag laut Freud eine sexuelle Bedeutung haben, aber Hungerträume scheinen häufig mit der Erinnerung an die Hungerszeiten während des letzten Krieges verbunden zu sein, mit der Furcht, darunter noch einmal leiden zu müssen: «Wir sind viele Kinder auf der Straße. Die Amerikaner fahren vorüber mit großen LKWs und werfen uns Brathühnchen zu, und wir verschlingen sie, weil wir hungrig sind.» Träume über den Tod befassen sich am häufigsten mit dem eigenen Tod oder der Zerstörung der Welt, eher als mit dem Freudschen Vater- oder Brudermord. Der Geschlechtsakt taucht in Träumen überraschend selten auf, mit Ausnahme in denen der Jüngeren und Älteren. Vielleicht zögern die anderen mehr, sie zu erwähnen. Die unter Dreißigjährigen komplizieren ihre sexuellen Träume jedenfalls nicht mit Schuldgefühlen oder Furcht; viele von ihnen träumen von einem zurückgezogenen Ort, wo sie ein ruhiges und tiefes emotionelles Verständnis zu einer anderen Person aufbauen können, aber viele sehen die Einbindung in eine Gruppe als wesentlichen Teil solcher Beziehungen; sie reden viel, es geht nicht nur um den Geschlechtsakt. Aber es gibt noch genug, deren Liebe sich theatralisch und romantisch gestaltet. Es gibt eine ganze Klasse von Menschen, die sich aus allen Schichten zusammensetzt, die ihre Träume in Theater verwandeln und die in der Nacht zu Dichtern werden, eine Welt erschaffen, die eher einem Märchen gleicht, die sich zuweilen von der Literatur inspirieren lassen und sich selbst durch Zauberei, Hypnose, Metamorphose und seltsame Zeremonien in ungewöhnliche Situationen versetzen. Den wichtigsten Einfluß von allen, mehr noch als Radio oder Fernsehen, scheinen die Comics zu besitzen: Menschen träumen in kleinen isolierten Szenen wie etwa in den Vignetten, die aus Superman oder Asterix stammen, mit Schlössern, Höhlen oder

Verfolgungsjagden, guten und bösen Menschen. In den Träumen der jungen Leute aller Klassen wiederholen sich die Stereotypen der glücklichen Familie, der Freundesgruppe, die von Ansprüchen unbeleckt bleibt, und des Hauses in einem landschaftlichen Paradies. Die Alten durchleben noch einmal die Gewalt des Fernsehens; sie kehren oft zur Kindheit zurück, träumen eine Menge über Sex und sind darüber besorgt; aber sie träumen wenig über den Tod und selten über Gott.

Psychiater entdecken gern Frustrationen, Wünsche und Leiden in Träumen. Soziologen vermuten, daß es eine wiederkehrende Obsession mit Konsumgütern und eine hedonistische Lebenseinstellung gibt. Jean Duvignaud, der diese Sammlung und Analysen französischer Träume zusammengetragen hat, behauptet, es gebe eine dritte Möglichkeit: Träume seien nur ein Spiel ohne besondere Bedeutung, ein Spiel, in dem die Menschen mit der Welt jonglieren und anerkannte Institutionen und Bräuche durch die Luft wirbeln. Er hat sie nach Gesellschaftsschicht und Alter gruppiert, weil das heute die gebräuchlichsten Kategorien sind. Aber es wäre interessant, neue Bevölkerungskategorien aufzustellen, je nach Art der Träume, die sie haben. Dazu müßte man eine größere Auswahlgruppe haben, aber es könnte zu einem besseren Verständnis der Gefühle verhelfen, die nicht so leicht auszudrücken sind, und der privaten Kämpfe, die jeder durchsteht.

Die Psychiaterin Madeleine Laïk zog durch den grauen Vorort Bobigny, um die Menschen zu befragen, wovor sie sich am meisten fürchteten. Sie hatte ihre eigenen Gründe, diese Frage zu stellen. «Ich bin blond», sagt sie, «ich laufe mit eingezogenem Bauch herum, aufrechtem Kopf, meine Augen sind blau und sehr ehrlich. Ich bin mitfühlend, niemals würde jemand, der mich die Straße entlanggehen sieht, vermuten, daß ich ständig einen Pakt mit dem Leben schließe, wie ein kleines altes Mütterchen meine Gesten in kleinen Dosen ausschöpfe, meine Energie rationiere. Ich will meinen Körper nicht verlieren, und ich mache kaum Liebe.» Sie brachte die Menschen dazu, ähnliches zu beichten, und trug 3000 Seiten über deren Ängste zusammen. Sie begann mit einem vierzehnjährigen Mädchen, das erzählte, sie habe zu 90 Prozent der Zeit ständig

Angst vor ihrer Mutter («sie will mich erwürgen»), vor Männern (die sie anschauen, wenn sie allein ausgeht), zuviel zu essen; wenn sie ganz besonders viel Angst hat, lacht sie lauthals wie eine Verrückte, aber sie versucht, sich hübsch zu machen, und das mindert ihre Ängste, denn die Menschen lächeln sie dann an. Monsieur Chica, ein pensionierter Goldschmied, hat viele Ängste, die er alle mit «meine größte Angst» betitelt. So ängstigt er sich, nicht ganz den Erwartungen anderer gerecht zu werden und schlechten Schmuck anzufertigen. Eine andere Angst ist Einsamkeit: Er war total verstört, als seine Frau nach sechsundvierzig Jahren Ehe starb; das darauffolgende Jahr, das er allein verbrachte, war entsetzlich und deshalb zog er in das Altersheim von Bobigny. Hier bemerkte er, daß alle Heimbewohner Angst vor dem Tod haben. Sie versuchen, sich mit Kartenspiel abzulenken, aber er findet das langweilig. Er zieht es vor, mit Frauen zu spielen; seine größte Angst ist es, sexuell impotent und körperlich hilflos zu werden.

Im Gegensatz dazu erzählt eine Gruppe von sechs Jugendlichen, die auf den Straßen herumlungern, daß sie Angst davor haben, sich zu verlieben. «Wenn ich mich in ein Mädchen verliebe, muß sie mich auch lieben, sonst mache ich mich lächerlich.» Sie kamen mit Mädchen nicht zurecht. «Ich kann einem Mädchen nicht sagen: ‹Ich liebe dich.› Es wäre beschämend. Ein Mädchen hat mir das einmal gesagt, ich habe mich vor Lachen gekrümmt.» Die Alten haben Angst, von Jugendlichen tätlich angegriffen zu werden. Die Jugendlichen fürchten, von anderen Gangs angegriffen zu werden. Eltern flößen ihren Kindern Ängste ein, indem sie ihnen drohen, nur um ihnen gutes Benehmen einzubleuen: Wenn du lügst, spaltet sich dein Gesicht. Wenn du Fingernägel kaust, fällt deine Hand ab. Wenn du nachts zu lange liest, erblindest du. Wenn du am Daumen lutschst, bohrst du ein Loch in deinen Gaumen. Wenn du in der Nase popelst, wird sie so groß, daß man sie auf einem Schubkarren schieben muß. Wenn du deinen *zizi* nicht wäschst, laufen dir die Hunde nach. Wenn du dich weiter anfaßt, wirst du schwarz. Kinder in Hochhäusern zwischen neun und zwölf Jahren fürchten, daß die Häuser einstürzen. Jeder beschwert sich darüber, daß sie aus Pappe und daher nicht solide seien und daß sie wegen undichter Gasleitungen explodieren und leicht abbrennen würden. Die Menschen fühlen sich nicht sicher in ihren Wohnungen; und es gibt kein Gefühl der Privatatmosphäre, da sie jede Wasserspülung einer Toilette hören können; jeder hört des anderen Radio. Eine ganze Reihe von ihnen besitzt Schußwaffen oder Trillerpfeifen oder Alarmanlagen; eine ältere Frau nimmt jedesmal, wenn sie zum Postamt geht, um Geld abzuheben, einen Revolver mit. Hausfrauen verdrängen ihre Ängste, indem sie essen, beten, sich mit Kochen beschäftigt halten, die Wohnung putzen (ein ständiger Kampf gegen eine andere Angst – die vor Schmutz) oder indem sie Liebesgeschichten im Fernsehen anschauen und Detektivromane lesen. Sie verteilen Beruhigungstabletten und homöopathische Mittel untereinander. Aber keine von ihnen will von Angst völlig befreit werden. «Keine Ängste zu haben ist so ähnlich, wie den Vorraum zum Friedhof zu betreten. Angst ist das Leben.»

Angst vor der Zukunft ist natürlich eine ständige Sorge, und es gibt wenig Institutionen, die Hilfe leisten können. Graphologie wurde offiziell als eine Wissenschaft des öffentlichen Interesses anerkannt, und die Air France zum Beispiel wendet sie regelmäßig an, um vorauszusagen, wie Einstellungskandidaten sich verhalten werden: Man ist überzeugt davon, daß sie genaue Angaben liefern kann. Wahrsagerinnen haben ihre regelmäßigen Programme im staatlichen Radio. Der berühmtesten Astrologin Frankreichs, Madame Soleil, die früher auf der Kirmes wahrsagte und heute eine florierende Beratungspraxis in Paris führt, wurde bei Radio Europe I ein eigenes Radioprogramm von einem ihrer Klienten, dem Leiter des Senders, überlassen. Nach dem Start der Sendung gingen sofort 17 000 Telefonanrufe pro Tag für sie ein und schließlich erhielt sie 300 000 Briefe, die beantwortet werden mußten. Madame Soleil hatte so viel Erfolg, daß sie Schwierigkeiten mit dem Finanzamt bekam. Der Wissenschaftler Jean-Claude Corbineau, Absolvent der Ecole Centrale, versuchte, sein Interesse für die Astrologie auf eine moderne Grundlage zu stellen, indem er die Anfragen und astrologischen Antworten computerisierte, aber das war nicht das, was die Menschen suchten; also zog er sich zurück und machte sein Glück, indem er Popmusik produziert. Die heutigen Wahrsager sind Einzelpersonen, deren Erfolg auf dem Geschick beruht, mit dem sie ihren Kunden das geben, wonach diese suchen. Einige verwenden immer noch exotische Phantasienamen, während andere wie effiziente Jungmanager aussehen. Der Astrologe «Charles» im 17. Arrondissement in Paris behauptet, seine «hellseherischen Fähigkeiten von seiner Familie über viele Generationen ererbt zu haben». Frère Michael Potay, in weißem Gewand und mit langem Bart, trägt zugleich ein christliches Kreuz sowie verschiedene andere Insignien und nennt sich einen «auf arische Magie spezialisierten Ethnologen, einen Meister des Instituts für Chinesische Philosophie und Akupunktur von Kharbine», einen Wissenschaftler, christlichen Kabbalisten und Zauberer, und behauptet, man kenne ihn als «den Heiligen, den Wundermann und guten Zauberer von Bourges». Madame Vivier, die ihre Zeit zwischen Biarritz und dem Pariser Osten aufteilt, beschreibt sich selber als eine graduierte Psychoastrologin. Belinda von Montpellier verspricht «sofortige Hilfe auf Entfernung in Fragen des Glücks und der Liebe, Magie im Dienste all derer, die leiden». «Vergessen Sie Ihre Probleme mit den magischen Geheimnissen von Jesus», sagt das Institut Osiris. Madame Stephanou, die unter dem Namen Flora Stéphane praktiziert, «Autorin des berühmten Tangos der Astrologen», bietet ihre geheimen Kenntnisse, die sie von türkischen und tibetischen Vorfahren geerbt haben will, in Robespierres Haus in der Rue Saint Honoré an. Es wird geschätzt, daß rund eine Million Bücher pro Jahr verkauft werden, die sich mit Astrologie und benachbarten Künsten befassen. Horoskope werden von der Hälfte der französischen Bevölkerung gelesen und von zwei Dritteln der Angestellten.

Überrascht es da, daß die Franzosen mit Masseuren wettmachen, was ihnen an Psychiatern fehlt? Der Zuwachs in den bewegungstherapeutischen Berufen seit Kriegsende war enorm; sie arbeiten hauptsächlich in privaten Praxen, im Gegensatz zu denen in Großbritannien, die in den Krankenhausdienst eingegliedert sind. Die Franzosen haben so viele Masseure wie Zahnärzte. Die Amerikaner pflegen den schönen Schein auf andere Weise: sie verfügen (pro Kopf der Bevölkerung) über doppelt so viele Zahnärzte wie die Franzosen: auf diese Weise

Claude Serre

schaffen sie in der Öffentlichkeit wenigstens ihr «keep smil-
ing». Es überrascht nicht, daß die Randmedizin blüht, seit die
offiziell approbierten Ärzte weit davon entfernt sind, ihre Patienten immer erfolgreich zu heilen, und die Patienten zudem
nicht immer die gleiche Vorstellung von dem haben, was Heilung denn nun ist (wie die alte Dame, die zu ihrem hundertsten
Geburtstag den Journalisten erzählte, daß sie froh sei, noch zu
leben, aber bedauere, daß die Ärzte sie nicht vom hohen Alter
geheilt hätten). Geistheiler sind allem Anschein nach die zahl-
reichsten, gefolgt von Naturheilkundlern, *radiesthésistes*,
Chiropraktikern, Amateur-Homöopathen und Hypnotiseuren.
Alte Bauernmittel werden auch heute noch in den armen ländlichen Gegenden von einer Generation an die nächste weiter-

gegeben, einschließlich der Gebete, mit denen Bienenstiche und Schlangenbisse geheilt, Dornen aus der Haut gezogen und die Fruchtbarkeit der Tiere erhöht werden können. Es gibt noch immer einige Menschen, die an Hexerei glauben und sie praktizieren. Verleger können noch immer Geld damit verdienen, wenn sie alte Bücher mit Zauberformeln neu herausgeben. Die Heiler haben eine treue Gefolgschaft, auch wenn sie so behandelt werden wie die Kirche von den Ungläubigen. So wie die Menschen zwecks Taufe, Hochzeit und Begräbnis zum Priester gehen, so laufen sie zu einem Heiler, wenn die Schulmedizin versagt; es gibt nur zwei Berufsgruppen, die allgemein dem Heiler feindlich gegenüberstehen: die Priester und die Lehrer. Viele Ärzte sind wesentlich toleranter. Der Unterschied zwischen dem modernen und dem alten Heilerstil ist heutzutage in jeder sozialen Schicht zu finden; es gibt Menschen, die einem ganz gewöhnlichen Tagewerk nachgehen und wie jedermann behandelt werden, bis jemand ihre Dienste in Anspruch nehmen möchte. Im Berry stieß ein Anthropologe auf etwa zweihundert von ihnen, ebenso viele Männer wie Frauen. In Korsika sind drei Viertel von ihnen Frauen; im Aubrac sind zwei Drittel Männer. Wenn die Menschen sich schon nicht ihre Krankheit aussuchen können, so können sie sich wenigstens ihre Heiler aussuchen.

Dies ist vielleicht die charakteristischste Erscheinung im französischen Gesundheitswesen, daß die Patienten ihren eigenen Arzt aussuchen dürfen und von einem zum anderen gehen, wenn es ihnen gefällt, sogar zu den Fachärzten, und dennoch erstattet der Staat ihnen die Auslagen für Arzthonorare zurück. Frankreich ist das Land, das den Kult der zweiten Meinung praktiziert. Die Vielfalt der Diagnosen hat zugenommen, weil eine große Vielfalt von Arzttypen in Frankreich ihre Dienste anbietet.

Ein französischer Arzt ist Sieger und Opfer eines besonders ausgeprägten Konkurrenzkampfes. Die Aufnahme als Student der Medizin an einer Universität bedeutet noch nicht, daß man schließlich Arzt wird. Am Ende des ersten Jahres werden zwei Drittel der Studenten von der Fakultät verwiesen – es gibt keinen Platz für sie. Die alte und die junge Generation unterscheiden sich durch die Medizinreform von 1958 und die politische Revolution von 1968, die jeweils den Aufbau der medizinischen Ausbildung verändert und den Zugang zu ihr demokratisiert haben. In alten Zeiten war ein französischer Doktor im wesentlichen mehr klinisch als wissenschaftlich orientiert. Die Betonung lag ebensosehr auf der Diagnose wie auf der Therapie. Die Regel lautete, Medikamente zu verabreichen, die keinen Schaden anrichten konnten. Die medizinische Ausbildung bedingte Auswendiglernen und, wenn man Glück hatte, ein Praktikum. Ein gewöhnlicher Student, der das Recht hatte, Vorlesungen beizuwohnen und den Professoren durch die Abteilungen mit großem Abstand zu folgen, entwickelte eine sehr vage Vorstellung von den Lehrinhalten. Es gab einen erheblichen Unterschied zwischen ihm und den privilegierten Studenten, die ein volles Praktikum absolvieren durften, denn es gab zwei Grade von Arztpraktika. Ein Arzt mit dem Titel «ehemaliger Krankenhaus-Externer» war besser als jener mit einem einfachen «Diplom der medizinischen Fakultät». Der Externe hatte eine Ausleseprüfung bestanden, die ihm erlaubte, am Betrieb eines Krankenhauses teilzunehmen. Sicher, diese Examen waren nicht so anspruchsvoll; um sie zu bestehen, ging man zu Paukern, jungen Ärzten, die den Kandidaten in einer verschwörerischen Atmosphäre die Fakten eintrichterten, denn das Ziel bestand darin, die Examensfragen vorherzusagen und die richtigen Antworten auswendig zu lernen. Jeder ältere Arzt kann ohne nachzudenken noch die Standarddefinitionen zu jeder Krankheit und allen Symptomen aufsagen: «Pleuritis (Rippenfellentzündung) ist erkennbar durch ein hartes, trockenes, pergamentartiges Knistern bei der Auskultation (Abhorchen des Brustkorbs mit einem Stethoskop) und erinnert an das Geräusch von zwei Lederstücken, die aneinander gerieben werden.» Es war durchaus normal, beim ersten Versuch durchzufallen, man durfte die Prüfung bis zu fünfmal wiederholen. Das bedeutete, daß im Durchschnitt ein Arzt der alten Schule zwei Jahre damit zubrachte, die Symptome zu erlernen; heute werden nur sechs Monate darauf verwendet. Einmal als Externer angenommen, wurde einem Studenten die Verantwortung für ein Dutzend Betten in einem Krankenhaus übertragen.

Die Demokratisierung hat all das verändert. Jeder Student hat heute das Recht, ein Externer zu sein, und der Titel hat kaum noch Bedeutung. Es gibt heute so viele Externe, daß jeder von ihnen nur mit ungefähr einem halben Bett rechnen darf. Die Ärzte der gegenwärtigen Generation wurden nicht mit der gleichen Methode des klinischen Praktikums unterrichtet. Die neue Mode ist eine gründliche Fundierung in der Wissenschaft, also gibt es heute zwei Arten von Medizinprofessoren: jene, die die «grundlegende» wissenschaftliche Lehre unterrichten, und jene, die Medizin lehren. Ein Student muß einen Großteil seiner Zeit mit abstrakter Chemie und Biologie zubringen. Das Auswendiglernen der Lehrbücher bleibt, wird aber heute mit einer reduzierten praktischen Verantwortung in einer Krankenhausstation ausgeglichen. Die Trennung zwischen Fakultät und Krankenhaus wurde aufgehoben: Es gibt heute keine Parias mehr, die eine zweitklassige Bildung erhalten. Die Universitätskrankenhäuser sind zu Lehranstalten geworden. Aber die Dinge haben sich nicht ganz so entwickelt wie geplant. Wenige Universitätskrankenhäuser sind de facto in der Lage, den gesamten Fächerkanon abzudecken. Nur ein Universitätsklinikum wurde in der Pariser Region, in Créteil, errichtet, um das neue Ideal zu erfüllen. Was der Student lernt, hängt von dem Uniklinikum ab, das er besucht. Es gibt eine wachsende Zahl von medizinischen Fächern, also wurden viele auf den Status des Wahlfachs verwiesen. Das einzelne Faktenwissen, mit dem ein Arzt die Uni verläßt, ist höchst unterschiedlich. Es variiert auch abhängig davon, wieviel Zeit er seinen Studien widmen kann. Einige Vorlesungen werden abends gehalten, weil so viele Studenten tagsüber ihren Lebensunterhalt verdienen müssen. Die praktische Erfahrung eines modernen Studenten entstammt seinem abschließenden siebten Jahr, aber auch hier ist der Massenandrang so groß, daß die meisten kaum ein Krankenhaus finden können, das sie aufnimmt. Ein Krankenhaus hat oftmals 300 Studenten zu betreuen, kann ihnen aber nur 24 Praktikumsplätze als Interne anbieten. Deshalb suchen die Studenten nach Kliniken, wo immer sie können, oft bieten sie sogar ihre Dienste unentgeltlich an, nur um ihre Qualifikationen zu erhalten. Glücklicherweise, wenn sie so weit gekommen sind, ist das Abschlußexamen nur noch eine Formsache. Sie müssen eine Hausarbeit schreiben, um sich «Doktor der Medizin» nennen zu dürfen. Dabei kann es sich um irgendein Thema handeln, das im entferntesten Sinn mit Medizin zu tun hat und normalerweise in drei Minuten geprüft wird.

Die besten Ärzte der alten Schule hatten weit mehr geleistet: Ungefähr 40 Prozent der Medizinstudenten machten ein Externenpraktikum, ungefähr 15 Prozent von ihnen wurden nach einer weiteren Prüfung Interne. *Ancien interne des hôpitaux de Paris* war ein wirklich glänzender Titel auf einem Messingschild. Die Internen lebten im Krankenhaus und waren praktisch Assistenzärzte, auch schon vor dem Studienabschluß. Aber leider kann man die Güte eines Arztes nicht so einfach an seinem Titel ablesen, weil das Bestehen der Prüfung nicht unbedingt eine Frage der Intelligenz war. Der hippokratische Eid, den der frischgebackene Arzt leisten muß, beinhaltet nicht nur das Versprechen, den Kranken beizustehen und ihre Geheimnisse zu wahren, sondern auch, den Söhnen des Schirmherrn zu helfen. Der Schirmherr ist ein Professor, und der Eid ist keine leere Formel. Die französische Medizin wird von Schirmherren regiert. Sie waren in der alten Zeit für ihren Nepotismus verschrien, und diese Vetternwirtschaft ist nicht gänzlich verschwunden. Um Interner zu werden, mußte man die Schirmherrschaft eines Professors gewinnen und sein serviler, treuer Anhänger werden. Interne waren früher in der Regel die Söhne von Schirmherren und von berühmten Ärzten, wenngleich die Studenten, die besonders hart arbeiteten, sich ihren Weg in diesen erlauchten Kreis bahnen konnten. Dieses System dieser Schirmherrschaft ist heute auf die weiterführenden Studien verlegt worden. Ein Interner ist heute ein Arzt, der nach seinem Examen eine vierjährige weiterführende Ausbildung an einem Krankenhaus absolviert, mit der Aussicht, Facharzt zu werden oder den langen Weg zum erhabenen Status eines Professors anzutreten. Heute ist ein Schirmherr noch unverzichtbar. Ein Arzt kann nicht mehr als einen Schirmherrn haben: Wenn er stirbt, ist der ganze Clan verwaist. Der Schirmherr bestimmt nach den vier Jahren, wer für weitere sieben

Jahre als *assistant des hôpitaux, chef de clinique* ausgewählt wird, was den nächsten Rang in der Krankenhaushierarchie darstellt. Am Ende dieser sieben Jahre wird der Assistenzarzt wissen, ob er die Dauerstellung als *agrégé* bekommt, die sowohl Lehre als auch praktische Krankenpflege einschließt. Für diese Beförderung gibt es ein Examen, aber es ist eher die Macht der Schirmherren als die Auszeichnung des Kandidaten, die darüber entscheidet, wer Erfolg hat und wer nicht. Die letzte Auswahl von allen, in der ein vollrangiger Ordinarius unter ihnen ausgesucht wird, wurde als die politischste Wahl ganz Frankreichs beschrieben. Es gibt wenig Bewegung zwischen den verschiedenen Städten Frankreichs, denn jede unterliegt den Regeln einer unterschiedlichen Clangruppe; so unterhalten zum Beispiel das ärztliche Establishment in Lyon und in Montpellier ihre getrennten Verschrobenheiten. Die Macht der Schirmherren *(patrons)* geht weit über das Krankenhaus hinaus. Es wäre eine Illusion zu glauben, daß ein Patient, der sich in ein Krankenhaus begibt, von den besten Ärzten des Landes versorgt wird. Die großen Kapazitäten im Krankenhaus werden ihn höchstwahrscheinlich nicht untersuchen: der *agrégé*, sogar der *chef de clinique* haben nur eine oder zwei Sprechstunden pro Woche. Die meisten Leute werden von dem *attaché* untersucht, der ein ganz gewöhnlicher Arzt außerhalb des Krankenhauses ist, an den äußeren Rändern der Klientel des Schirmherrn. Er wird für ein Honorar, das unter dem liegt, das er in seiner privaten Praxis erhalten würde, und nur in Teilzeit beschäftigt, aber fühlt sich geehrt durch die hohe Anerkennung, in einem Krankenhaus praktizieren zu dürfen.

Der praktische Arzt mag daher manchmal eine etwas verwirrende Persönlichkeit darstellen. Auf der einen Seite kann er ein Arzt sein, der im Konkurrenzkampf schlecht abgeschnitten hat. Er kann seine Ausbildung mit einem Minderwertigkeitskomplex beenden, wenn er erkennt, daß er in seinen sieben Studienjahren nur drei Monate Zeit für Therapeutik hatte. Es gibt praktische Ärzte, die sich über den «erdrückenden Stolz» der Krankenhausärzte beschweren, die sie «von oben herab» behandeln. Auf der anderen Seite repräsentiert ein Arzt für die Öffentlichkeit schlechthin die Figur des *notable*, besonders in ländlichen Gegenden. Ein praktischer Arzt muß diese Rolle spielen, so gut er kann. Die Rolle wird nicht schnell gelernt, denn er muß seine Patienten erst einmal gewinnen. Er wird für jede Konsultation vom Patienten bezahlt, der wiederum das Honorar teilweise von der Regierung erstattet bekommt, und wenn der Patient Mitglied einer Zusatzversicherung ist, erhält er das Gesamthonorar zurück. Der Allgemeinmediziner muß seine Laufbahn damit beginnen, daß er sich dem Wettbewerb seiner Kollegen stellt, genau wie ein Gemüsehändler, der ein Geschäft eröffnet. Um einen vernünftigen Lebensunterhalt zu verdienen, muß er mindestens vier Patienten pro Stunde verarzten. Es liegt in seinem finanziellen Interesse, seine Patienten so häufig wie möglich zu sehen, um die Zahl der Tests und Untersuchungen zu maximieren. Ein sozialistischer Arzt hat geschrieben, daß – da die meisten Ärzte für ihre Ausbildung auf die Unterstützung ihrer Familien angewiesen seien – sie nach «dem Kriterium des Geldes ausgesucht und daher auch am meisten durch das Geld motiviert würden: Ein Vermögen zu machen ist ihre Berufung.» Dies ist eine ungerechtfertigte Anschuldigung, selbst wenn viele Ärzte zugeben müssen, daß sie nur durch Zufall diesen Beruf ergriffen haben (wie das bei den meisten Menschen der Fall ist): das heißt jedoch nicht, daß sie in ihrem Beruf keine Einsatzfreude und kein Engagement zeigten und nicht ihr Bestes täten. Alles in allem haben die Ärzte stets beharrlich ein Gesundheitswesen verworfen, in dem sie einfache Lohnempfänger werden würden. Der Grund dafür ist nicht etwa die Geldgier, sondern daß sie genauso individualistisch sind wie ihre Patienten. Es gibt natürlich eine winzige Minderheit, die gewinnsüchtig ist: Ein Arzt besucht wiederholt seine Patienten mindestens einmal im Monat, nur um seinen Umsatz zu erhöhen; ein anderer treibt es soweit, daß er Sprühmittel, Ionisierungen, Infrarotbestrahlungen, ultraviolette und hochfrequente Behandlungen verschreibt. Ein Zehntel der Ärzte weigert sich, die von der Regierung vorgeschriebenen Honorarsätze einzuhalten und handelt individuell mit jedem Patienten das Honorar aus.

Die Vielzahl der Behandlungen wächst durch die Beziehung des praktischen Arztes zu den Fachärzten. Böse Zungen behaupten, je mehr Patienten er den Fachärzten überweist, desto reicher werden alle Beteiligten. Aber der Druck, zu einem Spezialisten geschickt zu werden, kommt gleichermaßen vom Patienten, der genausoviel Angst hat wie der Arzt, daß eine falsche Diagnose gestellt wird. Ein guter praktischer Arzt ist vom Standpunkt des Patienten einer, der sich unter den Experten auskennt, der ihn nicht automatisch zu dem Facharzt schickt, mit dem er Bridge spielt, oder zu jenen, von denen er einen Prozentsatz des Honorars erhält. Die praktischen Ärzte beschweren sich, daß die Medien jedes modische neue Heilmittel veröffentlichen, daß die Patienten mehr und mehr Untersuchungen und ausgefallenere Behandlungsmethoden verlangen. Ein Arzt sieht sich als Zahnrad in einer inflationären Maschine, deren Funktion es ist, endlos Rezepte auszustellen und Röntgenaufnahmen zu bestellen. In der Tat, seit die Patienten freie Arztwahl haben und ihn wechseln können, wann sie wollen, finden sie schließlich den Doktor, dessen Ansichten sie teilen oder mit dem sie als zufriedene Komplizen an dem Zauberspiel teilnehmen können, das von Ärzten erwartet wird.

Frankreich hat relativ wenig praktische Ärzte – nicht viel mehr als vor dem Krieg. Der Zuwachs beschränkt sich vor allem auf Fachärzte. Ein Facharzt erhält für eine Konsultation das doppelte Honorar eines praktischen Arztes; theoretisch, damit er doppelt soviel Zeit für jeden Patienten aufwenden und eine teure Ausrüstung kaufen kann. Ein berühmter Spezialist kann mit Zustimmung der Regierung mehr verlangen, aber der Zuschlag muß vom Patienten bezahlt werden und wird von der Krankenversicherung nicht erstattet. Der Trend geht folglich dahin, daß gute Studenten versuchen, sich als Fachärzte niederzulassen, aber nur 25 bis 40 Prozent von denen, die die vierjährige Weiterbildung antreten, erhalten auch den begehrten Titel. Ein Patient muß geübt sein, um einen wahrhaft qualifizierten Spezialisten von einem zu unterscheiden, der nur ein Messingschild hat anschrauben lassen, worauf geschrieben steht: Frauenkrankheiten. Die am meisten beschäftigten Fachärzte sind derzeit die Rheumatologen; von ihnen wird behauptet, sie machten große Profite. Im Gegensatz dazu haben die Kardiologen sich für den Bedarf zu stark vermehrt, es wird ihnen daher nachgesagt, daß sie unnötig viele Untersuchungen machen. Wahrscheinlich wird es einen weiteren Zuwachs an Fachärzten geben, besonders Krebsspezialisten, Kinderärzte und Gerontologen. Die praktischen Ärzte in Großbritannien bleiben nach wie vor sehr mächtig, mit ihren ständigen Patientenlisten und ihrem Monopol als Bindungsglied zwischen Patienten und Spezialisten. In Frankreich herrscht hinsichtlich des Gesundheitswesens ein großer Zynismus vor, wenngleich es dort auch große Leichtgläubigkeit gibt. Es gibt sogar eine Vereinigung zur Verteidigung der Patienteninteressen gegenüber den Ärzten, die eine Zeitung veröffentlicht, um auf die Missetaten der Ärzte aufmerksam zu machen.

Diese Auseinandersetzungen spiegeln einen unterschiedlichen Anspruch an die Ärzte wider.

Eine der hauptsächlichen Besonderheiten des französischen Gesundheitshaushalts ist, daß weniger für Krankenhäuser aufgewandt wird als in allen anderen vergleichbaren Ländern, selbst weniger als in Italien, und nur die Hälfte der Mittel, die Schweden ausgibt, wo sich die medizinische Versorgung auf das Krankenhaus konzentriert. Der typische französische Arzt ist ein Individualist. Wie in der Liebe, so auch in Fragen der Gesundheit kann die Öffentlichkeit sich nicht entscheiden, was sie von einem Arzt will, und ist daher nie ganz zufrieden. Dr. Christian Bourrel, der sich mit einem Partner um 4000 Menschen in sechs Gemeinden in der Aude kümmert, zeigt, was der traditionelle Landarzt mit modernisierten Methoden anbieten kann. Er hat ein Funktelefon, so daß er Patienten innerhalb von zehn Minuten erreichen kann. Aber er sieht seine Rolle nicht darin, schwierige Krankheiten zu heilen. Er ist stets bereit, einen Spezialisten hinzuzuziehen. Bei ernsthaften Krankheiten sieht er seine Aufgabe darin, den Patienten im Krankenhaus zu unterstützen, ihn zwei- bis dreimal in der Woche zu besuchen. Er sieht seine Hauptfunktion in der Psychologie und sagt, er sei das Gegenstück zum amerikanischen Psychoanalytiker. Er hat den Rechtsanwalt und den Priester als universelle Ratgeber ersetzt. Die Menschen suchen die Ärzte ebensosehr für ihre Scheidungs- wie für ihre Gesundheitsprobleme auf, genau wie die Großmütter viele Stunden im Beichtstuhl zu verbringen pflegten, indem sie über alle Arten von Themen sprachen, die nichts mit der Religion zu tun hatten. Aber weil er ein Arzt ist, zögern die Patienten ein wenig, die Themen, die sie wirklich beunruhigen, aufs Tapet zu bringen. Er weiß schon, daß sie sie nicht eher zur Sprache bringen, bevor sie nicht kurz vor dem Verlassen seiner Praxis stehen, und er sagt ihnen, ich komme noch mal vorbei, um mit Ihnen über... Dr. Bourrel wurde in seiner Studienzeit überhaupt nicht in Psychiatrie ausgebildet; er absolvierte dann seinen Militärdienst in der Armeeabteilung für Psychiatrie und «entdeckte eine phantastische Welt». Er glaubt, daß eine psychiatrische Behandlung nur für wirklich wenige Leute angemessen ist: «Sie kann sehr gefährlich werden; sie kann Vulkane offenlegen, um die man besser einen Bogen macht. Es gibt Angst in jedem Menschen, und in vier Fünfteln der Fälle ist sie sexuellen Ursprungs, doch Patienten warten darauf, daß ich sie danach befrage.» Doch er zögert mit Fragen: «Am besten ist es, gar nicht erst darin herumzuwühlen.» Die meisten seiner Patienten sind überhaupt gar nicht krank; sie suchen nur nach einer Bestätigung, und er gibt ihnen eine kleine Behandlung, nur um diese Bestätigung zu vertiefen.

Das ist ganz anders als das Verhalten, das er kennenlernte, als er in dem Pariser Vorort Rosny-sur-Bois praktizierte, einer Mischung aus Dorf und Wohnsilo. Die Bewohner der Wohnsilos riefen den Arzt nur bei medizinischen Problemen. Der Arzt behandelte sie und ging wieder. Die Patienten erstellten häufig ihre eigene Diagnose und riefen den Doktor nur, wenn er eine bereits diagnostizierte Krankheit heilen sollte. Zumal die Lehrer besitzen den *Larousse Médical* und studieren ihre Symptome. Viele Patienten riefen manchmal mehr als einen Doktor. Er erinnert sich, wie er zu einem Hochhaus kam und zwei seiner Kollegen auf denselben Klingelknopf drücken wollten. In Paris rufen die Patienten schon mal ihren Arzt gegen vier Uhr morgens wegen ihrer Schlaflosigkeit an oder weil sie sich übergeben müssen, nachdem sie zuviel getrunken haben, oder weil sie mit ihrem Ehepartner Streit haben. Geld ist kein Problem. Aber auf dem Lande, nachdem das Honorar für die Nachtvisite gestiegen ist, wird der Doktor weit weniger in Anspruch genommen, gewöhnlich nur bei Kinderkrankheiten. Dr. Bourrel befürchtet, daß das, was in den Städten geschehen ist, wo Ärzte wie Gemüsehändler behandelt werden, früher oder später unweigerlich auch auf dem Lande um sich greifen wird. Die persönliche Beziehung zum Patienten wird sich lokkern und schließlich verschwinden, und medizinische Zentren mit angestellten Ärzten werden Landärzte wie ihn ersetzen. Er bedauert das, weil er glaubt, daß die Versorgung zu Hause am besten sei. Eine ältere Person wird zu Hause doppelt so schnell wieder gesund wie im Krankenhaus. Er muß zwischen zwölf und vierzehn Stunden täglich arbeiten, um seine Patienten zufriedenzustellen, jedoch nie weniger als zehn. Alle vierzehn Tage nimmt er sich ein Wochenende frei und jeden Mittwoch. Er tut all das, weil er den persönlichen Kontakt aufrechterhalten will, hält oft an, nur um die Hand zu schütteln. Er entbindet noch immer Babys, auch wenn andere es modischer finden, in ein Krankenhaus zu gehen, denn «ich arbeite für das Leben». Er sagt: «Ich glaube an die Freundschaft.» Er erweckt Vertrauen durch seine Ehrlichkeit, seine Bescheidenheit und seine menschliche Wärme. Er macht sich keine Illusionen über sein Wissen, sondern sagt, daß seine Ausbildung recht unzulänglich gewesen sei, auch wenn er versucht habe, sie durch Lektüre und den Besuch von Vorlesungen zu verbessern. Er macht sich jedoch auch keine Illusionen über die Wohltaten der Bildung, er ist nicht abgeneigt, eine Kräutermedizin zu empfehlen, die ein englischer Arzt als lächerlich und als Altweibergeschichte abtun würde. Weit davon entfernt, der archetypische Franzose zu sein, der an die Theorien glaubt, vertritt er den gesunden Menschenverstand, von dem die Engländer sich vorstellen, daß er ihre besondere Stärke sei. Die Alternative zu Dr. Bourrel ist eine Serie von Krankenhausspezialisten, Psychiatern und Sozialarbeitern. Das gibt den Menschen mehr Wahlfreiheit, aber nicht immer mehr Freundschaft. Vielleicht müssen neue Formen der Freundschaft erst noch gefunden werden.

«Ich habe ein Leben geführt, in dem sich nichts Besonderes ereignet hat.» So schaut Marie Selandouse auf ihre siebenundachtzig Jahre zurück. Sie hat sich ihrer Familie gewidmet, hat gesehen, wie ihre Enkel Zahnärzte, Architekten und Apotheker wurden, was für sie eine besondere Quelle des Stolzes ist, da sie als Krankenschwester begann, einen Bäcker heiratete und vierzig Jahre hinter der Kasse der Bäckerei stand. Ihr Mann ist gestorben, und sie hat sich ihre Hüfte gebrochen; sie mußte in die Altenabteilung eines Krankenhauses ziehen. «Das macht keinen besonderen Spaß.» Ihre einzige Freude sind die Besuche der Kinder, die sich abwechseln, so daß es nur zwei Tage in der Woche gibt, an denen keiner sie besucht. Sie liest etwas, findet aber keinen rechten Gefallen daran, nachdem sie stets zu beschäftigt war, um lesen zu können. «Ich habe keine literarischen Vorlieben; die Kinder bringen mir die Bücher ihrer Wahl mit.» Sie schaut ein wenig fern, aber auch hier gibt es nicht viel, was sie interessiert. Sie verabscheut brutale Filme. Einst hatte sie ihre Filmlieblinge, Gabin, Bourvil, aber heute nicht mehr. Sie ist ein wenig verloren, seitdem sie sich nicht mehr um ein Haus kümmern muß. Ihr Rat an die Jungen ist, so lange zu Hause zu bleiben, wie sie nur können. Jetzt, da sie sich kaum noch bewegen kann, bleibt ihr keine andere Wahl. Sie möchte nicht bei ihren Kindern leben, weil sie ihnen zur Last fallen würde, vor allem dann, wenn sie krank ist. Die Kinder wären den ganzen Tag unterwegs, und sie fürchtet sich vor dem Alleinsein, würde nicht wagen, die Tür zu öffnen, da die Alten schnell zu Opfern von Verbrechern würden. Sie und ihr Mann haben unablässig gespart, «das war unser Ziel, aufs Alter zu sparen», und sie kann sich daher ein eigenes Zimmer im Krankenhaus leisten. Aber das Essen gefällt ihr nicht, auch gibt es weder ein eigenes Bad noch eine Küche. «Wir werden gut versorgt; es ist warm, aber man muß nehmen, was man bekommt.» Ihr Geist ist noch völlig klar, und sie spricht mit Anmut und Genauigkeit. Aber die Vergangenheit belastet sie, und sie kann nur beklagen, daß die Dinge nicht so sind, wie sie einst waren, daß das Brot von heute nicht halb so schmackhaft ist wie das Brot, das ihr Mann einst aus dem Backofen zog (das Baguette wurde erst zwischen den Weltkriegen erfunden, war früher gräulich und wurde erst nach 1940 weiß; es begann als *bâtard* oder halber Laib, der sich langsam in die Länge streckte). Sie bedauert das Verschwinden der kleinen Geschäfte, die noch auslieferten, Supermärkte sind nicht «menschlich», und man kann nicht erkennen, ob das Schweinefleisch aus der Bretagne kommt, was sehr gut ist, oder aus der Auvergne, was schlecht wäre. Das Leben paßt ihr einfach nicht mehr.

Vielleicht aber hat sie ihr Leben nicht so geführt, daß sie es auch im hohen Alter noch genießen kann, vielleicht war Geld zu sparen nicht genug. Solche Vorwürfe macht man nicht leichtfertig, aber Raymond Jegaden hält sie sich selbst manchmal vor. Er ist Junggeselle, über siebzig, und war vierzig Jahre lang Generalsekretär der Notarskammer. Er fand seine Arbeit sehr interessant und war vollauf damit beschäftigt. Er war stolz, als ebenbürtig, als ein Freund von Notaren behandelt zu werden, die oft kultivierte und interessante Menschen waren. Vielleicht, so überlegt er, hätte er heiraten sollen, aber er war zu beschäftigt: «Ich war bestrebt, andere zufriedenzustellen.» Er hatte wenig Hobbys, half mit, eine Abendschule zu leiten, schrieb Artikel für eine unbekannte katholische Zeitung und sogar ein Buch über die Sekretäre der Französischen Akademie, aber der Verleger verlangte einen hohen Druckkostenzuschuß von ihm. Er verbrachte seine Freizeit in Bibliotheken, um Informationen zu sammeln. Er lebte in einer Zweizimmerwohnung und reiste nie ins Ausland. Sein bester Freund war der Priester am Ort. Er fand sein Leben interessant, aber dann wurde er schwerhörig, und das machte ihn weniger gesellig. Er fiel manchmal in Ohnmacht, verletzte sich beim Fallen, also beschloß er, nicht mehr allein zu leben, und zog in ein Altersheim. Hier wird sein Leben von der Tatsache bestimmt, daß die Mahlzeiten zu festgesetzten Tageszeiten serviert werden, und er meint, er müsse stets zum Abendbrot um sechs Uhr zurück sein. Das macht es sehr schwierig, nach Paris zu fahren, höchstens für eine Stunde oder zwei. Er geht nicht mehr in

Jossot   Ich hab geträumt, ich wäre lebendig.

Ausstellungen oder ins Theater. Sein grauer Star erschwert ihm das Lesen. Er langweilt sich sehr. «Meine Tatenlosigkeit lastet schwer auf mir. Ich bedauere, nicht mehr zu arbeiten, aber ich nehme an, man muß den Jungen eine Chance geben, und überhaupt wird heute ganz anders gearbeitet. Computer, davon verstehe ich nichts.» Er blickt düster in die Zukunft: Sein Leben ist völlig leer. Er geht zwar in die Kirche, ist sich aber nicht sicher, ob er glaubt, daß es ein Leben nach dem Tod gibt.

Nur ein Drittel der Franzosen glaubt an ein Jenseits, nur ein Drittel denkt über den Tod nach. Aber die neueste Meinung ist, daß alle über das Alter nachdenken und das Leben der letzten Jahre vorbereiten sollten. Denn das Alter hat eine neue Qualität gewonnen. Die Alten sind eine neue Klasse, die verspricht, einen beherrschenden Einfluß auf das kommende Jahrhundert auszuüben, so wie die Jungen angeblich auf unseres. Nach Rassismus und Sexismus ist Geriatrismus die neueste Hauptbeschäftigung in Frankreich und anderswo. Frankreich glaubt, ein besonders überaltertes Land zu sein, wenngleich sein Bevölkerungsanteil an über Fünfundsechzigjährigen mit 13,5 Prozent dem europäischen Durchschnitt entspricht (BRD 14,6 Prozent, Großbritannien 14,1 Prozent, Italien 12,3 Prozent, USA 10,6 Prozent, Spanien 10,1 Prozent). Diese Zahlen sind fast dreimal so hoch wie noch vor hundert Jahren, aber in die Siebziger hineinzukommen, ist noch immer ein Privileg: Nur 30 Prozent der Menschen, die 1900 geboren wurden, haben dies erreicht. Die Lebenserwartung eines Franzosen, der heute geboren wird, beträgt neunundsechzig Jahre bei den Jungen und siebenundsiebzig Jahre bei den Mädchen. Alter wird zunehmend ein weibliches Privileg. Die Schere zwischen der Lebenserwartung von Männern und Frauen hat sich im Verlauf dieses Jahrhunderts verdoppelt, Frauen leben heute acht (statt vier) Jahre länger als Männer. Zwei Drittel der Menschen zwischen fünfundsiebzig und vierundachtzig und drei Viertel der über Fünfundachtzigjährigen sind Frauen. Es gibt immer noch soziale Ungerechtigkeiten beim Überleben, denn Manager und vor allem Grundschullehrer und Priester können erwarten, länger zu leben als Arbeiter, die ein hartes Leben hatten, aber die Ungleichheit nach Geschlechtern ist weitaus größer. Deshalb stellt sich die Frage: Erblühen die Frauen erneut im Alter? Den Alten wie den Jungen ist gemeinsam, daß sie mit der Arbeit aufgehört haben; sie können sich nun ihren Interessen widmen.

Die alten Menschen (über 65) stellen sieben Millionen Wählerstimmen und haben daher die politische Macht, ihr eigenes Schicksal zu entscheiden. Den Großteil dieses Jahrhunderts haben die Alten damit zugebracht, für das Recht auf frühen Ruhestand und für Pensionen, von denen sie leben können, zu kämpfen. Sie haben dieses Ziel fast erreicht. Die Frage ist, was streben sie als nächstes an? Die Pensionierung wird immer früher kommen. Die Alten müssen nun beobachten, daß sie ihre soziale Eroberung um den Preis erreicht haben, nunmehr als unnütz, arm und zur Arbeit unfähig zu gelten. Verbesserte Lebensumstände haben diese Vorstellung obsolet werden lassen. Finanziell haben die Alten sich besser gestellt als sonst eine Gesellschaftsgruppe im letzten Jahrzehnt. Der Ruheständler hat ein Einkommen, das fast dem nationalen Durchschnittseinkommen entspricht (94 Prozent). Es gibt noch immer enorme Ungleichheiten zwischen den Pensionen und viel Armut, aber hohes Alter heißt nicht mehr zwangsläufig Armut. Noch bedeutet es Unfähigkeit. Die Franzosen hören früher auf zu arbeiten als sonst ein Volk: Die Vereinigten Staaten haben doppelt soviel Senioren, die noch arbeiten, wie Frankreich, und die Japaner zählen viermal soviel. Das bedeutet, daß die meisten Franzosen in den Ruhestand gehen mit der Aussicht auf viele vor ihnen liegende Jahre, in denen sie noch fit sind, vor allem im ersten Jahrzehnt. Inzwischen gibt es zwei verschiedene Kategorien von alten Leuten: Auf das dritte Lebensalter folgt ein viertes Lebensalter, und zwar alle diejenigen, die *wirklich* alt sind, die Achtzigjährigen. Der Ruhestand kommt vor dem dritten Lebensalter, zumal die Arbeitslosigkeit es für die Freigestellten schwerer macht, eine neue Arbeit zu finden, wenn sie über fünfzig sind.

Vor allem die Gebildeten versuchen, einen neuen Lebensstil für den Ruhestand zu finden. Wenngleich 53 Prozent der Arbeiter sich in ihrem Ruhestand fast völlig aus dem Leben zurückziehen, kaum ausgehen und sich auf Schlafen, Essen und Gesundheit konzentrieren, widmen sich 63 Prozent der Manager ihrer Freizeit, dem Ausgehen und gesellschaftlichen Kontakten. Ein großes Angebot von Klubs und Aktivitäten für Senioren wurde geschaffen; aber das heißt, ein Ideal fortzuführen, das die neue Generation ablehnen wird, weil es bedeutet, die Älteren abzutrennen, und weil es bedeutet, die Alten zur reinen Parodie dessen zu machen, was die anderen Altersgruppen tun. Die Alten entkommen langsam ihrer Resignation. Sie haben die Sehnsucht nach Gerontokratie aufgegeben, aber sie haben noch keine neue Rolle gefunden. Die traditionelle Lösung war, daß man ihnen viel Medizin gab, aber heute wird argumentiert, daß sie Liebe und Aufmerksamkeit dringender brauchen. Das gleiche wird natürlich auch von den Jungen gesagt. Zur Zeit erhält die ältere Generation 10 Prozent des Bruttosozialprodukts (doppelt soviel wie noch vor einer Generation); das entspricht ungefähr den Ausgaben für Bildung. Wenn sie weiter anwächst, kann es durchaus einen Kampf um Geld wie um Liebe geben. Um dies zu vermeiden, schlug die letzte Regierungskommission vor, daß die Rentner davon abgebracht werden sollten, Einwohner von Gettos zu werden: Die Ruhestandsgrenze sollte abgeschafft werden, Arbeitgeber sollten sich nicht ihrer Arbeiter nur wegen Erreichens der Altersgrenze entledigen dürfen. Renten sollten nicht für den Ruhestand, sondern als Belohnung für eine bestimmte Anzahl von Arbeitsjahren gezalt werden, und die Auszahlung sollte nicht davon abhängen, ob jemand aufhört zu arbeiten oder nicht. Man sollte eher den Kranken helfen als den Alten. Die Menschen sollen lernen, wie Montaigne sagt, ihr Leben zu verwalten, die Zeit, die ihnen vergönnt ist, zu verplanen. Dieser utopische Plan soll von einem «Institut des hohen Alters» gekrönt werden, das die neue Weisheit verbreiten soll. Diese Weisheit ist natürlich eine Verneinung des vorherrschenden Ideals, daß Jugend und Erwachsensein die besten Jahre des Lebens seien und man danach trachten sollte, jung auszusehen.

Gegenwärtig leben nur zwei Millionen ältere Menschen allein, eine kleinere Gruppe als in England, wo fast die Hälfte der über Siebzigjährigen allein lebt. Hohes Alter bedeutet nicht notwendigerweise Einsamkeit oder Unzufriedenheit, aber es ist unzweifelhaft die am stärksten vergeudete Lebensperiode. Dies ist vielleicht der Punkt, an dem in Zukunft die meisten Veränderungen auftreten werden.

Die Alten haben bis jetzt noch nicht viel gefunden, worüber sie in ihrer Situation lachen könnten. Aber für den Fall, daß dieses Thema nichts als Melancholie hervorruft, ist es gut zu wissen, daß der Tod auch seinen Humoristen gefunden hat. Dr. André Ruellan praktizierte mehr als zehn Jahre lang Medizin, bevor er Science-fiction-Autor wurde. Er ging bei den Surrealisten ein und aus und nahm teil an dem, was so nett als Panikbewegung bezeichnet wurde. Er schrieb das Drehbuch für eine der beliebtesten Filmkomödien, Pierre Richards *Der zerstreute Mann*» Er schrieb für sein eigenes Alter *Eine Anleitung zum Sterben*. Sarah Bernhardt, so liest man da, legte sich täglich in einen Sarg, nur zur Übung. Ruellan rät den Leuten, auf Friedhöfen zu joggen, um sich mit dem Terrain vertraut zu machen. Die Bedeutung seiner krankhaften Witze ist, daß der moderne

Topor

Tod angst macht, weil die Menschen sich heutzutage weigern, darüber nachzudenken. Aber er vermutet auch, daß einige der Lebenden schon längst tot sind: Sie sollten Vorbereitungen treffen, damit ihr wirkliches Ableben keinem mehr auffällt, indem sie sich einbalsamieren und auf ewig vor dem Fernsehgerät plazieren lassen.

29 Wie sie beten

«Ich stimme nicht mehr mit dem überein, was ich vor zwanzig Jahren gelehrt habe», sagt der Benediktinermönch Pater Luc, «und ich würde mich schämen, wenn ich wiederholen würde, was ich damals gesagt habe.» Die katholische Kirche Frankreichs ist nicht mehr das, was sie einmal war. Nicht nur, daß Pater Luc in seiner eleganten, lässigen bürgerlichen Kleidung nicht mehr wie ein Mönch aussieht: er trägt keinen steifen Halskragen mehr und keine Krawatte, sondern nur ein unverdächtiges kleines Kreuz an einer Halskette. Wichtiger ist die Tatsache, daß er nicht mehr denselben Status oder die Funktionen innehat, die ein Priester früher hatte. Seine Arbeit, so sagt er, besteht nicht mehr darin, die «religiösen Artikel» feilzubieten. Selten liest er die Messe oder predigt er. Er unterrichtet auch keine Schüler mehr in Religion, seitdem dieser Unterricht von Laienlehrern übernommen wurde. Zwar lebt er in einer Gemeinschaft mit vier oder fünf weiteren Mönchen, aber er ist Priester in einer Pfarrei geworden, weil er das Klosterleben in sich selbst als ungenügend empfand. Die ganzen zwanzig Jahre hat er in derselben Arbeitervorstadt mit einem kommunistischen Gemeinderat verbracht und in dieser Zeit seine Gemeinde um die Hälfte schrumpfen sehen: «Ein Viertel blieb weg, weil wir uns zu schnell bewegten, und das andere Viertel blieb weg, weil wir uns nicht schnell genug bewegten.» Er versucht nicht, als Missionar unter den Ungläubigen zu wirken. Weniger als fünf Menschen pro Woche kommen zu ihm, damit er ihnen die traditionelle Ohrenbeichte abnimmt. Die Religion hat aufgehört, vor allem nur die Sakramente oder den Kirchenbesuch zu bedeuten. Statt dessen verbringt Pater Luc die meiste Zeit damit, Menschen dabei zu helfen, über ihren Glauben nachzudenken. Er hilft dabei, kleine Gruppen zu bilden, Menschen, die sich treffen, um mit einem Priester über ihre Lebensweise und ihre Glaubenserfahrungen zu diskutieren. Er nimmt an solchen Diskussionen ohne jede höhere Autorität teil: «Wir sind so bekehrt wie sie auch»; er ist von den veränderten Einstellungen der Laien so sehr beeinflußt worden, wie er sie beeinflußt hat. Statt eine Beichte im alten Stil zu halten, treffen sich diese Gruppen, um ihr Leben als «Büßer» zu diskutieren. Die Teilnehmer befragen einander: Was hast du Schlechtes in dieser Woche gemacht? Was bezahlst du deinen Arbeitnehmern? Und dann geben sie sich die Absolution. Statt all jene zu taufen, die es wünschen, ist Pater Luc dafür, mit den Eltern die Gründe dafür zu besprechen. Er verspürt weniger Lust, für die jungen Leute Clubs zu organisieren, denn die Kommunisten haben den öffentlichen Clubs so viele staatliche Fördermittel gegeben, daß die Kirche nicht mithalten kann. Daher legt er lieber seinen Schwerpunkt auf Diskussionen. Er war lange Zeit als Kaplan an der örtlichen Schule tätig: auch Kinder gehen weniger in die Kirche und treffen sich dafür häufiger und besprechen sich; oftmals spielt es dabei keine Rolle, daß sie Protestanten sind: diese Trennung betrachtet er als ein Relikt einer alten Auseinandersetzung, genauso wie man geschiedene Eltern haben kann. Er bietet keine Belehrung an, sondern «Freundschaft und Zusammenarbeit mit andern bei der Suche nach der Wahrheit». Er ist bereit, mit jedem zu sprechen, der ihn aufsucht, und er sieht nicht mal auf seine Armbanduhr, auch wenn das Gespräch ein paar Stunden dauert; ginge es nach ihm, könnte ein solches Gespräch unendlich lange dauern. Er interpretiert das Christentum auf seine eigene, ganz persönliche Weise.

Als Jean-Claude Foucher geboren, Sohn eines Kunst- und Möbeltischlers und einer Frau, die von einer Familie kleiner Ladenbesitzer abstammt, hat er auf seine kleinbürgerlichen Ursprünge genauso verzichtet wie auf seinen bürgerlichen Namen. Er sagt, er fühle sich unwohl in Gesellschaft der Mittelschicht. Den Gegensatz zwischen deren Wohlstand und der Armut ihres Denkens empfindet er als schmerzlich. Er hat kaum den Wunsch, sie zu bekehren. Er ist davon überzeugt, daß das Christentum heute eine Religion für die Armen ist, so wie es zu Christi Zeiten war, für Menschen am Rande der Gesellschaft, die *marginaux*, diejenigen, die nicht danach streben, Chefs zu werden. Die Ankündigung von Jesus, daß er gekommen sei, die Kranken zu heilen und diejenigen, die ohne Hoffnung seien, ist für ihn die Botschaft, auf die es heute ankommt. Seine Rolle versteht er als die eines Vermittlers zwischen dem Establishment, den Wohlhabenden und den Armen: Er versucht, ein «Zeuge für die Armen» zu sein, um ihnen zu sagen, daß diejenigen, die nicht hungrig sind, sie nicht vergessen haben, und «ein Zeuge für die Sorgenfreien», um ihnen zu sagen, daß die «Gesellschaft Feuer fangen wird», wenn sie sich nicht um die Armen kümmern. Er definiert einen Christen als jemanden, der sehr akut die Wunden und den Schmerz der andern fühlt; er hofft, daß er der Mittelschicht dieses Gefühl vermitteln kann, denn er ist davon überzeugt, daß sie sich darüber im klaren ist, daß etwas in ihrem Leben fehlt. Er gesteht ein, daß er Gemeinsamkeiten mit den Kommunisten habe, obwohl seine Motive und seine Motivation von ihren sehr verschieden seien und er außerdem ihr Konkurrent sei; er mag keine Welt, in der Menschen unterdrückt werden, unter Krankheit leiden und von den Reichen ausgebeutet werden; daher hat er sich besonders um Kriminelle, Drogenabhängige und rassische Minderheiten gekümmert. Er träumt nicht etwa davon, sich einer politischen Partei anzuschließen, weil er berücksichtigt, daß ein Priester immer noch eine große moralische Macht besitzt. Macht, so fühlt er, braucht er sehr, um in der Lage zu sein, andere zu beeinflussen, «zu helfen, daß die Menschen sich für sich selbst einsetzen», also etwas anderes als politische Macht, die die Bischöfe einst ausübten. Der Führer der rechtskonservativen politischen Opposition am Ort geht nicht in Pater Lucs Kirche, sondern zieht es vor, einige Kilometer entfernt in eine Kirche mit sehr viel traditionelleren Gepflogenheiten zu gehen. Pater Luc, weit davon entfernt, an seiner Gemeinde zu verzweifeln, hängt sehr an ihr. Er hat viele afrikanische und asiatische Länder bereist und lebte eine Zeitlang auf Sri Lanka. Doch die Reisen machten ihn krank: Er konnte es nicht ertragen, auf seine französische Küche zu verzichten, die, so sagt er, für ihn sehr wichtig sei. Inzwischen 64 Jahre alt, ist die einzige außergewöhnliche Möglichkeit, die ihn dazu verführen könnte, anderswo hinzugehen, wenn er «sich in eine Frau verlieben» würde. Sogar dieses undenkbare Tabu ist etwas, das er berücksichtigt.

Er ist nicht nur ein radikaler Priester in einer gefährlichen Lage: die Schwäche des Christentums in Frankreich hat dazu geführt, daß die Mehrheit der Kirchenmitglieder ihre Einstellung überdenkt. Dies bedeutet vermutlich, daß christliche Frömmigkeit heute in Frankreich sehr viel tiefer verwurzelt ist, als sie es jemals war, in dem Sinne, daß, was in der Vergangenheit als Religiosität galt, einfach Konformismus war. Die Annahme daher, daß Frankreich ein grundsätzlich unreligiöses Land sei, gerade weil es eine stürmische Geschichte des Antiklerikalismus hinter sich habe, ist vollkommen irrig. Die Briten, die durch ihre Lippenbekenntnisse die Ansicht stützen, daß sie in einem christlichen Land leben, gehen weniger häufig in die Kirche als die Franzosen (nur 11 Prozent sind regelmäßige Kirchgänger, verglichen mit 16 Prozent in Frankreich). Doch scheint dies ein vollständiger Gegensatz zu den Vereinigten Staaten zu sein, wo 40 Prozent der Bevölkerung regelmäßige Kirchgänger sind. Jedoch sollte man sich daran erinnern – ohne die größere Kraft der Religion in Amerika bestreiten zu wollen –, daß die Religion dort sehr viele verschiedene Dinge bedeutet: nur ein Viertel der amerikanischen Protestanten glauben an die Erbsünde, nur die Hälfte an ein Leben nach dem Tode, oder daran, daß die Ausübung der Nächstenliebe notwendig sei zur Erlangung des Seelenheils; weniger als die Hälfte ist in der Lage, auch nur vier der zehn Gebote aufzuzählen; einen Baptisten aus dem Süden und einen Kongregationalisten trennt vermutlich mehr als einen Protestanten und einen Katholiken. Die institutionelle Energie der amerikanischen Kirchen verschleiert die Tatsache, daß nur ein Drittel der Protestanten in ihrer Lehre als orthodox gelten können. Frankreich bewegt sich auf demselben Weg oder entdeckt gerade, daß es in seinem Glauben sehr viel heterogener ist, als es selbst angenommen hatte. Genau wie die Religion in Amerika sehr viel weniger eine Angelegenheit der Gemeindezugehörigkeit ist, als es einst der Fall war, so entwickelt sich die Religion in Frankreich zunehmend eher zu einer persönlichen als zu einer Gemeindeangelegenheit. Und der französische Katholizismus nähert sich immer mehr dem Protestantismus an.

Der Anteil der Menschen, die in Marseille die Messe besuchen, ist halb so groß wie der in Nantes und beträgt ein Drittel dessen in Straßburg; er ist viermal größer in der Diözese von Lille als in der von Meaux. Die öffentliche Meinung schreibt gewöhnlich den Verfall der Religion der Industrialisierung oder der Verstädterung oder der politischen Propaganda oder den Bildungseinflüssen oder der kommunistischen Infiltration zu, Annahmen, die jedoch sämtlich falsch sind. In den Vereinigten Staaten kann man klar erkennen, daß «Modernisierung» nicht notwendigerweise weniger Kirchenbesuche bedeuten muß. In Frankreich haben die eigenen Forscher der katholischen Kirche erst kürzlich eine Erklärung für das Muster gefunden, das ihr Land überzieht. Die Religion hat, wie eine Frucht oder Vegetationsform, dort überlebt, wo sie während der Gegenreformation und danach am dichtesten eingepflanzt worden war. Die Bekehrung des Landes wurde mit unterschiedlicher Energie und unterschiedlichem Erfolg in verschiedenen Diözesen durchgeführt. Heutzutage bilden die Grenzen dieser alten Diözesen noch immer die Grenzen zwischen religiösen und weniger religiösen Landstrichen und durchschneiden Gebiete, die nun homogen erscheinen können, wie etwa Lyon oder die Vendée, die jedoch auffallend gegensätzliche religiöse Verhaltensmuster erkennen lassen, weil sie einst verschiedenen Diözesen zugeteilt waren, die eine verschiedene Politik betrieben. Daneben gibt es moderne, industrialisierte Städte, die in früheren religiösen Gebieten angewachsen sind, die noch immer das Zeichen der religiösen Traditionen der Region tragen, auch wenn sie als Landschaft unter Fabriken und Wolkenkratzern verschwunden ist. Die Pariser Region ist heidnisch, weil sie nie richtig bekehrt worden ist, während sich in der Bretagne das Christentum und alte heidnische Riten vermählen und eine einzigartige Form des Katholizismus schafften, die überlebt hat, weil sie tief in den uralten Sitten und im aktiven Leben verwurzelt ist. Wo die Kirche am puritanischsten und anspruchsvollsten war, hat sie manchmal Erfolg gehabt, doch manchmal auch Ärger verursacht. Daher ist Frankreich von vielfältiger religiöser wie antiklerikaler Inbrunst heimgesucht, zumal das Land aus einer Unmenge kleiner «Republiken» besteht, mit Nachbardörfern, die oftmals ganz gegensätzliche Verhaltensmuster zeigen. Der Durchschnitt, der sich aus der Summenermittlung ergibt, liefert ein falsches Bild von der Wirklichkeit.

Die Franzosen sind nicht so unreligiös, wie sie selbst herauszufinden glaubten: zusätzlich zu den regelmäßigen Kirchgängern behaupten noch weitere 25 Prozent, gelegentlich in die Kirche zu gehen. Mehr als 70 Prozent heiraten in der Kirche; mehr als 80 Prozent lassen sich taufen; nur 54 Prozent geben an, nie zur Beichte zu gehen. Die Menschen, die eindeutig behaupten, keiner Religion anzuhängen, sind in der Minderheit

(15 Prozent). Der höchste Anteil darunter läßt sich unter den Managern und den Freiberuflern ausmachen, von denen 28 Prozent Atheisten sind, doch genau derselbe Prozentsatz erklärt, daß sie regelmäßig oder gelegentlich eine Religion praktizieren, der Rest ist zwar «nicht-praktizierend», aber irgendwie doch vage mit der Religion verbunden. Die größte atheistische Klasse danach sind die mittleren Manager (21 Prozent), 25 Prozent von ihnen jedoch sind regelmäßige oder gelegentliche Kirchgänger. Unter den Angestellten, Ladeninhabern und Arbeitern gibt es zwischen 12 und 17 Prozent Atheisten, jedoch zwischen 18 und 22 Prozent darunter sind Kirchgänger. Die jungen Leute zwischen 18 und 34 Jahren sind genau gleichgewichtig aufgeteilt in 21 Prozent Atheisten und 21 Prozent Kirchgänger. Unter den mehr als Sechzigjährigen gibt es 39 Prozent Kirchgänger (bei nur 12 Prozent Atheisten), und es sind natürlich die Bauern, unter denen die geringste Anzahl Atheisten (7 Prozent) und die größte Anzahl Kirchgänger (51 Prozent) zu finden ist. Die gelegentlichen Kirchgänger in diesen Angaben umfassen das ganze Spektrum der Heuchelei, Gleichgültigkeit und Frömmigkeit, doch sie zeigen auch, daß religiöse Gefühle irgendeiner Art, die in den bestehenden Kirchen Ausdruck finden, alles andere als tot sind. Niemand kann jedoch vorhersagen, wie viele Leute in einer Situation auf Leben und Tod nicht doch auf die Knie fallen und beten.

Eine feindselige Einstellung der Religion gegenüber ist üblicherweise am stärksten unter den Lehrern vertreten, doch mit abnehmender Tendenz, da der Frauenanteil in dieser Berufsgruppe ständig zunimmt. Sie war auch unter den Männern der Wissenschaft zu finden, die jedes Geheimnis ablehnen, doch zunehmend sind die Wissenschaftler, die verwirrt an die Grenzen ihrer Spezialwissenschaften stoßen, bereit, Geheimnisse zu tolerieren. Die Kommunisten spielen nun ihre Opposition herunter und heißen die vagabundierenden Marxisten-Christen willkommen. Als die Bischöfe vor einigen Jahren in einer Erklärung verkündeten, Marxismus und Christentum seien unvereinbar, fanden sie bei nur 36 Prozent der regelmäßigen Kirchgänger Zustimmung und bei nur 20 Prozent der nur gele-

Chenez   Trennung innerhalb der Kirche

gentlichen Kirchgänger: Die allgemeine Ansicht ist heute die, daß die Kirche keine offiziellen Standpunkte in der Politik einnehmen sollte. Die Sozialisten haben den Katholiken gegenüber nach wie vor einen nachklingenden Argwohn, teilweise wegen ihrer freimaurerischen Tradition, teilweise wegen des praktischen Grundes, daß die Mehrheit der Katholiken eindeutig konservativ wählt; doch 23 Prozent der gewöhnlichen Kirchgänger stimmen dennoch für die Sozialisten und immerhin 30 Prozent der Geistlichkeit. Im Antiklerikalismus steckt nach wie vor ein Stück Leben, denn er drückt Skepsis und

Feindseligkeit jeder kleinen Gruppe gegenüber aus, die behauptet, über Sonderwissen, Status oder Macht zu verfügen. Lediglich ein Viertel der praktizierenden Katholiken sind Traditionalisten, die die Rebellion des Erzbischofs Marcel Lefebvre gegen die Modernisierung der Kirche unterstützen. Diese Menschen tun mehr, als einfach nur zu behaupten, daß die Veränderungen in der Kirche nichts zu suchen hätten. Lefebvre, Jahrgang 1905, hat überwiegenden Teil seines Lebens als Missionar in Afrika zugebracht und den restlichen Teil als Lehrer; für ihn ist die Religion keine subtile Debatte unter Intellektuellen oder ein Forum für interessante Gespräche. Laut Lefebvre steht der Priester für das Mysterium, und mit der Priesterweihe werde nicht nur ein Mann für einen Arbeitsplatz engagiert, sondern seine wahre Natur verändert und aus ihm «ein anderer Christus» gemacht; er besteht darauf, einen grundsätzlichen Trennstrich zwischen Priester- und Laientum zu ziehen. Daher kann es für ihn gar keinen Anlaß geben, die traditionelle Liturgie zu verändern, in der der Priester allein das Gebet des Herrn spricht. Der Priester ist Stellvertreter der Ordnung; er wird gebraucht, um die Laien zu kommandieren, denn der Mensch ist ein Sünder, und die wichtigste Aufgabe eines Priesters besteht darin, den Gehorsam den kirchlichen Gesetzen gegenüber einzufordern. Das bedeutet jedoch nicht, daß die Traditionalisten alle Puritaner wären: Außerhalb der strikten Vollstreckung ihrer religiösen Verpflichtungen sind sie tatsächlich weit weniger asketisch als die Reformer. Abbé Barbara, einer der Führer der Traditionalistenbewegung, ist ein bekannter Lebemann, der sagt, daß der Papst viel entspannter und konservativer wäre, wenn er nur mehr trinken würde. Es stecken also verschiedene Beweggründe hinter den Traditionalisten. Ihre größte Basis finden sie in der Arbeiterklasse und im Kleinbürgertum, die beide nicht wünschen, daß die ererbten Sitten verändert werden. Ihre Werbung wird von antiintellektuellen Intellektuellen organisiert, die die neue Art des klugen Priesters verabscheuen, der nur die neuesten Moden nachäfft: Der Journalist und frühere Soldat Pierre Debray zum Beispiel streitet für eine Rückkehr zu den «judaischen Ursprüngen der Christenheit».

Ein pensionierter Marineoffizier erklärt seine Haltung so: «Ich liebe die Tradition.» Er stammt aus einer bretonischen Familie, die immer schon religiös war; er lebt in einem Gebiet, das immer schon weitgehend religiös war. In der Marine, sagt er, waren 90 Prozent der höheren Offiziere und die Hälfte der jüngeren Offiziere (jedoch weniger als ein Fünftel aller Männer insgesamt) gläubig; und er fühlt sich in seinem Glauben gestärkt, wenn er Bekehrten begegnet, die das Licht von außen erblickt haben. Seinen Glauben erhielt er als Geschenk von seinen Eltern, und er hat versucht, ihn an seine Kinder weiterzureichen. Er hat zehn Kinder, und er verrichtete täglich die Familiengebete, bis die Kinder aufbegehrten und klarstellten, daß es «eine unerträgliche Plackerei» geworden sei. Die Kirche und ihre Priester achtet er als Vertreter der Tradition und von Jesus. Für weibliche Priester sieht er keine Verwendung, einesteils, weil «ich vollkommen den Entscheidungen des Papstes gehorche», andernteils, weil «Frauen und Männer nicht dasselbe sind, sie sind nicht auf dieselbe Weise gemacht, und es scheint nur natürlich, daß sie nicht dieselben Rollen in der Gesellschaft spielen sollten». Er hat versucht, sein Christentum durch «Verringern der Barrieren zwischen Offizieren und Soldaten» in der Marine einzuführen. Er ist sehr darüber verwirrt, daß so viele andere Menschen nicht gläubig sind; dies bringt ihn dazu, seinen Glauben neu zu überdenken, doch er kommt stets zu demselben Resultat, daß nämlich sein Glaube stärker daraus hervorgeht. Als er befragt wurde, war gerade seine Hauptsorge, wo in seinem alten Bauernhaus er ein neues Fenster herausbrechen sollte: Er wollte nichts am Erbe der Vergangenheit verändern.

Die Priesterschaft jedoch wird zunehmend von ihren eigenen Anhängern verlassen. Sie ist überaltert und scheint im Verschwinden begriffen. Im Verlauf von zehn Jahren ist die Anzahl der Weltgeistlichen um etwa fast 10000 gefallen; es bleiben nur noch 36000 übrig. Mit nur 100 bis 200 neuen Priesterweihen pro Jahr war die Anwerbung des Nachwuchses noch nie so erfolglos wie heutzutage. In einer Hochrechnung wurde ermittelt, daß es gegen Ende dieses Jahrhunderts nur noch 12000 Priester geben wird. Sie haben es versäumt, Führergestalten zu finden, die entweder die Gläubigen oder die Massen anregen, denn derjenige, der als Bischof bestimmt wird, ist vermutlich eher ein Komiteemitglied, geschickt im Erarbeiten von Kompromissen, als ein Heiliger oder ein feuriger Prediger. Man hat behauptet, de Gaulle wäre nie zum Bischof ernannt worden. Bischöfe sind heutzutage zu Büroangestellten geworden, so überlastet, sagt einer von ihnen, daß er nicht mal Zeit fände, die Messe zu lesen. Bischöfe neigen dazu, behutsam zu sein; sie äußern sich hauptsächlich über die Versammlung der Bischöfe, die Einigkeit bei ihren Entscheidungen zu finden trachtet. Dahinter steckt eine Bürokratie, die von Technokraten geführt wird, die sich von jenen der Regierung in nichts unterscheiden, sie sind intelligent, effizient und kalt. Die Kirche arbeitet nur mit ein paar Groschen; Priester erhalten nur soviel, wie dem nationalen Mindestlohn entspricht. Bischöfe bekommen auch keinen Pfennig mehr. Der Bischof von Le Havre lebt in einer Zweizimmerwohnung und fährt einen Citroën 2 CV; er besucht keine bürgerlichen Zeremonien und wird auch nicht mit Monseigneur angeredet. Die Geistlichen in den Pfarreien sind unauffälliger geworden und legen oftmals sogar ihre geistlichen Gewänder ab. Der Zusammenbruch der Moral wird in den Zahlen über den Kirchenbesuch widergespiegelt, die unaufhaltsam sinken.

Doch viele religiöse Menschen machen sich darüber keine Gedanken, denn sie glauben, daß eine neue Art der Kirche geboren wird, die sehr viel mehr der Ur-Kirche ähnelt als der des Mittelalters. Die politische Macht ist dahin. Es gab sogar einen Bischof (den von Orléans), der sagte, die Kirche solle aufhören, sich über sich selbst als Institution Gedanken zu machen, sondern lieber danach trachten, das zu tun, was die Psychiater auch tun; nämlich Einzelpersonen bei der Lösung ihrer Probleme zu helfen. Die traditionelle Aufteilung in Pfarreien wird im Zeitalter der Verstädterung, der Pendler und der multinationalen Formen als überholt angeprangert; und sie sei auch nicht mehr praktikabel, wenn sogar zwölf Pfarreien für einen Priester zusammengelegt werden müßten. Die Kirche alten Stils, in der nur dem Priester zu sprechen erlaubt ist, muß in modernere Lebensformen, die für Diskussionen und Beteiligung der gläubigen Gemeinde offen sind, umgewandelt werden. Genauso wie die Beziehungen der Eltern zu den Kindern sich gewandelt haben, so muß auch die Vorstellung von Hierarchie aus den innerkirchlichen Beziehungen ausgemerzt werden; und die Religion darf nicht auf das Sakrament ausgerichtet werden, denn dadurch wird nur die Macht des Priesters erhöht.

Abbé de Givenchy (ein Vetter des Modemachers) organisiert keine Gottesdienste mehr, sondern Zusammentreffen mit Menschen, die sich bei der traditionellen Form des Gottesdienstes unwohl fühlen und die glauben, daß die gewöhnliche Pfarrei nicht mehr lebendig genug sei, um ihre religiöse Energie aufnehmen zu können; er versucht, ihnen den Dialog anzubieten und darüber hinaus ein unvorhersehbares geistiges Abenteuer; er hofft, daß sie bald auch den Mut haben werden, sich außerhalb kirchlicher Gebäude zu treffen, weil «Durchbrüche» erforderlich seien, damit sich eine neue Art des Glaubens entwickeln könne. Im ultramodernen Kongreßpalast an der Porte de Maillot in Paris führt Pater Violle eine Boutique, die Religion verkauft und die von neun bis sechs geöffnet ist, wie alle anderen auch in dieser Galerie. Die Kirchen, sagt er, wurden üblicherweise auf dem Dorfplatz gebaut, weil sich dort die Leute trafen; daher muß die Kirche dorthin gehen, wo die Leute sind. Gegenüber dem Centre Beaubourg ist die Kirche St. Merri umgebaut worden, damit den Besuchern Platz zur Verfügung steht und sie reden und singen können, wie es ihnen beliebt, und ihre eigene Art des Zusammentreffens statt der Gottesdienste organisieren können, bei denen einer redet und die übrigen zuhören. Während der rigoristische Priester der Ansicht ist, daß «man nicht existiert», wenn man nicht getauft ist, plädieren inzwischen viele Menschen dafür, die Taufe so lange auszusetzen, bis ein Mensch in der Lage ist zu wissen, was er tut. Die Beichte wird angegriffen, wenigstens in ihrer traditionellen Form einer privaten Begegnung von Angesicht zu Angesicht. In Grenoble hat sich in den letzten sieben Jahren eine Lehrergruppe getroffen, jeweils für vier Stunden reihum im Hause eines der Mitglieder, um, wie sie glauben, eine neue Form der Kirche zu schaffen: An Priestern haben sie keinen Bedarf, sie feiern die Eucharistie auch ohne sie, sie teilen die Mahlzeit zusammen. Um die Vorstellung von der Kirche als

Chaval

einer gastfreundlichen zu betonen, organisieren sie ihre eigenen Feste, um Hochzeiten, Weihnachten und Ostern zu feiern. Sie haben sich in den traditionellen Organisationen der Pfarreien unwohl gefühlt; sie sagten, diese Art der kleinen und der barmherzigen Einheiten verschaffe ihnen «ein ausgeglicheneres Leben». Der stellvertretende Bürgermeister von Saintes, Bernard Thiebaud, der früher bei Peugeot arbeitete und sich dann dem biologischen Landbau widmete, sieht die Religion vor allen Dingen als Anstoß für Diskussionen in kleinen Gruppen, die miteinander sympathisieren: Er benutzt sein kleines Büro im Kellergeschoß als Ersatz für die Kirche und die Pfarrei, die er als Relikte der Vergangenheit ansieht.

Es gibt Priester, die dabei mitmachen, wie jener, der in den geistlichen Stand getreten ist, weil er «nicht etwa eine Revolution unterstützen, sondern etwas Neues tun wollte. Er glaubt, daß die Kirche sterbe, eine neue jedoch aus der Asche emporsteige. Er stammt aus einer wohlhabenden Ingenieursfamilie; er ging auf eine *Grande École*, um selbst Ingenieur zu werden, gab diesen Beruf jedoch zugunsten desjenigen eines Arbeiterpriesters auf. Als er seinen Militärdienst leistete, bestallte der Oberst ihn zu seinem Fahrer; er weigerte sich, diesen Posten anzunehmen, und mußte danach den Müllwagen chauffieren. Innerhalb der Kirche strebt er nicht etwa eine Laufbahn an, sondern ein Gefühl der Freiheit, um eine neue Lebensform auszuprobieren. Die katholische Kirche Frankreichs steht der protestantischen inzwischen weniger feindselig gegenüber. Professor Jean Delumeau sagt sogar, daß die Katholiken bei den Protestanten Anleihen machen sollten, indem sie ihre Geistlichen und Bischöfe ebenso wählen müßten, um eine wirklich demokratische Organisation aufzubauen; der Papst müßte wie ein Staatspräsident nur für fünf oder sieben Jahre gewählt werden. Das zentralistische Modell der Kirche müsse aufgegeben werden. Erstaunlicherweise blühen solche protestantischen Bewegungen wie die der Charismatiker innerhalb der katholischen Kirche auf. Obwohl nach dem Vorbild der Pfingstkirchen in den Vereinigten Staaten aufgebaut, wurde diese Strömung im Katholizismus aufgesogen, weil Pluralismus und Toleranz die neuen Losungen sind, für manchen jedenfalls. Katholische Gewerkschafter sprechen zu ihren Chefs in einem anderen Ton, ähnlich wie Michael Karputa, ein Führer der Grubenarbeiter in Houdain in Nordfrankreich, der die folgende Unterhaltung mit seinem Arbeitgeber führte:

«Sind Sie ein Christ?» fragte Karputa.

«Ja.»

«Weshalb wenden Sie dann nicht die christliche Nächstenliebe an?»

«Das hat doch nichts mit den Problemen zu tun, die wir hier verhandeln.»

«Hat es doch. Christ zu sein bedeutet nämlich nicht nur, sonntags in die Kirche zu gehen, obwohl ich weiß, daß Sie immer zu spät kommen. Sie müssen Tag für Tag Christ sein.»

«Aber diese Männer sind Revolutionäre», sagte der Arbeitgeber.

«Nicht doch», erwiderte Karputa, «sie sind Christen.»

Wenn sie ihre Auseinandersetzung auch nicht lösen konnten, so hat der Arbeitgeber sich seitdem immerhin einen anderen Ton zugelegt. Karputa seinerseits kann wenig mit der traditionellen Religion anfangen. Als Sohn polnischer Immigranten kritisiert er besonders vernichtend die polnischen Geistlichen, die in dieser Gemeinde wirken; er protestiert dagegen, daß sie gierig seien und es offensichtlich darauf abgesehen hätten, soviel wie möglich an Kirchengebühren herauszuholen. Es gibt keine Möglichkeit zu beurteilen, wo die Heuchelei beginnt: Der katholische Lebensmittelhändler mit den sieben Kindern, der sonntags nie schließt, mit der Begründung, daß er sonst seinen Kunden keinen Dienst erweisen würde, glaubt, er verleihe dadurch seinem Glauben Ausdruck; er ist davon überzeugt, daß der Glaube heute stärker ist als je zuvor. In der guten alten Zeit hieß dies einfach, in die Kirche zu gehen.

Zwischen den «Fundamentalisten» auf der einen und den Modernisierern auf der anderen Seite bewegt sich die Mehrheit, die natürlich unendlich vielfältig ist. In den bourgeoisen Nachbarschaften geht es dem Priester besser, und die Kirche sondert ein Flair von Weltlichkeit und Eleganz ab. In den malerischen Dörfern bringen die Reichen, die übers Wochenende in ihr Landhaus fahren, neues Leben in die vormals leeren Kirchen. Die Mehrheit ist nicht so sehr um Prinzipientreue bemüht oder kümmert sich nicht um intensive mystische Erfahrungen.

Eine achtundsechzigjährige Witwe zum Beispiel, die alleine in einem Souterrain in Le Havre wohnt, sowohl zucker- wie herzkrank ist, findet im Glauben einfach die Stärke, ihr Leiden anzunehmen, und manchmal sogar eine Befriedigung aus ihrer schmerzerfüllten Existenz. Das Wichtigste im Leben, glaubt sie, ist, daß die Kinder lernen sollten, ihre Eltern zu ehren, und, so fügt sie als nachträglichen Gedanken hinzu, ihre Lehrer auch. Die Modernisierung bedeutet, daß Menschen wie sie stärker respektiert werden, weil sie nicht mehr die lateinischen Formeln aufsagen müssen, die sie noch nie verstanden hatte; nun macht es ihr auch Freude, den Gottesdienst am Fernseher zu verfolgen. Sie begrüßt es auch, daß die Priester freundlicher geworden sind und nicht mehr zu stolz sind, eine Einladung zum Essen anzunehmen. Sie möchte nichts gegen die Kirche oder den Papst sagen, den sie respektiert. Aber ihrer Meinung nach sollte es nicht so viel Geld innerhalb der Kirche geben. Ihr Glauben bedeutet für sie, anderen zu helfen und ihre Selbstachtung zu vergrößern, und nicht zuletzt ist er eine Versicherung, daß sie nach ihrem Tode mit ihrem Ehemann im Himmel wieder vereint sein wird.

Diese Hoffnung, daß die Religion die Kinder dazu anhält, ihren Eltern Respekt entgegenzubringen, ist zählebig. Weitaus mehr Eltern wünschen sich die Religion für ihre Kinder als für sich selbst. Nicht weniger als 74 Prozent unterliegen dem Wunschdenken und behaupten, ihre Kinder hätten wenigstens ein bißchen religiöse Erziehung erhalten, obwohl dies ziemlich unwahr ist. Es gibt enorme regionale Unterschiede bei diesem Täuschungsmanöver – nur 35 Prozent äußerten diese Behauptung in Paris. Doch die katholischen Schulen selbst verringern inzwischen den Religionsunterricht, und in den meisten ist das Schulgebet vollständig aufgegeben worden. Sie erleben deshalb eine Blüte, weil sie es darauf anlegen, die Kinder nicht dadurch zu erschrecken, daß sie sie mit Religion mästen, und indem sie ihnen statt dessen mehr persönliche Aufmerksamkeit zukommen lassen und wärmere und weniger Wettbewerbsbedingungen anbieten als die staatlichen Schulen, also mehr Aufmerksamkeit für den Charakter als für die Prüfungen. Ihre Blüte ist natürlich bloß relativer Natur: Weniger als zwei Millionen Schüler und Schülerinnen gehen in kirchliche Schulen (13,6 Prozent der Grundschüler und 18 Prozent der Gymnasiasten), aber es gibt Gegenden in Westfrankreich, in denen mehr als die Hälfte aller Kinder am Ort auf die katholische Schule gehen, und die Schülerzahlen in kirchlichen Gymnasien und *lycées* steigen langsam an. Die öffentliche Meinung ist nicht mehr gegen sie, und der Staat unterstützt sie finanziell. Sie nehmen auch Moslems auf und versuchen nicht, sie zu bekehren. In der Schule vom Sacré Cœur in Ménilmontant sagte ein Lehrer: «Mir würde nie im Traum einfallen, meinen Schülern von Gott zu sprechen. Ich wüßte auch gar nicht, wie ich das machen sollte.»

Zu sagen, daß ein Mensch in Frankreich religiös sei oder nicht, ist deshalb keine bedeutungsschwere Aussage. Allein seine persönliche Geschichte kann erklären, was eine solche Beschreibung beinhaltet. Die Kirche war früher Ausdruck der

Mitgliedschaft in einer Gemeinde, der Konformität, der Solidarität und der Demut vor den furchteinflößenden Mächten. Inzwischen gibt es auch andere Möglichkeiten, diese Gefühle auszudrücken. Es gab früher einen deutlichen Konflikt zwischen Religion und Modernität; heutzutage ist die Einstellung gegenüber der Veränderung genauso unterschiedlich unter den Gläubigen wie unter den Ungläubigen. Gläubige Menschen sind vermutlich untereinander genauso uneins, wie sie es mit Ungläubigen sind. Religion bedeutete früher Sicherheit und bedeutet so sehr viel weniger heutzutage. Sie ist ein Wellenbrecher zwischen der Spannung und der Gelassenheit, der kaum dem Selbstzweifel widerstehen kann, der heute die Norm einer «zivilisierten» Person ist.

Dies bedeutet, daß die christliche Gemeinschaft keine einzelne Minderheit ist, sondern eine Serie von Minderheiten, die in sich selbst in Atome und in Moleküle aufgespalten sind. Die Religion ist, mehr als sie es jemals zuvor war, eine Angelegenheit des persönlichen Denkens und Entschlusses, Temperaments und Erbes. Und daher bleibt der Besucher aus einem anderen Land im ungewissen darüber, was er findet, wenn er eine französische Kirche betritt.

Schlußfolgerung

30   Was es heißt, Franzose zu sein

Der Comte Sanche de Gramont, Mitglied einer der ältesten
Adelsfamilien Frankreichs, hat sich entschlossen, seinen Namen in Ted Morgan (unter Verwendung der Buchstaben seines
Nachnamens) zu ändern und amerikanischer Staatsbürger zu
werden. Er fühlte sich als Franzose recht unwohl, als wäre er
ein Schauspieler, der eine unangenehme Rolle spielen sollte, in
der er sich als Fehlbesetzung empfand. Es lag nicht nur daran,
daß es einen gewissen Anteil ausländischen Blutes in seiner
Familie gab oder daß sein Vater in Washington als Diplomat
stationiert war und er daher den größten Teil seiner Schulzeit
in den Vereinigten Staaten verbrachte. Er wollte vielmehr
selbst seine Identität finden, unabhängig von der, die ihm seine
Geburt mitgegeben hatte. Eine der Attraktionen Amerikas
war, daß es ein Land ist, in dem man einen neuen Anfang machen kann, und es faszinierte ihn, daß sehr viele Emigranten
ihre Namen geändert hatten, um den Bruch mit der Vergangenheit deutlich zu machen. Er entdeckte, daß der große amerikanische Experte der «Persönlichkeitsidentität», Erik H. Erikson,
dessen psychologische Theorien von vielen Menschen, die nie
von ihm gehört haben, übernommen wurden, keine klare Vorstellung von sich selbst hatte. Er wußte nicht, wer sein Vater
war und erfand so seinen eigenen Namen: Er wollte sein eigener Vater sein, Erik, der Sohn Eriks. Das war das Symbol für den
amerikanischen Selfmademan. Gramont entschied, daß die
Amerikaner die wahren Existentialisten waren, weil Sartres
Existentialismus im Grunde genommen bedeutet, sich nur auf
sich selbst zu verlassen. Er fühlte sich emotional als Vertriebe-
ner, und Amerika war offensichtlich die Heimat all derer,

denen ihre Wurzeln Schmerzen verursachten. Darüber hinaus zog er die Weichheit der englischen Sprache der restriktiven Präzision des Französischen vor, so etwa wie Joseph Conrad, der einmal sagte: «Meine Nationalität ist die Sprache, in der ich schreibe.» Conrad, ein gebürtiger Pole, sprach zugleich Englisch und Französisch fließend, meinte aber, er habe eine größere «Affinität» für das Englische. So wurde Gramont, trotz einiger merkwürdiger Fragen auf den Antragsformularen für die amerikanische Staatsbürgerschaft – zum Beispiel, ob er jemals Ehebruch begangen habe –, im Jahre 1977 Amerikaner und lebt heute in den Bergen bei San Francisco. Muß dieser Schritt nicht als Verrat betrachtet werden? Hätte er nicht seine Identität in Frankreich finden können?

Südlich von Paris, in der neuen Stadt Evry, liegt der Sitz der Firma Quantel, genau zwischen der Avenue Pacific und der Avenue Atlantic. Die Hälfte aller Firmenschilder der benachbarten Firmen sind die von internationalen Unternehmen, aber Quantel ist eine rein französische Firma, die hochtechnologische Laserausrüstung produziert. Der Gründer George Bret war ebenfalls ein Außenseiter wie Gramont. «Ich hatte eine turbulente Kindheit.» Mit fünfzehn verließ er die Schule ohne Abschluß, um sich seinen Hobbies wie Radio und elektronische Orgeln zu widmen. Schließlich machte er doch seinen Abschluß an der École Supérieure d'Électricité, seinen Magister in Cleveland, Ohio, seinen Doktor in Harvard und wurde Professor für Physik an der Université de Paris. Nachdem er sich davon überzeugt hatte, daß er so gut war wie seine Lehrer, gab er seine Stellung auf und gründete seine eigene Firma, die heute 80 Prozent ihrer Produkte exportiert, in der Hauptsache in die USA und nach Japan, und er hat mittlerweile eine Zweigniederlassung in Kalifornien gegründet. Er wollte beweisen, daß es möglich war, in Frankreich auch ohne Regierungsunterstützung erfolgreich zu sein, so wie amerikanische Firmen, die in einer Garage anfangen. Nachdem er das erreicht hatte, versuchte er nicht, klein und unabhängig zu bleiben, wie es der französischen Tradition entspricht, sondern fusionierte mit einem großen Unternehmen. Die Verwaltungsarbeit hat er weitgehend delegiert, so daß er nicht mehr als die Hälfte seiner

Zeit auf die Unternehmensleitung verwenden muß. Den Rest seiner Zeit widmet er sich anderen Interessen. Es geht ihm nicht darum, viel Geld zu verdienen, denn das würde ihn einfach zwingen, sich voll und ganz dem Schutz seines Kapitals gegen die Inflation zu widmen. Er arbeitet, weil er frei sein möchte. Seine Frau sagt, er sei mit seinen Plänen so beschäftigt, daß er ihr nicht sonderlich frei erscheine. Aber er sagt, er habe sich frei entschieden, ausgelastet zu sein. Seine Frau ist die Tochter eines bretonischen Landarbeiters, die, um der traditionellen Mädchenkarriere als Lehrerin zu entkommen, Ingenieurin wurde. Nach ähnlichen Studien wie ihr Mann in den Vereinigten Staaten ist sie mit der Einführung der Computerisierung in einer der größten Banken Frankreichs beschäftigt. Sie leben heute in einem neuen Haus, das direkt aus Kalifornien stammen könnte. Ein Sohn ist fast schon ein Aussteiger. Wenngleich er Medizin studiert, widmet er der Malerei viel Zeit. Er ist in den Vereinigten Staaten geboren und fährt dort regelmäßig hin. Als seine Frau unlängst in Houston war, rief sie an, um ihre Freude an der modernen Architektur der Stadt auszudrücken. Beide fühlen sich in Amerika zu Hause, doch ziehen sie es vor, in Frankreich zu leben. «Ich glaube, es gibt eine Zivilisation der technischen Menschen», sagt er. «Wir haben russische Freunde und japanische Freunde und deutsche Freunde, und es ist leicht, sich mit allen zu unterhalten, weil wir einen gemeinsamen Hintergrund und gemeinsame Maßstäbe haben. Mathematik, Physik und Englisch.» In seiner Fabrik arbeitet ein deutscher Manager, mit dem er sich auf Englisch unterhält. Er erklärt seinen Erfolg mit seiner stärkeren Ausrichtung auf den internationalen als auf den heimischen Markt (wie die Japaner) und mit seinen Bemühungen, ausländische Kunden zu finden. Er ist ein internationaler Mensch, aber ebensosehr Franzose, in dem Sinne, daß er sich für alles interessiert, was in Frankreich geschah und geschieht.

Bret hat bewiesen, daß fast alles, was in den USA geschehen kann, auch in Frankreich möglich ist. Er hat damit nicht Gramont widerlegt, sondern eher aufgezeigt, daß ähnliche Energien in beiden Ländern wirken. Viele Franzosen sind jedoch von der Furcht vor einer Amerikanisierung wie gelähmt. In den

fünfziger und sechziger Jahren war der Wunsch nach Wohlstand so groß, daß amerikanische Geschäftsmethoden begierig
kopiert wurden, «Management» wurde ein französisches Wort,
und Betriebswirtschaftsschulen wurden nach amerikanischem Modell errichtet für all jene, die nicht die Pilgerfahrt
nach Harvard antreten konnten; und als Effizienz aufhörte, die
offensichtliche Straße nach Utopia zu sein, wurde ein anderes
amerikanisches Schlüsselwort aufgegriffen: «communica-
tion». Ausländische Investitionen in Frankreich wuchsen an,
so daß heute ein Viertel der französischen Industrie in ausländischen Händen ist, und die Hälfte dieses Viertels gehört amerikanischen Investoren. Die Medien borgten sich gern ihre
Ideen von den USA aus. *Time Magazine* regte das Format von
L'Express an, *Life* wurde von *Paris-Match* kopiert, *Fortune* von
L'Expansion, *Business Week* von *Le Nouvel Économiste*, *Ms.*
von *F.Magazine*. Der Comicstrip, der eine ungewöhnlich wichtige künstlerische und intellektuelle Form darstellt, verdankt
sehr viel der Comiczeitschrift *Mad*, bei der Goscinny, der Erfinder von Asterix, einst arbeitete. Das französische Geschäft
mit der Unterhaltungsmusik basiert nicht nur auf dem amerikanischen Modell, sondern ist zu 90 Prozent in den Händen
amerikanischer Firmen, und jedes Kind kennt amerikanische
Songs so gut wie französische Kinderlieder. Mindestens ein
Drittel der französischen Fernsehsendungen und ein Drittel aller im Kino gezeigten Filme sind amerikanischer Herkunft.
Französische Kinder spielen sogar mit amerikanischem Spielzeug, 70 Prozent der Spielwarenindustrie gehört Amerikanern.
Die Werbemanager in J. Walter Thompsons Pariser Büro betonen, sie seien eindeutig französisch, aber es ist offensichtlich,
daß mindestens die Hälfte ihrer Ideen von jenseits des Atlantik
stammt.

«Amerikanisation» hat Stolz, Geschmack und Gewohnheiten vieler verletzt; anderen war der Preis des Wohlstands – und
der damit verbundene «Verlust an Identität» – zu hoch. Selbst
unter denen, die gerne ihre Inspirationen aus den USA beziehen, gibt es oft ein Zögern. Ein führender Soziologe, Michel
Crozier, der sein ganzes Leben damit zubrachte, die französischen und amerikanischen Traditionen in den Sozialwissen-

Barbe

schaften zu vereinen, hat unlängst angekündigt, daß Amerika nicht länger als Modell, als «älterer Bruder» dienen kann, weil die Vereinigten Staaten unter der «amerikanischen Krankheit» leiden, die sogar noch schlimmer sei als die «französische Krankheit». Amerikas Wesen, optimistisch an das Gute im

Menschen zu glauben, hatte eine stimulierende Wirkung, als die Grenzen noch offen waren, ist aber nutzlos, wenn man mit der Stagnation fertig werden muß: Amerikas Krankheit, sagt er, sei die Folge für den Mangel an Gespür für das Schlechte im Menschen.

Bald wird vielleicht keine Nation mehr Respekt vor sich selbst bewahren können, es sei denn, sie leidet an ihrer eigenen Krankheit. Aber diese Sorgen, ob Frankreich seine Identität verliert und wie es sich in Beziehung zu anderen wichtigen Ländern setzt, scheinen mir ein Relikt der Auffassungen des 19. Jahrhunderts zu sein wie auch der Redegewohnheiten, die noch weiter zurückgehen. Eine Nation von 54 Millionen Menschen in einem einzigen Satz zu beschreiben, eine mit 220 Millionen erst recht, all ihren Einwohnern identische moralische Eigenschaften zuzuschreiben, was schon schwierig genug ist, wenn man mit den Mitgliedern einer Familie zu tun hat, ist eine natürliche Reaktion angesichts der Komplexität der Welt; aber es ist eine Gewohnheit, die aus Verzweiflung geboren ist, weil es keinen augenscheinlichen Weg gibt, sie zu vermeiden. Aber Frankreich kann eine Alternative anbieten, wenn man die Geschichte seines Erscheinungsbildes in der Vergangenheit anschaut. Es hat drei Phasen durchlaufen. In der ersten, nationalistischen Phase war man bestrebt, das Land zu vereinen, ein kohärentes Ganzes zu schaffen, in dem jeder die gleiche Sprache sprach und die gleiche Erziehung genoß; gemeinsame Ideale wie Freiheit, Gleichheit, Brüderlichkeit wurden ihr zugeschrieben, Ideale, die häufig durch die ständige Wiederholung als Beschreibung der Realität mißverstanden wurden. Auf dieser Grundlage ruht die Annahme, daß die Franzosen im Grunde genommen alle gleich sind. Die zweite Phase war internationalistisch geprägt und repräsentiert ein Frankreich als Inkarnation allgemein menschlicher Ideale; eine Mischung aus Humanitarismus und Imperialismus war das Gegengewicht und erweiterte die Anziehungskraft der französischen Zivilisation, aber sie überzeugt nicht immer. Als dritte kam die pluralistische Phase, weil es offensichtlich wurde, daß das Gleichmaß die Interessen von Minderheiten unterdrückte, die Anerkennung und freie Meinungsäußerung verlangten. Pluralismus suchen die Politiker heute zu institutionalisieren. Nicht nur in der Regierung, sondern in vielen Lebensbereichen finden sich die Menschen in ethnischen und ideologischen Minderheiten zusammen: Das Zeitalter der Minderheiten, die auf ihrem Recht beharren, anders zu sein, ist angebrochen. Also kann man davon ausgehen, daß es heute eine Vielzahl von Typen unter den Franzosen gibt.

Aber Pluralismus drückt nur einen Aspekt der Neuausrichtung von Loyalitäten aus. Minoritäten setzen sich aus Individuen zusammen, die nicht mehr damit zufrieden sind, passive Empfänger der Identitäten von der Stange zu sein. Die Individuen werden sich zunehmend der Vielfältigkeit ihrer Impulse und ihrer Bedürfnisse bewußt. Eine vierte, post-pluralistische Phase ist dabei, das «Frankreich der Minderheiten» zu ersetzen. In dieser Phase versuchen Einzelpersonen, ihre eigenen Schicksale in die Hand zu nehmen, eine einzigartige Identität zu erschaffen aus einer Kombination von Elementen aus den verschiedenen Gruppen und Untergruppen, denen sie sich verbunden fühlen. Das fällt nicht zufällig mit der Einführung des Computers zusammen: Früher war das Gehirn gewohnt, mit relativ wenigen einfachen Kategorien umzugehen; heute erscheinen Individuen als unendlich variierte Permutationen von Eigenschaften und Entscheidungen. Die Eigenschaften sind nicht anders als die Eigenschaften, die man überall in der Menschheit vorfinden kann, und die Wahlmöglichkeiten stehen fast allen Einwohnern der westlichen Welt offen. Die traditionelle Einteilung der Menschen in Nationen, Klassen, Gruppen und Bewegungen ist notwendigerweise verschwommen. Individuen sind die Grundbausteine all dieser Kategorien, und eine präzise Sichtweise tritt in unser Blickfeld, wenn wir sie gleichsam unter dem Mikroskop betrachten. Individuen sind wie die Atome aus einer Masse von Teilchen zusammengesetzt, die miteinander ringen, und es gibt mehr zufällige Verhaltensweisen und freie Entscheidungen als die Gruppenklischees zugestehen wollen. Wenn man Frankreich unter dieser Perspektive betrachtet, ist das Problem, was seine Identität nun genau ist und ob es seine Identität verliert, nicht weiter relevant. Keine zwei Franzosen interpretieren ihre nationale

Identität in derselben Weise, und keine zwei haben dieselbe Kombination aus Herkunft, Kultur oder Zielen. Mit der Zeit unterscheiden sich die Franzosen immer mehr und deutlicher voneinander.

Die amerikanische Einmischung fügt sich in all die anderen ausländischen Einflüsse ein, die in der Vergangenheit aufgenommen wurden. Anglomanie im 18. Jahrhundert, die Bewunderung des wissenschaftlichen Deutschland im 19. Jahrhundert, die Anziehung, für einige, des revolutionären Rußland im 20. Jahrhundert waren wie Früchte und Nüsse, die man dem Kuchen beigab und den man damit anreicherte; aber dennoch war jeder Bissen eine Vielzahl sich abgrenzender Geschmacksrichtungen. Diejenigen, die in der Lage sind, den Sprung von der nationalen Sichtweise des 19. Jahrhunderts in die mikroskopische Sicht des Menschen zu wagen, geben sich nicht länger der Versuchung hin, das französische Volk als bloßes Beispiel einer mythischen Nationalkultur zu interpretieren und automatisch ihre Kräfte des Rationalen der Tatsache zuzuschreiben, daß sie eine französische Schule besuchten oder ihren Erfolg in der Liebe einer ererbten Virtuosität verdanken. Die Franzosen sind Menschen, die nicht alles, was ihnen beigebracht wird, gehorsam schlucken, auch wenn ihnen allen gleichzeitig dieselben Dinge vermittelt wurden.

Und wenn man das französische Volk in Typen oder Gruppen innerhalb der Nation unterteilt, so finde ich, daß die einzige Klassifikation, die zufriedenstellend wäre, diejenige zwischen den warmen und kalten ist. Warme Menschen sind diejenigen, mit denen ich glaube, einen menschlichen Kontakt herzustellen, und mit denen ich Gefühle teilen kann. Kalte Menschen sind diejenigen, die sich hinter Masken verstecken und von denen ich meine, ich hätte sie nie wirklich kennengelernt. Die Unterscheidung ist teilweise subjektiv und teilweise das Ergebnis von Hindernissen, die die Menschen aus verschiedenen Gründen meinen, einander gegenüber errichten zu müssen. Ich mag eine Nation, wenn ich dort mehr warme als kalte Menschen getroffen habe. Um warme Menschen zu finden, muß ich weder mit ihnen übereinstimmen noch ihren Geschmack teilen. Und eine Person, die hinter dem Schreibtisch kalt erscheint, mag sich ganz anders im Urlaub verhalten. Diese Barrieren des Unverständnisses scheinen mir wichtiger als nationale Grenzen oder Parteikonflikte. Darum habe ich den gewöhnlichen Weg, über Frankreich zu schreiben, aufgegeben, der seine Institutionen darstellt und zum Ausdruck bringt, wie sehr sie sich von denen anderer Nationen unterscheiden. Es ist nützlicher, daß jeder seine eigenen persönlichen Grenzen zieht.

Ich für meinen Teil schließe Frankreich in meine Welt ein, nicht allein, weil ich die französische Landschaft oder die wunderbaren Bauwerke liebe, sondern vor allem, weil Franzosen gewillt waren, ihre Erfahrungen mit mir zu teilen, die noch wunderbarer verschieden waren, warm und kalt, bereichernd, ergreifend und lächerlich, ein unausschöpflicher Kommentar über Weisheit und Dummheit. Eine geteilte Erfahrung ist mehr als ein Band; es ist eine gemeinsame Entdeckung unerwarteter Möglichkeiten. Darum kann kein Leben ganz vollkommen sein, bis es nicht wenigstens ein kleines französisches Element in sich trägt. Und kein französisches Leben ist gänzlich den Ausländern oder ausländischen Arten verschlossen. Daß populäre französische Sänger es als lohnenswert empfinden, ihre Namen so zu verändern, daß sie amerikanisch klingen, ist kein Zeichen nationaler Degeneration, sondern der Ausdruck für ein Bedürfnis, ständig die Grenzen der eigenen Zivilisation zu erweitern. Der Rockstar Eddy Mitchell (geboren als Claude Moine, Sohn eines Pariser Metroarbeiters) war einst ein armer französischer Junge. Heute ist er längst nicht mehr arm, aber er ist weit davon entfernt, ein Amerikaner zu sein. Er kann kaum Englisch sprechen, aber er macht seine Schallplattenaufnahmen mit französischen Songs in Nashville, Tennessee, weil er dort die besten Aufnahmestudios finden kann. Er bietet seinen Fans nicht den «American Way of Life», sondern lädt sie bescheiden ein, Möglichkeiten offenzuhalten: Mit nichts habe ich angefangen, und sehr viel mehr habe ich auch nicht erreicht. Aber ich verdiene eine Menge Geld, es lohnt sich, berühmt zu sein. Mit nichts habe ich angefangen, doch ich warte immer noch auf tausend Sachen, die passieren sollen. Wenn du mit mir kommen möchtest, so sei willkommen.

Der wahre Grund der Unzufriedenheit mit Ausländern in Frankreich kommt nicht daher, daß die Franzosen meinen, sie entwürdigen sich, wenn sie etwas von Amerika oder anderen Ländern übernehmen, sondern von dem Verdruß, daß die Ausländer nicht viel von ihnen übernehmen. Es ist das Fehlen eines Austauschs, das ihren Stolz verletzt. Aber je mehr sie darauf beharren, anders zu sein als alle anderen, um so mehr entmutigen sie Ausländer, etwas von ihnen abzugucken. Ich glaube jedoch nicht, daß sie gar so sehr viel anders sind, wie sie uns glauben machen wollen. Wenn sie aufhörten, an ihre eigenen Klischees zu glauben, würden sie sehen, daß sie ihr Leben mit einer Kraft und einem Einfallsreichtum aufbauen, der gar nicht so weit entfernt ist von jenem der Amerikaner zu Zeiten des Wilden Westens. Das Terrain ist in Frankreich noch immer offen.

Der Sänger Mouloudji, 1932 in Paris geboren, hat einige der Dinge, die ihn zu einem Franzosen machen, zusammengefaßt:

> Katholik durch meine Mutter
> Moslem durch meinen Vater
> Ein bißchen Jude durch meinen Sohn
> Buddhist aus Prinzip
>
> Alkoholiker durch meinen Onkel
> Neurotisch durch meine Großmutter
> Klassenlos durch lang empfundene Scham
> Lasterhaft durch meinen Großvater
>
> Royalist durch meine Mutter
> Fatalist durch meinen Bruder
> Kommunist durch meinen Vater
> Marxist durch Nachahmung…
>
> Doppelzüngig wie ein Jurist
> Sinnlich wie ein Geizhals
> Hart wie ein Soldat
> Zärtlich wie ein Saufkopf…

Betrogen von meiner besseren Hälfte
Belästigt von meiner *Concierge*
Gehaßt von meinen Nachbarn
Verabscheut von den Hunden

Atheist, o Gott sei Dank
Atheist, o Gott sei Dank.

Jeder Franzose erbt und erzeugt eine etwas andere Mischung. Aber für den Fall, daß der Leser darauf beharrt, eine grandiosere Definition eines Landes zu hören, liefere ich ihm die folgende. Sie stammt von einem der populärsten Komödianten des Landes, von Pierre Dac: «Auf die ewigen drei Fragen, die bislang immer unbeantwortet blieben, Wer sind wir? Woher kommen wir? Wohin gehen wir? antworte ich: Was mich anbelangt: Ich bin ich. Ich komme von da hinten und gehe jetzt nach Hause.»

Die Karikaturisten ▬▬▬▬

Jean Pierre Aldebert (geb. 1941), Sohn des weltbekannten Karikaturisten Bernard Aldebert, der ihn unterrichtete und der, so sagt er, über dieselben Sachen lacht wie er. Er beklagt, daß die humorvolle Karikatur unter dem Ansturm der Comics im Verschwinden begriffen ist. Er ist auch ein geschäftstüchtiger Künstler und Maler; seine Karikaturen sind das Ergebnis persönlicher Erfahrungen in der Welt der Mode und der Werbung.

André Barbe (geb. 1936) ist als Künstler Autodidakt und definiert sein Ziel als «die Zerstörung der Logik durch die Logik selbst... um zu zeigen, daß der Humor auf Überraschungen beruht und eine rigorose Ausdrucksform ist, die jeden anspricht, ohne Worte zu gebrauchen, und zu sagen vermag, was andere künstlerische Formen nicht können». Dieses Zitat stammt aus seinem Album *Vous cherchez quelque chose?* (Éditions du Fromage 1980); danach noch *Nous sommes trop* (Éditions Glénat 1981).

Claire Bretécher (geb. 1940 in Nantes), Klosterschülerin, Ausbildung zur Kunsterzieherin, arbeitete als Kellnerin und Babysitter, bis ihre Zeichnungen von René Goscinny, dem Erfinder von Asterix, veröffentlicht wurden. Zu ihren Bewunderern geht sie auf Distanz. Über die Frauenbewegung sagt sie: «Die Männer sollten sich nicht gedemütigt fühlen, weil Frauen einfach stärker, dynamischer und amüsanter sind: Gott hat sie so geschaffen.»

Jean Cabut: siehe Seiten 292–298.

Chaval (1915–68, eigtl. Yvan Le Louarn), Sohn eines Handlungsreisenden in der Pharmabranche. Obwohl an der École des Beaux Arts in Bordeaux ausgebildet, wurde er in einen Bürojob gezwungen. Er protestierte: «Ich sehe keinen Unterschied zwischen einem Büro und einem Gefängnis.» Erste Veröffentlichungen in der Illustrierten *Paris Match*, wo ein verhinderter Apotheker, André Frédérique, regierte. «Ich ärgere mich nie. Mir fehlt der Sinn für Patriotismus, ob national oder regional. Öffentliche Angelegenheiten interessieren mich nicht. Ich wundere mich sehr selten, und nur das vermag mich zu unterhalten.» Einige Monate nachdem seine Frau Selbstmord beging, beging auch er Selbstmord.

Bernard Chenez (geb. 1946) arbeitete als Kesselschmied in der Industrie, bis er eine Karikatur an *Le Monde* schickte, für die er seither zeichnet. Die Karikatur auf Seite 269, sagt er, sei autobiographisch: Einer der beiden kleinen Jungen ist er selber. «Ich versuche zu zeigen, daß alles unwichtig ist, was man tut, und daß man sich selbst nicht zu ernst nehmen sollte.» Er hat in Österreich, Bulgarien und Griechenland wie auch in Frankreich ausgestellt: Was hat dies für die Geographie des französischen Humors zu bedeuten? Veröffentlichung: *Dessins du Monde* (Balland 1977)

Honoré Daumier (1808–79). Weshalb ist er außerhalb Frankreichs der bekannteste französische Karikaturist? Seine Kunst ist uns vertraut, doch es gibt nur sehr wenige gesicherte Erkenntnisse darüber, was er damit aussagen wollte.

Jean-Pierre Desclozeaux (geb. 1938). Sohn eines Weinbauern im Gard, bei den Jesuiten in Avignon in die Schule gegangen, Schüler des Plakatmalers Paul Colin, Gründer der Gesellschaft zum Schutz des Humors und Vorsitzender der Vereinigung der Freunde von Ronald Searle. Durch den Produktions- und den Termindruck, die bei der Anfertigung von Karikaturen für die Tagespresse unausweichlich sind, fühlt er sich sehr eingeengt; er möchte es «vermeiden, immer und ewig dieselben kleinen Männchen wie Bretécher oder Wolinski zu produzieren». Er versuchte sich auch in anderen Techniken und experimentierte mit Karikaturen in Wasserfarben.

Albert Dubout (1906–76). In Marseille wurde er geboren, in Nîmes ging er zur Schule, und in Montpellier studierte er an der École des Beaux Arts. Berühmt für seine Karikaturen mit Menschenmassen, erklärt er, er habe eine Art zwanghaftes Bedürfnis, das Papier mit so vielen Menschen wie nur möglich zu füllen. Doch jede Person aus seiner Menschenmenge bleibt ein Individuum und ist ein Amalgam grotesker Details. Er zeigt gerne Unzusammenhängendes, Maschinen, die nur durch einen Bindfaden zusammengehalten werden, zerrissene und geflickte Kleidung und schließlich noch fette Frauen, die ihre lächerlich schmächtigen Ehemänner verprügeln.

Jean Effel (1908–83): siehe Seiten 422–427.

Jacques Faizant (geb. 1918 im Cantal), Sohn eines Zimmermanns und in einer Hotelfachschule ausgebildet, arbeitete seit 1942 in Hotels, als er für den Zeichentrickfilm und dann Karikaturen zu zeichnen begann. Jahrelang hat er für die Tageszeitung *Le Figaro* Karikaturen mit pünktlicher Regelmäßigkeit abgeliefert, meist ein Kommentar der laufenden politischen Ereignisse.

Fred (geb. in Paris, 1931, eigtl. Fred Othon Aristides). Die Inspiration für den «Reparateur der Spiegel» beruht auf dreierlei: auf Freds fixer Idee von den Spiegeln als Kommentatoren der Wirklichkeit, dem Aberglauben seiner Mutter hinsichtlich zerbrochener Spiegel und der Geschichte des Dorian Gray. *Le petit cirque* betrachtet er als sein wichtigstes Werk, weil es das Thema ausdrückt, das ihn zutiefst bewegt, das des «ewigen Wanderers». Mitbegründer der satirischen Zeitschrift *Harakiri*.

Gad (geb. in Lyon, 1905, eigtl. Claude Gadoud). In seiner Heimatstadt studierte er die Schönen Künste, wurde Plakatmaler und gründete schließlich seine eigene Werbeagentur. Als die Aufträge während des Zweiten Weltkriegs spärlicher flossen, begann er, Karikaturen zu zeichnen, und ist seitdem ein produktiver Mitarbeiter der Massenblätter. Über alles liebt er die Karikaturen von Bellus und Bernard Aldebert.

André Gondot (geb. 1930). «Ich bin an grandiosen Problemen interessiert, und mir liegt es nicht, den Menschen zu sagen, was sie tun sollen. Wir sind alle klein, egoistisch und lächerlich. Wir beschäftigen uns ausschließlich mit unseren kleinen Gewohnheiten; das große Problem für den Mann in der Midlife-crisis ist zum Beispiel, daß er kahl zu werden beginnt; Kleinigkeiten dieser Art sind nicht so unbedeutend, wie es zunächst den Anschein haben mag. Das Leben muß *avec tendresse*, sanft, behandelt werden.» Seine hier abgebildete Zeichnung erschien zuerst in *L'Hérisson* (Der Igel), eine der beiden am meisten gekauften humoristischen Wochenzeitungen für das Massenpublikum (die andere ist *Marius l'épatant*, Marius der Aufschneider), die die Tradition der Vergangenheit mit einem größeren kommerziellen Erfolg fortsetzen, als ihn gewöhnlich die kreativen Neuerer der Zeichnungen und der bissigen Satire erzielen.

Pierre Gourmelin (geb. 1920) Ausbildung an der École des Arts Décoratifs in Paris. Er macht Buchillustrationen, fertigt Tapeten- und Textilentwürfe an und arbeitet auch mit Glas. Seine hier abgebildete Zeichnung ist seiner Studie zum Thema Zeit, *Pour tuer le temps* (Ballard 1972), entnommen. Eine ähnliche Studie zum Thema Glück liegt vor.

Grandville (1803–47, eigtl. Jean Ignace Isidore Gérard), Sohn eines Malers von Miniaturen aus Nancy und Enkel eines Schauspielers.

Seinen Grabspruch schrieb er sich selbst: «Hier ruht J. J. Grandville. Er hauchte allem eine Seele ein, brachte alles zum Leben, Sprechen und Gehen. Der einzige Mensch, dessen Füße er nicht auf den Boden bekam, war er selbst.» Im Alter von zwanzig Jahren ging er nach Paris und veröffentlichte Lithographien über die Freuden der Kindheit, die Vergnügen der Jugendzeit, die Beschäftigungen der Alten usw., danach eine Serie über Spazierende Stöcke, Regenschirme, Kragen, Pfeifen, Hüte usw. und die berühmteste aller Serien *Scènes de la Vie privée et publique des Animaux* (Szenen aus dem privaten und öffentlichen Leben der Tiere). Als ihm nacheinander seine Frau und drei seiner Kinder wegstarben, wurde er verrückt und starb in geistiger Umnachtung in einer Irrenanstalt.

Gustave-Henri Jossot (1866–1951) entstammte einer wohlhabenden Familie aus Dijon und konnte daher den größten Teil seines Lebens der Kunst widmen. Er studierte Malerei bei J. P. Laurens und Carrière, warf sich dann aber auf die Karikatur, weil er einer Kunst den Vorzug gab, in der er seine Einfälle ausdrücken konnte. Für ihn war die Karikatur nicht dazu bestimmt, dumme Leute zum Lachen zu bringen, sondern dazu, befreiende Gedanken an Menschen zu bringen, die Gebrauch von ihren Hirnen machen. Nach dem Tod seines einzigen Sohns im Jahr 1907 verfiel er in eine tiefe Depression, hörte mit dem Zeichnen auf und emigrierte 1911 nach Tunis in der Hoffnung, daß die Sonne ihn aufheitern würde. Dort widmete er sich der Landschaftsmalerei und dem radikalen Journalismus und konvertierte zum Islam, um seinem Protest gegen die «Torheiten des Westens» Ausdruck zu verleihen.

Langeweile lautete die Signatur des achtzehnjährigen Jugendlichen, der auf den Seiten 480–485 auftaucht.

Gérard Lauzier: siehe Seiten 241–246.

Gérard Mathieu (geb. 1949) zeichnete die hier abgebildeten Karikaturen für *L'Étudiant* (Der Student), eine Serie praktischer und amüsanter Führer für junge Leute. Kunst hat er nie studiert. Er begann als Angestellter und war dann Kulturanimator, bevor er Berufskarikaturist wurde. Mitbegründer der Illustrierten *Antirouille* (Anti-Rost), die versuchte, den Jugendlichen eine Alternative zur Verehrung von Pop-Idolen anzubieten. Er sieht das Leben als einen «Flickerlteppich», in dem das Glück aus kleinen Einzelstücken der Freude zusammengesetzt ist.

Zoran Orlic (geb. 1944 in Jugoslawien). Ausbildung an der École des Arts Décoratifs in Paris, an der er heute unterrichtet. Hauptsächlich arbeitet er als Illustrator, der seinen Stil jedem Text anpaßt; regelmäßiger Mitarbeiter von *Le Monde*.

Vladimir Pablo (geb. 1946). Der Sohn einer «russischen Mutter und eines unbekannten Vaters» begann im zarten Alter von zwölf, Comic strips zu zeichnen, «eine Ausdrucksform, die direkter ist als der Roman». Er wurde bekannt durch seine Parodie *Bécassexine*.

Piem (geb. in St. Étienne, 1923, eigtl. Pierre de Montvallon), Vater von sechs Kindern, darunter zwei Karikaturisten (einer in der Schweiz, der andere in den USA). François Mitterrand nannte ihn «einen als Pädagogen verkleideten satirischen Zeugen... einen Fabeldichter, einen Erfinder von Mythen, der seine Leser in Entzücken versetzt und verblüfft, wenn sie in die Haut der Kinder schlüpfen und seine ‹Karikaturengedichte› mit Stielaugen betrachten».

Jean Plantu (geb. 1951) war Medizinstudent und gab sein Studium zugunsten des Zeichnens auf: Er spezialisierte sich auf Karikaturen zum politischen Geschehen und zur Dritten Welt. Am meisten schätzt er, daß seine Botschaft dank ihrer Bildhaftigkeit auf die Intelligenz eine größere Wirkung ausübt und deshalb aufgenommen und bewahrt wird. Sein liebster Karikaturist ist Reiser, bei dem er hinter aller scheinbaren Wildheit eine gewisse Menschenfreundlichkeit entdeckt hat.

Puppet: nur einer von vielen vollkommen vergessenen Karikaturisten des 19. Jahrhunderts, die darauf warten, entdeckt zu werden.

Quino (geb. 1932, eigtl. Joaquin Salvador Labado) ist ein Beispiel für die internationale Dimension des französischen Humors. Er ist Argentinier und lebt seit 1975 in Mailand. Er ist in Frankreich ziemlich erfolgreich, wo bisher fünf Bände mit seinen Karikaturen erschienen sind sowie ein Dutzend Alben der Serie *Masalda* im Stil der Peanuts-Comic strips.

Jean Marc Reiser (geb. 1941). Als Sohn einer Putzfrau hatte er eine schwere Kindheit. Als Angestellter der Firma Vins Nicolas bot er seine Zeichnungen bereits im Alter von fünfzehn Jahren an. «Ich mag Franzosen, die ungewöhnlich sind, doch nicht die von der trivialen Sorte. Ich fühle mich nicht besonders französisch, und ich fühle Dinge gemeinsam mit allen Menschen, ob Japaner oder Engländer... Weil ich mich nie langweile, empfinde ich das Leben als tragisch: Es ist furchtbar, daß es einmal zu Ende geht.»

Auguste Jean-Baptiste Roubille (1872–1955). Maler, Dekorateur, Graveur, sehr schöpferischer Karikaturist um die Jahrhundertwende, nicht zuletzt geschätzt wegen seiner Art, die Karikatur nicht nur «grimassenhaft», sondern auch dekorativ zu gestalten.

Alain Saint-Ogan (1895–1974). Sohn eines Journalisten, der Redakteur des *L'Etendard Egyptien* in Kairo war. Er war ein Pionier der Comics, Schöpfer von *Zig et Puce*, Romancier, Journalist, Essayist und Fernsehproduzent. «Ich fürchte mich vor der Widerlichkeit – und zwar so sehr, daß ich nicht mal einen Moskito töten könnte. In jedem Moskito nämlich steckt eine Unmenge an Idealismus.»

Jean-Jacques Sempé (geb. in Bordeaux, 1932). Er behauptet, als Junge habe er Musiker oder Fußballer werden wollen, und da er in beiden Künsten versagt habe (wie auch in seinen Musikstunden), habe er eben begonnen, Musiker und Fußballer zu zeichnen. Sein Ideal besteht darin, Karikaturen zu schaffen, in denen nichts geschieht, doch die Illustrierten bestehen darauf, daß er immer etwas aussagt oder beweist. Er ist böse darüber, daß seine Botschaft in jedem Fall gewöhnlich mißverstanden wird: Er ist mehr daran interessiert, eine Atmosphäre zu vermitteln als daran, seine Ansichten durchzusetzen oder eine Moral zu fördern.

Claude Serre (geb. 1938). Er machte zunächst eine Lehre als Möbel- und Kunsttischler, war dann Porzellanmaler und Buntglaskünstler (er half mit beim Bau der Kuppel der Kathedrale von Washington), experimentiert ständig mit neuen Techniken und malt auch Miniaturen. Er malt vorzugsweise Menschen, die «sich mit sich selbst nicht besonders wohl fühlen» oder die alt sind; schöne Menschen, sagt er, seien uninteressant, oder es bedürfe einer zu gewaltigen artistischen Kunst, um sie gut zu zeichnen.

Siné (geb. in Belleville/Paris, 1920). Seine Mutter führte ein kleines Lebensmittelgeschäft, sein Vater war Schmied. An der École Estienne zum Litho- und Typographen ausgebildet, verließ er dieses Metier und schloß sich einer Sängergruppe an. Zwei Drittel seines Militärdienstes verbrachte er im Arrest. Nachdem er Saul Steinberg für sich entdeckt hatte, wurde er Karikaturist. Er verspottet gerne die Polizei (die er im Mai 1968 bekämpft hatte), Richter, Priester, Rassisten, Kommunisten, Zionisten... in einer ungewöhnlich scharfen Sprache. Seine erste Frau war Russin, seine zweite Italienerin; er adoptierte einen koreanischen Jungen. All jenen, die sich nicht für Politik interessieren, ist er durch sein Katzen-Buch bekannt, für seine Zeichnungen im Männermagazin *Lui* oder für seine Jazz-Leidenschaft.

Tetsu (geb. 1913, eigtl. Roger Tetsu). Studierte Malerei bei Maurice Denis, wurde aber – um dem Wunsch seiner Eltern zu entsprechen, er möge doch eine «ordentliche Arbeit» übernehmen – Leiter einer Seifenfabrik sowie einer Fabrik für Kücheneinrichtungen und leitete eine Kunstgalerie. Schließlich gab er diese Positionen auf, um nur noch als Künstler zu arbeiten. Er macht sich gerne über den Typ seines eigenen Familienhintergrunds lustig wie auch über das selbstgefällige und boshafte Kleinbürgertum, in dem er die Frauen in einer die Männer beherrschenden Rolle sieht, «fast genauso famos wie in den Vereinigten Staaten».

Roland Topor (geb. 1938) erklärt sein Faible für den schwarzen Humor so: «Ich mag die wirkliche Welt nicht, ich fürchte mich vor der Kürze des Lebens, den Regierungen, der Polizei, der Folter; und ich esse auch kein rohes Fleisch. Aber ich mag auch kein Vogel Strauß sein; deshalb versuche ich, den Schmerz aus der Wirklichkeit zu entfernen, indem ich damit spiele. Ich spiele gerne mit Lügen; ich mag Spiele, in denen sich Wahrheit und Falschheit vermischen; mein Humor ist wie eine Sonnenbrille, die man aufsetzt, wenn man in die Sonne blicken möchte.» Die hier abgebildete Illustration stammt aus dem *Manuel du Savoir-Mourir* von Dr. André Ruellan (Horay 1963).

Georges Wolinski: siehe Seiten 78–86.

rororo

C 2142/8

Jean-Paul Sartre

ro
ro
ro

C 2050/5

Jean-Paul Sartre

ro
ro
ro

C 2050/5a

Jean-Paul Sartre

ro
ro
ro

C 2050/5b

Simone de Beauvoir

Alles in allem
Memoiren
Deutsch von Eva Rechel-Mertens
480 Seiten. Gebunden und als
rororo 1976

Die Zeremonie des Abschieds
und Gespräche mit Jean-Paul Sartre
August – September 1974. Deutsch von
Uli Aumüller und Eva Moldenhauer
576 Seiten. Gebunden und als
rororo 5747

Der Wille zum Glück
Lesebuch
Herausgegeben von Sonia Mikich
256 Seiten. Gebunden

Auge um Auge
Artikel zu Politik, Moral und
Literatur 1945 – 1955.
Deutsch von Eva Groepler.
240 Seiten. Gebunden

Sartre. Ein Film
Von Alexandre Astruc und Michel Contat.
Unter Mitwirkung von Simone de Beauvoir,
Jacuqes-Laurent Bost, André Gorz,
Jean Pouillon
93 Seiten mit 12 schwarzweiß Bildern
Deutsch von Linde Birk (dnb 101)

C 2074/6 a

Simone de Beauvoir

ro
ro
ro

C 2074/6 b

Simone de Beauvoir

C 2074/6 c